Günter Ahrends

Die amerikanische Kurzgeschichte

Günter Ahrends

Die amerikanische Kurzgeschichte

WVT Wissenschaftlicher Verlag Trier

Ahrends, Günter:
Die amerikanische Kurzgeschichte
5., verb. u. erw. Auflage
Trier: WVT Wissenschaftlicher Verlag Trier, 2008
ISBN 978-3-86821-014-9

WVT Wissenschaftlicher Verlag Trier
Postfach 4005, 54230 Trier
Bergstraße 27, 54295 Trier
Tel.: (0651) 41503, Fax 41504
Internet: http://www.wvttrier.de
E-Mail: wvt@wvttrier.de

Inhalt

Vorwort zur fünften Auflage

Der Text der vierten Auflage des vorliegenden Buches wurde mit Hilfe eines Scanners aus dem Text der dritten Auflage gewonnen und enthält einige Fehler, die für dieses Herstellungsverfahren charakteristisch sind. Durch eine nochmalige Überprüfung des Textes wurde versucht, den Restbestand an herstellungstechnischen Mängeln zu eliminieren.

Von allen vorhergehenden Ausgaben unterscheidet sich die jetzt vorgelegte fünfte Auflage durch einen Anhang, in den Aufsätze aufgenommen worden sind, die der Verfasser des vorliegenden Buches bei anderer Gelegenheit und für andere Zwecke geschrieben hat. Sie werden hier in unveränderter Form nachgedruckt, um dem Leser einige zusätzliche Einblicke in die Kurzprosa von James Purdy und John Cheever zu gewähren.

Bochum, im März 2008   Günter Ahrends

Abkürzungsverzeichnis

B = Hans Bungert (ed.), *Die amerikanische Short Story* (Darmstadt, 1972)

CP = Eugene Current-García and Walton R. Patrick (edd.), *What is the Short Story?* (rev. ed. Glenview/Ill., 1974)

WG = Alfred Weber und Walter F. Greiner (edd.), *Short-Story-Theorien (1573-1973). Eine Sammlung und Bibliographie englischer und amerikanischer Quellen* (Kronberg, 1977)

I Einleitung

Es gibt heute noch Literaturwissenschaftler, die sich abschätzig über die amerikanische Kurzgeschichte[1] äußern. Gewachsen ist in den letzten Jahrzehnten freilich die Zahl derjenigen, die Poes Hinweis auf die Suggestivität und Komplexität dieser Erzählgattung ernstgenommen und der Kurzgeschichte ihr wissenschaftliches Interesse gewidmet haben. Gerade im Bereich der deutschen Amerikanistik sind in diesem Zeitraum eine Reihe bemerkenswerter Arbeiten über die »short story« entstanden. Im Rahmen der vorliegenden Einleitung wird zwar nicht die Absicht verfolgt, einen Forschungsbericht zu liefern, doch sollen einige der wesentlichen deutschen und amerikanischen Arbeiten zu unserem Untersuchungsgegenstand eingangs kurz erwähnt werden. Abgesehen von der repräsentativen, mit einleitenden Essays versehenen Anthologie von Walton A. Litz[2] und von einigen hilfreichen Sammlungen von Texten zur Gattungsgeschichte und Gattungspoetik[3] beschäftigen sich diese Arbeiten mit gattungstypologischen Fragen, mit der geschichtlichen Entwicklung der amerikanischen Kurzgeschichte und mit der Interpretation einzelner Erzählungen.

Wertvolle Interpretationsbände wurden von Peter Freese sowie von Karl Heinz Göller und Gerhard Hoffmann ediert,[4] während gattungstypologische Fragen von Norman Friedman, Austin McGiffert Wright, Paul Goetsch, Theodor Wolpers und Klaus Lubbers untersucht worden sind.[5] Aus dem Bereich der literaturgeschichtlichen Studien seien die Arbeiten von Ray B. West, William Peden, Peter Freese und Arthur Voss genannt.[6] Während die drei zuerst genannten Autoren sich auf die Untersuchung einzelner Epochen der amerikanischen Kurzgeschichte beschränkt haben, hat Voss die gesamte Entwicklung der Gattung skizziert.[7]

Dieser Versuch soll auch in dem vorliegenden Buch unternommen werden, das jedoch in zwei wesentlichen Punkten von der Vossschen Arbeit abweicht: Zum einen wird in der vorliegenden Untersuchung das Ziel verfolgt, die Zusammenhänge zwischen der Gattungspoetik und der literarischen Praxis sichtbar zu machen; zum anderen ist die Verbindung von relativ detaillierten Einzelanalysen und kursorischen Überblicksdarstellungen als Beschreibungsmodell gewählt worden, während Voss sich darum bemüht hat, eine möglichst große Zahl von Texten zu behandeln. Dem hier gewählten methodischen Ansatz liegt die Auffassung zugrunde, daß sich die Besonderheiten des Untersuchungsgegenstandes durch ausführlichere Interpretationen besser als durch paraphrasierende Bemerkungen zu einer größeren Zahl von Texten darstellen lassen. Außerdem bot sich die Verwendung des skizzierten Beschreibungsmodells deshalb an, weil das vorliegende Buch sich primär an Lehrer und Studenten wendet und ihnen eine Hilfe bei der Arbeit mit einzelnen Texten bieten will. Um dieser Zielsetzungen willen wurde der Nachteil des verwendeten methodischen Ansatzes, der darin besteht, daß die Einzelanalysen viel Raum erfordern und die Untersuchung sich deshalb zwangsläufig auf die Darstellung der literaturgeschichtlichen Zusammenhänge beschränken muß, bewußt in Kauf genommen.

1

Das Hauptproblem, das sich aus der Verwendung des skizzierten Beschreibungsmodells ergab, war das der Selektion. Im Hinblick auf die Berücksichtigung der bisherigen Forschung folgte daraus die Notwendigkeit einer weitgehenden Beschränkung auf neuere Arbeiten, die deshalb gerechtfertigt ist, weil die relevanten Ergebnisse früherer Untersuchungen in der Regel in den neueren Studien enthalten sind. Nachteiliger wirkte sich der Zwang zur Selektion demgegenüber bei den Textinterpretationen aus, da nur ein kleiner Teil der wichtigen amerikanischen Kurzgeschichten mit der gewünschten Ausführlichkeit diskutiert werden konnte. Es wurde aber darauf geachtet, daß jeder für bedeutend gehaltene Autor mit zumindest einer Erzählung in der Gruppe der relativ detailliert analysierten Texte vertreten ist. Diese Gruppe hätte durch eine Kürzung des Theorieteils vergrößert werden können, doch wurde von dieser Möglichkeit Abstand genommen, weil die bisherige Forschung es versäumt hat, einen ausführlichen Überblick über die Theoriediskussion vorzulegen.

Da die Darstellung der Theoriegeschichte primär dem Interesse dient, den Zusammenhang von Poetik und literarischer Praxis zu verdeutlichen, wurden im gattungstheoretischen Überblick vornehmlich Autoren-Theorien referiert. Die Beiträge, die literaturwissenschaftliche Kritiker zur Theoriebildung beigesteuert haben, wurden zwar nicht ignoriert, konnten aber nur in selektiver Form und unter weitgehender Beschränkung auf die Zeit nach 1960 berücksichtigt werden.

II Gattungstheoretischer Überblick

1 Terminologie und Abgrenzungen

Die erste literarisch bedeutende amerikanische Kurzgeschichte wurde nach allgemeinem Konsens der Literaturwissenschaftler um das Jahr 1820 geschrieben; als Gattungsbegriff setzte sich der Terminus »short story« aber erst nach 1885 durch. In diesem Jahr veröffentlichte Brander Matthews, der den Terminus noch mit einem Bindestrich versah, um die Kurzgeschichte als eigenständige Gattung von der kurzen Geschichte abzuheben,[1] seinen Essay »The Philosophy of the Short-story«. Zwar wissen wir heute, daß der Terminus »short story« schon 1866 von William Gilmore Simms verwendet wurde,[2] doch liegen auch nach dieser Erkenntnis zwischen dem Entstehen der Gattung und ihrer Benennung noch fast fünfzig Jahre. In dieser Zeit und zum Teil auch noch nach dem programmatischen Gebrauch des Begriffs durch Brander Matthews dienten zur Bezeichnung der Kurzgeschichte vornehmlich die synonymen Begriffe »tale« und »story« sowie die Termini »sketch« und »essay«. Diese Termini wurden in einer weitgefaßten Bedeutung zur Benennung der verschiedensten Formen der Kurzprosa verwendet, bezeichneten aber gleichzeitig – wie Poes Unterscheidung zwischen »pure essays« und »tales« bereits zeigt – in einem engeren Wortsinn eigenständige Gattungen, die zwar in Beziehung zueinander standen, sich aber dennoch voneinander abgrenzen ließen.

Ausgehend von der Erkenntnis, daß es aufgrund der außerordentlichen Flexibilität der Gattung nicht möglich ist, die Kurzgeschichte deduktiv-normativ zu definieren, hat sich die neuere Literaturkritik zunehmend darauf beschränkt, Differenzqualitäten zwischen der »short story« und verwandten Erzählgattungen zu beschreiben. Im Rahmen einer solchen komparativ-deskriptiven Wesensbestimmung, die sicherlich geeigneter zur Beschreibung gattungstypologischer Besonderheiten ist als andere Verfahren wie das quantitative Kontrastieren, kommt der vergleichenden Betrachtung von »short story«, »tale«, »sketch« und »essay« eine besondere Bedeutung zu. In gründlicher Form ist eine solche vergleichende Betrachtung erstmals von Franz H. Link unternommen worden,[3] dessen Untersuchungen von Klaus Lubbers in seinem Buch *Typologie der Short Story* aufgegriffen und modifiziert wurden.

Link betrachtet die literarische Skizze als Bindeglied zwischen der Erzählung (»tale«) und dem Essay und geht dann dazu über, literarische Skizze und Essay sowie literarische Skizze und Erzählung voneinander abzugrenzen. Danach besteht der Unterschied zwischen dem Essay und der Skizze darin, daß der aus der Philosophie entlehnte Begriff »Essay« eine Kurzform der Prosa bezeichnet, in der das Element der Reflexion vorherrscht, während der aus der Malerei stammende Begriff »Skizze« eine Form der Kurzprosa meint, in der die Deskription dominiert. Neben diesem Unterschied ergeben sich aber zwangsläufig Überschneidungen, »da der beobachtete Gegenstand den Autor zu Reflexionen anregt oder die Reflexion über einen Gegenstand die Dokumentierung durch Beobachtetes fordert« (346). Wichtiger, weil von direkterer Relevanz für die Wesensbestimmung der Kurzgeschichte, ist jedoch die von Link herausgearbeitete Differenzqualität zwischen der literarischen Skizze und der Erzählung. Demzufolge ist der Übergang von der beschreibenden Prosa der Skizze zur erzählenden Prosa der »tale«, die im Unterschied zur »sketch« durch zeitliche Strukturierung und kausale Verknüpfung gekennzeichnet ist, identisch mit dem Übergang von der bloßen Prosa (»non-fiction«) zur fiktiven Erzählprosa (»fiction«). Von Belang für die Wesensbestimmung der Kurzgeschichte ist diese Unterscheidung deshalb, weil Link die »short story« einerseits als Unterart der »tale« versteht und andererseits von der Grenzstellung der Kurzgeschichte zwischen Erzählung und Skizze spricht. Demnach hat die Kurzgeschichte mit der Skizze das Element der Deskription und mit der Erzählung deren fiktionalen Charakter gemeinsam, wohingegen Link das Differenzkriterium zwischen »short story« und »tale« dahingehend bestimmt, daß die Handlung in der Kurzgeschichte gewöhnlich auf eine entscheidende, die Lebenszusammenhänge offenbarende Situation reduziert ist.

Lubbers' Abgrenzungen zwischen der Kurzgeschichte einerseits und dem Essay, der Skizze sowie der Erzählung andererseits unterscheiden sich von Links vergleichenden Betrachtungen vor allem in zwei Punkten: Zum einen ergänzt Lubbers Links Bemerkungen über die »sketch« durch Ausführungen über die Perspektive des Skizzenautors, die er »statisch und panoramisch oder peripatetisch und gleitend« nennt,[4] und zum anderen stellt er das Verhältnis von Erzählung und Kurzgeschichte unter umgekehrtem Vorzeichen dar. Hatte Link die Kurzgeschichte als Unterart der Erzählung verstanden, so bezeichnet Lubbers die Erzählung im Anschluß an Äußerungen von Brander Matthews und Sean O'Faolain »als Unterform der Kurzgeschichte«, weil die »short story« über einen höheren Grad an Komplexität und Funktionalität verfüge als die »tale«.[5]

Ein weiterer Unterschied zwischen den komparativ-deskriptiven Wesensbestimmungen von Link und Lubbers besteht darin, daß letzterer kurz auf die Beziehungen zwischen der Kurzgeschichte und weiteren Kurzformen der Prosa wie Fabel und Parabel eingeht.[6] Während zwischen der Fabel und der »short story« nach der Ansicht von Lubbers nur wenige Berührungspunkte bestehen, wird der Parabel, in der alltägliche Vorfälle zur Veranschaulichung allgemeinerer Bedeutungen dienen, eine »innere Affinität zur Short Story« bescheinigt. Von Ian Reid ist die Parabel neben der Skizze, dem Garn und dem Märchen ebenfalls zu den »tributary forms« der Kurzgeschichte gezählt worden,[7] doch hat Reid ihr keine bevorzugte Stellung gegenüber der Fabel eingeräumt. Er ist vielmehr der Meinung, daß beide Kurzformen der Prosa aufgrund der für sie charakteristischen ökonomischen Darstellungsweise mit der »short story« verwandt sind, während sie sich in ihrer didaktisch-moralischen Zielsetzung von ihr unterscheiden.[8]

Da die Novelle, die manche Gattungsforscher vornehmlich aufgrund ihres Wendepunktes und ihrer geschlossenen Form von »short story« glauben abgrenzen zu können, nicht zu den typischen Erzählformen der amerikanischen Literatur gehört, eignet sich neben den bisher skizzierten Kurzformen der Prosa vor allem der Roman zur weiteren komparativ-deskriptiven Wesensbestimmung der Kurzgeschichte. Schon die Begriffe »long short story«, »short novel« und »novelette« zeigen, daß die Abgrenzung zwischen Roman und Kurzgeschichte nicht so naheliegend ist, wie es auf den ersten Blick erscheinen mag. Die Affinitäten zwischen beiden Gattungen äußern sich u. a. darin, daß es Romankapitel gibt, welche die Form von Kurzgeschichten haben, und daß umgekehrt »short stories« in Romane integriert werden können, wie dies bei Faulkner u. a. mit der Geschichte »Wash« geschehen ist, die in den Roman *Absalom, Absalom!* eingefügt wurde. Ein weiterer Hinweis auf die Affinitäten zwischen beiden Gattungen ist die Existenz von Kompositionsformen wie Kurzgeschichtensequenz, Kurzgeschichtenzyklus und Kurzgeschichtenroman, die die Gattung der »short story« in Richtung auf den Roman überschreiten.[9]

Darüber hinaus sind Romane wie *The Spoils of Poynton* von Henry James bekannt, die ursprünglich als Kurzgeschichten konzipiert wurden und sich erst im Laufe der Zeit zur epischen Langform entwickelten. Paul Goetsch hat in seinem Aufsatz »Die Begrenzung der Short Story« solche Beispiele untersucht und ist zu Differenzqualitäten gelangt, die den Umfang des verarbeiteten Stoffes und die gewählte Darstellungsweise betreffen. Wichtig ist in diesem Zusammenhang, daß Goetsch immer nur von relativen Differenzqualitäten spricht und die Existenz absoluter Differenzqualitäten mit Recht leugnet. So sind z. B. Kurzgeschichten bekannt, die über einen größeren Umfang und eine größere thematische Breite verfügen als Romane. Dennoch haben Goetschs Vergleiche ergeben, daß ein narrativer Text sich desto eher zu einem Roman ausweitet, je umfangreicher die in ihm dargestellte Handlung, je größer die Ausdehnung der Wirklichkeitskategorien von Raum und Zeit, je zahlreicher die Figuren und je vielfältiger die behandelten Themen sind. Außerdem ist die Tendenz zur Verallgemeinerung, zu multiperspektivischem Erzählen und zur szenischen Darstellung der Handlung im Roman meist stärker ausgeprägt als in der Kurzgeschichte.[10]

Die Differenzqualitäten des stofflichen Umfangs und der Darstellungsweise sind auch von Norman Friedman, der sich in seinem Aufsatz »What Makes a Short Story Short?« auf die Handlungsführung konzentriert hat, angesprochen worden. Theodor Wolpers hat sie in seinem Artikel »Kürze im Erzählen« ebenfalls behandelt, den Akzent in seiner Studie aber auf die »inneren Formen kurzen Erzählens« gelegt. In beiden Arbeiten sind die vergleichenden Hinweise auf den Roman jedoch, anders als bei Goetsch, randständiger Natur, so daß beide Untersuchungen nicht schon hier, sondern erst im Abschnitt über die deskriptiven Theorien referiert werden sollen.

2 Normative Theorien

Edgar Allan Poe und Brander Matthews

Die vergleichende Charakterisierung von Kurzgeschichte und Roman, deren sich eine Reihe moderner Kritiker zur Wesensbestimmung der »short story« bedient hat, begegnet schon bei Edgar Allan Poe, dem ersten Theoretiker der Gattung, der die Kurzgeschichte u. a. als »tale proper« oder als »tale of effect« bezeichnete. Doch ging es Poe weder darum, die gattungsspezifischen Eigenarten zweier eigenständiger Erzählformen auf dem Wege des Vergleichs und der Beschreibung zu ermitteln, noch war es sein eigentliches Ziel, die von Irving, Hawthorne und ihm selbst entwikkelte Kurzerzählung dadurch als eigenständige Gattung zu etablieren, daß er ihr ein theoretisches Fundament gab. Sein Anliegen bestand vielmehr darin, ein generelles dichtungstheoretisches Ideal zu propagieren und zu prüfen, inwieweit die verschiedenen Arten der Dichtung diesem Ideal gerecht zu werden vermögen.[1]

Er kam so zu einer neuen Hierarchie der Gattungen, deren oberste Stufen durch das gereimte Gedicht und die Kurzgeschichte gebildet werden, während das Epos Poes Vorstellungen vom Ideal der Dichtung ebenso wenig entspricht wie der Roman. Aus dieser Rangfolge ergibt sich, daß Poes Bemerkungen über das Gedicht für seine theoretischen Reflexionen über die »tale of effect« aufschlußreicher sind als seine vergleichende Charakterisierung von Kurzgeschichte und Roman. Es ist deshalb erforderlich, bei der Darstellung von Poes Poetik der Kurzgeschichte nicht nur auf die Rezension von Hawthornes *Twice-Told Tales* zurückzugreifen, die 1842 in *Graham's Magazine* erschien,[2] sondern auch den zuerst 1848 gehaltenen Vortrag »The Poetic Principle« und den Essay »The Philosophy of Composition« zu berücksichtigen, in dem Poe 1846 beschrieb, wie er bei der Komposition seines Gedichts »The Raven« angeblich verfuhr.

Aus allen drei Abhandlungen geht hervor, daß Poes dichtungstheoretisches Axiom auf dem Begriff der Einheit basiert, den er von August Wilhelm Schlegel übernahm.[3] Darüber hinaus verdeutlichen die drei Abhandlungen, daß Poe seine Forderung nach Einheit nicht nur wirkungsästhetisch, sondern – hierin an Aristoteles anknüpfend – auch formalästhetisch begründet. In der Rezension der *Twice-Told Tales* stellt er fest, daß der Roman sich aufgrund seiner Länge der Wirkungsmöglichkeiten beraube, die aus der Totalität eines sprachlichen Kunstwerks erwachsen, und daß die »unity of effect or impression« von größter Wichtigkeit für »almost all classes of composition« sei.[4] In »The Philosophy of Composition« bemerkt er, Miltons *Paradise Lost* fehle es aufgrund seiner Länge an »the vastly important artistic element, totality, or unity, of effect«,[5] und in dem Vortrag »The Poetic Principle«, wo er sich ebenfalls kritisch mit Miltons Epos auseinandersetzt, spricht er im Zusammenhang mit »that vital requisite in all works of Art« von der Einheit, die er als »totality of effect or impression« (464) bestimmt.

Der Grund dafür, daß Poe die Einheit eines sprachlichen Kunstwerks von seiner Länge abhängig macht, ist darin zu sehen, daß er die »unity of effect or impression«

unter leserpsychologischen Gesichtspunkten betrachtet. Demnach ist es die Aufgabe der Dichtung, den Leser zu erregen und zu erheben, was aufgrund der psychischen Disposition des Rezipienten immer nur vorübergehend möglich ist und deshalb nur von Kunstwerken geleistet werden kann, die ohne Unterbrechung gelesen werden können. Wichtig ist in diesem Zusammenhang, daß Poe sich mehrfach nicht nur gegen extrem lange, sondern auch gegen extrem kurze Dichtungen ausspricht. Ebenso wie es dem Dichter unmöglich ist, die intendierte Wirkung beim Leser durch überlange Kompositionen zu erreichen, vermag er dessen Seele nicht durch epigrammatische Kürze zu erregen; denn kurze Dichtungen können zwar eine lebhafte, aber keine dauerhafte Wirkung erzielen.

Der Eindruck, den das sprachliche Kunstwerk beim Leser hinterläßt, ist nach Poes Auffassung das entscheidende Qualitätsmerkmal einer jeden Dichtung. Er ist abhängig von einer analytischen Planung und einem kombinatorischen Verfahren, die alle Teile des Kunstwerks in den Dienst des intendierten Effekts stellen. Poe unternimmt es daher sowohl in dem Essay »The Philosophy of Composition« als auch in seiner Rezension der *Twice-Told Tales*, die wirkungsästhetische Komponente seiner Poetik mit der formalästhetischen zu verbinden.[6] Er hebt in diesem Zusammenhang hervor, daß das sprachliche Kunstwerk nicht auf einer göttlichen Inspiration oder ekstatischen Intuition beruht, sondern das Ergebnis einer bewußten Konstruktion ist, die in ihrer Präzision und Folgerichtigkeit der Lösung eines mathematischen Problems entspricht.[7]

Der Entwicklungsprozeß eines auf diese Weise entstandenen Kunstwerks ist – wie Poe an der angeblichen Genese seines Gedichts »The Raven« verdeutlicht – jederzeit rekonstruierbar. Am Anfang der Komposition dieses Gedichts sollen die Überlegungen über den optimalen Umfang gestanden haben, an die sich die Gedanken über den intendierten Effekt anschlossen. In weiteren Kompositionsschritten will Poe dann seine Entscheidungen über den Ton des Gedichts, über den Refrain, dem die Funktion des strukturellen Zentrums zugewiesen wurde, über den Inhalt und die Sprechsituation, über die Strophenform sowie über den räumlichen Rahmen, dem in leserpsychologischer Hinsicht eine besondere Bedeutung zuerkannt wird, getroffen haben. Die letzten beiden Strophen verwendete Poe schließlich darauf, die bis dahin beachteten Grenzen des Plausiblen zu übersteigen und dem Gedicht durch metaphorische Wendungen sowie durch den erst am Schluß herausgearbeiteten emblematischen Charakter des Raben Komplexität und Suggestivität zu verleihen.

Auf diese Weise entstand ein sprachliches Kunstwerk, das vom Ende her komponiert wurde. Dieses Kompositionsverfahren ist nach Poes Vorstellung nicht nur bei der Produktion von Lyrik, sondern bei der Abfassung jeder Art von Dichtung zu beachten.[8] Dementsprechend heißt es in der Rezension der *Twice-Told Tales:*

A skilful literary artist has constructed a tale. If wise, he has not fashioned his thoughts to accomodate his incidents; but having conceived, with deliberate care, a certain unique or single *effect* to be wrought out, he then invents such incidents – he then combines such events as may best aid him in establishing this preconceived effect. If his very initial sentence tend not to the outbringing of this effect, then he has failed in his first step. In the whole composition there should be no word written, of which the tendency, direct or indirect, is not to the one pre-established design. And by such means, with such care and skill, a picture is at length painted which leaves in the mind of him who contemplates it with a kindred art, a sense of the fullest satisfaction. The idea of the tale has been presented unblemished, because undisturbed; and this is an end unattainable by the novel.[9]

Diese Äußerung, deren Bedeutung für die weitere Entwicklung der amerikanischen Kurzgeschichte gar nicht überschätzt werden kann, enthält alle wichtigen poetologischen Postulate von Poe. Wie der Lyriker, so darf auch der Kurzgeschichtenautor sein Augenmerk nicht primär auf die inhaltliche Komponente des zu schaffenden Werkes richten. Ausgangspunkt einer »tale proper« haben nicht die erzählten »incidents« und »events« zu sein, sondern eine Idee, die dem Leser ohne Entstellungen vermittelt werden muß. Diese Idee vermag die intendierte Wirkung beim Leser nur dann auszulösen, wenn alle anderen Bestandteile der »tale of effect« ihr dienstbar gemacht werden, d. h. wenn deren Auswahl und Verknüpfung so erfolgt, daß sie die konsequente Entwicklung der Idee fördern.[10] Auch an dieser Stelle wird also wie bei der Beschreibung der Genese des Gedichts »The Raven« der konstruktivistische Aspekt des Poeschen Dichtungsverständnisses sichtbar, der hier in die Forderung mündet, daß eine »tale of effect« von Anfang an auf das Ende hin anzulegen sei. Ein solcher straffer und zielgerichteter Aufbau trägt dazu bei, daß die Kurzgeschichte dem Ideal der Einheit entspricht, dem der Roman aufgrund der ihm von Poe unterstellten lockeren Struktur nicht gerecht werden kann.

Die oben nachgezeichneten Affinitäten zwischen »rhymed poem« und »short prose narrative« sind für die weitere Entwicklung der amerikanischen Kurzgeschichte nicht zuletzt deshalb bedeutsam, weil spätere Theoretiker daran angeknüpft haben und weil insbesondere die moderne »short story« durch Lyrisierungstendenzen charakterisiert ist.[11] Sie erschöpfen sich übrigens nicht darin, daß beide Gattungen dem konstruktivistischen Dichtungsideal Poes, das mit dem ausgeprägten Formbewußtsein der Romantiker im Einklang steht, am ehesten entsprechen. Poe verweist vielmehr dadurch auf weitere Gemeinsamkeiten, daß er im Zusammenhang mit beiden Genera von der Komplexität, der Suggestivität und der Originalität spricht.

Während Poe – vor allem in dieser Hinsicht ein Vorläufer der Moderne – unter der Suggestivität »some under-current of ... meaning« versteht,[12] bestimmt er den Bedeutungsinhalt des Begriffs Komplexität durch den weitgehend synonym gebrauchten Terminus »adaptation«, der einerseits in enger Beziehung zur Suggestivität steht, andererseits aber auch die ornamentale Verfeinerung des behandelten Stoffes bezeichnet.[13] Die dritte Forderung mag bei einem Autor, welcher der göttlichen Inspiration und der ekstatischen Intuition eine ausdrückliche Absage erteilt, zunächst überraschen, doch macht Poe in »The Philosophy of Composition« klar, daß Originalität und Intuition nichts miteinander zu tun haben. Die Originalität beruht demnach weniger auf der Invention als vielmehr auf der Negation. D. h.: Ein Dichter ist dann originell, wenn er aus der Gesamtheit der vorgegebenen poetischen Strukturen die seiner intendierten Wirkung förderlichen herausgreift und diese mit Hilfe der Imagination in neuartiger Weise miteinander verknüpft.[14] Zwischen Poes konstruktivistischem Dichtungsideal und seiner Forderung nach Originalität besteht demnach kein Widerspruch. In der Rezension der *Twice-Told Tales* werden diese beiden Aspekte der Poeschen Poetik ebenfalls miteinander in Verbindung gebracht. Poe unterteilt Hawthornes Erzählungen in dieser Rezension in »tales proper« und in »pure essays«, bei denen er das Bemühen um Komplexität und um eine gezielte Beeinflussung des Lesers vermißt, denen er aber eine »high originality of thought« bescheinigt, die sich in »novel combinations« äußert.[15]

Neben den Affinitäten zwischen »rhymed poem« und »short prose narrative« arbeitet Poe in den genannten Abhandlungen auch Differenzqualitäten zwischen den beiden Genera heraus, die deshalb aufschlußreich sind, weil sie eine Antwort auf die Frage erlauben, was Poe unter dem »certain unique or single *effect*« eines Gedichts oder einer Kurzgeschichte versteht. In dem Vortrag »The Poetic Principle« untergliedert Poe »the world of mind« in »Pure Intellect, Taste, and the Moral Sense« (469). Darüber hinaus stellt er hier fest, daß sich der Intellekt mit der Wahrheit, der Geschmack mit der Schönheit und das moralische Bewußtsein mit der Pflicht beschäftigen. Ferner wird in »The Poetic Principle« wie in »The Philosophy of Composition« ausgeführt, daß die Schönheit der angemessene Gegenstand der lyrischen Dichtung ist; daß die angestrebte Wirkung auf den Leser, die Poe wiederholt mit Wendungen wie »the excitement, or pleasurable elevation, of the soul« (456) umschreibt, dadurch erzielt wird, daß der Lyriker der übernatürlichen Schönheit Ausdruck zu verleihen versucht.

Demgegenüber wird in »The Philosophy of Composition« und in der Rezension der *Twice-Told Tales* hervorgehoben, daß als Gegenstände der Prosaerzählung, die Poe insgesamt niedriger als das Gedicht einstuft, die Wahrheit und die Emotionen zu betrachten sind. Geht die Wirkung des Gedichts von der die Seele erhebenden Idee der Schönheit aus, die Poe als die höchste Idee begreift, so äußern sich die Idee und die Wirkung der »tale of effect«, die über ein geringeres Maß an Komplexität und Erhabenheit als das Gedicht verfügt, dieses aber im Hinblick auf gedankliche und sprachliche Flexibilität übertrifft, in der den Intellekt ansprechenden Entschlüsselung der Wahrheit und in der das Herz bewegenden Darstellung von »terror, or passion, or horror, or a multitude of such other points«.[16] Zwar deutet Poe in diesem Zusammenhang an, daß es zwei Arten der »tale of effect« gibt – die »tales of ratiocination« und die »tales of terror« – doch sind seine bedeutendsten Kurzgeschichten dadurch gekennzeichnet, daß sie Elemente beider Erzähltypen in sich vereinigen.[17]

Indem Poe an die Kurzgeschichte die für die Dichtung schlechthin verbindliche und leserpsychologisch begründete Forderung nach der Totalität der Wirkung stellte; indem er festlegte, daß die für die intendierte Wirkung entscheidende Idee der Erzählung dem Gegenstandsbereich der Wahrheit oder dem der Emotionen zu entnehmen sei; indem er die formale Geschlossenheit der »tale proper« postulierte, die er durch einen klimaktisch konstruierten Aufbau sowie durch originelle, der

Entwicklung der Idee untergeordnete Verknüpfungen von Vorfällen, Begebenheiten und atmosphäreschaffenden Details gewährleistet sah; und indem er trotz der Forderung nach Einheit in wirkungsästhetischem wie in formalästhetischem Sinn auf der Komplexität und der Suggestivität der Kurzgeschichte insistierte, schuf er eine kohärente normative Theorie der Gattung. Allerdings ist diese auf wenigen Seiten entwickelte Theorie in einigen Punkten recht allgemein gehalten, was Brander Matthews zu dem Versuch veranlaßte, sie in seinem bereits erwähnten Essay »The Philosophy of the Short-story«, einem Meilenstein in der Geschichte der Theoriebildung, eingehend zu erläutern.

Matthews beschränkte sich jedoch nicht darauf, Poes Äußerungen zu präzisieren, wobei es zu Akzentverschiebungen und restriktiven Auslegungen der Poeschen Gedanken kam, sondern er ging auch insofern über den von ihm bewunderten Autor hinaus, als er die Kurzgeschichte in den Rang einer eigenständigen literarischen Gattung erhob. Bei seinem Versuch, die »short story« als »one of the few sharply defined literary forms« zu charakterisieren, bediente sich Matthews vornehmlich des Vergleichs mit dem Roman, den er als hybride Form einstufte und dem er die »sharply defined individuality« der Kurzgeschichte absprach.[18] Sein wesentlichstes Differenzkriterium, demzufolge es dem episodenhaft strukturierten Roman an der »unity of impression« (11) fehlt, übernahm Matthews von Poe, doch formulierte er darüber hinaus weitere Unterscheidungsmerkmale, die freilich aus heutiger Sicht als unhaltbar zu bezeichnen sind. Dies gilt für die Behauptung, der Roman müsse anders als die Kurzgeschichte »nowadays at least ... a love-tale« (11) sein, ebenso wie für die auf den Naturalismus zurückgehende Ansicht, der Romanautor bedürfe der Originalität nicht und könne sich mit einer photographischen Wiedergabe der Wirklichkeit begnügen (13). Unhaltbar ist schließlich auch – wie u. a. durch Erzählungen von Herman Melville, Henry James, William Faulkner und Richard Wright verdeutlicht wird – die Meinung, eine Kurzgeschichte könne nicht »a chapter out of a Novel« (11) sein, sie könne nicht aus einer längeren Erzählung extrahiert oder in ein längeres Werk eingefügt werden, und sie könne sich nicht zu einem Roman ausweiten (14).[19]

Während Matthews glaubte, über absolute Differenzkriterien zwischen Roman und Kurzgeschichte zu verfügen, war er bei der Abgrenzung zwischen der »short story« und anderen Kurzformen der Prosa vorsichtiger. Zwar bestand für ihn kein Zweifel an dem wesensmäßigen Unterschied zwischen der »short story« und der »story which is merely short«, wozu er »the episode«, »the incident« und »the amplified anecdote« (27) rechnete, doch beschränkte er sich bei dem Vergleich zwischen Kurzgeschichte und »sketch« darauf, relative Differenzqualitäten zu nennen:

Perhaps the difference between a Short-story and a Sketch can best be indicated by saying that, while a Sketch may be still-life, in a Short-story something always happens. A Sketch may be an outline of character, or even a picture of a mood of mind, but in a Short-story there must be an action. Yet the distinction, like that between the Novel and the Romance, is no longer of vital importance (17).[20]

Mit diesem Zitat können wir überleiten zu den Akzentverschiebungen und restriktiven Auslegungen, die Matthews an Poes Vorstellungen vornahm; denn auffällig ist an dieser Äußerung die starke Betonung der Handlung, die für die Kurzgeschichtenproduktion der zweiten Hälfte des 19. Jahrhunderts typisch ist und – nicht zuletzt unter dem Einfluß von Matthews – zur Entwicklung der sogenannten »plot story« führte. Bei Poe selbst, der die »incidents« und »events« der Idee der »short prose narrative« unterordnete, trat die Handlung noch nicht als dominantes Charakteristikum in Erscheinung.[21] Eine Abweichung von Poes Vorstellungen liegt auch dort vor, wo Matthews sich auf den »unique or single *effect*« bezieht. Zwar bewegt er sich durchaus im Rahmen von Poes Konzeption, wenn er bemerkt: »The Short-story is the single effect, complete and self-contained ... « (11), doch stimmt folgende Gattungsbestimmung nicht mehr mit den Überlegungen des ersten Theoretikers der amerikanischen Kurzgeschichte überein: »A Short-story deals with a single character, a single event, a single emotion, or the series of emotions called forth by a single situation« (11). Der Leser wird sich erinnern, daß Poe von der Kombination von »incidents« und »events« gesprochen hatte; außerdem sei hier nur angemerkt, daß Poe mit »The Fall of the House of Usher« (1839) eine Kurzgeschichte schrieb, die über zwei Protagonisten, Roderick Usher und den Erzähler, verfügt.

Weitere Abweichungen von Poes Konzept erklären sich aus der großen Wertschätzung, die Matthews für Nathaniel Hawthorne empfand. Doch erwähnen wir zunächst diejenigen typologischen Besonderheiten der Kurzgeschichte, die Matthews in uneingeschränkter Übereinstimmung mit Poe formulierte. Zunächst sind in diesem Zusammenhang »originality«, »ingenuity« und »compression« zu nennen, wobei festzustellen ist, daß Matthews mit »compression« offensichtlich die formale Geschlossenheit und logische Konstruktion der Erzählung meinte.[22] Neben dem konstruktivistischen Aspekt des Poeschen Modells befürwortete Matthews ebenfalls die von seinem Vorgänger erhobene Forderung nach der Suggestivität bzw. Funktionalität der »short prose narrative«. Belegt wird diese Übereinstimmung durch die korrekte Einschätzung des Poeschen Erzählwerks durch Matthews, derzufolge die realistischen Elemente in Poes Erzählungen nicht Selbstzweck sind, sondern im Dienste des »shadow of mystery« stehen, »which broods over the things thus realistically portrayed« (21). Vervollständigt wird der Katalog der Übereinstimmungen dadurch, daß Matthews – sieht man einmal von der starken Betonung der Handlung ab – der Idee einer Kurzgeschichte wie Poe eine vorrangige Bedeutung zuerkannte. Entscheidend für das Gelingen einer »short story« ist demnach nicht, wie etwas erzählt wird, sondern was erzählt wird. Die Brillanz des Stils und die Symmetrie der Form werden zwar für unabdingbar erachtet, rangieren in ihrer Bedeutung aber hinter dem Thema.

Trotz der vielfältigen Übereinstimmungen mit Poe ist Matthews ein durchaus origineller Theoretiker, dem sogar ein gewisser Weitblick nicht abgesprochen werden kann. Seine Originalität äußert sich vor allem darin, daß er einer der ersten war, die die Kurzgeschichte als eigenständige literarische Form würdigten, und seinen Weitblick bekundete er dadurch, daß er, obwohl er wie Poe eine normative Theorie entwickelte, bereits von den »limitless possibilities« (18) der neuen Gattung sprach. Interessant sind seine theoretischen Reflexionen schließlich auch deshalb, weil er zumindest ansatzweise einen Ausgleich zwischen der Konzeption von Poe und den zum Teil sehr unterschiedlichen, später zu erörternden Vorstellungen von Hawthorne schuf. Deutlich wird Matthews' Bemühen um einen Ausgleich in zwei miteinander verbundenen Punkten: Zum einen befürwortet er das bei Poe fehlende, für Hawthornes Erzählungen aber zentrale moralische Anliegen, und zum anderen verknüpft er die von Poe übernommenen Charakteristika »originality«, »ingenuity« und »compression« mit dem »touch of fantasy«, den er nicht im Sinne Poes, sondern im Sinne Hawthornes verwendet wissen will.[23] Matthews bezieht sich dabei sowohl auf die Geschichten selbst, in denen das Übernatürliche seiner zutreffenden Meinung nach als äußeres Zeichen einer inneren Auseinandersetzung und der ethischen Problematik fungiert, als auch auf das Vorwort zu dem Roman *The House of the Seven Gables* (1851), in dem Hawthorne feststellte, das Übernatürliche solle »rather as a slight, delicate, and evanescent flavour« in Erscheinung treten »than as any actual portion of the substance«.

Epigonale normative Theoretiker

Zwar regte sich um die Jahrhundertwende Widerstand gegen die normativen Theorien von Poe und Matthews,[24] doch blieb deren Einfluß auf die Theoriediskussion und auf die literarische Praxis noch lange spürbar. In besonderem Maß gilt dies für die Handbücher oder Schreibschulen, in denen Anleitungen für die Komposition von »short stories« gegeben werden. Schon 1869 vertrat ein unbekannter amerikanischer Kritiker die Ansicht, die Kunst, Kurzgeschichten zu schreiben, sei erlernbar. Davon überzeugt, daß die Gattung über ihre eigenen Gesetze verfüge, welche er aus Poes Kurzgeschichten ableitete, forderte er die Beachtung folgender Regeln: Im Mittelpunkt einer Kurzgeschichte habe ein zentrales Ereignis zu stehen; die Konstruktion solle einheitlich, kompakt und symmetrisch sein; bei der Ausdrucksweise und der Charakterzeichnung sei auf Prägnanz zu achten; die »short story« müsse mit »a deep significance« ausgestattet sein, damit der Leser belehrt oder dessen Imagination angesprochen werden könne.[25]

Ungefähr vierzig Jahre später stellte Joseph Berg Esenwein, ein unverkennbarer Epigone von Poe und Matthews, in einem vielzitierten Handbuch[26] einen ähnlichen Regelkanon auf, indem er der Kurzgeschichte, die er – auch hierin Poe folgend – als »a brief, imaginative narrative« bezeichnete, die Wesensmerkmale eines zentralen Ereignisses, eines herausragenden Protagonisten, eines komprimierten und straff organisierten »plot« und einer »single impression« zudiktierte. Wie zählebig solche normativen Definitionsversuche sind, bei denen selten darauf verzichtet wurde, den Umfang einer Kurzgeschichte festzulegen, ohne daß es je zu einer Übereinkunft über deren quantitative Dimension gekommen wäre, zeigen der 1969 von dem indischen Schriftsteller Khushwant Singh zum internationalen Symposion über die Kurzgeschichte beigesteuerte Diskussionsbeitrag sowie die Definition in einem Handbuch literarischer Fachtermini, die von Litz zitiert wird. Wie Esenwein so sind auch diese beiden Kritiker offensichtlich an Poe und Matthews geschult. Khushwant Singh gibt dies zu erkennen, wenn er von der Kurzgeschichte einen dreiteiligen Aufbau mit fest umrissenem Anfang, klar abgegrenzter Mitte und zusammenfassendem Schluß fordert und wenn er außerdem vorschreibt, daß eine »short story« auf einer einzigen Begebenheit oder auf einer Kette von Ereignissen basieren müsse, die zur Illustration eines Themas oder eines Charakters zu dienen habe.[27] Der von Litz zitierte Theoretiker verrät seine Abhängigkeit von Poe und Matthews ebenfalls dadurch, daß er dem Ideal der Einheit huldigt, die er dann in optimaler Weise verwirklicht sieht, wenn eine Kurzgeschichte so gestaltet ist, daß sie einen einzigen Charakter in einer einzigen Situation zu einem einzigen Zeitpunkt darstellt und einen einzigen dominanten Effekt hervorbringt.[28] Darüber hinaus bewegt er sich im Rahmen der Vorstellungen von Poe und Matthews, wenn er fordert, daß eine Kurzgeschichte einen dramatischen Konflikt enthalten soll; denn schon Poe hatte »die Einheit der Wirkung mit den dramatischen Einheiten von Zeit und Handlung« verbunden,[29] und Brander Matthews, der beiläufig bemerkte, daß die dramatischen Einheiten von Handlung, Ort und Zeit in der »short story« häufig beachtet würden, bezeichnete den Einakter als das Äquivalent der Kurzgeschichte.

Ambrose Bierce, Frank Norris und Edith Wharton

Theoretische Überlegungen wie die eben skizzierten liegen in großer Zahl vor, doch verbietet es der vorgegebene Rahmen dieses Buches, auf weitere Beispiele einzugehen.[31] Überdies wäre der Erkenntniswert weiterer Darstellungen ohnehin gering, da sich die Relevanz von Reflexionen der eben vorgeführten Art angesichts des übermächtigen Einflusses von Matthews und Poe allenfalls auf die Frage beschränkt, welche Teile der Konzeptionen dieser beiden Theoretiker von deren Nachfolgern besonders akzentuiert worden sind. Anders liegen die Dinge bei den drei amerikanischen Kurzgeschichtenautoren Frank Norris, Ambrose Bierce und Edith Wharton, deren theoretische Reflexionen zwar auch von Poe beeinflußt sind, aber dennoch ein höheres Maß an Eigenständigkeit erkennen lassen. Hinzu kommt, daß bei Frank Norris und Edith Wharton eine deutliche Skepsis gegenüber den normativen Gattungsbestimmungen sichtbar wird. Bei Ambrose Bierce, der auch in seiner literarischen Praxis unter dem Einfluß von Poe steht, ist ein Abrücken von der Regelpoetik dagegen nicht zu beobachten. Gemeinsam ist den Überlegungen der drei genannten Autoren, daß sie wie die Reflexionen von Poe, Matthews und zahlreichen anderen Theoretikern von dem Verhältnis von Kurzgeschichte und Roman handeln. Anders als Norris und Edith Wharton folgt Bierce seinem Vorbild Poe dabei insoweit, als er den Roman (novel), von dem er die Romanze (romance) unterscheidet, in seinem 1897 entstandenen Artikel »The Short Story« radikal gegenüber der Kurzgeschichte abwertet.[32] Hatte Poe sein negatives Urteil über den Roman mit dessen lockerer Struktur begründet, so liefert Bierce, der wie Poe davon spricht, daß dem Roman die »unity of impression« bzw. die »totality of effect« fehle und daß er die »limitations of human attention« mißachte, ein zusätzliches Argument, das an die Überlegungen von Matthews erinnert. Für Matthews hatte eines der Differenzkriterien zwischen Roman und Kurzgeschichte bekanntlich darin bestanden, daß der Roman sich mit der photographischen Wiedergabe der Realität begnügen könne, während die Kurzgeschichte über »a touch of fantasy« verfügen solle. Von Bierce, der Matthews' Bewunderung für Hawthorne teilte, wird dieses Argument in erheblich zugespitzter Form wiederholt. Davon ausgehend, daß Wahrscheinlichkeit und Fiktion einander ausschließen, erklärt er den Roman, der sich im Gegensatz zur Romanze auf die Registrierung des Faktischen beschränke und hierin der Geschichtsschreibung unterlegen sei, einerseits zur bloßen Reportage, während er andererseits Matthews' Forderung nach Berücksichtigung des Wunderbaren in der Kurzgeschichte dadurch überbietet, daß er das Unmögliche zum Gegenstand der »literature of imagination« erhebt, von der die »short story« ebenso ein Teil ist wie die Romanze.

Ganz andere Vorstellungen über das Verhältnis von Kurzgeschichte und Roman sowie über die Gegenstände fiktionaler Texte sind von Frank Norris entwickelt worden, der zu den führenden Vertretern des literarischen Naturalismus in Amerika gehört.[33] Zunächst ist festzuhalten, daß Norris anstelle des fundamentalen Gegensatzes zwischen Kurzgeschichte und Roman das Verbindende zwischen den beiden Genera betont. Dies geht aus der Bemerkung hervor, daß die Kurzgeschichten ursprünglich »hardly more than condensed novels« gewesen seien und ihr Wesensmerkmal der extremen Kürze erst unter dem Einfluß der literarischen Magazine entwickelt hätten. Außer in der Bestimmung des Verhältnisses von Kurzgeschichte und Roman weicht Norris insofern von Bierce, Poe und Matthews ab, als er die Rolle der Imagination bei der Entstehung jeder Art von Dichtung leugnet und auch dem Kurzgeschichtenautor vorschreibt, daß er sich ausschließlich mit der Realität auseinanderzusetzen habe. Trotz dieser wichtigen Unterschiede ist es unverkennbar, daß manche Details in den Ausführungen von Norris auf die theoretischen Reflexionen von Poe zurückgehen. So spricht Norris zum Beispiel davon, daß der Verfasser einer Kurzgeschichte eine Idee sowie eine einzelne bedeutungsvolle und verweisungsträchtige Szene erfinden müsse. Außerdem ist die Rede davon, daß die einzelnen Teile des Entwurfs einer »short story« in eine harmonische Ordnung zu bringen seien, daß die Kreativität des Autors sich in »(the) mere combination of things not heretofore combined« äußere und daß der fertige Entwurf einer Geschichte durch »a little polishing« vervollkommnet werden müsse.

Zwar kann Norris, der den Umfang einer »short story« auf 3500 Wörter begrenzt, zu den normativen Theoretikern der amerikanischen Kurzgeschichte gerechnet werden, doch enthalten seine Überlegungen auch unübersehbare deskriptive Elemente. Dasselbe gilt für Edith Wharton, die den Wert einer normativen Poetik sogar ausdrücklich einschränkt, wenn sie es als Fehler bezeichnet, die einmal formulierten

Regeln einer Gattung als unumstößlich zu betrachten. Dennoch bemerkt sie in ihrem Essay »Telling a Short Story«: »It remains to try to see what constitutes (in any permanent sense) the underlying norm of the ›good short story‹«.[34] Bei der Verwirklichung dieses Versuchs bedient sie sich vornehmlich des Vergleichs zwischen der Kurzgeschichte und dem Roman, wobei deutlich wird, daß sie im Unterschied zu Poe, Matthews und Bierce und in Übereinstimmung mit Norris die Affinitäten zwischen beiden Genera zur Kenntnis nimmt. Hatte Norris festgestellt, daß die ursprünglichen Kurzgeschichten kaum mehr als komprimierte Romane gewesen seien, so wird von Edith Wharton betont, daß Handlungsromane existieren, die »without the loss of their distinguishing qualities« zu Kurzgeschichten verdichtet werden könnten. Der umgekehrte Fall, daß es typische Kurzgeschichten gibt, deren Stoff zu einer romanhaften Gestaltung hätte gedehnt werden können, wird von ihr ebenfalls nicht in Zweifel gezogen.

Der eigentliche Unterschied zwischen einer »short story« und einem Roman resultiert für Edith Wharton wie für ihren Lehrmeister Henry James aus der unterschiedlichen Länge beider Erzählformen. Hatte Henry James unter Hinweis auf die Kürze der Kurzgeschichte notiert, »that the short story has come to renounce ... the actual *pursuit* of character«,[35] so bemerkt seine Schülerin, daß die Charakterentwicklung die Länge des Romans erfordere. Die Kurzgeschichte, die ihre Vitalität aus der dramatischen Gestaltung einer Situation beziehe, könne demgegenüber auf die individualisierende Charakterisierung der Personen verzichten. An dieser Stelle – bei dem Hinweis auf die Gestaltung einer Situation als dem entscheidenden Wesensmerkmal einer »short story« – wird bereits der Einfluß von Matthews spürbar. Dies ist auch dort der Fall, wo Edith Wharton die Handlung als bedeutsames Element der Kurzgeschichte bezeichnet. Außerdem befindet sich die Autorin in Übereinstimmung mit Matthews wie mit Poe, wenn sie ausführt, daß die Wirkung einer Kurzgeschichte »almost entirely« von deren Form abhängt und daß die Form durch »compactness«, Beschränkung auf das Wesentliche,[36] effektvolle Anordnung der Teile, schrittweise sowie straffe Entwicklung und einen Beginn gekennzeichnet sein müsse, der den Kern der gesamten Erzählung enthält.

Den zuletzt genannten Aspekt fordert Edith Wharton in Abweichung von Matthews und Poe allerdings auch vom Roman. Darüber hinaus beweist sie ihre Eigenständigkeit, wenn sie die Geschlossenheit der Form nicht nur durch die Beachtung der Einheit der Zeit, sondern auch durch die Beibehaltung einer einzigen Erzählperspektive gewährleistet sieht, wenn sie aus dem für gattungsspezifisch gehaltenen Merkmal der Handlung folgert, daß die Kurzgeschichte eher als der Roman als Abkömmling des Epos angesehen werden könne, und wenn sie Matthews' Forderung nach »a touch of fantasy« – ähnlich wie Bierce und wie dieser unter Hinweis auf die Märchensammlung *Tausendundeine Nacht* – durch die Feststellung ersetzt, der Leser einer Kurzgeschichte könne in die unglaublichsten Abenteuer verwickelt werden.

3 Deskriptive Theorien

Nathaniel Hawthorne

Zu Beginn des vorliegenden Kapitels sind einige grundsätzliche Bemerkungen über das Verhältnis von normativen und deskriptiven Theorien erforderlich. Dabei ist in Anknüpfung an die Ausführungen über Frank Norris und Edith Wharton zunächst festzustellen, daß die beiden verschiedenen Arten des Theoretisierens nicht immer in Reinkultur auftreten. Außerdem ist zu bedenken, daß jeder Versuch der Theoriebildung letzten Endes durch normative Züge gekennzeichnet ist; denn auch der deskriptiv vorgehende Theoretiker läßt sich bei der Beschreibung der Gattung – sei es bewußt oder unbewußt – von Idealvorstellungen leiten. Umgekehrt ist drittens zu berücksichtigen, daß es keine normative Theorie ohne deskriptive Ansätze gibt. Mag ein Theoretiker auch noch so strikte Gattungsregeln formulieren, so sind diese doch nie ausschließlich das Ergebnis abstrakter Überlegungen, sondern immer auch Resultat der Auseinandersetzung mit der literarischen Praxis. So ist zum Beispiel Edgar Allan Poe sicher nicht zu Unrecht nachgesagt worden, daß seine normative Gattungspoetik nichts anderes als die theoretische Rechtfertigung seiner eigenen Erzählungen ist.[1]

Es verhält sich mit der Beziehung zwischen normativen und deskriptiven Theorien also ähnlich wie mit der Relation zwischen Kurzgeschichte und Roman: Man kann keine absoluten, sondern lediglich relative Unterschiede benennen. Der wesentlichste besteht darin, daß der präskriptiv vorgehende Theoretiker bestimmt, wie eine Kurzgeschichte sein *soll*, während der deskriptiv verfahrende Theoretiker darstellt, wie sie sein *kann*. Normative und deskriptive Theorien beruhen jedoch nicht nur auf unterschiedlichen Zielsetzungen, sondern sind auch Ergebnis unterschiedlicher Verfahrensweisen; d. h.: Während präskriptives Theoretisieren in methodologischer Hinsicht meist ahistorisch erscheint, bedient sich der deskriptiv vorgehende Theoretiker immer der geschichtlichen Betrachtungsweise. Oder mit anderen Worten: Während präskriptives Theoretisieren auf der Basis zeitlich begrenzter Erscheinungsformen zeitlos gültige Prinzipien formuliert und primär an der zukünftigen Entwicklung der Gattung interessiert ist, orientiert sich der deskriptiv vorgehende Theoretiker an der vergangenen Entwicklung des Genres.[2] Dabei ist es grundsätzlich unerheblich, welche Dimension der historische Rahmen hat; denn eine deskriptive Theorie kann ebenso auf der Basis der eigenen Werke des Theoretikers entstehen wie auf der Betrachtung einer Nationalliteratur oder dem Vergleich mehrerer Nationalliteraturen. Der Gegensatz zwischen historischer und ahistorischer Betrachtungsweise tritt auch dann zutage, wenn im Rahmen der unterschiedlichen Theoriebildungen Gattungsvergleiche angestellt werden. Während ein Vertreter der Regelpoetik meist an die Existenz absoluter Differenzkriterien glaubt, nimmt ein deskriptiv verfahrender Theoretiker die Grenzüberschreitungen zwischen den Gattungen wahr und beschränkt sich deshalb im Normalfall auf die Benennung relativer Differenzkriterien.

Die ersten ausführlichen Versuche, das Wesen der Kurzgeschichte auf deskriptiv-historischem Wege zu erfassen, sind in Amerika um die Jahrhundertwende gemacht worden und können nicht zuletzt als Reaktionen auf Brander Matthews' Essay »The Philosophy of the Short-story« angesehen werden. Schon vorher hatte Nathaniel Hawthorne jedoch Ansätze zu einer deskriptiven Theorie entwickelt, indem er sich mit seinen eigenen Werken auseinandersetzte, wobei er im Unterschied zu Poe darauf verzichtete, aus seiner eigenen literarischen Praxis für allgemeinverbindlich erklärte konstitutive Merkmale der Kurzgeschichte abzuleiten.

Unter den selbstkritischen Aussagen von Hawthorne, die sich zwar nicht wie Poes Reflexionen zu einer kohärenten Theorie zusammenfügen, die aber das Bild eines Erzähltyps entstehen lassen, der in einigen wesentlichen Punkten von Poes Idealvorstellungen abweicht, kommt dem Vorwort zur dritten Ausgabe der *Twice-Told Tales* von 1851 eine besondere Bedeutung zu. In diesem Vorwort bettet Hawthorne seine wenigen, aber sehr aufschlußreichen Bemerkungen über das Wesen seiner Geschichten in Reflexionen über deren Rezeption ein, mit der sich auch Poe in der revidierten Fassung seiner Rezension der *Twice-Told Tales* ausführlich beschäftigt hatte. Während Hawthorne von sich selbst sagt: »He was merely writing to his known or unknown friends«,[3] hatte Poe bemerkt: »His books afford strong internal evidence. of having been written to himself and his particular friends alone.«[4] Betrachtet man die Selbstaussage von Hawthorne in ihrem Kontext, so verwandelt sich die scheinbare Übereinstimmung beider Urteile in einen scharfen Gegensatz; denn während Poe unterstellt, daß es Hawthorne gar nicht darauf ankam, ein größeres Publikum anzusprechen, führt Hawthorne selbst aus, daß es ihm aufgrund des mangelnden Interesses der Öffentlichkeit verwehrt blieb, eine Breitenwirkung zu erzielen. An der Absicht, sich dem Publikum mitzuteilen, läßt er demgegenüber trotz seiner Gewohnheit, sich von seiner Umwelt abzukapseln, nicht den geringsten Zweifel; denn im weiteren Verlauf des Vorworts charakterisiert er seine Erzählungen folgendermaßen: »They are not the talk of a secluded man with his own mind and heart ..., but his attempts, ..., to open an intercourse with the world«.

Diese Selbstaussage steht nicht nur im Widerspruch zu Poes Urteil, sondern deutet auch bereits an, warum Poe zu seiner Fehleinschätzung kam. Der Grund besteht darin, daß beide Autoren unterschiedliche Wirkungsabsichten verfolgten. Während Hawthorne, der in seinem Vorwort ebenfalls bemerkt, daß seine Erzählungen durch »the coolness of a meditative habit« gekennzeichnet sind, in einen Gedankenaustausch mit seinem Leser treten und dessen Intellekt ansprechen will, appelliert Poe, dem es darum geht, den Leser unter seine Kontrolle zu bekommen, vornehmlich an die Emotionen. Für die Mehrzahl von Poes Geschichten gilt, daß die Wirkungsabsicht des Autors mit dem Terminus »movere« umschrieben werden kann; die Intention Hawthornes läßt sich dagegen treffend mit dem Terminus »instruere« kennzeichnen. Der Autor der *Twice-Told Tales* verfolgt somit in vollem Ernst dieselbe Wirkungsabsicht, zu der Washington Irving – in Wahrheit ein Dichter des »delectare« – sich schon in humoristischer Form bekannt hatte, als er die Belehrung zum Ziel seiner Geschichten erklärte und darauf hinwies, daß jede von ihnen eine »sound moral« enthalte.[5]

Aus den unterschiedlichen Wirkungsabsichten von Hawthorne und Poe ergeben sich zwangsläufig die zum Teil verschiedenen Wesensmerkmale der von ihnen verfaßten Erzählungen. Einer dieser Unterschiede besteht darin, daß Hawthornes Kurzgeschichten über ein geringeres Maß an Intensität verfügen. Poe, der zur Charakterisierung der *Twice-Told Tales* Begriffe wie »repose« und »quiet« verwendete,[6] hat dies richtig erkannt, und Hawthorne, der im Vorwort seiner Erzählsammlung von der »tameness« seiner Geschichten sprach, hat *dieses* Urteil bestätigt. Einig sind sich Poe und Hawthorne auch darin, daß die allegorische Einkleidung der Hawthorneschen Erzählungen deren Erfolg beim Publikum beeinträchtigt hat.[7] Poes Verdikt, Hawthorne sei »infinitely too fond of allegory« (449), steht ebenfalls nicht im Widerspruch zu den selbstkritischen Aussagen des Verfassers der *Twice-Told Tales*,[8] doch weichen die Ansichten der beiden Autoren über die Funktion der Allegorie in narrativen Texten offensichtlich weit voneinander ab. Während Hawthorne die Allegorie augenscheinlich als geeignetes Mittel zur Verwirklichung seiner moralisch-didaktischen Absichten betrachtet, hält Poe die Vorstellung, durch die Allegorie könne eine Wahrheit vermittelt werden, für einen Irrtum.[9] Zwar geht er nicht so weit, daß er die Verwendung der Allegorie in narrativen Texten in Bausch und Bogen verurteilt,[10] doch vertritt er die Meinung, daß sie der Wahrscheinlichkeit und der »unity of effect« abträglich sei. Als der eigentliche Grund für die widersprüchliche Beurteilung der Allegorie kann wiederum angeführt werden, daß die Wirkungsabsichten beider Autoren unterschiedlich sind: Dem an der rationalen Auseinandersetzung mit dem Leser gelegenen Hawthorne erscheint die Allegorie als ein geeignetes dichterisches Mittel, während der stärker um die affektive Beeinflussung des Lesers bemühte Poe ihre Existenzberechtigung anzweifelt und die Verwendung des Symbols bevorzugt.

Neben diesen Unterschieden offenbaren die theoretischen Reflexionen von Hawthorne und Poe auch Gemeinsamkeiten. So spricht Hawthorne ähnlich wie Poe davon, daß er bei der Komposition seiner Kurzgeschichten von einer »preconceived idea« ausgegangen sei, die er allerdings in keiner seiner Erzählungen in der ursprünglichen Form verwirklicht habe.[11] Außerdem meint Hawthorne, daß seine besten »short stories« über das Merkmal der Einheit verfügen und daß sie ihre Entstehung nicht nur seiner Beobachtungsgabe und seinem Wissen, sondern auch seiner »lofty imagination« verdanken. Schließlich nennt er in der Einleitung zu »Rappaccini's Daughter« (1844) als weiteres Kennzeichen die Originalität, welche Poe in der ursprünglichen Fassung seiner Rezension an den *Twice-Told Tales* ebenso gelobt hatte wie Hawthornes Imagination. Dennoch kann man sagen, daß sich zu Beginn der Entwicklung der amerikanischen Kurzgeschichte zwei unterschiedliche und gleichermaßen einflußreiche Konzepte gegenüberstehen: Das Modell Poes, das vornehmlich die Beeinflussung der Affekte zum Ziel hat und die Entwicklung der »plot story« begünstigte, und das Modell Hawthornes, das stärker an die rationalen Fähigkeiten des Lesers appelliert und auf jenen Kurzgeschichten-typ vorausweist, in dessen Zentrum der sogenannte »shock of recognition« steht.[12]

Henry James

Wie Hawthorne so knüpfte auch Henry James bei seinen deskriptiven Ausführun-gen über die Kurzgeschichte häufig an seine eigene literarische Praxis an. Dabei hat sich James, dessen Vorliebe der »beautiful and blest *nouvelle*« galt,[13] vor allem mit dem Konflikt zwischen dem Gebot der Kürze und den expansiven Tendenzen des Erzählstoffs beschäftigt, die er in seinem Vorwort zu »Daisy Miller« mit der Wen-dung »the explosive principle in one's material« umschrieb.[14] Immer wieder sind seine Überlegungen zu diesem Problem, vor das sich der Romancier übrigens eben-falls gestellt sieht, von der Einsicht in die Notwendigkeit getragen, beiden Seiten gerecht zu werden; denn einerseits soll der häufig als »germ« bezeichnete Stoff nicht in seiner organischen Entfaltung behindert werden, und andererseits ist James sich darüber klar, daß der Erzähler der unkontrollierten Wucherung des Stoffes durch seine formale Gestaltung entgegenwirken muß.[15]

Mit Bezug auf seine Kurzgeschichte »Europe« (1899) ist der Prozeß der formalen Gestaltung, durch den die expansiven Tendenzen des Erzählstoffs gebändigt wer-den, von James mit einem chemischen Prozeß verglichen worden, der zu immer neuen Reduktionen und Kondensationen führte, und im Hinblick auf die Ent-stehung von »The Tree of Knowledge« (1900) hat er die verwandte metaphori-sche Wendung »even a greater number of full revolutions of the merciless screw« gebraucht.[16] Im Zusammenhang mit seiner als »nouvelle« eingestuften Erzählung »The Coxon Fund« (1894) hat James schließlich darauf hingewiesen, daß die Entfal-tungsmöglichkeiten des Stoffes erst durch die formale Begrenzung voll zur Geltung gebracht werden. Der Autor hat an dieser Stelle nämlich nicht nur das Bemühen erwähnt, »to arrive, on behalf of the multiplicity at a certain science of control«, sondern er hat darüber hinaus die Imagination des Erzählers unter Verwendung einer Doppelmetapher als Schmelztiegel und als kochenden Kessel charakterisiert, in dem das Erzählmaterial »thanks to a rare alchemy« in eine Legierung oder ein schmackhaftes Gericht verwandelt und dabei zugleich verfeinert wird.[17]

Das Nebeneinander von Wachstumsmetaphern und von Metaphern aus dem Be-reich der Naturwissenschaften und der Technik verdeutlicht, daß Henry James als Theoretiker noch unter dem Einfluß der Romantik stand, daß seine Konzeption der Kurzgeschichte aber zugleich auch ein Bindeglied zwischen den Anfängen der Theoriediskussion und neueren poetologischen Positionen darstellt. Während die Metaphern aus den Bereichen der Naturwissenschaften und der Technik und der darin zum Ausdruck kommende konstruktivistische Aspekt des Jamesschen Dich-tungsverständnisses an Poe erinnern, der die Komposition von Dichtung bekannt-lich mit mathematischen Operationen verglich und der im Hinblick auf das kombi-natorische Verfahren des Dichters einmal von der Chemie des Intellekts sprach, weisen die Metapher der »germs« und der darin zum Ausdruck kommende, ebenfalls in der Romantik wurzelnde organistische Aspekt des Jamesschen Dichtungsverständnisses auf moderne Theoretiker wie Sherwood Anderson voraus.

Obwohl James mit seinem starken Interesse an der Genese literarischer Werke zu den historisch orientierten Theoretikern gehört und obwohl er sich mit seiner dezidierten Ablehnung dogmatischer Vorschriften[18] grundsätzlich von Poe als einem der Vertreter der Regelpoetik unterscheidet, stellt der konstruktivistische Aspekt seines Dichtungsverständnisses nicht die einzige Parallele zu Poes theoretischen Überlegungen dar. Vielmehr bediente sich James bei seinen Bemerkungen über die Genese von »The Real Thing« (1892) nicht nur des weiteren solcher an Poe und Matthews erinnernder Begriffe wie »selection« und »compact«, sondern er sprach auch von der Notwendigkeit der Handlung, deren Bedeutung er allerdings niedriger als Matthews veranschlagte und deren Funktion er wohl auch anders als Matthews verstand.[19] Andere an Poe und Matthews erinnernde Formulierungen enthalten die Bemerkungen zu »The Great Good Place« (1900), wo vom »calculated effect« die Rede ist, und der Essay »The Story-Teller at Large: Mr. Henry Harland« (1898), in dem James zwei Arten der »short story« voneinander unterschied.[20] Während die eine dieser beiden Arten auf einem »detached incident, single and sharp« beruht und ihre Kürze mithin der dem Stoff inhärenten Begrenzung verdankt, ist die andere, höher eingeschätzte Art durch eine »impression ... of a complexity or a continuity« gekennzeichnet, welche der Kurzform durch auktoriale Eingriffe wie die Beschränkung auf eine einzelne Perspektive verfügbar gemacht wird.[21]

Als weitere Parallele lassen sich die in der Notizbucheintragung zu »The Real Thing« gemachten Bemerkungen über die Idee der Kurzgeschichte anführen, doch wird diese Übereinstimmung dadurch eingeschränkt, daß die Idee nach den Vorstellungen von Henry James einen Lebensausschnitt veranschaulichen soll. Aus dieser Funktionsbestimmung ist nämlich zu entnehmen, daß das Verhältnis zwischen der Idee einer »short story« und deren Struktur bei James in einem anderen Licht erscheint als bei Poe. Während Poe davon ausging, daß die konsequente Entwicklung der Idee die sukzessive Bauform erfordere, leitet James in Erzählungen wie »The Real Thing« aus der Idee die szenische Darbietungsform der in der neueren Kurzgeschichtenliteratur weitverbreiteten »slice of life story« ab.[22]

Bret Harte und William Dean Howells

Die ersten kohärenten historisch-deskriptiven Poetiken der Kurzgeschichte, die in Amerika entwickelt wurden, stammen aus den Federn von Bret Harte und William Dean Howells. Bei beiden Theoretikern, von denen der eine sich mit der Entstehung der amerikanischen »short story« beschäftigte, während der andere die unterschiedlichen Ausprägungen der Kurzerzählung in einer Reihe von Nationalliteraturen untersuchte, ist der historische Rahmen weiter gespannt als bei Hawthorne und bei James. Hartes Vorgehen ähnelt dem der beiden zuletzt genannten Autoren allerdings insofern, als seine historischen Betrachtungen Bemerkungen über die von ihm selbst verfaßten Kurzgeschichten einschließen.

Der Artikel »The Rise of the Short Story«, den Harte im Jahre 1899 schrieb, ist aber nicht nur deshalb bemerkenswert, weil er eine Beschreibung des von seinem Verfasser populär gemachten Typs der »local-color story« enthält, sondern er verdient auch insofern Beachtung, als in ihm auf die Bedeutung der mündlichen Erzähltradition für die Genese der Lokalkoloritgeschichte hingewiesen wird.[23] Ausgangspunkt der Überlegungen von Harte ist die Feststellung, daß es zur Zeit von Irving, Hawthorne und Poe in Amerika zwar die Gattung der Kurzgeschichte, aber keine spezifisch amerikanische »short story« gab. Begründet wird diese einseitige Behauptung mit dem fortdauernden Einfluß der englischen Literatur, der dazu führte, daß die amerikanischen Kurzgeschichten zu »Sketches of American life in the form of the English Essayists« gerieten.[24] Zwar hat Harte durchaus erkannt, daß die frühen amerikanischen Erzähler auf die einheimische Volksdichtung zurückgriffen, doch war er nicht bereit, dieses Element als Gegengewicht zum europäischen Einfluß und als Wurzel für die »Americanness of American art« gelten zu lassen. Im Unterschied zu Matthews, der seine Lieblingsautoren Hawthorne und Poe als »American to the core« bezeichnet hatte,[25] kommt er daher zu dem in dieser Form nicht haltbaren Ergebnis, daß es der amerikanischen Kurzgeschichte der ersten Hälfte des 19. Jahrhunderts an nationalspezifischen Charakteristika fehlte:

> It was not characteristic of American life, American habits nor American thought. It was not vital and instinct with the experience and observation of the average American; it made no attempt to follow his reasoning or to understand his peculiar form of expression – which it was apt to consider vulgar; it had no sympathy with those dramatic contrasts and surprises which are the wonders of American civilisation; it took no account of the modifications of environment and of geographical limitations; indeed, it knew little of American geography (32).

Angesichts der fortdauernden Abhängigkeit der amerikanischen Literatur von den englischen Vorbildern war es allein der humorvollen, zunächst mündlich tradierten und von Harte als »parent of the American ›short story‹« (34) bezeichneten Anekdote zu verdanken, daß eine spezifisch amerikanische Kurzgeschichte überhaupt entstehen konnte. Zwar erfuhr diese volkstümliche Erzählform eine gewisse Verfeinerung durch die Presse, doch behielt sie ihre ursprünglichen Merkmale wie die Übertreibung oder das Understatement, die dialektale Färbung und die lokal bedingten Denkgewohnheiten bei, und im Laufe der Zeit entwickelte sie darüber hinaus die Technik der prägnanten Charakterdarstellung. Von den Erzählungen Hawthornes unterschied sie sich nicht zuletzt durch das Fehlen des moralischen Anspruchs, und als photographische Abbildung eines gesellschaftlichen Ausschnitts stand sie ebenfalls im Gegensatz zu den Erzählungen Poes, obwohl Charakterisierungen wie: »It was concise and condense, yet suggestive« und: »(it) always reached its conclusion without an unnecessary word« (34) dem Poeschen Formideal durchaus entsprechen.

Neben der volkstümlichen Anekdote erkennt Harte dem amerikanischen Bürgerkrieg, der die Mobilität der Bevölkerung verstärkte und das Bewußtsein für nationale Eigenheiten schärfte, sowie dem kalifornischen Goldfieber, in dessen Gefolge eine offene und traditionslose Gesellschaft entstand, eine gewisse Bedeutung für die Entstehung einer spezifisch amerikanischen Erzählliteratur zu. Zwar schlugen sich beide Ereignisse nicht unmittelbar in der sogenannten hohen Literatur nieder, doch bildete sich namentlich in Kalifornien ein durch »romantic and dramatic possibilities« (37) gekennzeichneter Nährboden heraus, auf dem ein Erzähltyp entstehen konnte, der nach Hartes Meinung beispielhaft für die weitere Entwicklung der amerikanischen Literatur werden sollte.

Zunächst fand dieser Nährboden seinen Ausdruck allerdings nur in der überwiegend trivialen Magazinliteratur, die zwar Elemente der amerikanischen Realität enthielt, an der Harte aber wie an den aus der humorvollen Anekdote gespeisten Zeitungsgeschichten des Ostens die einseitige Akzentuierung des Humorvollen, Komischen und Satirischen bemängelte. Um aus den vorhandenen Ansätzen eine spezifisch amerikanische Erzählliteratur zu entwickeln, bedurfte es also der Hebung des literarischen Niveaus und einer komplexeren Darstellung der nationalspezifischen Charakteristika, worum sich Harte selbst in Kurzgeschichten wie »The Luck of Roaring Camp« (1868) bemühte. Am Schluß seiner deskriptiv-historischen Ausführungen macht der Autor durch zum Teil wörtliche Anklänge an die Charakterisierung der humorvollen Anekdote noch einmal klar, daß Kurzgeschichten dieses Typs nicht nur durch die konsequente Hinwendung zur amerikanischen Realität, sondern auch durch die bewußte Anknüpfung an die einheimische mündliche Erzähltradition gekennzeichnet sind:

It would seem evident, therefore, that the secret of the American short story was the treatment of characteristic American life, with absolute knowledge of its peculiarities and sympathy with its methods; with no fastidious ignoring of its habitual expression, or the inchoate poetry that may be found even hidden in its slang; with no moral determination except that which may be the legitimate outcome of the story itself; ... Of such is the American short story of today – the germ of American literature to come (39).

Vergleicht man den eben besprochenen Artikel von Bret Harte mit dem 1901 entstandenen Essay »Some Anomalies of the Short Story« von William Dean Howells, dann stellt man fest, ein wie heterogenes Textkorpus die unter dem Etikett »historisch-deskriptiv« zusammenfaßbaren Poetiken darstellen. Zwar gibt es Berührungspunkte zwischen diesen beiden Beiträgen zur Theoriediskussion wie die Überlegungen zu dem Verhältnis zwischen der englischen und der amerikanischen Literatur sowie den Hinweis auf die nationalspezifischen Charakteristika der Kurzgeschichte, doch schließen diese Gemeinsamkeiten fundamentale Unterschiede ein.

Hatte Harte die Entwicklung der spezifisch amerikanischen Kurzgeschichte als einen Akt der Befreiung von dem übermächtigen Einfluß englischer literarischer Konventionen empfunden, so hebt Howells, der die Eigenständigkeit der amerikanischen Literatur keineswegs leugnet, nachdrücklich hervor, daß es eine totale Unabhängigkeit einer jüngeren Nationalliteratur von einer älteren Nationalliteratur desselben Kulturkreises nicht geben kann; denn die Entwicklung literarischer Formen erfolgt nach seiner Überzeugung im supranationalen Rahmen auf dem Wege der Assimilation und der Transformation.[26] Aus diesem Standpunkt ergibt sich für die theoretischen Überlegungen von Howells zwangsläufig eine andere Aufgabenstellung als im Falle von Harte. Konnte sich Harte darauf beschränken, die Genese der spezifisch amerikanischen Kurzgeschichte zu beschreiben, so sieht sich Howells – zumal er keinen Unterschied zwischen der »short story« und der »novella« macht – zu skizzenhaften Bemerkungen über die gesamte abendländische Erzählliteratur genötigt. Neben der Ausweitung des historischen Blickwinkels bedingt der Standpunkt von Howells aber auch eine geringere Gewichtung der nationalspezifischen Charakteristika. Hatte Harte darunter zivilisatorische, soziale und geographische Erscheinungsformen sowie die davon geprägten Denk- und Ausdrucksformen verstanden, so operiert Howells lediglich mit dem Begriff des Nationalcharakters, wobei er meist darauf verzichtet, diesen an sich schon fragwürdigen Begriff zu präzisieren. Insgesamt gesehen trägt Howells' Überblick über die Entwicklung der Gattung wenig zur Charakterisierung der Kurzgeschichte bei. Im ersten Teil dieses Überblicks, der von den griechischen Romanzen über die italienischen, französischen und spanischen Novellen bis zu den Verserzählungen Chaucers reicht, wird lediglich festgestellt, daß zunächst die Typenvielfalt der Gattung zunahm und sich dann charakteristische Wesensmerkmale ausbildeten. Aufschlußreicher sind allerdings bereits die Bemerkungen über die Jahrhunderte, in denen die Gattung gleichsam im Untergrund verschwand und vornehmlich in der dramatischen Form fortlebte, sowie der Vergleich zwischen Boccaccios Novellen und der zeitgenössischen Kurzgeschichte, demzufolge letztere über eine Tiefenschicht verfügt und »profound impressions« beim Leser zu hinterlassen vermag.

Die sich hier abzeichnende Beschreibung gattungsspezifischer Merkmale wird von Howells in einem komparatistischen Teil seines Artikels ergänzt. In diesem Teil, der weitaus ergiebiger als der historische Überblick ist, wird die Kurzgeschichte mit der Anekdote, der »novelette«, dem Roman und dem Drama verglichen. Abgesehen von der Feststellung »a play is a short story put on the stage« (44), mit der Howells auf die Wesensverwandtschaft zwischen beiden Gattungen verweist, erschöpft sich der Vergleich mit dem Drama in dem Hinweis, daß dieses beim Rezipienten einen dauerhafteren Eindruck hinterläßt. Die vergleichenden Bemerkungen über die Kurzgeschichte und die »novelette« sind auch nur knapp und beziehen sich vornehmlich auf die unterschiedliche Länge. Bei der ebenfalls bündigen Kontrastierung von »short story« bzw. »novella« und Anekdote wird demgegenüber wiederum auf die Wesensverwandtschaft zwischen der Kurzgeschichte und dem Drama verwiesen: »The anecdote offers an illustration of character, or records a moment of action; the novella embodies a drama and develops a type« (47).[27]

Im Gegensatz zu diesen eher skizzenhaften Ausführungen nehmen die vergleichenden Bemerkungen über die Kurzgeschichte und den Roman relativ breiten Raum ein. Interessant ist in diesem Zusammenhang, daß Howells sich bereits wie eine Reihe moderner Literaturwissenschaftler im wesentlichen darauf beschränkt, relative Differenzqualitäten zwischen beiden Gattungen zu benennen. Zwar äußert er an einer Stelle mit an Matthews erinnernder apodiktischer Gewißheit die Überzeugung, daß ein grundsätzlicher wesensmäßiger Unterschied zwischen der »novella« und dem Roman besteht, doch bringt er an anderer Stelle ebenfalls zum Ausdruck, daß eine eindeutige Abgrenzung zwischen den beiden Gattungen nicht möglich ist und daß man deshalb von der Existenz der »novelette« als Zwischenform auszugehen hat. Im weiteren Verlauf bedient sich Howells zur Differenzierung dann des Begriffspaars »long-story motive« - »short-story motive«,[28] mit dem er die unterschiedlichen Entfaltungsmöglichkeiten beschreibt, die einem für den Roman und einem für die Kurzgeschichte geeigneten Stoff innewohnen. Demnach ist der »into a variety of motives and a multiplication of characters and incidents and situations« unterteilbare Stoff des Romans durch Komplexität gekennzeichnet, während der unteilbare, auf eine geringere Zahl von Charakteren und meist auf eine Episode beschränkte Stoff der Kurzgeschichte durch Einfachheit charakterisiert ist. Aus diesen Unterschieden resultieren auch unterschiedliche Anforderungen an die Formgebung. Zwar ist die Strukturierung der »novella« einfacher, doch bedarf sie einer größeren Sorgfalt, weil »a fault of conception« und »the slightest error in execution« (45) die Gestalt der epischen Kurzform stärker beeinträchtigen als die des Romans.

Wie die vergleichenden Bemerkungen über die Kurzgeschichte und den Roman so ist auch die abschließende Charakterisierung der »novella« erstaunlich aktuell; denn einerseits betrachtet Howells die Kurzgeschichte nicht als eine in ihrer Entwicklung abgeschlossene, sondern als eine für weitere Veränderungen offene Form, und andererseits schließt er in Übereinstimmung mit einer Reihe von Literaturwissenschaftlern der zweiten Hälfte des 20. Jahrhunderts aus der historischen Entwicklung der Gattung auf deren »limitless possibilities«. Belegt wird dieses Urteil mit den Beobachtungen, daß die Kurzgeschichte sich als geeigneter Rahmen für die Darstellung der Realität wie des Übernatürlichen erwiesen und ihre Flexibilität durch die Gestaltung unterschiedlichster Stimmungen, Charaktere und Ereignisse unter Beweis gestellt hat:

It has shown itself capable of imparting the effect of every sort of intention, whether of humor or pathos, or tragedy or comedy or broad farce or delicate irony, of character or action. The thing that first made itself known as a little tale, usually salacious, dealing with conventionalized types and conventionalized incidents, has proved itself possibly the most flexible of all literary forms ... it has not only varied the persons and things, but it has refined and verified them in the direction of the natural and the supernatural, until it is above all other literary forms the vehicle of reality and spirituality.[29]

Sherwood Anderson, Katherine Anne Porter, James T. Farrell und Eudora Welty

Bei dem Bemühen von William Dean Howells, die Flexibilität der Kurzgeschichte durch die Aufzählung ihrer vielfältigen Erscheinungsformen zu verdeutlichen, fällt auf, daß die Handlung nur noch als ein Wesensmerkmal neben einer Fülle anderer Charakteristika erscheint. Diese auch in den theoretischen Überlegungen von Henry James beobachtete Tendenz, die Bedeutung der Handlung zurückzustufen, hat sich im weiteren Verlauf der Theoriediskussion verstärkt und bei Autoren wie Sherwood Anderson, Katherine Anne Porter und James T. Farrell zu einer vehementen Ablehnung der sogenannten »plot story« geführt.[30]

Anderson bezeichnet die »plot stories« als »those bastard children of De Maupassant, Poe and O. Henry« und wirft den kommerzialisierten Magazingeschichten O. Henryschen Typs vor, daß sie keinerlei Bezug zur Lebenswirklichkeit haben.[31] Neben dem verderblichen Einfluß des »Poison Plot« brandmarkt er auch die von Hawthorne bekundete Ansicht, daß die Kurzgeschichte im Dienste eines moralischen Anliegens stehe.[32] Allerdings kann nicht davon die Rede sein, daß Anderson den »plot« ganz und gar aus der »short story« verbannt sehen will. Er wendet sich vielmehr lediglich dagegen, daß der »plot« als strukturbestimmendes Element fungiert, der Scheinwelt des Kinos entnommen und nach den mechanischen Regeln der Schreibschulen konstruiert wird. Wenn sich der »plot« dagegen organisch aus den Lebenssituationen der Menschen entwickelt, die in der Phantasie des Autors existieren und das Material für dessen Erzählungen darstellen, hat auch er seinen legitimen Platz in der Kurzgeschichte. Als legitimer Bestandteil einer »short story« trägt der »plot« dazu bei, die Befindlichkeit der Charaktere zu entfalten; wird er dagegen zum dominanten Strukturmerkmal, bewirkt er die Verstümmelung der Charaktere, degradiert er sie zur Ware, übt der Autor Verrat an seinen Personen.[33]

In direktem Zusammenhang mit der Abwertung des »plot« steht bei Anderson die Aufwertung der Form. Dabei handelt es sich nur scheinbar um eine Übereinstimmung mit entsprechenden Ausführungen von Poe und Matthews, in denen der Form ebenfalls ein hoher Stellenwert zuerkannt worden war. Denn während Poe das konstruktivistische Formideal vertrat, das bereits bei Henry James um den organistischen Aspekt ergänzt wurde, geht Anderson, dessen theoretische Reflexionen von Metaphern wie »impregnated«, »seeds« und »to grow« durchzogen sind, vom organischen Wachstum der Form aus. Als Urzellen seiner Kurzgeschichten fungierten nach seinen eigenen Angaben in *A Story Teller's Story*, die an Joyces Umschreibung der Epiphanie erinnern, Bemerkungen von Menschen aus dem ihm vertrauten Lebenskreis. Die aus diesen Urzellen zu entwickelnden Erzählungen entstanden durch die Interaktion von Erzähler und Erzählstoff, den Anderson wiederholt mit Wendungen wie »human beings« und »human lives« umschreibt.[35] Einerseits bildete der Erzählstoff – einem Kind im Mutterleib vergleichbar – seine eigene Gestalt aus, und andererseits bedurfte das so entstandene Wesen, da es – sich selbst überlassen – noch nicht lebensfähig war, der Gestaltungskraft des Autors, die Anderson gewöhnlich durch die Verwendung der Kleidermetapher charakterisiert und die sich in der Schaffung von Gedankenverbindungen sowie in der Auswahl und Anordnung von Wörtern äußert.[36]

Indem der Erzähler nicht nur die dem Stoff immanenten formgebenden Kräfte zur Entfaltung kommen läßt, sondern die Gestalt der Geschichte darüber hinaus durch sein Formbewußtsein prägt, enthüllt die Erzählung neben dem Wesen der in ihr auftretenden Charaktere auch die Persönlichkeit des Autors. Anderson hebt diesen Sachverhalt dadurch hervor, daß er die von einem Dichter vorgenommene Auswahl und Anordnung der Wörter mit der Farbkomposition und dem Pinselstrich eines Malers vergleicht. Farben und Wörter stellen die Oberflächenstruktur eines Kunstwerks dar, wobei sich Anderson wie Bret Harte der Tatsache bewußt ist, daß für einen amerikanischen Autor angesichts des Einflusses der englischen Literatur ein besonderes Problem darin besteht, den seinem Lebensraum entsprechenden Ton zu finden. Hatte Harte von der »inchoate poetry ... hidden in ... slang« gesprochen, so steht Anderson der Verwendung des Slang zwar nicht eindeutig ablehnend, aber doch eher zurückhaltend gegenüber; denn für ihn sind die »common words of our daily speech in shops and offices« das geeignetere Ausdrucksmittel, das es im täglichen Umgang mit Menschen aus der Arbeitswelt zu pflegen gilt.[37] Der Kontakt mit den Menschen seines Lebensraumes ist für Anderson also von zweifacher Bedeutung: Einerseits gewinnt er daraus die »seeds« seiner Geschichten und andererseits verdankt er diesem Kontakt die Anregungen für die formale Einkleidung des Erzählstoffes.

Nachgewirkt haben die Gedanken von Sherwood Anderson vor allem in den theoretischen Reflexionen von Katherine Anne Porter, die in dem 1942 entstandenen Essay »No Plot, My Dear, No Story« und in einem Interview aus dem Jahre 1963 enthalten sind. Wie Anderson wendet sich Katherine Anne Porter in ihrem Essay gegen den »O. Henry twist« und gegen die Rezepte der Schreibschulen »that can teach you exactly how to handle the 197 variations on any of the 37 basic plots.«[38] Zwar stellt die Autorin von »Flowering Judas« den »plot« ebensowenig total in Frage wie der Verfasser von *Winesburg, Ohio*, doch sind für sie das Thema der Kurzgeschichte, deren Erzählperspektive, das Interesse des Autors an der »human nature« und sein unverwechselbarer Stil von vorrangiger Bedeutung.[39]

Von diesen Wesensmerkmalen erinnert das vom Erzähler erwartete Interesse an der »human nature« unverkennbar an die Überlegungen von Anderson, mit dem Katherine Anne Porter ferner insofern übereinstimmt, als sie vom Autor Respekt gegenüber sich selbst und seinen Charakteren verlangt. Darüber hinaus stehen Katherine Anne Porters Bemerkungen über die Funktionen der Imagination mit Andersons Vorstellungen im Einklang. Zum einen hebt die Autorin wie der Verfasser von *Winesburg, Ohio* hervor, daß die Charaktere ihr Leben durch die Imagination des Erzählers gewinnen, und zum anderen bestimmt sie – wie Anderson an die Romantiker anknüpfend – die Funktion der Imagination dahingehend, daß sie die chaotische Lebenswirklichkeit des Menschen strukturiert und ihr Bedeutung verleiht.[40]

Ergänzt wird die Reihe der Entsprechungen zwischen beiden Autoren durch die Überlegungen zur Form der Kurzgeschichte. Zwar unterscheidet sich die Verfasserin von »Flowering Judas« vom Schöpfer von *Winesburg, Ohio* insofern, als sie in Anlehnung an Poe betont, daß sie bei der Komposition ihrer Kurzgeschichten vom Ende ausgegangen sei, doch stimmt sie in ihren Vorstellungen vom organischen Wachstum der Form uneingeschränkt mit Anderson überein.[41] Die Übereinstimmung erstreckt sich sogar bis in den Bereich der Metaphorik. Wie Anderson so spricht auch Katherine Anne Porter von den Samenkörnern ihrer Kurzgeschichten, die in der tatsächlichen menschlichen Erfahrung gründen und ihre Entstehung oft zufällig wahrgenommenen Gesprächen verdanken. Aus solchen Samenkörnern entwickeln sich die Wurzeln einer »short story«, die allmählich zu einem organischen Gebilde heranwächst. Diesen allmählichen Prozeß der Formwerdung beschreibt Katherine Anne Porter überdies mit einer Formulierung, die durchaus zu der von Anderson gebrauchten Schwangerschaftsmetapher in Beziehung gesetzt werden kann: »A story forms in my mind and forms and forms and when it's ready to go, I strike it down ...«

Obwohl die sogenannte »liberation of the short story« bereits im ersten Quartal des 20. Jahrhunderts von Autoren wie Anderson konsequent in Theorie und Praxis verfolgt worden war, hatte sich die Auseinandersetzung mit der nach starren Regeln konstruierten »plot story« in den dreißiger und vierziger Jahren noch keineswegs erübrigt. Außer durch die Äußerungen von Katherine Anne Porter wird dies durch die Bemerkungen von James T. Farrell verdeutlicht, der sich 1937 in dem bereits erwähnten Artikel »Nonsense and the Short Story« genötigt sah, gegen die Schreibschulen und gegen die Vorstellung zu polemisieren, das Verfassen von »short stories« sei ebenso erlernbar wie die Stenographie. Als Ahnherrn der zahlreichen Anleitungen und Handbücher sowie der von ihm aufgezählten normativen Definitionen bezeichnete er Brander Matthews, dem er vorwarf, »next to nothing of real literary worth, insight, or suggestiveness« geschrieben zu haben.[42]

Der entscheidende Einwand, den Farrell gegen die traditionelle »plot story« erhob, stimmt insofern mit Andersons Überlegungen überein, als auch Farrell die Ansicht vertrat, die Lebenswirklichkeit werde durch Kurzgeschichten des O. Henryschen Typs verfälscht.[43] Diese Verfälschung kommt dadurch zustande, daß die Form in der »plot story« zum Selbstzweck erhoben, die Interdependenz von Gehalt und Form mißachtet und der Gehalt einer willkürlichen Struktur unterworfen wird. Dieselbe Position hatte Farrell schon zwei Jahre früher in dem Essay »The Short Story« vertreten, als er feststellte, daß in den traditionellen »plot stories« die »aspects of life a writer chose to utilize« nicht durch die Form offenbart, sondern umgekehrt die Aspekte der Lebenswirklichkeit den Erfordernissen der Form angepaßt wurden. Auf diese Weise war es der traditionellen »plot story«, als deren wesentliches Strukturmerkmal Farrell den moralischen Konflikt bezeichnet, unmöglich, lebensechte Charaktere darzustellen. Sie propagierte vielmehr ein Menschenbild, das durch konventionelle Moralvorstellungen bestimmt und in der Ideologie der kapitalistischen Demokratie verwurzelt war.[44] Damit aber konnte die traditionelle »plot story« der Humanisierung des Lebens sowie der Bewußtseinserweiterung und der damit verbundenen Selbstbefreiung, die nach Farrells Ansicht Ziel einer jeden Literatur sein sollten, nicht entsprechen.[45]

Außer der Kritik an der »plot story« enthalten Farrells Essays Reflexionen über die Ursachen, die zu der verbreiteten Kritik an diesem Typ der Kurzgeschichte geführt haben. Wichtig ist in diesem Zusammenhang, daß Farrell die Gründe für die »revolt from the plot short story« nicht etwa mit der Entstehung der modernen Psychologie, sondern mit sozialen Veränderungen in Verbindung bringt. Demnach war die Diskrepanz, die sich zwischen dem Ideal des amerikanischen Traums und der tatsächlichen Lebenswirklichkeit auftat, ausschlaggebend für die Entstehung des literarischen Realismus, durch den sowohl die überkommenen Schemata sozialen Denkens als auch die konventionellen literarischen Modelle in Zweifel gezogen wurden. Im Bereich der amerikanischen Kurzgeschichte bewirkte diese literarische Revolte die Entwicklung einer neuen Form, die sich wie der realistische Roman bisher nicht behandelten Aspekten der sozialen Wirklichkeit öffnete: Es entstand die »plotless short story« ohne »happy ending«, die den Erfahrungshorizont des Lesers durch die Beschreibung von Klassengegensätzen, durch Milieuschilderungen sowie durch die Darstellung von Bewußtseinszuständen erweiterte und die das in Amerika herrschende gesellschaftliche System dadurch in Frage stellte, daß sie die Aufmerksamkeit auf das durch die kapitalistische Demokratie verursachte menschliche Leid lenkte.[46]

Es bedarf wohl kaum der besonderen Erwähnung, daß Farrells Bemerkungen über die Entwicklung der amerikanischen Kurzgeschichte im 20. Jahrhundert durch das eigene sozialkritische Engagement des Autors gefärbt sind und daß seine Konzeption der Kurzgeschichte nicht die einzige Alternative zur »plot story« darstellt. Eine ganz andere Vorstellung vom Wesen der Kurzgeschichte ist zum Beispiel in dem Vortrag »Some Views on the Reading and Writing of Short Stories« enthalten, den Eudora Welty im Jahre 1947 an der University of Washington hielt. In diesem Vortrag lehnt Eudora Welty nämlich nicht nur die Befolgung von festen Regeln und ästhetischen Prinzipien bei der Komposition von Kurzgeschichten ab, sondern sie wendet sich auch gegen die Verpflichtung, sich mit »problems and their solution« zu beschäftigen.[47] Zwar erkennt sie an, daß jede »short story« in der Tradition der Menschheitsgeschichte verankert ist, doch hebt sie vor allem hervor, daß es sich bei jeder Kurzgeschichte um ein eigenständiges Gebilde handelt – »solitary out in space, not part of some trend« (149).

Zwar fehlen in den theoretischen Überlegungen von Eudora Welty die kritischen Bemerkungen zur dominierenden Rolle des »plot«, die für die Ausführungen von Sherwood Anderson, Katherine Anne Porter und James T. Farrell charakteristisch waren, doch gebührt ihr trotzdem ein Platz unter denjenigen Theoretikern, die den Verfechtern der »plot story« ablehnend gegenüberstehen. Hierfür spricht nicht nur die bereits erwähnte Zurückweisung starrer Regeln und verbindlicher ästhetischer Prinzipien, sondern auch der Hinweis auf die »endless ... possibilities« (165) und die unvorhersehbaren Entwicklungsmöglichkeiten der Gattung. Ein weiterer Grund dafür, die Konzeption von Eudora Welty kurz an dieser Stelle zu erläutern, besteht darin, daß ihre Bemerkungen über »plot« und »form« sich punktuell mit denen von Sherwood Anderson berühren.

Zunächst ist in diesem Zusammenhang festzustellen, daß Eudora Welty wie Anderson zwischen »plot« und »form« unterscheidet. Im Gegensatz zu den Verfechtern der »plot story« ist die Autorin, die die »frozen perfection« und die »marblelike situations« (159) in den Geschichten Edgar Allan Poes kritisiert, nicht der Ansicht, daß die Form einer »short story« mit deren formaler Struktur im Sinne eines exakten Bauplans identisch ist. Sie erteilt dem analytischen Kompositionsverfahren eine deutliche Absage und führt die Entstehung einer Kurzgeschichte – eine ähnliche Metapher wie Anderson verwendend – auf die Geburtswehen der Imagination zurück; sie stimmt also mit Anderson in der Abkehr vom konstruktivistischen Dichtungsverständnis überein und spricht wie der Verfasser von *Winesburg, Ohio* vom organischen Wachstum der Form.[49] Die von Anderson getroffene Unterscheidung zwischen den formgebenden Kräften, die dem Erzählstoff selbst innewohnen, und der vom Dichter bewerkstelligten formalen Einkleidung wird von ihr aber nicht aufgegriffen. Vielmehr definiert Eudora Welty die Form als eine »compelling overall quality« (159), die die Essenz einer Kurzgeschichte ausmacht. Sie entsteht aus dem Zusammenspiel der einzelnen Bestandteile eines Werkes wie den Charakteren, dem »plot« und den »sensory impressions« (158), stellt aber mehr dar als die bloße Summe dieser Teile.

Bei der Beurteilung des »plot«, den Eudora Welty im Sinne von E. M. Forster als kausale Verknüpfung von Ereignissen versteht, ergeben sich ebenfalls Übereinstimmungen mit und Abweichungen von den Ansichten Sherwood Andersons. Im Unterschied zu Anderson fällt zunächst der relativ hohe Stellenwert auf, den die Autorin dem »plot« einräumt. Demnach kann der »plot« nicht nur zur Akzentuierung des Erzählvorgangs oder einer Erzählsituation dienen und zum Bild eines Charakters werden, sondern er kann auch wie alle anderen Bestandteile einer Kurzgeschichte in das Zentrum des Werkes rücken. Seine reinste Form erlangt er dann, wenn er zur äußeren Manifestation des Keims der Erzählung wird, und seine höchste Funktionalität entwickelt er dann, wenn er im Verlaufe seiner Entfaltung zur Enthüllung der Charaktere und der »secrets of hidden, inner ... life« (158) beiträgt. In dieser Funktionsbestimmung berühren sich die Ausführungen von Eudora Welty mit denen von Sherwood Anderson; denn auch Anderson hatte den »plot« unter der Voraussetzung, daß er die Enthüllung der Befindlichkeit der Charaktere fördert, als legitimen Bestandteil einer Kurzgeschichte anerkannt.

Flannery O'Connor und Joyce Carol Oates

Obwohl die im Anschluß an Brander Matthews entstandene Regelpoetik sich als zählebig erwiesen hat, kann man feststellen, daß der Kampf gegen die formelhaft konstruierte und weitgehend auf Handlungseffekte angelegte »short story« inzwischen der Geschichte angehört. Es wäre jedoch verfehlt, hieraus den Schluß zu ziehen, der »plot« oder die Handlung seien ganz aus dem Katalog der konstitutiven Merkmale der Kurzgeschichte ausgeschieden; denn neben den als »innovators« bezeichneten modernen Autoren, die die chronologisch aufgebaute Fabel als unzeitgemäß verworfen haben,[50] gibt es eine Reihe von Theoretikern aus dem literaturwissenschaftlichen Bereich sowie andere moderne Erzähler, die das Phänomen der Handlung wieder unbefangener diskutieren. Man kann vermuten, daß dies mit dem Einfluß der Gattungspoetik von Edgar Allan Poe zusammenhängt, der um das Jahr 1960 wieder eingesetzt hat. Zwar darf die Nachwirkung der Poeschen Gattungspoetik nicht überschätzt werden, da sie sich nur auf einzelne Aspekte beschränkt, doch ist die Tatsache, daß die neuere Theoriediskussion überhaupt punktuell an ihren Ursprung anknüpft, außerordentlich bemerkenswert.

Besonders deutlich wird die Rückbesinnung auf den Ursprung bei gleichzeitiger Beschäftigung mit spezifisch modernen Gattungsproblemen durch drei Diskussionsbeiträge von Flannery O'Connor illustriert: den 1957 geschriebenen Essay »The Fiction Writer and His Country«, den 1963 gehaltenen Vortrag »A Reasonable Use of the Unreasonable« und einen nach dem Tode der Autorin von Sally und Robert Fitzgerald aus mehreren Vortragsmanuskripten zusammengestellten Text. In diesem Text befindet sich folgende Passage, die alle wesentlichen Elemente des theoretischen Konzepts von Flannery O'Connor *in nuce* enthält:

A story is a complete dramatic action – and in good stories, the characters are shown through the action and the action is controlled through the characters, and the result of this is meaning that derives from the whole presented experience. I myself prefer to say that a story is a dramatic event that involves a person because he is a person, and a particular person – that is, because he shares in the general human condition and in some specific human situation. A story always involves, in a dramatic way, the mystery of personality.[51]

Dem an dieser Stelle skizzierten Konzept, das wie die theoretischen Äußerungen von Hawthorne und James auf der eigenen Erzählpraxis der Autorin beruht, sind folgende fünf Elemente zu entnehmen, die alle eng miteinander verflochten sind: die dramatische Gestaltungsweise, die Handlung, die Bedeutung, das Element des Rätselhaften und der Realitätsbezug, der hier zwar nicht *expressis verbis* genannt wird, aber in der Aussage zum Ausdruck kommt, daß der Protagonist einer Kurzgeschichte nicht nur eine spezifisch menschliche Situation, sondern auch »the general human condition« verkörpert. Im weiteren Verlauf des vorliegenden Textes und in den beiden anderen erwähnten Diskussionsbeiträgen sind alle diese Elemente ausführlicher beschrieben und begründet worden.

Als Knotenpunkt der genannten Elemente fungiert die Handlung, der damit von Flannery O'Connor eine noch größere Bedeutung eingeräumt wird, als Eudora Welty dem »plot« zuerkannte. Eine Annäherung an die »plot story« ist damit freilich nicht verbunden; denn Flannery O'Connor weist wie Sherwood Anderson und Eudora Welty mit Nachdruck auf die enthüllende Funktion der Handlung hin. Um diese Funktion erfüllen zu können, muß die Handlung stringent motiviert sein.

Außerdem ist es erforderlich, daß ihre einzelnen Bestandteile so aufeinander abgestimmt sind, daß aus ihrem Zusammenspiel die Bedeutung der Geschichte erwachsen kann. Des weiteren ist es notwendig, daß die Handlung über eine in sich geschlossene Struktur mit klar abgegrenztem Anfang, deutlich umrissener Mitte und scharf konturiertem Ende verfügt. Diese Bemerkung zur Struktur der Handlung erinnert wie die Aussage über das Zusammenspiel der einzelnen Bestandteile und wie die im weiteren Kontext der vorliegenden Überlegungen enthaltene Äußerung, jedes Wort einer Kurzgeschichte müsse zur Entfaltung der Bedeutung beitragen, unverkennbar an Edgar Allan Poe. Allerdings weicht Flannery O'Connor insofern von Poe ab, als sie im Hinblick auf die Struktur der Handlung von der Möglichkeit spricht, die normale Aufeinanderfolge von Anfang, Mitte und Ende zu durchbrechen. Sie gibt damit zu erkennen, daß eine Geschichte durch Diskontinuität gekennzeichnet sein kann, hebt aber gleichzeitig durch ihre an Anderson, Katherine Anne Porter und Eudora Welty erinnernden Bemerkungen über die Form, die sich organisch aus dem Material der Geschichte entwickeln soll, mit Nachdruck hervor, daß Diskontinuität nicht mit Formlosigkeit zu verwechseln ist.[52]

Ein weiteres wichtiges Merkmal der Handlung ist deren dramatische Qualität, die von Flannery O'Connor im vorliegenden Text zweifach begründet wird. Zum einen stellt sie fest, daß ein Sachverhalt im Normalfall in allen fiktiven Texten nicht durch bloßes Konstatieren, sondern durch den Gestus des Zeigens vermittelt wird, und zum anderen betont sie, daß der geringe Umfang einer Kurzgeschichte nur die zuletzt genannte Art der Vermittlung zuläßt. Durch diese Art der Vermittlung – durch den Gestus des Zeigens, in dem sich die dramatische Qualität ausdrückt – wird gewährleistet, daß die Bedeutung der Kurzgeschichte konkrete Gestalt annimmt und das Rätsel der Existenz enthüllt wird. Was die Autorin konkret mit der Bedeutung und dem Rätsel der Existenz meint, geht aus ihrem oben erwähnten Vortrag hervor, in dem sie sich mit ihrer Kurzgeschichte »A Good Man is Hard to Find« (1955) beschäftigt und in dem die christliche Basis ihres Werkes sichtbar wird.[53] In diesem Vortrag setzt Flannery O'Connor die Handlung mit einer zugleich passenden und unerwarteten Gebärde eines Charakters gleich, die auf das Zentrum der Geschichte verweist. Dieses Zentrum wird durch die anagogische Ebene gebildet, was bedeutet, daß die erwähnte Handlung oder Gebärde das Rätsel der Existenz dadurch enthüllt, daß sie die Teilhabe des Menschen am göttlichen Leben verdeutlicht und die Verbindung zwischen dem Diesseits und dem Jenseits suggeriert.

Wie die Bemerkungen über die Struktur sowie die Funktion der Handlung und wie die Aussagen über das organische Wachstum der Form so lassen sich auch die Äußerungen über die Bedeutung und das Element des Rätselhaften zu den Gedanken früherer Theoretiker in Beziehung setzen. Vor allem ist hier wiederum Poe zu erwähnen, der die Suggestivität der Kurzgeschichte im Sinne eines »undercurrent of ... meaning« verstand; es ist jedoch auch an Brander Matthews zu erinnern, der Poes Geschichten durch »(a) shadow of mystery« charakterisiert sah. Gerade dieses Element des Rätselhaften bzw. Geheimnisvollen hat in der modernen amerikanischen

Kurzgeschichtenliteratur wie in der Theoriediskussion wieder eine besondere Bedeutung erlangt. Schon Eudora Welty sprach im Zusammenhang mit der Atmosphäre der »short story« von »the mystery of allurement« (151); und bei Joyce Carol Oates werden wir diesem Element erneut begegnen. Zwar ist bei den verschiedenen Autoren mit dem Begriff »mystery« jeweils etwas anderes gemeint, doch ist die gemeinsame Verwendung dieses Begriffs dennoch ein Indiz für übergreifende Zusammenhänge. In Flannery O'Connors katholisch-christlichem Weltbild steht das Rätselhafte in direktem Zusammenhang mit der Realität. Zwar könnte ein Satz wie: »The first and most obvious characteristic of fiction is that it deals with reality through what can be seen, heard, smelt, tasted and touched« (91) die Vermutung nahelegen, als ginge es der Autorin ausschließlich um die Auseinandersetzung mit der empirisch wahrnehmbaren Wirklichkeit, doch zeigen Flannery O'Connors Bemerkungen über den Akt des Sehens in dem Essay »The Fiction Writer and His Country«, daß eine solche Schlußfolgerung falsch wäre; denn diesen Bemerkungen zufolge ist die unbefangene Betrachtung der Wirklichkeit, welche die Autorin durch den Glauben an die christlichen Dogmen gewährleistet sieht, nicht nur untrennbar mit der moralischen Urteilsbildung, sondern auch mit der Achtung vor dem Rätsel der Existenz verbunden. Im weiteren Verlauf dieses Essays führt Flannery O'Connor außerdem aus, daß der christliche Glaube den Blick des Schriftstellers für das Groteske und das Perverse schärft und ihm damit zu einer Wirklichkeitssicht verhilft, die von der des Publikums abweicht, dem das Widernatürliche als das Natürliche erscheint.[54]

Die Aufgabe des Schriftstellers besteht demnach darin, den Leser die »distortions« als »distortions« erkennen zu lassen.[55] Um dieses Ziel zu erreichen, operiert er mit Entstellungen, die die Wirklichkeit zwar nicht willkürlich verzerren sollen, aber doch außergewöhnliche Dimensionen haben, da der groteske Charakter der modernen Welt dem realitätsblinden Leser nur so verdeutlicht werden kann. Flannery O'Connor, deren Beziehungen zu Poe durch die Beschäftigung mit dem Grotesken erneut dokumentiert werden, spricht in diesem Zusammenhang von »large and startling figures« und von der Gewalt, in deren Darstellung sie das geeignete Mittel sieht, das Wesen des Menschen zu enthüllen und den Leser an die Wirklichkeit heranzuführen. Ist die Gewalt diesem Zweck untergeordnet, dann steht das Widernatürliche im Einklang mit der christlichen Weltsicht, dann kann von dem »reasonable use of the unreasonable« gesprochen werden, der den »assumptions ... of the central Christian mysteries« (109) entspricht.

Wenn Flannery O'Connor die Erzählliteratur im allgemeinen und die Kurzgeschichte im besonderen aus einem christlichen Weltverständnis heraus begründet und beschreibt, dann können die diesbezüglichen Äußerungen selbstverständlich nur als Charakterisierungen ihrer eigenen Werke verstanden werden. Wenn sie in diesem Zusammenhang aber in andere Zusammenhänge integrierbare Elemente wie das Rätselhafte, das Widernatürliche und die Diskontinuität anspricht, dann weisen ihre Überlegungen zugleich über ihre eigenen Werke hinaus und nehmen den Charakter einer Theorie der modernen amerikanischen Kurzgeschichte an.

Durch einen Vergleich zwischen den theoretischen Reflexionen von Flannery O'Connor und dem 1971 verfaßten Essay »The Short Story« von Joyce Carol Oates, in dem manche Gedanken der zuerst genannten Autorin ohne den Bezug auf das christliche Weltbild wiederkehren, wird diese Feststellung bestätigt.

In dem Essay von Joyce Carol Oates[56] gipfelt die häufig bekundete Einsicht in die »limitless possibilities« der »short story« in der Beobachtung, daß es sich bei der Kurzgeschichte um »an absolutely undecipherable fact« handelt. Dies bedeutet zwar nicht, daß Aussagen über das Wesen der Gattung grundsätzlich unmöglich sind, doch ergibt sich daraus die Konsequenz, daß die theoretischen Äußerungen eines jeden Autors autobiographisch gefärbt sind, daß sie auf seiner eigenen literarischen Erfahrung beruhen. Man hat also davon auszugehen, daß Joyce Carol Oates die Wesensbestimmung: »The short story is a dream verbalized, arranged in space and presented to the world« lediglich als Charakterisierung ihrer eigenen Kurzgeschichten verstanden wissen will, kann aber wie im Falle von Flannery O'Connor feststellen, daß diese Gattungsbestimmung durchaus geeignet ist, markante Wesenszüge der modernen amerikanischen Kurzgeschichte zu verdeutlichen.

Getragen wird die Gattungsbestimmung von Joyce Carol Oates von der Überzeugung, daß alle Erzählliteratur ihre Wurzeln im menschlichen Unbewußten hat. Dies bedeutet zwar, daß die Erzählliteratur den Gesetzen des Unbewußten unterworfen ist, doch ist damit nicht gesagt, daß die Inhalte des Unbewußten ungefiltert in die Erzählliteratur transportiert werden. So hält Joyce Carol Oates es einerseits zwar für notwendig, daß Kurzgeschichten von Trieben handeln, weil Träume Manifestationen von Trieben sind, doch erachtet sie es andererseits für ebenso unerläßlich, daß die Kunst durch »intelligence and discretion and transcendence« gekennzeichnet ist. Auch die Charakterisierung der Kurzgeschichte als »a dream verbalized, arranged in space and presented to the world« enthält deutliche Hinweise auf die strukturierende Tätigkeit des Künstlers. Zum einen besagt diese Charakterisierung, daß der Traum, indem er seine verbale Einkleidung erhält, aus der Welt des Unbewußten herausgehoben und der Welt des Bewußtseins verfügbar gemacht wird. Und zum anderen wird durch die Wendung »arranged in space« zum Ausdruck gebracht, daß die ungeordneten Inhalte des Unbewußten, das durch die Epitheta »oceanic«, »ungovernable« und »unfathomable« gekennzeichnet wird, im Zuge der künstlerischen Bearbeitung ihren amorphen Charakter verlieren. Doch mündet diese Metamorphose keineswegs zwangsläufig in eine von den Gesetzen der herkömmlichen Logik bestimmte Ordnung. Joyce Carol Oates hebt im Gegenteil ausdrücklich hervor, daß Kurzgeschichten nicht mit einer rationalen Struktur oder einem kohärenten Sinngefüge ausgestattet sein müssen. Diese Notwendigkeit besteht umso weniger, als nicht nur das menschliche Unbewußte, sondern auch die Lebenswirklichkeit chaotisch ist. Aus diesem Sachverhalt kann der Künstler zwei verschiedene Konsequenzen ziehen: Er kann entweder dem Beispiel Katherine Anne Porters sowie Sherwood Andersons folgen und den Versuch unternehmen, die chaotische Wirklichkeit zu strukturieren, oder er kann sich das Ziel setzen, »in some orderly manner« den chaotischen Charakter der Realität zu enthüllen.

Joyce Carol Oates stimmt also mit Flannery O'Connor darin überein, daß die moderne Kurzgeschichte angesichts der Diskontinuität der modernen Welt durch Diskontinuität gekennzeichnet sein kann. Ebenso wie ihre ältere Kollegin weist sie durch die Wendung »in some orderly manner« jedoch unmißverständlich darauf hin, daß Diskontinuität nicht gleichbedeutend mit Formlosigkeit ist. Eine weitere Parallele zwischen beiden Autorinnen liegt insofern vor, als beide in der Gewalt das geeignete Mittel zur Darstellung des modernen Lebens sehen.[57] Die auffälligste Übereinstimmung besteht aber darin, daß auch von Joyce Carol Oates die Ansicht geäußert wird, die moderne Kurzgeschichte sei durch das Element des Rätselhaften charakterisiert.[58] Da die Autorin dieses Element offensichtlich mit der Sphäre des Traums und der Region des Unbewußten in Verbindung bringt, kann man sogar feststellen, daß ihre Vorstellungen dem Werk Poes in diesem Punkt noch näher stehen als die Überlegungen der in christlichen Kategorien denkenden Flannery O'Connor.

Kritiker-Theorien

Im bisherigen Verlauf des Überblicks über die Theoriediskussion wurden – abgesehen von beiläufigen Bemerkungen über die Handbücher und von den im ersten Unterkapitel skizzierten Versuchen, die Kurzgeschichte gegenüber verwandten Gattungen abzugrenzen – ausschließlich Autoren-Theorien referiert. Der eine, schon in der Einleitung genannte Grund für dieses Selektionsverfahren bestand darin, daß es zu den Zielen des vorliegenden Buches gehört, den Zusammenhang von Theorie und Praxis zu verdeutlichen. Diese Zielsetzung wird es erforderlich machen, den Überblick über die Theoriediskussion in dem folgenden Teil über die historische Entwicklung der amerikanischen Kurzgeschichte durch Rückgriffe auf theoretische Äußerungen zu ergänzen, die über die bisher dargestellten allgemeinen Zusammenhänge hinausgehen und das Verständnis einzelner narrativer Texte erleichtern. Ein zweiter Grund für die Entscheidung, den Überblick über die Theoriediskussion weitgehend auf die Darstellung von Autoren-Theorien zu beschränken, bestand darin, daß die Theoriebildung von den Autoren selbst in entscheidendem Maße geprägt wurde. Mit dieser Feststellung sollen die Verdienste der Literaturwissenschaft um die Wesensbestimmung der amerikanischen Kurzgeschichte keinesfalls geschmälert werden. So ist es zum Beispiel unbestreitbar, daß Literaturwissenschaftler wie Henry Seidel Canby und N. Bryllion Fagin[59] sich ebenso sehr um die Überwindung der »plot story« verdient gemacht haben wie Sherwood Anderson oder Katherine Anne Porter. Dennoch kann man feststellen, daß die Literaturwissenschaft erst seit ungefähr 1960 Diskussionsbeiträge hervorgebracht hat, die für das Gattungsverständnis von grundsätzlicher Bedeutung sind. Einige dieser Diskussionsbeiträge sollen – in Ergänzung zu den im ersten Unterkapitel bereits erwähnten – am Schluß des Überblicks über die Theoriediskussion kurz vorgestellt werden.

Ausgelöst wurde die neuere literaturwissenschaftliche Theoriediskussion durch den bemerkenswerten Aufsatz »What Makes a Short Story Short?« von Norman Friedman. Zu Beginn dieses Aufsatzes setzt der Verfasser, der im Gegensatz zu Brander Matthews nicht von einem wesensmäßigen, sondern nur von einem graduellen Unterschied zwischen Kurzgeschichte und Roman spricht, sich kritisch mit einer Reihe von Charakteristika auseinander, die der »short story« im Verlauf der Theoriediskussion zugeschrieben worden sind. Die auf Poe zurückgehende Behauptung, die Kurzgeschichte verfüge über ein größeres Maß an Einheit, beruht demnach auf der Verwechslung von »wholeness with singleness, unity with intensity«.[60] Zwar kann die Zahl der zu einer Einheit zusammengefaßten Elemente in der »short story« kleiner sein als im Roman, doch ist die Einheit im Sinne der Poeschen Ästhetik deshalb noch kein absolutes Differenzkriterium zwischen beiden Gattungen. Ebenso können der Verzicht auf die Darstellung der Charakterentwicklung, der Verzicht auf einen Umschlag »in thought« und »in fortune« sowie die Wahl eines Themas als Organisationszentrum zwar kennzeichnend für eine Kurzgeschichte sein, doch haben auch diese Merkmale keine gattungsbestimmende Funktion. Oder mit anderen Worten: Die Kürze der Kurzgeschichte ist von den erwähnten Charakteristika nicht abhängig.

In Abkehr von der präskriptiven Gattungspoetik erklärt Friedman, dessen Überlegungen der Handlungsführung gewidmet sind, die Kürze der »short story« vielmehr als Folge des stofflichen Umfangs und/oder der Darstellungsweise. Im Hinblick auf den Umfang des Stoffes unterscheidet er zwischen dynamischen und statischen Handlungen, von denen die letzteren in der Regel eine geringere Länge aufweisen und deshalb meistens in Kurzgeschichten vorkommen. Aber auch die an sich längeren dynamischen Handlungen können der »short story« durch bestimmte Techniken der Gestaltung verfügbar gemacht werden. Friedman erörtert in diesem Zusammenhang die Freiheit des Erzählers, aus einer Gesamthandlung nur einzelne Teile auszuwählen, die Möglichkeit, die ausgewählten Teile in komprimierter Form darzustellen, und die Beziehung, die zwischen der Handhabung der Erzählperspektive und der Länge einer Erzählung besteht. So kann die Perspektive des allwissenden Erzählers – etwa durch Kommentare – ebenso zur Dehnung des Stoffes beitragen wie – etwa durch die Raffung einzelner Handlungsteile oder durch den Wechsel von Ort und Zeit – Möglichkeiten zu seiner Kürzung bieten. Eine Kurzgeschichte kann also kurz sein, weil die in ihr dargestellte Handlung ihrem Wesen nach kurz ist oder weil eine an sich umfangreiche Handlung durch Selektion, durch Kontraktion oder durch die Handhabung der Erzählperspektive in ihrem Umfang reduziert worden ist.[61]

Im weiteren Verlauf der literaturwissenschaftlichen Theoriediskussion sind Friedmans Überlegungen aufgegriffen, modifiziert und ergänzt worden. So beschäftigt sich zum Beispiel auch Theodor Wolpers in der 1971 publizierten erweiterten Fassung seiner Göttinger Antrittsvorlesung mit der stoffbedingten Kürze sowie mit den zur Kurzdarstellung führenden Methoden der Auswahl und der Konzentration. Doch unterscheiden sich die Reflexionen von Wolpers in zwei wesentlichen Punkten von denen Friedmans: Zum einen wertet Wolpers, der Friedman vorwirft, bei seinen Überlegungen nur von der Handlung ausgegangen zu sein, die stofflichen Elemente einer Erzählung nicht als rein quantitative Größe, sondern als qualitative Faktoren, die den Umfang der Darstellung weitgehend determinieren, und zum anderen hebt er die Notwendigkeit hervor, die Aspekte der stoffbedingten Kürze und die Techniken der Auswahl und der Konzentration in Verbindung mit den inneren Formen kurzen Erzählens zu betrachten.[62]

In dem Abschnitt über die Aspekte stoffbedingter Kürze setzt Wolpers sich mit der Charakter- und Raumdarstellung sowie mit thematischen Fragen auseinander. Im Hinblick auf die Charakterdarstellung kommt er zu dem Ergebnis, daß in Kurzerzählungen wie der Initiationsgeschichte nur Veränderungen der Bewußtseinslage, nicht aber Charakterentwicklungen darstellbar sind, die sich über einen größeren Zeitraum erstrecken. Ebenso verbieten es die Kurzformen seiner Ansicht nach, ausführlich auf die sozialen Gegebenheiten einzugehen, die das Verhalten eines Charakters bestimmen. Mit der Darstellung des Raumes und seiner Objekte verhält es sich ähnlich. Auch hier ist der Komplikationsgrad gering, da die Beschreibung gesamtgesellschaftlicher Zusammenhänge und häufiger Ortswechsel in der kurzen Prosa nicht möglich ist.[63] Ebenso begrenzt sind die Möglichkeiten der Kurzerzählungen in thematischer Hinsicht, wo der Erzähler gezwungen ist, sich auf die Darstellung von Grunderfahrungen wie den Tod oder auf die Beschreibung von signifikanten Augenblicken oder Objekten zu beschränken, die über ein genügendes Maß an Allgemeingültigkeit verfügen, »um menschlich relevant zu sein«.[64]

Oben wurde bereits zum Ausdruck gebracht, daß Wolpers' Reflexionen denen von Friedman insofern ähneln, als beide Kritiker den Umfang einer Kurzerzählung nicht nur zum Stoff, sondern auch zu den Techniken der Auswahl und der Konzentration in Beziehung setzen. Von den primär für die Novelle gültigen Bemerkungen über die Wendepunkttechnik abgesehen, beschäftigt sich Wolpers in diesem Zusammenhang mit vier Erzählmethoden, die der Form der Kurzgeschichte angemessen sind. Die erste dieser Methoden, die z. B. von Poe angewendet worden ist, besteht in der geradlinigen Darstellung des Geschehens, von dem angenommen wird, daß es mit gesetzmäßiger Folgerichtigkeit abläuft. Ein zweites, der Technik des analytischen Dramas vergleichbares und u. a. bei Henry James anzutreffendes Verfahren führt insbesondere zu einer Verdichtung der Zeitdimension, da der Erzähler sich bei diesem Verfahren auf die Darstellung der Schlußphase des Geschehens beschränkt und die Vergangenheit in die Gegenwart integriert. Die dritte, besonders in der neueren Kurzgeschichte gebräuchliche Methode ist ebenfalls durch die starke Verdichtung der Zeitdimension gekennzeichnet. Wolpers spricht in diesem Zusammenhang vom »situationshaften Zusammenfassen«, durch welches das zeitliche Nacheinander in ein Nebeneinander verwandelt wird und das darüber hinaus der Integration geschehnishafter, personaler und räumlicher Erzählelemente förderlich ist. Als vierte Konzentrationstechnik wird schließlich die »Kunst der sprachlichen Suggestivität« erwähnt, durch welche die neuere Kurzgeschichte sich wie durch die ihr eigene Tendenz zur Entstofflichung der Lyrik annähert.[65]

36

Die zuletzt genannte Technik der Konzentration steht bereits in engem Zusammenhang mit den von Wolpers beschriebenen inneren Formen kurzen Erzählens, die – wie das bei allen literarischen Formen der Fall ist – aus »Grundkategorien des Weltergreifens« resultieren.[66] Es gibt demnach bestimmte, historischen Veränderungen unterworfene Denkformen und diesen entsprechende Kategorien der Gestaltung, die den kleinen epischen Gattungen kongenial sind. So läßt sich die Verbreitung der Kurzerzählungen zu Beginn des 19. Jahrhunderts z. B. mit einer gewandelten Realitätsauffassung erklären, die sich darin äußert, daß die Welt den Dichtern als »etwas Zwiespältiges, Widersprüchliches, Rätselhaftes, zwischen Alltag und Traum Schwankendes« erscheint. Verbunden mit dieser gewandelten Realitätsauffassung ist ein neuartiges Sehen, das nicht mehr von dem Bedürfnis nach Synthese geleitet ist, sondern die Aufmerksamkeit auf das Einzelne richtet und sich darum bemüht, dessen verborgenen Sinn aufzuspüren. Indem die Kurzgeschichte aber vom Einzelnen handelt, wächst ihr ein höheres Maß an Verweisungsfähigkeit zu; denn nach der Ansicht von Wolpers kann eine isolierte Begebenheit eher über sich hinauswirken als eine Episode, die in einem Roman lediglich als Glied in einer Kette gleichartiger und gleichrangiger Strukturelemente in Erscheinung tritt. Während der Roman aus diesem Grunde eher zur realistischen Darstellung neigt, sind die Kurzgeschichten des 19. und 20. Jahrhunderts häufiger durch eine symbolische Konzeption gekennzeichnet. Sicherlich gibt es eine große Zahl von Texten, die diese Unterscheidung rechtfertigen, doch lassen sich auch andere Beispiele wie der Roman *Manhattan Transfer* (1925) von John Dos Passos anführen, die zeigen, daß der von Wolpers hervorgehobene Unterschied nur als relatives Differenzkriterium akzeptiert werden kann.

Legte Wolpers den Akzent bei seinen Überlegungen auf die inneren Formen kurzen Erzählens, so steht in dem 1977 erschienenen Buch *Typologie der Short Story* von Klaus Lubbers die Frage nach den Entwicklungsmöglichkeiten der Gattung im Mittelpunkt, wobei der Verfasser, der seine Untersuchung auf rund 150 amerikanische, englische und anglo-irische Kurzgeschichten stützt, dem Einfluß unterschiedlicher Erzählkonventionen und soziokultureller Kontexte auf die Gattungsentwicklung Rechnung trägt. Dies geschieht auch dort, wo Lubbers den Zusammenhang zwischen Suggestivität und Stoffwahl untersucht und eine Typenreihe skizziert, die aus der »fabula de uno«, der »fabula de compluribus«, der »fabula de multis«, der »fabula de te« und der Initiationsgeschichte besteht.[67]

Von diesen Geschichten ist die »fabula de uno«, die meist klimaktisch konstruiert ist und in deren Mittelpunkt ein singuläres Ereignis steht, durch einen weitgehenden Mangel an Suggestivität gekennzeichnet. Demgegenüber bezieht die besonders in der anglo-irischen Kurzgeschichtenliteratur verbreitete »fabula de compluribus« ihren Beziehungsreichtum aus der gesellschaftlichen Relevanz ihrer Stoffe, während die Suggestivität der vornehmlich durch amerikanische »short stories« repräsentierten »fabula de multis« darauf beruht, daß in den partikulären Stoff ein universales Thema eingebettet ist. Durch den Aspekt der Universalität ist auch die »fabula de te« charakterisiert, in der das Wesen menschlicher Beziehungen behandelt wird.

Von der »fabula de multis« unterscheidet sich dieser Erzähltyp insofern, als sein Suggestivitätsgrad nicht nur stoff-, sondern auch leserabhängig ist; d. h. daß der Leser in Erzählungen dieses Typs mit allgemeinmenschlichen Situationen oder Problemen konfrontiert wird, »die ihn betreffen könnten oder doch betreffen sollten«. Bei der Initiationsgeschichte handelt es sich schließlich um einen Mischtyp, der sowohl zur »fabula de multis« als auch zur »fabula de te« in Beziehung steht. Mit dem zuletzt genannten Typ verbindet die Initiationsgeschichte das Streben nach Allgemeingültigkeit, während sie der »fabula de multis« darin ähnelt, daß der partikuläre gesellschaftliche Rahmen im Erkenntnisprozeß des Protagonisten transzendiert wird.[68]

Obwohl die von Lubbers skizzierte Typenreihe im ganzen zu überzeugen vermag, wird es weiterer Bemühungen bedürfen, um die »fabula de multis«, die »fabula de te« und die Initiationsgeschichte noch klarer voneinander abzugrenzen. Eine weitere Schwäche des Buches wird dort sichtbar, wo die Stoffgestaltung zum Ausgangspunkt für die Typologie der Kurzgeschichte gemacht wird. Während die in diesem Kontext angestellten Untersuchungen über die Erzählperspektive weit über die entsprechenden Bemerkungen von Friedman hinausgehen,[69] leiden die Beobachtungen über die Bauformen darunter, daß die metafiktionale Kurzgeschichte in dem von Lubbers untersuchten Textkorpus nicht vertreten ist. Zwar wird darauf aufmerksam gemacht, daß es neben der prospektiven und der retrospektiven Kurzgeschichte sowie neben den Bauformen, die durch die Darstellung eines Lebensausschnitts oder durch die Überblendung mehrerer Erzählstränge gekennzeichnet sind,[70] auch die achronische Kurzgeschichte gibt, doch wird dieser Bauform wegen der Vernachlässigung der metafiktionalen Erzählliteratur zu Unrecht Seltenheitswert bescheinigt.

Uneingeschränkt zu überzeugen vermögen demgegenüber die Ausführungen zur perspektivischen Gestaltung und zu den Funktionen der Räume, die im Kapitel über die Andeutungs- und Verweisungstechniken enthalten sind.[71] Im Hinblick auf die perspektivische Gestaltung wird zwischen Gesellschaftsräumen, die meist aus der Perspektive des objektiven Erzählers geschildert werden, und Erlebnisräumen unterschieden, die vorwiegend aus der Sicht der zentralen Person wahrgenommen werden und dem Leser einen Einblick in deren Wesen vermitteln. Betrachtet man die Räume dagegen unter dem Aspekt der Funktionalität, kann man von Aktionsräumen, gestimmten Räumen und symbolischen Räumen sprechen, die über einen unterschiedlichen Suggestivitätsgrad verfügen. Von diesen Räumen tritt der Aktionsraum meist nur als soziale Umwelt oder Kulisse in Erscheinung, während der gestimmte Raum seine Suggestivität aus seinem Interdependenzverhältnis mit dem Erlebnissubjekt bezieht. Ein noch größeres Maß an Suggestivität wohnt dem symbolischen Raum inne, der »über seinen speziellen Bereich ... auf ein Allgemeines« hinausweist.

Ein weiterer Beitrag zur lange vernachlässigten Typologie der Kurzgeschichte ist von Paul Goetsch vorgelegt worden, der in seinem bereits erwähnten Buch zwei Typenreihen beschreibt, die auf verschiedenen Baumustern und Genres basieren.[72]

Bei der ersten Typenreihe, die zum Teil an Friedmans Bemerkungen zur Handlungsführung anknüpft, geht Goetsch von formalen Strukturen aus und gelangt so zu insgesamt fünf Baumustern, die wiederum in mehreren Varianten auftreten können.

So kann der erste Bautyp, der durch eine chronologisch verlaufende mehrphasige Handlung charakterisiert ist, zum Beispiel als Rückblick der Hauptperson, als Rückblick eines Ich-Erzählers oder als auktorial-personale Erzählung in Erscheinung treten. Beim zweiten Bautyp, bei dem die Handlung wie beim ersten einen relativ breiten Raum einnimmt, liegen demgegenüber mehrere ziemlich selbständige Teilhandlungen vor, die in Form der Rahmenerzählung, der analytischen Erzählung oder der Erinnerungserzählung miteinander verknüpft werden. Der dritte Bautyp, der sich sowohl für die »plot story« als auch für Kurzgeschichten mit reduzierter äußerer und ausgeprägter innerer Handlung eignet, ist im Unterschied zu den ersten beiden Baumustern durch eine einsträngige Ereigniskette gekennzeichnet, die mit der Szenenfolge eines Einakters verglichen werden kann. Die Variationsbreite dieses Baumusters reicht von der chronologischen Darstellung mit zeitlicher und kausaler Verknüpfung bis hin zur achronologischen Montage von Szenenfragmenten. Dem vierten Bautyp liegt dagegen eine einzige Szene zugrunde, die durch die Hinordnung auf einen überindividuellen Zusammenhang exemplarische Züge annehmen bzw. durch imaginierte Handlungen oder Erinnerungsfragmente erweitert werden kann. Beim fünften Bautyp, bei dem die äußere Handlung hinter der Zustandsschilderung zurücktritt, ist schließlich die Enthüllung einer Situation, die mit Bewußtseinsveränderungen der Figuren einhergehen kann, das dominante Strukturprinzip.

Während es Goetsch bei der ersten Typenreihe darum ging, Baumuster zu beschreiben, die im Verlauf der Gattungsgeschichte immer wieder verwendet worden sind, gilt sein Augenmerk bei der zweiten Reihe, die sich freilich gelegentlich mit der ersten überschneidet, dem historischen Wandel von Typen. Ausgangspunkt der Typologisierung sind diesmal nicht formale Strukturen, sondern inhaltliche und formale Aspekte in sich vereinigende Strukturschemata, »die den Wandel der Stile, der äußeren Form und der Grundhaltungen überdauert haben und in stofflicher wie thematischer Hinsicht einen Spielraum für Abwandlungen bieten.« Von diesem Ausgangspunkt aus gelangt Goetsch zu einer Typenreihe, die aus dem Genre der Grenzüberschreitung, dem an der Initiationsgeschichte verdeutlichten Genre der Lebenskrise sowie den Genres der Offenbarungsgeschichte und der exemplarischen Geschichte besteht, von denen letztere sich mit dem oben erwähnten vierten Bautyp berührt und mit der von Lubbers beschriebenen »fabula de multis« verglichen werden kann.

Das dem Genre der Grenzüberschreitung zugrundeliegende Strukturschema sieht so aus, daß eine Person mit irrationalen Phänomenen konfrontiert wird, die Verwirrung auslösen. In der Romantik entsprach dieses Genre einem Weltverständnis, das die Wirklichkeit nicht mehr als ausschließlich rational faßbare Größe akzeptierte. Von den Realisten wurde das Genre der Grenzüberschreitung dann zwar gelegentlich parodiert, doch blieb es ihnen zur Darstellung psychischer Ausnahmesituationen verfügbar, wobei klar »zwischen den rational erklärbaren objektiven Gegebenheiten und dem subjektiven Erleben einzelner Figuren« getrennt wurde. In neuerer Zeit schließlich hat eine Reihe von Erzählern das Genre dazu benutzt, von ihnen als absurd empfundene Aspekte der Realität aufzudecken.

Als in ähnlichem Maße wandlungsfähig wie das Genre der Grenzüberschreitung hat sich die Initiationsgeschichte erwiesen. Sie kann nicht nur den psychischen Prozeß der Selbstfindung, die Sozialisation des heranwachsenden Jugendlichen oder die moralische Problematik von Gut und Böse thematisieren, sondern sie hat sich auch dergestalt gewandelt, daß in neueren Kurzgeschichten die negativen Folgen der Initiation stärker betont werden. Außerdem versagt in neueren »short stories« der Initiationshelfer häufig in seiner Funktion als Leitfigur, macht die moderne Initiationsgeschichte oft die Bedeutungslosigkeit herkömmlicher Initiationsrituale sichtbar, was dazu führt, daß der Initiand desorientiert wird oder sich auf einen Verhaltenskodex zurückzieht, der im Gegensatz zu den gesellschaftlichen Normen steht.

Anders als in der Initiationsgeschichte werden in der Offenbarungsgeschichte und in der exemplarischen Geschichte, die von Goetsch relativ kurz behandelt werden und deren historischer Wandel noch beschrieben werden müßte, keine Lebenskrisen dargestellt. Vielmehr geht es in der »story of recognition«, die sich mit dem oben erwähnten fünften Bautyp berührt, um Ereignisse, die auf eine Enthüllung am Schluß der Geschichte hingeordnet sind, während die exemplarische Geschichte Ereignisse darbietet, die aus der individuellen Sphäre herausgehoben sind und Allgemeingültigkeit beanspruchen können.

Wenn sich die Arbeiten von Friedman, Wolpers, Lubbers und Goetsch im einzelnen zum Teil auch beträchtlich voneinander unterscheiden, so erlauben sie es doch, von einem Trend in der neueren literaturwissenschaftlichen Theoriediskussion zu sprechen. Zum einen hat dieser Trend seinen Niederschlag in verschiedenen Typologisierungsversuchen gefunden, und zum anderen äußert er sich darin, daß die neueren literaturwissenschaftlichen Theoretiker die Kürze der »short story« als deren dominantes Gattungsmerkmal betrachten, das sie in Verbindung mit ästhetischen Operationen wie Stoffwahl, Handlungsführung oder Darstellungsweise untersuchen. In diesem Zusammenhang ist es bemerkenswert, daß die starke Aufmerksamkeit, die dem Gattungsmerkmal der Kürze gewidmet wird, bereits darauf hinweist, daß der Einfluß einzelner Aspekte der Poeschen Gattungspoetik in neueren Kritiker-Theorien ebenso deutlich spürbar ist wie in den oben behandelten Autoren-Theorien der sechziger und siebziger Jahre. Darüber hinaus ist dieser Einfluß unübersehbar, wenn Lubbers und Goetsch, der Poes Konzept insgesamt allerdings reservierter gegenübersteht, der Kategorie der Suggestivität und den damit verbundenen Verweisungstechniken der Kurzgeschichte starke Beachtung schenken. Letztlich weist auch das Bemühen, verschiedene Typen der Kurzgeschichte zu beschreiben, auf die Ursprünge der Theoriediskussion zurück; denn schon Poe hielt es für notwendig, unterschiedliche Erscheinungsformen der »short prose narrative« voneinander abzugrenzen.

Zusammenfassung. Konstitutive Merkmale der Kurzgeschichte

In der neueren literaturwissenschaftlichen Kritik ist der erstmals bei Brander Matthews angeklungene Hinweis auf den proteischen Charakter der Kurzgeschichte zu einem Gemeinplatz geworden. Durch den hier vorgelegten Überblick über die Theoriediskussion ist die Berechtigung dieses Hinweises in zweifacher Hinsicht bestätigt worden. Zum einen hat sich ergeben, daß in dem dargestellten Zeitraum mehrere, zum Teil erheblich voneinander abweichende Konzepte der »short story« entwickelt wurden, und zum anderen hat sich gezeigt, daß die normativen Gattungsdefinitionen im Laufe der Zeit von komparativ-deskriptiven Wesensbestimmungen abgelöst wurden, die zum Teil auf der Erkenntnis beruhen, daß die Kurzgeschichte historischen Veränderungen unterworfen ist, die aus dem Wandel der Erzählkonventionen, der Wirklichkeitsauffassungen sowie der sozialen und kulturellen Bedingungen resultieren.

Trotz des proteischen Charakters der Kurzgeschichte ist es jedoch möglich, die »short story« mit Hilfe eines Katalogs gattungsspezifischer Konstituenten von anderen narrativen Textsorten abzugrenzen. Ausgehend von dem dominanten Merkmal der Kürze kann man zunächst feststellen, daß die Kurzgeschichte in höherem Maße als andere narrative Textsorten durch Komplexität und Funktionalität gekennzeichnet ist. Hiermit ist bereits gesagt, daß das Prinzip der erzählerischen Ökonomie in der Kurzgeschichte stärker auf die Stoffgestaltung einwirkt als in anderen narrativen Formen. Es äußert sich in unterschiedlichen, zum Teil auch in der Lyrik oder im Drama üblichen Verfahren der Selektion, der Reduktion und der Komprimierung, denen die Darstellung des Raumes, der Zeit, der Figuren und der Handlung ebenso unterworfen ist wie die Erzählsituation, die Thematik und die sprachliche Gestaltung.

Im einzelnen kann man Folgendes stichwortartig konstatieren: Bei der Darstellung des Raumes tendiert die Kurzgeschichte zum Verzicht auf räumliche Vielfalt, häufige Ortswechsel und panoramaartige Beschreibungen der sozialen Wirklichkeit; bei der Darstellung der Zeit enthält sich die Kurzgeschichte meist der Beschreibung längerer Zeitverläufe; bei der Darstellung der Figuren, deren Zahl meist begrenzt ist, tendiert die Kurzgeschichte zur Beschreibung von Bewußtseinsveränderungen anstelle von Charakterentwicklungen; bei der Darstellung der Handlung, deren Umfang meist gering und deren Aufbau häufig durch zielgerichtete Struktur, assoziative Reihung oder Verflechtung verschiedener Handlungsstränge gekennzeichnet ist, enthält sich die Kurzgeschichte oft der Beschreibung von Geschehensabläufen und beschränkt sich stattdessen auf die Wiedergabe einzelner Ereignisse, Episoden, Szenen oder Situationen mit exemplarischem oder enthüllendem Charakter; bei der Erzählsituation tendiert die Kurzgeschichte zum Verzicht auf multiperspektivische

Darstellung; bei der Thematik neigt die Kurzgeschichte zur Behandlung von existentiellen Fragen mit überindividueller Relevanz; bei der sprachlichen Gestaltung tendiert die Kurzgeschichte zu stilistischer Verknappung und suggestiv-verweisendem Erzählen, wobei der Verwendung von Symbolen die größte Bedeutung zukommt.

Zusammenfassend kann man sagen, daß der Kurzgeschichtenautor sich dem verpflichtet fühlt, was Henry James »the science of control« genannt hat. Es ist aber auch hervorzuheben, daß eine Kurzgeschichte nicht über alle oben aufgeführten Merkmale verfügen muß, um als Kurzgeschichte bezeichnet werden zu können. Naturgemäß sind vor allem in der ersten Phase der Gattungsentwicklung und in der zweiten Hälfte des 20. Jahrhunderts Texte entstanden, die zum Teil erheblich von dem oben skizzierten Merkmalskatalog abweichen. Während im Anfangsstadium der Gattungsentwicklung, als der Einfluß verwandter narrativer Kurzformen noch besonders stark war, einige der inzwischen entwickelten Gattungskonstituenten noch nicht zur Verfügung standen, ist der Katalog herkömmlicher gattungsspezifischer Merkmale besonders in metafiktionalen Texten, die wiederum durch die Tendenz zur Gattungsüberschreitung und darüber hinaus durch ausgeprägte Experimentierfreudigkeit gekennzeichnet sind, kaum noch beachtet worden. Doch auch in den dazwischenliegenden Epochen sind hier und dort Kurzgeschichten entstanden, die den oben beschriebenen Charakteristika der Gattung in einzelnen Punkten nicht entsprechen.

III Gattungshistorischer Überblick

Im historischen Überblick über die Theoriediskussion wurden die wichtigsten Etappen der Entwicklung der amerikanischen Kurzgeschichte bereits sichtbar. So begründeten Poes Hinweis auf die Suggestivität und Hawthornes Bekenntnis zum moralisch-didaktischen Anliegen seiner Kurzgeschichten zum Beispiel die besonders in der »short story« der ersten Hälfte des 19. Jahrhunderts vorherrschenden Elemente der Symbolik und der Allegorie, und Hartes Essay »The Rise of the Short Story« enthielt eine Beschreibung des in der zweiten Hälfte des 19. Jahrhunderts verbreiteten Typs der »local-color story«, der als einer der wesentlichsten Vorläufer der realistischen Kurzgeschichte zu gelten hat. Sherwood Andersons theoretische Reflexionen signalisierten demgegenüber die Überwindung der sukzessiven »formula story« durch die Offenbarungsgeschichte sowie die Verdrängung des Elements der Handlung durch die Darstellung der psychischen Befindlichkeit der Charaktere, und im Anschluß an Anderson plädierte Farrell dann dafür, den Typ der situationshaften Offenbarungsgeschichte in den Dienst der Sozialkritik zu stellen. Die theoretischen Äußerungen von Flannery O'Connor und Joyce Carol Oates dokumentierten schließlich die von modernen Autoren häufig verwirklichte Möglichkeit, die Diskontinuität im formalen Bereich mit dem Rückgriff auf das Element des Phantastischen und des Rätselhaften zu verbinden. Im folgenden Teil des Buches wird es darum gehen, diese Entwicklungstendenzen an der Erzählpraxis zu überprüfen und das hier skizzenhaft entworfene Bild durch die Interpretationen ausgewählter Kurzgeschichten zu vervollständigen.

1 Entstehungsbedingungen

Im Rahmen seiner oben referierten gattungspoetischen Überlegungen hatte Theodor Wolpers die Entstehung neuartiger Formen kurzen Erzählens zu Beginn des 19. Jahrhunderts auf eine gewandelte Wirklichkeitsauffassung zurückgeführt, die sich seiner Meinung nach in der »Erfahrung der Unvereinbarkeit ... von Diskrepantem«[1] und in einer neuen, detailorientierten Sehweise äußerte. Zwar sind die Bemerkungen von Wolpers nicht auf die amerikanischen Verhältnisse bezogen, doch hat es auch im Hinblick auf die amerikanische »short story« nicht an Versuchen gefehlt, einen Zusammenhang zwischen der Entstehung der neuen Gattung und der Wirklichkeitserfahrung der Amerikaner herzustellen. So hat die Kurzgeschichtenautorin Katherine Fullerton Gerould, die die amerikanische Literatur wegen des diffusen Charakters der amerikanischen Zivilisation und wegen des unvermeidlichen Partikularismus der Amerikaner als »intensely local« bezeichnete, in ihrem Essay »The American Short Story« (1924) außerdem erklärt: »With the American short story, background has always been extremely important«[2], und Ruth

Suckow, eine andere Kurzgeschichtenautorin des 20. Jahrhunderts, hat in ihrem Artikel »The Short Story« (1927) hervorgehoben, daß die Lebenserfahrung des Amerikaners zu Beginn des 19. Jahrhunderts nach der Kurzgeschichte als ihrer natürlichen künstlerischen Ausdrucksform verlangte:

> It was the chaos, the unevenness, the diversity of American life that made short stories such a natural artistic expression in the first place. Roving, unsettled, restless, unassimilated, here and gone again – a chaos so huge, a life so varied and so multitudinous that its meaning could be caught only in fragments, perceived only by will-o'-the-wisp gleams, preserved only in tiny pieces of perfection. It was the first eager, hasty way of snatching little treasures of art from the great abundance of unused, uncomprehended material. Short stories were a way of making America intelligible to itself.[3]

Es wird dem Leser nicht entgangen sein, daß Ruth Suckows und Katherine Fullerton Geroulds Ansichten über die Entstehung der amerikanischen Kurzgeschichte im Widerspruch stehen zu der von Bret Harte in »The Rise of the Short Story« geäußerten Meinung, die amerikanische Kurzgeschichte der ersten Hälfte des 19. Jahrhunderts spiegele die Denkformen der Amerikaner nicht wider. Dieser Meinung kann schon deshalb nicht uneingeschränkt zugestimmt werden, weil der Einfluß der Volkserzählungen auf die Entstehung der frühen amerikanischen »short story« von Harte unterschätzt wurde. Bereits 1835 bemerkte der Erzähler John Neal in seinem Artikel »Story-Telling«, daß die besonders im Westen zu hörenden »stories from real life« dem Schriftsteller den Blick in eine »world of adventure, of trial, hardship and suffering« öffnen und ein unerschöpfliches Reservoir für seine Arbeit darstellen,[4] und schon 15 Jahre vorher hatte Washington Irving zahlreiche Elemente der amerikanischen Volkserzählungen in seine Kurzgeschichten aufgenommen und ihnen dadurch – trotz der Übernahme europäischer Stoffe und Darstellungsmittel – ein spezifisch amerikanisches Gepräge verliehen.

Zu den im Hinblick auf die Entstehung der amerikanischen »short story« wichtigsten Formen der Volkserzählung gehören die sogenannten »tall tales« – Anekdoten über das Leben an der Grenze, die zunächst nur mündlich überliefert, später aber auch gedruckt wurden. Im Zentrum dieser Anekdoten, die zur Quelle von Legenden wurden, standen gewöhnlich sagenumwobene Helden wie Paul Bunyan und Davy Crockett, die sich u. a. durch ihren hinterwäldlerischen Humor auszeichneten. Außerdem waren die »tall tales« durch eine Mischung aus maßlosen Über- oder Untertreibungen und aus realistischen Details geprägt, wobei sich die Bezüge zur Wirklichkeit vor allem in der Schilderung der realen amerikanischen Landschaft äußerten. Als Ausdruck der typisch amerikanischen Lebenserfahrung, die sowohl durch den Zwang zur Auseinandersetzung mit der feindlichen Umwelt als auch durch die Möglichkeiten zur Selbstentfaltung in einer noch offenen Gesellschaft bestimmt war und unter deren Eindruck sich Charaktereigenschaften wie Humor und Selbstbehauptungswille ausbildeten, ist die »tall tale« einer der fruchtbarsten Nährböden für die Entwicklung der amerikanischen Literatur im allgemeinen und der Kurzgeschichte im besonderen gewesen.

Nimmt man hinzu, daß der sogenannte »Down East Humor« – der sprichwörtliche Witz der Yankees, der zum Gegenstand von Zeitungsgeschichten geworden war – ebenfalls zu den spezifisch amerikanischen Faktoren gehört, die zur Entstehung der Kurzgeschichte beigetragen haben, dann erweist sich Bret Hartes Meinung, daß die frühe amerikanische Kurzgeschichte im Unterschied zur »local-color story« nur oberflächlich von der einheimischen, zunächst mündlich tradierten Volksdichtung geprägt sei, vollends als revisionsbedürftig. Dennoch ist Hartes Hinweis auf die Abhängigkeit der frühen amerikanischen Literatur vom europäischen Kulturkreis nicht völlig falsch. So ist es z. B. unübersehbar, daß die romantischen Kunstmärchen und die grotesk-bizarren Erzählungen E. T. A. Hoffmanns Spuren in den Kurzgeschichten Edgar Allan Poes hinterlassen haben, und der Einfluß Ludwig Tiecks auf das Erzählwerk Nathaniel Hawthornes ist ebenfalls schon früh diskutiert worden.[5]

Die Namen von Hoffmann und von Tieck, der ebenfalls als Verfasser romantischer Kunstmärchen hervortrat und der außerdem phantastische Märchenspiele schrieb, stehen stellvertretend für die nicht zu unterschätzende Bedeutung, die der europäischen romantischen Bewegung für die Entstehung der amerikanischen Kurzgeschichte zukommt. Diese Bedeutung erschöpft sich nicht in der für die frühe amerikanische »short story« typischen Vorliebe für das Element des Phantastischen und für die sogenannten »Gothic landscapes«, die u. a. auf den Schauerroman zurückgeht, dessen Tradition von Tieck wie von Sir Walter Scott fortgesetzt wurde und der in Amerika in Charles Brockden Brown einen bedeutenden Vertreter fand. Vielmehr äußert sich die Bedeutung der europäischen Romantik für die Entstehung der amerikanischen Kurzgeschichte auch in dem seinerzeit neuerwachten Interesse an Märchen, Mythen und Volksballaden. Zum einen hat dieses von den frühen amerikanischen Kurzgeschichtenautoren geteilte Interesse die Rezeption europäischer Sagenstoffe bewirkt, und zum anderen dürfte es die amerikanischen Erzähler zur Beschäftigung mit der eigenen Volksliteratur angeregt haben. Schließlich ist es außerdem denkbar, daß die in der Romantik ausgeprägte Neigung, mit neuen literarischen Formen zu experimentieren, die Entwicklung der amerikanischen »short story« begünstigt hat.

Weitere Elemente des europäischen Kulturkreises, die auf die Entstehung der amerikanischen Kurzgeschichte eingewirkt haben, waren die zeitgenössische Skizzenmalerei und der englische Essay des 18. Jahrhunderts, der in Amerika zahlreiche Nachahmer gefunden hatte. Bei den Charakteristika des Essays, die vor allem die »short stories« von Irving und Hawthorne mitgeprägt haben, handelt es sich um den launigen Humor, den elegant-klassizistischen Stil, die Gestalt des fiktiven Erzählers, die Prägnanz der Charakterporträts, die auf Kürze angelegte, nichtsdestoweniger aber mosaikhaft-lockere Struktur und die insbesondere von Hawthorne aufgenommene moralische Intention. Der Einfluß der zeitgenössischen Skizzenmalerei, der – abgesehen von einigen Erzählungen Hawthornes – vor allem bei Irving spürbar ist, hat sich insofern ähnlich ausgewirkt, als auch sie Prägnanz in der Konturierung bei gleichzeitigem Verzicht auf eine bis ins Detail gehende Strukturierung nahelegte. Darüber hinaus dürfte Irving, der sein Interesse an der bildenden Kunst auch durch die Metaphorik seiner theoretischen Äußerungen verrät, von der Skizzenmalerei das Ideal der Einheit von Milieu, Charakter und Stimmung übernommen haben.[6]

Es ist sicher keine Übertreibung, wenn man Irving das Verdienst zuspricht, die verschiedenen europäischen und amerikanischen Faktoren, die an der Entstehung der amerikanischen Kurzgeschichte beteiligt waren, miteinander vereinigt zu haben.[7] Aufgrund seiner Interessen und seines Lebenslaufs war er ohnehin dazu prädestiniert, diese Aufgabe zu übernehmen. Als New Yorker Bürger war er mit dem »Down East Humor« ebenso vertraut wie mit den in der holländischen Kolonialzeit wurzelnden Legenden seiner engeren Heimat. 1803 hatte er während einer Reise in die westlichen Grenzgebiete Kanadas und des Staates New York außerdem Gelegenheit, die »tall tale« kennenzulernen. Hinzu kam, daß Irving durch seine wiederholten und zum Teil mehrjährigen Europaaufenthalte, die ihn mit Spanien, den Niederlanden, Frankreich, Italien, Deutschland und England in Kontakt brachten, eine ebenso intime Kenntnis der überseeischen wie der einheimischen Kultur gewann. Von besonderer Bedeutung war in diesem Zusammenhang seine Freundschaft mit Sir Walter Scott, den er 1817 zum erstenmal traf; denn Scott bestärkte ihn nicht nur in seiner Beschäftigung mit der Schauerliteratur, sondern lenkte darüber hinaus sein bereits vorhandenes Interesse an der Volksdichtung auf die Welt der deutschen Balladen und Sagen, die später eine so bedeutende Rolle in Irvings Kurzgeschichten spielen sollte.

Irving hat selbst nie einen Hehl aus seiner starken Abhängigkeit vom europäischen Kulturkreis gemacht. Er hat im Gegenteil darauf hingewiesen, daß eine junge Nation auf die Imitation literarischer Vorbilder angewiesen ist. Daß es sich dabei in seinem Fall nicht um eine sklavische Nachahmung europäischer Konventionen handelte, geht schon daraus hervor, daß er den Typ der Schauergeschichte in humoristischer Form zu verwenden pflegte.[8] Außerdem hat Bret Harte, als er den Vorwurf der sklavischen Abhängigkeit gegen die ersten Vertreter der amerikanischen Kurzgeschichte erhob, offensichtlich darüber hinweggesehen, daß sich die überseeischen Einflüsse zum Teil untrennbar mit der einheimischen Volkskultur vermischten. So kann zum Beispiel das Element des Phantastischen – wie etwa Irvings Kurzgeschichte »Dolph Heyliger« (1822) zeigt – sowohl auf den Schauerroman als auch auf spezifisch amerikanische Wurzeln wie die »tall tale« oder die in großer Zahl vorhandenen Geister- und Hexengeschichten zurückgeführt werden. Im Hinblick auf den besonders für Irvings Kurzgeschichten typischen Humor gilt ähnliches; auch hier kommen neben dem englischen Essay Formen der amerikanischen Volksliteratur wie der »Down East Humor« als Quellen in Frage.[9]

Nachdem es Washington Irving gelungen war, die unterschiedlichsten Faktoren zu jener literarischen Form zusammenzufassen, die wir die amerikanische Kurzgeschichte nennen, entwickelte sich die neue Gattung schnell zum unverwechselbarsten Teil der amerikanischen Literatur. Einer der Gründe, die für die stürmische Entwicklung der »short story« angeführt worden sind, ist literatursoziologischer Art. Da es zwischen England und den Vereinigten Staaten bis 1891 kein Abkommen über das Copyright gab, hatten die amerikanischen Verleger die von Charles

Dickens und James Fenimore Cooper beklagte Möglichkeit, englische Romane zu drukken, ohne ein Honorar dafür zu zahlen. Für die amerikanischen Autoren bedeutete dies, daß Romane aus ihrer Feder wegen der Honorarkosten nur unter erschwerten Bedingungen abgesetzt werden konnten, was dazu geführt haben mag, daß sie ihr Hauptaugenmerk auf die Kurzgeschichte richteten, zumal sie auf diesem Gebiet der englischen Konkurrenz nicht ausgesetzt waren. Eine zu große Bedeutung sollte man dieser Begründung allerdings nicht zumessen, da bis 1891 schließlich bedeutende Romane von Autoren wie Hawthorne, Melville, Mark Twain sowie Howells entstanden und auch erschienen und da ein so einflußreicher Kritiker wie Poe dem Roman nicht zuletzt aus ästhetischen Gründen den Rücken kehrte.

Eine gewichtigere Erklärung für die stürmische Entwicklung der »short story« ist in dem Hinweis auf die enge Verknüpfung von Kurzgeschichtenproduktion und Magazinjournalismus enthalten. Schon Poe hatte in seinen »Marginalia« darauf aufmerksam gemacht, daß die Tendenz zu kurzer, komprimierter und pointierter Darstellung durch die literarischen Magazine gefördert wird.[10] Der nachhaltige Einfluß, den diese Publikationsorgane namentlich auf die Entwicklung der amerikanischen »short story« ausübten, äußert sich bereits in der Tatsache, daß eine Kurzgeschichte, bevor sie zusammen mit anderen Erzählungen in einem Sammelband publiziert wurde, in der Regel als Einzelstück in einem der zahlreichen literarischen Magazine erschien, die seit den zwanziger Jahren des 19. Jahrhunderts in verstärktem Maße entstanden waren und häufig von Kurzgeschichtenautoren wie Edgar Allan Poe und Bret Harte ediert wurden. Wie wichtig diese Publikationsform für die Rezeption der »short story« war, belegen Bemerkungen von William Dean Howells, der sich noch 1901 in seinem Artikel »Some Anomalies of the Short Story« fragte, warum das rege Publikumsinteresse an den Kurzgeschichten mit deren Veröffentlichung in Sammelbänden schwindet.[11] Ebenso aufschlußreiche Ausführungen über den Zusammenhang von Kurzgeschichtenproduktion und Magazinjournalismus sind in Brander Matthews' Essay »The Philosophy of the Short-story« enthalten, in dem die Überlegenheit der amerikanischen gegenüber der englischen »short story« damit erklärt wird, daß die literarischen Magazine in Amerika die Nachfrage nach Kurzgeschichten aufrechterhalten.[12] Im weiteren Verlauf hat sich die Symbiose von literarischem Magazin und »short story« für diese jedoch negativ ausgewirkt, da sie unter dem Druck der kommerziellen Interessen ihrer Entwicklungsmöglichkeiten beraubt und auf das starre Schema der »formula story« festgelegt wurde.[13]

2 Mythos, Allegorie und Symbolik

Washington Irving

Am Beginn der Entwicklung der amerikanischen Kurzgeschichte steht das 1819 und 1820 entstandene *Sketch-Book of Geoffrey Crayon, Gentl.* von Washington Irving, in dem allerdings nur drei »short stories« – »Rip Van Winkle«, »The Legend of Sleepy

Hollow« und »The Spectre Bridegroom« – enthalten sind. Diesen drei Kurzgeschichten, von denen die beiden erstgenannten als Irvings gelungenste Beiträge zu der von ihm begründeten Gattung anzusehen sind, stehen u. a. 26 Skizzen und Essays gegenüber, in denen der Autor die Beobachtungen verarbeitete, die er während eines mehrjährigen Englandaufenthaltes gesammelt hatte. In Irvings zweiter Sammlung von Kurzprosa, die 1822 unter dem Titel *Bracebridge Hall* erschien, stellen die insgesamt vier Kurzgeschichten, von denen lediglich »The Stout Gentleman« und »Dolph Heyliger« Beachtung verdienen, im Vergleich zu den essayistischen und skizzenartigen Schilderungen des Lebens der englischen »gentry« ebenfalls eine kleine Minderheit dar.

Ein Blick auf die beiden anderen Kurzprosa-Sammlungen von Irving, die 1824 publizierten *Tales of a Traveller* und die 1832 erschienene Sammlung *The Alhambra*, bestätigt, daß die Zahl literarisch bemerkenswerter Texte, die der Autor zu der von ihm begründeten Gattung beigesteuert hat, gering ist. Der zuletzt genannte Band, in dem Irving seine Studien zum spanisch-maurischen Kulturkreis verarbeitete, enthält neben Legenden vor allem historische Skizzen, die das von ihrem Verfasser geteilte Interesse der Romantik an der Geschichte dokumentieren. Und in den *Tales of a Traveller*, die von Irving besonders geschätzt, von seinen Kritikern aber meist niedrig eingestuft wurden, befinden sich neben einer größeren Zahl von Geister- und Banditengeschichten, die in Deutschland und Italien lokalisiert sind, nur zwei beachtenswerte »short stories«. Bei der einen – »The Devil and Tom Walker« – handelt es sich um eine nach Neuengland verlegte und mit lokalen Mythen durchsetzte Version des Fauststoffes, in der das Schaurige mit dem Komischen vermischt ist. Die andere – »The Adventure of the German Student« – ist eine im Paris der Revolutionszeit spielende Schauergeschichte, die in thematischer und – aufgrund der Gestaltung des Schlußeffekts – auch in erzähltechnischer Hinsicht auf Poe vorausweist und die sich in zweifacher Weise von Irvings anderen Erzählungen dieses Typs unterscheidet: Zum einen wird die destruktive Wirkung einer überempfindlichen Imagination auf die Psyche eines Menschen hier besonders eindrucksvoll dargestellt, und zum anderen nimmt die bei Irving übliche humoristische Verwendung des Typs der Schauergeschichte in dieser Erzählung in besonders starkem Maße parodistische Züge an.

Eines der im Hinblick auf die weitere Entwicklung der amerikanischen »short story« bedeutsamsten Merkmale der Kurzgeschichten Washington Irvings ist deren Verankerung im Mythos. Mit Recht ist daher von einem Kritiker darauf hingewiesen worden, daß Irvings literarische Bedeutung zum Teil darin besteht, »a poetic interpreter of legend« gewesen zu sein.[2] Wichtig ist in diesem Zusammenhang, daß Irvings Vorliebe nicht nur den spanisch-orientalischen und den deutschen Mythen galt, sondern daß er auch auf die in der holländischen Kolonialzeit wurzelnden Mythen seiner Heimat zurückgriff. Hinzu kommt, daß er deutsche Mythen in seinen besten Kurzgeschichten in amerikanische Szenerien eingebettet sowie mit einheimischen Mythen verschmolzen hat. Indem er sich auf diese Weise die Tendenz des Mythos, die Grenzen zwischen den Kulturkreisen zu überschreiten, zunutze machte, ist es ihm in seinen besten »short stories« gelungen, den lokalen Rahmen mit universeller Bedeutung auszufüllen.

Zu einem besonders komplexen Gewebe sind die verschiedenartigsten mythischen Elemente, die nicht nur der folkloristischen Tradition, sondern auch der antiken Mythologie entstammen, in »The Legend of Sleepy Hollow« verwoben worden. Auf dem Höhepunkt dieser phantastisch-humoristischen Geschichte wird der Lehrer Ichabod Crane von seinem Nebenbuhler Brom Bones dadurch in Panik versetzt, daß dieser seinen Widersacher mit einem Kürbis bewirft, den der Pädagoge wegen seiner krankhaften Phantasie für den Kopf eines Phantoms hält. Aufgrund zahlreicher Parallelen ist unschwer zu erkennen, daß Irving diesen Teil der Handlung aus einer der Rübezahllegenden entlehnte, die von Musäus in seinen *Volksmärchen* publiziert worden waren. Die Veränderungen, die die Vorlage in »The Legend of Sleepy Hollow« erfuhr, beruhen u. a. darauf, daß Irving die Rübezahllegende mit Elementen der ebenfalls aus Deutschland stammenden Sage vom wilden Jäger vermischte, die ihm durch Bürgers Ballade bekannt geworden war. Während die Rübezahllegende mit der Figur des abergläubischen Kutschers das Vorbild für Ichabod Crane und mit dem Kürbiswurf das zentrale Motiv der Handlung lieferte, geht die Gestalt des verwegenen Reiters, in der Brom Bones auf dem Höhepunkt des Geschehens erscheint, auf die Sage vom wilden Jäger zurück, die auch in »The Spectre Bridegroom« und in »Dolph Heyliger« erwähnt wird.

Die Vermischung der deutschen Mythen ist nicht zuletzt deshalb interessant, weil Irving die Sage vom wilden Jäger in »The Legend of Sleepy Hollow« dazu benutzt, die Rübezahllegende in die Welt des amerikanischen Mythos zu transportieren. Dies geschieht dadurch, daß er den Wild- und Rheingrafen in einen hessischen Söldner verwandelt, der seinen Kopf in einem Gefecht des amerikanischen Revolutionskrieges verlor und seither die Gegend von Sleepy Hollow heimsucht. Darüber hinaus wird die vorliegende »short story« durch die von Brom Bones erzählte Geschichte über seinen Wettstreit mit dem kopflosen Reiter in der Welt des amerikanischen Mythos verankert; denn diese Geschichte, die mit ihren maßlosen Übertreibungen an die »tall tales« erinnert, geht auf eine von Irvings Schwager übermittelte Legende aus der holländischen Kolonialzeit zurück, in der von einer Begegnung zwischen Brom Bones und dem Teufel die Rede ist.[3] Ergänzt wird die Verankerung der vorliegenden Geschichte in der Welt des amerikanischen Mythos schließlich dadurch, daß der Erzähler Ichabod Cranes Glauben an das Übernatürliche u. a. mit dessen Vertrautheit mit Cotton Mathers dämonologischen Studien erklärt.

Mythen bilden in »The Legend of Sleepy Hollow« nicht nur das Handlungsgerüst, sondern sie werden auch zur humorvollen Charakterisierung der Personen herangezogen. Mutet schon die von Ichabod Crane und Brom Bones umworbene reiche Katrina Van Tassel in ihrer prallen Natürlichkeit wie eine komische Version einer Fruchtbarkeitsgöttin an, obwohl der Text keine konkreten Hinweise auf die griechische Demeter oder die kleinasiatische *magna mater* Kybele enthält, so werden zur Charakterisierung der beiden Verehrer hyperbolische Vergleiche aus der antiken Mythologie verwendet. Der draufgängerische Brom Bones wird mit Herkules verglichen, und der in jeder Beziehung kleinmütige Ichabod Crane, ein Yankee von grotesk-trauriger Gestalt, wird gar zu dem stürmischen Liebhaber und Heroen Achilles in Parallele gesetzt.[4] Im Falle des Pädagogen dient auch der Name zur ironisch-humorvollen Charakterisierung, galt doch der Kranich, den der Erzähler als Vergleichsobjekt benutzt, um dem Leser die groteske Gestalt des Lehrers zu verdeutlichen, in den Mythen mehrerer heidnischer Völker als Vogel der Weisheit und der Wachsamkeit.[5]

Neben der Verarbeitung unterschiedlichster mythischer Elemente verweisen die zahlreichen Rückgriffe auf die mündliche Erzähltradition auf Irvings Bemühen, »The Legend of Sleepy Hollow« zur Volksdichtung in Beziehung zu setzen. So läßt er seinen Erzähler z. B. wiederholt auf die Volksmeinung rekurrieren. Außerdem werden im Mittelteil von »The Legend of Sleepy Hollow« verschiedene »tall tale«-artige Geschichten zitiert, die während des Festes bei den Van Tassels erzählt wurden. Von besonderem Interesse ist in diesem Zusammenhang jedoch das Ende der Irvingschen Geschichte, da hier illustriert wird, wie die mündlich tradierten »local tales« entstehen. Während der Erzähler selbst seinem Publikum die Berichte über den späteren Lebensweg Ichabod Cranes nicht vorenthält, führen die abergläubischen »old country wives« (191) das Mißgeschick des spurlos verschwundenen Lehrers, dessen Geist sie im Schulhaus umgehen lassen, auf das Eingreifen einer übernatürlichen Macht zurück. Vervollständigt werden die Rückgriffe auf die mündliche Erzähltradition dadurch, daß Irving den Eindruck erweckt, als handele es sich bei »The Legend of Sleepy Hollow« selbst um eine mündlich vorgetragene Geschichte. Zum einen geschieht dies dadurch, daß er sein Pseudonym Dietrich Knikkerbocker zu Beginn des Postskriptums mit der Behauptung zitiert, die Geschichte »almost in the precise words« aufgezeichnet zu haben, »in which I heard it related at a Corporation meeting of the ancient city of Manhattoes« (191), und zum anderen wird dieser Eindruck dadurch erweckt, daß Irving seinen Erzähler mit illusionsdurchbrechenden, die eigene Person in Erinnerung rufenden Zwischenbemerkungen operieren läßt.[6]

Die wiederholten Hinweise auf die »local tales«, von denen diejenige über den kopflosen hessischen Reiter in die Handlung von »The Legend of Sleepy Hollow« integriert wird, stellen eines der Mittel dar, mit deren Hilfe Irving seine stark von europäischen Mythen geprägte Geschichte in der amerikanischen Erzähltradition verankert. Als weiteres derartiges Mittel fungiert die Charakterisierung der Personen, wobei weniger an die Porträts der holländischen Siedler zu denken ist, die anläßlich des Festes bei den Van Tassels gegeben werden, als vielmehr an den wiederholt bei Irving anzutreffenden, hier durch Ichabod Crane und Brom Bones repräsentierten Gegensatz zwischen dem habgierig-verschlagenen Yankee und dem sympathisch-extrovertierten Holländer. Das dritte Mittel, durch dessen Verwendung »The Legend of Sleepy Hollow« den Charakter einer typisch amerikanischen Kurzgeschichte erhält und sein Verfasser sich ungeachtet der Ansicht von Harte als Wegbereiter der »local-color story« erweist, ist das der Beschreibung. In meist breit angelegten Aufzählungen macht Irving den Leser mit der Landschaft am Hudson, mit der Ernte- und der Hausarbeit, mit den Sitten und Gebräuchen der holländischen Siedler und mit der Tierwelt in der Gegend von Sleepy Hollow vertraut. Zwar wirken diese Schilderungen gelegentlich wie typenhafte Anklänge an die pastorale Erzähltradition, doch entsteht durch sie insgesamt ein anschauliches Bild, welches das Lokalkolorit der beschriebenen Gegend detailliert wiedergibt.[7]

Trotz dieser lokalen Einkleidung ist »The Legend of Sleepy Hollow« jedoch als Geschichte mit universeller Bedeutung anzusehen, was sich nicht nur in dem Rückgriff auf europäische Mythen, sondern auch in der Thematik der Erzählung äußert. Zunächst kann in diesem Zusammenhang darauf hingewiesen werden, daß Irving seiner »short story« zwar einen konkreten räumlichen Rahmen verleiht, im Hinblick auf die Wirklichkeitskategorie der Zeit aber auf eine eindeutige Abgrenzung verzichtet. Als Relikt aus der holländischen Kolonialzeit ist die Siedlung im Tal von Sleepy Hollow ein Ort, der den Gesetzen der Zeit nicht unterworfen ist. Vergangenheit und Gegenwart verschmelzen ineinander; der sonst häufig von Irving thematisierte Wandel findet nicht statt.[8] Unterstrichen wird dieser Stillstand der Zeit durch den behäbigen Erzählduktus der Exposition, der mithin funktional begründet ist und nicht als Zeichen fehlender erzählerischer Ökonomie gewertet werden sollte.

Trägt schon die Zeitdarstellung dazu bei, den engen lokalen Rahmen der vorliegenden Geschichte zu transzendieren, so gilt dies in noch stärkerem Maße für die beiden Hauptthemen, die in »The Legend of Sleepy Hollow« behandelt werden. Zum einen geht es dabei um die Gefährdung der Psyche durch eine überempfindliche Imagination, unter der Ichabod Crane ebenso leidet wie der Kutscher in der Rübezahllegende und wie der Erzähler in »The Stout Gentleman«, der Mutmaßungen über die Identität einer Person anstellt, die er im gesamten Verlauf der Geschichte nicht zu Gesicht bekommt. Das ungewöhnliche Ausmaß der psychischen Störung Ichabod Cranes wird vom Erzähler dadurch verdeutlicht, daß er dessen Phantasmagorien mit den Visionen und tranceähnlichen Zuständen vergleicht, in die die übrigen Bewohner von Sleepy Hollow verfallen. Während sich bei den Mitbürgern des Lehrers der Hang zum Träumen und der Sinn für die Wirklichkeit die Waage halten, ist dessen seelisches Gleichgewicht so total gestört, daß er nicht nur aufgrund seiner äußeren Gestalt als groteske Figur erscheint. Cranes Hirngespinste werden nämlich nicht nur durch mißdeutbare Phänomene erzeugt, sondern auch durch Dinge, die den Realitätssinn ansprechen.[9] Indem Irving die pathologische Psyche seines Protagonisten auf diese Weise überzeichnet, indem er Crane am Ende der Geschichte als einen Mann erscheinen läßt, der sich trotz oder gerade wegen seines übersteigerten »appetite for the marvellous« (168) in der Realität zurechtfindet, und indem er das Pferd des Lehrers mit einer ebenso maßlosen Phantasie ausstattet wie seinen Reiter,[10] verleiht er dem ernsthaften Thema der entfesselten Imagination, das in späteren Horrorgeschichten bis hin zu den Erzählungen von Ambrose Bierce häufig behandelt worden ist, die für ihn typische humoristische Note.

Bei dem zweiten Thema von universeller Bedeutung, das mit dem eben besprochenen eng verknüpft ist und das von späteren amerikanischen Kurzgeschichtenautoren ebenfalls wiederholt aufgegriffen wurde, handelt es sich um die Frage nach dem Verhältnis von Realität und Irrealität. Schon durch das Motto aus Thomsons *The Castle of Indolence* (1748), das »The Legend of Sleepy Hollow« vorangestellt ist, wird der geographisch genau lokalisierbare Ort des Geschehens, den der Erzähler später einen »by-place of nature« (165) nennt, als ein der Wirklichkeit entrückter Schauplatz charakterisiert. Auch in der Geschichte selbst wird immer wieder hervorgehoben, daß eine klare Grenze zwischen Realität und Irrealität nicht gezogen werden kann. So wechselt das Geschehen zwischen der Farm Baltus Van Tassels, die der Alltagswirklichkeit zugerechnet werden kann, und Schauplätzen, die unter dem Einfluß übernatürlicher Kräfte stehen sollen; so verfallen die Hausfrauen während ihrer Arbeit in das Erzählen von Spukgeschichten; so entstehen Ichabod Cranes Hirngespinste während der Dämmerung oder während der Nacht im Schattenspiel von Licht und Dunkelheit; und so schlägt die während des Heimritts zunächst noch vorhandene Fähigkeit des Lehrers, die natürlichen Ursachen seiner unheimlichen Wahrnehmungen zu erkennen, in die krankhafte Phantasiearbeit um, die jedes natürliche Phänomen in eine Monstrosität verwandelt. Wie in »Rip Van Winkle« bleiben die Bereiche der Realität und der Irrealität in der vorliegenden Geschichte stets untrennbar miteinander verschmolzen; denn noch am Schluß steht dem Bericht über Ichabod Cranes Erfolgsweg in der Realität die Verarbeitung seines vermeintlichen Endes in einer Spukgeschichte gegenüber.

Ohne Zweifel handelt es sich bei der Frage nach dem Verhältnis von Realität und Irrealität, die auch in »The Spectre Bridegroom« im Mittelpunkt steht, um die wichtigste Parallele zwischen den eng miteinander verwandten Erzählungen »The Legend of Sleepy Hollow« und »Rip Van Winkle«. Beide Geschichten spielen in einer alten holländischen Siedlung am Hudson, in der die Zeit stehengeblieben ist; und in beiden Erzählungen erscheint dieser Ort der Handlung zugleich als realer und als der Wirklichkeit entrückter Schauplatz. Im Falle von »Rip Van Winkle« gilt dies allerdings nur für den ersten Teil, in dem Irving sich als Meister der literarischen Skizze erweist. Er setzt sein Landschaftsgemälde dort aus dem Hudson, der Flußniederung, dem Dorf und den Catskill Mountains als realen Bestandteilen zusammen, verleiht der beschriebenen Gegend aber märchenhafte Züge, indem er die magischen Formen und Farben der Berge erwähnt, die sich mit dem Wetter sowie im Wandel der Jahres- und Tageszeit ändern, und indem er das Dorf dort lokalisiert, wo die blauen Schatten der »fairy mountains« (91) und das klare Grün der Flußniederung miteinander verschmelzen.

Im zweiten Teil der Geschichte, in dem der indolent-liebenswürdige Rip Van Winkle auf der Flucht vor seiner zänkischen Frau in die Berge gelangt ist,[11] verschiebt sich das Gleichgewicht zwischen Realität und Irrealität immer mehr zugunsten des Übernatürlichen. Zunächst nimmt der Protagonist, der wie Ichabod Crane eine Vorliebe für Geister- und Hexengeschichten hat und wie dieser über eine hypersensible Phantasie verfügt, zwar noch den Hudson mit den Schiffen und das Vorland der Berge als Bestandteile der Realität wahr, doch wird er zugleich auf der anderen Seite seines Ausblickspunktes mit einer typischen Schauerlandschaft konfrontiert. Als die Schatten der Berge länger werden und die Wirklichkeit unter sich begraben, verwandelt sich die Erzählung von der Skizze in eine Spukgeschichte, verfällt Rip in einen todesähnlichen Schlaf, der die Flucht aus der Realität in die Welt der Imagination symbolisiert. Anders als bei Ichabod Crane vollzieht sich die Phantasiearbeit Rip Van Winkles im Traum, in dem er Hendrick Hudson und seine Schiffsbesatzung beim Kegeln in den Bergen beobachtet. Das Gebaren der Geister, die sich mit todernster Miene vergnügen, erscheint ihm merkwürdig, und das groteske Aussehen der Kegelbrüder entzieht sich ebenfalls den Maßstäben der ihm vertrauten Realität.

Im dritten Teil, der sich an Rips Erwachen und damit an seine Rückkehr in die Realität anschließt, ändert die Geschichte ihren Charakter noch einmal. Glich sie zunächst einer literarischen Skizze und nahm sie dann den Charakter einer Spukerzählung an, so präsentiert sie sich nun mit der realistischen Schilderung des Treibens im Dorf als Vorläufer der »local-color story«. Zwar bewirkt dieser Wandel, daß die Realität im dritten Teil dominiert, doch wird auch hier keine klare Grenze zwischen der Wirklichkeit und der Unwirklichkeit gezogen. Vielmehr wird die Verschmelzung beider Bereiche u. a. dadurch zum Ausdruck gebracht, daß der um zwanzig Jahre gealterte Rip Van Winkle mit der Illusion in sein Heimatdorf zurückkehrt, nur eine Nacht abwesend gewesen zu sein.

Als Folge dieser Illusion nimmt die Realität in den Augen des Protagonisten, der den Dorfbewohnern mit seinem langen Bart wie eine Figur aus einem Märchen vorkommt, zwangsläufig die Züge der Irrealität an. Die Leute im Dorf tragen nach seiner Ansicht genauso ungewöhnliche Kleider wie die kegelnden Geister, und die neuen sprachlichen Wendungen wie »rights of Citizens« und »members of congress« (101) erscheinen ihm als Ausdruck einer babylonischen Sprachverwirrung. Als er schließlich seinem gleichnamigen Sohn gegenübersteht, wird er sich sogar seiner eigenen Identität unsicher,[12] über die er erst in dem Moment neue Klarheit gewinnt, in dem er sein Zeitbewußtsein zurückerlangt. Von diesem Augenblick an ist Rip zwar in die Wirklichkeit reintegriert, doch lebt sein phantastisches Abenteuer in seinen Erzählungen fort. Hinzu kommt, daß Rips »Erlebnis«, das durch die »local tales« über Hendrick Hudson hervorgerufen wurde, nun seinerseits als Bestätigung dieser Spukgeschichten aufgefaßt und von der Mehrzahl der alten holländischen Dorfbewohner ebenso für bare Münze genommen wird wie die Spukgeschichte über das vermeintliche Ende von Ichabod Crane.

Kann man bei der Darstellung des Verhältnisses von Realität und Irrealität eine weitgehende Entsprechung zwischen »The Legend of Sleepy Hollow« und »Rip Van Winkle« konstatieren, so sind bei der Behandlung des Themas der Zeit wesentliche Unterschiede zu vermerken. Parallelen ergeben sich nur bei einem Vergleich zwischen der zuerst behandelten Geschichte und dem ersten Teil von »Rip Van Winkle«; denn hier erweckt Irving wie in »The Legend of Sleepy Hollow« den Eindruck des weitgehenden Stillstandes der Zeit. Zum einen geschieht dies durch die Beschreibung des »perpetual club of the ... idle personages of the village« (94), der uralte Zeitungsberichte zu diskutieren pflegt, und durch den Vergleich zwischen dem trägen Wirt Nicholas Vedder und einer Sonnenuhr. Zum anderen entsteht dieser Eindruck wie in »The Legend of Sleepy Hollow« durch den behäbigen Erzählduktus der Exposition, obwohl dieser Teil in »Rip Van Winkle« weniger breit angelegt ist. Verdeutlicht wird die gemächliche Erzählweise, die auf die Traditionen des Essays und der literarischen Skizze verweist, u. a. durch die Handhabung der Bildführung: Zunächst wirft der Erzähler einen Blick auf die Flußniederung und die Berge, dann schildert er in fortschreitender Verengung des Blickwinkels das Dorf, das Anwesen Rip Van Winkles und den innerhäuslichen Bereich, und im Anschluß daran wird der Blickwinkel wieder geweitet, wenn der Erzähler den vor seiner Xanthippe fliehenden Pantoffelhelden zunächst zum Dorfplatz und dann in die Berge begleitet.[13]

Im Unterschied zu »The Legend of Sleepy Hollow« wird dem statischen Bild einer weltabgeschiedenen Idylle in »Rip Van Winkle« die hektische Aktivität des in die gegenwärtige Wirklichkeit integrierten Dorfes gegenübergestellt. Dabei bemüht Irving sich darum, den Wandel sowohl zu akzentuieren als auch zu relativieren. Die Akzentuierung gelingt ihm durch die Verwendung des Schlafmotivs; denn dadurch, daß Rip die für einen weltpolitischen Umbruch an sich schon kurze Zeitspanne von zwanzig Jahren verschläft, werden zwei total voneinander verschiedene Epochen der amerikanischen Geschichte unter Auslassung des dazwischenliegenden Entwicklungsprozesses unmittelbar miteinander kontrastiert, wobei noch zu bedenken ist, daß das Dorf im ersten Teil weniger die englische als vielmehr die noch ältere Epoche der holländischen Kolonialzeit repräsentiert. Die Relativierung des Wandels erfolgt demgegenüber nicht nur durch den Hinweis, daß das Ende des Regiments seiner inzwischen verstorbenen Xanthippe auf Rip einen wesentlich stärkeren Eindruck macht als das Ende der Herrschaft Georgs III., sondern auch durch die Erwähnung beharrender Zustände. Zwar ist das Bildnis Georgs III. in Rips Abwesenheit gegen das George Washingtons ausgetauscht worden, doch hat sich die Persönlichkeitsstruktur des Protagonisten, die obendrein in der Gestalt seines Sohnes in der nächsten Generation fortlebt, ebensowenig verändert wie der Aberglaube seiner alten holländischen Mitbürger. Diese Diskrepanz zwischen der rapiden Veränderung und den beharrenden Zuständen verdeutlicht zum einen, daß Irving sich auch bei der Behandlung des Phänomens des Wandels, das ihn seit dem frühen Tod seiner Verlobten tief beunruhigte, als Humorist erweist. Zum anderen spiegelt sich in der Relativierung der weltpolitischen Bedeutung des Abfalls der Vereinigten Staaten von England – wie übrigens auch in der Darstellung des Wahlkampfs – die Skepsis, mit der Irving der jungen Demokratie gegenüberstand.

Eine weitere Parallele zwischen den beiden besten Geschichten Washington Irvings besteht in der gemeinsamen Verankerung in der Volksdichtung, die sich in »Rip Van Winkle« wie in »The Legend of Sleepy Hollow« in dem Bemühen, die »story« als Bestandteil der mündlichen Erzähltradition auszuweisen,[14] und in der Verschmelzung von deutschem und amerikanischem Sagengut äußert. Aus der Welt des deutschen Mythos, auf die der Autor in einer »Rip Van Winkle« angefügten Notiz selbst als Quelle hinweist, übernahm Irving das Motiv des Schlafs, das Motiv der kegelnden Geister und das Motiv der Begegnung mit einer völlig veränderten Wirklichkeit. Alle diese Elemente sind in der Sage »Peter Klaus« enthalten, die in der von Irving benutzten Sammlung deutscher Volkserzählungen von Johann G. Büsching dem Kreis der Kyffhäuserlegenden zugeordnet ist, so daß des Autors Hinweis auf »a little German superstition about the Emperor Frederick *der Rothbart*« (106) nicht als bewußte Irreführung des Lesers aufzufassen ist.[15] Verschmolzen wurden die Entlehnungen aus »Peter Klaus«, die zum Teil den Charakter wörtlicher Übereinstimmungen haben und die Irving zwangen, sich gegen den Vorwurf des Plagiats zu verwahren, vor allem mit den in »Rip Van Winkle« erwähnten »local tales« aus der holländischen Kolonialzeit, die der Autor in seiner Jugendzeit gehört hatte.[16] Darüber hinaus werden in der revidierten Fassung des *Sketch-Book* im Postskriptum zur vorliegenden Geschichte indianische Fruchtbarkeits- und Todesmythen erwähnt, die mit der Region der Catskill Mountains verbunden sind.[17]

Vergleicht man »Rip Van Winkle« mit einer Reihe späterer Kurzgeschichten bis hin zu Bierces »The Boarded Window« (1891), dann stellt man fest, daß die Beglaubigung des Unglaublichen zu den häufig wiederkehrenden Motiven der amerikanischen »short story« des 19. Jahrhunderts gehört. Bei Irving begegnet auch dieser Aspekt in humoristischer Einkleidung. Zwar kann man davon ausgehen, daß der gleichermaßen am Mythos und an der Geschichte interessierte Irving in den Legenden tatsächlich wertvolle historische Zeugnisse sah,[18] doch kann keine Rede davon sein, daß die Hinweise auf die Faktizität des Übernatürlichen in »Rip Van Winkle« und in der beigefügten Notiz ernst gemeint sind. In diesem Zusammenhang ist bemerkenswert, daß sich der Autor Washington Irving in »Rip Van Winkle« und »The Legend of Sleepy Hollow« hinter zwei Pseudonymen verbirgt. Zum einen wird das *Sketch-Book* Geoffrey Crayon zugeschrieben, und zum anderen posiert Crayon als Herausgeber des angeblichen Historikers Dietrich Knickerbocker, unter dessen nachgelassenen Papieren sich die beiden Geschichten befunden haben sollen. Dieses Rollenspiel dient einerseits dem Bemühen um Authentizität, hebt den Anspruch auf Faktizität aber andererseits auch wieder auf, da Crayon stets eine humorvoll-ironische Distanz gegenüber seinem Gewährsmann bewahrt, die in seinen Hinweisen auf die fragwürdigen Arbeitsmethoden des Historikers zum Ausdruck kommt.

Washington Irvings Bedeutung für die weitere Entwicklung der amerikanischen Kurzgeschichte kann nicht hoch genug veranschlagt werden. Von besonderer Aktualität ist die mythische Komponente seiner dem Essay und der literarischen Skizze noch stark verpflichteten »short stories«. Darüber hinaus hat er mit der Beschreibung des Lokalkolorits, mit dem Bemühen um die Beglaubigung des Unglaublichen, mit der Identitätsproblematik, mit dem Thema des Wandels, mit der Frage nach dem Verhältnis von Realität und Irrealität sowie mit der Darstellung der destruktiven Wirkung einer überempfindlichen Imagination auf die Psyche Akzente gesetzt, die die weitere Entwicklung der amerikanischen Kurzgeschichte nachhaltig beeinflußt haben.

Nathaniel Hawthorne

Vergleicht man die Kurzprosa Nathaniel Hawthornes mit der Washington Irvings, so ergeben sich neben etlichen Parallelen mehrere gewichtige Unterschiede. Zu den Parallelen gehört die schon von Poe beobachtete Tatsache, daß Hawthornes Kurzprosa nicht nur aus »tales proper« besteht. Vielmehr zeigen Erzählungen wie »Sights from a Steeple« (1831), daß Hawthorne eine – vermutlich auf den Einfluß von Irving zurückgehende – Vorliebe für die literarische Skizze hatte, wohingegen Erzählungen wie »Wakefield« (1835) verdeutlichen, daß Hawthornes Kurzprosa wie die Washington Irvings maßgeblich von der englischen Essayistik des 18. Jahrhunderts geprägt wurde. Weitere Parallelen zwischen beiden Autoren gehen auf das gemeinsame Interesse an der europäischen Romantik zurück, das sich bei Hawthorne wie bei Irving u. a. in der Bewunderung für die Romane von Sir Walter Scott und in der Übernahme von Elementen aus der Schauerliteratur äußerte. Darüber hinaus hat das Interesse an der europäischen Romantik bei beiden Autoren zur Beschäftigung mit der deutschen Märchenliteratur geführt, die hier wie dort ihre Parallele in der Auseinandersetzung mit der einheimischen Volksliteratur fand.

Die Unterschiede zwischen der Kurzprosa von Irving und Hawthorne lassen sich demgegenüber wie folgt charakterisieren: Während Irving, der sich in stärkerem Maße europäischer Quellen bediente, die Welten Amerikas und Europas mit Hilfe des Mythos miteinander verschmolz, thematisierte Hawthorne neben dem Gegensatz von Stadt und Land den Kontrast zwischen europäischem und amerikanischem Lebensraum; während in Irvings humorvollen Erzählungen das Element der Deskription noch eine zentrale Rolle spielt, gewinnt in Hawthornes Geschichten, die durch den moralischen Ernst ihres Verfassers geprägt sind und in denen die psychologische wie die sozialkritische Komponente im Vordergrund stehen, das erzählerische Element ein größeres Gewicht; und während Irving auf die Volkserzählungen aus dem alten holländischen Siedlungsgebiet der New Yorker Region zurückgriff, galt Hawthornes Aufmerksamkeit den Chroniken Neuenglands. Diese unterschiedliche Verankerung in der einheimischen Volksliteratur zählt zweifellos zu den wesentlichsten Gründen für den unterschiedlichen Charakter der Irvingschen und der Hawthorneschen Kurzprosa. Schon Pattee stellte fest, daß die Legenden Neuenglands von »abnormalities of conscience«, »tragedies of repression«, »inflexible ideals hardened ... into fanatical intolerance« sowie von »cold tragedies of the inner life« handeln und damit zum vorwiegend düsteren Charakter von Hawthornes Erzählungen beigetragen haben.[19] Von besonderer Bedeutung für die spätere Entwicklung der amerikanischen Kurzgeschichte ist in diesem Zusammenhang Hawthornes Bemühen um die Darstellung des »inner life«, das zweifellos auch in der Persönlichkeit des Autors begründet lag.

Als die geeignetsten erzähltechnischen Verfahren zur Darstellung der geistig-moralischen Natur des Menschen erschienen Hawthorne, dessen Kurzprosa sich in dieser Hinsicht besonders deutlich von derjenigen Washington Irvings abhebt, die Analyse von Situationen sowie die Verwendung von Symbolen und Allegorien. Letztere setzte Hawthome vor allem in seinen früheren Kurzgeschichten insofern oft anders als der von ihm geschätzte Edmund Spenser ein, als er im Rahmen der allegorischen Gestaltung der psychischen Befindlichkeit seiner Protagonisten Rechnung trug. Verhinderte er dadurch, daß seine Personen zu blutleeren Verkörperungen abstrakter Ideen oder Moralvorstellungen degenerierten,[20] so stellte er umgekehrt durch die allegorische Einkleidung ähnlich wie Irving durch die Verwendung des Mythos sicher, daß seine Kurzgeschichten den Bereich individueller Erfahrung transzendierten und allgemeingültige Bedeutung erlangten.[21]

Abgesehen von der allegorischen Einkleidung beruht der allgemeingültige Charakter der Kurzgeschichten Hawthornes, die denen von Irving in diesem Punkte ähneln, auf der Thematik. Allen Erzählungen von Hawthorne liegt die Überzeugung zugrunde, daß das Leben von der Erbsünde geprägt ist und daß die von Gott geschaffene Welt der Macht des Bösen ausgeliefert ist.[22] Zwar behandelt Hawthorne das in dieser Überzeugung wurzelnde Thema von Schuld und Sühne insofern als regionales religiöses Problem, als er es in der kalvinistisch-puritanischen Welt Neuenglands ansiedelt, doch weist er nicht zuletzt durch die psychologischen Implikationen dieses Themas auf dessen exemplarische Bedeutung hin. Häufig schildert er archetypische Situationen, die verdeutlichen, daß die Verstrickung in das Böse sich in der Trennung von Gefühl und Intellekt äußert,[23] wobei die Überbetonung des Intellekts sich in Sünden wie Stolz und Eitelkeit manifestiert. Wenn die Reue ausbleibt, trennen diese Sünden den Sünder nicht nur von Gott, sondern auch von seinen Mitmenschen, so daß viele Personen in Hawthornes Kurzgeschichten wie Melvilles Bartleby als »lonely exiles from humanity« erscheinen.

Der größte Teil der Hawthorneschen Kurzprosa ist in den drei verschieden zusammengesetzten Ausgaben der *Twice-Told Tales* und in der 1846 publizierten Sammlung *Mosses from an Old Manse* enthalten, die während eines Aufenthaltes auf dem Landsitz der Familie Emerson entstand. Es wurde schon darauf hingewiesen, daß es sich bei Hawthornes Kurzprosa ebensowenig um ein homogenes Textkorpus handelt wie bei den Erzählsammlungen von Washington Irving. Vielmehr umfaßt die Skala der narrativen Kurzformen bei Hawthorne neben Gattungen wie der »legend«, dem Essay, der Reisebeschreibung und der historischen Skizze, die auch in Irvings Kurzprosa breiten Raum einnahmen, die Gruppe der moralisch-allegorischen Erzählungen, auf die sich Hawthornes Bemerkungen im Vorwort zur dritten Ausgabe der *Twice-Told Tales* primär beziehen und der die bedeutendsten Kurzgeschichten des Autors zuzurechnen sind.[24]

Als Hawthorne sich selbstkritisch zu seinen *Twice-Told Tales* äußerte, notierte er u. a.: »... even in what purport to be pictures of actual life, we have allegory.« Auf die zuerst 1835 publizierte Kurzgeschichte »Young Goodman Brown«, die später in den Band *Mosses from an Old Manse* aufgenommen wurde, trifft diese Charakterisierung insofern nur bedingt zu, als der Aspekt der Alltagsrealität hier im Vergleich zu dem allegorisch eingekleideten Geschehen nur einen kleinen Raum einnimmt.

Bei oberflächlicher Betrachtung läßt sich der Aufbau der Erzählung mit dem von »Rip Van Winkle« vergleichen. Zu Beginn der Geschichte verabschiedet Brown sich von seiner Frau und begibt sich von Salem aus zu einer Verabredung mit dem Teufel. Der zweite, den größten Teil des Werkes ausmachende Abschnitt spielt dann in einem Wald, in dem Brown wie Rip Van Winkle in ein übernatürliches Geschehen verwickelt wird. Er sieht sich den Versuchungen durch Satan ausgesetzt und gelangt nach Überwindung innerer Widerstände zur Stätte eines Hexensabbats, wo er auch seine Frau antrifft. Beide sollen in die Gemeinschaft der Sünder aufgenommen werden, doch endet der Spuk, als Brown an seine Frau appelliert, ihren Glauben zu bewahren. Am nächsten Morgen kehrt der Protagonist völlig verstört nach Salem zurück. Er lebt fortan in dem Glauben, daß die Rechtgläubigkeit und die Frömmigkeit nur Masken sind, hinter denen sich das jeden Menschen beherrschende Böse verbirgt, und er gerät unter dem Eindruck der Desillusion sowie infolge der Weigerung, sich selbst der Allmacht des Bösen zu unterwerfen, in die totale Vereinsamung.

Vergleicht man die Erzählungen von Hawthorne und Irving genauer miteinander, dann stellt man fest, daß die Unterschiede zahlreicher sind als die Parallelen. Zu den Parallelen gehört die auch in Hawthornes Kurzgeschichte »The Great Carbuncle« (1837) enthaltene Aussage, daß es keine klare Grenze zwischen Realität und Irrealität gibt. Aus diesem Grunde wird in »Young Goodman Brown«, wo kein Zweifel daran besteht, daß die nächtliche Erfahrung für den Protagonisten Realitätscharakter hat, die vom Erzähler selbst aufgeworfene Frage, ob das unwahrscheinliche Geschehen sich wirklich zugetragen hat oder ob es von Brown nur geträumt wurde, unbeantwortet gelassen.

Der ausdrückliche Verzicht des Erzählers, sich in einer zentralen Frage festzulegen, ist lediglich das auffälligste Beispiel für das die ganze Kurzgeschichte bestimmende Bemühen, den Eindruck von Mehrdeutigkeit zu vermitteln. Schon zu Beginn der Geschichte wird dieses Bemühen, das an Poes Vorstellungen über die Suggestivität, die Obskurität oder die »indefiniteness« erinnert, in vagen Formulierungen sichtbar, die das Vorhaben von Brown zunächst im dunkeln lassen. Es findet seinen Niederschlag ferner in den Licht- und Schattenspielen während des Hexensabbats, in des Erzählers Hinweis auf die Möglichkeit der optischen Täuschung anläßlich der Beschreibung von Satans Wanderstab sowie in der proteischen Gestalt des nur zögernd identifizierten Teufels, der Brown zunächst als Ebenbild seines Großvaters und dann als Ebenbild eines Geistlichen erscheint. Außerdem äußert sich die »indefiniteness« in den »pink ribbons« von Browns Frau, die sowohl deren Unschuld als auch deren Sünde symbolisieren,[25] in der Unklarheit über die Reaktion der Frau auf den Appell ihres Mannes, am Glauben festzuhalten, und in der Tatsache, daß Brown selbst seinen Glauben zunächst aufgibt, sich beim Hexensabbat dann aber wieder darauf besinnt.[26]

Während »Young Goodman Brown« und »Rip Van Winkle« einander insofern ähneln, als beide Erzählungen in einem Zwischenreich angesiedelt sind, werden die Funktionen des phantastischen Geschehens und die Konsequenz der Begegnung mit dem Übernatürlichen in beiden Werken unterschiedlich bestimmt. Blieb das phantastische Erlebnis in »Rip Van Winkle« für den Protagonisten letztlich folgenlos und lieferte es nach dessen Rückkehr in das Heimatdorf die Erklärung für die dargestellte Subjektivität der Wirklichkeitserfahrung, so wird es in Hawthornes Geschichte, deren Protagonist sich grundlegend ändert, in den Dienst der Offenbarung gestellt. Ein weiterer Unterschied zwischen »Young Goodman Brown« und der Erzählung von Irving besteht darin, daß die Universalität in Hawthornes Geschichte – abgesehen von der Thematik – auf der Verwendung des christlichen Mythos und der Allegorie basiert, während sie in »Rip Van Winkle« außer in der Thematik lediglich in der – aus anderen Quellen gespeisten – mythischen Komponente zum Ausdruck kommt.

Die bei Irving fehlende und bei Hawthorne von zahlreichen Symbolen durchsetzte allegorische Sinnschicht wird in »Young Goodman Brown« bei der Betrachtung der Personen sichtbar, die alle leicht als allegorische Gestalten zu identifizieren sind. Der Reisebegleiter des Protagonisten, dem die Schlange in Form des gewundenen Wanderstabes als Attribut beigegeben ist, repräsentiert natürlich das Böse. Demgegenüber verkörpert Browns Frau, die auf den Namen Faith hört und die an die allegorische Figur Faithful in John Bunyans *The Pilgrim's Progress* (1678) erinnert,[27] zwar den Glauben, doch verdeutlichen Faiths Hutbänder und ihre Verabredung mit dem Teufel, daß der Glaube bereits unter den Einfluß des Bösen geraten ist. Die Polarität von Gut und Böse wird in »Young Goodman Brown« also nicht durch den Kontrast zwischen Satan und Faith personifiziert, sondern sie wird in eine einzige Gestalt hineinverlegt. Von dieser Gestalt sind die Salemer Geistlichen, die Repräsentanten der korrupten kalvinistischen Kirche, und die als fromm geltende Hexe Goody Cloyse zu unterscheiden; denn diese Personen verkörpern nicht die Polarität von Gut und Böse, sondern den Gegensatz von Sein und Schein.[28]

Als allegorische Figur ist auch Young Goodman Brown selbst identifizierbar. Während der Protagonist durch seinen Familiennamen als Jedermann und damit als exemplarische Gestalt gekennzeichnet wird, charakterisiert der Terminus »Goodman« ihn als Ehemann und als guten Menschen. In beiden Fällen liegt ein ironischer Gebrauch des Namens vor; denn der Jedermann ist zugleich ein Außenseiter, und der gute Mensch entpuppt sich als Sünder, der schon vor Beginn der Handlung einen Pakt mit dem Teufel geschlossen hat und der sich im Verlauf des Geschehens noch weiter in die Schuld verstrickt. Brown vereinigt in sich die Züge Fausts und Adams; sein Weg symbolisiert den Weg der menschlichen Seele, die sich – vom Impuls des Bösen und vom Drang nach Erkenntnis vorangetrieben – immer weiter vom Stand der Unschuld entfernt.

Im Verlaufe dieser Entwicklung kommt es wie in anderen Geschichten Hawthornes zur Trennung von Gefühl und Intellekt. Zunächst ist die gefühlsmäßige Bindung Browns an Faith noch so stark ausgeprägt, daß sich der Protagonist wiederholt zu seiner Frau umwendet, doch bald wird sein Handeln nur noch vom Intellekt bestimmt.[29] Wichtig ist in diesem Zusammenhang, daß der puritanische Adam über einen freien Willen verfügt. Zwar ist ihm »the instinct that guides mortal man to evil«[30] angeboren, doch zeigen die Widerstände, die er den Versuchungen zunächst entgegensetzt, daß die von Satan ausdrücklich erwähnte Möglichkeit zur Umkehr tatsächlich bestanden hätte.

Die Verstrickung in das Böse ist mithin nicht nur ein allgemeinmenschliches Schicksal, sondern immer auch die Folge einer individuellen Entscheidung. Brown figuriert daher im Unterschied zu den anderen Personen der Geschichte nicht nur als allegorische Gestalt, sondern auch als Individuum in einer Konfliktsituation. In diesem Zusammenhang ist es bemerkenswert, daß der seelische Konflikt des Protagonisten nicht wie in anderen allegorischen Erzählungen in der Art der Psychomachie als Kampf zwischen personifizierten Tugenden und Lastern dargestellt wird. Vielmehr wird der psychische Zustand Browns, der sich unter dem Eindruck der Verzweiflung und des Glaubensverlustes bis zum Wahnsinn steigert und dann in dämonischem Gelächter hörbar wird, durch das Chaos in der Natur symbolisiert, das Hawthorne durch die Häufung akustischer Details beschwört. Dabei ist zu bedenken, daß es in »Young Goodman Brown« nicht eigentlich um die Korrespondenzen zwischen der natürlichen und der menschlichen Natur geht, sondern daß der wilde Wald letztlich ein Produkt der krankhaften Imagination ist, deren Wirken Hawthorne auch in »Egotism, or the Bosom Serpent« (1843) dargestellt hat. Wichtig ist der Hinweis auf die Phantasiearbeit des Protagonisten deshalb, weil dessen Erkenntnis damit den Charakter der »indefiniteness« erhält. Zwar wird Brown durch den Blick hinter die Fassade der Rechtgläubigkeit und der Frömmigkeit ein wesentlicher Aspekt der menschlichen Wirklichkeit offenbart, doch macht der Erzähler durch seine Bemerkungen über die krankhafte Imagination seines Protagonisten deutlich, daß es sich bei dessen neuer Weltsicht ebenso um ein Zerrbild der Realität handelt wie bei seinem früheren naiven Glauben an das Gute.

Obwohl Hawthorne sich in der vorliegenden Geschichte wie in anderen Werken gegen das historische Phänomen des Hexenwahns wendet, und obwohl der Erzähler durch seine Einstellung zu seinem Helden zu erkennen gibt, daß er die kalvinistische Auffassung von der Verderbtheit des Menschen nicht vorbehaltlos teilt, gehört die Entlarvung des Bösen zu den wichtigsten Anliegen in »Young Goodman Brown«. Hierbei spielt die Symbolik wie bei der Darstellung der psychischen Befindlichkeit des Protagonisten eine zentrale Rolle; denn im gesamten Verlauf der Geschichte werden biblische Zeichen ebenso pervertiert wie Elemente der christlichen Liturgie und des Mythos. So bezeichnet der Terminus »covenant« anstelle des Bundes mit Gott den Pakt mit dem Teufel, und so brüstet sich Satan, den »communion wine« mit vielen Geistlichen getrunken zu haben. So ist aus dem Heilsweg ein Weg zum Bösen geworden, und so kontrastiert die schwarze Wolke, aus der auch die Stimmen von Sündern herausdringen, mit jenen biblischen Wolken, durch die Gott sich den Menschen mitteilte. So ist die Bluttaufe an die Stelle der Wassertaufe getreten, und so wird im Verlauf des Hexensabbats eine Hymne mit antichristlichem Text gesungen.[31] Und schließlich erscheint der gespenstische Schauplatz des Hexensabbats wie der Garten in »Rappaccini's Daughter« (1844) als pervertiertes Paradies, wo Satan sich Brown und seiner Frau in derselben Weise wie

Eva nähert, indem er ihnen Erkenntnis – die Erkenntnis des Mysteriums der Sünde – verspricht.

Eng verbunden mit der Umwertung der biblischen Motive und des Taufrituals ist in der vorliegenden Erzählung die negative Besetzung des Inventars der Initiationsgeschichte, durch die »Young Goodman Brown« zum Vorläufer moderner Beispiele dieses Kurzgeschichtentyps geworden ist,[32] nachdem das Thema der Initiation schon durch Charles Brockden Browns Roman *Arthur Mervyn* (1799/1800) in die amerikanische Erzählliteratur eingeführt worden war. In »Young Goodman Brown« wird die Rolle des Initiationshelfers vom Teufel übernommen, und die für das Initiationserlebnis typische Polarität von Gewinn und Verlust ist in dieser Geschichte insofern aufgehoben, als Browns Erkenntnisgewinn den Verlust der Fähigkeit beinhaltet, am sozialen Leben zu partizipieren. Negativ besetzt sind auch das Initiationsritual der Taufe und das Motiv der Initiationsreise, die gewöhnlich auf die Wiedergeburt verweisen, in der vorliegenden Geschichte aber mit der Schuldfrage verknüpft sind. In »My Kinsman, Major Molineux« (1832) hatte Hawthorne die Möglichkeit, daß die existentielle Krise zum Ausgangspunkt für einen Neubeginn wird, noch dargestellt; in »Young Goodman Brown« dagegen ist der Fall des neuen Adam irreversibel.[33]

Es mutet paradox an, daß Brown gerade deshalb der Sünde verfällt, weil er die Annahme der Bluttaufe verweigert. Zum einen besteht seine Schuld darin, daß er sich mit dieser Verweigerung gegen das Bekenntnis zu seiner sündhaften Natur sperrt und obendrein das Band der zwischenmenschlichen Beziehungen durchschneidet, die auf der schicksalhaften Verstrickung aller Menschen in das Böse beruhen.[34] Zum anderen besteht seine Schuld darin, daß er – hierin u. a. Giovanni in »Rappaccini's Daughter« vergleichbar – die vor allem von seiner Frau verkörperte Verbindung von Gut und Böse nicht als Kennzeichen der menschlichen Natur akzeptiert und deshalb zu einer selbstgefälligen Verurteilung seiner Mitmenschen gelangt, die eine Betrachtung der Sünde unter den Aspekten der Erlösung und der göttlichen Gnade ausschließt.

Das Thema der verborgenen Sünde sowie die allegorisch-symbolische Einkleidung dieser Thematik stellen wichtige Verbindungsglieder zwischen der soeben besprochenen Erzählung und der von Hawthorne selbst als Parabel bezeichneten Kurzgeschichte »The Minister's Black Veil« (1836) dar, die der Autor in die Sammlung *Twice-Told Tales* aufnahm. In dieser Geschichte erscheint der exzentrische Reverend Hooper eines Sonntags scheinbar unmotiviert mit einem schwarzen Schleier vor dem Gesicht vor seiner Gemeinde. Durch seine beharrliche Weigerung, sein Handeln zu erklären, und durch seinen Entschluß, den Schleier für den Rest seines Lebens zu tragen, bewirkt der Geistliche, daß er wie Young Goodman Brown in die Isolation gerät.

Der undurchschaubare Grund für Hoopers Handlungsweise und das undurchdringliche Lächeln, mit dem der Geistliche alle Versuche begleitet, dem Motiv für sein Verhalten auf die Spur zu kommen, tragen zur Erzeugung jener Atmosphäre des Rätselhaften bei, die zu den auffälligsten Parallelen zwischen den Kurzgeschich-

ten von Hawthorne und Poe gehört. Vor allem aber wird der Eindruck des Mysteriösen durch das Symbol des schwarzen Schleiers vermittelt, dessen Wirkung Hooper
mit folgenden Worten umschreibt: »What, but the mystery which it obscurely typi-
fies, has made this piece of crape so awful?«[35]

Als obskures Zeichen ist der Schleier Ausdruck der auch in »Young Goodman
Brown« vorliegenden »indefiniteness«, die auf zwei verschiedenen Rezeptionsebe-
nen zu beobachten ist. Bei der ersten Ebene handelt es sich um die der Gemeindemitglieder, die in höchst unterschiedlicher Weise auf das Symbol reagieren, wobei zu
bedenken ist, daß die Obskurität des so unterschiedlich interpretierten Zeichens
zumindest zum Teil von den Interpreten selbst erzeugt wird. Zwar ist es richtig, daß
Hooper die symbolische Bedeutung des Schleiers im Gespräch mit seiner Verlobten
in Bedingungssätzen umschreibt und damit bewußt im dunkeln läßt,[36] doch hätten
die Gemeindemitglieder aus dem Thema der Predigt, die der Geistliche nach dem
Anlegen des Schleiers hielt, bereits auf die Bedeutung des Symbols schließen können. Hooper sprach damals von der geheimen Sünde, die der Mensch aus seinem
eigenen Gewissen zu verdrängen sowie vor seinen Mitmenschen und vor Gott zu
verbergen versucht, und er gab damit – wie seine auf dem Sterbebett gesprochenen,
ausdrücklich auf den Schleier bezogenen Worte verdeutlichen – die von ihm intendierte Bedeutung des Symbols preis. Die Tatsache, daß die Beziehung zwischen dem
Inhalt der Predigt und dem von Hooper gewählten Zeichen von keinem der Gemeindemitglieder hergestellt wird, besagt nicht, daß die Bedeutung des Symbols
nicht erkannt wurde, sondern sie bestätigt vielmehr die Erkenntnis des Geistlichen,
daß der Mensch die geheime Sünde zu verdrängen und verbergen trachtet.

Die zweite Rezeptionsebene ist die des Lesers. Hier äußert sich die »indefiniteness« in anderer Form, da der Erzähler – hierin seinem Pendant in »Young Goodman Brown« vergleichbar – dazu neigt, den Standpunkt des Protagonisten zu relativieren. Zwar legt der Erzähler dem Leser durch seinen Kommentar zur Predigt
nahe, die Erkenntnis des Geistlichen zu akzeptieren,[37] doch vermittelt er ihm an
anderen Stellen den Eindruck, daß der Blick des Protagonisten für die Wirklichkeit
getrübt ist. In besonders deutlicher Form geschieht dies dort, wo er Hoopers Blick
in den Spiegel schildert und seine Beobachtung als Bewußtseinsäußerung des Geistlichen ausgibt. An solchen Stellen wird der Leser von der universellen Bedeutung,
die Hooper mit seinem Zeichen verbindet, abgelenkt und auf die subjektive Erfahrung des Geistlichen verwiesen. Der Schleier versinnbildlicht auf der Rezeptionsebene des Lesers mithin sowohl das Wesen der geheimen Sünde als auch das
übersteigerte Sündenbewußtsein, das die Existenz des Guten nicht wahrzunehmen
vermag.[38]

In Übereinstimmung mit dieser Doppeldeutigkeit erscheint Hooper einerseits als
Außenseiter, der das Sündenbewußtsein, über das die Gemeindemitglieder offensichtlich ebenfalls verfügen, als einziger in exzentrischer Weise zur Schau stellt.
Andererseits erhält er durch das ihm beigegebene Attribut aber auch die Züge einer
allegorischen Figur. Wie Young Goodman Brown ist er ein Jedermann,[39] der die
existentielle Problematik exemplarisch verkörpert und der seine Mitmenschen durch

sein Auftreten dazu herausfordert, nicht nur ihn, sondern in ihm auch sich selbst als Maskenträger zu erkennen.

Indem Hooper im Verhältnis zu seinen Mitmenschen gleichsam die Funktion eines Spiegels wahrnimmt, gibt er im Unterschied zu Brown den Anspruch auf eine eigene Identität auf.[40] Hierdurch wird bereits klar, daß seine Isolation in einem anderen Licht erscheint. Während Brown sich seinen Mitmenschen verweigert, nimmt Hooper, der sich seine Zuneigung zu seiner Gemeinde und zu seiner Verlobten bewahrt, die auf der Reaktion seiner Umwelt beruhende Vereinsamung als notwendiges Übel in Kauf. Bei ihm mündet die offensichtlich auf dem Wege der Selbstanalyse gewonnene Einsicht in die geheime Sünde in die Fähigkeit, »to sympathize with all dark affections« (49); von Brown dagegen wird die auf der gemeinsamen Verstrickung in das Böse beruhende »sympathy« vor dem Empfang der Bluttaufe unterdrückt. Während Brown auf diese Weise seine Existenz als soziales Wesen aufgibt, bleibt Hooper, der nach dem Anlegen des Schleiers eine seltsame Gewalt über seine Gemeinde gewinnt, trotz seiner Isolation in die Gesellschaft integriert.[41]

Erinnert man sich an Hawthornes Bemerkungen im Vorwort zu den *Twice-Told Tales*, dann kann man Hoopers Rolle als Jedermann mit der des von seinem Publikum weitgehend unbeachteten Dichters vergleichen; denn obwohl der Geistliche sein Verhalten nicht ausdrücklich erklärt, ist das Anlegen des Schleiers Ausdruck einer moralisch-didaktischen Intention. Der Verwirklichung dieses Anliegens dienen auch seine Predigten, doch vertraut Hooper bei dem Versuch, »to open an intercourse with the world«, wie der Dichter Hawthorne vor allem auf die Aussagekraft des Symbols.

Behandelte Hawthorne das Phänomen des Bösen in »Young Goodman Brown« und in »The Minister's Black Veil« unter Einbeziehung von historischen Quellen und Legenden vor dem Hintergrund des kalvinistisch-puritanischen Weltbildes, so stellte er in »The Birthmark« und in »Ethan Brand« (1851) eine Beziehung zwischen diesem Weltbild und dem Streben nach wissenschaftlichem Fortschritt her. Zwar wird dieses Streben nicht grundsätzlich verurteilt, doch wird wie in »Rappaccini's Daughter« dargestellt, daß es zur Bedrohung der göttlichen Ordnung führen kann. Eine weitere Besonderheit der zuletzt genannten Kurzgeschichten, die in den vierziger Jahren entstanden und damit eine spätere Epoche in dem der Kurzprosa gewidmeten Schaffen repräsentieren, besteht darin, daß sie auf einer abstrakten Idee basieren.[42] Die Folge davon ist, daß der individuellen Charakterisierung der Protagonisten in ihnen weniger Aufmerksamkeit geschenkt wird als in den früheren Werken.

In »The Birthmark« (1842), der frühesten dieser Kurzgeschichten, hält sich die Tendenz zur Typisierung noch in Grenzen. Hawthorne schildert in dieser Erzählung den Versuch des Wissenschaftlers und Magiers Aylmer, das Gesicht seiner Frau von einem handförmigen Muttermal zu befreien. Zwar opfert der Protagonist seinem Streben nach Vollkommenheit das Leben seiner Frau, doch ist er nicht von vornherein der Typ des skrupellosen und selbstgerechten Intellektuellen, der im Namen des wissenschaftlichen Fortschritts über Leichen geht. Die Erzählung vermittelt vielmehr das Bild eines Mannes, dessen Charakter sich aus widersprüchlichen Bestandteilen wie Selbstüberschätzung und Selbstkritik, Menschenverachtung und moralisch-sozialem Verantwortungsbewußtsein zusammensetzt. So mag Aylmer z. B. im Unterschied zu dem Arzt in »Dr. Heidegger's Experiment« (1837) das Lebenselixier nicht verwenden, weil er weiß, daß dadurch die natürliche Ordnung gestört wird, und so hindert ihn diese Einsicht doch nicht daran, seine Frau einem Experiment zu unterwerfen, das als Eingriff in den göttlichen Schöpfungsakt zu verstehen ist.[43]

Wie in »Young Goodman Brown«, in »Ethan Brand« und in »Rappaccini's Daughter« ist das schuldhafte Handeln des Protagonisten die Folge der Trennung von Gefühl und Intellekt, die in der vorliegenden Geschichte schon dadurch verdeutlicht wird, daß der Wissenschaftler selbst das geistige Prinzip, der an Shakespeares Caliban erinnernde Gehilfe Aminadab dagegen »man's physical nature« (43) verkörpert. Obwohl man davon ausgehen kann, daß Aylmer seine Frau aufrichtig liebt, erweisen sich die vom Erzähler angesprochene Synthese aus der »love of science« und der »love of woman« (36) und die damit verbundene Einheit von Körper und Geist als brüchig. Während Aminadab das Körperliche in seiner natürlichen Unvollkommenheit akzeptiert, verdrängt Aylmer die im Verlaufe seiner wissenschaftlichen Karriere gewonnene Einsicht, daß die Möglichkeiten des Intellekts durch dessen Bindung an die Materie begrenzt sind.[44] Indem er den Intellekt wider besseres Wissen verabsolutiert, versündigt er sich nicht nur gegen Gott und seine Frau, sondern auch gegen sich selbst; denn am Ende der Geschichte, wo der Erzähler auf die eingangs erwähnte »deeply impressive moral« zurückkommt, wird ausdrücklich hervorgehoben, daß Aylmer durch sein leichtfertiges Experiment die Chance vertan hat, seinem irdischen Dasein den Glanz des himmlischen Lebens zu verleihen.

Noch komplexer als bisher dargestellt erscheint die Figur des Protagonisten, wenn man die mythischen und die allegorischen Elemente registriert, die zu seiner Charakterisierung beitragen. Auf der einen Seite ist Aylmer ein Jedermann, der die Verzweiflung eines jeden »man of genius« über die Begrenztheiten der menschlichen Natur verkörpert, und auf der anderen Seite verfügt er über den unbändigen Erkenntnisdrang eines Faust und über die Entschlossenheit eines Prometheus, wenn er Gott in seinem Streben nach Vollkommenheit herausfordert. Außerdem vereinigt er die Züge des Teufels und Adams in sich; denn einerseits gaukelt er seiner Frau mit magischen Tricks die Unbedenklichkeit des bevorstehenden Experiments vor, und andererseits läßt er sich von Georgiana zu diesem Experiment verführen.[45] In Übereinstimmung mit dieser Opposition steht die Beschreibung des Labors: Während der Erzähler dem Leser offensichtlich zu suggerieren versucht, daß es sich dabei um die Hölle auf Erden handelt, erscheint es Aylmer selbst als Werkstatt eines gottgleichen Schöpfers und als Paradies.

Die Deutung des Laboratoriums als Paradies stützt sich auf die Frage: »Would you throw the blight of that fatal birthmark over my labors?« (51), die Aylmer an seine Frau richtet, als diese in seine Werkstatt eindringt. Die Frage legt die Vermutung nahe, daß der Protagonist in diesem Moment in Georgiana, die er an anderer Stelle indirekt mit Eva vergleicht,[46] die personifizierte Erbsünde sieht, die es aus dem Paradies zu vertreiben gilt. Zwar kann dieser Vermutung entgegengehalten werden, daß Aylmer an einer Stelle von dem Gegensatz zwischen der inneren Vollkommenheit und der äußeren Unvollkommenheit seiner Frau spricht,[47] doch wird sie durch andere Bemerkungen über das Muttermal bestätigt.

Als Zentralsymbol der Geschichte ist das handförmige Mal ebenso durch Komplexität gekennzeichnet wie die allegorisch-mythische Gestalt des Protagonisten und der symbolische Raum des Labors. Man kann also feststellen, daß »The Birthmark« wie die beiden zuerst besprochenen Geschichten über das Merkmal der »indefiniteness« verfügt. Im Rahmen der Beschreibung des Zentralsymbols kommt dieses Charakteristikum bereits in dem Hinweis auf die ständigen Veränderungen des Mals zum Ausdruck, die mit seiner Bedeutungsvielfalt korrespondieren. Darüber hinaus reagiert die Umwelt Georgianas ebenso unterschiedlich auf deren unverwechselbares Kennzeichen wie die Gemeinde Hoopers auf dessen Schleier. Einige sehen in dem Muttermal »(a) mysterious hand« (38) und konnotieren damit die magische Ausstrahlungskraft von Georgianas Schönheit; andere werten es als »Bloody Hand« (38) und empfinden das dadurch verunstaltete Gesicht als abstoßend; und eine dritte Gruppe betrachtet es schließlich als kleinen Makel einer ansonsten vollkommenen Schöpfung.

Aylmer selbst gehörte zunächst der dritten Gruppe an, doch war seine Einschätzung des Muttermals im Laufe der Zeit einer Wandlung unterworfen. Erschien es ihm zuerst lediglich als ästhetischer Makel und als Zeichen für die Vergänglichkeit alles Irdischen, so wertete er es bald auch als schreckenerregendes Symbol der moralischen Unzulänglichkeit. Wird diese Sichtweise vom Erzähler schon dadurch verworfen, daß er sie auf die düstere Einbildungskraft des Protagonisten zurückführt, so wird durch den Verlauf der Handlung angedeutet, daß es sich auch bei der ursprünglichen Deutung Aylmers um eine Fehlinterpretation handelte; denn da das Muttermal in dem Moment verschwindet, in dem Georgiana vom Tod ereilt wird, liegt es nahe, es als Lebenssymbol zu verstehen. Außerdem sollte nicht übersehen werden, daß das Mal die Form einer Hand hat, was dazu berechtigt, in ihm sowohl ein Symbol für die Verbindung des sterblichen Menschen mit seinem himmlischen Ursprung als auch ein Zeichen für den zwischenmenschlichen Kontakt zu sehen, den der Protagonist durch sein leichtfertiges Experiment zerstört.[48]

Da Aylmer den körperlichen Defekt seiner Frau auch als moralischen Makel betrachtet und in Georgiana offensichtlich die personifizierte Erbsünde sieht, kann sein Experiment als der Versuch gedeutet werden, den paradiesischen Zustand wiederherzustellen.[49] Doch zeigt die Geschichte, daß das Bemühen, den Sündenfall rückgängig zu machen, zu einem neuen Sündenfall führt. Sie propagiert nicht das Streben nach einem unmenschlichen Ideal, sondern wie »Young Goodman Brown« das Bekenntnis zur tatsächlichen Beschaffenheit der menschlichen Natur. So wie die Hutbänder von Faith die Unschuld und die Sünde symbolisieren, versinnbildlicht auch Georgianas Gesicht die Widersprüchlichkeit des menschlichen Seins. Diese

Widersprüchlichkeit nimmt Aylmer im Verlauf des Geschehens immer undeutlicher wahr; wie Brown erkennt er unter dem Einfluß seiner krankhaften Phantasie schließlich nur noch das Negative. Sein Geist gerät derart in den Bannkreis einer fixen Idee, daß er sogar die Warnsignale ignoriert, die auf das Scheitern seines Vorhabens vorausweisen. Dies gilt für die jeweils mit einem Fiasko endenden Versuche, die dem eigentlichen Experiment vorangehen, ebenso wie für den Alptraum, in dem Aylmer erlebte, wie sich das Muttermal seinem operativen Eingriff immer wieder entzog, so daß er schließlich gezwungen war, es aus dem Herzen seiner Frau herauszuschneiden. Zwar gewinnt Aylmer aus diesem Traumerlebnis die Erkenntnis, daß sein bedenkenloses Streben nach Vollkommenheit nur der Sicherung seines eigenen Seelenfriedens dient, doch vermag diese Erkenntnis die Entwicklung vom verantwortungsbewußten Wissenschaftler zum egoistischen Magier nicht aufzuhalten. Am Ende dieser Entwicklung steht die Schuld, für die Aylmer mit der Entfremdung von Gott und den Menschen bezahlt.[50]

Konnte »Young Goodman Brown« in einigen Punkten mit Irvings »Rip Van Winkle« verglichen werden, so fordert »The Birthmark« nicht zuletzt wegen der ausführlichen Beschreibung der Gemächer, in denen Georgiana auf das Experiment vorbereitet wird, zu einem Vergleich mit den Kurzgeschichten Edgar Allan Poes heraus. Von Fogle, nach dessen Meinung Aylmer auch als Künstler figuriert, ist die »wondrous perversity« der phantasievoll ausgeschmückten und total von der natürlichen Umwelt abgeschlossenen Zimmerflucht denn auch zu der imaginierten Realität in Beziehung gesetzt worden, in die sich der hypersensitive Roderick Usher zurückgezogen hat.[51] Dehnt man den Vergleich auf andere Geschichten von Hawthorne und Poe aus, dann kann man feststellen, daß die Figur des hypersensitiven Protagonisten, der dem Wahnsinn verfällt oder dessen Psyche sich im Stadium der Desintegration befindet, tatsächlich zu den auffälligsten Parallelen zwischen den Kurzgeschichten von Poe und Hawthorne gehört. Bei beiden Autoren, deren Werke einander auch insofern ähneln, als in ihnen durch eine suggestive Erzählweise immer wieder die Atmosphäre des Rätselhaften erzeugt wird, ist das auf die Moderne vorausweisende Motiv der Desintegration der Persönlichkeit mit dem Element des Phantastisch-Grauenvollen verbunden, das hier wie dort der allerdings unterschiedlich rezipierten Tradition des Schauerromans entstammt und in »The Birthmark« vor allem in der Figur des Magiers zum Ausdruck kommt.

Versucht man den Einfluß zu skizzieren, den Hawthorne auf die weitere Entwicklung der amerikanischen Kurzgeschichte ausgeübt hat, so ist neben dem Merkmal der »indefiniteness« vor allem die komplexe Schilderung psychischer Vorgänge zu nennen, von der Henry James ungeachtet seiner Kritik an der allegorischen Komponente der Hawthorneschen Erzählungen fasziniert war. Anders als bei Poe ist diese komplexe Schilderung psychischer Vorgänge bei Hawthorne häufig mit der Darstellung archetypischer Situationen verbunden, die in eine Offenbarung münden. Durch die Darstellung solcher Situationen ist der Autor von »My Kinsman, Major Molineux« einerseits zum Begründer der amerikanischen Initiationsgeschichte und damit zum Vorläufer von Anderson, Hemingway und anderen geworden, und andererseits hat er dadurch schon zu Beginn der Gattungsgeschichte den Typ der handlungsarmen Kurzgeschichte entwickelt, der sich im Verlauf des 20. Jahrhunderts immer mehr durchgesetzt hat. Ergänzend ist schließlich hervorzuheben, daß Hawthorne mit der psychologischen Fallstudie »Wakefield« sowie mit der anti-utopischen Geschichte »Rappaccini's Daughter« zwei weitere Erzählungen verfaßte, die ebenso zukunftsweisend wie seine Initiationsgeschichten waren, und daß auch das moralische Anliegen, zu dem Hawthorne sich in seinen theoretischen Äußerungen und in Erzählungen wie »The Birthmark« immer wieder bekannte, nachhaltig auf die weitere Entwicklung der amerikanischen »short story« eingewirkt hat. Dokumentiert wird dieser Einfluß nicht nur durch Melvilles Bemerkungen in dem Essay »Hawthorne and His Mosses« (1850), in dem Hawthornes »great power« of blackness« mit dem »Calvinistic sense of Innate Depravity and Original Sin« in Verbindung gebracht wird, sondern u. a. auch durch die Erzählungen von Faulkner, in denen die Fragen von Schuld und Sühne sowie deren Verankerung im christlichen Mythos eine ähnlich bedeutende Rolle spielen wie in den Kurzgeschichten von Hawthorne.[52]

Edgar Allan Poe

Im selben Jahr (1832), in dem Hawthornes Initiationsgeschichte »My Kinsman, Major Molineux« erschien, wurde auch Poes Erzählung »Metzengerstein« veröffentlicht, die den Leser ungeachtet der skizzierten Gemeinsamkeiten zwischen den Kurzerzählungen von Hawthorne und Poe in eine ganz andere Welt führt. Während es sich bei »My Kinsman, Major Molineux« um eine Geschichte handelt, in deren Mittelpunkt eine archetypische Situation steht und deren Handlung wie im Fall von »The May-Pole of Merry Mount« (1836) und »Endicott and the Red Cross« (1837) in der Geschichte Neuenglands verankert ist, schrieb Poe mit »Metzengerstein« eine Erzählung, die wie »Ligeia« (1838), »Morella« (1835) und »Eleonora« (1842) auf dem Thema der Seelenwanderung basiert und deren phantastisch-grauenvolles Geschehen in Ungarn spielt.[53]

Zwar soll »Metzengerstein« hier nicht in den Rang einer repräsentativen Poeschen »short story« erhoben werden, doch lassen sich an dieser Geschichte verschiedene Merkmale beobachten, die für eine einleitende Charakterisierung der Poeschen Kurzprosa wichtig sind. Zunächst ist in diesem Zusammenhang das Bemühen um eine ökonomische Erzählweise zu nennen, das die Absicht erkennen läßt, alle Teile der Geschichte – beginnend mit dem ersten Wort – in den Dienst des intendierten Effekts zu stellen. Zwar ist Poe die Verwirklichung dieser Absicht in »Metzengerstein« noch nicht voll gelungen, doch wird schon mit diesem Frühwerk verdeutlicht, daß Poes Geschichten straffer durchkomponiert sind als die Erzählungen von Hawthorne, obschon dieser sich in Werken wie »Young Goodman Brown« und »The Birthmark« bei der Schilderung der Versuchungen bzw. bei der Beschreibung der Experimente ebenfalls des Gliederungsprinzips der Klimax bediente. Zweitens fällt auf, daß Poe in »Metzengerstein« anders als Hawthorne in den oben erwähnten Erzählungen auf das Ausdrucksmittel der Allegorie und auf die »deeply impressive moral« verzichtet, die auch in seinen anderen »short stories«, deren »suggestiveness« vornehmlich auf der Verwendung des Symbols beruht, nur gelegentlich begegnen.[54]

Drittens wird mit »Metzengerstein« schließlich verdeutlicht, daß Poe, dessen Kurzprosa wie die von Irving und Hawthorne in enger Beziehung zur englischen Schauerliteratur und zur Welt der deutschen Märchen steht, bei der Verarbeitung dieser Elemente insofern anders verfahren ist, als er im Unterschied zu den beiden anderen Autoren darauf verzichtet hat, die Stoffe europäisch-romantischer Provenienz mit Aspekten der amerikanischen Wirklichkeit oder mit Elementen der amerikanischen Volksliteratur zu verschmelzen. In anderer Hinsicht läßt sich Poes Rezeption allerdings mit der Übernahme des europäisch-romantischen Erbes durch Irving und Hawthorne vergleichen. Wie Irving tendierte Poe in seinen frühen Geschichten dazu, die Elemente der Schauerliteratur humoristisch oder gar in satirischer Absicht zu verwenden,[55] und wie Hawthorne bemühte er sich in seinen späteren Erzählungen darum, den Schrecken in das Innere seiner Protagonisten hineinzuverlegen oder aus deren Psyche abzuleiten.[56] Die Erkundung der Tiefen der menschlichen Psyche ist der Grund dafür, daß in Poes Kurzgeschichten häufig die von der Gesellschaft isolierte Einzelpersönlichkeit im Mittelpunkt steht. Während bei Hawthorne, dessen Protagonisten ihrer Umwelt ebenfalls häufig entfremdet sind, die Verbindung von Individuum und Gesellschaft nicht grundsätzlich in Frage gestellt wird, erkennen viele Figuren von Poe »durch das Leid die Nichtigkeit dessen, was die Gesellschaft als Werte postuliert«.[57] Erzähltechnisch äußert sich die Ausnahmestellung der Poeschen Protagonisten darin, daß das Geschehen in der Mehrzahl der Geschichten aus der Perspektive des Ich-Erzählers vermittelt wird. Indem der Autor in diesen Erzählungen nur das zur Darstellung bringt, was für das Ich von Bedeutung ist, erfüllt er seine eigene dichtungstheoretische Forderung nach der Einheit der Kurzgeschichte. Darüber hinaus gelingt es ihm auf diese Weise, die von ihm gestaltete Welt als einen Lebensraum erscheinen zu lassen, der durch »Ambiguität, Mehrschichtigkeit und Unsicherheit« gekennzeichnet ist.[58]

Im Theorieteil wurde bereits darauf hingewiesen, daß Poe als einer der ersten Typologen der Kurzgeschichte bezeichnet werden kann. Als er 1839 seine frühen Erzählungen als Sammlung herausgab, prägte er die Begriffsverbindung *Tales of the Grotesque and Arabesque,* und in seiner Rezension der *Twice-Told Tales* nannte er »the ratiocinative«, »the sarcastic« und »the humorous« als Beispiele für verschiedene »modes or inflections of thought and expression«.[59] Hiervon ausgehend kann man die Kurzprosa von Poe in grotesk-arabeske Geschichten und in »tales of ratiocination« unterteilen. Bei der zweiten Gruppe,[60] die bereits über die wesentlichsten Konstituenten der modernen Detektivgeschichte verfügt, handelt es sich um »mystery stories«, in denen das Geheimnis auf dem Wege der Analyse und der Detektion gelöst wird, wohingegen es sich bei der ersten, recht heterogenen Gruppe um Erzählungen handelt, in denen der intendierte Effekt mit Hilfe der Imagination erzeugt wird. In diesem Zusammenhang ist freilich zu bedenken, daß Poe selbst die analytische und die imaginative Fähigkeit nicht als einen Gegensatz begriff, sondern im Gegenteil mehrfach auf die Affinität zwischen diesen beiden Vermögen hinwies. In »The Murders in the Rue Morgue« notierte er sogar: »It will be found, ..., that the ingenious are always fanciful, and the *truly* imaginative never otherwise than analytic.«[61]

Kann man schon bei dem Vergleich zwischen den grotesk-arabesken Geschichten und den »tales of ratiocination« nur von relativen Unterschieden sprechen, so ist der von der Mehrzahl der Poe-Kritiker vorgenommene Unterschied zwischen »tales of the grotesque« und »tales of the arabesque« ausgesprochen problematisch. Ausgangspunkt dieser Unterscheidung sind das vielzitierte Vorwort zu den *Tales of the Grotesque and Arabesque*, wo Poe vom Vorherrschen des Arabesken in seinen »serious tales« spricht, und eine Briefstelle, die besagt, daß in »Berenice« (1835) das Lächerliche ins Groteske gesteigert wurde. Aus diesen Textstellen herzuleiten, daß die humoristischen, satirischen oder parodistischen Erzählungen unter dem Begriff »Tales of the Grotesque«, die eigentlichen Schauergeschichten dagegen unter dem Begriff »Tales of the Arabesque« subsumiert werden können, ist deshalb nicht gerechtfertigt, weil Poes sonstige Äußerungen zum Grotesken und zum Arabesken keinen prinzipiellen semantischen Unterschied erkennen lassen. Besonders aufschlußreich ist in diesem Zusammenhang folgende Textstelle aus der gemeinhin als Arabeske bezeichneten Kurzgeschichte »The Masque of the Red Death« (1842):

Be sure they (i. e. the masqueraders) were grotesque. There were much glare and glitter and piquancy and phantasm – ... There were arabesque figures with unsuited limbs and appointments. There were delirious fancies such as the madman fashions. There were much of the beautiful, much of the wanton, much of the *bizarre*, something of the terrible, and not a little of that which might have excited disgust (177).

Bemerkenswert ist diese Passage, in der die Termini »grotesque« und »arabesque« offensichtlich als Synonyme oder als Komplementärbegriffe verwendet werden, vor allem deshalb, weil die hier vorgenommene Wesensbestimmung des Grotesken und des Arabesken zu Poes dichtungstheoretischen Aussagen in Beziehung gesetzt werden kann. Zunächst fällt auf, daß die beiden Begriffe Teil eines Wortfeldes sind, welches das Extravagante und das Disproportionierte bezeichnet. Außerdem ist bedeutsam, daß die Maskierten in ihrer Gesamtheit das Schöne wie das Abstoßende verkörpern und damit inkompatible Extreme miteinander vereinen. Von besonderer Wichtigkeit ist aber der Hinweis auf die Phantasieprodukte eines Wahnsinnigen, der im Zusammenhang mit der Charakterisierung des Fürsten Prospero zu lesen ist. Die diesbezüglichen Aussagen offenbaren ihre volle Bedeutung ebenfalls erst dann, wenn man sie zu Poes Dichtungstheorie in Beziehung setzt.

Prospero, der die Dekorationen der Zimmer, in denen das Maskenfest stattfindet, und die Kostüme seiner Gefolgschaft selbst entworfen hat, wird vom Erzähler zunächst ein exzentrischer Geschmack zugeschrieben. Außerdem wird ihm ein Gespür für Effekte bescheinigt[62] und hervorgehoben, daß »*decora* of mere fashion« (177)

keinen Anklang bei ihm fanden. Ferner werden seine Pläne als »bold and fiery« (177) charakterisiert und seine Ideen mit der Wendung »(they) glowed with barbaric lustre« (177) umschrieben. Aus all dem folgt, daß Prospero über eine überhitzte Phantasie verfügte, die das Vertraute in das Ungewöhnliche verwandelte und durch willkürliches Kombinieren neuartige Verbindungen aus vorgegebenen Komponenten schuf. Damit aber wird der Fürst zu einer Künstlerfigur, die Poes Vorstellungen über die Imagination und über die Originalität allerdings nicht in idealtypischer Weise verkörpert, weil ihre Einbildungskraft der rationalen Kontrolle entzogen ist, und deren Phantasieprodukte den Poeschen Anforderungen an das Kunstwerk ebenfalls nicht gerecht werden, weil es ihnen an der Harmonie fehlt und weil ihr Effekt ausschließlich auf dem Unerwarteten beruht.

Die behandelte Textstelle ist mithin nicht nur ein Beleg dafür, daß Poe mit dem Titel *Tales of the Grotesque and Arabesque* keine Unterteilung in humoristische und ernste Erzählungen vornehmen wollte, sondern sie gibt auch Auskunft darüber, daß Poe das Groteske und das Arabeske als Produkt einer zügellosen Phantasie verstand.[63] In diesem Zusammenhang ist es bemerkenswert, daß Poe in Anlehnung an E. T. A. Hoffmanns *Phantasiestücke* für die Neuauflage seiner *Tales of the Grotesque and Arabesque*, in denen das konstruktivistische Kalkül des Autors mit der entfesselten Imagination der Protagonisten kontrastiert, den Titel *Phantasy-Pieces* vorgesehen hatte.

»The Masque of the Red Death« verfügt zweifellos über eine poetologische Sinnschicht, ist aber nicht nur eine Erzählung über die entfesselte dichterische Imagination und über das Wesen des Grotesken und des Arabesken. Vielmehr handelt die Geschichte auch von der Allmacht des Todes, der man sich durch den Rückzug aus der Realität nicht entziehen kann.[64] Auf dieser Bedeutungsebene erhält die Erzählung ihren grotesk-arabesken Charakter durch die extreme Vergegenwärtigung der Todesfurcht, die Poe nicht zuletzt dadurch erreicht, daß er in das fiebrige Treiben der Hofgesellschaft immer wieder die Glockenschläge einer Uhr eindringen läßt. In diesen Augenblicken, in denen die Hektik der Paralyse weicht, bricht die Wirklichkeit in die Traumwelt ein, bemächtigen sich die Zeit und der Tod des Bewußtseins der Menschen.

Wie in anderen Geschichten von Poe wird in der vorliegenden Erzählung zum Ausdruck gebracht, daß es eine aus der Wirklichkeit herausgehobene Welt der Imagination nicht geben kann. Zwar hat Prospero es vermocht, die zur Festung umgebaute Abtei – ein unverkennbares Relikt aus dem Schauerroman – hermetisch von der Außenwelt abzuriegeln, doch ist es ihm nicht gelungen, die Realität aus diesem Refugium auszuschließen; denn der Raum mit der schreckenerregenden Uhr aus schwarzem Ebenholz ist von Anfang an ein Bestandteil der von ihm geschaffenen Welt. Das Wissen um die Polarität dieser Welt kann von dem Fürsten und seinen Gefolgsleuten, die den Raum mit der Uhr meiden, zwar vorübergehend verdrängt werden, doch ist die Konfrontation mit der Realität des Todes letztlich unvermeidbar. Obwohl der Geltungsbereich der Welt der Imagination sechs der sieben Räume umfaßt, wird schon bald klar, daß der damit vermittelte Eindruck der

Dominanz trügt; denn während die identitätslosen Gestalten der Traumwelt stündlich von der Todesstarre befallen werden, absorbiert die personifizierte Uhr, deren metallene Lungen erwähnt werden, das Leben. Am Schluß der Geschichte wird die Welt der Imagination dann ganz von der Realität des Todes verschlungen.

Ungeachtet der Skepsis, mit der Poe sich theoretisch über die Verwendung der Allegorie äußerte, kann das Maskenfest als Allegorie des menschlichen Lebens gedeutet werden, zumal die Zimmerflucht, in der das Geschehen spielt, die sieben Lebensalter des Menschen symbolisiert.[65] Diese Deutung drängt sich schon deshalb auf, weil sich der erste Raum im Ostteil der Abtei befindet, während das letzte Zimmer im Westteil des Gebäudes liegt. Hinzu kommt, daß die Sonnensymbolik auch bei der farblichen Gestaltung der ersten sechs Räume eine Rolle spielt; denn die Farbtöne der Dekorationen sind identisch mit den Komplementärfarben, die bei der Brechung des Sonnenlichts in einem Prisma entstehen. Das im Westen gelegene Zimmer, das an ein Grab oder einen Sarg erinnert, ist demgegenüber mit schwarzen Dekorationen ausgestattet und blutrot beleuchtet. Poe verwendet hier neben der Farbe des Todes die Farbe des Grauens,[66] und er verbindet damit die Dekoration, die Beleuchtung und die schreckenerregende schwarze Uhr, die als Symbol des Todes und der Zeit an der westlichen Wand des Raumes steht, zu einer atmosphärischen Einheit.

Am Schluß der Geschichte wird das Geschehen in das bis dahin gemiedene westliche Zimmer verlegt. Dort stirbt Prospero kurz nach Mitternacht, nachdem er mit dem roten Tod konfrontiert worden ist, der sich unbemerkt unter die Teilnehmer des Maskenfestes gemischt hat. Als Maskierter ist der Unbekannte eine Ausgeburt der Phantasie, deren Scheinwelt von Anfang an im Einflußbereich der Realität des Todes lag und die sich nun, indem sie ihre eigenen Tabus mißachtet,[67] selbst zerstört. Hatte sich die Phantasie bisher der Realität verweigert, so verleiht sie ihr nun in ihrer grotesken Schöpfung, die eine exakte Kopie der Wirklichkeit ist, bildliche Gestalt. Sie gibt damit die Eigengesetzlichkeit der von ihr geschaffenen Welt auf und verhilft den Gesetzen der Wirklichkeit zum Durchbruch; denn »die illusionäre Zeitlosigkeit (endet) in der faktischen Zeitlosigkeit des Todes«.[68]

Die soeben dargestellte Paradoxie wird von Poe vor allem durch das Motiv der Maske versinnbildlicht. Als Prosperos Gefolgsleute, die bald ebenfalls dem roten Tod zum Opfer fallen, den Unbekannten demaskieren wollen, stellen sie fest, daß sich hinter dem Kostüm keine greifbare Gestalt verbirgt. Während die Masken der Höflinge die Flucht vor der Wirklichkeit in die Illusion symbolisieren, ist die Maske des Unbekannten mit der Realität identisch. Poe hat also – hierin Prospero vergleichbar – das Motiv der Maske dazu benutzt, Gegensätze miteinander zu vereinen. Damit wird bereits deutlich, daß »The Masque of the Red Death« Poes Forderung nach der »indefiniteness« der »short story« ebenso entspricht wie die behandelten Kurzgeschichten von Hawthorne. Durch eine Reihe weiterer Ambiguitäten sowie durch die starke Betonung des Mysteriösen wird dieser Eindruck bestätigt. So bildet die Zimmerflucht, die in ein gespenstisches Zwielicht getaucht ist, zwar eine architektonische Einheit, doch ist sie von keinem Raum aus als Einheit erkennbar. Ferner ist es bemerkenswert, daß den Teilnehmern des Maskenfestes unklar bleibt, wann der Fremde erschienen und woher er gekommen ist. Und schließlich wird immer wieder auf den Gegensatz und die Einheit von Leben und Tod hingewiesen: Als Refugium für die Überlebenden ist die Abtei ein Grab, durch die Zimmerflucht werden Geburt und Lebensende zugleich voneinander abgesetzt und aufeinander bezogen, und das Maskenfest, scheinbar der höchste Ausdruck dionysischer Lebensfreude, entpuppt sich als ein Totentanz.[69]

Konnte anhand der oben skizzierten Ambiguitäten gezeigt werden, daß »The Masque of the Red Death« Poes Forderung nach der »indefiniteness« bzw. der Suggestivität der Kurzgeschichte entspricht, so geht aus Hans Galinskys gründlicher Analyse hervor, daß es Poe in der vorliegenden Erzählung darüber hinaus gelungen ist, seine Vorstellungen über die Funktionalität aller Erzählelemente in überzeugender Weise in die literarische Praxis umzusetzen. Schon drei Jahre vorher hatte Poe mit »The Fall of the House of Usher« (1839) eine andere Kurzgeschichte verfaßt, in der er seinen theoretischen Postulaten ebenfalls in optimaler Weise gerecht geworden war. Beide Werke gleichen einander jedoch nicht nur in diesem Punkt, sondern sie sind auch in thematischer Hinsicht miteinander verbunden. Hier wie dort besteht nämlich ein Kontrast zwischen der Realität und der krankhaft übersteigerten imaginativen Welt des Protagonisten, der in »The Masque of the Red Death« als Künstlerfigur identifizierbar ist und in »The Fall of the House of Usher« ausführlich als Dichter, Musiker und Maler mit »phantasmagoric conceptions« (102) geschildert wird.

Der Vergleich zwischen den beiden Hauptpersonen fördert allerdings auch Unterschiede zutage. Zwar verweilt Roderick Usher wie Prospero in der Abgeschiedenheit eines schloßartigen Gebäudes, dessen Beschreibung wiederum im Stil des Schauerromans erfolgt, doch verdeutlicht seine Einladung an den Erzähler, daß er bemüht ist, den Kontakt zur Welt der Normalität aufrechtzuerhalten. Dieser Unterschied ist durch einen anderen begründet. Während Prospero die personifizierte Verblendung ist, macht Roderick Usher sich über seine Situation keine Illusionen. Er weiß, daß er der Gefahr unterliegt, von der Furcht in den Wahnsinn getrieben zu werden, und am Schluß der Geschichte gehen seine Vorahnungen in Erfüllung; denn dort erscheint ihm das Phantom Furcht in Gestalt seiner zum Skelett abgemagerten und mit einem Totenhemd bekleideten Schwester, die er zusammen mit dem Erzähler voreilig in den unterirdischen Gewölben des Hauses bestattet hatte.[70] Außerdem ist Roderick Usher sich im Unterschied zu Prospero darüber im klaren, daß dem Versuch der Selbstbestimmung durch die Determiniertheit der menschlichen Existenz Grenzen gesetzt sind. Während Prospero nicht erkennt oder nicht erkennen will, daß das Leben der Universalherrschaft des Todes unterworfen ist, verfügt Roderick Usher über die Einsicht, daß seine Desintegration durch die Familiengeschichte vorgezeichnet ist.[71]

Hatte Poe das allgemeinmenschliche Thema der Ohnmacht gegenüber dem Tod in »The Masque of the Red Death« an den Repräsentanten einer privilegierten sozialen Schicht verdeutlicht, so illustriert er das ebenfalls überindividuelle Thema der physischen und psychischen Desintegration des Menschen in »The Fall of the House of Usher« an einer von der Gesellschaft isolierten Einzelpersönlichkeit.[72] Doch ist die letztgenannte »short story«, als deren Quelle Arno Schmidt die Schauergeschichte »Das Raubschloß« (1812) von Heinrich Clauren entdeckt hat, nicht nur eine Erzählung über den letzten Vertreter einer hypertrophen Familie, sondern auch eine Geschichte über den Erzähler.[73] Wie wichtig diese Figur für die Struktur und den Charakter der Geschichte ist, geht daraus hervor, daß die oben aufgestellte Behauptung, in »The Fall of the House of Usher« seien Poes theoretische Postulate in optimaler Weise in die literarische Praxis umgesetzt worden, schon durch die Beschreibung der Funktionen des Erzählers hinreichend bewiesen werden kann.

Im einzelnen ergibt sich, daß die Figur des Erzählers die Verwirklichung der Forderungen nach dem einheitlichen Ton, der Wahrscheinlichkeit, der Suggestivität und der Einheit des Effekts garantiert. In diesem Zusammenhang ist es bedeutsam, daß der Erzähler nicht als distanzierter Beobachter des Geschehens, sondern als Miterlebender fungiert und daß er als Kontrastfigur zu dem hypersensitiven Roderick Usher einerseits mit einem gesunden Menschenverstand ausgestattet ist, andererseits aber selbst auf die Begrenztheit der analytischen Fähigkeiten des Menschen hinweist.[74] Hiervon ausgehend kann man sagen, daß die Einheit im wirkungsästhetischen Sinn schon dadurch gewährleistet ist, daß das Geschehen dem Leser durch das Bewußtsein des Erzählers vermittelt wird. Ferner kann man feststellen, daß die Darstellung des Erzählers dadurch an Glaubwürdigkeit gewinnt, daß er sich stets darum bemüht, seine Imagination der rationalen Kontrolle zu unterwerfen.[75] Da der Erzähler aber andererseits als Vertreter des »common sense« nicht in der Lage ist, die sich ihm darbietenden Abgründe der imaginativen Welt voll auszuloten, und da er wegen der fehlenden Vertrautheit mit der jüngeren Vergangenheit Roderick Ushers keinen klaren Einblick in die Hintergründe des Geschehens haben kann, ist seine Verläßlichkeit als Informant zugleich so stark eingeschränkt, daß sein Erlebnisbericht zwangsläufig durch das Element des Rätselhaften gekennzeichnet ist.[76] Im Hinblick auf den Ton kommt dem Erzähler schließlich deshalb eine besondere Bedeutung zu, weil er über weite Strecken das emotionale Zentrum der Geschichte ist und weil er im Verlauf des Geschehens zunehmend in den Bannkreis Roderick Ushers gerät und damit immer stärker von der Atmosphäre des Grauens gefangengenommen wird. Wichtig ist in diesem Zusammenhang aber, daß der Erzähler schon vor seiner ersten Begegnung mit seinem Freund von »a sense of insufferable gloom« (95) erfaßt wird, dessen Ursache ihm völlig rätselhaft bleibt.

Ausgangspunkt der düster-melancholischen Stimmung, die durch die Arbeit des Verstandes nicht gemildert, sondern intensiviert wird, ist das in einer trostlosen Landschaft und an einem schaurigen Bergsee gelegene Anwesen Roderick Ushers, das der Erzähler am Ende eines trüben Herbsttages erreicht. Die Beschreibung dieses Anwesens umfaßt den ersten Teil der Erzählung, die Poes Forderung nach der Einheit auch insofern erfüllt, als sie über einen linearen, auf dem Strukturprinzip der Klimax beruhenden Aufbau verfügt. Im zweiten Teil der Geschichte wird der Blick des Lesers dann ins Innere des Hauses von Usher gelenkt, das ebenso düster und lebensfeindlich ist wie die Umgebung. Das Bild des Hausherrn, das dem Leser vermittelt wird, knüpft an den im ersten Teil gegebenen Hinweis auf Rodericks »mental disorder« (106) an. Es verdeutlicht, daß der Prozeß der Desintegration nicht nur Spuren in der äußeren Erscheinung des Protagonisten hinterlassen, sondern auch zu einer krankhaften Sensibilisierung der imaginativen Fähigkeiten geführt hat, die sich in wilden musikalischen Improvisationen und phantasmagorischen Gemälden äußert.[77]

Der dritte Teil setzt mit der voreiligen Beisetzung der scheintoten Lady Madeline ein. Danach gerät Roderick Usher immer dichter an den Rand des Wahnsinns, da seine psychische Desintegration nun zusätzlich durch Schuldgefühle beschleunigt wird, die ihre Ursache u. a. in einem inzestuösen Verhältnis zwischen Bruder und Schwester zu haben scheinen. Gleichzeitig wird der Erzähler immer stärker von der Abnormität seines Freundes angezogen, bis er im vierten Teil nicht mehr in der Lage ist, den Horror durch rationale Überlegungen zu verdrängen. In diesem Teil operiert Poe mit dem Strukturelement der »story within the story«, mit dessen Hilfe er den Höhepunkt der Geschichte in einem Dreischritt anstrebt. Um ihn abzulenken, liest der Erzähler seinem Freund drei Passagen aus einer mittelenglischen Romanze vor, und jedesmal werden die darin beschriebenen Geräusche im Haus von Usher hörbar. Während der Erzähler durch diese Überlagerung von Realität und Fiktion zunehmend verwirrt wird, identifiziert sein hellsichtiger Freund, der auf die Beschreibungen des mittelenglischen Dichters mit wahnsinnigem Gelächter reagiert, die in der Romanze beschriebenen Geräusche mit dem Lärm, den seine Schwester verursacht, als sie sich aus ihrem Grab und den unterirdischen Gewölben befreit. Im Unterschied zu dem Erzähler hat der Protagonist längst erkannt, daß seine Wiedervereinigung mit seiner Schwester unvermeidbar ist. Sie vollzieht sich im gemeinsamen Tod der beiden Geschwister, dem auf dem Höhepunkt der Geschichte der Einsturz des Hauses folgt, der gleichbedeutend mit dem Ende des Geschlechts derer von Usher ist.

Wie die Einheit so ist auch die Rätselhaftigkeit der Geschichte nicht allein von der Figur des Erzählers abhängig. Sie äußert sich vielmehr auch darin, daß »The Fall of the House of Usher« wie verschiedene Erzählungen von Irving und Hawthorne im Zwischenreich von Realität und Irrealität angesiedelt ist. Wird am Ende der Geschichte gezeigt, wie Wirklichkeit und Fiktion ineinander übergehen, so wurde anläßlich der Beschreibung des Hauses schon zu Anfang deutlich, daß die Realität durch die bloße Anordnung ihrer verschiedenen Komponenten zum Ausgangspunkt unerklärlicher und unnatürlicher Empfindungen werden kann. Indem einzelne Wirklichkeitspartikel, deren natürliche Erscheinungsform unverändert ist, sich zu einer ungewohnten Verbindung zusammenfügen, verwandelt sich die Realität im gestörten Bewußtsein des Betrachters, dessen Wahrnehmungsvermögen dem eines Opiumsüchtigen nach dessen Erwachen aus dem Traum entspricht, in ein Zerrbild ihrer selbst. Mit dieser Wirklichkeitserfahrung sieht sich der Erzähler bei der Betrachtung des Inneren des Hauses erneut konfrontiert; denn auch diesmal wird das Alltägliche zur Quelle von »unfamiliar ... fancies« (98).

Neben der Überlagerung von Realität und Irrealität tragen Poes kosmologische Vorstellungen zur Rätselhaftigkeit der vorliegenden Kurzgeschichte bei. Diese Vorstellungen besagen, daß es keinen prinzipiellen Unterschied zwischen Materie und Geist gibt, da der Geist die Materie durchdringt und die materielle Welt als Manifestation der geistigen Welt aufzufassen ist.[79] Aus dieser Annahme wird in »The Fall of the House of Usher« ein System von Korrespondenzen und Analogien abgeleitet, in dem sich einerseits die Einheit verschiedener Erzählelemente verwirklicht und in dem andererseits die Komplexität des Werkes zum Ausdruck kommt. Im Zentrum dieses Geflechts von Beziehungen steht die Figur des Protagonisten, die im Sinne einer »analogical resemblance« sowohl mit dem realen Haus von Usher als auch mit dem fiktiv-allegorischen »haunted palace« verbunden ist.

Betrachtet man die Analogien zwischen dem Haus von Usher und seinem Besitzer, so stellt man fest, daß die Architektur, das Aussehen und der Zustand des Gebäudes sowohl mit dem äußeren Erscheinungsbild als auch mit der psychischen Struktur des Protagonisten korrespondieren. So entspricht Rodericks leerer Blick zum Beispiel den »vacant eye-like windows« (95) des personifizierten Hauses, und so ähnelt sein spinnenwebengleiches Haar dem spinnenwebengleichen Pilzgeflecht, mit dem das Haus überzogen ist.[80] Auf der anderen Seite steht der zunächst kaum sichtbare Riß in der Fassade des Hauses in unverkennbarem Zusammenhang mit der fortschreitenden Bewußtseinsspaltung des Protagonisten, während der tiefe See und die unterirdischen Gänge dem Bereich des Unbewußten entsprechen. Mit der Analogie zwischen dem fiktiv-allegorischen »haunted palace« und seinem Schöpfer verhält es sich ähnlich; denn auch in diesem Fall entsteht durch die Beschreibung des Gebäudes ein Bild von der Physiognomie und der Psyche des Protagonisten.[81] Doch ist das zusätzliche Korrespondenzverhältnis, das durch die Aufnahme des Gedichts »The Haunted Palace« in die vorliegende Erzählung eingefügt wurde und durch das Poes Forderung, eine Kurzgeschichte müsse über einen »under-current ... of meaning« verfügen, Rechnung getragen wird,[82] nicht einfach als Verdoppelung der Haus-Person-Relation anzusehen.

Die beiden Analogien unterscheiden sich nämlich insofern voneinander, als die Entsprechung zwischen dem Haus von Usher und dem Protagonisten einen momentanen Zustand illustriert, während die Entsprechung zwischen dem Protagonisten und dem »haunted palace« den gesamten Entwicklungsprozeß Roderick Ushers und des Hauses von Usher (im Sinne von Haus und Geschlecht) offenbart. Im ersten Teil des Gedichts wird das Bild einer heilen Welt und eines intakten psychischen Organismus vermittelt; der »stately palace«, der an Kubla Khans »pleasure dome« erinnert, befindet sich in einer arkadischen Landschaft und ist von »good angels« bewohnt, die sich zu den harmonischen Klängen der Musik bewegen. Auf abrupte Weise wird dann im zweiten Teil des Gedichts von dem goldenen Zeitalter in die Gegenwart gewechselt, in der der Palast von grotesken Gestalten bevölkert ist, die sich »fantastically« im Rhythmus einer »discordant melody« wiegen. Die Entsprechung zwischen dieser Musik und den wilden Improvisationen Roderick Ushers liegt auf der Hand. Darüber hinaus wird in dem Gedicht, das seinen Platz genau in der

Mitte von »The Fall of the House of Usher« hat, durch die Wendung »for never morrow/ Shall dawn upon him« aber auch auf die zukünftige Entwicklung vorausgewiesen. In diesem Zusammenhang kann man sagen, daß das dämonische Lachen der »hideous throng« am Ende des Gedichts das wahnsinnige Gelächter Roderick Ushers am Ende der vorliegenden Erzählung antizipiert.[83]

Bei dem Versuch, das Ende von »The Fall of the House of Usher« zu deuten, muß man der »indefiniteness« der Geschichte Rechnung tragen, die durch die Vielzahl der vorliegenden divergierenden Interpretationen eindrucksvoll dokumentiert wird. Geht man von der Psychoanalyse aus, dann kann Madeline als die Verkörperung des Todeswunsches ihres Bruders gedeutet werden, bezieht man sich dagegen primär auf die Tradition der Schauerliteratur, dann ist es möglich, »The Fall of the House of Usher« als Geschichte über den Vampirismus zu lesen. Knüpft man – wie dies oben geschehen ist – an Roderick Ushers eigene prophetische Bemerkung an, dann kann die Schwester als Personifikation des Phantoms Furcht verstanden werden, durch das am Ende der Geschichte der psychische und der physische Zusammenbruch des Protagonisten herbeigeführt wird,[84] und geht man schließlich vom Zwillingsmotiv aus, dann kann man sagen, daß die Geschwister den Intellekt und das Gefühl oder den Geist und den Körper repräsentieren und daß ihr gemeinsamer Tod die Überwindung der widernatürlichen Trennung dieser Komponenten des menschlichen Seins symbolisiert.

Das Zwillingsmotiv, das mit dem in »William Wilson« (1839) verwendeten und vermutlich von E. T. A. Hoffmann übernommenen Doppelgängermotiv verwandt ist, bildet auch die Grundlage jener Deutungen, die von Poes kosmologischen Vorstellungen ausgehen. Zwar hat Poe diese Vorstellungen in systematischer Form erst 1848 in *Eureka* entwickelt, doch legen die in »The Fall of the House of Usher« enthaltenen Bemerkungen über die »sentience« (104) der Materie eine Interpretation im Lichte der kosmologischen Vorstellungen durchaus nahe. Diesen Vorstellungen zufolge steht das menschliche Leben wie der gesamte Kosmos unter dem Gesetz von Abstoßung und Anziehung. Roderick Ushers Desintegration, der gegen Ende der Geschichte das Chaos in der Natur entspricht, wäre demnach die Konsequenz des gestörten Gleichgewichts von »repulsion« und »attraction«; die voreilige Beisetzung Madelines und die Furcht des Bruders vor ihrer Rückkehr wären Ausdruck des Widerwillens, den Anspruch auf Individualität aufzugeben und sich dem kosmischen Gesetz zu unterwerfen; und der gemeinsame Tod der Geschwister würde die Reintegration in das Universum symbolisieren.[85]

Schauergeschichten wie »The Fall of the House of Usher«, »The Masque of the Red Death«, »Berenice« und »Ligeia« unterscheiden sich von Poes »tales of ratiocination« insofern, als in ihnen die imaginative Welt nur in völliger Trennung von der empirischen Realität existiert, in krankhafter Übersteigerung begegnet oder sich gar selbst zerstört, wohingegen die Imagination in den »tales of ratiocination« in Verbindung mit dem »analytical mind« durch die Problemlösung in die empirische Wirklichkeit hineinwirkt. Mit diesem Unterschied ist eine zweite Akzentverschiebung verbunden, die darin besteht, daß es in den »tales of ratiocination« um die Enträtselung geht, während in den »tales of horror« die Verrätselung zu den dominanten Wesensmerkmalen gehört. Oder anders ausgedrückt: Ist die »indefiniteness« in den Schauergeschichten das Ziel, so stellt sie in den Entschlüsselungs- oder Detektivgeschichten den Ausgangspunkt dar.[86]

Eine der wichtigsten Gemeinsamkeiten zwischen einer Reihe von Schauergeschichten und den Detektivgeschichten besteht demgegenüber darin, daß es sich hier wie dort um Künstlererzählungen handelt, deren Protagonisten Poes Vorstellungen vom Dichter in reduzierter oder in idealtypischer Weise verkörpern. Letzteres gilt für den Amateurdetektiv Auguste Dupin, der in »The Murders in the Rue Morgue« (1841), »The Mystery of Marie Rogêt« (1842) und »The Purloined Letter« (1845) begegnet und der die analytischen wie die imaginativen Fähigkeiten, die Poe vom Dichter forderte, in sich vereinigt.[87] Als Analytiker ist er u. a. in der Lage, sich in die Gedankenwelt anderer Menschen hineinzuversetzen. Er verfügt damit über dieselbe Fähigkeit zur Identifikation, die Poe dem von ihm bewunderten Daniel Defoe bescheinigte, als er feststellte, daß dessen Individualität von der fiktiven Persönlichkeit Robinson Crusoes absorbiert worden sei.[88]

Die bei Poe immer wieder zu beobachtende Übereinstimmung von Poetik und literarischer Praxis kommt in den Detektivgeschichten aber nicht nur darin zum Ausdruck, daß der Analytiker in idealtypischer Weise den Dichter verkörpert. Vielmehr entsprechen die »mystery stories« des weiteren in allen Punkten den Gattungsmerkmalen, mit denen eine Kurzgeschichte nach Poes Vorstellungen ausgestattet sein sollte. So ist es bei allen Geschichten dieses Typs besonders offensichtlich, daß sie vom Ende her konzipiert worden sind und daß sie mit ihrem stringenten Aufbau den Forderungen nach der Einheit des Effekts und nach der Wahrscheinlichkeit genügen. Außerdem hat Poe in den »mystery stories« neben der oben schon erwähnten »indefiniteness« die Absicht, den Leser seiner Kontrolle zu unterwerfen, in optimaler Weise verwirklicht. Er bediente sich hierzu der Figur des anonymen Ich-Erzählers, der dem Analytiker in allen Enträtselungsgeschichten als Begleiter beigegeben ist und der sich als geeignetes Instrument der Leserlenkung bewährt. Zum einen steuert der Ich-Erzähler mit seiner Bewunderung nämlich die Einstellung des Lesers gegenüber dem Protagonisten, und zum anderen inspiriert er den Rezipienten, in den Geschichten den »under-current ... of meaning« aufzuspüren.[89]

In »The Murders in the Rue Morgue«, Poes erster Detektivgeschichte, geht es um einen rätselhaften, von einem Orang-Utan begangenen Doppelmord, der von Dupin nach gründlicher Spurensicherung am Tatort und nach systematischer Auswertung aller Zeugenaussagen aufgeklärt wird. Dieser Teil der Erzählung dient zur Exemplifikation der analytischen Denkmethode, die Poe vorher in einem die Geschichte einleitenden Essay erläutert hatte. In diesem Zusammenhang wurde die stets mit der Imagination gepaarte »analytical power«, die Poe an der Strategie eines Whistspielers exemplifizierte, von der bloßen Fähigkeit der Kalkulation abgegrenzt, die beim Schachspiel zum Tragen kommt. Abgesehen von der Einleitung und der Exemplifikation besteht »The Murders in the Rue Morgue« aus einem

Motto, das Sir Thomas Brownes *Urn Burial* (1658) entnommen ist und das auf die Lösbarkeit von »puzzling questions« verweist, sowie aus einem Schlußteil, in dem die Lösung des Rätsels preisgegeben wird. Die Erzählung verfügt damit über vier Teile und erinnert in ihrer Struktur an den amerikanischen Essay des 18. Jahrhunderts, der die Struktureinheiten der puritanischen Predigt (Text, Explicatio, Applicatio und Koda) in säkularisierter Form übernommen hatte.

Zwar war Poe nicht der Erfinder der Detektivgeschichte, doch gehört »The Murders in the Rue Morgue« neben E. T. A. Hoffmanns »Das Fräulein von Scudéri« (1818) zu den ersten klassischen Werken dieser Gattung. Die nicht zu überschätzende Bedeutung von Poes Erzählung äußert sich darin, daß die wesentlichsten konstitutiven Merkmale des Genres schon in »The Murders in the Rue Morgue« begegnen. Der exzentrische Amateurdetektiv, der der Polizei aufgrund seines analytischen Denkvermögens und seiner Fähigkeit zur Identifikation überlegen ist, gehört ebenso zu diesen konstitutiven Merkmalen wie der den Analytiker bewundernde »narrator friend«, das Verbrechen im scheinbar verschlossenen Raum und das Muster des Aufbaus, dessen Struktur darauf beruht, daß der Leser nicht unmittelbar an der Entschlüsselung beteiligt, sondern erst später eingeweiht wird.[91] Im Unterschied zu diesen Elementen ist die poetologische Komponente der Poeschen »mystery stories« von den späteren Vertretern des Genres nicht übernommen worden.

Zweifellos gehören die Entschlüsselungsgeschichten zu den Erzählungen Poes, an denen sich des Autors Stellung zwischen Romantik und Moderne besonders gut verdeutlichen läßt. Motive wie die Schatzsuche in »The Gold Bug« (1843) und der mordende Orang-Utan in »The Murders in the Rue Morgue« sowie die Beschreibung der entsetzlich zugerichteten Leichen, des »time-eaten and grotesque mansion« (143) und der bizarren Lebensgewohnheiten Dupins in der zuletzt genannten Geschichte sind Ausdruck der Vorliebe für das Abenteuerliche, das Phantastische und das Grauenerregende, die auf den Einfluß der Romantik zurückzuführen ist. Als Erzählungen über den Dichter und die Dichtung stehen die »mystery stories« ebenfalls in der romantischen Tradition, doch handelt es sich bei der poetologischen Komponente zugleich um einen Aspekt, der auf die Moderne vorausweist. Dasselbe gilt für den Glauben an die Perfektibilität der Vernunft, der seine Parallelen im Gedankengut des Positivismus und im Vordringen der Naturwissenschaften hat. Nimmt man die Schauergeschichten hinzu, die stärker in der romantischen Tradition verankert sind als die »tales of ratiocination«, dann erscheinen der passive Held und die desintegrierte Persönlichkeit als weitere Elemente Poescher Erzählkunst, die in der Moderne fortleben.

Poes Einfluß auf die weitere Entwicklung der amerikanischen Kurzgeschichte, über den im Theorieteil schon einiges gesagt wurde, erscheint in einem zwiespältigen Licht, da die oberflächliche Rezeption seines konstruktivistischen Dichtungsideals die Entstehung der vielgescholtenen »plot story« begünstigte. Hinzu kam, daß die Elemente des Phantastischen und des Horrors, deren übertriebene Verwendung Poe selbst parodierte, in der Folgezeit oft nur zur Erzeugung melodramatischer

Effekte eingesetzt wurden. Von Poes Nachfolgern im 19. Jahrhundert haben es nur Henry James in Erzählungen wie »The Turn of the Screw« (1898) und Ambrose Bierce in seinen besten Geschichten verstanden, das Erlebnis des Grauens ähnlich wie Poe zur Darstellung psychischer Tiefenschichten zu nutzen. In neuerer Zeit hat sich die funktionale Verwendung des Elements des »Gothic horror«, das zum Beispiel in den Kurzgeschichten von Flannery O'Connor und Joyce Carol Oates eine zentrale Rolle spielt, dagegen auf breiterer Front durchgesetzt. Darüber hinaus hat sich die Suggestivität, die in Poes »short stories« u. a. auf der atmosphärischen Dichte, dem Einsatz sprachklanglicher und rhythmischer Phänomene, der Funktionalisierung von arabeskem Dekor, der Komplexität von Bild-, Motiv- und Symbolgeflechten, den Verzerrungen im Bereich der Wahrnehmungen und der Verwendung von Korrespondenzen beruht, in der jüngeren amerikanischen Kurzgeschichte in zunehmendem Maße zu einem dominanten Gattungsmerkmal entwickelt.

Herman Melville

Am Ende der ersten Entwicklungsphase der amerikanischen »short story« steht die Kurzprosa von Herman Melville, der zwischen 1853 und 1856 fünfzehn Kurzerzählungen schrieb, von denen sechs 1856 zu der Sammlung *The Piazza Tales* zusammengefaßt wurden. Abgesehen von der gelegentlich als »novelette« oder »short novel« bezeichneten Erzählung *Billy Budd*, die dreißig Jahre später begonnen wurde, enthält die Sammlung alle Werke, die als Melvilles bedeutsame Beiträge zum Korpus amerikanischer Kurzprosa anzusehen sind. Dabei handelt es sich um *Benito Cereno* (1855), eine ebenfalls als »novelette« oder »short novel« klassifizierbare Geschichte, um »The Encantadas« (1854), eine Gruppe von zehn Skizzen über die Galapagos-Inseln, und um »Bartleby the Scrivener« (1853), Melvilles erste und komplexeste »short story«, die freilich bereits die Neigung ihres Autors dokumentiert, den expansiven Tendenzen des Erzählstoffs nachzugeben. Der gemeinsame Nenner dieser parabelartigen Erzählungen, die durch zahlreiche Parallelen mit Melvilles Romanen verknüpft sind, besteht darin, daß sie das Bild einer widersprüchlichen und unergründlichen Welt entwerfen, wobei immer wieder hervorgehoben wird, daß die Unergründlichkeit der Welt nicht nur auf deren Widersprüchlichkeit, sondern auch auf der eingeschränkten Erkenntnisfähigkeit des Menschen beruht.[92]

Von Kritikern, die unter dem Einfluß des Existentialismus stehen, ist Melville häufig mit Kafka und Camus verglichen worden. In der Tat ist die Modernität des Amerikaners frappierend, doch ist es ebenso bemerkenswert, daß Melville in seiner Kurzprosa an die von seinen Vorgängern entwickelten Erscheinungsformen der amerikanischen »short story« anknüpfte. So sind seine Kurzerzählungen ebenso durch die Verarbeitung mythischer Elemente wie durch die Tendenz zur parabolischen Darstellungsweise und durch die häufige Verwendung von Symbolen gekennzeichnet. Außerdem ist für sie charakteristisch, daß sie die gattungsspezifischen Elemente der literarischen Skizze und des Essays in sich aufgenommen haben,[93] daß in ihnen gelegentlich exemplarische Situationen gestaltet werden und daß sie trotz ihres manchmal beträchtlichen Umfangs dem Formideal der zielgerichteten Komposition verpflichtet sind.

Obwohl die Interpretation von »Bartleby« bestätigen wird, daß Melvilles Kurzprosa in mehrfacher Hinsicht mit der von Irving und Poe verglichen werden kann, ist nicht zu übersehen, daß Melville dem von ihm bewunderten Hawthorne am nächsten stand. Neben der Gestaltung exemplarischer Situationen und neben der Tendenz zur parabolischen Darstellungsweise können in diesem Zusammenhang der christliche Bezugsrahmen und die moralisch-didaktische Intention als weitere Parallelen genannt werden,[94] wenngleich einschränkend festzustellen ist, daß die Verbindlichkeit christlicher Normen und der Sinn moralischer Entscheidungen in Melvilles »absurden« Geschichten stärker relativiert werden als in den Erzählungen von Hawthorne. Mit diesem Skeptizismus, der sich auch gegen die damals in Amerika vorherrschende materialistische Lebenseinstellung richtet, geht eine Intensivierung der »indefiniteness« einher. Schon deshalb ist es gerechtfertigt, Melville wie Hawthorne und Poe als Wegbereiter der modernen amerikanischen Kurzgeschichte zu bezeichnen.

Melvilles rätselhafteste und komplexeste Kurzgeschichte ist »Bartleby the Scrivener«. Sie handelt von einem New Yorker Notar, der das Geschehen aus der Rückschau erzählt, und einem seiner Schreiber. Während der zur Selbstgefälligkeit neigende Erzähler sich dem Leser als ausgeglichener, friedfertiger und mit methodischer Klugheit begabter Durchschnittsmensch in gehobener sozialer Position vorstellt, erscheint der subalterne Bartleby als absoluter Exzentriker, der sich dem Anspruch der Alltagswirklichkeit entzieht und in die innere Emigration geht. Obwohl der Schreiber seinen Pflichten zunächst gewissenhaft nachkommt, ist er zu keinem Zeitpunkt der Handlung in den Sektor der Realität integriert, der durch das Anwaltsbüro in der Wall Street repräsentiert wird. Er betritt die geordnete Welt des Erzählers als Fremdling, über dessen Vorleben keine gesicherten Fakten vorliegen,[95] kapselt sich von Anfang an von seiner Umwelt ab und gibt seinem Arbeitgeber durch sein merkwürdiges Verhalten schon bald ein unlösbares Rätsel auf. Mit höflicher Entschlossenheit verweigert er jede Arbeit, alle Vorschläge zur Neugestaltung seines Lebens weist er ebenso entschlossen zurück, und selbst nach dem Auszug seines Arbeitgebers lehnt er es ab, das Bürogebäude, in dem er sich häuslich eingerichtet hat, freiwillig zu verlassen. Seinen Höhepunkt erreicht das eigenwillige Verhalten des Schreibers, bei dem sich die vorherrschende Passivität mit einer stillen Form der Anmaßung mischt und das den herkömmlichen Maßstäben der Vernunft widerspricht, in einer passiven Form des Suizids, als Bartleby nach der Einlieferung in das Gefängnis »The Tombs« die Nahrungsaufnahme verweigert.[96]

Angesichts der Tatsache, daß die Rätselhaftigkeit das dominante Charakteristikum der vorliegenden Geschichte ist, müssen die zahlreichen Versuche, »Bartleby« einen eindeutigen Sinn abzugewinnen, überraschen. Man wird der Vielschichtigkeit der Erzählung nicht gerecht, wenn man sie als Studie über die Schizophrenie liest, als Kritik an der Zivilisationsflucht Thoreaus versteht, als Parabel über Melvilles Erfolglosigkeit als Schriftsteller begreift oder als Geschichte über die Situation des Künstlers in einer materialistisch orientierten Gesellschaft interpretiert. Die drei zuletzt genannten Deutungsversuche sind meist schon deshalb reduktionistisch, weil sie das Faktum, daß »Bartleby« eine Erzählung über die Titelfigur und über den Erzähler ist, nicht ausreichend würdigen. Eine Mißachtung der Komplexität der Geschichte liegt auch dann vor, wenn man den Erzähler ausschließlich als Verkörperung der ausbeuterischen kapitalistischen Gesellschaftsordnung versteht. Zwar läßt sich der Notar im Umgang mit seinem Schreiber von geschäftlichen Überlegungen leiten, doch sind seine Reaktionen auf das merkwürdige Verhalten seines Angestellten auch Ausdruck der Verwirrung, des Mitgefühls und der Furcht. Außerdem ist zu bedenken, daß in Melvilles Erzählung das Bild eines Universums entworfen wird, das nicht mit der konkreten gesellschaftlichen Wirklichkeit identisch ist, sondern auch den unergründlichen, durch Bartleby verkörperten Bereich der Realität umfaßt.

Als Geschichte über eine dualistische Welt rückt »Bartleby the Scrivener« in die Nähe jener oben besprochenen Erzählungen, die im Zwischenreich von Realität und Irrealität angesiedelt waren. So ist es nicht verwunderlich, daß sich bei genauerer Betrachtung mehrere Parallelen zwischen Melvilles erster Kurzgeschichte und Poes »The Fall of the House of Usher« ergeben. Zunächst fällt auf, daß es sich bei beiden Kurzgeschichten um Erzählungen mit zwei Protagonisten handelt. Hier wie dort tritt der Erzähler, der bei Poe und bei Melville als Repräsentant des »common sense« charakterisiert wird, in Beziehung zu einer merkwürdigen und faszinierenden Gestalt, die dem normalen Menschsein so weit entrückt ist, daß sie aus der Perspektive des Durchschnittsmenschen nicht oder nur unzureichend ergründet werden kann.[97] In beiden Geschichten wird das Geschehen dem Leser also durch eine begrenzte Erzählperspektive vermittelt, so daß die »indefiniteness« hier wie dort bereits in entscheidendem Maße durch die Konzeption der Erzählerfigur bedingt ist. Eine weitere Parallele zwischen »Bartleby« und »The Fall of the House of Usher« besteht darin, daß der Vertreter der Normalität im Verlaufe des Geschehens immer stärker in den Bannkreis seines rätselhaften Mitmenschen gerät, obwohl dieser in beiden Fällen den Typ des passiven Helden verkörpert.

Vergleicht man die Geschichten von Poe und Melville genauer miteinander, dann ergibt sich, daß mit den Entsprechungen zwei wesentliche Unterschiede verknüpft sind. Zum einen sind die Abnormität und die Verschlossenheit Bartlebys stärker ausgeprägt als die Roderick Ushers. Den Eindruck der totalen Abnormität vermittelt Melville u. a. dadurch, daß er Bartleby mit seinen Arbeitskollegen Turkey und Nippers vergleicht, die die Kritiker immer wieder an Dickenssche Romanfiguren erinnert haben. Turkey und Nippers sind Exzentriker wie Bartleby, doch halten sich exzentrisches und normales Verhalten bei ihnen die Waage. Außerdem gleichen sich die Temperamente dieser »humour«-Charaktere immer wieder aus, da ihr exzentrisches Verhalten nie gleichzeitig zum Durchbruch kommt. Als halbe Exzentriker sind

Turkey und Nippers im Unterschied zu dem absoluten Exzentriker Bartleby noch in die Welt der Normalität integrierbar.[98]

Von dieser Welt zieht sich der total verschlossene Bartleby, der keinerlei Auskünfte über seine Herkunft und über die Motive seines Handelns zu geben bereit ist, viel konsequenter als Roderick Usher zurück. War Ushers Einladung an den Erzähler noch Ausdruck des Versuchs, den Kontakt zur Wirklichkeit aufrechtzuerhalten, so verweigert sich Bartleby nicht nur dem Anspruch der Realität, sondern auch dem Leben.[99] Hatte Usher den Tod widerstrebend erlitten, weil er mit ihm offenbar die Vernichtung seiner Individualität assoziierte, so wird der Tod von Bartleby vielleicht deshalb gesucht, weil er darin die einzige Möglichkeit sieht, sich die Individualität zu bewahren. In diesem Zusammenhang gewinnen offenbar auch die mehrfach erwähnten »dead-wall reveries« des Schreibers ihre Bedeutung. Zwar bleibt deren konkreter Inhalt im Unterschied zur imaginativen Welt Roderick Ushers im dunkeln, doch liegt die Vermutung nahe, daß Bartlebys Rückzug in den Raum seiner Phantasie der Beschäftigung mit dem Phänomen des Todes gilt. Die »dead-wall reveries« wären dann nur eine Etappe auf dem Weg in den Suizid, durch den die Selbstbewahrung in letzter Konsequenz auf dem Weg der Selbstzerstörung gesichert werden soll.[100]

Der zweite Unterschied zwischen Melvilles Kurzgeschichte und »The Fall of the House of Usher« besteht in der Wirkung, die der rätselhafte Protagonist auf den Erzähler ausübt. Obwohl Bartleby ein unergründlicheres Phänomen als Roderick Usher ist, geht von dem Ungewöhnlichen in Melvilles Geschichte nicht dieselbe grauenerregende Wirkung wie in »The Fall of the House of Usher« aus. Zwar gehört die Furcht auch in »Bartleby the Scrivener« zu den Reaktionsweisen des Vertreters der Normalität, doch zeichnet Melville, der nicht unter dem Einfluß der Schauerliteratur steht, ein differenzierteres Bild von der Betroffenheit des Erzählers als Poe. Gemeinsam ist beiden Erzählern, daß sie spüren, wie das Irrationale nach und nach ihre rationale Haltung absorbiert, doch nimmt bei dem Notar nicht nur das Gefühl der Bedrohung der eigenen Selbstsicherheit, sondern auch das Mitgefühl für den Schreiber zu.[101] Furcht und Abneigung sind besonders dann stark bei ihm ausgeprägt, wenn er die Situation und das Verhalten seines Angestellten, die dem gesunden Menschenverstand nicht zugänglich sind, mit der Einbildungskraft zu erfassen versucht.[102] Bezeichnenderweise sind diese Empfindungen aber nicht auf dem Höhepunkt der Geschichte angesiedelt. Schon daraus folgt, daß es Melville nicht darum ging, eine Studie über die Furcht vorzulegen, sondern daß es seine Absicht war, die Unergründlichkeit der durch Bartleby verkörperten Welt durch die Unterschiedlichkeit der Reaktionen des Erzählers zu verdeutlichen.

Als Erzählung über einen rätselhaften Fremden kann »Bartleby the Scrivener« auch mit der Kurzprosa Washington Irvings verglichen werden. R. Bruce Bickley hat darauf aufmerksam gemacht, daß der populäre Typ der »mysterious stranger tale« von Irving in die amerikanische Erzählliteratur eingeführt wurde. Außerdem konnte er nachweisen, daß verschiedene Parallelen zwischen Irvings Erzählung »The Adventure of the Mysterious Stranger« (1824) und Melvilles »Bartleby the Scrivener«

bestehen. In Irvings Geschichte, die in den *Tales of a Traveller* enthalten ist, sucht ein in manchen Punkten mit Bartleby vergleichbarer Melancholiker Anschluß an den Erzähler, obwohl er sich auch ihm nicht mitzuteilen vermag. Die Versuche des Erzählers, seinen Gefährten mit vernünftigen Argumenten von seiner Melancholie zu befreien, schlagen ebenso fehl wie des Notars Appelle an die Vernunft seines Schreibers. Statt dessen gerät der Erzähler in Irvings Geschichte wie der Erzähler in »Bartleby« immer stärker in den Bannkreis seines Gegenübers: »I felt this melancholy to be infectious. It stole over my spirits; interfered with all my gay pursuits, and gradually saddened my life; yet I could not prevail upon myself to shake off a being who seemed to hang upon me for support.«[103]

Bickley hat mit Recht darauf hingewiesen, daß Bartleby »a more intense and suggestive character« als Irvings Melancholiker ist. Als Grund für die komplexere Charakterisierung des Schreibers hat er angeführt, daß Melville bei der Abfassung seiner ersten Kurzgeschichte unter dem Einfluß von Hawthornes »power of blackness« gestanden habe. In der Tat kann man feststellen, daß Bartleby als »alienated hero« mit den Protagonisten in verschiedenen Erzählungen von Hawthorne vergleichbar ist.[104] Darüber hinaus ist es unverkennbar, daß Melvilles Erzählung aufgrund der parabolischen Erzählweise, die in Irvings »The Adventure of the Mysterious Stranger« fehlt, in enger Beziehung zur Hawthorneschen Kurzprosa steht.

In »Bartleby the Scrivener« hat Melville nicht nur die Titelfigur, sondern auch alle anderen Personen als exemplarische Gestalten konzipiert. Häufig ist bereits darauf hingewiesen worden, daß es sich bei Turkey und Nippers um typisierte Verkörperungen nationalspezifischer Charaktereigenschaften handelt und daß Melville sich bei der Charakterisierung dieser Personen der Stilmittel der Karikatur bediente.[105] Das Porträt des Gefangenenwärters ist demgegenüber ein Beispiel für die häufig bei Melville zu beobachtende ironische Erzählweise. Mr. Cutlets, dem die Austeilung des Gefängnisessens obliegt, wird als »meat-like man« (43) charakterisiert, ist aber nur scheinbar eine Personifikation des Lebens. Die normalerweise von ihm servierten Speisen reichen zum Leben nicht aus, und seinen Dienst versieht er in dem Gefängnis »The Tombs«, das es zwar bis gegen 1960 noch gab, dessen Name im Kontext der Geschichte aber durchaus als »telling name« gewertet werden darf. Da auch der Terminus »grub-man« doppeldeutig ist,[106] kann der Gefängniswärter durchaus als Personifikation des Todes interpretiert werden.

Als exemplarische Gestalten treten auch der Erzähler und Bartleby in Erscheinung. Beide Personen sind unschwer als Jedermann-Figuren erkennbar. Der Erzähler verkörpert als Durchschnittsmensch soziale Tugenden wie vernunftbetontes Handeln und christliche Nächstenliebe, die aber in extremen Situationen versagen. Seine Nächstenliebe ist nicht frei von Berechnung, und sein Entschluß, sich der göttlichen Vorsehung zu unterwerfen und für Bartleby einzustehen, wird durch die Unterwerfung unter geschäftliche Zwänge aufgehoben.[107] Vermutlich ist das widersprüchliche Verhalten des Erzählers Ausdruck der auch sonst bei Melville zu beobachtenden Überzeugung, daß eine klare Trennung zwischen Gut und Böse nicht existiert. Wurde durch Hawthornes »Young Goodman Brown« lediglich verdeutlicht, daß Gut und Böse aufgrund einer Bewußtseinsstörung des Protagonisten nicht auseinandergehalten werden können, so gilt für Melvilles unergründliche und »absurde« Welt, daß Gut und Böse grundsätzlich nicht voneinander zu unterscheiden sind.[108]

Bartlebys Status als repräsentative Figur ergibt sich zunächst aus der Charakterisierung des Protagonisten, die u. a. mit Hilfe von Schlüsselwörtern wie »strange«, »forlornness«, »loneliness« und »solitude« erfolgt. Der Schreiber verkörpert demnach also den Typ des »lonely exile from humanity«, der sich im Unterschied zu Hunilla in »The Encantadas« mit seltsamer Entschlossenheit weigert, die ihm verbliebene Möglichkeit zur Gestaltung seines Lebens wahrzunehmen. Außerdem beruht Bartlebys Status als exemplarische Figur auf dem Ausruf »Ah, Bartleby! Ah, humanity!«, mit dem der Erzähler die Geschichte beschließt. Dieser Ausruf ist unterschiedlich interpretierbar. Liest man ihn als Ausdruck der Resignation, dann erscheint Bartleby als Verkörperung der Unergründlichkeit des Menschen und der Welt, versteht man ihn dagegen als Äußerung des Mitgefühls, das der Erzähler ungeachtet seines widersprüchlichen Verhaltens für seinen Schreiber empfindet, dann erscheint Bartleby als Personifikation der leidenden Menschheit.[109] In diesem Zusammenhang gewinnt auch die mythologische Komponente der Geschichte ihre zentrale Bedeutung. Wie in Hawthornes »Young Goodman Brown« entstammt der hier zu erwähnende mythologische Aspekt dem Bereich der christlichen Religion. Konnte der Protagonist in Hawthornes Kurzgeschichte als puritanischer Adam gewertet werden, so ist Bartleby, der von seinem Arbeitgeber wiederholt verleugnet wird, mit Christus vergleichbar,[110] wobei allerdings hinzuzufügen ist, daß sich die Parallele auf die Leidensfähigkeit beschränkt.

Als leidender Mensch ist Bartleby der Einsamkeit und der Hoffnungslosigkeit ausgesetzt. Zur Illustration dieses Sachverhalts dienen nicht zuletzt die Symbolik und die Bildersprache der Geschichte. So bezeichnet der Erzähler seinen Angestellten zum Beispiel als »a bit of wreckage in the mid-Atlantic« (29), und so wird an anderer Stelle vermerkt, daß Bartleby wie die einsame Säule eines zerstörten Tempels in der Mitte des Raumes steht. Hinzu kommt, daß er in einem verlassenen Haus in der nach Geschäftsschluß ausgestorbenen Wall Street lebt, die mit den Ruinen von Carthago und mit Petra, der untergegangenen Hauptstadt des Nabatäerreiches, verglichen wird. Ferner wird der Eindruck der Einsamkeit und der Hoffnungslosigkeit durch die Mauersymbolik vermittelt, durch die das Gefängnis und das Anwaltsbüro zueinander in Beziehung gesetzt und als austauschbare Sinnbilder für eine unfreie Welt charakterisiert werden. Das Anwaltsbüro ist von drei Mauern umgeben, deren unterschiedliche Farben keine unterschiedliche Bedeutung haben.[111] Lediglich die vierte »Mauer« – eine spanische Wand, durch die der Notar seinen Arbeitsplatz von dem seines Schreibers trennt – wäre theoretisch überwindbar,[112] doch ergreift der einsiedlerische Bartleby diese Möglichkeit ebensowenig wie er später bereit ist, den Standpunkt des Erzählers zu übernehmen, als dieser auf den Himmel und das Gras hinweist, die als Zeichen des Lebens mit den Gefängnismauern kontrastieren. Als absoluter Nonkonformist erteilt Bartleby zunächst der sozialen Integration und dann dem Leben schlechthin eine Absage. Seine ganze Aufmerksamkeit ist auf die Mauern und den durch sie symbolisierten Tod gerichtet, den er wie Benito Cereno sucht, weil er offensichtlich den Glauben an den Sinn des Lebens verloren hat.

Aus dem Gesagten folgt, daß man »Bartleby the Scrivener« vermutlich dann am ehesten gerecht wird, wenn man die Geschichte als Parabel über die menschliche Existenz liest und wenn man dabei berücksichtigt, daß die Figur des Erzählers für das Verständnis der Erzählung ebenso wichtig ist wie die Gestalt des Schreibers. Trotz der gelegentlich in der Geschichte anzutreffenden Komik fördert eine solche Lesart eine pessimistische Auffassung vom Menschen und seinem Universum zutage; denn die Welt, in der Briefe zu Irrläufern werden und sich von Boten des Lebens in Kuriere des Todes verwandeln,[113] erscheint in der vorliegenden Erzählung als ein von Normen und Zwängen beherrschtes Gefängnis, in dem der Mensch sich nicht zurechtzufinden vermag. Dabei dokumentieren Bartleby und der Erzähler ihre Desorientiertheit auf verschiedene Weise.

Der Schreiber, dessen verminderte Sehfähigkeit als symbolischer Ausdruck seiner einseitigen Weltsicht gewertet werden kann,[114] hat dem von ihm registrierten Sinnverfall letztlich nichts anderes als den passiven Widerstand und die Flucht in den Tod entgegenzusetzen. Dies bedeutet nicht, daß sein abnormes Verhalten ausschließlich als Ausdruck einer obsessiven Todessehnsucht zu verstehen ist. Vielmehr scheint der Wille zum Tod nicht zuletzt die rigorose Folgerung aus der Erkenntnis zu sein, daß der rigorose Anspruch auf eine individuelle Form der Existenz nicht durchsetzbar ist. Im Kontext einer solchen Interpretation ist Bartlebys Immobilität angesichts der wiederholten Aufforderungen, das Bürogebäude zu verlassen, nicht mehr nur eine Vorstufe der Todesstarre, sondern auch ein Zeichen für die Starrheit, mit der der Schreiber seinen Anspruch auf eine individuelle Form der Existenz vertritt. In diesem Zusammenhang verdienen zwei weitere Details Erwähnung. Zum einen lehnt Bartleby – obwohl er auf die Argumente seines Arbeitgebers nicht eingeht – die Aufforderung zu vernünftigem Handeln nicht grundsätzlich ab, und zum anderen schließt er eine Neugestaltung seines Lebens nicht völlig aus, sondern verwirft die diesbezüglichen Vorschläge des Notars mit ausdrücklichen Hinweisen auf deren Unzulänglichkeit.[115]

In Bartlebys Weigerung, die Hilfe des Notars anzunehmen, äußert sich die Unfähigkeit oder der fehlende Wille, einen Kompromiß zwischen dem Möglichen und dem Wünschenswerten zu schließen. Als »all-or-nothing-man«[116] steht dem Schreiber schließlich nur noch die Option auf das Nichts offen, die die Weltflucht nach sich zieht. Die Desorientiertheit des Erzählers äußert sich demgegenüber darin, daß er ein Gefangener der Lebensumstände und seiner utilitaristisch-rationalistischen Lebensauffassung bleibt. Zwar kann man die Geschichte dahingehend interpretieren, daß der Erzähler in Bartleby am Ende einen Vertreter der leidenden Menschheit sieht, doch ist er – wie seine selbstgefälligen Bemerkungen über seinen sozialen Status und seine Lebensauffassung zu Beginn der Geschichte zeigen – durch seine Erfahrungen mit seinem Schreiber nicht dazu veranlaßt worden, sich und die Welt zu verändern.[117] In diesem Zusammenhang sei noch einmal daran erinnert, daß seinen Beweisen der Solidarität nicht nur durch Bartlebys Unzugänglichkeit, sondern auch durch seine Rücksichtnahme auf die gesellschaftlichen Zwänge Grenzen gesetzt waren. So konnten diese Beweise der Solidarität letztlich keine Kommunikation zwischen dem Konformisten und dem Nonkonformisten herstellen.[118] Sie können mithin ebensowenig als Zeichen einer affirmativen Haltung und als Gegengewicht zum pessimistischen Weltbild der Erzählung gedeutet werden wie Bartlebys Bereitschaft zum Leiden.

An diesem Punkt gehen die Meinungen der Forscher am weitesten auseinander. Marx, der das Gras als »clue to Melville's affirmation« wertet, bezeichnet die Nächstenliebe als die Kraft, die den Menschen dazu befähigt, der Herausforderung des Todes zu begegnen. Fogle dagegen sieht in der Nächstenliebe »no final answer to man's difficulties«, sondern lediglich »a sensible expedient in carrying on a bad but inescapable business«. Und während Matthiessen »Bartleby« als »a tragedy of utter negation« charakterisiert, nimmt Browne den Hinweis auf Melvilles affirmative Haltung auf, die er allerdings im Unterschied zu Marx nicht aus der Person des Notars, sondern aus der Gestalt des Schreibers ableitet. Das ernstzunehmendste Argument für Brownes These, die vorliegende Erzählung drücke Melvilles Glauben »in the ultimate victory of humanity« aus, ist in dem Hinweis auf die Körperhaltung des toten Bartleby enthalten. Es ist offensichtlich, daß es sich dabei um eine »fetal position« handelt, und man kann ebenfalls konzedieren, daß die Körperhaltung das Bild des gekreuzigten Christus »taken from the cross and laid down« suggeriert. Doch rechtfertigt die Anspielung auf die Auferstehung den Schluß, Bartleby habe die Statur eines »hero and savior«, keineswegs.[119] In diesem Zusammenhang darf nämlich nicht übersehen werden, daß der Schreiber sich im Unterschied zu Christus den Menschen verweigert. Außerdem sollte man sich daran erinnern, daß in der Geschichte ausdrücklich auf die »perverseness« (20) des Protagonisten hingewiesen wird. Zwar handelt es sich dabei um eine Einschätzung des Notars, der ja keineswegs den Typ des verläßlichen Erzählers repräsentiert, doch spricht die für die vorliegende Erzählung kennzeichnende Ambiguität ebenfalls dafür, Bartleby, der die Zeichen diesseitigen Lebens wie Benito Cereno nicht mehr zur Kenntnis nimmt, durch seine Körperhaltung aber offenbar seinen Glauben an das Leben im Jenseits signalisiert, als pervertierte Christus-Figur einzustufen.

Neben dem Element der »indefiniteness«, neben der damit verbundenen Begrenztheit der Erkenntnis und neben der Passivität des Helden gehören das Thema des Sinnverlustes, die Kommunikationsproblematik und der sozialkritische Standpunkt[120] zu denjenigen Aspekten der Melvilleschen Kurzprosa, die auf die spätere Entwicklung der amerikanischen Kurzgeschichte vorausweisen. Darüber hinaus hat Melville in Erzählungen wie »Bartleby the Scrivener« und *Benito Cereno* mit der kumulativen Reihung von Episoden ein Strukturschema vorweggenommen, das in zahlreichen neueren Kurzgeschichten verwendet worden ist.[121]

3 Die Anfänge des Realismus

Einleitende Bemerkungen

In dem bereits erwähnten Artikel von Robert F. Marler ist Melvilles Kurzprosa eine entscheidende Bedeutung für die Entstehung der amerikanischen Kurzgeschichte zuerkannt worden.[1] Der Autor, der die These aufstellt, daß die »short story« sich erst in den fünfziger Jahren des 19. Jahrhunderts in Amerika als eigenständige Gattung zu entwickeln und die »tale« zu verdrängen begann, folgt in seinem Gattungsverständnis den Ausführungen Northrop Fryes in *Anatomy of Criticism* (1957). Demzufolge entspricht die »tale«, deren Charaktere oft als allegorische Personen oder als Archetypen in Erscheinung treten, der »prose romance«, wohingegen die Kurzgeschichte, deren Charaktere die soziale Wirklichkeit spiegeln und über ein individuelles Bewußtsein verfügen, dem Roman entspricht. Zwar können auch in der »tale«, deren Figuren von der sozialen Realität isoliert sind, psychische Zustände geschildert werden, doch gewinnen die Bewußtseinsinhalte nur in der »short story«, wo sie die Motivation und das Verhalten der Personen bestimmen, eine dynamische Qualität.

Aus einem solchen Gattungsverständnis folgt, daß Irving, Hawthorne und Poe, deren Charaktere sich nicht ändern, »tales« verfaßt haben. Während Hawthorne lediglich zugestanden wird, mit »My Kinsman, Major Molineux« und »Roger Malvin's Burial« (1832) Erzählungen geschrieben zu haben, »(which) begin(s) to point toward the short story«, wird Melville, der nach Marlers Ansicht »tales« wie »The Bell-Tower« (1855) und Mischformen wie »The Lightning-Rod Man« (1854) verfaßt hat, das Verdienst zuerkannt, mit »Bartleby the Scrivener« »a fully developed short story« geschaffen zu haben.

Der von ihm konstatierte Wandel in der Entwicklung der amerikanischen Kurzprosa wird von Marler darauf zurückgeführt, daß »Irving's sentimentalism, Poe's sensationalism, and Hawthorne's moralism« in den künstlerisch minderwertigen Magazingeschichten der fünfziger Jahre überbetont und damit unbewußt parodiert wurden. Die Folge davon war, daß sich die Literaturkritik gegen die Sentimentalität, das moralisch-didaktische Anliegen und gegen die Überbetonung des »plot« wendete, der meist nur dazu diente, eine Moral zu transportieren. Statt dessen wurde unter dem Eindruck europäischer Autoren wie Thackeray, Balzac, Stendhal und Flaubert eine »realistic world of fiction« verlangt. Außerdem griffen die Kritiker bei ihrer Abrechnung mit den konventionellen »tales« auf Poes Kategorien des »undercurrent of ... meaning« und der »verisimilitude« zurück. Diese Tatsache veranlaßt Marler, Poe – ähnlich wie Hawthorne, dessen Vorwort zur dritten Ausgabe der *Twice-Told Tales* als »lightly ironic and apologetic« charakterisiert wird – neben Melville als Auslöser »(of) a smooth transition from the tale to the short story« zu bezeichnen.

Wenig später spricht Marler – die Sonderstellung Melvilles erneut hervorhebend – von »a broad shift from Poe's overt romance and verisimilitude to Hawthorne's neutral ground of actual and imaginary and thence to Melville's mimetic portrayals and reliance on facts for the profound probing of everyday reality.« Schließt man sich Marlers Gattungsverständnis an, dann lassen sich die daraus abgeleiteten Bemerkungen über die Gattungsentwicklung durchaus nachvollziehen. Geht man aber davon aus, daß die Kürze das dominante Gattungsmerkmal der Kurzgeschichte ist, dann ist festzustellen, daß Marlers Klassifizierung der Kurzprosa von Irving, Hawthorne, Poe und Melville an den literaturhistorischen Fakten vorbeigeht und daß die Ansicht, in den fünfziger Jahren habe sich ein Übergang von der »tale« zur »short story« vollzogen, ebenfalls unhaltbar ist. Richtig ist aber, daß sich damals eine neue Phase in der Entwicklung der amerikanischen Kurzgeschichte ankündigte und daß die von Marler ausgewertete Diskussion in den literarischen Magazinen der damaligen Zeit Veränderungen bewirkte, welche die Entstehung der realistischen »short story« begünstigten. Neben Realisten wie William Dean Howells waren die Vertreter des sogenannten »local-color movement« und die noch immer ungebrochene Tradition der »tall tale« an der Entwicklung dieses Kurzgeschichtentyps beteiligt.

Mark Twain, Bret Harte, O. Henry und Hamlin Garland

Die ersten bedeutenden Vertreter des »local-color movement« waren Mark Twain (Samuel Langhorne Clemens) und Bret Harte, die eine Zeitlang miteinander befreundet waren, sich später aber heftig befehdeten. Gemeinsam ist den Erzählungen beider Autoren die Schilderung des Milieus und der Menschen der Grenzregionen, wenngleich zu bedenken ist, daß die Landschaftsbeschreibungen hier wie dort noch unverkennbar durch romantische Elemente geprägt sind.[2] Als weitere Parallelen können der in Bret Hartes Essay »The Rise of the ›Short Story‹« als wichtigste Quelle der amerikanischen Literatur bezeichnete Humor, der bei Harte durchgängig und bei Mark Twain gelegentlich zu beobachtende Hang zur Sentimentalität, die sozialkritische Komponente sowie die Verwendung von Lokaldialekten genannt werden. Besonders Mark Twain hat als Meister im Umgang mit Lokalidiomen zu gelten, die er der immer noch unter dem Einfluß der englischen Kultur stehenden Sprache des Ostens der Vereinigten Staaten ganz bewußt als Literatursprache entgegensetzte.

Abgesehen von einigen Erzählungen des späten Bandes *The Man That Corrupted Hadleyburg, and Other Stories and Essays* (1900), in denen der dem Pessimismus verfallene Autor den moralischen Verfall auf die Macht des Geldes zurückführt, beruht Mark Twains Beitrag zur Geschichte der amerikanischen »short story« vor allem auf seinen frühen humoristisch-satirischen Geschichten wie »Baker's Bluejay Yarn« (1880) und »The Notorious Jumping Frog of Calaveras County« (1865). Bei beiden Geschichten handelt es sich um eine Mischung von Tierfabel, »tall tale« und humoristischer Rahmenerzählung. Während die humoristische Rahmenerzählung und die »tall tale«, die beide der Erzähltradition des Westens entstammen, mit dem volkstümlichen Humor, dem Typ des Hinterwäldlers, der Umgangssprache und der Verankerung in einer bestimmten Region das Lokalkolorit in die Geschichten einbringen,[3] erfüllt das Element der Tierfabel ähnlich wie der Mythos bei Irving die Funktion, das Lokale mit dem Universellen zu verbinden.

In beiden Erzählungen werden die Tiere anthropomorphisiert, wobei auffällt, daß sie entweder nur negative menschliche Eigenschaften verkörpern oder aber in ironischer Weise durch Attribute wie »genius«, »talent« und »modesty« (3-4) charakterisiert werden. In »Baker's Bluejay Yarn«, wo die Torheit und die Schadenfreude der Eichelhäher dem Erzähler dazu dienen, die Dummheit und die Korruptheit der Politiker, die Konzeptionslosigkeit der parlamentarischen Arbeit und die Inhaltslosigkeit rhetorisch verbrämter Reden zu illustrieren, verdeutlicht Mark Twain auf besonders eindringliche Weise, daß er die Tierfabel als Medium der Sozialkritik benutzt. Weniger direkt, dafür aber umfassender ist die Sozialkritik in »The Notorious Jumping Frog of Calaveras County« ausgeprägt. Einer ihrer Aspekte ist offensichtlich wieder politischer Art; denn der Hund und der Frosch – zwei ansonsten zuverlässige Wettkämpfer, die aber in außergewöhnlichen Situationen versagen – tragen die Namen Andrew Jackson und Daniel Webster. Diese beiden Politiker, die mit ihren Zielen letztlich ebenso Schiffbruch erlitten wie der Springfrosch und der Hund in ihren Kämpfen, standen in verschiedenen politischen Lagern, so daß bei der vorliegenden Geschichte wie bei »Baker's Bluejay Yarn« davon auszugehen ist, daß Mark Twains Satire nicht auf eine bestimmte parteipolitische Richtung beschränkt ist.[4]

Als umfassender kann der Charakter der Sozialkritik in »The Notorious Jumping Frog of Calaveras County« schon deshalb bezeichnet werden, weil Andrew Jackson, ein Hinterwäldler aus South Carolina, in den Augen vieler Zeitgenossen den Pioniergeist verkörperte, während Daniel Webster, der aus New Hampshire stammte, als Repräsentant neuenglischer Geschäftsinteressen galt. In der Rahmenerzählung wird der durch Jackson und Webster vertretene Gegensatz zwischen dem Osten und dem Westen der Vereinigten Staaten ebenfalls thematisiert; denn dort teilt der Rahmenerzähler, ein gebildeter Mann aus dem Westen, dem Leser mit, daß er sich auf Bitten eines Freundes aus dem Osten mit Simon Wheeler, dem hinterwäldlerischen Binnenerzähler, in Verbindung setzte. Der Freund hatte ihn gebeten, sich nach einem Geistlichen mit dem pompösen Namen Leonidas W. Smiley zu erkundigen, wußte aber, daß es diesen Mann gar nicht gab und daß Simon Wheeler ihm die haarsträubende Geschichte über den Spieler Jim Smiley auftischen würde. Der elitebewußte Weststaatler wird also durch den Scherz des elitebewußten Oststaatlers nachdrücklich an den aus neuenglischer Sicht hinterwäldlerischen Zuschnitt der Kultur im Westen erinnert. Daß Mark Twain diese Einschätzung nicht teilte, geht aus der Verankerung seiner Geschichte in der Erzähltradition des Westens ebenso hervor wie aus der Tatsache, daß Simon Wheeler anders als der blasierte Rahmenerzähler, der sich der sterilen Hochsprache bedient, die Sympathien des Autors genießt.[5]

Die Kritik am Elitedenken und der Gegensatz zwischen dem Osten und dem Westen des Landes sind nicht die einzigen Aspekte, durch welche die Rahmen- und die Binnenerzählung miteinander verknüpft sind. Vielmehr liefern die Bemerkungen des Rahmenerzählers, soweit sie zur Charakterisierung des Binnenerzählers dienen, bemerkenswerte Aufschlüsse über den Erzählcharakter der gesamten Geschichte. An dieser Stelle ist der Einfluß der mündlichen Erzähltradition auf die humoristischen Geschichten Mark Twains zu erörtern. Erstens ist in diesem Zusammenhang bemerkenswert, daß »The Notorious Jumping Frog of Calaveras County« auf eine zunächst mündlich überlieferte Anekdote zurückgeht, die Mark Twain in der Goldgräbersiedlung Angel's Camp – dem Schauplatz des Geschehens in der vorliegenden Geschichte – von einem Flußlotsen übermittelt wurde.[6] Zweitens fällt auf, daß Mark Twain das Strukturschema von Rahmen- und Binnenerzählung dem Bemühen nutzbar macht, die Illusion mündlichen Erzählens zu erzeugen und auf diese Weise der literarisierten »tall tale« ihren ursprünglichen Charakter zu belassen.[7] Vor allem aber ist wichtig, daß die Bemerkungen des Binnenerzählers zu Mark Twains Charakterisierungen der humoristischen Geschichte in dem Artikel »How to Tell a Story« (1895) in Beziehung gesetzt werden können.

In diesem Artikel,[8] der bezeugt, daß Mark Twain die Bedeutung der mündlichen Erzähltradition für die amerikanische Kurzprosa ebenso hoch einschätzte wie Bret Harte, wird die mündlich überlieferte humoristische Geschichte als Domäne der Amerikaner bezeichnet. Ihre Kennzeichen sind ein Erzähler, der sich einfältig gibt und dem die Komik des Erzählten nicht bewußt zu sein scheint, eine umständliche und manchmal ziellose Erzählweise, die »incongruities and absurdities« miteinander mischt, und – falls überhaupt vorhanden – eine Pointe, die nicht akzentuiert wird. In »The Notorious Jumping Frog of Calaveras County« sind alle diese Elemente in die erzählerische Praxis umgesetzt worden.[9]

Zunächst erscheint Simon Wheeler in der Charakterisierung durch den Rahmenerzähler als geradezu idealtypische Verkörperung eines Humoristen; denn er ist geschwätzig, verfügt über eine »winning gentleness and simplicity«, spult seine haarsträubende Geschichte »(in) a vein of impressive earnestness and sincerity« herunter und gibt nicht zu erkennen, »that there was anything ridiculous or funny about his story«.[10] Mit dieser Maske des Erzählers korrespondiert der scheinbare Charakter der Erzählung, die vom Rahmenerzähler als »long«, »tedious« und »monotonous« empfunden wird. Bei oberflächlicher Betrachtung wird dieser Eindruck durch den Aufbau von Wheelers Geschichte bestätigt, die aus drei aneinandergereihten Teilen besteht und offenbar endlos fortgesetzt werden könnte.[11] Bei genauerer Betrachtung ergibt sich freilich, daß die einzelnen Erzähleinheiten Teile eines Strukturschemas sind, das mit der Niederlage von Smileys Wunderfrosch seinen Höhepunkt und sinnfälligen Abschluß erreicht.

Ebenso wie es ihm nicht gelingt, den Erzählzusammenhang zu durchschauen, ist der Rahmenerzähler nicht in der Lage, die auch ihn selbst betreffende Pointe von Wheelers Geschichte zu rezipieren. Sie ist in dem Satz »»I don't see no p'ints about that frog that's any better 'n any other frog«« (4/5) enthalten, mit dem der listige

Fremde die Selbstsicherheit des übertölpelten Jim Smiley als Pose entlarvt. Rückschauend kann man sagen, daß die Blindheit des snobistischen Rahmenerzählers schon in der Beschreibung Simon Wheelers zum Ausdruck kommt; denn er ist nicht fähig, die Maske des Erzählers als die Verkleidung eines Humoristen zu identifizieren.[12] Während Wheeler und seine Geschichte also den Idealen eines humoristischen Erzählers und einer »humorous story« entsprechen, verkörpert der Rahmenerzähler den inkompetenten Zuhörer. Dies bedeutet, daß das Zentralthema von »The Notorious Jumping Frog of Calaveras County«, die Bloßstellung des elitebewußten Bildungsbürgers, auch in den gattungsspezifischen Konstituenten der »humorous story« und damit in der Form der vorliegenden Erzählung verankert ist.

Wenngleich der allgemein konstatierte Einfluß Mark Twains auf spätere Autoren wie Anderson, Hemingway und Faulkner vor allem auf den Roman *Adventures of Huckleberry Finn* (1884) zurückzuführen ist, steht außer Frage, daß auch die humoristisch-satirischen Anekdoten, Fabeln oder Skizzen des Autors nachhaltig auf die amerikanische Erzählliteratur eingewirkt haben, die sich in der Folgezeit vorwiegend in regionalen Bahnen bewegte, ohne daß bei den bedeutendsten Vertretern des »local-color movement« die Einbindung des Lokalen in das Universelle verlorengegangen wäre. Einen ähnlich starken Einfluß auf die weitere Entwicklung der amerikanischen »short story« hat Bret Harte ausgeübt, dessen bekannteste Kurzgeschichten – »The Luck of Roaring Camp« (1868), »The Outcasts of Poker Flat« (1869) und »Tennessee's Partner« (1869) – wie Mark Twains Erzählung über Jim Smileys Springfrosch in kalifornischen Goldgräbersiedlungen spielen.

Im Theorieteil wurde bereits dargestellt, daß Bret Harte in seinem Essay »The Rise of the ›Short Story‹« rückschauend die Ansicht vertrat, die Lebensumstände in Kalifornien zur Zeit des Goldrausches – gekennzeichnet durch eine offene Gesellschaft, die Überreste der verfallenden spanischen Kultur und die Einzigartigkeit der natürlichen Umgebung – seien neben dem Bürgerkrieg der wichtigste Nährboden für die Entstehung der spezifisch amerikanischen Kurzgeschichte gewesen. Da Harte bei der Formulierung dieser Feststellung vor allem seine eigene Kurzprosa im Auge hatte, kann es nicht verwundern, daß die kalifornische Szene bereits Gegenstand der frühesten Erzählungen des Autors ist. Freilich können diese Erzählungen noch nicht als Beispiele der spezifisch amerikanischen Kurzgeschichte im Harteschen Sinne angesehen werden. Vielmehr ist es richtig, daß die frühen Landschaftsbeschreibungen, historischen Skizzen und »legends« von Bret Harte, der sich u. a. an Scott, Hawthorne, Dickens und Victor Hugo – einem der Vertreter der französischen romantischen Tradition der »couleur locale« – schulte, Ausdruck des Bemühens sind, sich als »the Washington Irving of the Pacific Coast« zu profilieren.[13]

Mit der Goldgräbergeschichte »The Work on Red Mountain« (1860) trat Bret Harte, der wie Mark Twain selbst eine Zeitlang als Goldgräber tätig war, erstmals zögernd aus dem Schatten Washington Irvings heraus; denn mit der Hauptfigur M'liss Smith schuf er eine Gestalt, die von ihrer Umwelt geprägt war und die jenen Menschentyp verkörperte, den er später in seinem Essay mit der Wendung »they were ... free from the trammels of precedent or tradition«[14] beschrieb. Der in »The

Rise of the ›Short Story‹« porträtierte neue Kurzgeschichtentyp war damit freilich noch nicht geboren, zumal Harte selbst zu jener Zeit Hawthornes Skizzen noch höher einschätzte als die damals schon üblichen »local-color studies«.[15] Erst als er die Herausgeberschaft des *Overland Monthly* übernommen hatte, setzte der Autor sich ganz bewußt das Ziel, Kurzgeschichten zu schreiben, deren Gegenstände, Charaktere und Darstellungsweise er für »distinctly Californian« hielt. Die bemerkenswertesten Ergebnisse dieses Bemühens waren die drei oben genannten Erzählungen, deren Eigenarten Harte im weiteren Verlauf seiner literarischen Karriere immer wieder kopierte.

In »The Luck of Roaring Camp« beschreibt Harte die rührende Fürsorge, mit der sich die rauhbeinigen Goldgräber um den Sohn der Prostituierten Cherokee Sal kümmern, die bei der Geburt ihres Kindes umgekommen ist. Durch seine bloße Anwesenheit bewirkt der Junge, daß sich die lärmende Goldgräbersiedlung in ein geordnetes Gemeinwesen verwandelt, doch bricht die Realität abrupt in die Idylle ein, als das Kind und einer der Goldgräber in den reißenden Fluten eines Baches ihren melodramatischen Tod finden. Ähnlich endet die Geschichte »The Outcasts of Poker Flat«, in der sich der Spieler John Oakhurst und zwei Prostituierte opfern, um das Leben eines jungen Paares zu retten. Außer durch die Beschreibungen der kalifornischen Landschaft, die Harte stets zum Geschehen in Beziehung setzt,[16] und abgesehen von der Verwendung des umgangssprachlichen Idioms sowie von der an Dickens erinnernden Mischung von Sentimentalität und Humor[17] sind beide Geschichten also durch Exemplifikationen jener »singular fraternity« charakterisiert, die nach der Meinung ihres Autors das Leben in den »mining camps« beherrschte.[18]

Im Rahmen der Darstellung des solidarischen Verhaltens oder der Selbstaufopferung kommt der für Hartes Kurzgeschichten typischen Technik der kontrastiven Charakterisierung eine besondere Bedeutung zu. Dabei operiert der Autor u. a. mit antithetisch strukturierten Figuren. Zwar fühlen sich die von ihm porträtierten Prostituierten und Spieler weder an bestehende Gesetze noch an allgemein verbindliche moralische Prinzipien gebunden, doch verbirgt sich hinter ihrer Skrupellosigkeit meist ein ungewöhnliches Maß an menschlicher Güte und moralischem Verantwortungsbewußtsein. Um diese natürliche Moral zu akzentuieren, arbeitet Harte außerdem mit Kontrastfiguren. So bilden in »A Passage in the Life of Mr. John Oakhurst« (1875) die nur scheinbar tugendhafte Mrs. Decker und die nur dem äußeren Anschein nach korrupte Titelfigur ein Gegensatzpaar, und so steht in »The Outcasts of Poker Flat« Uncle Billy, »a suspected sluice-robber and confirmed drunkard« (15), als einziger Vertreter des Bösen den drei anderen Ausgestoßenen gegenüber. Zwischen diesen Opfern einer heuchlerischen öffentlichen Moral und dem jungen Paar, das die Unschuld verkörpert, besteht demgegenüber kein tiefgreifender Gegensatz. Zwar bezeichnet der Erzähler das junge Mädchen, das eine der Dirnen noch im Tod umarmt, als reiner, doch kommentiert er wenig später:

And when pitying fingers brushed the snow from their wan faces, you could scarcely have told from the equal peace that dwelt upon them which was she that had sinned. Even the law of Poker Flat recognized this, and turned away, leaving them still locked in each other's arms (26).

Zu den Erscheinungsformen der oben erwähnten »singular fraternity« gehört auch die unerschütterbare Freundschaft zwischen zwei Männern, die Bret Harte in »Tennessee's Partner« und in einer Reihe weiterer Kurzgeschichten beschrieben hat. In »Tennessee's Partner« beruht die Verbundenheit ausschließlich auf dem Verhalten der Titelfigur, das von Mark Twain als unrealistisch kritisiert wurde,[19] zugleich aber im Einklang mit den Bemerkungen steht, die Bret Harte im Vorwort zu den *Tales of the Argonauts* (1875) gemacht hat.[20] Darüber hinaus liegen enge Beziehungen zwischen dem Essay »The Rise of the ›Short Story‹« und der vorliegenden Geschichte vor.

In seinem Essay beschreibt Bret Harte die Gesellschaft der als »ideal republic(s)« bezeichneten Goldgräbersiedlungen wie folgt: »Distinction of previous position or advantages were unknown, even record and reputation for ill or good were of little benefit or embarrassment to the possessor; men were accepted for what they actually were, and what they could do in taking their part in the camp or settlement.«[21] Vor diesem Hintergrund sind die einleitenden Bemerkungen zu »Tennessee's Partner« zu sehen, durch der der Leser mit Personen wie Dungaree Jack oder Jaybird Charley bekannt gemacht wird. Die Träger solcher Namen bleiben – so weit ihre Vergangenheit betroffen ist – anonym, doch bedeutet dies nicht, daß sie damit in die Nähe von Gestalten wie Melvilles Bartleby, Babo oder Benito Cereno rücken. Bret Harte zeichnet kein undurchdringliches Universum, sondern er verstärkt den realistischen Charakter seiner Erzählung, der auch in den präzisen Orts- und Zeitangaben zum Ausdruck kommt, wenn er den Leser über die Identität seiner Charaktere im dunkeln läßt. Denn es gehörte zur Wirklichkeit der Goldgräbersiedlungen um die Jahrhundertmitte, daß die Vorgeschichte der Bewohner nicht interessierte, daß sie als anonyme Wesen in einer neuen Gesellschaft ein neues Leben begannen und daß sie aufgrund irgendeiner besonderen persönlichen Eigenart neu getauft und mit einer neuen Identität ausgestattet wurden.

Im Falle der Titelfigur, die über keinerlei kennzeichnende Besonderheiten zu verfügen scheint und der deshalb auch kein individueller Name verliehen wurde, ist der »relative title« (41) ›Tennessee's Partner‹ Ausdruck der offenbar totalen Abhängigkeit des Protagonisten von seinem Freund. Erst nachdem der naive Partner das von der Gesellschaft nicht vorgesehene Begräbnis für den gehängten Tennessee organisiert hat, erkennen die Bewohner von Sandy Bar, daß ihr Mitbürger mit einer »separate and distinct individuality« (41) ausgestattet ist. Der Leser gewinnt demgegenüber wesentlich früher den Eindruck, daß der Protagonist keineswegs der Schatten seines Freundes ist, sondern daß beide Personen ein Kontrastpaar bilden. Bedeutsam ist in diesem Zusammenhang weniger, daß Tennessee im Unterschied zu seinem Partner, der durch »a lack of humorous appreciation« (42) gekennzeichnet ist, über »a fine flow of humor« (43) verfügt; wichtig ist vielmehr, daß beide Personen eine unterschiedliche Auffassung vom Leben haben und dementsprechend eine unterschiedliche Haltung gegenüber dem Ehrenkodex des Westens einnehmen. Während dieser Ehrenkodex dem Partner nichts bedeutet, orientiert sich Tennessee als furchtloser und unabhängiger Bewohner des Westens in seiner Lebensauffassung ganz an den Spielregeln dieser Gegend. Zwei Episoden verdeutlichen den Gegensatz. In der ersten Episode, auf die sich die Kritik von Mark Twain bezog, empfängt der Partner seinen Freund, der mit seiner Frau durchgebrannt war, nach dessen Rückkehr nicht mit Rachegefühlen, sondern mit einem freundschaftlichen Händedruck. In der zweiten Episode begibt sich Tennessee, als er nach einem bewaffneten Raubüberfall gestellt wird, ebenso fatalistisch in die Hände der öffentlichen Gewalt, wie ein Spieler nach einer verlorenen Partie die Karten auf den Tisch legt. Während das Leben nach seiner Auffassung, die er auch im Verlauf der Gerichtsverhandlung durch sein passives Verhalten demonstriert, mit einem Glücksspiel identisch ist, teilt der Partner offensichtlich die Meinung des Erzählers, daß Tennessees Leben ein Leben mit »possibilities and responsibilities« (48) ist und deshalb nicht leichtfertig aufs Spiel gesetzt werden darf.

Aus dieser Einstellung folgt der Versuch, den Freund freizukaufen. Er ist Ausdruck der persönlichen Moral und bringt den Partner, dem vom Richter ein Bestechungsversuch unterstellt wird, in Gegensatz zur öffentlichen Moral. Während der Partner in seinem natürlichen Rechtsempfinden davon ausgeht, daß Vergehen und Strafe einander die Waage halten müssen, basiert die öffentliche Rechtsordnung nicht auf dem Prinzip des Schadenersatzes, sondern auf den Prinzipien der Abschreckung und der Vergeltung. Gegen dieses Rechtssystem richtet sich die Sozialkritik von Bret Harte, der sich nicht darauf beschränkt, die naive Gestalt des Partners als Sprachrohr zu benutzen, sondern der seinen Standpunkt wie in »The Outcasts of Poker Flat« auch durch die oft ironischen Kommentare des Erzählers zum Ausdruck bringt, die sich in der vorliegenden Geschichte gegen die Voreingenommenheit und die Engstirnigkeit des Gerichts, gegen die ungerechtfertigte Härte des Gesetzes und gegen diejenigen Kräfte der Gesellschaft richten, die das unzulängliche Gesetz als Grundlage der sozialen Ordnung akzeptieren.

Darüber hinaus dient die Naturbeschreibung dem Zweck, die Unzulänglichkeiten der gesellschaftlichen Wirklichkeit zu verdeutlichen. Während die impressionistische Landschaftsskizze, die der Darstellung des Gerichtsverfahrens vorangestellt ist, die Funktion hat, den Leser auf den Verfall der Ordnung und auf die Willkür der öffentlichen Organe einzustimmen, wird bei der Schilderung der Hinrichtungsszene auf die Diskrepanz zwischen der natürlichen und der menschlichen Welt hingewiesen. Auf der einen Seite steht die romantische Idylle eines frühen Sommermorgens, die die Regenerationskraft und die Harmonie in der Natur symbolisiert; auf der anderen Seite steht die unmenschliche Gesellschaft, die einen sinnlosen Tod verordnet und das Band der Freundschaft zwischen zwei Menschen zerschneidet. Die menschliche und die natürliche Welt befinden sich erst in dem Moment wieder im Einklang, in dem der Partner die Vorbereitungen für das Begräbnis trifft. Nun haben die umliegenden Berge Trauerkleidung angelegt, und die Mammutbäume teilen ihren Segen aus.

An dieser Stelle, bei der Schilderung der Hinrichtung und bei der Beschreibung des Begräbnisses, tritt die Sentimentalität stark in den Vordergrund. Harte war sich dieser Schwäche offenbar bewußt; denn in Übereinstimmung mit der Bemerkung: »at Sandy Bar ... all sentiment was modified by a strong sense of humor« (42) unternimmt er den Versuch, das Pathos in Grenzen zu halten. Seinen Ausdruck findet dieser Versuch nicht nur in der Charakterisierung der Titelfigur, die im gesamten Verlauf der Geschichte als zugleich rührende und komische Gestalt erscheint, sondern auch gegen Ende, wo der Erzähler zunächst bemerkt, der auf dem Grab seines Freundes sitzende Partner habe sein Gesicht in einem roten Taschentuch vergraben, um dann fortzufahren: »But it was argued by others that you couldn't tell his face from his handkerchief at that distance, and this point remained undecided« (51).

Geht man der Frage nach, ob Bret Hartes Erzählungen den in »The Rise of the ›Short Story‹« formulierten Anforderungen an die spezifisch amerikanische Kurzgeschichte genügen, dann gelangt man nicht zu einer eindeutig positiven Antwort. Zwar ist es unbestreitbar, daß Harte im Hinblick auf die Schilderung geographischer Besonderheiten und sozialer Unzulänglichkeiten sowie bei der Darstellung der Ausdrucks- und der Denkweise seiner Personen realistische Akzente setzte, doch ist andererseits hervorzuheben, daß er einen Sektor der amerikanischen Wirklichkeit beschrieb, der gegen Ende der sechziger Jahre bereits der Vergangenheit angehörte. Hinzu kommt, daß der nostalgische Charakter der Harteschen Kurzgeschichten durch die romantischen Züge der Landschaftsskizzen verstärkt wird und daß die dargestellten Personen eher typisiert als individuell charakterisiert sind.[22] Liest man den Essay »The Rise of the ›Short Story‹« genau, dann stellt man allerdings fest, daß das für die Kurzgeschichten charakteristische Nebeneinander von realistischen und romantischen Elementen dort ebenfalls verankert ist; denn im Hinblick auf die kalifornischen Lebensverhältnisse, denen er für die Entstehung der spezifisch amerikanischen Kurzgeschichte eine so große Bedeutung zumißt, spricht Harte auch von »condition(s) of romantic and dramatic possibilities ... unrivalled in history.«[23] Dennoch ist Harte zuzugestehen, daß er der amerikanischen Kurzgeschichte mit dem Typ der »local-color story«, den er zwar nicht erfand,[24] aber doch weiterentwickelte und populär machte, neue Möglichkeiten der realistischen Darstellung erschloß. Von späteren Vertretern des »local-color movement«, die auf die Verarbeitung romantischer Elemente verzichteten, sind diese Möglichkeiten konsequent genutzt worden.

Von Kalifornien ausgehend setzte sich die »local-color story«, die nach dem Erscheinen von »The Luck of Roaring Camp« für ungefähr dreißig Jahre der vorherrschende Kurzgeschichtentyp in Amerika war, in fast allen Landesteilen durch. Neben dem äußersten Westen waren der Süden und Neuengland diejenigen Gebiete, in denen sie besonders gepflegt wurde. Unter den Autoren aus den Südstaaten ragen George Washington Cable, Thomas Nelson Page und Joel Chandler Harris heraus. Während die romantisch gefärbten Erzählungen Cables von der verfallenden kreolischen Kultur und Gesellschaft Louisianas handeln, wird in den vorwiegend sentimentalen, aus der Perspektive von Sklaven erzählten Geschichten von Page das Bild eines harmonischen Zusammenlebens von Schwarzen und Weißen im Virginia der Vorkriegszeit beschworen.[25] Die in Georgia lokalisierten und auf dem Brauchtum der Farbigen basierenden Uncle Remus-Geschichten von Harris enthalten demgegenüber realistische Schilderungen der Lebensformen der Schwarzen und der gesellschaftlichen Zustände vor und nach dem Bürgerkrieg.[26]

Realistische Elemente sind auch in den Geschichten von Sarah Orne Jewett und Mary Wilkins Freeman enthalten, die als die Hauptvertreter der neuenglischen »local-color story« anzusehen sind. Zwar ist es richtig, daß die Erzählungen von Sarah Orne Jewett oft einen nostalgischen Charakter haben und daß die Autorin den alltäglichen Dingen eine romantische Seite abgewinnt,[27] doch äußert sich in der detailgetreuen Wiedergabe des Alltäglich-Trivialen zugleich ein realistischer Trend, der vor allem auf den Einfluß von Flaubert zurückgeht. Sowohl bei Sarah Orne Jewett als auch bei Mary Wilkins Freeman findet dieser realistische Trend seinen Ausdruck nicht nur in der exakten Beschreibung von Landschaften und Gebräuchen sowie in der präzisen Wiedergabe der Umgangssprache, sondern auch in der Charakterisierung der Personen. Während Sarah Orne Jewett, unter deren Kurzgeschichten »The Courting of Sister Wisby« (1888) eine Sonderstellung einnimmt, nach eigener Aussage vornehmlich weibliche Charaktere porträtiert hat, »who belong to the older days, and to a fast-disappearing order of things«,[28] stehen in den Erzählungen von Mary Wilkins Freeman, von denen »A Village Singer« (1891) und »A New England Nun« (1891) besondere Beachtung verdienen, Frauengestalten im Mittelpunkt, die die sozialen Konventionen verinnerlicht haben oder sich zur Auseinandersetzung mit den gesellschaftlichen Zwängen genötigt sehen. Auf die Darstellung dieser Zwänge ist es zurückzuführen, daß der realistische Trend in den Kurzgeschichten von Mary Wilkins Freeman stärker ausgeprägt ist und daß die Autorin, die mit Hawthorne verglichen werden kann, das Leben in Neuengland in dunkleren Farben als Sarah Orne Jewett schildert.[29]

Zwar hat das »local-color movement« nicht zur Herausbildung einer neuen Konzeption der Kurzgeschichte geführt, doch hat es der amerikanischen Literatur neue Erzählgegenstände und neue Möglichkeiten der stilistischen Gestaltung eröffnet. Vor allem die Literarisierung der Dialekte und der Soziolekte, deren Spektrum von der kreolischen Mundart in den Kurzgeschichten von Cable bis zum maineschen Dialekt in den Erzählungen von Sarah Orne Jewett und vom Jargon der Goldsucher und Spieler bei Bret Harte und Mark Twain über den Slang der Schwarzen bei Harris und Page bis zur Sprache der Soldaten in Hamlin Garlands »The Return of a Private« (1890) reicht, ist von großer Bedeutung für die weitere Entwicklung der amerikanischen Literatur im allgemeinen und der Kurzgeschichte im besonderen gewesen. Man kann nämlich feststellen, daß die Literarisierung der Dialekte und der Soziolekte nicht nur auf das Erzählwerk solcher Autoren wie Faulkner vorausweist, sondern daß die für die »local-color stories« typische Prägnanz sprachlicher

Gestaltung auch einer derjenigen Faktoren war, die den vom journalistischen Stil geprägten Kurzgeschichten des 20. Jahrhunderts den Weg geebnet haben.

Die Verbindung von Lokalkolorit und journalistischem Stil, die schon in den Erzählungen von Bret Harte und Mark Twain zu beobachten war, ist eines der Hauptkennzeichen der Kurzgeschichten von O. Henry (William Sydney Porter), der sich auch als Humorist mit den beiden ersten bedeutenden Repräsentanten des »local-color movement« vergleichen läßt. Als Vertreter dieser literarischen Richtung ist O. Henry u. a. als Chronist der New Yorker Wirklichkeit in Erscheinung getreten. Hatte Ward McAllister die Crème der New Yorker Gesellschaft 1892 mit der Wendung »The Four Hundred« umschrieben, so gab O. Henry einer seiner Erzählsammlungen, in der das Alltagsleben der mittleren und niederen Gesellschaftsschichten im Mittelpunkt steht, den auf die damalige Gesamtbevölkerung New Yorks bezogenen programmatischen Titel The Four Million (1906). Kommt in diesem Titel die Absicht zum Ausdruck, die Wirklichkeit faktengetreu zu beschreiben, so verweist die Charakterisierung New Yorks als »Bagdad-on-the-Subway« auf die ebenfalls für O. Henrys Kurzprosa typische romantisch-abenteuerliche Komponente.

Durch die Mischung von Realismus und Exotik ist auch die Erzählung »A Municipal Report« gekennzeichnet, die in der Sammlung Strictly Business (1910) enthalten ist. Schauplatz dieser wohl bemerkenswertesten Kurzgeschichte von O. Henry, bei der es sich um eine der ersten Erzählungen über eine mittelgroße Industriestadt handelt, ist Nashville in Tennessee. Das realistische Porträt dieser Stadt setzt sich vor allem aus den lexikonartigen Informationen zusammen, die immer wieder in die Geschichte eingestreut werden und sich auf die Einwohnerzahl, die Industrieproduktion und ähnliches beziehen. Das unverwechselbare Kennzeichen Nashvilles ist der Nieselregen, der zwar in humoristischer Art beschrieben wird,[30] der aber nichtsdestoweniger die Paralyse symbolisiert, die schließlich auch den Erzähler ergreift und ihn zum schweigenden Mitwisser eines Kapitalverbrechens werden läßt.

In diesem Kapitalverbrechen – einem Mord, der von einem phantastisch gekleideten Schwarzen königlicher Abstammung verübt wird, um die Dichterin Azalea Adair von ihrem tyrannischen Ehemann zu befreien – findet das abenteuerlich-exotische Element der Geschichte seinen Ausdruck. O. Henry will damit das Diktum von Frank Norris, das er seiner Erzählung als Motto voranstellte,[31] widerlegen und beweisen, daß Ungewöhnliches auch in einer »ordinary, hum-drum, business town« (155) geschieht. Diesem Zweck dienen auch die Visionen der Dichterin, die in ihrer Phantasie gesehen hat, wie in San Francisco eine Chinesin wegen ihrer Beziehung zu einem Weißen gefoltert wurde und wie man in Nashville eine Frau beim Pokerspiel schnitt, weil sie sich nicht standesgemäß verheiratet hatte. Unterschiede bestehen also nur an der Oberfläche; dahinter verbergen sich dieselben Grundmuster zwischenmenschlicher Beziehungen, so daß ein Provinznest wie Nashville für denjenigen, der hinter die Welt der Erscheinungen zu blicken vermag, zu einem Ort wird, der die Realität des Lebens auf exemplarische Weise verkörpert.[32]

Während der ferne Westen, der Süden und Neuengland die Zentren des »local-color movement« waren, ist der Beitrag des mittleren Westens zu dieser Richtung der amerikanischen Literatur in quantitativer Hinsicht gering gewesen. Dieses Defizit wurde aber dadurch ausgeglichen, daß die »local-color story« von den Autoren aus dem Mittelwesten in noch stärkerem Maße als von Mark Twain, Bret Harte, Joel Chandler Harris und Mary Wilkins Freeman in den Dienst der Sozialkritik gestellt wurde. Verbunden war die sozialkritische Haltung mit der Bekämpfung einer literarischen Tradition, die in der zweiten Hälfte des 19. Jahrhunderts zahlreiche Magazingeschichten hervorgebracht hatte und die noch 1920 in dem Roman *Main Street* von Sinclair Lewis ein satirisches »debunking« erfuhr. Gemeint sind jene Darstellungen der ländlichen Gesellschaft, in denen das Dorf und die ländliche Kleinstadt des Mittelwestens als die Grundpfeiler einer heilen Welt und als Horte intakter zwischenmenschlicher Beziehungen erscheinen.

Gegen dieses idealisierte Bild, das noch der Kurzgeschichtensammlung *Friendship Village* (1908) von Zona Gale zugrunde liegt, zog Ed Howe schon 1883 mit seinem Roman *The Story of a Country Town* zu Felde. Howe, der Joel Chandler Harris beeinflußt hat, sah die kleinen Städte nicht wie die Erzählerin in *Friendship Village* von Menschen bevölkert, »adventuring together, ..., striving a little but companioning far more than striving, kindling to one another's interests«,[33] sondern er brandmarkte die Vulgarität, Heuchelei und Engstirnigkeit der ländlichen Bevölkerung. Neben Howe waren Edward Eggleston und Hamlin Garland an der realistischen Darstellung und an der sozialkritischen Auseinandersetzung mit der ländlichen Gesellschaft beteiligt.

Hamlin Garland, der unverkennbar in der Nachfolge von Bret Harte steht und der sich auch zum Einfluß von Edward Eggleston bekannte, ist zweifellos der bedeutendste Repräsentant des mittelwestlichen »local-color movement«. Neben Kurzgeschichten und Romanen hat er Essays geschrieben, in denen er sich theoretisch mit der von ihm vertretenen literarischen Richtung auseinandersetzte. Von diesen Essays, die erstmals 1894 unter dem Titel *Crumbling Idols* erschienen, sind die Artikel »Provincialism«, »New Fields«, »Local Color in Art« und »Impressionismus« für die vorliegende Untersuchung von besonderem Interesse. In ihnen entwickelt Garland seine ästhetische Theorie des Verismus, die als Synthese aus dem Realismuskonzept von William Dean Howells, aus Gedanken des französischen Historikers Hippolyte Taine und aus den ästhetischen Prinzipien der impressionistischen Malerei bezeichnet werden kann. Mit Howells stimmte Garland darin überein, daß der Künstler der zeitgenössischen Wirklichkeit verpflichtet ist, in Übereinstimmung mit Taine definierte er den Provinzialismus als »dependence upon a mother country for models of art production«,[34] und mit den Impressionisten wußte er sich darin einig, daß ein Kunstwerk an den Augenblick gebunden ist und diesen als »unified impression« wiederzugeben habe.[35]

Zentralbegriff der ästhetischen Theorie von Garland ist der Terminus »local color«. Er bezieht sich nicht auf eine bestimmte literarische Richtung, sondern wird zur Bezeichnung des zeitlos gültigen Prinzips jeglicher Kunst verwendet. Das Lokalkolorit in der Kunst ist mithin nicht identisch mit der Darstellung des Pittoresken, sondern es ist der spontane Ausdruck der Lebenswirklichkeit, die den Künstler umgibt. Daraus folgt, daß jede lebendige Kunst orts- und zeitgebunden ist; ihre Universalität gewinnt sie nicht aus ihrem Thema, sondern aus der Art der Darstellung.[36] In diesem Zusammenhang werden die Beachtung von literarischen Konventionen und die Nachahmung anderer Dichter von Hamlin Garland ausdrücklich abgelehnt, da die Natur und das Leben ständigen Veränderungen unterworfen sind und mithin ständig neue Darstellungsformen erfordern. Als Spiegel der Lebenswirklichkeit offenbart das Werk des »local-color artist« den »national character«, in seinem künstlerischen Ausdruck verrät es dagegen die Individualität seines Schöpfers.[37]

Mit der Forderung, die Literatur solle den Nationalcharakter widerspiegeln, befindet sich Hamlin Garland in Übereinstimmung mit Bret Harte. Sätze wie: »each locality must produce its own literary record, each special phase of life utter its own voice« (21) und: »our national literature will come in its fulness when the common American rises spontaneously to the expression of his concept of life« (51) offenbaren dieselbe Einstellung wie Hartes Essay »The Rise of the ›Short Story‹«, der erst fünf Jahre nach *Crumbling Idols* erschien. So kann es nicht verwundern, daß beide Autoren sich auch in ihrem Urteil über die amerikanische Literatur der ersten Hälfte des 19. Jahrhunderts, »(which) had too little to do with the life of the American people« (7), einig sind. Übereinstimmung herrscht ferner darüber, daß die Entstehung einer eigenständigen, von englischen Vorbildern unabhängigen amerikanischen Literatur durch den Bürgerkrieg wesentlich begünstigt wurde.

Betrachtet man *Main-Travelled Roads* (1891), Garlands erste und beste Sammlung von Kurzgeschichten, dann kann man feststellen, daß die darin enthaltenen Erzählungen den theoretischen Reflexionen des Autors weitgehend entsprechen. Das vorherrschende Thema der Sammlung ist der Kampf des Menschen gegen die unwirtliche Natur und gegen soziale Ungerechtigkeiten. Indem Garland diesen Kampf so beschreibt »as the working farmer endures it«, stellt er sich einem der Sektoren der zeitgenössischen amerikanischen Wirklichkeit, macht er sich zum Chronisten eines Lebens, »that was unlike any ever seen on the earth«.[38] Zwar führt das Bemühen, die Wirklichkeit aus der Perspektive der Betroffenen zu schildern, gelegentlich dazu, daß Erzählungen wie »Under the Lion's Paw« (1889) in die Nähe der Propagandaliteratur rücken, doch wird deren realistisch-dokumentarischer Charakter dadurch nicht beeinträchtigt. Außerdem entsprechen die frühen Kurzgeschichten der ästhetischen Theorie Garlands insofern, als das Lokalkolorit in ihnen nicht Selbstzweck ist. Manchmal kommt es zwar vor, daß die impressionistischen Naturbeschreibungen, die gewöhnlich die unzumutbaren Lebensbedingungen der Farmer verdeutlichen, durch eine an Bret Harte erinnernde romantische Note gekennzeichnet sind, doch sind solche Passagen in der Regel durch die erklärte Absicht Garlands gerechtfertigt, auch die positiven Aspekte des Lebens im Mittelwesten darzustellen.

In »The Return of a Private« (1890), der nach einhelliger Meinung der Kritiker neben »Mrs. Ripley's Trip« (1888) besten Kurzgeschichte von Garland, fehlen die propagandistischen Elemente. Demgegenüber sind die ambivalenten Schilderungen der Landschaft im Mittelwesten auch in dieser Erzählung vorhanden. So besteht zum Beispiel ein krasser Gegensatz zwischen der idyllischen Landschaft am oberen Mississippi und dem steilen Hügel, den der Protagonist erklimmen muß, bevor er seine verschuldete Farm erreicht.[39] Als eine der »main-travelled roads« ist die den Hügel hinaufführende Straße ein Symbol für den beschwerlichen Lebensweg, in dessen Verlauf die vom Leben Benachteiligten sich mit einer ausbeuterischen Gesellschaft, mit selbstsüchtigen Mitmenschen und mit einer Natur auseinanderzusetzen haben, die den Farmern Mühsal und Entbehrungen aufbürdet. Unterstrichen wird dieser Symbolcharakter der Straße durch die Charakterisierung des aus dem Bürgerkrieg heimkehrenden Edward Smith, der als »common soldier« beschrieben wird und der auch aufgrund seines Namens als exemplarische Figur erscheint. Man kann also feststellen, daß »The Return of a Private« verschiedenen vorher besprochenen »local-color stories« in der Verbindung von Partikularem und Universellem ähnelt und damit Garlands eigener Forderung, die Kunst müsse im Lokalen verankert sein, zugleich aber über »(an) universal appeal« verfügen, entspricht.

Bei genauerer Betrachtung der Geschichte wird deutlich, daß die Schilderung der idyllischen Mississippi-Landschaft ebenso in den Gesamtkontext integriert ist wie die Beschreibung der steilen Straße. In diesem Zusammenhang ist zunächst von Bedeutung, daß der fieberkranke Protagonist die Landschaft am Fluß durchquert, bevor er den beschwerlichen Anstieg erreicht. Die beiden konträren Gesichter der Natur verkörpern somit den Gegensatz zwischen den Erwartungen, mit denen Edward Smith nach Hause zurückkehrt, und den tatsächlichen Verhältnissen, die er dort vorfindet. Dieser Gegensatz wird durch ein weiteres Detail unterstrichen: Während Smith im ersten Teil der Geschichte, in dem die Rückkehr der Veteranen von Louisiana nach Wisconsin geschildert wird, die Erwartung geäußert hatte, daß sein Lieblingshund ihn wie früher bei seiner Ankunft auf der Farm freudig begrüßen würde, erfährt er am Ende der Erzählung, nachdem er die zweite Etappe seiner Heimkehr hinter sich gebracht hat, daß das Tier vergiftet wurde. Die Erwartung des Protagonisten, dort wieder anknüpfen zu können, wo er bei Kriegsausbruch aufgehört hat, erweist sich also als Illusion, zumal sich auch die Lebensumstände während seiner Abwesenheit verschlechtert haben. Genau genommen ist der Krieg für den kranken und heruntergekommenen »common soldier« mit der Rückkehr in die Heimat keineswegs beendet; denn die militärische Auseinandersetzung in Louisiana war nur eine Episode in einem Leben, das sich nicht im Rahmen einer friedlichen Idylle vollzieht, sondern immerwährenden Kampf bedeutet.[40]

Der Gegensatz zwischen den Erwartungen des Protagonisten und den tatsächlichen Verhältnissen ist nur ein Glied in einer ganzen Kette von Antithesen, mit denen die ambivalente Darstellung der Natur korrespondiert. Weitere Kontraste bestehen zwischen dem Enthusiasmus, mit dem die Soldaten in den Krieg geschickt wurden, und der Gleichgültigkeit der Daheimgebliebenen bei der Rückkehr der

Veteranen sowie zwischen dem Idealismus des »common soldier« und dem Eigennutz der Millionäre, die ihr Geld nach England in Sicherheit brachten. Smiths Opferbereitschaft kontrastiert ebenfalls mit der Gewissenlosigkeit des Pächters, dem er seine Farm übergeben hatte, und die Unversehrtheit des Landes, für die der »common soldier« sein Leben aufs Spiel gesetzt hat, steht im Gegensatz zum Niedergang seines mit Unkraut übersäten Anwesens.

Die Beschreibung des Besuches, den die Frau des Protagonisten im zweiten Teil der Kurzgeschichte einer alten Witwe in der Nachbarschaft abstattet, dient demgegenüber zur Aufhellung des überwiegend düsteren Bildes der Gesellschaft; denn durch diese Szene, der im Hinblick auf die Vermittlung des Lokalkolorits eine vorrangige Bedeutung zukommt, wird veranschaulicht, daß die unbeschwerte Lebensfreude und die sozialen Tugenden der Gastfreundschaft und des Mitgefühls auch durch die bedrückenden Lebensumstände nicht erstickt werden können. So deutet diese Szene auf den Schluß der Geschichte voraus, wo der Erzähler zwar von der unsicheren Zukunft des leidgeprüften Farmers spricht, dem Pessimismus zugleich aber durch den Hinweis auf den ungebrochenen Mut des Protagonisten und durch eine weitere Landschaftsskizze idyllisch-pastoralen Charakters entgegenwirkt.[41]

Mit dem Ende des 19. Jahrhunderts kam auch das »local-color movement« als bedeutende Phase in der Entwicklung der amerikanischen Kurzgeschichte zum Abschluß. Zwar reichte die literarische Karriere einiger »local-color«-Autoren in das 20. Jahrhundert hinein, doch wendeten sie sich entweder anderen Themen und literarischen Formen zu, oder es gelang ihnen nicht, das Niveau ihrer früheren Werke zu halten. Andere Autoren des 20. Jahrhunderts wie Anderson und Faulkner haben zwar Kurzgeschichten verfaßt, bei denen der Bindung an eine bestimmte Region eine besondere Bedeutung zukommt, doch kann man sie nicht als Repräsentanten des »local-color movement« bezeichnen. In Andersons »short stories«, die im Mittelwesten lokalisiert sind, ist nicht die Vermittlung des Lokalkolorits, sondern die Enthüllung der psychischen Befindlichkeit der Charaktere das zentrale Anliegen, und Faulkner gilt als Repräsentant einer Variante des Regionalismus, bei der es nicht primär um die realistisch-faktengetreue Wiedergabe der Besonderheiten einer bestimmten Gegend, sondern um den Versuch geht, die regionale Wirklichkeit im Hinblick auf ihre historischen Bedingungen zu analysieren.

Im Schnittpunkt dieser Variante des Regionalismus und der »local-color«-Literatur des 19. Jahrhunderts steht das Erzählwerk von Willa Cather, die nachhaltig von Sarah Orne Jewett beeinflußt wurde und deren Schilderungen des Lebens im Mittelwesten gelegentlich auch an Hamlin Garland erinnern. Zwar kann man die Autorin als »summer-up of our long tradition of local color«[42] bezeichnen, doch weisen jene Erzählungen, in denen geschildert wird, wie die von der europäischen Kultur geprägten Einwanderer auf ihre neue Umwelt reagieren, über die vorwiegend photographische Reproduktion der Wirklichkeit in den »local-color stories« hinaus, da Willa Cather in ihnen einen historischen Prozeß darstellt, der von der Kultivierung des Landes bis zur Anpassung an die amerikanischen Lebensformen reicht.[43]

William Dean Howells, Ambrose Bierce, Henry James und Edith Wharton

Parallel zum »local-color movement« bildete sich im letzten Quartal des 19. Jahrhunderts in der amerikanischen Literatur eine Form des Realismus heraus, die nicht regional orientiert war und die der Tendenz vieler »local-color stories«, den »common man« in den Mittelpunkt der Darstellung zu rücken, nicht folgte. Am deutlichsten wird dieser Gegensatz, wenn man Hamlin Garlands Formulierung »art ... must be local in its subject« mit Henry James' Klagen über den provinziellen Charakter der amerikanischen Literatur vergleicht.[44] Basierte der Realismus der »local-color«-Autoren primär auf der Reproduktion der äußeren Wirklichkeit, wobei der phonetisch korrekten Wiedergabe der unterschiedlichsten Dialekte und Soziolekte eine besondere Bedeutung zukam, so ging es Henry James, dessen Stilideal vor allem durch französische Vorbilder geprägt ist, um die Darstellung der inneren Wirklichkeit.

Zwischen diesen Extremen ist das Erzählwerk von William Dean Howells angesiedelt, der auch als einflußreichster Kritiker seiner Zeit eine vermittelnde Haltung einnahm, indem er sowohl Henry James als auch »local-color«-Autoren wie Bret Harte, Mark Twain und Hamlin Garland förderte. Den Vorstellungen der »local-color«-Autoren entspricht das Realismuskonzept von Howells insofern, als es die Auseinandersetzung mit der alltäglichen Wirklichkeit propagiert, mit dem psychologischen Realismus von James stimmt es dagegen in der Forderung nach realistischen Charakterstudien und sorgfältigen Analysen der Motive, Gedanken und Gefühle realer Personen überein. In seinem eigenen Erzählwerk hat Howells, der der realistischen Literatur eine moralisch-didaktische Funktion zuwies, beiden für die weitere Entwicklung der amerikanischen Prosa bedeutsamen Forderungen entsprochen; denn er beschrieb nicht nur die sozialen und ökonomischen Aspekte der zeitgenössischen Wirklichkeit, sondern widmete seine besondere Aufmerksamkeit der Charakterisierung von Personen, die sich in einem moralischen Dilemma befinden.

Obwohl Howells, der sich im Verlauf seiner literarischen Karriere von einem Chronisten der neuenglischen Aristokratie zu einem christlichen Sozialisten Tolstojscher Prägung entwickelt hat, eine ganze Reihe von Kurzgeschichten schrieb, beruht seine literarische Bedeutung wie die von Frank Norris und Theodore Dreiser vor allem auf seinen Romanen. 1881 erschien die erste seiner insgesamt sechs Kurzgeschichtensammlungen unter dem Titel *A Fearful Responsibility and Other Stories*; 1907 wurde *Between the Dark and the Daylight* als vorletzte Sammlung publiziert. In dieser Sammlung ist die Erzählung »Editha« enthalten, die mit der Realismuskonzeption des Autors insofern übereinstimmt, als sie einem didaktischen Zweck dient, die Gedanken und Gefühle der Hauptpersonen analysiert, das moralische Dilemma eines der beiden Protagonisten verdeutlicht und Bezug auf die zeitgenössische Wirklichkeit nimmt.

Als zeitgenössischer Hintergrund der Erzählung fungiert der Spanisch-Amerikanische Krieg von 1898, dessen Ausbruch Howells wie Mark Twain als aktives Mitglied der »Anti-Imperialist League« zu verhindern suchte. Zwar gingen die Amerikaner siegreich aus dem Krieg hervor, doch verdeutlicht Howells durch den Verlauf seiner Kurzgeschichte die fatalen Folgen der imperialistischen Politik. Indem er das Liebespaar Editha Balcom und George Gearson die gegensätzlichen Argumente vertreten läßt, die die politische Diskussion vor Ausbruch des Krieges beherrschten, stellt er dar, welchen zerstörerischen Einfluß das öffentliche Geschehen auf die zwischenmenschlichen Beziehungen ausgeübt hat. Während der Pazifist Gearson, der einmal Pfarrer werden wollte, dem Krieg ursprünglich ablehnend gegenüberstand, wiederholt Editha die verlogene Kriegspropaganda der Boulevardpresse. Sie bezeichnet den in Wahrheit imperialistischen Krieg als einen heiligen Krieg im Dienste der Freiheit und der Humanität und brandmarkt den Frieden unter Anspielung auf die Beherrschung Kubas durch Spanien als Ausdruck der nationalen Schande. Wie in der Wirklichkeit so setzt sich die Kriegspsychose auch in der Geschichte durch, da sich Gearson dem Drängen seiner Verlobten beugt und als Freiwilliger in die Armee eintritt.

Mit diesem Verrat an seiner pazifistischen Gesinnung endet das moralische Dilemma Gearsons. Es wurde dadurch verursacht, daß Editha, die ihres Verlobten Bekenntnis zum Frieden als »a want of earnestness at the core of his being«[45] wertet, Gearsons Bereitschaft zur Teilnahme am Krieg in den Rang eines Liebesbeweises erhob. Vor die Entscheidung gestellt, sich selbst treu zu bleiben oder sich seiner Geliebten als würdig zu erweisen, geht Gearson den Weg der Selbstverleugnung. Er bringt damit dem verlogenen Idealismus Edithas, der ebenso durch possessive Züge geprägt ist wie die amerikanische Außenpolitik, ein sinnloses Opfer; denn die Harmonie zwischen den beiden Liebenden ist auf diesem Wege nur scheinbar wiederherzustellen: Während Editha bei einer Umarmung die zwischen ihr und ihrem Verlobten eingetretene Entfremdung spürt, bekennt sich Gearson, der als moralisches Wesen bereits zu existieren aufgehört hat, bevor er im Krieg den physischen Tod erleidet, in einem Anfall von Wahnsinn zu seiner »Bekehrung«:

> It's astonishing, ..., how well the worse reason looks when you try to make it appear the better. Why, I believe I was the first convert to the war in that crowd to-night! I never thought I should like to kill a man; but now I shouldn't care; ... It's all for the country! (133)

Mit ihrem verderblichen Einfluß auf ihren Geliebten erinnert Howells' Protagonistin entfernt an Aylmer in Hawthornes »The Birthmark«. Der Wissenschaftler hatte bekanntlich versucht, zusammen mit dem körperlichen Makel die moralische Unzulänglichkeit seiner Frau zu beseitigen, und auch Editha maßt sich an, die moralische Statur eines anderen Menschen zu vervollkommnen, obwohl sie Gearson bescheinigt: »He was very« nearly perfect as he was« (126). Nachdem sie durch ihre Hybris den Tod ihres Geliebten verursacht hat, ergeht sie sich zunächst in Selbstmitleid. Dann wird ihr verlogener Idealismus im Gespräch mit Gearsons Mutter schwer erschüttert, als diese ihre Genugtuung darüber äußert, daß der frühe Tod ihren Sohn davor bewahrt hat, zum Mörder Unschuldiger zu werden. Schließlich wird ihr ihre Selbstsicherheit aber von einer Malerin zurückgegeben, die auf die angeblich segensreichen Ergebnisse des Krieges hinweist.

In dem ironisch-bissigen Porträt der Künstlerin am Schluß der Geschichte kommt vermutlich die Enttäuschung des Autors darüber zum Ausdruck, daß die Intellektuellen den Kampf gegen den erwachenden amerikanischen Imperialismus seinerzeit nicht nachhaltig genug unterstützten. Dennoch kann man Howells nicht vorwerfen, mit »Editha« ein Stück Propagandaliteratur geschrieben zu haben. Vielmehr hat er seiner Kritik an falschen Idealen dadurch, daß er die Ebene der privaten zwischenmenschlichen Beziehungen in den Vordergrund stellte, eine über den aktuellen politischen Anlaß hinausgehende Bedeutung verliehen. Wenn die Geschichte trotzdem nicht uneingeschränkt zu überzeugen vermag, so liegt das an der einseitigen Charakterisierung der Protagonistin, die dadurch weniger lebensecht wirkt als andere »bad women« in Howells' Erzählwerk.[46]

Wegen der publizistischen Unterstützung neuer literarischer Entwicklungen und wegen seiner Forderungen nach der Behandlung der Alltagswirklichkeit und nach der Beschreibung realer Charaktere gebührt William Dean Howells ein bedeutender Platz unter den Begründern der modernen amerikanischen Kurzgeschichte. Daß Howells der »practice of romance«, die für die »short story« in der ersten Hälfte des 19. Jahrhunderts typisch war, reserviert gegenüberstand, vermag angesichts seines Engagements für neue literarische Tendenzen und seines Verständnisses von Realismus nicht zu überraschen. Mit Ambrose Bierce, einem Autor »aristokratischen« Zuschnitts, verhielt es sich anders. In seinem Essay »The Short Story« warf er Howells vor, Anführer einer »Reporter School« zu sein, der Imagination zu ermangeln und mit der Sinneswahrnehmung Dinge zu registrieren, die des Erzählens nicht wert seien. Howells' Forderung, die Gedanken und Gefühle realer Personen zu beschreiben, wird durch die Bemerkung verspottet, er schildere »the lives and loves of noodles, nobodies, ignoramuses«, und auch die »local-color«-Autoren, die den »village vulgarian« oder – wie Joel Chandler Harris – den »clay-eating ›Cracker‹« beschreiben, werden zur Zielscheibe des Bierceschen Sarkasmus.

Ergänzt wird die Kritik am Realismus der »Reporter School« durch das Bekenntnis zum »realm of romance«, zum Ungewöhnlichen und Unwahrscheinlichen, zu Dichtern, in deren Werk das Leben als »picturesque, enchanting, astonishing, terrible« erscheint.[47] Unter diesen Dichtern kommt Poe eine besondere Bedeutung zu; denn diesem Vorbild ist Bierce sowohl in poetologischer als auch in literarischer Hinsicht verpflichtet. Wie Poe strebt Bierce die absolute Kontrolle über den Leser an, die er wie sein Vorbild u. a. dadurch zu erreichen versucht, daß er den Leser mit psychischen Ausnahmesituationen konfrontiert. Beispiele hierfür sind die Geschichten »The Man and the Snake« (1890) und »One of the Missing« (1888), in denen die paralysierende und todbringende Wirkung der Furcht mit ähnlicher Eindringlichkeit beschrieben wird wie in »The Fall of the House of Usher«. In »The Boarded Window« (1891) erstreckt sich die Übereinstimmung mit Poe sogar bis in das motivische Detail des Scheintodes einer Frau.

Doch können die Parallelen zum Werk von Poe, das Lob für Beckford, Scott und Hawthorne und die Polemik gegen die »Reporter School« nicht darüber hinwegtäuschen, daß die Kurzgeschichten von Bierce keineswegs ausschließlich im »realm of romance« angesiedelt sind. Betrachtet man Erzählungen wie »Chickamauga« (1889), in denen die Auswirkungen des Krieges mit einer die Grenze des Makabren überschreitenden Schonungslosigkeit vergegenwärtigt werden, dann stellt man vielmehr fest, daß naturalistische Schilderungen für die Kurzprosa von Bierce zumindest ebenso charakteristisch sind wie die Elemente des Wunderbaren.[48] Es kommt noch hinzu, daß auch die außergewöhnlichen psychischen Zustände häufig eine außerordentlich präzise Beschreibung erfahren, so daß man Bierce durchaus zu den frühen Vertretern des psychologischen Realismus zählen kann.

Aus dem Gesagten folgt, daß es verfehlt wäre, Bierce als reinen Epigonen einzustufen. Zwar ist die starke Abhängigkeit von Poe unbestreitbar, doch verleihen vor allem die für die damalige Zeit schockierenden Darstellungen des Krieges der Kurzprosa des Autors in thematischer Hinsicht ein unverwechselbares Gepräge. In erzähltechnischer Hinsicht erweist sich Bierce ebenfalls als durchaus eigenständiger Autor; denn er hat nicht nur die Technik des »surprise ending« perfektioniert, sondern er hat sich darüber hinaus als Experimentator auf den Gebieten der Zeitdarstellung und der Perspektivierung hervorgetan. Insgesamt hat Bierce fünfzig Kurzgeschichten verfaßt, die in den beiden Sammlungen *Tales of Soldiers and Civilians* (1891; ein Jahr später unter dem Titel *In the Midst of Life* neu aufgelegt) und *Can Such Things Be?* (1893) enthalten sind. Als eine seiner besten Kurzgeschichten gilt nach übereinstimmender Meinung der Kritiker die Erzählung »An Occurrence at Owl Creek Bridge« (1890), die dem ersten Band angehört.

Bei dem Vorfall an der Eisenbahnbrücke über den Eulenfluß handelt es sich wie in vielen Kurzgeschichten von Bierce um eine Episode aus dem amerikanischen Bürgerkrieg, an dem der Autor als Offizier in der Armee der Nordstaaten selbst teilnahm. Peyton Farquhar, ein Pflanzer aus Alabama, hatte einen Sabotageakt gegen die Brücke unternommen, war dafür zum Tode verurteilt worden und wird nun von einem Exekutionskommando der Unionsarmee gehängt. Die Beschreibung der Hinrichtung erfolgt aus zwei Perspektiven, aus der des Erzählers und aus der des Protagonisten. Während der Erzähler den Leser in der Rolle eines distanzierten Beobachters über die Umgebung des Schauplatzes, die Vorgeschichte und die Vorbereitungen zur Exekution informiert, werden die Minuten vor der Hinrichtung und die letzten Sekunden im Leben Peyton Farquhars durch die Vorgänge in dessen Bewußtsein vergegenwärtigt.

Der Schilderung der letzten Augenblicke vor dem Eintreten des Todes liegt die Diskrepanz zwischen der chronometrischen Zeit und dem psychischen Zeitempfinden zugrunde. Während die chronometrische Zeit nur Sekunden ausmacht, umspannt das psychische Zeitempfinden des Protagonisten, für dessen Beschreibung ungefähr zwei Drittel der Erzählung benötigt werden, fast den gesamten Ablauf eines Tages. Darüber hinaus hat Bierce den Effekt der Zeitdehnung durch den Aufbau der Geschichte erzeugt. Bereits am Ende des ersten Teils wird erzählt, daß die Soldaten zur Exekution schreiten, doch dann wird der Leser in einer Rückblende zunächst einmal über die Vorgeschichte aufgeklärt, bevor die Erzählung mit der Schilderung der letzten Sekunden im Leben des Todeskandidaten zum Abschluß gebracht wird.[49]

In diesen wenigen Augenblicken produziert die Phantasie des Protagonisten eine Fülle von Halluzinationen, die in rasender Geschwindigkeit aufeinander folgen. Farquhar hat das Gefühl, daß das Seil reißt und er ins Wasser stürzt, er taucht mehrfach auf und unter, befreit sich von seinen Fesseln, entkommt schwimmend und tauchend einem Geschoßhagel, wird von einem Strudel ans Ufer gespült, setzt seine Flucht durch einen Wald fort, ist Tag und Nacht unterwegs und kommt am nächsten Morgen zu Hause an. Während die Todesfurcht in »One of the Missing« und in »The Man and the Snake« paralysierende Wirkung hat, erzeugt sie in der vorliegenden Geschichte in der Imagination des Protagonisten, der im Angesicht des Todes wie ein Kriegsheld erscheint, eine fieberhafte Aktivität.[50] In gekonnter Weise paßt Bierce den Erzählrhythmus dieser fieberhaften Aktivität an. Die Sätze sind meist kurz, ihre Struktur ist oft durch Parallelismen, anaphorische Verknüpfungen und asyndetische Reihungen gekennzeichnet; sie dringen machtvoll nach vorn. Die Erzählweise ist in hohem Maße impressionistisch. Optische und akustische Reize dringen in das Bewußtsein des Protagonisten ein, werden dort aber von der fieberhaft arbeitenden Phantasie hypertrophiert und mit Schmerzempfindungen sowie zeitdehnenden Reflexionen vermischt. Auf diese Weise entsteht eine imaginierte Wirklichkeit, die den Gesetzen der empirischen Realität enthoben ist. Bereits im ersten Teil der Erzählung wurde auf die Gegensätzlichkeit dieser beiden Welten hingewiesen; denn während die Umgebung der Hinrichtungsstätte durch »silence and fixity« (29) gekennzeichnet ist und somit die Starre des Todes antizipiert, ist die Psyche des Todeskandidaten, dem der reißende Fluß als »a sluggish stream« (30) erscheint, schon dort von fieberhaftem Leben erfüllt.

Als Peyton Farquhar nach seiner Heimkehr seine Frau in seine Arme schließen will, bricht die Welt seiner Imagination in sich zusammen. Der Protagonist spürt zunächst »a stunning blow upon the back of his neck« (45), wird dann von einem grellen Weiß geblendet und ist schließlich von Dunkelheit und Schweigen umgeben. Daraufhin beschließt der Erzähler die Geschichte mit den Worten: »Peyton Farquhar was dead; his body, with a broken neck, swung gently from side to side beneath the timbers of the Owl Creek bridge« (45).

Mit dieser Bemerkung findet die Erzählung ihr für Bierce typisches »surprise ending«. Es muß in diesem Zusammenhang aber hervorgehoben werden, daß der Schluß tatsächlich nur überraschend, nicht aber unmotiviert ist. Überraschend wirkt der Schluß deshalb, weil der Erzähler darum bemüht war, dem Leser durch die detaillierte Beschreibung des imaginierten Fluchterlebnisses die Illusion zu vermitteln, Zeuge einer wirklichen Flucht zu sein.[51] Motiviert erscheint das Ende demgegenüber insofern, als die Vorgänge in der Phantasie des Protagonisten immer wieder zum realen Vorgang des Hängens in Beziehung gesetzt wurden.[52] Bierce vermeidet es also, den Leser um jeden Preis auf die falsche Fährte zu führen, und bewahrt das

»surprise ending« auf diese Weise davor, nichts anderes als ein erzählerischer Trick zu sein. Es hat vielmehr die Funktion, den Leser zu desillusionieren und ihm schlagartig die Machtlosigkeit der imaginierten Wirklichkeit gegenüber der grausamen Wirklichkeit des Krieges zu verdeutlichen.[53]

Häufig ist in der Sekundärliteratur auf die Schwierigkeit hingewiesen worden, die Kurzprosa von Bierce eindeutig zu klassifizieren. Zweifellos ist es richtig, daß Bierce ein Einzelgänger war, doch bedeutet das nicht, daß seine »short stories« keinerlei Verbindung zum »mainstream« der amerikanischen Literatur haben. Vielmehr ist es durchaus möglich, einige Parallelen zu den Werken anderer Autoren aufzuzählen. So kann zum Beispiel nicht übersehen werden, daß neben den Horrorgeschichten von Poe die »local-color stories« von Bret Harte ihre Spuren im Werk von Bierce hinterlassen haben,[54] der wie Harte in San Francisco als Journalist tätig war. Andererseits ist es unbestreitbar, daß Bierce mit der von ihm perfektionierten Technik des »surprise ending« Kurzgeschichtenautoren wie O. Henry und Edith Wharton beeinflußt hat und daß seine schonungslose Darstellung des Krieges später in den Kriegserzählungen von Stephen Crane und Ernest Hemingway wiederkehrt. Darüber hinaus bestehen Parallelen zwischen den »short stories« von Ambrose Bierce und der Kurzprosa von Henry James, die vor allem darauf zurückzuführen sind, daß beide Autoren wesentliche Anregungen von Hawthorne und Poe empfingen. Zwar stand James Hawthorne, über den er 1879 eine kritische Biographie veröffentlichte, näher, doch hat er wie Bierce eine Reihe von Horror- und Geistergeschichten verfaßt, in denen der Einfluß von Poe deutlich spürbar ist.

Im Theorieteil wurde bereits gezeigt, daß James wie Bierce auch in poetologischer Hinsicht an Poe anknüpfte. Zwar lehnte James es ab, die expansiven Tendenzen des Erzählstoffs der rigorosen Begrenzung durch dogmatische Vorschriften zu unterwerfen, doch stimmte er weitgehend mit Poes konstruktivistischem Dichtungsverständnis und mit der Auffassung überein, eine Kurzgeschichte sei durch einen »calculated effect« gekennzeichnet und verfolge das Ziel, beim Leser einen vorausberechneten Eindruck zu erzeugen. Durch diese Übereinstimmung mit Poe und die gleichzeitige Neigung, den expansiven Tendenzen des Erzählstoffs nachzugeben, ist es zu erklären, daß die Kurzprosa von Henry James sich in zwei Hauptgruppen untergliedert: Auf der einen Seite stehen die von ihrem Autor als »nouvelles« oder »novelettes« bezeichneten Erzählungen wie »Daisy Miller« (1878), »in which the elements of the conventional novel are simply foreshortened«, und auf der anderen Seite stehen Geschichten wie »The Jolly Corner« (1908), die Poes Konzeption der Kurzgeschichte weitgehend entsprechen und durch »(the) singleness of effect« bzw. »an intense psychological unity« geprägt sind.[55]

Wie bei Poes »The Fall of the House of Usher« handelt es sich bei »The Jolly Corner« um eine Studie über die Obsession. Dasselbe gilt für »The Beast in the Jungle« (1903) und »The Turn of the Screw« (1898), wobei zu bedenken ist, daß die zuletzt genannte Erzählung sich insofern von den beiden anderen unterscheidet, als die Zwangsvorstellung in ihr nicht den Ausgangspunkt für die Auseinandersetzung mit dem Mysteriösen darstellt, sondern aus der Erfahrung des Übernatürlichen resultiert. Während Spencer Brydons fixe Idee in »The Jolly Corner« die Suche nach seinem *alter ego* auslöst und während John Marcher in »The Beast in the Jungle« auf das unheimliche Schicksal fixiert ist, das seiner Meinung nach auf ihn wartet, ist das hysterische Verhalten der Erzieherin in »The Turn of the Screw« durch die Wahrnehmung der Geister ihrer Vorgängerin und eines ehemaligen Dieners bedingt.[56] Sie sieht in ihnen Werkzeuge des Bösen, deren korrumpierenden Einfluß auf die beiden ihr anvertrauten Kinder sie mit rigorosen Maßnahmen abzuwehren versucht. Da das Geschehen ausschließlich aus der Perspektive der Gouvernante erzählt wird und da die Reaktionen der Kinder keinen eindeutigen Aufschluß darüber geben, ob die Geistererscheinungen real sind oder ob es sich dabei lediglich um Halluzinationen der Erzählerin handelt, ist »The Turn of the Screw« wie die im vorigen Kapitel erörterten Geschichten von Poe, Hawthorne und Melville durch ein hohes Maß an »indefiniteness« gekennzeichnet. Dieser Obskurität entspricht die Vielzahl der vorliegenden unterschiedlichen Deutungen. Von einigen Kritikern, die von der Psychoanalyse ausgehen, sind bei der Erzählerin sexuelle Repressionen diagnostiziert worden, während andere Interpreten im Bewußtsein der Beziehungen zwischen James und Hawthorne in der Gouvernante eine allegorische Figur gesehen haben, die die Sünde des Stolzes, die Ignoranz oder die unzulängliche Autorität verkörpert.[57] Besondere Beachtung verdient die Tatsache, daß die Ironie zu den auffälligsten Merkmalen der Erzählung gehört; denn die hysterische Schutzbeflissenheit der Erzieherin, die die Krankheit des einen und den Tod des anderen Kindes bewirkt, ist keine geeignete Waffe gegen das Unheil, sondern entpuppt sich vielmehr selbst als ein Instrument des Bösen.

Ironie liegt auch in »The Beast in the Jungle« vor, wo das unheimliche Schicksal John Marchers darin besteht, daß ihm nichts widerfährt. Sein Leben lang auf die Attacke des als Raubtier verstandenen Schicksals fixiert, sieht sich der Protagonist nach dem Tod seiner Gefährtin May Bartram plötzlich auf die Vergangenheit verwiesen, in der die Möglichkeit bestanden hätte, seiner Existenz durch die Liebe einen Sinn zu verleihen. Der Grund dafür, daß Marcher diese Chance nicht ergreift, liegt zum einen in der Ichbezogenheit des Protagonisten, der nicht zu Unrecht mit Hawthornes Ethan Brand verglichen worden ist. Wie eine Reihe anderer Figuren von Henry James und wie verschiedene Gestalten in Hawthornes Kurzgeschichten ist Marcher nämlich durch ein ungezügeltes Streben nach Erkenntnis charakterisiert, das sich in der Trennung von Gefühl und Intellekt äußert.[58] Daß Marcher die Isolation, die die Folge seiner »Unpardonable Sin« ist, nicht zu überwinden vermag, liegt aber auch an dem Verhalten seiner Gefährtin, die sich darauf beschränkt, auf die Wende im Leben des Protagonisten zu warten. Anders verhält sich demgegenüber Alice Staverton in »The Jolly Corner«. Sie treibt Spencer Brydon auf dem Weg zur Konfrontation mit seinem *alter ego* voran und trägt mit ihrer Liebe dazu bei, daß ihr Schützling von seiner Obsession und aus seiner Isolation befreit wird.[59]

Im Vorwort zum siebzehnten Band der *New York Edition* seiner Romane und Erzählungen traf Henry James zwei Feststellungen, die seine Kurzprosa im allgemeinen und »The Jolly Corner« im besonderen treffend charakterisieren. Zum einen führte er aus, daß für eine »story« nicht ein »moving accident«, sondern »the human emotion and the human attestation, the clustering human conditions« (XX) wesentlich seien, und zum anderen bemerkte er, daß es ihm in »The Jolly Corner« um die Analyse »of some one of the conceivably rarest and intensest grounds for an ›unnatural‹ anxiety« (XXIV) gegangen sei. Zwar enthält »The Jolly Corner« mit der Schilderung jener Szene, in der sich Spencer Brydon unter äußerster Willensanstrengung seinem *alter ego* stellt, einen »moving accident«, doch herrscht in der handlungsarmen Geschichte die präzise Beschreibung der psychischen Ausnahmesituation des Protagonisten und der geistigen Beziehung zwischen Spencer Brydon und Alice Staverton vor.

Wie Henry James selbst, der sich 1875 in England niedergelassen hatte und erst 1904 zu einem längeren Besuch nach Amerika zurückgekehrt war, sieht sich Spencer Brydon nach jahrzehntelanger Abwesenheit mit seinem stark veränderten Heimatland konfrontiert, dessen Zustand in keinem Punkt den Vorstellungen entspricht, die der Protagonist sich im fernen Europa vom Land seiner Herkunft gemacht hatte. Schon bald wird klar, daß die Heimkehr Spencer Brydons, dessen Ichbezogenheit zu Beginn der Geschichte ebenso stark ausgeprägt ist wie die John Marchers, dem alleinigen Zweck dient, eine Antwort auf die Frage zu finden, wie die Entwicklung seiner Persönlichkeit verlaufen wäre, wenn sie sich unter dem Einfluß der Lebensbedingungen in Amerika vollzogen hätte. Beflügelt wird die Suche nach der Antwort auf diese Frage durch die Erfahrungen, die der Protagonist bei der Renovierung eines seiner Häuser sammelt; denn er stellt bei dieser Gelegenheit fest, daß er über eine »capacity for business and a sense for construction« (438) verfügt, die sich während seines Aufenthaltes in Europa nicht entfalten konnten.

Schauplatz der Suche nach dem *alter ego* ist das leerstehende Geburtshaus des Protagonisten, das an der Ecke einer heruntergekommenen Straße und einer »comparatively conservative Avenue« (441) liegt, die von der Mehrheit der alten Bewohner verlassen wurde und nur noch durch vage Verbindungen zu den alten Zeiten gekennzeichnet ist. Spencer Brydons Suche nach dem eigenen Selbst vollzieht sich also nicht in den Grenzen der Realität, sondern im Rahmen einer vergangenen Welt, die nur noch als Anachronismus in der Gegenwart präsent ist. Neben dem räumlichen Rahmen dienen die zeitlichen Angaben dazu, Brydons Abkehr von der Realität zu unterstreichen; denn der Protagonist sucht das leere Haus, das ihm bewohnt und möbliert erscheint, vorzugsweise während der Dämmerung, im herbstlichen Zwielicht oder kurz vor Mitternacht auf. Wenn er die Eingangshalle betritt, wird er in eine mystische Welt zurückversetzt, verwandelt sich das Haus in seiner Phantasie in eine große Schale aus kostbarem Kristall, die ihn von der Außenwelt abschirmt, erinnern ihn die Geräusche, die sein Spazierstock bei der Berührung mit den Marmorplatten erzeugt, an die »old baffled forsworn possibilities« (455). Und wenn er die Flucht der miteinander verbundenen Zimmer durchschreitet, die er bald ohne die Hilfe einer Lichtquelle zu begehen vermag, dringt er auf der Suche nach der verlorenen Zeit »like some monstrous stealthy cat« (458) immer tiefer in die Schichten seines Unterbewußtseins ein, die nach seiner Übersiedlung nach Europa verschüttet wurden.

Der Vergleich mit der Katze charakterisiert die Suche nach dem *alter ego*, bei deren Schilderung James sich wie Poe in »William Wilson« des Doppelgängermotivs bedient, auf zweifache Weise. Zum einen illustriert er die Hellsichtigkeit, mit der Spencer Brydon auf sein Ziel zustrebt, und zum anderen verdeutlicht er, daß das *alter ego* nicht nur aufgespürt, sondern auch zum Kampf gestellt werden muß. Da der Doppelgänger sich anfangs passiv verhält und vor den Annäherungsversuchen des Eindringlings zurückweicht, sieht Spencer Brydon sich zunächst in der Rolle des Jägers, der Schrecken in den von ihm beanspruchten Bezirken des Unterbewußtseins verbreitet.[60] Als er jedoch feststellt, daß die andere Seite seines Selbst sich seinen Ansprüchen nicht zu unterwerfen gedenkt, spürt er, wie der Schrecken auch von ihm Besitz ergreift. Plötzlich findet er die Tür zu einem letzten Zimmer, das keine andere Verbindung zu den übrigen Teilen des Hauses hat, verschlossen und ist bereit, seine Jagd auf sein *alter ego* unter der Bedingung aufzugeben, daß der andere Teil seines Selbst auch ihn nicht länger belästigt. Doch ist die Konfrontation unvermeidlich geworden, und als Spencer Brydon sich ihr in dem Bewußtsein stellt, entweder von seiner Obsession befreit zu werden oder eine vernichtende Niederlage zu erleiden, offenbart sich ihm sein *alter ego* als monströser Fremdling, bricht seine Persönlichkeit unter dem »shock of recognition« zusammen.

Die Folgen des psychischen Zusammenbruchs, der durch Spencer Brydons Obsession herbeigeführt wurde, sind nur durch die Hilfe von Alice Staverton zu überwinden. Diese Frau, welche die verlorene Zeit verkörpert, sich aber auch mit der Realität zu arrangieren weiß, hatte den Protagonisten nicht nur zu der von ihr als unerläßlich erachteten Suche nach seinem *alter ego* ermutigt, sondern sie weist ihn nun auch auf die Notwendigkeit hin, die andere Seite seines Selbst zu respektieren. Ohne diese Hilfe liefe Spencer Brydons Erfahrung auf den totalen Rückzug auf seine in Europa geformte Persönlichkeit, nicht aber auf die erstrebte Einsicht in die alternative Möglichkeit der Persönlichkeitsentwicklung hinaus. Der Protagonist hat nämlich beim Erwachen aus seiner Bewußtlosigkeit das Gefühl, auf wundersame Weise von einer Reise an das äußerste Ende »of an interminable grey passage« (479) zurückgekehrt zu sein, und er erklärt seiner Gefährtin, daß das furchterregende Raubtier, das er im Verlauf dieser Reise zum Kampf gestellt hat, weder etwas mit ihm zu tun hat noch den Menschen verkörpert, zu dem er unter dem Einfluß der Lebensbedingungen in Amerika hätte werden können. Für Alice Staverton ist der kurzsichtige und verstümmelte Fremde dagegen mit dem hypothetischen Spencer Brydon identisch, den sie nie verleugnet hat. Sie bekennt sich auch jetzt ebenso zu ihm wie sie dem realen Spencer Brydon zugetan ist und setzt mit ihrer Liebe ein Zeichen der Hoffnung, dessen besondere Bedeutung James dadurch hervorhebt, daß er der bildlichen Gestaltung der letzten Szene den Charakter einer Pieta verleiht.[61]

Unter den von Henry James verfaßten Studien über die Obsession gehört »The Jolly Corner« nicht zuletzt deshalb zu den bemerkenswertesten Geschichten, weil der Autor hier zwei seiner drei Zentralthemen miteinander verflochten hat. Neben dem Thema der Obsession hat nämlich das sogenannte »international theme«, das in den Romanen und Erzählungen des kosmopolitisch erzogenen Henry James in drei Varianten begegnet, Eingang in die soeben besprochene Geschichte gefunden. Bei einer der Varianten des »international theme« handelt es sich um die Schilderung der Erfahrungen von Europäern in der neuen Welt; die zweite, eng mit der ersten verbundene und in »The Jolly Corner« vorliegende Variante ist durch die Darstellung der Erfahrungen von Amerikanern gekennzeichnet, die nach einem langen Europaaufenthalt in das Land ihrer Herkunft zurückkehren; und bei der dritten Variante geht es um die Beschreibung der Erfahrungen, die Amerikaner bei ihrer Begegnung mit dem europäischen Kulturkreis sammeln. Die zuletzt genannte Variante des »international theme« liegt u. a. der Erzählung »Daisy Miller« zugrunde.

In zweierlei Hinsicht kommt dieser frühen »nouvelle« eine besondere Bedeutung innerhalb des Erzählwerks von Henry James zu. Zum einen hat der Autor hier erstmals den Typ der jungen Amerikanerin gestaltet, deren Charaktereigenschaften in einem Verhalten resultieren, das mit dem Moralkodex der europäischen Gesellschaft kollidiert. Zwar wird am Ende der Erzählung bestätigt, daß die »innocence« das herausragende Wesensmerkmal der Protagonistin war, doch hat Daisy Miller sich im Verlauf des Geschehens durch die permanente Mißachtung der gesellschaftlichen Konventionen einen zweifelhaften Ruf erworben. Besonders in Rom, wo sie eine Beziehung zu dem nicht gesellschaftsfähigen Giovanelli unterhält, wird sie von jenen Landsleuten, die sich den Spielregeln der europäischen Gesellschaft angepaßt haben, abgelehnt. Zwar steht James der aus neureicher Familie stammenden, nonkonformistisch-natürlichen und unberechenbaren Daisy Miller positiv gegenüber, während er die auf die Wahrung des Scheins bedachten gesellschaftlichen Kreise kritisiert, doch macht er zugleich klar, daß ein gewisses Maß an Rücksichtnahme auf den etablierten Verhaltenskodex erforderlich ist. Hätte Daisy dies erkannt, wäre sie nicht mitschuldig an der unglücklichen Entwicklung ihrer Beziehung zu Frederick Winterbourne geworden, der sich dem Einfluß der gesellschaftlichen Konventionen auf die Dauer nicht entziehen kann. Als weiterer Hinweis auf die kritische Einstellung des Autors gegenüber der Eigenwilligkeit der Protagonistin kann die Tatsache gewertet werden, daß Daisy die Warnungen vor dem malariaverseuchten Kolosseum ignoriert und so auf leichtfertige Weise ihren Tod heraufbeschwört. Sie fällt dem »Roman fever« zum Opfer, das später als Motiv in der bekanntesten Kurzgeschichte von Edith Wharton wiederkehrt.

Bei dem zweiten Aspekt, dem »Daisy Miller« seinen Rang als bemerkenswertes Frühwerk verdankt, handelt es sich um die Handhabung der Erzählperspektive. Henry James vermittelt dem Leser das Geschehen in der vorliegenden »nouvelle« nämlich bereits weitgehend durch die begrenzte Perspektive einer Figur, die zum Personal der Erzählung gehört. In »Daisy Miller« herrscht also schon wie in der Geschichte »The Jolly Corner«, die Henry James wenige Jahre vor seinem Tod schrieb, die personale Erzählsituation vor. Als zentrale Vermittlungsinstanz, in deren Bewußtsein der Erzählstandpunkt verankert ist und in deren Bewußtsein sich das Geschehen spiegelt, fungiert in der vorliegenden Erzählung der Amerikaner Frederick Winterbourne, der seit langem in Genf lebt und in dieser Zeit die Fähigkeit, seine Landsleute korrekt zu beurteilen, weitgehend eingebüßt hat. Da Winterbourne sich die Maßstäbe, an denen seine Tante als Repräsentantin des Establishments ihre Einschätzung der neureichen Millers orientiert, zunächst nicht zu eigen macht, später aber bei der Beurteilung Daisys die engstirnige Perspektive der Gesellschaft übernimmt, entsteht in seinem Bewußtsein und somit vor den Augen des Lesers ein widersprüchliches Bild vom Charakter der Protagonistin. Erst am Ende der Erzählung wird diese Widersprüchlichkeit durch eine letzte Nachricht des Mädchens und durch ein Gespräch zwischen Winterbourne und Giovanelli aufgehoben; erst hier wird dem Amerikaner klar, welch verhängnisvollen Einfluß die gesellschaftlichen Konventionen auf sein Verhältnis zu Daisy Miller ausgeübt haben.

Außer den Studien über die Obsession und außer Erzählungen, in deren Mittelpunkt das »international theme« steht, hat Henry James eine ganze Reihe von Geschichten verfaßt, in denen die Rolle des Künstlers in der Gesellschaft thematisiert wird. In typologischer Hinsicht erinnern die Künstlererzählungen sowohl an die Kurzprosa Hawthornes als auch an die Geschichten Poes; den Geschichten über das »international theme« ähneln sie insofern, als es in ihnen ebenfalls häufig um den Gegensatz zwischen dem nonkonformistischen Individuum und der von Konventionen beherrschten Gesellschaft geht. In einer der besten Künstlererzählungen von Henry James, der 1892 veröffentlichten Kurzgeschichte »The Real Thing«, spielt der korrumpierende Einfluß der Gesellschaft auf den Künstler allerdings keine Rolle, denn die Kritik, der sich der Erzähler in seiner Tätigkeit als Buchillustrator von Seiten seiner Auftraggeber ausgesetzt sieht, ist durchaus berechtigt. Anstelle der Beziehung zwischen dem Künstler und der Gesellschaft steht in »The Real Thing«, wo Henry James die Darstellung seiner ästhetischen Theorie mit der Schilderung des Bewußtseinswandels des Erzählers verknüpft, das Verhältnis von Kunst und Realität im Vordergrund. Dabei wird in Übereinstimmung mit den im Theorieteil referierten theoretischen Reflexionen hervorgehoben, daß die künstlerische Gestaltung der Wirklichkeit auf der verwandelnden Kraft der Imagination beruht.

Die Übereinstimmung zwischen den im Theorieteil referierten theoretischen Reflexionen und der vorliegenden Kurzgeschichte reicht bis in die Metaphorik. Hatte James mit Bezug auf seine Erzählung »The Coxon Fund« davon gesprochen, daß die Imagination des Erzählers das Erzählmaterial »thanks to a rare alchemy« verwandelt und verfeinert, so ist in »The Real Thing« von der Alchimie der Kunst als Voraussetzung für die adäquate Wiedergabe der Realität die Rede.[62] Während diese Auffassung von der Funktion der Imagination auf die Romantik zurückgeht, gehört die in der Parallele zwischen »The Real Thing« und den Bemerkungen zu »The Coxon Fund« zum Ausdruck kommende Annahme, der Dichtung und der Malerei lägen analoge ästhetische Prinzipien zugrunde, schon seit der *Ars Poetica* des Horaz zu den Allgemeinplätzen der Kunsttheorie. Auch in der vorliegenden

Geschichte selbst wird deutlich, daß die an der Gestalt des Malers exemplifizierte ästhetische Problematik auf den Dichter übertragbar ist; denn der Maler verwendet im Hinblick auf seine künstlerische Tätigkeit das Verb »to make«, dessen griechisches Pendant »poiein« das Etymon der englischen Wörter »poem« und »poet« ist.[63] Wie der Dichter in Sidneys *Apology for Poetry* (1595) erscheint der Maler in »The Real Thing« als »maker«, der die Wirklichkeit nicht photographisch abbildet, sondern mittels seiner freien Schöpferkraft umgestaltet. Der Künstler geht also von der Wirklichkeit aus, darf sich ihr aber, will er sie adäquat wiedergeben, nicht unterwerfen.[64]

Im Kontext dieser Mimesislehre entfaltet sich auch die eigentliche Bedeutung des Titels der vorliegenden Geschichte. Zwar wird der Terminus »the real thing« vom Erzähler auf die Erscheinungsform der Wirklichkeit bezogen, doch impliziert die der Geschichte zugrundeliegende ästhetische Theorie von der transformierenden Kraft der Imagination, daß das »real thing«, welches seinen Ausdruck im Kunstwerk findet, nur im Geist des Künstlers existiert.[65] Das heißt, daß ein in der Wirklichkeit vorgegebenes Ding sich nur dann für die künstlerische Bearbeitung eignet, wenn es nicht mit dem Anspruch auftritt, bereits das vom Künstler erst noch zu schaffende »real thing« zu sein, wenn es nicht bereits »gemacht«, sondern noch »machbar« ist. Zur Verdeutlichung dieser ästhetischen Problematik bedient Henry James sich des Verhältnisses zwischen dem Maler und seinen Modellen, bei denen es sich um Kontrastpaare handelt. Während der verarmte Major Monarch und seine Frau, die sich dem Erzähler wegen ihrer finanziellen Notlage als Modelle anbieten, durch ihre Typenhaftigkeit auffallen, haben das Cockney-Mädchen Miss Churm und der ehemalige italienische Eisverkäufer Oronte sich ihre Individualität bewahrt.

Als Produkte des Lebens und der Gesellschaft verkörpern die beiden Monarchs das »real thing«, dem Blick des Künstlers präsentieren sie sich dagegen als »the same thing« (326). Zu nichts anderem fähig, als sich selbst darzustellen, sind sie auf eine bestimmte Erscheinungsform fixiert. Sie wären die idealen Modelle für einen Photographen, sind aber als Vorbilder für einen Maler, der das Werk eines der »most independent representatives of English letters« (318) bebildern soll, völlig ungeeignet, weil sie seiner schöpferischen Freiheit keinen Spielraum lassen. So wie Mrs. Monarch einer »bad illustration« (312) vergleichbar ist, kann auch das Kunstwerk, dem sie als Vorbild dient, nur eine »bad illustration« sein. Ein solches Kunstwerk aber kann nicht über jene »illustrative note« verfügen, die Henry James der vorliegenden Geschichte verleihen wollte.[66] Hier wird deutlich, daß das Verhältnis zwischen dem Künstler und der von ihm bearbeiteten Wirklichkeit auch Auswirkungen auf das Verhältnis zwischen dem Kunstwerk und seinem Rezipienten hat. Ist das Vorbild des Kunstwerks noch »machbar«, regt es die verwandelnde Kraft der Imagination durch seinen suggestiven Charakter an, dann ist auch der Künstler in der Lage, die imaginativen Kräfte des Lesers durch eine suggestive Gestaltung zu wekken. Ist die Vorlage dagegen typenhaft, provoziert sie eine typenhafte Darstellung, die nicht durch die erforderliche »indefiniteness«, sondern durch eine die Interpretation des Rezipienten einengende Eindeutigkeit gekennzeichnet ist.

Im Gegensatz zu den beiden Monarchs versetzen Miss Churm und Oronte den Erzähler in die Lage, seinen Bildern die unverzichtbare »illustrative note« zu verleihen. Sie verfügen über die Fähigkeit zur Nachahmung und zur Verwandlung und entsprechen damit einer Forderung, die an das Modell ebenso gestellt wird wie an den Künstler selbst.[67] Wenn das Cockney-Mädchen z. B. als Lady posiert, dann geht es in einer anderen Figur auf. Im Unterschied zu Mrs. Monarch, die als »artistic« (310) charakterisiert wird, ist Miss Churm mit einem natürlichen schauspielerischen Talent ausgestattet. Sie erhebt daher nie den Anspruch, das vom Künstler erst noch zu schaffende »real thing« zu sein, sondern sie verkörpert stets nur das »represented subject« und eröffnet damit der Imagination des Künstlers die Möglichkeit, das »real thing« in freier künstlerischer Gestaltung aus ihrer Pose abzuleiten. Eine derartige Bearbeitung der Wirklichkeit führt nicht zur Abbildung der Oberflächenstruktur der Dinge, sondern durchdringt die Welt der Erscheinungen und vermittelt einen Eindruck vom Wesen der Dinge.[68]

Der Erzähler, der sich zu Beginn der Geschichte als professioneller Porträtmaler vorstellt und seine Illustrationen als »my pot-boilers« (310) bezeichnet, verkörpert zunächst nicht den idealen Künstler, dessen Imagination die Wirklichkeit verwandelt. Als die Monarchs bei ihm erscheinen, reagiert er spontan auf deren Typenhaftigkeit, hat er sofort eine Vorstellung von dem Porträt, das die Besucher seiner Meinung nach bei ihm in Auftrag geben wollen. Offenbar schwebt ihm jene plakative Art der Darstellung vor, zu der die vermeintlichen »sitters« sich eignen; denn während er seinen ersten Eindruck mit der Bemerkung umschreibt: »In the pictorial sense I had immediately seen them« (310), stellt er später fest: »A studio was a place to learn to *see*, and how could you see through a pair of feather-beds?« (340) Auch aus der Tatsache, daß er seine Bedenken hintanstellt und wegen deren eindeutiger Erscheinungsform mit den Monarchs arbeitet,[69] geht hervor, daß der Erzähler sich anfangs von falschen ästhetischen Prinzipien leiten läßt. Erst im Verlauf der Zeit erkennt er, daß die Reproduktion der Typenhaftigkeit des Majors und seiner Frau der Komplexität der Wirklichkeit nicht gerecht wird, doch zieht er aus dieser Erkenntnis nicht sogleich die Konsequenz, die Zusammenarbeit mit dem notleidenden Paar, dem er sich aus ethischen Gründen verpflichtet fühlt, aufzugeben. Wenn er sich trotz des Gewinns an Einsicht in das Wesen zwischenmenschlicher Beziehungen, der aus seiner Bekanntschaft mit den Monarchs resultiert,[70] schließlich von den beiden ungeeigneten Modellen trennt, dann ist dies nicht nur gleichbedeutend mit der Abkehr von der verfehlten künstlerischen Konzeption des photographischen Realismus, sondern auch die Konsequenz aus der Erkenntnis, daß der ästhetischen Wahrhaftigkeit der Vorrang vor der moralischen Verantwortung gebührt.

Mit seinem starken Interesse an ethischen Fragestellungen steht Henry James in der Nachfolge von Hawthorne, an den er auch bei seinen Darstellungen der Welt des Bewußtseins anknüpfte. Immer wieder liegt der Akzent in seinen Erzählungen nicht auf der Schilderung von Lebensumständen, sondern auf der Beschreibung von Erfahrungen. In »The Art of Fiction« wies er mit der Bemerkung: »Humanity is immense, and reality has a myriad forms« (31) auf den multiplen Charakter der

Welt der Erfahrungen hin, deren Komplexität er mit einem riesigen, fein gesponnenen Spinnennetz verglich. Er charakterisierte damit nicht nur die Bewußtseinswelt des Künstlers, sondern auch die seiner fiktiven Gestalten. Um deren Erfahrungen adäquat wiedergeben zu können, bediente er sich der analytischen, um ein Höchstmaß an Objektivität bemühten Darstellungsweise. Fester Bestandteil dieser Darstellungsweise ist die in den Vorworten zur *New York Edition* der Romane und Erzählungen wiederholt geforderte Dramatisierung des Erzählstoffs; denn James sprach in diesem Zusammenhang von der »dramatic analysis«[71] und setzte sich damit von Edgar Allan Poes Technik des »dramatic denouement« ab, »(which) he considered artificial and false to life.«[72] So ist die dramatische Komponente bei Henry James meist nicht Bestandteil des äußeren Handlungsverlaufs, sondern Ingredienz des inneren Geschehens, das gewöhnlich im »shock of recognition« kulminiert. Neben der Akzentuierung des inneren Geschehens bei gleichzeitiger Reduzierung der äußeren Handlung, neben der Technik der Perspektivierung, der Präzision des Stils sowie dem Thema der Isolation und der gestörten Kommunikation haben diese Technik der Enthüllung, die bei Autoren wie Anderson, Hemingway und Steinbeck ihre Parallele im Initiationsschock findet, und das eng damit verbundene Strukturprinzip der graduellen Entfaltung einer Situation als diejenigen Merkmale der Kurzprosa von Henry James zu gelten, die die weitere Entwicklung der amerikanischen »short story« nachhaltig beeinflußt haben.[73]

Am deutlichsten ist der Einfluß von Henry James in den Romanen und Kurzgeschichten von Edith Wharton spürbar, so daß es angebracht erscheint, die Kurzprosa dieser Autorin, die ihre literarische Karriere bereits 1891 begann, die letzte ihrer insgesamt elf Kurzgeschichtensammlungen aber erst 1937 veröffentlichte, schon an dieser Stelle kurz zu erörtern. Wie Henry James verfaßte Edith Wharton Erzählungen über das »international theme«, Künstlergeschichten und Studien über die Obsession, in die auch sie das Element des Übernatürlichen einbezog. Außerdem folgte die Autorin ihrem Lehrmeister in der Darstellung der Beziehungen zwischen dem Individuum und seiner Umwelt, in der Kritik an der in Konventionen erstarrten Gesellschaft und in der Behandlung ethischer Fragestellungen. Weitere Parallelen bestehen in der Gestaltung innerer Konflikte, in der Technik der Perspektivierung und in der graduellen Entfaltung von Situationen, die ihren Höhepunkt im »shock of recognition« erreicht. Ferner bediente sich Edith Wharton wie ihr Vorbild von Zeit zu Zeit der literarischen Form der »novelette«, und in ihren poetologischen Überlegungen stimmte die Autorin ebenfalls in einigen Punkten mit den Ansichten von Henry James überein.

Zu den besten Kurzgeschichten von Edith Wharton gehört nach allgemeiner Auffassung die häufig anthologisierte Erzählung »Roman Fever«, die 1934 entstand und 1936 in die Sammlung *The World Over* aufgenommen wurde. Sie handelt von »two American ladies of ripe but well-cared-for middle age«[74], die sich seit ihrer Kindheit kennen, in der Vergangenheit phasenweise in scheinbar vertrauter Beziehung zueinander standen und ihre Freundschaft in der Handlungsgegenwart während eines ihrer zahlreichen Romaufenthalte erneuert haben. Im Verlauf eines Nachmittags, den die energische Mrs. Slade und die weniger selbstbewußte Mrs. Ansley auf der verlassenen Terrasse eines hoch über der Ewigen Stadt gelegenen Restaurants verbringen, wird jedoch offenbart, daß das Verhältnis zwischen den beiden Repräsentantinnen der New Yorker Geldaristokratie nie durch intime Freundschaft, sondern stets durch Haß, Eifersucht, Neid und Oberflächlichkeit gekennzeichnet war.

Um ihre »Freundin« zu verletzen, zerrt Mrs. Slade ein weit zurückliegendes Ereignis und zwischenzeitlich verdrängte Gefühle ans Licht. Sie enthüllt, daß sie selbst in einem Anfall von Haß und Wut jenen mit den Initialen ihres Verlobten versehenen Brief geschrieben hatte, durch den ihre für Erkältungen anfällige »Freundin« ins nachtkalte Kolosseum gelockt und als Rivalin um die Gunst Delphin Slades ausgeschaltet werden sollte. Doch ist es ihr nicht vergönnt, ihren vermeintlichen Triumph zu wiederholen. Vielmehr muß sie erleben, daß der von ihr heraufbeschworene Konflikt für sie mit einer doppelten Niederlage endet; denn zum einen erfährt sie, daß sie durch ihre Intrige ein Rendezvous zwischen ihrem Verlobten und ihrer Rivalin veranlaßte, und zum anderen wird ihr offenbart, daß aus dieser Begegnung die lebhafte Barbara Ansley hervorging, um die Mrs. Slade, Mutter der hausbackenen Jenny, ihre »Freundin« stets beneidete.

Der von Mrs. Slade heraufbeschworene Konflikt endet für sie selbst also in einem größeren Fiasko als für ihre Rivalin. Während Mrs. Ansley die Erinnerung an den einzigen Liebesbrief genommen wird, den sie von Delphin Slade erhalten zu haben glaubte, verliert Mrs. Slade jene Illusion, die sie noch einmal gegen Schluß der Geschichte in folgende Worte faßt: »After all, I had everything; I had him for twenty-five years. And you had nothing but that one letter that he didn't write« (24). Darüber hinaus resultiert der von Mrs. Slade heraufbeschworene Konflikt in der totalen Isolation beider Frauen, deren Freundschaft zwar oberflächlich und verlogen war, aber immerhin noch die Funktion eines »warm current of human communion« (22) erfüllte.

Das Versiegen dieses Stromes wird von Edith Wharton durch sparsame Hinweise auf die Vorgänge in der Natur unterstrichen. Als Mrs. Slade sich noch zu zwingen versucht, ihren Haß einzudämmen, halten der sich neigende Nachmittag und der heraufziehende Abend einander noch die Waage,[75] als sie ihren destruktiven Gefühlen dann aber freien Lauf läßt, nimmt die Dunkelheit schrittweise zu. Gegen Ende der Geschichte, als Mrs. Slade bereits den Eindruck hat, das dünne Band der zwischenmenschlichen Beziehung zerschnitten zu haben, ist das Tageslicht schließlich »(a) feeble string of electric lights« (23) gewichen. Außerdem weist die Erzählerin an dieser Stelle auf die verwelkten Blumen auf den Tischen hin.

Mit der sparsamen Verwendung solcher Hinweise, mit der dramatischen Gestaltung einer Situation, mit der schrittweisen Zuspitzung des Konflikts und der damit verbundenen schrittweisen Enthüllung der Vergangenheit, mit dem effektvollen »surprise ending«, mit den von Anfang an vorhandenen unauffälligen Vorausdeutungen auf das Ende sowie mit dem Verzicht auf die Darstellung von Charakterentwicklungen und der Beschränkung auf die wesentlichsten Charaktereigenschaften[76] entspricht »Roman Fever« den poetologischen Vorstellungen, die Edith Wharton in ihrem Essay »Telling a Short Story« entwickelt hat.

Abweichungen von diesem Konzept liegen nur insoweit vor, als es sich bei »Roman Fever« um eine handlungsarme Geschichte handelt, in der zudem die Einheit der Erzählperspektive nicht gewahrt ist. Beide Abweichungen korrespondieren freilich mit der Thematik der Erzählung. Während die Handlungsarmut die Langeweile unterstreicht, die das Leben der beiden Protagonistinnen beherrscht, verdeutlicht der Wechsel der Perspektive, wie wenig die beiden »Freundinnen« voneinander wissen. So war Mrs. Ansley, die aus der Perspektive ihrer Rivalin als altmodisch und als »Museum specimen(s) of old New York« (12) charakterisiert wird, nicht immer die untadelige Null, für die Mrs. Slade sie hält. Und auch das durch »fainter touches« gekennzeichnete »mental portrait«, das Mrs. Ansley von ihrer Gegenspielerin entwirft, wird durch die Perspektive der Erzählerin korrigiert.[77]

Wie in poetologischer und in formaler Hinsicht so kann »Roman Fever« auch im Hinblick auf die Thematik als eine für das Kurzgeschichtenwerk von Edith Wharton typische Erzählung bezeichnet werden. Dies gilt sowohl für die Demaskierung der New Yorker Gesellschaft, die zugleich durch das Fortleben erstarrter Konventionen und durch den einsetzenden Verfall der tradierten Wertvorstellungen charakterisiert ist,[78] als auch für die Gegenüberstellung von alter und neuer Welt. Obwohl sie den Blick auf Rom als »the most beautiful view in the world« (10) empfinden, haben die beiden neureichen Protagonistinnen keine intime Beziehung zur europäischen Kultur. Wie alles in ihrem Leben sind ihre Besuche in der Ewigen Stadt zur Gewohnheit geworden. Sie dienen nicht der Befriedigung kunsthistorischer Interessen, sondern haben lediglich den Charakter von Reisen in eine Vergangenheit, in der heimliche erotische Abenteuer und damit die Mißachtung der gesellschaftlichen Konventionen noch möglich waren.

Für Grace Ansley bedeutet die Begegnung mit dieser Zeit die Erinnerung an die kurzfristige Erfüllung ihrer Leidenschaft, die sie außerdem in ihrer Tochter verkörpert sieht, wohingegen Jenny Slade das Produkt einer Liebe zu sein scheint, die wie alles andere im Leben ihrer Mutter zur Routine geworden war. Durch die Tatsache, daß die emotionalen und sozialen Erfahrungen in der vorliegenden »short story« aus der Perspektive der Frau geschildert werden, wird der repräsentative Charakter von »Roman Fever« bestätigt; denn in ungefähr einem Drittel ihrer insgesamt 86 Kurzgeschichten hat sich Edith Wharton mit der Rolle der Frau, mit Ehe- und Scheidungsproblemen, mit außerehelichen Beziehungen und mit dem Mutter-Kind-Verhältnis beschäftigt.[79] In »Roman Fever« ist die Darstellung dieses Verhältnisses Teil der für Edith Wharton typischen Ironie, die ihren Niederschlag nicht nur in der Fehleinschätzung Mrs. Ansleys durch Mrs. Slade, sondern auch in der Umkehrung der Mutter-Kind-Beziehungen findet.[80]

4 Die Analyse des Bewußtseins und der Gesellschaft

Stephen Crane und Sherwood Anderson

Um 1920 erfolgt in der Entwicklung der amerikanischen Kurzgeschichte der Durchbruch zur Modernität. Er ist unter anderem gekennzeichnet durch die Überwindung der in sich abgeschlossenen »formula story« durch die unabgeschlossene Offenbarungsgeschichte, durch die Abkehr vom Element der Handlung bei gleichzeitiger Hinwendung zur Bewußtseinsdarstellung und durch die verstärkte Verwendung der »short story« als Medium der Sozialkritik. Die wesentlichsten Antriebe für diesen Wandel waren die Rezeption der Erkenntnisse der modernen Psychologie und die Weltkriegserfahrung. Hinzu kam, daß sich in der amerikanischen Literatur unter dem Einfluß sozialer Unruhen und Fehlentwicklungen bereits um 1890 eine pessimistische Sicht der Wirklichkeit durchzusetzen begann, die nicht zuletzt durch den sich wandelnden Charakter des Erzählwerks von William Dean Howells und Mark Twain illustriert wird.

Verstärkt wurde dieser pessimistische Trend durch die Determinationslehre der Sozialdarwinisten sowie durch die Geschichten der naturalistischen Erzähler Frank Norris und Theodore Dreiser, der seine »short stories«, in denen er immer wieder die unausweichliche Verstrickung des Menschen thematisierte, als soziale Dokumente verstand. Weitere Wegbereiter der sozialkritischen Komponente waren »local-color«-Autoren wie Hamlin Garland, wohingegen bei der Darstellung der Welt des Bewußtseins vor allem an Henry James angeknüpft wurde. Zu erwähnen ist in diesem Zusammenhang aber auch der Rückgriff auf Poe, Hawthorne und Melville, in deren Kurzgeschichten das Interesse an der psychischen Befindlichkeit der Charaktere und die pessimistische Weltsicht schon als dominante Wesensmerkmale vorhanden sind. Hawthorne, der seinen »short stories« wie Melville zusätzlich eine sozialkritische Komponente verleiht, kommt unter diesen Autoren insofern eine besondere Bedeutung zu, als er bereits den Typ der Initiationsgeschichte verwendete, in dem sich in der modernen amerikanischen »short story« die Bewußtseinsdarstellung und die Sozialkritik häufig zu einer Einheit verbinden.

Während Sherwood Anderson, von dem Faulkner sagte, er sei »the father of my generation of American writers and the tradition of American writing which our successors will carry on«,[1] tatsächlich als der eigentliche Begründer der modernen amerikanischen Kurzgeschichte angesehen werden kann, kommt Stephen Crane das Verdienst zu, den Durchbruch zur Moderne in einer Zeit vorbereitet zu haben, in der die Vorherrschaft der trivialen Magazingeschichte noch ungebrochen war. Am Beginn der kurzen literarischen Karriere dieses schon 1900 in Badenweiler an einem Lungenleiden gestorbenen Autors, der von William Dean Howells und Hamlin Garland gefördert und beeinflußt wurde, steht der kurze Roman *Maggie: A Girl of the Streets* (1893), bei dem es sich um eine an Emile Zola erinnernde Beschreibung des Lebens in den New Yorker Slums handelt. Mit dem Roman *The Red Badge of*

Courage (1895), in dem er das naturalistisch gezeichnete Bild des Krieges mit der Darstellung der Bewußtseinswelt seines Helden kombinierte, vollzog Crane dann aber bereits den Übergang von der naturalistischen Fallstudie über das soziale Elend zur realistisch-modellhaften Gestaltung der Wirklichkeit. Wie in diesem Roman so ging Crane, dessen intime Kenntnis der Wirklichkeit auf seiner Tätigkeit als Reporter beruhte, auch in seinen besten Kurzgeschichten über die rein photographische Wiedergabe der Realität hinaus. Zwar sind diese Geschichten häufig in der Alltagswirklichkeit verankert, doch gewinnen sie als Studien über menschliche Grundsituationen stets symbolhaften Charakter.[2]

Dies gilt selbst für die vorwiegend komische Erzählung »The Bride Comes to Yellow Sky« (1897), die entfernt an Bret Hartes »Tennessee's Partner« erinnert. So wie Tennessee in dieser Erzählung davon ausgeht, daß seine Gesetzesübertretung und die Reaktionen der öffentlichen Gewalt Teile eines von festen Regeln bestimmten Spiels sind, hat die periodisch wiederkehrende Auseinandersetzung zwischen dem »enfant terrible« Scratchy Wilson und dem »town marshal« Jack Potter in Cranes »short story« den Charakter eines Rituals.[3] Der Unterschied zwischen beiden Erzählungen besteht jedoch darin, daß Tennessee in Hartes melodramatischer Geschichte dem Kodex des Wilden Westens zum Opfer fällt, während in Cranes humorvoller »short story« geschildert wird, wie dieser Kodex in der texanischen Gemeinde Yellow Sky durch die Heirat Jack Potters außer Kraft gesetzt wird.

Als Schauplatz der Handlung fungiert der Wilde Westen auch in »The Blue Hotel« (1898). Eine weitere Gemeinsamkeit zwischen dieser und der eben erwähnten Erzählung besteht darin, daß beide von absurden Ängsten handeln. Während Jack Potters Furcht darin begründet ist, daß er die sozialen Konventionen verletzt zu haben glaubt, als er sich ohne Rücksprache mit seinen Mitbürgern zur Heirat entschloß, beruhen die absurden Ängste des Schweden in »The Blue Hotel« auf dessen Klischeevorstellungen vom Wilden Westen, die der Lektüre von »dime novels« entstammen. Davon überzeugt, daß die Konfrontation mit dem Unbekannten mit seinem Tod enden wird, schwankt das Verhalten des Schweden zwischen Kleinmut und selbstzerstörerischer Arroganz, die ihn schließlich tatsächlich an der Realität des Wilden Westens scheitern läßt.

Wie die Titelgeschichte der Sammlung *The Open Boat and Other Tales of Adventure*, in der vier Schiffbrüchige in einem kleinen Rettungsboot ums Überleben kämpfen, sind die Erzählungen »The Bride Comes to Yellow Sky« und »The Blue Hotel«, die 1898 ebenfalls als Teile der genannten Sammlung publiziert wurden, durch eine für Crane typische Ironie sowie durch eine an Garland erinnernde impressionistische Erzählweise gekennzeichnet. Besonders enge Beziehungen bestehen zwischen »The Open Boat« und »The Blue Hotel«. Hervorzuheben sind in diesem Zusammenhang vor allem die Naturbeschreibungen, die Ironie, die Bedeutung des Hotels und des Rettungsbootes als Schauplätzen der Handlung sowie das zwischenmenschliche Verhalten. Während bei den letzten beiden Punkten die Unterschiede vorherrschen, ergeben sich bei den anderen beiden Parallelen. So äußert sich die Ironie in »The Blue Hotel« unter anderem darin, daß der Schwede, der einen Kampf mit einem ebenbürtigen Gegner noch siegreich besteht, in einer Knei-pe schließlich von einem unscheinbaren Spieler ermordet wird, während sie in »The Open Boat« darin zum Ausdruck kommt, daß ausgerechnet der Maschinist, dem die Rettung der Schiffbrüchigen vor allem zu danken ist, als einziger der Naturgewalt zum Opfer fällt. Die Natur, die in »The Open Boat« durch das Meer und in »The Blue Hotel« durch einen Schneesturm verkörpert wird, erscheint in beiden Erzäh-lungen als eine zerstörerische Kraft, die dem verlorenen und unbedeutenden Men-schen ebenso indifferent gegenübersteht wie das Leben in Dreisers Kurzgeschichte »Free« (1918).[4]

Im Gegensatz zu den genannten Parallelen sind der Kampf des Menschen gegen die Natur, der auch in den Abenteuergeschichten Jack Londons zu den zentralen Themen gehört, sowie das eng damit verbundene zwischenmenschliche Verhalten in »The Open Boat« und in »The Blue Hotel« unterschiedlich gestaltet. In bei-den Kurzgeschichten stehen dem Menschen mit dem Hotel und dem Rettungsboot Schutzräume gegen die Naturgewalt zur Verfügung, deren Wirksamkeit aber vom zwischenmenschlichen Verhalten abhängig ist.[5] Während das zerbrechliche Ret-tungsboot sich aufgrund des solidarischen Verhaltens seiner Insassen als Schutz-raum bewährt, ist die Charakterisierung des Hotels als »proper temple«[6] wegen der moralischen Unzulänglichkeit der dort versammelten Menschen Teil der in »The Blue Hotel« stark ausgeprägten Ironie. Der Protagonist dieser Geschichte, der dem Hotel den Rücken kehrt, sich allein durch den Schneesturm kämpft und auch in der Kneipe keinen Kontakt findet, fällt also nicht nur seinen falschen Vorstellungen vom Wilden Westen, sondern auch der Verantwortungslosigkeit seiner Mitmen-schen zum Opfer, wohingegen die Solidarität in »The Open Boat« sogar über die Gemeinschaft im Rettungsboot hinausreicht, wenn der Korrespondent sich an ein Gedicht über den Tod eines anonymen Soldaten erinnert und daran folgende Ge-danken knüpft:

> He had never considered it his affair that a soldier of the Legion lay dying in Algiers, nor had it appeared to him as a matter for sorrow. It was less to him than the breaking of a pencil's point./Now, however, it quaintly came to him as a human, living thing (85).

Obwohl die Figur des Korrespondenten im Verlauf der Geschichte immer stärker in den Vordergrund gerückt wird, geht es Crane in »The Open Boat« nicht darum, die individuelle Erfahrung des Reporters zu beschreiben, den das Leben zum Zyniker gemacht hat und der nun zum erstenmal soziale Werte wie Opferbereitschaft und Freundschaft kennenlernt. Das Anliegen des Autors ist es vielmehr, das gemeinsa-me Erleben der Bootsinsassen darzustellen. Das autobiographische Element der Geschichte – der Untergang der »Commodore« vor der Küste Floridas, den Crane Anfang Januar des Jahres 1897 in einem »ten-foot dinghy« überlebte – ist also für deren Sinngehalt von untergeordneter Bedeutung. Im Vordergrund steht vielmehr die Gestaltung einer modellhaften Grundsituation, der Kampf zwischen Mensch und Naturgewalt, dessen Beschreibung in einigen Punkten auf Hemingways *The Old Man and the Sea* (1952) vorausweist. Stephen Crane hat sich einer Reihe erzähltechnischer Details bedient, um den exemplarischen Charakter seiner Kurzgeschichte hervorzuheben. So hat er sich in »The Open Boat« anders als in »Stephen Crane's Own Story«, seinem wenige Tage nach dem Untergang der »Commodore« veröffentlichten Zeitungsbericht, zum Beispiel ausschließlich auf den Überlebenskampf der Schiffbrüchigen konzentriert. Außerdem hat er bei der Mehrzahl der Personen darauf verzichtet, sie namentlich zu identifizieren.[7] Die Bootsinsassen sind mithin archetypische Gestalten, deren Bewußtseinsregungen zu den realistisch-impressionistisch beschriebenen Naturerscheinungen in Beziehung gesetzt werden und deren Erfahrungshorizont von der Umgebung begrenzt und bestimmt wird: Während die tobende See für den distanzierten Betrachter etwas Malerisches an sich hat, sieht der Schiffbrüchige, der allein eine genaue Vorstellung von den »resources of the sea« (69) gewinnen kann, nur die Bedrohung.

Weitere erzähltechnische Mittel, die den universalen Charakter von »The Open Boat« unterstreichen, sind die Symbolik und die Handhabung der Erzählperspektive. Als zentrale Symbole fungieren das in der tobenden See treibende Rettungsboot, das zum Sinnbild des menschlichen Lebens wird, und der riesige Turm einer Windmühle, der die Teilnahmslosigkeit des Schicksals veranschaulicht, dessen Wirken im Rahmen der menschlichen Vorstellungen von Gerechtigkeit und Ungerechtigkeit absurd erscheint. In die Konfrontation mit diesem Schicksal wird der Leser durch die Handhabung der Erzählperspektive einbezogen, denn da die Natur und das Geschehen nicht nur aus der Perspektive des kommentierenden Erzählers, sondern auch aus der der Schiffbrüchigen geschildert werden, hat der Leser direkten Anteil an den Bewußtseinsregungen der Bootsinsassen, die zwischen Hoffnung, Furcht, Verzweiflung, Gewißheit und Resignation schwanken.

Die kollektive Erfahrung der Schiffbrüchigen, in die der Leser wiederum eingebunden wird, kennzeichnet auch den Schluß der Erzählung, wo die Überlebenden das Gefühl haben, als Interpreten der See und des Schicksals fungieren zu können. Bezeichnend ist in diesem Zusammenhang, daß lediglich von einem Gefühl, nicht aber von einer Gewißheit die Rede ist. Zwar haben die Schiffbrüchigen neue Einblicke in das Wesen der zwischenmenschlichen Beziehungen erhalten, doch bleibt die leitmotivisch immer neu gestellte Frage nach dem Sinn des Schicksals, die durch den Tod des Maschinisten erneut aufgeworfen wird und auf die sich auch der Leser verwiesen sieht, letztlich unbeantwortet. Die Geschichte endet demnach mit derselben Ungewißheit, die schon in ihrem vielgerühmten Eingangssatz (»None of them knew the color of the sky.«) zum Ausdruck kam, von dem mit Recht gesagt worden ist, er verdeutliche »the enigmatic quality of nature and life, as well as the narrowness of men's understanding.«[8] Wie der Wilde Westen für den Schweden in »The Blue Hotel« bleibt das Universum für die Schiffbrüchigen in »The Open Boat« eine Größe, die sich der gesicherten Erkenntnis zu entziehen scheint.[9]

In dieser Hinsicht läßt sich Cranes Erzählung mit Melvilles Geschichte »Bartleby the Scrivener« vergleichen, deren episodisch-kumulativer Struktur sie ebenfalls ähnelt. Andererseits kann man feststellen, daß diese Art der Strukturierung und die Gestaltung modellhafter Grundsituationen neben der ungeschminkten Verwendung der Umgangssprache diejenigen Elemente Cranescher Erzählkunst darstellen, die auf die Zukunft vorausweisen. Insbesondere sind Parallelen zwischen Crane und Hemingway feststellbar, dessen Kurzgeschichten sich wie die seines Vorgängers durch die Reduktion des Geschehens auf exemplarische Begebenheiten, durch die Prägnanz des Stils und die Schmucklosigkeit der nichtsdestoweniger subtilen Dialoge sowie durch die Tendenz zu symbolhaftem und ritualisierendem Erzählen auszeichnen.

Sherwood Anderson, der schon 1927 von N. Bryllion Fagin als »the liberator of our short story« bezeichnet wurde, hat der amerikanischen Kurzprosa nicht nur neue Impulse gegeben, sondern er hat auch die Rolle eines Vermittlers gespielt. Besonders deutlich wird diese Mittlerfunktion durch die Kurzgeschichte »I Want to Know Why« (1921) veranschaulicht, die gemeinhin als Bindeglied zwischen Mark Twains Initiationsromanen und Ernest Hemingways Nick-Adams-Geschichten angesehen wird. Doch sind Andersons Verbindungen mit der einheimischen Erzähltradition keineswegs auf die Gruppe der Realisten um Mark Twain beschränkt. Vielmehr ist es unverkennbar, daß zentrale thematische Aspekte seines Werkes wie die Isolation des Menschen und die Rätselhaftigkeit der Welt bei Hawthorne, Poe und Melville ebenso vorgegeben sind wie das Interesse an der psychischen Befindlichkeit der Charaktere.

Da er zwar aus seiner Bewunderung für Mark Twain, Theodore Dreiser und Iwan Turgenjew keinen Hehl machte, ansonsten aber oft bemüht war, den Einfluß anderer Autoren auf sein Werk herunterzuspielen, läßt sich nicht mit Sicherheit sagen, wie stark Anderson, der in gattungstheoretischer Hinsicht eigene Wege ging, Hawthorne, Poe und Melville in der Erzählpraxis verpflichtet war. Dennoch bleibt die Tatsache bemerkenswert, daß diejenigen Aspekte seines Erzählwerks, die neben der Abkehr von der äußeren Handlung und der Verwendung eines umgangssprachlichen Stils die deutlichsten Spuren bei späteren Erzählern hinterlassen haben, fest in der amerikanischen Erzähltradition verankert sind. Interessant ist in diesem Zusammenhang, daß Faulkner Anderson als Enkel Melvilles bezeichnete,[10] wenngleich es näher liegt, Hawthorne die Rolle des Großvaters zuzuerkennen, da dieser bereits enthüllende Episoden gestaltete, den Typ der Initiationsgeschichte verwendete und wie Anderson die puritanische Lebensauffassung kritisierte. Bei Anderson sind diese Lebensauffassung und gesellschaftliche Tabus verantwortlich für die Unterdrückung elementarer menschlicher Bedürfnisse, womit als weiteres Problem die vom Autor selbst verneinte und in der Forschung umstrittene Frage nach dem Einfluß der Freudschen Psychoanalyse aufgeworfen ist. Zwar kann man feststellen, daß Andersons Neurotiker häufig unter sexuellen Repressionen leiden und daß der Erzähler nicht selten versucht, die Vergangenheit seiner Charaktere auf analytischem Wege aufzuhellen, doch verrät eine genauere Betrachtung der Kurzgeschichten, daß ihr Autor allenfalls über oberflächliche Kenntnisse der Neurosenlehre und des Freudschen Analyseverfahrens verfügte.

Im Unterschied zu Frank Norris und Theodore Dreiser beruht Andersons literarischer Ruhm nicht auf seinen Romanen, sondern auf seinen Kurzgeschichten. Insgesamt liegen vier Bände vor: *The Triumph of the Egg* (1921), *Horses and Men* (1923), *Death in the Woods* (1933) und das frühe Meisterwerk *Winesburg, Ohio* (1919), dem deshalb eine Sonderstellung zukommt, weil die darin enthaltenen Geschichten, von denen einige schon vorher in Magazinen erschienen waren, zu einem Zyklus zusammengefaßt worden sind. Als einheitsstiftende Klammern fungieren in diesem Zyklus, der in manchen Punkten an Turgenjews *Aufzeichnungen eines Jägers* (1852) erinnert und der James Joyces *Dubliners* (1914) ebenfalls ähnelt, die Thematik, der Schauplatz, die Atmosphäre, die Symbolik, der Erzähler und der junge Reporter George Willard, dessen Bewußtseinsentwicklung sich im Kontakt mit den Bürgern Winesburgs vollzieht. Für Anderson selbst, der in *Winesburg, Ohio* einen Bauplan entwickelte, welcher Hemingway, Faulkner und Steinbeck als Vorbild gedient haben dürfte, gehörte die Darstellung dieser Bewußtseinsentwicklung zu den zentralen Aspekten seines Zyklus, den er als »something like a novel« charakterisierte, »(which gave) ... the feeling of the life of a boy growing into manhood in a town.«[11]

Wie aus einer anderen Äußerung des Autors folgt, wäre es freilich verfehlt, *Winesburg, Ohio* als Initiationsroman zu klassifizieren.[12] Als Konstrukt aus »individual tales ... about lives in some ways connected« ist das Werk weder ein Roman, noch handelt es allein von der Entwicklung eines Jugendlichen. In formaler Hinsicht entspricht es vielmehr der neuen »looseness« der epischen Großform, deren Notwendigkeit sich für Anderson aus der Vorstellung ergibt, daß das Leben »a loose flowing thing« ist, und in inhaltlicher Hinsicht geht es um die Beschreibung der Einzelschicksale von Kleinstadtbewohnern, die nicht nur auf den Reifeprozeß George Willards einwirken, sondern sich auch wie Mosaiksteine zu einem Gesamtbild des Lebens zusammenfügen. Indem er den proteischen Charakter des Lebens in der episodisch-lockeren Struktur seines Werkes sichtbar macht, verbindet Anderson Form und Thema zu einer Einheit, so daß die »new looseness« von *Winesburg, Ohio* seinen im Theorieteil referierten Aussagen über die organische Entwicklung des Erzählstoffs und die formende Kraft des Autors keineswegs widerspricht.

Betrachtet man *Winesburg, Ohio* als Erzählzyklus über die Erfahrungen eines Jugendlichen »growing into manhood in a town«, dann erscheint die Doppelrolle George Willards, der als Protagonist und als Zeuge des Geschehens auftritt, als das dominante Strukturmerkmal. Als Protagonist wird der junge Reporter in »Nobody Knows« in ein Liebesabenteuer mit einem Mädchen verstrickt, für das er nichts empfindet, während er in »An Awakening« (1918), wo er zu einer reiferen Einstellung zum Leben gefunden zu haben glaubt, durch eine Frau, die einen anderen Mann liebt und bei ihm nur »a kind of relief to her feelings«[13] sucht, gedemütigt wird. In »Sophistication« überschreitet George Willard dann tatsächlich die Schwelle zur Welt der Erwachsenen; denn er erlebt in dieser Geschichte einerseits jenen

Augenblick, in dem er seine Selbstsicherheit verliert und in dem ihm die Begrenzungen des Lebens bewußt werden, und er erfährt andererseits in der Begegnung mit Helen White jene gegenseitige Achtung, »that makes the mature life of men and women in the modern world possible« (243). In »Departure«, der letzten Geschichte des Zyklus, schließt er das Kapitel seines Lebens in Winesburg dann ab, das fortan lediglich als »background on which to paint the dreams of his manhood« (247) fungiert.

In der größeren Zahl von Erzählungen, in denen George Willard als Zeuge des Geschehens auftritt, ist er in der Regel der Vertraute von Mitbürgern, die sich anderen Menschen nicht mitzuteilen vermögen.[14] Die Motive, die die Mitbürger veranlassen, den Kontakt zu dem jungen Reporter zu suchen, sind durchaus unterschiedlich. Während der Protagonist in »Respectability«, der von seiner Frau betrogen wurde, sich dem jungen Reporter offenbart, um ihm ein ähnliches Schicksal zu ersparen, versuchen andere Personen, ihre Idealvorstellungen auf George Willard zu projizieren. Dies gilt sowohl für Wing Biddlebaum in »Hands« (1916), der George die Fähigkeit zum Träumen erhalten möchte, als auch für Kate Smith in »The Teacher«, die dem angehenden Schriftsteller rät: »You must not become a mere peddler of words. The thing to learn is to know what people are thinking about, not what they say« (163).[15] In die Reihe derjenigen, die Idealvorstellungen auf George Willard projizieren, gehört auch seine Mutter, deren Sehnsucht nach »some big definite movement to her life« (46) unerfüllt geblieben ist und die nach einer frustrierten Ehe hofft, ihr Sohn werde dazu in der Lage sein, »to express something for us both« (40).

Als Konstrukt aus »individual tales ... about lives in some ways connected« läßt *Winesburg, Ohio* sich am besten beschreiben, wenn man von dem Prolog des Zyklus ausgeht, der den Titel »The Book of the Grotesque« (1916) hat. Anderson läßt hier einen alten Schriftsteller die Theorie entwickeln, daß es »in the beginning when the world was young« (25) ein großes Ideenpotential gab, aus dem die Menschen widersprüchliche Wahrheiten bildeten, die zunächst noch »beautiful« waren. Dieser Charakter änderte sich jedoch, als die Menschen daran gingen, einzelne Wahrheiten für sich zu reklamieren und ihr Leben daran auszurichten; denn in diesem Moment verwandelten sich die Wahrheiten in Lügen, wurden die Menschen selbst grotesk. Die Folgen dieses Besitzanspruchs werden in einer Reihe von Erzählungen in *Winesburg, Ohio* eindrucksvoll demonstriert, wo die Menschen wie bei Dreiser als Gefangene der Lebensumstände erscheinen, körperlich und seelisch deformiert sind, die Fähigkeit zur Kommunikation verloren haben und ihre elementaren Bedürfnisse nicht zu befriedigen vermögen. Zwar ist es richtig, daß der Prolog nicht dazu geeignet ist, den Sinn aller Geschichten aufzuschlüsseln, doch ist nicht zu bestreiten, daß das Unvermögen des Menschen, sein Lebensideal mit der Wirklichkeit zur Deckung zu bringen, zu den vorherrschenden Themen des Zyklus gehört.[16] Zieht man die Geschichte »The Philosopher« zur Deutung der Lebenssituation der grotesken Charaktere heran, so erscheinen diese als Gekreuzigte, die ihr Ideal verabsolutiert und dadurch ein sinnloses Martyrium auf sich genommen haben.

Wie Edgar Lee Masters in seiner 1915 erschienenen Gedichtsammlung *Spoon River Anthology* entwirft Anderson in *Winesburg, Ohio* das Psychogramm einer Kleinstadtbevölkerung, dessen Gültigkeit nicht auf den Mittleren Westen der Vereinigten Staaten beschränkt ist, sondern das – wie der Prolog des Zyklus verdeutlicht – als exemplarische Beschreibung der Lebenssituation des modernen Menschen gedacht ist. Wichtig ist in diesem Zusammenhang, daß Anderson sich nicht mit seiner pessimistischen Analyse begnügt, sondern in dem von gegenseitiger Achtung getragenen Kontakt zwischen den Geschlechtern und in der Erneuerung der ursprünglichen Harmonie zwischen Mensch und Natur Möglichkeiten zur Überwindung der Entfremdung sieht.

Diese Entfremdung und das abnorme Verhalten der Menschen haben ihre Ursache nicht nur in der oben erwähnten Verabsolutierung von Idealvorstellungen, sondern auch im zivilisatorischen Fortschritt und im sozialen Wandel. Von hier aus gesehen entpuppt sich *Winesburg, Ohio* als ein sozialkritisches Buch, in dem Anderson sich gegen die Mechanisierung des Lebens und gegen den Materialismus wendet. Im Verlauf des Zyklus läßt er den Erzähler die ungefähr fünfzigjährige Geschichte Winesburgs überblicken, das sich nach dem Bürgerkrieg schnell zu einem prosperierenden Marktzentrum entwickelte, sich in der Erzählgegenwart aber bereits im Zustand des Verfalls befindet. Der Niedergang beruht auf Veränderungen innerhalb der Sozialstruktur, die durch die beginnende Industrialisierung bewirkt wurden. Im Zuge dieser Entwicklung verlor Winesburg nicht nur sein individuelles Gesicht, sondern auch den Charakter eines echten Gemeinwesens, den es bis ungefähr 1880 besaß, als es eine Klassenhierarchie noch nicht gab. Die Aufsplitterung in verschiedene soziale Schichten erfolgte jedoch bereits vor der Jahrhundertwende mit der Entstehung der Geldaristokratie und des aus schlecht entlohnten Land- und Eisenbahnarbeitern bestehenden Proletariats, das fortan in einem eigenen Viertel an der Peripherie der Stadt lebte.

Parallel zu den Veränderungen innerhalb der Sozialstruktur bewirkte die beginnende Industrialisierung einen tiefgreifenden Wandel in den Lebens- und Denkgewohnheiten der einzelnen Menschen. Der Ausbau der Verkehrsverbindungen sowie der Vertrieb von Büchern, Magazinen und Zeitungen resultierten in einer zunehmenden Überfremdung der Anschauungen und Verhaltensweisen des Kleinstadtbürgers durch die Großstadtzivilisation. Da die Bewohner Winesburgs im Verlauf dieses Anpassungsprozesses nicht nur ihre Unwissenheit verloren, sondern auch ihre Unschuld einbüßten, und da sie aus ihrer ursprünglichen Bindung an die Natur herausgelöst wurden, ohne neue Lebensimpulse zu empfangen, bewertet der Erzähler den registrierten Wandel als Degeneration.[17] Hieraus zu folgern, daß es sich bei *Winesburg, Ohio* wie bei dem Roman *Main Street* von Sinclair Lewis um ein satirisches »debunking« der mittelwestlichen Kleinstadt handelt, wäre freilich ebenso verfehlt, wie aus den Naturbeschreibungen abzuleiten, daß Anderson ein Epigone der »local-color«-Autoren ist. Zwar werden der soziale Wandel beklagt und die psychischen Defekte der Menschen ungeschminkt dargestellt, doch ist Andersons Erzählzyklus nicht durch eine satirische Note, sondern durch jenen Respekt des

Autors gegenüber seinen Charakteren gekennzeichnet, von dem in *The Modern Writer* die Rede ist.[18]

Mit Recht ist darauf hingewiesen worden, daß es Anderson in seinen späteren Kurzgeschichtensammlungen nicht gelungen ist, an die künstlerische Qualität seines Hauptwerkes *Winesburg, Ohio* anzuknüpfen. Ebenso unumstritten ist es aber, daß diese Sammlungen einzelne »short stories« enthalten, die zu den besten erzählerischen Leistungen Andersons gehören. Eine dieser Geschichten hat den Titel »Unlighted Lamps« (1921). Sie ist Teil der Sammlung *The Triumph of the Egg*, spielt wie *Winesburg, Ohio* in einer Kleinstadt im Mittleren Westen und handelt von den Verständigungsschwierigkeiten zwischen der achtzehnjährigen Mary Cochran und ihrem Vater.

Zu Anfang der Erzählung entsprechen die Lebenssituation Doctor Cochrans und seiner Tochter der der Mehrzahl der Bewohner von Winesburg: Sie sind von Sehnsucht nach Liebe und Verständnis erfüllt, bleiben als Gefangene ihres eigenen Selbst aber isoliert. Zwischen ihnen steht dieselbe Wand, die schon zwischen dem Arzt und seiner Frau gestanden hatte und die die dazu bewog, ihren Mann kurz nach der Geburt der Tochter zu verlassen. So wuchs Mary mutterlos in einer Gesellschaft auf, durch deren puritanische Voreingenommenheit sie im Bewußtsein ihrer Isolation noch bestärkt wurde. Die Vorurteile der Bewohner von Huntersburg äußern sich auf zweifache Weise. Zum einen zeichnen sie ein verzerrtes Charakterbild von der Frau des Arztes, weil diese als Schauspielerin arbeitete, und zum anderen gehen sie bei der Beurteilung Marys von dem verzerrten Charakterbild der Mutter aus. Da es in Huntersburg eine Keimzelle sozialen Lebens gibt, auf die die »stuffy atmosphere«[19] noch nicht übergegriffen hat, erlebt die Protagonistin der vorliegenden Kurzgeschichte die puritanische Enge ihrer Heimatstadt umso intensiver. Es handelt sich bei dieser Keimzelle um eine von Ausländern bewohnte Arbeitersiedlung, die ihre Entstehung den Arbeitskämpfen in Chicago verdankt und die durch die Eisenbahnlinie vom übrigen Stadtgebiet getrennt ist. Von der Vitalität, der Lebensfreude und der unverfälschten Freundlichkeit der Fremden angezogen, sucht Mary dieses Stadtviertel immer wieder auf. Jedesmal hat sie den Eindruck, eine Reise in ein fremdes Land zu unternehmen, die ihr dennoch das Gefühl der Geborgenheit vermittelt.

Auch in der Handlungsgegenwart durchquert Mary Cochran das Ausländerviertel auf ihrem Weg in die Umgebung von Huntersburg, der den Charakter einer Initiationsreise hat. Von ihrem Vater über seinen bevorstehenden Tod informiert, versucht sie, inmitten der Natur Klarheit über ihr zukünftiges Leben zu erlangen. In der Begegnung mit einem ehemaligen Farmer und seinen Söhnen, die als Initiationshelfer fungieren, gewinnt sie schließlich jene Erkenntnis, die sie zu einer neuen Einstellung gegenüber ihrem Vater und gegenüber dem Leben befähigt. Zum einen sieht sie sich durch den Bericht des Farmers genötigt, ihr Bild von ihrem Vater, in dem sie immer einen kaltherzigen Menschen gesehen hatte, zu korrigieren, und zum anderen wird sie Zeuge des vertrauten Verhältnisses zwischen dem Mann und seinen Söhnen, wodurch ihr Bedürfnis, Liebe zu empfangen, durch das Bedürfnis ergänzt wird, Liebe zu schenken. Die Unterredung zwischen Mary und dem Farmer findet auf einer Brücke statt, die zum Symbol für die mögliche Annäherung zwischen ihr und ihrem Vater wird. Der im Schatten der Brücke dahinfließende Bach ist dagegen ein Sinnbild für das bisherige isolierte Leben von Vater und Tochter.

Wie Mary so verläßt auch Doctor Cochran im Verlauf der Geschichte den Ort der Handlung. Von einem Farmer gerufen, um dessen Frau Geburtshilfe zu leisten, begegnet er wie seine Tochter außerhalb Huntersburgs dem lebendigen Leben und kehrt wie sie als gewandelter und kommunikationsbereiter Mensch in die Stadt zurück. Sein Entschluß, den Versuch zur Überwindung der Kontaktsperre zu unternehmen, entspringt zunächst seinen Gedanken an sein vergangenes gescheitertes Leben. Bei der Beschreibung dieser Gedanken operiert Anderson, dessen Geschichte sich im übrigen in erzähltechnischer Hinsicht durch die kunstvolle Verknüpfung der verschiedenen Handlungsstränge und durch die gekonnte Verwendung von Rückblenden auszeichnet, in ähnlicher Weise wie Ambrose Bierce in »An Occurrence at Owl Creek Bridge« mit dem Stilmittel der Zeitdehnung. Als der Farmer erscheint, um Cochrans Hilfe zu erbitten, läßt er in dem dunklen Zimmer ein Streichholz fallen. Mit dessen flackerndem Licht assoziiert der Arzt ein anderes Licht, das ihm die kritischste Episode im Verhältnis zu seiner Frau in Erinnerung ruft. Diese informierte ihn damals während eines Ausflugs, als er einen Spiegel auf seinen Knien hielt, der das Licht der untergehenden Sonne reflektierte, über ihre Schwangerschaft. Cochran war bewegt wie nie zuvor in seinem Leben, doch war er nicht in der Lage, seinen Gefühlen Ausdruck zu verleihen. Aus der Erinnerung an diese Episode gewinnt er die Einsicht, daß sein Stolz und seine Feigheit ihn daran gehindert haben, sich anderen Menschen mitzuteilen. Daraufhin beschließt er, das Gespräch mit seiner Tochter zu suchen; ein Entschluß, in dem er durch seine Hilfe bei der Geburt des Kindes bestärkt wird, dessen Verwirklichung sein plötzlicher Tod aber vereitelt.

Auf dieses endgültige Scheitern der beiderseitigen Kommunikationsbemühungen verweist der Titel von »Unlighted Lamps«. Zwar besteht insofern ein gewisser Widerspruch zwischen dem Inhalt der Kurzgeschichte und ihrem Titel, als Anderson gerade das Licht wie die Brücke und den Bach als Zentralsymbol verwendet, doch handelt es sich dabei immer um ein flackerndes, verlöschendes oder abnehmendes Licht, das von der Dunkelheit verschluckt wird. So verwundert es nicht, daß das Licht sowohl zum Tod als auch zur Geistesverwirrung von Doctor Cochran in Beziehung gesetzt wird. Vor allem aber veranschaulicht es das Absterben der zwischenmenschlichen Beziehungen, da es stets solchen Episoden zugeordnet wird, in denen die Möglichkeit zur Überwindung der Barriere zwischen den Menschen ausgelassen wird.[20]

»Unlighted Lamps« ist in jeder Beziehung eine für Anderson typische Kurzgeschichte. Sie schildert das Milieu der mittelwestlichen Kleinstadt, nimmt Bezug auf den ökonomischen und sozialen Wandel und enthält eine sozialkritische Auseinandersetzung mit der in Konventionen erstarrten puritanischen Gesellschaft. Ihr Schwerpunkt liegt jedoch auf der Darstellung der psychischen Befindlichkeit der

Charaktere, die im Falle von Doctor Cochran auf analytischem Wege enthüllt wird und im Falle seiner Tochter durch ein Initiationserlebnis eine Veränderung erfährt. Zu Beginn der Geschichte ist die psychische Situation der Charaktere durch deren Unfähigkeit gekennzeichnet, ihre elementaren Bedürfnisse zu befriedigen, im weiteren Verlauf wird dann aber wie in verschiedenen Erzählungen in *Winesburg, Ohio* gezeigt, daß die Liebe ein mögliches Mittel zur Überwindung der Entfremdung darstellt. Zu den für Anderson typischen Merkmalen von »Unlighted Lamps« gehört schließlich auch die Beschreibung des Gegensatzes von Stadt und Natur, wobei diese impressionistischen Beschreibungen wie die Naturschilderungen des von Anderson geschätzten Stephen Crane oft zeichenhaften Charakter haben und stets zur Lebenssituation und zur Bewußtseinslage der Personen in Beziehung gesetzt werden.

F. Scott Fitzgerald und Ernest Hemingway

Von verschiedenen Kritikern ist bemerkt worden, daß Andersons Bedeutung für die Entwicklung der amerikanischen Kurzgeschichte weniger an seinem eigenen Werk als vielmehr an seinem Einfluß auf spätere Autoren ablesbar ist. So müßig eine solche Unterscheidung auch sein mag – zutreffend ist, daß die Zahl der Autoren, die vornehmlich in ihrem Frühwerk vom Verfasser von *Winesburg, Ohio* beeinflußt wurden, außerordentlich groß ist. Zu den wenigen Autoren der zwanziger Jahre, die sich nicht an Anderson als Vorbild orientierten, gehörte Francis Scott Fitzgerald, in dessen Augen Anderson »the possessor of a brilliant and almost inimitable prose style, and of scarcely any ideas at all« war.[21] Der Unterschied zwischen dem Erzählwerk beider Autoren wird nicht zuletzt dadurch verdeutlicht, daß Fitzgerald, der eine große Zahl von »commercial short stories« schrieb, mit dem von Anderson heftig befehdeten O. Henry verglichen werden kann, an den er u. a. in der Technik der Handlungsführung und des »surprise ending« anknüpfte.[22] Zwar kann man feststellen, daß der Blick hinter die Fassade der Wirklichkeit, die Kritik am Materialismus, die Beschäftigung mit der Vergangenheit und das Thema der verlorenen Unschuld sowohl bei Anderson als auch bei Fitzgerald auftauchen, doch vermittelt das Erzählwerk beider Autoren Einblicke in völlig verschiedene Welten.

Fitzgerald stammte wie Anderson aus dem Mittleren Westen. Zwar wird diese Gegend neben dem Osten der Vereinigten Staaten und Hollywood in seinen Erzählungen porträtiert, doch spielt sie in seinem Werk anders als in Andersons Kurzgeschichten und Romanen eine eher untergeordnete Rolle. Unterschiede bestehen außerdem im Hinblick auf die dargestellten gesellschaftlichen Sektoren und die Einstellung des Autors gegenüber seinen Personen. Beschreibt Anderson den Einfluß der Industrialisierung auf die Landbevölkerung, so wendet Fitzgerald sich dem Großstadtmenschen zu, wobei sein Hauptaugenmerk wie das von Edith Wharton der Geldaristokratie gilt. Zwar hat er sich wie sein Freund Ring Lardner auch kritisch mit der amerikanischen Mittelschicht auseinandergesetzt, doch spielen die

Nabobs und deren Verschwendungssucht in seinem Erzählwerk die dominierende Rolle. Das Bild, das er von ihnen zeichnet, läßt die Sympathie, mit der Anderson seinen Charakteren gegenübersteht, weitgehend vermissen, obwohl Fitzgerald zu denjenigen Autoren zählt, deren Werk besonders stark vom autobiographischen Element geprägt ist. Ein Indiz für die kritische Einstellung gegenüber den Neureichen sind bereits die onomatopoetisch-abwertenden und sprechenden Namen, mit denen Fitzgerald die Party-Gäste in *The Great Gatsby* (1925) ausstattet.

Wenn man Fitzgerald als Repräsentanten der »Golden Twenties« betrachtet, muß man also zwischen seinem extravaganten Lebensstil und seiner literarischen Analyse unterscheiden; denn der Autor war in der Lage, sich von seinem persönlichen Erleben zu distanzieren, die glänzende Fassade zu durchschauen und die öde Seelenlandschaft der im Überfluß Lebenden zu beschreiben. Als Chronist des »Jazz Age« protokollierte er vor allem die Sterilität der Dekade. Seine Kritik richtete sich gegen die heuchlerische Moral, gegen die Rücksichtslosigkeit und Verantwortungslosigkeit, welche die zwischenmenschlichen Beziehungen vernichten, gegen den Materialismus, der den Charakter verdirbt und die Liebesfähigkeit erstickt, und gegen die Degeneration des amerikanischen Traums, von der z. B. die Kurzgeschichte »The Diamond as Big as the Ritz« (1922) handelt. Bemerkenswert ist in diesem Zusammenhang, daß Fitzgeralds Kritik nicht erst in seinen späteren Erzählungen hörbar wird, sondern sich schon in seinem Frühwerk findet. Ein Vergleich zwischen der Kurzgeschichte »Babylon Revisited« (1931), die als Teil der Sammlung *Taps at Reveille* (1935) publiziert wurde, und der an den Typ der Jamesschen »nouvelle« erinnernden Erzählung »May Day« (1920), die der Sammlung *Tales of the Jazz Age* (1922) angehört, kann zur Verdeutlichung dieser Tatsache dienen.

»Babylon Revisited« spielt im Paris der beginnenden Depressionszeit, das seinen Charakter als »moveable feast« verloren hat und wie New York in dem Roman *Manhattan Transfer* (1925) von John Dos Passos mit der Hure Babylon verglichen wird. Protagonist der Kurzgeschichte ist der Amerikaner Charlie Wales, der als Börsenspekulant zu schnellem Reichtum gekommen war, sein Vermögen durch den Börsenkrach wieder verloren hat und nun erkennt, daß ihm durch seinen verantwortungslosen Lebenswandel in den zwanziger Jahren ein größerer Schaden zugefügt wurde als durch seine materiellen Verluste. Er möchte das Rad der Zeit zurückdrehen und – gestützt auf das »eternally valuable element« der charakterlichen Integrität – ein neues Leben beginnen,[23] hat sich aber – wie seine Fragen nach seinen alten Freunden zu Beginn der Geschichte zeigen – noch nicht wirklich von seiner Vergangenheit gelöst. Dies geschieht erst im weiteren Verlauf der Erzählung, nachdem er durch den Auftritt zweier betrunkener Freunde von seiner Vergangenheit eingeholt worden ist und nachdem seine Schwägerin ihn dazu veranlaßt hat, sich zu seinem früheren Fehlverhalten zu bekennen. Durch den Auftritt seiner Freunde wird seine Absicht, seine Tochter der Obhut seiner Schwägerin zu entziehen, zwar zunächst vereitelt, doch wird die Möglichkeit, Honoria und damit seine Ehre schließlich doch noch zurückzugewinnen, durch seine Reue offengehalten.[24]

Spricht Fitzgerald in »Babylon Revisited« von den alptraumhaften Erinnerungen des desillusionierten Charlie Wales und bedient er sich dort der analytischen Erzählweise, um rückblickend die Verdorbenheit seines Protagonisten und die Dekadenz der Nachkriegsgeneration zu enthüllen, so läßt sich die Geschichte »May Day«, in der Ereignisse am Maifeiertag des Jahres 1919 geschildert werden, gleichsam als eine Vision des Untergangs lesen. Als Schauplatz des Geschehens fungiert in dieser episodenhaft strukturierten Erzählung die Metropole New York, von der wie in *Manhattan Transfer* ein kaleidoskopartiges Bild gezeichnet wird, dessen Zwiespältigkeit auf den Roman *The Great Gatsby* vorausweist; denn einerseits erscheint New York als eine Bühne, auf der feucht-fröhliche Feste gefeiert werden, und andererseits entpuppt es sich als ein moralischer Sumpf, als Stätte der Desintegration und des Todes. Schon im ersten Teil der Geschichte wird die Ambivalenz dieses Bildes sichtbar, wenn der Erzähler in einem bewußt kitschigen, märchenartigen Vorspann vom Glanz der Metropole spricht und die Aufmerksamkeit des Lesers bald darauf auf zwei heruntergekommene Soldaten »in a dirty town of a strange land« lenkt. Außerdem liefert er im Verlauf der Erzählung zwei kontrastierende Beschreibungen der Schaufensterauslagen der New Yorker Geschäfte: Zunächst wird erzählt, wie Mädchen vor den üppig gefüllten, impressionistisch beschriebenen Auslagen von der Zukunft träumen, und dann wird auf den grabähnlichen Eindruck hingewiesen, den die Läden bei Nacht vermitteln.[25]

Ähnliche Kontraste beherrschen den Aufbau der gesamten Geschichte. So bilden zum Beispiel Gordon Sterrett, die Hauptperson der Erzählung, und Phil Dean, sein ehemaliger Studienfreund, zumindest auf den ersten Blick ein Kontrastpaar. Während der wohlhabende und auf ein gepflegtes Äußeres bedachte Dean nach New York gekommen ist, um an einem Tanzvergnügen ehemaliger Yale-Studenten teilzunehmen, hat der abgerissene und kranke Gordon Sterrett sich nach Kriegsende in der amerikanischen Metropole niedergelassen, ohne dort Fuß fassen zu können. Und während Phil Dean sich inmitten der Menschenmenge auf den Straßen New Yorks »by the display of humanity at its frothiest and gaudiest« animiert fühlt, wird Sterrett von dem Treiben auf den Straßen daran erinnert, »how often he had been one of the crowd, tired, casually fed, overworked, and dissipated« (150).

Neben diesen Unterschieden bestehen zwischen beiden Personen jedoch auch Parallelen. Der dem Alkohol verfallene Gordon Sterrett, der seine künstlerischen Ambitionen nicht verwirklichen konnte, sich mit einer fragwürdigen Frau eingelassen hat, die er gegen seinen Willen heiratet, und sich nach dem Verlust seines Arbeitsplatzes in akuter Geldnot befindet, blickt wie andere Charaktere Fitzgeralds auf ein Leben der verpaßten Gelegenheiten zurück. Von seinem ehemaligen Freund muß er sich sagen lassen: »You seem to be sort of bankrupt – morally as well as financially« (147). Doch gehört auch Dean selbst zu den moralischen Versagern. Die Lebensbeichte seines Freundes ist ihm ausgesprochen unangenehm, da er nicht fähig und nicht willens ist, Verantwortung zu übernehmen, und die Bitte Sterretts, ihm 300 Dollar zu leihen, erfüllt er nicht, obwohl er das Geld entbehren könnte. Und während Sterrett seinem sinnlos gewordenen Leben am Schluß der Geschichte ein Ende setzt, weil er weder ein noch aus weiß, entpuppt sich der volltrunkene Phil Dean in einer farcenhaften Szene, in der er und ein anderer ehemaliger Yale-Student die Rollen eines Mr. In und eines Mr. Out spielen, als anonymer Massenmensch, für dessen Existenz der ironisch kommentierende Erzähler sich verbürgen zu müssen glaubt.

Das weibliche Pendant zu dem verantwortungslosen und vergnügungssüchtigen Un-Menschen Phil Dean ist Sterretts frühere Geliebte Edith Bradin, die den Typ der häufig in Fitzgeralds Erzählwerk vorkommenden kaltherzigen Schönheit verkörpert. In ihrem Auftreten und ihrer Sprache durch eine Mischung aus Nachlässigkeit, Provokation und Sentimentalität gekennzeichnet, verhält sie sich ebenso unmoralisch wie Phil Dean. Als Sterrett ihr sein Scheitern gesteht, befähigen ihre romantischen Erinnerungen an ihre frühere Beziehung sie nicht zu Anteilnahme und Verständnis. Sie sagt sich, daß die Liebe zerbrechlich ist, und wendet sich gleichgültig von ihrem früheren Liebhaber ab. Statt echter zwischenmenschlicher Kontakte sucht sie die unverbindlichen Beziehungen, die während des Tanzvergnügens geknüpft werden. Der Erzähler benutzt die Beschreibung dieses Balles im vornehmen Hotel Delmonico, um darauf hinzuweisen, daß die Hektik und der Vergnügungsrummel, welche die Funktion haben, die Langeweile, den Ekel und die Monotonie des Alltags zu verdrängen, Ingredienzien einer Märchenwelt sind, in der sich keine Individuen, sondern Phantome bewegen:

Edith had danced herself into (a) tired, dreamy State ... her partners changed with the unreality of phantoms under the colourful shifting dusk, and to her present coma it seemed as if days had passed since the dance began. She had talked on many fragmentary subjects with many men. She had been kissed once and made love to six times (172-173).

Der antithetischen Struktur der Geschichte entsprechend wird diese Welt des schönen Scheins und der dekadenten Eleganz, deren Beschreibung an den märchenhaften Vorspann anknüpft, wiederholt mit der Welt der Straße kontrastiert, wo sich der Mob zum Sturm auf eine sozialistische Zeitung zusammenrottet und wo ein Jude als Bolschewist beschimpft und zusammengeschlagen wird, weil er den Kriegsheimkehrern klarzumachen versucht, daß nicht sie, sondern die Großkapitalisten vom Krieg profitiert haben.[26] So unterschiedlich sich die Welt der Straße und die Welt des Ballsaals auch darbieten, sie sind nichts anderes als zwei konträre Erscheinungsformen einer dem Untergang geweihten Welt, die von der Brutalität und der Irrationalität beherrscht wird. Im Vergleich zu »Babylon Revisited« äußert sich der Kulturpessimismus Fitzgeralds in »May Day« mithin noch prononcierter; denn während Charlie Wales nach dem Verlust seiner Illusionen schließlich zur Einsicht in die Notwendigkeit der charakterlichen Integrität gelangt, verharren die Teilnehmer des karnevalistischen Treibens und der Mob der Straße in der am Beginn des »Jazz Age« angesiedelten Erzählung »May Day« in ihrer Blindheit.[27]

F. Scott Fitzgerald gehörte jener Gruppe desillusionierter amerikanischer Intellektueller an, für die das Paris der Nachkriegszeit ein Treffpunkt war und die von Gertrude Stein als Repräsentanten einer »lost generation« bezeichnet wurden. Ein weiteres Mitglied dieser Gruppe war der beim freiwilligen Kriegsdienst in Italien schwer verwundete Ernest Hemingway, von dessen ersten Kurzgeschichten Fitzgerald außerordentlich beeindruckt war. Dennoch sind die Unterschiede zwischen den Erzählungen beider Autoren größer als die Parallelen. Zu den Parallelen gehören die starke Verankerung des jeweiligen literarischen Werkes im autobiographischen Hintergrund, die pessimistische Weltsicht, der bei Hemingway allerdings ein auf ethischen Werten wie Selbstdisziplin, Mut und Ehre basierender Verhaltenskodex entgegengesetzt wird, sowie die Darstellung der Gewalt, die auch in der Folgezeit eines der auffälligsten Merkmale der modernen amerikanischen Kurzgeschichte geblieben ist. Die Hauptunterschiede zwischen den Kurzgeschichten von Fitzgerald und Hemingway bestehen demgegenüber im Stil, in der Erzählweise und in der Reproduktion der Wirklichkeit. Während Fitzgerald einen eleganten Stil bevorzugt, der durch ein hohes Maß an Sprachmusikalität gekennzeichnet ist, reduziert Hemingway – an seine journalistische Tätigkeit anknüpfend – die Sprache auf einfache Grundmuster; während in Fitzgeralds »short stories« ironische Erzählerkommentare nicht selten sind, wird in Hemingways Kurzgeschichten kommentarlos erzählt; und während Fitzgerald, dessen Erzählungen vornehmlich in den Metropolen der »Golden Twenties« spielen und dessen Figuren fest in den zeitgeschichtlichen Hintergrund der zwanziger Jahre integriert sind, die Wirklichkeit in der Art eines Chronisten wiedergibt, verleiht Hemingway, der exemplarische Schauplätze wie das Hotel, das Restaurant, das Hospital oder die natürliche Umgebung bevorzugt und dessen Personen im Rahmen des Krieges, der Jagd, des Fischfangs, des Stierkampfes oder des Boxkampfes in exemplarischen Situationen agieren, seiner Darstellung der Wirklichkeit allgemeingültigen Charakter.[28]

Die Tatsache, daß Hemingway ganz andere Wege als Fitzgerald gegangen ist, kann als Indiz für die oft gepriesene Originalität des Autors gewertet werden, dessen Erzählwerk sich aber nichtsdestoweniger zur literarischen Tradition in Beziehung setzen läßt. Einen ersten Ansatzpunkt bietet die Bewunderung, die der Autor für Mark Twain, Henry James und Stephen Crane empfand. Während an Stephen Crane u. a. die Gestaltung modellhafter Grundsituationen erinnert, beziehen sich die Parallelen zu Mark Twain, dessen Roman *Huckleberry Finn* Hemingway für das einflußreichste Erzählwerk der amerikanischen Literatur hielt, auf den Stil, die Figurenwahl, die Milieuschilderung und die Verwendung des Initiationsmotivs. Ähnlichkeiten mit den Erzählungen von Henry James bestehen demgegenüber sowohl in der Dialogtechnik als auch in der Art der Bewußtseinsdarstellung.[29] Darüber hinaus verraten Hemingways pessimistische Weltsicht und sein ausgeprägter Hang zum suggestiven Erzählen eine deutliche Verwandtschaft mit Hawthorne, Poe und Melville.

Obwohl Hemingway sich schon bald abschätzig über seinen Förderer Sherwood Anderson äußerte und dessen Roman *Dark Laughter* (1925) parodierte, gehört auch der Verfasser von *Winesburg, Ohio* zu denjenigen, die Hemingways Werk geprägt haben. Wie stark Hemingway zumindest zu Beginn seiner literarischen Karriere unter dem Einfluß Andersons stand, verdeutlicht ein Vergleich zwischen den beiden

Kurzgeschichten »I Want to Know Why« und »My Old Man« (1923), die beide im Rennbahnmilieu spielen, von der Bewunderung der Protagonisten für die Pferde handeln und die Desillusionierung der jugendlichen Ich-Erzähler durch jene Erwachsene schildern, in denen sie ihr Vorbild gesehen haben. Zwar ist es richtig, daß die Darstellung einer bestimmten Region der Vereinigten Staaten, in der Steinbeck und Faulkner dem Verfasser von *Winesburg, Ohio* folgten, in Hemingways Kurzgeschichten nicht durchgängig als einheitsstiftendes Merkmal fungiert, doch stellen die Abkehr von der »formula story«, die Verwendung des Typs der Initiationsgeschichte, die lockere Verbindung mehrerer Erzählungen zu einer größeren Einheit sowie die stilistischen Parallelen Gemeinsamkeiten dar, die einen über die ersten literarischen Übungen hinausreichenden Einfluß Andersons auf Hemingway wahrscheinlich machen.

Freilich können die stilistischen Parallelen auch auf der Tatsache beruhen, daß beide Autoren mit den Forderungen vertraut waren, die Gertrude Stein an den Stil von Poesie und Prosa gestellt hatte. Von der Prämisse ausgehend, daß sprachliche Äußerungen individuelle Erfahrungsmomente reproduzieren, hatte die Autorin einen ungekünstelten Stil propagiert, der unter anderem durch parataktische Konstruktionen, die Wiederholung von Wörtern und Wortgruppen sowie durch den Verzicht auf die herkömmlichen logischen Strukturen der Sprache gekennzeichnet sein sollte. Anderson stand Gertrude Steins Buch *Tender Buttons* (1914) zunächst verständnislos gegenüber, bekannte später aber, er habe von der Autorin gelernt, das Leben mit Hilfe von »a kind of word color, a march of simple words, simple sentence structure« darzustellen.[31] In der Tat ist Andersons Stil außer durch den Gebrauch der Umgangssprache vor allem durch einfache Satzmuster, durch die bevorzugte Verwendung einfacher Vokabeln und durch die Wiederholung von Schlüsselwörtern charakterisiert. Dieselben Merkmale kehren bei Hemingway wieder, dessen stilistische Eigenarten auch an das 1915 veröffentlichte Manifest der Imagisten um Ezra Pound erinnern. In diesem Zusammenhang ist vor allem jener später von William Carlos Williams auf die Formel: »no ideas but in things« gebrachte Programmpunkt des Manifestes zu erwähnen, in dem die Imagisten die detailgetreue und direkte Beschreibung des konkreten Gegenstandes forderten. Zwar kann dieser Gegenstand auch als Symbol fungieren, doch steht seine »thisness« eindeutig im Vordergrund.

Müssen die stilistischen Parallelen nicht unbedingt als Indiz für den Einfluß Andersons auf Hemingway gewertet werden, so spricht vieles dafür, daß die Darstellung der Initiationserlebnisse in den Nick-Adams-Geschichten sowie die lockere Verklammerung dieser Erzählungen durch *Winesburg, Ohio* angeregt wurden. Allerdings ist in diesem Zusammenhang auf zwei Unterschiede hinzuweisen. Zum einen trifft es zu, daß George Willard einen Teil seiner Erfahrungen dem Einblick in die Lebenssituationen anderer Menschen verdankt, während Nick Adams seine Lehren aus Begebenheiten zieht, in die er persönlich verstrickt ist, und zum anderen fällt auf, daß die dargestellten Ausschnitte aus dem Leben von Nick Adams, die ohne chronologische Ordnung auf die drei Erzählsammlungen *In Our Time* (1925), *Men*

Without Women (1927) und *Winner Take Nothing* (1933) verteilt sind,[32] einen wesentlich größeren Zeitraum umfassen. Der Bogen reicht von der Geschichte »Indian Camp« (1925), in der Nick als kleiner Junge Zeuge einer Geburt wird und sich zugleich mit dem Tod konfrontiert sieht, ohne daß er diese Phänomene des Lebens schon verstünde, bis hin zu der Erzählung »Fathers and Sons« (1933), in welcher der inzwischen 38 Jahre alt gewordene Protagonist auf frühere Stationen seines Lebens zurückblickt. Dazwischen liegen u. a. Geschichten wie »The End of Something« (1925) und »The Three-Day Blow« (1925), in denen es um die Beziehung zu einem jungen Mädchen geht, die Nick aus ihm selbst uneinsichtigen Gründen gelöst hat, und Erzählungen wie »A Way You'll Never Be« (1933) und »In Another Country« (1927), die von Kriegserfahrungen handeln.[33]

Die im Krieg gesammelten Erfahrungen bilden auch den Hintergrund der zweiteiligen Erzählung »Big Two-Hearted River« (1925), die den Schluß der Sammlung *In Our Time* bildet. Nick Adams verkörpert in dieser Geschichte den typisch Hemingwayschen Protagonisten, der physisch und psychisch verwundet ist, sich den sozialen Bindungen entzogen hat und während eines Angelausflugs in Michigan versucht, sein seelisches Gleichgewicht in der Einsamkeit der Natur zurückzugewinnen. Diesem Ziel dienen auch die zum Ritus stilisierten Tätigkeiten des Zeltbaus und der Essenszubereitung, die wie das Ritual des Fischfangs selbst minuziös beschrieben werden.[34] Wie die Beschreibung dieser Tätigkeiten so ist auch die detailliert-realistische Schilderung der Natur nicht Selbstzweck. Sie dient vielmehr ebenfalls der Verdeutlichung der existentiellen Krise, unter der Nick Adams nicht allein leidet, sondern welche die gesamte Generation der Kriegsteilnehmer erfaßt hat.

Der Krisensituation seines Protagonisten entsprechend, operiert Hemingway bei der Beschreibung der Natur mit dem Kontrastprinzip. Zunächst kommt Nick Adams in einen verbrannten Landstrich, der noch seiner Vergangenheit zugeordnet ist, doch dann gelangt er nach einem beschwerlichen Marsch hügelaufwärts in eine fruchtbare Gegend, wo er neben hoch aufragenden Pinien und Zedern am Ufer des Flusses, der als Symbol des Lebens verwendet wird, aber noch einen entwurzelten Baum findet. Ein ebenso antithetisches Bild wird von den Grashüpfern gezeichnet, die Nick Adams für den Forellenfang benötigt. Als der Protagonist durch das verbrannte Land gewandert war, hatte er nur Tiere gesehen, die von der Zerstörung gezeichnet waren. Später fungieren die Insekten dann als ambivalentes Symbol; denn als Nick die Grashüpfer in den taunassen Wiesen für den Forellenfang sammelt, sind sie zunächst noch starr vor Kälte, doch werden sie bald darauf von der Sonne zu neuem Leben erweckt.

Auf derselben Grenzlinie zwischen Leben und Tod befindet sich auch der Protagonist, der die Erfahrungen der Angst und des Schreckens hinter sich lassen will und im Begriff ist, sich neu mit dem Leben zu arrangieren. In der Geschichte werden verschiedene Etappen dieses Prozesses angedeutet. Nach den ersten beiden Etappen – der Durchwanderung des verbrannten Landes und dem Erklimmen des Hügels – wird mit dem Bau des Zeltes ein erster Schritt zur Überwindung der Existenzkrise getan. Die Beschreibung dieser Behausung und die damit verbundene

Schilderung der Empfindungen des Protagonisten sind nicht nur treffende Beispiele für die stilistische Einfachheit und Prägnanz, die Hemingway berühmt gemacht haben, sondern sie stellen mit der Rekurrenz einzelner Wörter auch das sprachliche Pendant zu den rituellen Tätigkeiten dar, mit denen Nick Adams seine Persönlichkeit zu festigen beginnt:

> Nick was happy as he crawled inside the tent. He had not been unhappy all day. This was different though. Now things were done. There had been this to do. Now it was done. It had been a hard trip. He was very tired. That was done. He had made his camp. He was settled. Nothing could touch him. It was a good place to camp. He was there, in the good place. He was in his home where he had made it.[35]

Die Bezeichnung des Zeltplatzes als »good place« und des Zeltes als »home« sowie die starke Betonung der Verben »to do« und »to make« markieren den Übergang von der Zeit alptraumhafter Erfahrungen und passiven Erleidens, die in »A Way You'll Never Be« beschrieben wurde, zur selbstverantwortlichen und aktiven Gestaltung eines geordneten Lebens. Der nächste Schritt zur Überwindung der Existenzkrise wird dann im zweiten Teil der Erzählung getan, wo Nick sich in den Fluß begibt, um zu fischen. Er watet durch das Wasser, seine Füße gleiten über den schlüpfrigen Untergrund, und es gelingt ihm immer dann, eine Forelle zu fangen, wenn er die Strömung des Flusses richtig auszunutzen weiß. So wie der Fluß das Leben selbst symbolisiert, versinnbildlichen die Fische die richtige Einstellung zum Leben, die Nick Adams sich zu eigen macht. Im ersten Teil der Geschichte stand er auf einer Brücke – wie die Tür oder die Schwelle ein vertrautes Symbol für die Grenze zwischen zwei Lebensabschnitten oder Bewußtseinszuständen – und beobachtete lange, wie die Forellen sich im Strom des Lebens behaupten, und im zweiten Teil der Erzählung beweist er dann, daß er eine Lehre aus seinen Beobachtungen gezogen hat. Er hat seinen Platz zwischen dem verbrannten Land und dem unzugänglichen Sumpf gefunden, den er meidet, weil das Fischen dort ein tragisches Abenteuer ist.

Allerdings hat die Geschichte ein offenes Ende. Sie schließt mit dem zweifach interpretierbaren Satz: »There were plenty of days coming when he could fish the swamp.« Einerseits kann aus diesem Satz geschlossen werden, daß es zweifelhaft ist, ob die neue Lebenseinstellung des Protagonisten auch in Zukunft der Versuchung durch das »tragic adventure« (183) widerstehen wird, und andererseits kann er als Beleg für die Erkenntnis des Helden gedeutet werden, daß eine endgültige Überwindung seiner Existenzkrise erst dann erfolgt ist, wenn er nach einer weiteren Stabilisierung seiner Persönlichkeit auch zum Fischen im Sumpf und damit zur Auseinandersetzung mit dem »tragic adventure« fähig ist.

Wird in »Big Two-Hearted River« geschildert, wie der Protagonist die Folgen einer traumatischen Erfahrung zu überwinden versucht, so wird in der berühmten Geschichte »The Killers« (1927) das Schockerlebnis selbst dargestellt, das die Verunsicherung des hier noch im Kindesalter befindlichen Helden nach sich zieht. Nick Adams wird in dieser Erzählung, die der Sammlung *Men Without Women* angehört, mit der Brutalität der Menschen und mit verschiedenen Einstellungen zu Leben und Tod konfrontiert. Er erlebt mit, wie zwei Gangster mit dem Vorsatz in eine Imbißstube eindringen, den schwedischen Boxer Ole Andreson zu ermorden. Bereits die erste Szene, in der die Gangster ein Abendessen bestellen und den Büfettier durch ihr aggressives Verhalten immer mehr einschüchtern, vermittelt mit ihrem rituellen Charakter die Atmosphäre der Angst und des Schreckens. Besonders verdichtet wird diese Atmosphäre dadurch, daß dem Terror etwas Irrationales anhaftet; denn die Mörder nennen keinen triftigen Grund für die beabsichtigte Tat, über die sie sich zudem in höchst beiläufig-unbeteiligter Weise äußern. Der Dialog zwischen einem der Gangster und dem eingeschüchterten Büfettier wechselt auf knappstem Raum von der Ankündigung des Mordes zu dem Ratschlag über, öfter ins Kino zu gehen, und stellt ein anschauliches Beispiel für die von Hemingway in Entsprechung zu seinem Eisberg-Vergleich geübte Praxis dar, möglichst wenig auszusprechen und möglichst viel zu implizieren. In den Äußerungen des Gangsters erscheint das Töten als die nebensächlichste Sache von der Welt, über die man keine großen Worte verliert, doch sind es gerade diese lakonischen Bemerkungen, welche die Atmosphäre des Grauens verstärken.

Auf Nick Adams, der sich bereit erklärt, den Schweden zu warnen, übt diese Atmosphäre zunächst keine besondere Wirkung aus. Als er im Gespräch mit Ole Andreson aber erfahren muß, daß das Opfer das Leben ebenso gering achtet wie die Mörder, ist er total verunsichert. Ging von den Gangstern eine offenbar sinnlose Bedrohung aus, so legt der Schwede eine ebenso schwer nachvollziehbare fatalistische Einstellung an den Tag. Andreson liegt apathisch auf seinem Bett, das Aussehen seiner Mörder interessiert ihn nicht, die Hilfe der Polizei will er nicht in Anspruch nehmen, und die Flucht mag er nicht in Erwägung ziehen. Allein die Bemerkung: »I'm through with all that running around« (23), die als Umschreibung für die Ausweglosigkeit einer gehetzten Kreatur gedeutet werden kann, liefert eine halbwegs plausible Erklärung für das fatalistische Verhalten des Schweden.[36]

Nach seiner Rückkehr in die Imbißstube stößt Nick dort auf das totale Desinteresse des Kochs, während der Büfettier ihm rät, über das Vorgefallene nicht weiter nachzudenken. Der Büfettier selbst wendet diese Verdrängungsstrategie an, zu der Nick erst etliche Jahre später in »Big Two-Hearted River« greift, um über seine traumatischen Kriegserfahrungen hinwegzukommen. In »The Killers« ist er durch die Unfaßbarkeit der Welt der Erwachsenen, die u. a. durch die angeblich falschen Zeitangaben der Wanduhr symbolisiert wird,[37] so sehr beunruhigt, daß er das Erlebte nicht bewältigen kann. So führt sein Initiationsschock nicht zur Integration in die Welt der Erwachsenen, sondern zur Abkapselung von der Gesellschaft. Nicht bereit, sich mit dem Zynismus des Bösen und mit der fatalistischen Ergebenheit in das vermeintlich unentrinnbare Schicksal abzufinden, verkündet er am Ende der Geschichte den auf seine fortdauernde Verunsicherung verweisenden Entschluß, die Stadt zu verlassen.

Unter den Kurzgeschichten Hemingways, in denen Nick Adams nicht als Protagonist auftritt, nimmt die Erzählung »A Clean, Well-Lighted Place« (1933), die der

Sammlung *Winner Take Nothing* angehört, nach dem Urteil der meisten Kritiker eine herausgehobene Position ein. Die Geschichte handelt von einem alten Mann, der taub und verwitwet ist, und von zwei Kellnern in einem spanischen Café, dem »clean, well-lighted place« des Titels. Alle drei Personen bleiben – wie eine Reihe weiterer Charaktere in Hemingways »short stories« – namenlos und werden schon dadurch wie die Schiffbrüchigen in »The Open Boat« als exemplarische Gestalten ausgewiesen.[38] Besondere Aufmerksamkeit verdient der alte Mann, der u. a. die Isolation des modernen Menschen verkörpert. Er hat keine nahen Verwandten, ist als letzer Gast in dem Café mit sich allein und verfügt aufgrund seiner Taubheit nur über sehr beschränkte Möglichkeiten, mit seiner Umwelt in Kontakt zu treten. Zwar hat er auf die Trostlosigkeit seiner Situation mit einem Selbstmordversuch und mit der Flucht in den Alkohol reagiert, doch gehört er wie der Fischer in *The Old Man and the Sea* (1952) und wie der Stierkämpfer in »The Undefeated« (1925) zu denjenigen Gestalten, die dem Verhaltenskodex der Hemingwayschen Charaktere auch im Angesicht des Elends und der Niederlage noch entsprechen. Im Falle des alten Mannes wird dies dadurch veranschaulicht, daß einer der Kellner ihn als »clean« (311) bezeichnet, während dem anderen folgende Beobachtung zugeschrieben wird: »The waiter watched him go down the street, a very old man walking unsteadily but with dignity« (312). Mit Recht ist darauf hingewiesen worden, daß diese würdevolle Haltung ihre formale Entsprechung in der stilistischen Gestaltung der Kurzgeschichte findet.[39]

Die beiden Kellner, durch deren Dialog die Situation des alten Mannes in konzentrierter Form entfaltet wird, erweisen sich als Kontrastpaar. Während der eine von ihnen, der jung und verheiratet ist, sich gleichgültig gegenüber dem Schicksal seines Mitmenschen verhält und damit eine Haltung einnimmt, die an die des Kochs in »The Killers« erinnert, begegnet der andere dem einsamen Gast verständnisvoll, weil er sich selbst in einer ähnlichen Lage befindet. Er ist ebenfalls schon älter, hat wie der alte Mann keine familiären Bindungen und weiß sich in seiner Isolation mit allen anderen Einsamen verbunden, deren trostlose Situation durch das Dunkel der Nacht symbolisiert wird: »I am one of those who like to stay late at the café ... With all those who do not want to go to bed. With all those who need a light for the night« (313).

Dieses Licht für die Nacht hat – wie aus Reflexionen des alten Kellners über die Situation des alten Mannes und über seine eigene Lage hervorgeht – die Funktion, die Gedanken an das Nichts zu vertreiben, auf die der einsame Gast unter anderem mit seinem Selbstmordversuch reagierte und vor denen der Kellner sich in den Sarkasmus flüchtet, wenn er dem traditionellen religiösen Bezugssystem eine Absage erteilt und das Vaterunser sowie das Ave Maria in Gebete an das Nichts verwandelt. Doch wird durch den Gegensatz zwischen diesem Kellner, der wie der alte Mann auf seine Würde bedacht ist und der das Café so lange wie möglich für die Einsamen geöffnet hält, und seinem gedankenlosen Kollegen verdeutlicht, daß das Bewußtsein von der Realität des Nichts die Voraussetzung für die Überwindung der Sinnlosigkeit des menschlichen Daseins ist.[40] Mit dieser Betonung der Sinnlosigkeit, der Hoffnungslosigkeit und der Einsamkeit sowie mit der Verwendung des Suizid-Motivs erinnert die vorliegende Kurzgeschichte an Melvilles »Bartleby the Scrivener«. Außerdem ist sie mit Stephen Cranes Erzählungen »The Open Boat« und »The Blue Hotel« vergleichbar, die ebenfalls von der Verlorenheit und der Bedeutungslosigkeit des Menschen handeln.

Hemingways Einfluß war nicht auf Amerika beschränkt, sondern ist auch bei europäischen Autoren spürbar. Vor allem waren es die Bündigkeit und Prägnanz seines Stils, die konkrete Beschreibung des Geschehens und der Gegenstände, die dialogische Darbietungsform, die unaufdringliche Verwendung der Symbolik, die kompakte narrative Struktur und die Reduktion des Geschehens auf exemplarische Grundsituationen, die viele Nachahmer gefunden haben. Auch die von Hemingway behandelten Themen sind von späteren Autoren immer wieder aufgegriffen worden. Dies gilt nicht nur für den Themenkomplex von Gewalt, Angst und Tod, sondern auch für das auf Anderson zurückweisende und von Hemingway unter anderem in »Cat in the Rain« (1925) behandelte Thema der gestörten Beziehungen zwischen Ehepartnern, das in Amerika später von Autoren wie John Cheever und James Purdy aufgenommen wurde.

James T. Farrell, Conrad Aiken und John Steinbeck

Bei seinem Vergleich zwischen amerikanischen Kurzgeschichten aus den zwanziger Jahren und einer Gruppe von »short stories« aus den vorhergehenden zwei Jahrzehnten kam Austin McGiffert Wright zu dem Ergebnis, daß das in den frühen Erzählungen vorhandene »element of economic victimization« in den späteren Geschichten als bedrohendes Moment ausscheidet und durch die »internal violence in society« ersetzt wird.[41] In Einzelfällen ist diese Unterscheidung zweifellos anfechtbar; denn die Beschreibungen der Soldaten Carrol Key und Gus Rose, die Rede des Juden sowie der offenbar nicht nur selbstverschuldete Zustand Gordon Sterretts in »May Day« verdeutlichen zum Beispiel, daß die sozialen Verhältnisse von den Autoren der zwanziger Jahre gelegentlich durchaus noch als lebensbedrohend empfunden werden.

Aufs Ganze gesehen trifft Wrights Feststellung aber zu und durch Hemingways Kurzgeschichten wird sie uneingeschränkt bestätigt. Erinnert sei hier nur an den alten Mann in »A Clean, Well-Lighted Place«, der nicht unter der materiellen, sondern unter der seelischen Not leidet. Ohnehin räumte Hemingway den konkreten sozialen Gegebenheiten in seinen Erzählungen nur einen geringen Raum ein. Zwar sind etwa in »The Killers« Hinweise auf den Zusammenhang zwischen der Prohibition und der Bandenkriminalität enthalten, doch galt das Hauptaugenmerk des Autors dem »human predicament«, das allerdings nicht nur durch die Allmacht des Todes, sondern auch durch die Auflösung des sozialen Gefüges als Folge der Gleichgültigkeit und der Brutalität gekennzeichnet ist. Indem Hemingway diese Verhaltensweisen, die aus dem nicht zuletzt weltkriegsbedingten Zusammenbruch des tradierten Wertsystems resultierten, in seinen Kurzgeschichten beschrieb, übernahm er zwar die Rolle eines sozialkritischen Autors; indem er der Brutalität und der Gleichgültigkeit aber nichts als die Duldsamkeit und den Stoizismus der Opfer entgegensetzte, stellte er diese Rolle wieder in Frage.[42] Hinzu kommt, daß der sozialkritische Aspekt in seinen Kurzgeschichten ohnehin ein geringeres Gewicht als die Darstellung von Bewußtseinszuständen hat.

Bei anderen Autoren, deren Kurzgeschichten wie Hemingways Sammlung *Winner Take Nothing* in der Depressionszeit entstanden, rückte das »element of economic victimization« demgegenüber wieder stark in den Vordergrund. Handelt es sich bei Katherine Anne Porters Geschichte »He« (1927) noch um eine Erzählung um den Überlebenskampf einer Familie, die ohne Bezug auf die zeitgenössischen ökonomischen Schwierigkeiten dargestellt wird, so sind die Auswirkungen der Wirtschaftsflaute in den Kurzgeschichten von William Carlos Williams und von James T. Farrell sowie in einem Teil der Erzählungen von William Saroyan das zentrale Thema. Williams veröffentlichte 1932 die Kurzgeschichtensammlung *The Knife of the Times*, in der die Zeitumstände nach eigener Aussage des Autors als das Messer erscheinen, das die Armen in einem reichen Land tötet;[43] Saroyan beschrieb in der Titelgeschichte seiner Sammlung *The Daring Young Man on the Flying Trapeze* (1934) den Hungertod eines arbeitslosen Schriftstellers; und Farrell, der die sozialen Faktoren und Zwänge in der modernen Industriegesellschaft mit der Macht des Schicksals in der antiken Tragödie verglich,[44] porträtierte in der nach 1930 entstandenen Geschichte »Street Scene« die exemplarische Gestalt eines alten heruntergekommenen Mannes, der sich von der menschlichen Gesellschaft ausgeschlossen fühlt und dessen Lebenswille dem Wunsch gewichen ist, auf offener Straße in Frieden zu sterben.

Obwohl diese recht melodramatische Erzählung und die anderen zahlreichen Kurzgeschichten von Farrell die Qualität seiner Romane nicht annähernd erreichen, gilt der Autor wohl nicht zu Unrecht als der führende Vertreter der sozialkritischen »short story« in den dreißiger Jahren. Unter anderem von Tschechow und Joyce beeinflußt, setzte er innerhalb der amerikanischen Literatur die Tradition der Naturalisten fort, von denen er Dreiser am nächsten stand.[45] Doch teilte er die deterministische Auffassung der frühen Naturalisten von den Menschen als »rats in traps and cages« nicht. Naturalistisches Erzählen war für ihn vielmehr gleichbedeutend mit dem Versuch, »(to explain) whatever happens in this world ... in terms of natural origins.«[46] Das aber bedeutet, daß ein naturalistischer Erzähler sich mit den sozialen und ökonomischen Verhältnissen auseinanderzusetzen hat, »which brutalize human beings and produce spiritual and natural poverty.«[47] In der zwischen 1933 und 1939 entstandenen Kurzgeschichte »Whoopee for the New Deal!« nimmt diese Auseinandersetzung die Form der Warnung vor den faschistischen Tendenzen im zeitgenössischen Amerika an. Als handelnde Personen fungieren in der Geschichte zwei vulgäre und trunksüchtige Ehepaare aus der Mittelschicht, die das Wirtschaftsförderungsprogramm Franklin Delano Roosevelts unkritisch bejubeln und bei denen die Verschlechterung der ökonomischen Lage den Haß auf die Sozialisten und die Juden geschürt hat.

An dieser Stelle muß hervorgehoben werden, daß Farrell in der ökonomischen Misere der Depressionszeit nicht die alleinige Ursache für die Deformität des modernen Menschen sah. Vielmehr hatte er von Thorstein Veblen, dessen Buch *The Instinct of Workmanship* 1914 erschienen war, die Ansicht übernommen, daß die industrielle Entwicklung die menschliche Kreativität erstickt. Die Gültigkeit von Veblens Theorie leuchtete ihm umso mehr ein, als er sie durch das literarische Werk des von ihm bewunderten Sherwood Anderson bestätigt zu finden glaubte. Besonders faszinierten ihn an Andersons Kurzgeschichten die Beschreibungen der psychischen Zustände und des Bedürfnisses der »grotesken« Charaktere, sich anderen mitzuteilen. So kann es nicht verwundern, daß Farrell selbst eine Reihe von frustrierten Personen schuf, die an die Charaktere in *Winesburg, Ohio* erinnern. Eine der gelungensten dieser Gestalten ist zweifellos der Telefonist Jack Stratton in »A Jazz-Age Clerk« (1932). Er ist von früh bis spät an einen monotonen Arbeitsplatz gebunden und lebt in bescheidenen Verhältnissen, weil er seinen kargen Lohn noch mit seinen in Not geratenen Eltern teilen muß. Seine angespannte finanzielle Lage führt zur Verstärkung seines ohnehin schon vorhandenen Minderwertigkeitskomplexes, der sich nicht zuletzt in seiner Scheu gegenüber dem anderen Geschlecht äußert. So kompensiert er seine unerfüllt bleibenden Wünsche durch Tagträume, in denen er sich unter anderem in die Welt des Kinos versetzt. Andersons Charakteren ähnelt er vor allem darin, daß das von Frustrationen geprägte Leben ihn zum Sonderling gemacht hat.[48]

Wird durch »A Jazz-Age Clerk« verdeutlicht, daß Farrell nicht nur ein Kritiker der zeitgenössischen sozialen Verhältnisse war, sondern auch den Zusammenhang zwischen den Lebensbedingungen des Menschen und seiner psychischen Befindlichkeit darzustellen versuchte, so sind die Kurzgeschichten von Conrad Aiken Beispiele für eine Erzählkunst, die sich nicht auf die konkrete soziale Wirklichkeit bezieht, sondern den Akzent auf die Entfaltung der Welt des Bewußtseins und des Unterbewußtseins legt. Aiken war von der Freudschen Psychoanalyse beeinflußt und knüpfte mit seinen Kurzgeschichten, in denen die Charaktere häufig an den Rand des Wahnsinns und des Todes geraten, an Edgar Allan Poe und Ambrose Bierce an.[49]

In »Secret Snow, Silent Snow« (1932), seiner bekanntesten »short story«, die 1934 in die Sammlung *Among the Lost People* aufgenommen wurde, hat Aiken unter Verwendung der Bewußtseinsstromtechnik die fortschreitende psychische Desintegration des zwölfjährigen Paul Hasleman beschrieben. Der Prozeß vollzieht sich in mehreren Etappen. Zunächst ist der sich selbst beobachtende Junge noch zwischen seiner imaginierten Welt und der Realität hin und hergerissen,[50] dann flüchtet er in sein Zimmer, das als räumliches Symbol für das Reich der Phantasie fungiert, und schließlich erreicht die Abkehr von der Welt des Alltags ihren Höhepunkt im Todeswunsch.

Begleitet wird diese Entwicklung unter anderem von der zunehmenden Verdichtung des bloß imaginierten Schnees, der in der Phantasie des Jungen schließlich sogar personifiziert wird. Der Schnee symbolisiert die Abkapselung von der Außenwelt; je dichter er wird, desto stärker dämpft er die Tritte des täglich erscheinenden

Postboten. Wie dieser so verkörpern auch die Lehrerin, der ihn untersuchende Arzt und die Eltern als Autoritätspersonen die Realität, die in den Augen des Jungen immer feindlichere Züge annimmt. Zunächst wird der Schritt in den Wahnsinn noch durch das gute Verhältnis zwischen Paul und seinen Eltern verzögert. Doch dann erscheint der Vater dem Protagonisten als grausame Gestalt mit einer »well-known ›punishment‹ voice« (233), und in seiner Mutter, die ihm in sein Zimmer gefolgt ist, sieht er eine Bedrohung seiner geheimnisvollen Welt der Schönheit und des Friedens, so daß er ihr mit Haß begegnet und die Verbindung zu ihr zerschneidet.

Wie bei »Silent Snow, Secret Snow«, wo das Motiv des Todeswunsches, die Symptome der Schizophrenie sowie die Darstellung der Mutter-Sohn-Beziehung und des Vater-Sohn-Verhältnisses eindeutig auf die Verarbeitung der Erkenntnisse der Psychoanalyse verweisen, drängt sich auch bei John Steinbecks Kurzgeschichte »The Snake« (1935) zunächst der Eindruck auf, daß das erzählte Geschehen im Sinne einer psychologischen Fallstudie aufzufassen ist. Zwar wird der psychoanalytische Interpretationsansatz in der Geschichte selbst von dem in das Geschehen verwickelten Zoologen Dr. Phillips ausdrücklich verworfen, doch zeigt die Tatsache, daß er überhaupt in Erwägung gezogen wird, wie sehr auch Steinbeck sich um die Darstellung der Welt des Bewußtseins bemühte. Bestätigt wird diese Tatsache durch mehrere Kurzgeschichten, in denen der Autor sich wie Anderson und Hemingway mit den gestörten Beziehungen zwischen Mann und Frau sowie mit den daraus resultierenden Frustrationen beschäftigte, sowie durch die vier Initiationsgeschichten, in denen der Reifeprozeß des heranwachsenden Jody Tiflin geschildert wird.

Allerdings galt das Augenmerk Steinbecks, dessen Geschichten im Salinas Valley oder der kalifornischen Stadt Monterey angesiedelt sind, auch dem »soziale(n) Gefüge mit seiner deformierenden und verbrecherischen Kraft«. Verdeutlicht wird dies nicht erst durch die Kurzgeschichten »The Raid« (1934), in der es um die Vorbereitung eines Arbeitskampfes geht, und »The Vigilante« (1936), in der ein Schwarzer gelyncht wird, sondern auch schon durch die Erzählsammlung The Pastures of Heaven (1932), in der Steinbeck mehrere unbetitelte Erzählungen, die er als Kurzgeschichten konzipiert hatte, zu einer Einheit zusammenfaßte. Wie die Geschichten um Jody Tiflin erinnert diese Sammlung, in welcher der gemeinsame Schauplatz und eine Familie als einheitsstiftende Klammern fungieren, an Winesburg, Ohio, doch wird die Entlarvung der ländlichen Idylle in ihr in stärkerem Maße als bei Anderson von sozialkritischen Tönen begleitet.[51]

Als Steinbecks bedeutendster Beitrag zum Kanon amerikanischer Kurzgeschichten ist die Sammlung The Long Valley anzusehen, die zuerst 1938 erschien. In ihrer umfangreichsten Fassung enthält sie fünfzehn Erzählungen, darunter die vier Jody-Tiflin-Geschichten, die seit 1933 entstanden waren und auch separat unter dem Titel The Red Pony publiziert wurden. Besonders die erste dieser Geschichten (»The Gift«), in der Jodys Pony wegen der Unachtsamkeit des Farmgehilfen Billy Buck stirbt, erinnert deutlich an Anderson (»I Want to Know Why«) und Hemingway (»My Old Man«); denn in allen drei Fällen wird die Desillusionierung eines Heranwachsenden infolge der Unzulänglichkeit eines Erwachsenen thematisiert. In den nächsten beiden Erzählungen (»The Great Mountains« und »The Promise«) wird der Protagonist dann mit dem Tod sowie mit der Indifferenz und der Unvollkommenheit der Natur konfrontiert. Den Schritt in die Welt der Erwachsenen vollzieht er schließlich in »The Leader of the People«, wo ihm von seinem Großvater eine Ahnung vom Sinn der nationalen Geschichte vermittelt wird. Als Pionier hatte der Großvater das Ende der Westwanderung miterlebt, und seither hatte er sich vergeblich bemüht, den Gruppengeist der Pioniere in seinen Erzählungen lebendig zu erhalten, doch lernt Jody von ihm, »that the only way to deal with the fallibility and the limitations of both man and nature is to be compassionate.«[52] Er repräsentiert damit eine Einstellung gegenüber dem Mitmenschen, die entfernt an die Solidarität der Schiffbrüchigen in »The Open Boat« erinnert und die ein Gegengewicht zu der Selbstsucht darstellt, die das Verhalten der meisten Charaktere in *The Long Valley* bestimmt.

Die oben bereits erwähnte Kurzgeschichte »The Snake«, die ebenfalls der Sammlung *The Long Valley* angehört, ist nicht zuletzt deshalb für die Erzählkunst Steinbecks charakteristisch, weil in ihr die Natursymbolik eine zentrale Rolle spielt. Sie erfüllt zwei Funktionen. Zum einen dient sie wie schon bei Crane, Anderson und Hemingway dazu, Bewußtseinsinhalte sichtbar zu machen, und zum anderen kommentiert sie das Geschehen. Schauplatz dieses Geschehens ist das Labor des Zoologen Dr. Phillips in Monterey, dessen Beschreibung beim Leser einen zwiespältigen Eindruck hinterläßt. Von einer Mauer von leeren Sardinenbüchsen umgeben, spartanisch eingerichtet und mit Käfigen angefüllt, ist es im ersten Teil der Geschichte nichtsdestoweniger durch »a glow of warmth« gekennzeichnet.[53]

Durch die zu Anfang beschriebenen Tätigkeiten des Zoologen wird der ambivalente Eindruck unterstrichen; denn Leben und Tod sind in dem Labor ebenso eng benachbart wie der emotionale Kontakt zum Tier und der wissenschaftlich-nüchterne Umgang mit dem Tier als Versuchsobjekt. Für Dr. Phillips, der eine Katze streicheln und schon im nächsten Moment töten kann, besteht zwischen diesen beiden Einstellungen freilich kein Widerspruch; denn das Töten zum Zwecke der Erforschung der Natur ist für ihn kein Akt wider die Natur, sondern es ist im Gegenteil ein ebenso notwendiger Vorgang wie die Nahrungsaufnahme, die parallel zu seiner wissenschaftlichen Arbeit erfolgt. Die Reaktionen der personifizierten Natur lassen die Vorgänge im Labor allerdings in einem anderen Licht erscheinen; denn als der Zoologe sein Essen wärmt, umspülen die Wellen die Pfeiler, auf denen der seewärts gerichtete Teil des Laboratoriums ruht, »quietly« (52), während sie später, nachdem die Katze getötet worden ist, »with little sighs« (53) gegen das Gebäude schlagen. Auch im weiteren Verlauf der Geschichte werden die Vorgänge im Labor, die in zunehmendem Maße die Kräfte des Bösen in der menschlichen Seele enthüllen, von den Wellen mit Seufzern oder »little shocks« (56) kommentiert.

Verkörpert wird das Böse durch eine mysteriöse junge Frau, die ganz in Schwarz gekleidet ist und mit deren Auftritt der sinnlose Tod in das Laboratorium einbricht. U. a. wird der Auftritt der Frau, die im Gegensatz zu anderen Besuchern nicht an der alltäglichen wissenschaftlichen Arbeit des Zoologen interessiert ist, zur Ursache dafür, daß ein Experiment scheitert, welches der Erforschung der Fortpflanzung der Seesterne dient. Außerdem äußert die Besucherin den ungewöhnlichen Wunsch, eine männliche Klapperschlange zu kaufen und sie beim Verzehr einer Ratte zu beobachten. Die Schlange, die sie auswählt, ist ebenso ungewöhnlich wie sie; denn es handelt sich bei ihr um eine Außenseiterin, welche die anderen Schlangen bei der Auseinandersetzung um die Nahrung gleichwohl dominiert und deren Sexualtrieb in der Gefangenschaft nicht abgestorben ist. Als die Frau, deren Reaktionen den Zoologen anwidern, die Schlange beim Kampf mit der Ratte beobachtet, identifiziert sie sich so weit mit ihr, daß es zu einem Gleichklang der Körperbewegungen kommt.[54] Aufgrund dieser Identifikation wird man davon ausgehen können, daß die Besucherin ihre Wunschvorstellungen auf das Tier projiziert.

Zwar werden die Wunschvorstellungen in der Geschichte nicht präzisiert, doch geben die Attribute der Schlange Anlaß zu der Vermutung, daß die Frau von der männlichen Kraft sowie von der Urtümlichkeit der Instinkte und der Triebe fasziniert ist, die durch die unnatürlichen Lebensbedingungen nicht verkümmert sind. Eine Stütze für diese Vermutung bildet die ausdrückliche Anweisung der Frau, daß der Schlange kein Gift abgezapft wird.[55] Bedeutsamer für das Verständnis von »The Snake« als die nur angedeuteten Gründe für das Verhalten der Besucherin ist aber die Tatsache, daß deren »emotional bath« (60) den sinnlosen Tod der Ratte voraussetzt, die der Schlange geopfert wird, obwohl diese gar keine Nahrung benötigt. Außerdem ist wichtig, daß Dr. Phillips sich dem perversen Wunsch der Neurotikerin nicht widersetzt; denn für ihn ist die Tötung einer Ratte durch eine Schlange eigentlich nur dann akzeptabel und natürlich, wenn sie zur Deckung des Nahrungsbedarfs erfolgt. Er tut also etwas, was nach seinen eigenen Maßstäben »deeply sinful« (58) ist; er gerät unter den Einfluß des Bösen und wird moralisch korrumpiert.

Am Schluß der Geschichte versucht der Zoologe dann, das Verhalten der Frau zu deuten. Er zieht nur eine Deutungsmöglichkeit in Erwägung, die er aber – wie schon erwähnt – selbst verwirft: »I've read so much about psychological sex symbols ... It doesn't seem to explain« (62). Zwar wäre der psychoanalytische Interpretationsansatz – man denke nur an Freuds Bemerkungen über den Penisneid – durchaus geeignet, Licht in das Verhalten der Frau zu bringen, doch bleiben bei Verwendung dieses Ansatzes tatsächlich verschiedene Punkte unklar.[56] Zu einer schlüssigeren Deutung des Geschehens gelangt man, wenn man das Augenmerk weniger auf das Verhalten der Frau als vielmehr auf den Einfluß ihres Verhaltens auf den Zoologen richtet und wenn man sich daran erinnert, daß die biblische Symbolik in Steinbecks Erzählwerk eine zentrale Rolle spielt. »The Snake« kann dann als moderne Geschichte über den Sündenfall interpretiert werden, in der die Schlange das Satanssymbol ist, die von der Schlange faszinierte Frau Eva verkörpert, der von der Besucherin korrumpierte Zoologe die Rolle Adams spielt und das Laboratorium, wo sich der Mensch um die ihm verheißene Erkenntnis bemüht, als das vom Wohlstandsmüll umgebene verlorene Paradies figuriert.[57] So gelesen fügt »The Snake« sich nahtlos in das übrige Erzählwerk Steinbecks ein, in dem das Motiv des verlorenen Paradieses zu den dominanten Merkmalen gehört.

William Faulkner, Katherine Anne Porter, Eudora Welty, Flannery O'Connor und Joyce Carol Oates

Ebenso beherrschend wie im Erzählwerk John Steinbecks ist das Thema des Verlustes in den Romanen und Kurzgeschichten von William Faulkner, der in Oxford/ Mississippi lebte und der wie sein kalifornischer Zeitgenosse der Gruppe der Regionalisten zugeordnet wird. Macht man sich jedoch die Auffassung der ebenfalls dem Regionalismus zugehörenden Flannery O'Connor zu eigen, wonach das Problem eines Erzählers darin besteht, von den »concrete particulars of a life« in einer bestimmten Region auszugehen, die »small history« dieser Region gleichzeitig aber in universalem Licht erscheinen zu lassen,[58] dann ist offensichtlich, daß Faulkner diesen beiden Prinzipien regionalistischen Erzählens in stärkerem Maße als Steinbeck entspricht. Das Gros von Faulkners Erzählungen ist in der Stadt Oxford oder im Lafayette County lokalisiert, deren »concrete particulars« mit einer an »localcolor«-Autoren wie Hamlin Garland erinnernden Detailtreue beschrieben werden, doch hat Faulkner diese Region nicht photographisch abgebildet, sondern in eine mythisch-fiktive Welt umgeformt, der er den Namen Yoknapatawpha County gab und deren Kreisstadt er Jefferson nannte.

Der aus der Indianersprache stammende Name Yoknapatawpha deutet bereits darauf hin, daß die Erforschung der historischen Dimension der dargestellten Gegend ein zentrales Anliegen von Faulkner war. Dabei erscheint die Vergangenheit als die Zeit, in der die weißen Bewohner des Südens durch die Enteignung der Indianer und durch die Versklavung der Schwarzen Schuld auf sich geladen haben,[59] die sich von Generation zu Generation vererbt. Es ist aber auch die Zeit, in der Gesellschaft der Pflanzer noch durch eine lebendige kulturelle Tradition und durch ein intaktes Normgefüge gekennzeichnet war. Das Ende dieser Zeit wird durch den Bürgerkrieg markiert, doch wird mit der Zerstörung des Landes durch die Armee der Nordstaaten nur der Verfallsprozeß beschleunigt, der schon vorher eingesetzt hatte und in dem Faulkner die eigentliche Ursache für den Niedergang des Südens sah. Mit diesem Niedergang der aristokratischen Gesellschaft kontrastiert der von den Folgen des Bürgerkrieges begünstigte Aufstieg einer neuen, materialistisch orientierten Schicht, die sich an keinen Moralkodex gebunden fühlt und die Repräsentanten der alten Gesellschaftsordnung vollends korrumpiert.

Unter den »concrete particulars« der von Faulkner beschriebenen Region nimmt der Konflikt zwischen der alten und der neuen Gesellschaftsordnung eine herausgehobene Position ein. Er kann als das übergreifende Thema des Faulknerschen Erzählwerks angesehen werden und wird nicht nur als spezifisches Problem des amerikanischen Südens verstanden, sondern erhält als Auseinandersetzung zwischen »humanism« und »naturalism or animalism« auch universale Bedeutung.[60] Es versteht sich von selbst, daß Faulkner, der durch seine Herkunft noch in der Tradition des alten Südens verwurzelt war und der wegen seines moralischen Engagements immer wieder mit Hawthorne verglichen worden ist, sich äußerst kritisch mit dem Ungeist der neuen Zeit auseinandersetzte. Dabei verwendete er in seinen Kurzgeschichten wie z. B. in »Barn Burning« (1939) häufig die Perspektive unschuldiger Kinder oder Jugendlicher, um seiner Sozialkritik durch den Kontrast zwischen Beobachter und Beobachteten zusätzliches Gewicht zu verleihen. In dem Kurzgeschichtenroman *The Unvanquished* (1938), in dem Ereignisse aus dem Bürgerkrieg und der Nachkriegszeit aus der Perspektive des heranwachsenden Bayard Sartoris geschildert werden, dient dieses erzähltechnische Mittel aber auch dazu, die Fragwürdigkeit des Moralkodex der aristokratischen Gesellschaft schrittweise zu enthüllen.[61] Noch entschiedener hat Faulkner den Verrat an den alten Idealen und den moralischen Verfall in der noch zu erörternden Geschichte »Wash« (1934) angeprangert.

Neben dem Konflikt zwischen dem alten und dem neuen Süden gehören die umgangssprachlichen Idiome, der Humor, die Legenden, die Tradition der »tall tale« sowie die Natur zu den »concrete particulars« der von Faulkner beschriebenen Region. Teilweise tragen aber auch sie zur Universalisierung der erzählten Welt bei. Für die Natur gilt dies u. a. insofern, als die Einstellung des Menschen ihr gegenüber mit sozialen Verhaltensweisen korrespondiert. Zwar gibt es in Faulkners Erzählwerk einige Personen, die des Autors Meinung teilen, daß nicht die Natur dem Menschen, sondern der Mensch der Natur gehört, doch wird die Wildnis meist als Objekt der Ausbeutung betrachtet. So hat Faulkner in *Go Down, Moses* (1942) denn auch eine enge Verbindung zwischen der Zerstörung der Wildnis und der Versklavung der Schwarzen hergestellt.[62]

Doch wird die Natur nicht allein dadurch über den Rang eines »concrete particular« hinausgehoben, daß ihr von Menschenhand bewirkter Niedergang in einem größeren Zusammenhang mit dem sozialen Verfall steht, sondern sie trägt auch deshalb zur Universalisierung der erzählten Welt bei, weil Faulkner ihr meist mythische Qualitäten oder den Charakter einer symbolischen Szenerie verliehen hat.[63] In dieser Hinsicht lassen sich die Naturbeschreibungen mit den Rückgriffen auf die Volksdichtung vergleichen; denn die Verarbeitung der Legenden und die Anknüpfung an die »tall tale« sind ebenfalls entscheidende Faktoren bei dem Bemühen, die reale Region des Lafayette County in den mythischen Raum von Yoknapatawpha zu transformieren.[64] Als exemplarischer Beleg für dieses Zusammenwirken kann die lange Erzählung »The Bear« (1942) angesehen werden, in welcher der Bär sowie die von ihm beherrschte Wildnis in ihrer Erhabenheit und Rätselhaftigkeit als Erscheinungsformen einer mythischen Welt dargestellt sind und die vom Geist der »tall tale« und der Legenden des Südens durchdrungen ist.[65]

Die auf Mark Twain zurückweisende Anknüpfung an die »tall tale« und an die humoristische Tradition des alten Südens in einem Erzählwerk, das mit seiner pessimistischen Weltsicht gleichzeitig in der Nachfolge der Erzählungen von Hawthorne und Melville steht, ist bereits ein Indiz für die Vielfalt, die es unmöglich macht, in dem hier zur Verfügung stehenden Rahmen einen auch nur halbwegs umfassenden

Eindruck von den Faulknerschen Kurzgeschichten zu vermitteln. Bei kaum einem anderen Autor ist das Spektrum der Themen, Stoffe, Aussageweisen und narrativen Formen wie Typen so breit wie bei dem Nobelpreisträger von 1950. Die Skala reicht vom Gegensatz zwischen Individuum und Gesellschaft über die Beziehungen zwischen den Rassen bis zum Verhältnis zwischen Kindern und Erwachsenen; von der Selbstherrlichkeit über die Duldung bis zur Frustration; vom alltäglichen Leben armer Pächter und Farmer bis zum Alptraumhaften und Übernatürlichen; von Geschichten über den Bürgerkrieg und den Ersten Weltkrieg bis zu Jagdgeschichten; vom Humor und der Komik bis zum »Gothic horror«; vom chronologischen Erzählaufbau bis zum »flash back« und zur Überblendung von Bewußtseinsinhalten sowie von der literarisierten »tall tale« über die Initiationsgeschichte bis zur »tale of ratiocination«, mit deren Verwendung Faulkner wie mit der Erzeugung des »Gothic horror« und mit der Darstellung des Übernatürlichen an die Kurzgeschichten Edgar Allan Poes anknüpft.

Außer durch die skizzierte Vielfalt wird die Charakterisierung der Faulknerschen Kurzgeschichten dadurch erschwert, daß sie häufig in einem größeren Zusammenhang stehen. Die immer wieder in verschiedenen Romanen und Kurzgeschichten auftretenden Personen, die übergreifende Thematik des Gegensatzes von altem und neuem Süden sowie die Verankerung des Großteils der »short stories« und der Romane in ein und derselben Region fügen die einzelnen Bestandteile des Erzählwerks zu einer monumentalen Yoknapatawpha-Chronik zusammen. Auch wenn man die Kurzgeschichten getrennt von den Romanen betrachtet, zu denen sie gelegentlich Vorstudien waren und in die sie nicht selten als Episoden eingegliedert wurden, ist die Tendenz zur Grenzüberschreitung in Richtung auf die Großform unverkennbar. So wie *The Unvanquished* und *Go Down, Moses* besteht auch *Knight's Gambit* (1949) aus mehreren miteinander verflochtenen Kurzgeschichten.

Ein größerer, vor allem durch Kontrapunktik gekennzeichneter Bauplan liegt ebenfalls der Ausgabe der *Collected Stories* von 1950 zugrunde, die in sechs Sektionen unterteilt ist, welche sich vom Alltäglichen bis zum Übernatürlichen erstrecken. Diese erste Gruppe dieser insgesamt 42 Geschichten, die sich aus Jagderzählungen sowie »short stories« über das Leben der armen Landbevölkerung zusammensetzt, hat den Titel »The Country«. In der zweiten Sektion, »The Village« betitelt, wird der Schauplatz dann nach Jefferson verlegt und ein negatives Bild des neuen Südens gezeichnet, während in »The Wilderness«, dem dritten Teil, in die Vergangenheit zurückgeblendet wird und die verlorene Welt der Indianer beschworen sowie die Beziehungen zwischen Weißen, Schwarzen und Indianern dargestellt werden. In der vierten Gruppe mit dem beziehungsreichen Titel »The Wasteland« wird der mythische Raum von Yoknapatawpha verlassen und in fünf Geschichten vom Ersten Weltkrieg sowie von seinen Folgen gehandelt, worauf im fünften Teil (»The Middle Ground«) die pessimistische Weltsicht durch elf Geschichten über das Scheitern, die Desillusion, die Entfremdung und den Tod verdichtet wird. Den Abschluß bildet dann die »Beyond« betitelte sechste Sektion, in der die Grenzen der Realität über-

146

schritten werden und das Geschehen im Bereich des Übernatürlichen und der bizarren Träume angesiedelt ist.[66]

Zu den ersten und zugleich bekanntesten wie bedeutendsten Kurzgeschichten Faulkners gehört die Erzählung »A Rose for Emily« (1930), welche die zweite Sektion der *Collected Stories* eröffnet und die auch den Band *These Thirteen* einleitet, der 1931 als erste Kurzgeschichtensammlung des Autors erschien. Sie steht unverkennbar in der Tradition der Poeschen Schauergeschichten,[67] schließt mit dem Bild der psychisch deformierten Protagonistin ebenso unverkennbar an die Erzählungen von Sherwood Anderson an, erinnert mit ihrem straffen Aufbau und ihrer stilistischen Prägnanz an die besten »short stories« von Ernest Hemingway und fügt sich mit der Darstellung des Gegensatzes zwischen der alten patriarchalischen Gesellschaft und der traditionslosen, von »more modern ideas« (10) geprägten neuen Zeit nahtlos in das übrige Erzählwerk Faulkners ein.

Von den anderen in *These Thirteen* enthaltenen Kurzgeschichten stehen »Dry September« (1931) und »That Evening Sun« (1931) in relativ engem Zusammenhang mit der vorliegenden Erzählung. In allen drei Geschichten geht es um eine Gewalttat, deren Beschreibung ausgespart wird. Darüber hinaus sind »A Rose for Emily« und »Dry September« durch die Figur der frustrierten und isolierten alternden Frau miteinander verbunden, wohingegen die Parallele zwischen »That Evening Sun« und der vorliegenden Geschichte darin besteht, daß eine Liebesbeziehung durch den gewaltsamen Tod zerstört wird oder zerstört zu werden droht. Während aber dieser Tod in »That Evening Sun« von der Farbigen Nancy, die ihren Mann wegen ihrer Untreue gegen sich aufgebracht hat, in panischer Angst erwartet wird, hat er sich in »A Rose for Emily« schon vor vierzig Jahren ereignet, als Emily Grierson ihren Geliebten Homer Barron mit Arsen vergiftete, weil er sie verlassen wollte.

Das Motiv für Emily Griersons Gewalttat ist aber nicht etwa in Rache- oder Eifersuchtsgefühlen, sondern in dem wahnwitzigen Glauben zu suchen, daß der Tod der Liebe durch den Tod des Geliebten aufgehalten werden kann; denn am Schluß der Geschichte wird der makabre Umstand enthüllt, daß die Protagonistin ihr zum Brautgemach hergerichtetes Schlafzimmer mit der Leiche ihres Geliebten geteilt hat. Verstärkt wird der Schauder, der durch diese grausige Enthüllung verbreitet wird, durch den in der Geschichte vermittelten Eindruck, daß die wahnwitzige Tat Emily Griersons nicht den beabsichtigten, sondern einen gegenteiligen Effekt gehabt hat. Ausgehend von der Erkenntnis, daß der Kontakt zu Homer Barron für sie die letzte Möglichkeit darstellte, ihrem isolierten Dasein ein Ende zu setzen, hatte die Protagonistin dem Lauf ihres Schicksals nicht tatenlos zusehen wollen, sondern den verzweifelten Versuch unternommen, den Geliebten für immer an sich zu binden. Das Ergebnis dieses Versuchs ist aber eine noch totalere Isolation; die Zweisamkeit, die Emily Grierson erzwingt, ist eine Liaison von Toten. In der Geschichte wird nämlich nicht nur darauf hingewiesen, daß die Protagonistin, die ihr Haus kaum noch verläßt und keine Besuche mehr empfängt, nach ihrer Verzweiflungstat ungewöhnlich schnell gealtert ist, sondern bei ihrer Beschreibung wird auch die

Todesmetaphorik verwendet.[69] Außerdem besteht wie in Poes »The Fall of the House of Usher« eine Parallele zwischen dem Verfall des Menschen und dem Zustand seiner Behausung, die in »A Rose for Emily« von Staub erfüllt ist und mit einem Grab verglichen wird.[70]

Emily Griersons Dasein ist nicht nur ein Leben, in dem die Kommunikation erstorben und die Bewegung zum Stillstand gekommen ist, sondern es ist auch ein Leben, in dem die Gesetze der Zeit aufgehoben sind. Ihr Haus, das in einer einstmals vornehmen Gegend steht, hat als einziges dem Vordringen der Industrie als Erscheinungsform der neuen Zeit getrotzt, und es ist das einzige, an dem kein Briefkasten angebracht wird, als die Post ihr neues Zustellsystem einführt. Und als der Magistrat von Jefferson die Protagonistin zur Steuer veranlagen will, wird er von ihr an Colonel Sartoris, den ehemaligen Bürgermeister, verwiesen, der ihr die Zahlungen einst wegen ihrer Armut erlassen hatte und der schon seit zehn Jahren tot ist. Außerdem wird die Zeitlosigkeit der Existenz Emily Griersons zusammen mit der Bewegungslosigkeit ihres Daseins bildlich zum Ausdruck gebracht, wenn sie an zwei Stellen mit einem aus Marmor gehauenen Torso einer Götterstatue verglichen wird. In dieses die ganze Geschichte beherrschende Bild der Erstarrung ist auch die Rosensymbolik einbezogen, die innerhalb des Hauses dem in ein Grab verwandelten Brautgemach zugeordnet ist.

Dennoch könnte man den Titel »A Rose for Emily« als eine »auktoriale Geste«[71] gegenüber der stolzen, unnachgiebigen und würdevollen Protagonistin verstehen. Er wäre dann ein Zeichen der Zuneigung, in der die Sympathie des Erzählers für einen Menschen zum Ausdruck kommt, der sich der Fesseln des Lebens zu entledigen versucht hat. Für diese Annahme spricht die Persönlichkeit des Erzählers, der als Sprecher des verständnisvollen Teils der Stadtgemeinschaft auftritt und in einem »durchaus warmen, gemächlichen, undramatischen Ton« berichtet, der hier und da sogar von humoristischen Klängen untermalt ist.[72] Es kommt noch hinzu, daß der Erzähler sich merklich von jenen bigotten Frauen distanziert, die sich mißbilligend über Emily Griersons Verhalten äußern, und daß er zu denen gehört, die durch »a sort of respectful affection« (9) veranlaßt werden, dem Begräbnis der Protagonistin beizuwohnen.

Der Titel der Geschichte könnte ein Indiz dafür sein, daß der Erzähler sich seine Sympathie für Emily Grierson auch nach dem grausigen Leichenfund erhalten hat. Auf jeden Fall verfolgte er aber den Akt der Auflehnung, der dem Mord vorausging und in diesem seine groteske Fortsetzung fand, mit Verständnis. Zwar war Emily Grierson nicht in der Lage gewesen, sich dem übermächtigen Vater zu widersetzen, der die Freier von ihr fernhielt und dessen »crayon face« (19) noch auf die tote Tochter herabblickt, doch hatte sie nach dessen Tod gegen die erstarrten gesellschaftlichen Konventionen aufbegehrt, als sie die Beziehung zu dem nicht gesellschaftsfähigen Yankee und Straßenarbeiter Homer Barron einging. Während der Vater als Repräsentant der patriarchalischen Gesellschaft des alten Südens außerstande war, aus dem vorgezeichneten sozialen Rahmen herauszutreten,[73] scheiterte die Tochter bei ihrem Versuch, sich an die gewandelten Lebensbedingungen anzupassen, an der Oberflächlichkeit und Verantwortungslosigkeit ihres die neue Zeit verkörpernden Geliebten. So schlug der Wille zur Anpassung in einen zerstörerischen Selbstbehauptungswillen um; so trat an die Stelle des Ausgleichs zwischen dem Norden und dem Süden sowie zwischen der Vergangenheit und der Gegenwart der Rückfall in die Isolation und in die erstarrte Welt der aristokratischen Vorfahren. Deren endgültiges Ende scheint mit dem Tod der Protagonistin, die schon im ersten Satz als »a fallen monument« bezeichnet wird, gekommen zu sein.

»A Rose for Emily« ist weder primär eine Fallstudie über das absonderliche Verhalten einer Psychopathin noch handelt es sich dabei ausschließlich um eine kultur- und sozialkritische Abrechnung mit dem amerikanischen Süden. Zwar üben die Herkunft und die konkrete soziale Umwelt einen bestimmenden Einfluß auf das Schicksal der Protagonistin aus, doch sind die Unterdrückung der elementaren Lebensbedürfnisse eines Menschen, der im Spannungsfeld zwischen einer von erstarrten Konventionen geprägten übermächtigen Tradition und einer vom Verlust der traditionellen Werte gekennzeichneten neuen Zeit steht, sowie die aus dieser Unterdrückung resultierende psychische Deformation Phänomene, die es gestatten, Emily Grierson als »universal and tragic« zu bezeichnen.[74]

Von dem in »A Rose for Emily« dargestellten Niedergang der aristokratischen Gesellschaft handelt auch die Erzählung »Wash«, die 1934 als Teil von *Dr. Martino and Other Stories*, Faulkners zweitem Kurzgeschichtenband, erschien. Doch während der Verfall des alten Südens in »A Rose for Emily« im Vergleich mit der neuen ökonomisch-sozialen Ordnung beschrieben wurde, wird er in »Wash« durch die moralische Degeneration der Pflanzerkaste verdeutlicht. Unterschiedlich ist in beiden Geschichten auch die Handhabung der Erzählperspektive; denn während das Leben der Protagonistin und der Wandel der Zeiten in »A Rose for Emily« aus der Perspektive eines beobachtenden und sich erinnernden Ich-Erzählers geschildert wurden, fungiert in »Wash« das Bewußtsein der in das Geschehen verstrickten Titelfigur neben der Perspektive des Er-Erzählers als Vermittlungsinstanz. Vergleichbar ist dagegen der Aufbau beider Kurzgeschichten, die zeitlich kurz vor dem Ende des Geschehens einsetzen und die Vergangenheit durch Rückblenden aufrollen.

In »Wash« verwendet Faulkner dieses Aufbauprinzip dazu, den Leser von Anfang an über die moralische Degeneration Colonel Sutpens ins Bild zu setzen. Der Pflanzer erscheint nämlich in der ersten Szene bei Milly, der Enkelin von Wash Jones, die ihm gerade ein illegitimes Kind geboren hat, und charakterisiert sich selbst mit folgenden Worten: »Well, Milly, ..., too bad you're not a mare. Then I could give you a decent stall in the stable.«[75] Zwar wird dem Leser die für den weiteren Verlauf des Geschehens entscheidende Reaktion von Wash Jones, der Ohrenzeuge dieser Szene ist, zunächst verschwiegen, doch wird er in den Stand versetzt, das mit mythischen Zügen ausgestattete Persönlichkeitsbild Sutpens, das sich im folgenden aus den Worten und Gedanken von Wash Jones ergibt, mit der Wirklichkeit zu vergleichen.

Außer Sutpen, dem Plantagenbesitzer, und der Titelfigur, die zum »white trash« gehört, treten in der vorliegenden Geschichte, die anhand eines Ausschnitts ein Gesamtbild der vom Bürgerkrieg geprägten Südstaatengesellschaft entwirft, als dritte soziale Gruppe die Schwarzen auf. Selbst von der Pflanzerkaste diskriminiert, geben sie die Verachtung an Wash Jones weiter, der zwar der weißen Rasse angehört, aber innerhalb der sozialen Hierarchie auf einer noch niedrigeren Stufe steht. Dennoch und obwohl er von der weißen Oberschicht natürlich nicht als gleichberechtigt anerkannt wird, teilt Wash das biblisch verbrämte Weltbild der Aristokratie, wonach der Schwarze dem Weißen untertan ist. Er bildet sich ein, daß die Figur des Plantagenbesitzers zu Pferd die Inkarnation der biblischen Aussage ist, Gott habe den Menschen nach seinem eigenen Bilde erschaffen, und identifiziert sich mit der mythischen Figur des Reiters. Die soziale Realität erscheint ihm demgegenüber wie ein böser Traum.

Während Wash von den Ereignissen des Bürgerkrieges unberührt bleibt, ist Sutpen nach der Zerstörung seiner Plantage gezwungen, einen Kramladen zu eröffnen. Dieser Statusverlust bringt eine Veränderung in seinem Verhältnis zu Wash mit sich, bei dem drei verschiedene Phasen zu unterscheiden sind. Eine gottähnliche Gestalt und die Verkörperung der eigenen Wunschvorstellungen ist der Plantagenbesitzer für den armen Weißen eigentlich nur bis zu seiner Rückkehr aus dem Krieg. Danach wird die mythische Figur des Reiters nur noch einmal während der Niederkunft seiner Enkelin in der Phantasie des Protagonisten lebendig. Ansonsten hat sich die Kluft zwischen den beiden Männern verringert. Zwar bleibt der stark gealterte Sutpen für Wash, der das im Verfall begriffene Herrenhaus inzwischen betreten darf, eine Respektsperson, doch sitzen beide einander bei ihren Gesprächen nun gegenüber, während Sutpen früher in der Hängematte lag und Wash auf dem Boden kauerte. Auch die Funktion der Gespräche hat sich geändert. Dienten sie dem Colonel früher lediglich zum Zeitvertreib, so kommt ihnen nach seiner Rückkehr aus dem Krieg eine existentielle Bedeutung zu; denn Wash hat jetzt die Aufgabe, den Colonel in den Illusionen zu bestärken, in die er sich nach der militärischen Niederlage geflüchtet hat und die in der absonderlichen Vision gipfeln, allein nach Washington zu reiten, um den schon ermordeten Lincoln und den Unionsgeneral Sherman zu töten.

Zwar unterstützt Wash den Colonel in dem Glauben, daß der Süden im Krieg wohl besiegt, nicht aber gedemütigt wurde, doch stellt er sich hier bereits mit Sutpen auf eine Stufe. Als ihm dann durch dessen Verhalten gegenüber Milly der Scheincharakter des Moralkodex und des Wertsystems der Pflanzerkaste klar wird, erhebt er sich zum Richter über sein einstiges Idol, das er – nun selbst übermenschliche Züge annehmend und zur Personifikation des Todes werdend – mit einer verrosteten Sense tötet.[76] Wichtig ist in diesem Zusammenhang, daß Wash nicht nur seine Illusionen über Sutpen verliert, sondern daß ihm in einem »shock of recognition« der Zustand der gesamten Gesellschaft enthüllt wird. Der Colonel hat sich auch stellvertretend für alle anderen demaskiert; die bislang als gottgewollt akzeptierte Ordnung ist in sich zusammengebrochen, so daß Wash sich in ohnmächtiger und selbstzerstörerischer Wut ebenfalls gegen die Vertreter des Gesetzes auflehnt, als diese ihn festnehmen wollen.

Der Süden ist im Krieg eben doch nicht nur besiegt, sondern auch gedemütigt worden, weil Werte wie Tapferkeit, Ehre und Stolz inhaltsleer geworden waren. Der Verfall ist also nicht die Folge des Krieges, sondern die Niederlage im Krieg war die Folge eines Verfalls, der bereits vorher eingesetzt hatte. In diesem Zusammenhang entfaltet nun auch der merkwürdige Tiervergleich seine Bedeutung, der zu Anfang der Geschichte zur Beschreibung der Hütte gedient hatte, die Wash von Sutpen als Behausung überlassen worden war.[77] Diese Hütte setzt Wash am Ende der Erzählung in Brand, nachdem er seine Enkelin und das Neugeborene mit einem Messer getötet hat. Starb die aristokratische Gesellschaft in »A Rose for Emily« langsam aus, so wird der alte Süden in »Wash« in einem symbolischen Akt vernichtet, nachdem sich erwiesen hat, daß er nicht mehr lebensfähig ist. So geht mit der Sonne, deren trügerischer Aufgang zu Beginn der Geschichte erwähnt worden war, am Ende der Erzählung eine ganze Welt unter, weil es in ihr keinen Platz mehr für die Menschenwürde gab. Die scheinbar sinnlose Vernichtung der geliebten, aber entehrten Enkelin und des unschuldigen, aber von Sutpen gezeugten Kindes soll verhindern, daß noch einmal falsche Symbole der »admiration and hope« (145) entstehen und daß Menschen, die an diese Symbole glauben, noch einmal getäuscht und enttäuscht werden.

Wie »A Rose for Emily« so ist auch »Wash« mehr als nur eine Geschichte über das Yoknapatawpha County. Als der Protagonist, für den das Leben seinen Sinn verloren hat, die Möglichkeit der Flucht verwirft, tut er dies in der Überzeugung, daß die »bragging and evil shadows ... were all of a kind throughout all the earth which he knew« (145). Der Glaube an falsche Symbole und der Verfall der moralischen Werte war nie ein regionales Problem. In seiner Nobelpreis-Rede bezeichnete Faulkner es als die Aufgabe eines jeden Schriftstellers, den Menschen an »the courage and honor and hope and pride and compassion and pity and sacrifice« zu erinnern, »which have been the glory of his past.«[78] Zwar wird in »Wash« nicht das Bild einer glorreichen Vergangenheit beschworen, doch enthält die Darstellung der Folgen, die sich aus dem Verrat an den allgemeingültigen Werten ergeben, implizite die Aufforderung zur Rückbesinnung auf diese Werte.

Von Katherine Anne Porter bis hin zu Flannery O'Connor sind eine ganze Reihe von Autoren aus den Südstaaten Faulkner in dem Bemühen gefolgt, von den »concrete particulars« in einer bestimmten Region auszugehen und die »small history« dieser Region gleichzeitig in einem universalen Licht erscheinen zu lassen. Einige von ihnen sollen im folgenden kurz vorgestellt werden. Von diesen Autoren begann die in Indian Creek (Texas) geborene Katherine Anne Porter ihre literarische Karriere bereits 1922, als sie die Kurzgeschichte »María Concepción« schrieb, in der die Titelfigur, die ihre Rivalin tötet und sich deren Kindes annimmt, sowie der Mann der Protagonistin, der den Verdacht von seiner Frau ablenkt, in ihren Handlungen den Regeln eines urtümlichen Verhaltenskodex folgen. 1930 fand diese Geschichte Eingang in die Sammlung *Flowering Judas and Other Stories*, die 1935 in einer erweiterten Fassung neu aufgelegt wurde. Darüber hinaus publizierte Katherine Anne Porter 1944 unter dem Titel *The Leaning Tower and Other Stories* einen zweiten Band von Kurzgeschichten, und 1939 erschien die Sammlung *Pale Horse, Pale Rider*, die außer der Titelgeschichte mit »Noon Wine« (1937) und »Old Mortality« (1938) zwei weitere Erzählungen enthält, die von der Autorin als »short novels« bezeichnet wurden und dem von Henry James bevorzugten Typ der längeren Kurzerzählung ähneln.[79]

An Henry James erinnert nicht nur der Rückgriff auf die längere Form der Kurzerzählung, sondern auch der ausgeprägte psychologische Realismus, der seinen Niederschlag bei Katherine Anne Porter vor allem in der Darstellung von Alp- und Fieberträumen, in der Entfaltung von Erinnerungen sowie in der häufigen Verwendung innerer Monologe findet. Neben der Ausgewogenheit und Klarheit des Stils, welche die Autorin selbst vom Erzähler verlangte und die ihr von allen Kritikern bescheinigt wird, ist es diese Darstellung der Welt des Bewußtseins, die zu den dominanten Merkmalen der Kurzgeschichten Katherine Anne Porters gehört. Dabei sind die Analysen des Bewußtseins, die dem von der Autorin in ihren theoretischen Äußerungen bekundeten Interesse an der »human nature« entsprechen, oft an die Beschreibung krisenhafter Augenblicke und an die Verwendung des Typs der Initiationsgeschichte gekoppelt. In dieser Hinsicht ähneln die Kurzgeschichten Katherine Anne Porters denen von Sherwood Anderson und Ernest Hemingway, zumal die Autorin mit der von autobiographischen Zügen geprägten Miranda eine Gestalt geschaffen hat, durch die verschiedene Erzählungen miteinander verbunden sind.

Während Miranda in den Geschichten »The Circus« (1935) und »The Grave« (1935), die beide in die Sammlung *The Leaning Tower and Other Stories* aufgenommen wurden, die Angst kennenlernt und sich mit Geburt und Tod konfrontiert sieht, erfährt sie in »Old Mortality« die Entmythisierung der Vergangenheit ihrer Familie und des Südens, die durch eine legendenumwobene Tante verkörpert wird.[80] Die hier sichtbar werdende kritische Auseinandersetzung mit der südstaatlichen Tradition gehört neben der Wahl der Schauplätze, bei der die Autorin Mexiko außer dem Süden der Vereinigten Staaten bevorzugt, und neben der Verwendung des südstaatlichen Idioms zu den auffälligsten Parallelen zwischen den Kurzgeschichten Katherine Anne Porters und denen William Faulkners. Darüber hinaus spielen das zentrale Thema der Isolation und das Bild einer korrupten Welt hier wie dort eine wichtige Rolle. Unverkennbar sind in thematischer Hinsicht jedoch auch die Parallelen zwischen Katherine Anne Porter und Sherwood Anderson sowie Ernest Hemingway, die sich in der Beschreibung der Frustration, der gestörten zwischenmenschlichen Beziehungen, der Desillusion und der Erfahrung des Verlusts äußern. Eines der markantesten Beispiele für die Behandlung dieses Themenkomplexes ist die Geschichte »Flowering Judas« (1930), in der die Protagonistin – eine amerikanische Lehrerin, die ihren katholischen Glauben bereits verloren« hat – nicht nur durch einen marxistischen Revolutionär desillusioniert wird, sondern auch ihrerseits Verrat an anderen und sich selbst übt, weil sie nicht über die Fähigkeit zur Liebe verfügt.[81]

»Flowering Judas« spielt zwar in Mexiko, doch handelt es sich bei dieser Geschichte wie bei den »short stories« von Anderson, Hemingway und Faulkner aufgrund der Thematik und der Konfliktgestaltung um eine Erzählung mit universalem Charakter. Sie entwirft nicht bloß ein Bild von den revolutionären Aktivitäten in einer bestimmten Region, sondern vermittelt darüber hinaus – einer Äußerung Katherine Anne Porters entsprechend – einen Eindruck von den »grotesque dislocations in a whole Society when the world was heaving in the sickness of a millennial change.«[82] In der häufig anthologisierten Kurzgeschichte »He« (1927), die der Sammlung *Flowering Judas and Other Stories* angehört und in der die »tedious oppressiveness of hypocrisy, of family life, of existence itself«[83] beschrieben wird, haben die dargestellten sozialen Zwänge und die davon abhängigen individuellen Verhaltensweisen ebenfalls exemplarischen Charakter. »He« ist eine Geschichte über einen schwachsinnigen Jungen, der gezwungen ist, ein Außenseiterdasein zu fristen; über ein selbstgerechtes Elternpaar, das der Situation des Kindes völlig verständnislos gegenübersteht; über den Verfall einer Familie, die in bedrängten, zum Teil selbstverschuldeten Verhältnissen lebt und aus der die beiden normalen Kinder auszubrechen beabsichtigen; sowie über eine Gesellschaft, die das Schicksal der Familie nicht mit echter Anteilnahme verfolgt, sondern hinter der vorgehaltenen Hand böswillige Spekulationen über die Ursache für den Schwachsinn des Jungen verbreitet und das Verhalten der Eltern entweder vorwurfsvoll kommentiert oder im Gespräch mit ihnen nicht zögert, den Zustand des Kindes heuchlerisch zu verharmlosen.

Die Außenseiterrolle des schwachsinnigen Sohnes wird bereits dadurch verdeutlicht, daß die Eltern es versäumt haben, ihm wie den anderen Kindern einen Namen zu geben. Außerdem kommt sie darin zum Ausdruck, daß He während der Mahlzeiten in einer Ecke hockt und selbst anläßlich eines Verwandtenbesuchs nicht an der Tafel Platz nimmt. Vor allem aber beruht die Isolation des Jungen innerhalb der Familie auf der Vorstellung der Eltern, daß He zu normalen menschlichen Empfindungen nicht fähig ist. Aus dieser Vorstellung leiten sie das Recht ab, das Kind mit besonders gefährlichen Aufgaben zu betreuen, ihm besonders hohe Leistungen abzuverlangen und ihm in Notfällen seinen Anteil an der elterlichen Fürsorge zu entziehen und diesen den anderen Kindern zuzuwenden. Sie führen damit den Zusammenbruch des schwachsinnigen Sohnes herbei, der aufgrund seiner Anormalität zwar eine Belastung für die auf ihren guten Ruf bedachte Familie darstellt, gleichzeitig aber einen wesentlichen Beitrag zu ihrem Unterhalt leistet, solange er die ihm auferlegten Belastungen auszuhalten vermag.

Die Rücksichtslosigkeit der Eltern ist nicht ausschließlich das Ergebnis ihrer Verständnislosigkeit. Vielmehr sind die Beteuerungen des Ehepaares, gut für ihr Kind zu sorgen, Indizien für den Versuch, das schlechte Gewissen zu beruhigen. Bei Mrs. Whipple, der eigentlichen Hauptperson, deren Empfindungen besonders gründlich analysiert werden, sind diese Äußerungen der Selbstgerechtigkeit mit einem starken Hang zur Selbsttäuschung gepaart, wohingegen ihr Mann, der in dieser Hinsicht als Kontrastperson fungiert, als Vertreter des »common sense« erscheint.[84] Vor allem aber wird das Denken, Fühlen und Handeln der Mutter von dem Bemühen bestimmt, den Ansprüchen und Wertmaßstäben des sozialen Umfeldes gerecht zu werden. Dies gilt sowohl für die Beurteilung des Zustandes ihres Sohnes als auch für das Bild, das sie von ihrem Verhältnis zu ihm zeichnet. Während sie sich mit ihrem Mann darin einig ist, daß He kein vollwertiges menschliches Wesen ist, vertritt sie in der Öffentlichkeit die Meinung, ihr Sohn sei »as able as any other child« (58); und wenn sie dem schwachsinnigen Kind dieselbe oder sogar eine größere Fürsorge zuteil werden läßt als den normalen Geschwistern, dann geschieht dies nur zur Aufrechterhaltung der Fiktion, sie liebe den behinderten Sohn »better than she loved the other two children put together« (57).

Erst am Ende der Geschichte, als sie dem Drängen des Arztes nachgibt und das kranke Kind in das County Home einliefert, reagiert sie auf das Weinen des Sohnes mit Erschütterung und mit einer Geste echter mütterlicher Zuneigung. Sie kann die Augen nicht länger vor der Tatsache verschließen, daß He wie andere Menschen empfindet,[85] und wird sich ihres Versagens offensichtlich mit aller Deutlichkeit bewußt. Durch diese Reaktion gewinnt ihr Charakter beträchtlich an Komplexität, und die Geschichte selbst erzeugt im Leser jene ambivalente Einstellung gegenüber der Protagonistin, die von verschiedenen Kritikern als typisches Merkmal Porterscher Erzählkunst erkannt worden ist. Als repräsentatives Beispiel für einen großen Teil des Erzählwerks der Autorin kann »He« des weiteren wegen der Beschreibung des verderblichen Einflusses bedrückender Lebensumstände auf schwache Individuen, wegen des Porträts einer zerrütteten Familie und wegen der ironischen Erzählweise bezeichnet werden.[86]

Die Komplexität der Charakterdarstellung, die Analyse der Welt des Bewußtseins, das Thema der Isolation und die Beschäftigung mit der Familie sind als die wichtigsten Parallelen zwischen den Kurzgeschichten Katherine Anne Porters und denen Eudora Weltys anzusehen, deren erste, 1941 erschienene Kurzgeschichtensammlung den Titel *A Curtain of Green* trägt. 1943 folgte als zweite Sammlung *The Wide Net*, 1949 wurde der Band *The Golden Apples* publiziert, und 1955 kam unter dem Titel *The Bride of the Innisfallen* eine weitere Sammlung heraus, die in stärkerem Maße als die früheren Kurzgeschichten der aus Jackson (Mississippi) stammenden Autorin durch erzähltechnische Experimente gekennzeichnet ist. Über »The Burning« (1951), eine in diesem Band enthaltene Geschichte über den amerikanischen Bürgerkrieg, ist gesagt worden, sie sei »as brilliantly experimental in narrative technique, especially in use of point of view, as anything in Faulkner«,[87] doch verdeutlicht diese Erzählung, in der das äußere Geschehen in Übereinstimmung mit den theoretischen Äußerungen der Autorin hinter die Enthüllung der »secrets of hidden, inner ... life« zurücktritt, zugleich, daß zwischen den Kurzgeschichten von Eudora Welty und William Faulkner neben Gemeinsamkeiten auch bemerkenswerte Unterschiede bestehen.

Zu den Gemeinsamkeiten gehört, daß Eudora Welty ihre Geschichten häufig wie William Faulkner in einer legendären Region, dem Natchez Trace im südwestlichen Mississippi, und in einer fiktiven Stadt (Morgana) spielen läßt, wobei freilich auffällt, daß dieser Handlungsraum vorwiegend als Traumwelt in Erscheinung tritt, während Faulkners Yoknapatawpha County und die Stadt Jefferson fest in der historischen Realität verankert sind. So verwundert es nicht, daß die Rassenproblematik, die aus der Sklavenhaltung erwachsene Schuld, der durch den Bürgerkrieg beschleunigte Niedergang der Südstaatenaristokratie, die der Südstaatenkultur drohende Überfremdung durch die aus dem Norden vordringende Industrialisierung und die Abhängigkeit des Individuums von gesellschaftlichen Veränderungen in den Kurzgeschichten von Eudora Welty anders als bei William Faulkner keine nennenswerte Rolle spielen.[88] Demgegenüber handelt es sich bei der Vermischung der traditionellen »Gothic elements«, die neben der Beschreibung der Alltagswelt in den »short stories« der Autorin vorkommen und in »Keela, the Outcast Indian Maiden« (1940) sowie in »Clytie« (1941) besonders stark ausgeprägt sind, mit dem Komischen und dem Humorvollen wiederum um eine Parallele zwischen den Kurzgeschichten Eudora Weltys und denen William Faulkners.

Von einer weiteren Gemeinsamkeit kann im Hinblick auf die Verwendung des Mythos gesprochen werden, die hier wie dort dazu dient, die Aussagen der Erzählungen zu universalisieren. Bei Eudora Welty steht der Gebrauch des Mythos des weiteren im Zusammenhang mit der von der Autorin immer wieder betonten Rätselhaftigkeit der Welt, die sich unter anderem darin äußert, daß die Grenzen zwischen Realität und Traum wie schon bei Irving, Hawthorne und Poe verschwimmen. Außer durch den Gebrauch des Mythos wird der Eindruck der Rätselhaftigkeit von Eudora Welty durch die häufige Verwendung von Symbolen vermittelt, die wie die Wiedergabe der etwa in »Petrified Man« (1939) stark ausgeprägten Umgangssprache an Katherine Anne Porter erinnert und die wie die detailliert-impressionistischen Beschreibungen der Natur und wie die damit verbundene atmosphärische Qualität der Geschichten stets zur Innenwelt der Charaktere in Beziehung gesetzt wird.

Ein markantes Beispiel dafür, daß der Gebrauch des Mythos und der Symbolik den Erzählungen Eudora Weltys einen universalen Charakter verleiht und einen Eindruck vom Mysterium des Lebens vermittelt, stellt die Kurzgeschichte »A Worn Path« (1941) dar. Die Geschichte handelt von der alten Farbigen Phoenix Jackson, die zur Weihnachtszeit den beschwerlichen Weg durch die winterliche Landschaft auf sich nimmt, um ein Medikament zu besorgen und das Leben ihres kranken Enkels zu retten. Das Thema der Wiedergeburt, auf das schon der Name der Protagonistin hinweist, und die Bereitschaft zum Opfer, von der die Kurzgeschichte »Livvie« (1942) ebenfalls handelt, verdeutlichen, daß die von Eudora Welty dargestellte Welt weniger düster als die von William Faulkner und Katherine Anne Porter beschriebene ist, wenngleich Erzählungen wie »Petrified Man« und »Keela, the Outcast Indian Maiden« eindringliche Schilderungen der Vulgarität und der Brutalität des Menschen enthalten. Weniger bedrückend als von Katherine Anne Porter ist von Eudora Welty auch das Thema der Isolation gestaltet worden, da ihren Charakteren häufig die Flucht in das Reich der Phantasie offensteht und da sie außerdem die positiven Aspekte des Alleinseins hervorhebt.

Darüber hinaus wird von Eudora Welty wiederholt darauf aufmerksam gemacht, daß der Isolation die Fähigkeit zur Liebe und zur Kommunikation gegenübersteht. Ein frühes Beispiel für die Behandlung dieses Gegensatzes ist die Geschichte »Death of a Traveling Salesman« (1936), die in die Sammlung *A Curtain of Green* aufgenommen wurde und die auch wegen der detailliert-impressionistischen Beschreibungen, der Verwendung symbolisch-mythischer Elemente, der Enthüllung der Welt des Bewußtseins, der Überblendung von Realem und Irrealem sowie des Hinweises auf das Mysterium des Lebens typisch für das Erzählwerk Eudora Weltys ist. Als Protagonist der Geschichte fungiert der Handlungsreisende R. J. Bowman, der noch unter dem Einfluß einer fiebrigen Erkrankung steht, nach einem Autounfall in einer einsamen Gegend in Mississippi Hilfe bei einem in äußerst bescheidenen Verhältnissen lebenden Ehepaar findet und vor seiner Weiterfahrt am Morgen des nächsten Tages vom Tod ereilt wird.

Die Struktur der Geschichte, die vorwiegend aus der Perspektive des fiebernden Handlungsreisenden erzählt wird, ist durch die verschiedenen Stufen eines Erkenntnisprozesses bestimmt, der zwar von der Blindheit über das Bewußtsein von der Leere des eigenen Daseins und den Wunsch nach Kommunikation bis zum Einblick in das Mysterium des Lebens reicht, für die Gestaltung von Bowmans Existenz jedoch ohne Folgen bleibt. Die anfängliche Blindheit des Protagonisten ist zweifach begründet. Sie beruht zum einen darauf, daß die Wirklichkeit von ihm aufgrund seines Fiebers und der dadurch bedingten Überempfindlichkeit seiner Sinne und seiner Phantasie, deren Schilderung an Irving, Hawthorne, Poe und Bierce erinnert, verzerrt wahrgenommen wird. So erscheinen die Strahlen der Wintersonne ihm z. B. wie mächtige Arme, deren Schläge seinen Kopf treffen, und so verbinden sich die Erinnerung an das Bett seiner Großmutter, die Betrachtung einer vom Wind getriebenen Wolke und die Wahrnehmung des Geräusches, das die Räder seines Autos erzeugen, als sie durch einen Haufen abgestorbener Eichenblätter rollen, zu einer Assoziationskette, in der sich die Vorstellungen von Geborgenheit und Instabilität, von Wärme und Tod mischen.

Außer der momentan krankhaft gesteigerten Sensibilität ist der oberflächliche Blick, mit dem er als Handlungsreisender seine Umgebung zu taxieren pflegt, für die anfängliche Blindheit Bowmans verantwortlich. Zwar hat seine Krankheit in ihm Zweifel an seiner bisherigen Selbsteinschätzung erzeugt und ihm die Nichtigkeit der von ihm unterhaltenen zwischenmenschlichen Beziehungen bewußt gemacht, doch nimmt er die fremde Umgebung, in die er gerät, zunächst in der für seinen Beruf typischen Weise wahr. So stuft er die Einsilbigkeit der Frau fälschlich als Dummheit ein, und das Alter der werdenden Mutter, von der es ausdrücklich heißt, daß ihre Sehschärfe die des Handlungsreisenden übertrifft, schätzt er auf fünfzig Jahre.

Schon bald hat der Protagonist jedoch das Gefühl, »unfamiliar things« ausgesetzt zu sein, denen er sich aufgrund seiner Krankheit nicht gewachsen fühlt und die eine geheimnisvolle Bedrohung für ihn darstellen.[89] Nachdem er zuerst versucht hat, dieses Gefühl durch die ihm eigene oberflächliche Konversation zu verdrängen, empfindet er wenig später das Bedürfnis, die ihm durch seine Krankheit bewußt gewordene Isolation zu durchbrechen und einen echten zwischenmenschlichen Kontakt herzustellen. Im Unterschied zu seinen wortkargen Gastgebern, die in seinen Augen eine ihm zunächst noch unverständliche Verheißung »of food and warmth and light« (246) verkörpern, ist er jedoch nicht in der Lage, sich anderen mitzuteilen, sondern wartet darauf, daß seine Mitmenschen seinen Wunsch nach Kommunikation erkennen und erfüllen. Zwar gewähren die Frau, die Bowman schließlich mit Juno, der römischen Göttin des Herdes, zu identifizieren scheint,[90] und ihr Mann, der als Bringer des Feuers ebenfalls die Züge einer mythischen Gestalt annimmt, dem Handlungsreisenden Unterkunft für eine Nacht, doch bleibt dieser ein Außenseiter.

Diese Tatsache wird bereits dort angedeutet, wo Bowman in einem mit Joyces Epiphanien vergleichbaren »shock of recognition« endlich die Bedeutung der Verheißung erkennt, die durch das Zusammenleben der Eheleute symbolisiert wird.[91] Stand er in dem kalten und stillen Haus zunächst unter dem Eindruck einer geheimnisvollen Bedrohung, so wird ihm jetzt klar, daß es sich bei dem wahren Geheimnis, mit dem er an seinem Zufluchtsort konfrontiert wurde, um »the ancient communication between two people« (251) handelte. Das Mysteriöse entpuppt sich ihm als das Alltägliche, das auch ihm verfügbar gewesen wäre, zu dem er aber auch jetzt noch nicht die richtige Einstellung findet. Als er sich neben dem Feuer zum Schlaf niederlegt, werden die Erinnerung an das Mysterium der Kommunikation durch die Erinnerung an einen Slogan und das Bedürfnis nach echten zwischenmenschlichen Kontakten durch die oberflächliche Beziehung zwischen einem Verkäufer und seinen Kunden verdrängt, und als er sich am nächsten Morgen verschämt aus dem Haus stiehlt, hinterlegt er »almost ostentatiously« (253) eine Summe Geldes, obwohl sein Gastgeber es am vorhergehenden Abend entschieden abgelehnt hatte, sich für seine Hilfe bezahlen zu lassen.

Es kann also nicht die Rede davon sein, daß Bowman nur durch seinen Tod daran gehindert wird, aus der Erkenntnis des Mysteriums Konsequenzen für die Neugestaltung seines Lebens zu ziehen.[92] Vielmehr scheint er unfähig zu sein, sich ein für allemal von der Existenzweise zu befreien, die ihm durch seinen Beruf auferlegt wurde. Er ist insofern eine ebenso exemplarische Figur wie seine Gastgeber; denn während diese die urtümliche Form menschlichen Miteinanders verkörpern, ist er ein Sinnbild für die Entfremdung des modernen Menschen von seiner Umwelt und von sich selbst. Unterstrichen wird dieser Gegensatz durch die Räume, in denen die Personen der Geschichte agieren. Während das ärmliche Haus der Gastgeber integraler Bestandteil der Landschaft ist, befindet sich Bowman in seinem Auto »on the move«, und während die Frau mit ihrem häuslichen Wirkungsbereich zu einer Einheit verschmilzt,[93] befährt der Handlungsreisende zu Beginn der Erzählung in einer ihm fremden Gegend eine falsche Straße, die zum Symbol seiner Verlorenheit wird. Am Ende der Geschichte will er seine Reise fortsetzen, ist er im Begriff, erneut eine ständig wechselnde Position einzunehmen und damit jenen Lebensraum zu betreten, der nach der Auffassung von Eudora Welty keinen Zugang zum Mysterium des Lebens bietet.[94]

Entpuppte sich das Mysteriöse in »Death of a Traveling Salesman« schließlich als das Triviale, so steht es in den Kurzgeschichten von Flannery O'Connor, die ihren Erzählungen in ihren theoretischen Äußerungen die Funktion zuwies, den Zusammenhang zwischen dem »mystery of personality« und der »human condition« zu verdeutlichen, in Beziehung zur göttlichen Ordnung. Trotz dieses Unterschiedes gehört die Beschäftigung mit dem Mysterium des Lebens neben der häufigen Verwendung des motivischen Gegensatzes von Sehen und Blindheit und neben der ständigen Verarbeitung mythisch-symbolischer Elemente zu den auffälligsten Parallelen zwischen den »short stories« Eudora Weltys und den Geschichten der aus Savannah (Georgia) stammenden Flannery O'Connor, die früh verstarb und außer zwei Romanen sowie einigen Essays nur die beiden Kurzgeschichtensammlungen *A Good Man Is Hard to Find and Other Stories* (1955) und *Everything That Rises Must Converge* (1965) veröffentlichte. Eine weitere Gemeinsamkeit, die beide Autorinnen nicht nur mit William Faulkner, Katherine Anne Porter und Truman Capote, sondern darüber hinaus mit der gesamten literarischen Tradition des Südens verbindet, besteht in der Mischung der Elemente des Grotesk-Makabren und des Humorvoll-Komischen.[95] Trotz dieser Parallelen ist jedoch mit Recht darauf hingewiesen worden, daß Flannery O'Connor, die nicht nur an Poe anknüpfte, sondern sich vor allem Hawthorne verpflichtet fühlte, innerhalb der Literatur des Südens eine Sonderstellung einnimmt.

Als Basis dieser Sonderstellung Flannery O'Connors, deren Kurzgeschichten vor allem wegen ihrer Nähe zur Allegorie und zur Parabel an die Erzählungen Hawthornes erinnern, ist in erster Linie der katholische Glaube der Autorin anzusehen, die sich wiederholt kritisch mit den negativen Erscheinungsformen des Protestantismus im Süden der Vereinigten Staaten auseinandergesetzt hat. Im Zentrum ihres eigenen Glaubens standen für die Autorin die Erlösung des Menschen durch Christus und die göttliche Gnade, die ihre Personen häufig unvorbereitet trifft und zu einer schmerzlichen Erfahrung wird. Da diese Personen in der Regel seelisch oder körperlich deformiert sind und ein guter Mensch unter ihnen schwer zu finden ist, da ihre Beziehungen zueinander sowohl im größeren sozialen Rahmen als auch im familiären Bereich vorwiegend durch Gewalttätigkeit, Selbstsucht und materielle Erwägungen bestimmt werden, und da das Normale in den Kurzgeschichten Flannery O'Connors häufig durch das Absurde verdrängt wird, ist es den Kritikern oft nicht leichtgefallen, den von der Autorin selbst behaupteten Zusammenhang zwischen ihrer religiösen Überzeugung und ihrem literarischen Werk nachzuvollziehen.

Dies gilt auch für den Verfasser eines Aufsatzes in einem deutschen Sammelband, der korrekt ausführt, daß das Groteske in Flannery O'Connors Erzählwerk offenbarenden Charakter hat und »den Einbruch des Dämonischen ins Menschliche« verdeutlicht und daß die von der Autorin porträtierte Welt »selbst in ihrer Verworfenheit paradoxerweise noch die Gegenwart des Heiligen bezeugt«, gleichzeitig aber überspitzt feststellt, daß das Böse bei Flannery O'Connor immer obsiegt und daß die Autorin sich wohl mit dem Mythos vom Sündenfall, nicht aber mit dem Mysterium der Erlösung beschäftigt habe.[96] Diese Einschätzung wird durch Geschichten wie »The Artificial Nigger« (1955), »Everything That Rises Must Converge« (1961) und »The Revelation« (1964) nicht bestätigt; denn in allen drei Erzählungen werden Personen dargestellt, deren anfängliche Blindheit »some kind of vision of the true relation between God and his creation« weicht.[97]

In »The Revelation« erkennt Mrs. Turpin, wie fern selbstgerechte Christen ihres Schlages dem Himmelreich sind; in »Everything That Rises Must Converge« wird dem Protagonisten die Notwendigkeit der Liebe zum Nächsten klar; und in »The Artificial Nigger«, wo die labyrinthartige Stadt den häufig von Flannery O'Connor kritisierten Fortschritt und die Verlorenheit des Menschen symbolisiert, treten an die Stelle des feindlichen Verhältnisses zwischen Mr. Head und seinem Enkel das gemeinsame Bewußtsein von der eigenen Unzulänglichkeit und die daraus resultierende Versöhnung. Darüber hinaus weiß der Großvater am Ende der Geschichte um die Vergebung der Sünden, die göttliche Gnade und die Existenz des Paradieses, aus dem das Böse gleichsam vertrieben wird, wenn der mit einer Schlange verglichene Zug davonfährt und die beiden einstigen Kontrahenten in der idyllischen Natur zurückläßt.

Lassen sich Geschichten wie »The Artificial Nigger« ohne weiteres in das christliche Weltbild der Autorin integrieren, so muß man sich bei jenen Erzählungen, in denen das Böse dominiert, an den Hinweis Flannery O'Connors erinnern, daß die Gewalt und das Monströse in ihren Werken die Funktion haben, dem Leser die Degeneration des modernen Menschen und der zeitgenössischen Welt bewußt zu machen und ihm damit zugleich auf indirekte Weise den Blick für die »assumptions ... of the central Christian mysteries« zu schärfen. Unter diesem Aspekt ist auch die Titelgeschichte des Bandes *A Good Man Is Hard to Find* zu sehen, in der eine ganze Familie von einem gewalttätigen Gangster und seinen Komplicen ausgelöscht wird.

Zwar ist die christliche Thematik in »A Good Man is Hard to Find« wie in den anderen Erzählungen von Flannery O'Connor von zentraler Bedeutung, doch enthält die Geschichte auch andere Aspekte, die für das Werk der Autorin charakteristisch sind. Diese Aspekte finden sich vorwiegend im ersten Teil der Erzählung, der zwar mit seinen Anspielungen auf die Todesthematik und mit der Erwähnung des entwichenen Verbrechers auf den zweiten Teil vorausweist, in erster Linie aber im Hinblick auf die Thematik, das Geschehen und die Atmosphäre mit diesem Abschnitt kontrastiert. Während im ersten Teil nur wenig passiert, folgen die gewalttätigen Aktionen im zweiten Abschnitt in schnellem Tempo aufeinander, und während im zweiten Teil eine Atmosphäre des Grauens erzeugt wird, nimmt im ersten Abschnitt die Komik, die sich u. a. in den Beschreibungen der Personen äußert, einen breiten Raum ein. In thematischer Hinsicht enthält der erste Teil, in dem die Vorbereitungen und die erste Etappe einer Ferienreise geschildert werden, noch keine Hinweise auf die spezifisch religiöse Problematik, sondern sozialkritische

Töne, die sich in ähnlicher Form auch bei anderen modernen Schriftstellern und bei anderen Autoren aus den Südstaaten finden.

Dabei geht es zum einen um das Thema der gestörten Kommunikation, das auf allen Ebenen der aus einer Großmutter, einem Elternpaar und drei Kindern bestehenden Familie durchgespielt wird, und zum anderen um den Gegensatz zwischen dem neuen und dem alten Süden. Der neue Süden erscheint in diesem Zusammenhang als eine Region, in die der Fortschritt und die Massenzivilisation ihren Einzug gehalten haben. Vor allem wird er durch das als »broken-down place«[98] beschriebene Rasthaus Red Sammys repräsentiert, auf das durch Reklametafeln hingewiesen wird und in dem sich ein Musikautomat befindet, doch sind auch die Comic-Hefte der Kinder, die Sportzeitung des Vaters, die geplante Urlaubsreise nach Florida und die Babynahrung aus dem Glas Zeichen für das Vordringen der modernen Konsumgesellschaft.

Von dieser Welt hebt sich der alte Süden anders als bei Faulkner keineswegs vorteilhaft ab, wenngleich Flannery O'Connor selbst betonte, die Geschichte fange »a good deal of the South's mythic background« ein.[99] Zwar kontrastiert das alte Herrenhaus, an das die Großmutter sich erinnert, mit Red Sammys »broken-down place«, doch ist es nicht mehr auffindbar. Außerdem werden dem Bild des alten Südens durch die Gestalt der altmodisch-damenhaft herausgeputzten Großmutter und durch den Bericht über einen der früheren Verehrer der alten Frau, die einst den Typ der »Southern belle« verkörperte, komische Züge verliehen. Hinzu kommt, daß auch die Hinweise auf das Wertsystem des alten Südens kein Gegengewicht zum trostlosen Bild der neuen Zeit darstellen, weil die Großmutter als Repräsentantin der Vergangenheit eine materialistische Einstellung verrät und sich durch ihr eigenes Verhalten als »hypocritical old soul« ausweist.[100]

Erst im zweiten Teil der Geschichte erscheint der Charakter der Großmutter in einem positiveren Licht. Der Charakterwandel ist mithin neben dem dichten Netz der Vorausdeutungen ein wichtiges Bindeglied zwischen den beiden Abschnitten der vorliegenden Erzählung. Als dritte Klammer fungiert die für Flannery O'Connor wie für Katherine Anne Porter typische ironische Erzählweise, die in »A Good Man Is Hard to Find« u. a. darin zum Ausdruck kommt, daß die Großmutter, die ein anderes Urlaubsziel vorgeschlagen hatte, um die Familie vor dem entsprungenen Sträfling zu retten, durch ihren Wunsch, das abseits der Hauptstraße vermutete Herrenhaus zu besuchen, sowie durch die Identifizierung des Verbrechers den Anlaß für die Ausrottung der Familie liefert. Bestandteil der an zahlreichen Stellen begegnenden Ironie ist auch der Titel der Geschichte. Er ist identisch mit einer Bemerkung des Rasthausbesitzers, der erzählt, wie er aufgrund seiner Leichtgläubigkeit von zwei Betrügern übervorteilt wurde. Obwohl die Großmutter ebenfalls der Meinung ist, daß ein guter Mensch in der Gegenwart anders als in der Vergangenheit Seltenheitswert besitzt, zögert die zur Schmeichelei neigende »hypocritical old soul« keinen Augenblick, dem ihr völlig unbekannten und naiven Red Sammy das Prädikat eines »good man« zu verleihen. Ebenso verfährt sie später im Gespräch mit dem Misfit, dem entsprungenen Sträfling und kaltblütigen Mörder. Zunächst erscheint ihr Kompliment, das dem Ziel dient, den Psychopathen zu beschwichtigen, in diesem Kontext total unangebracht, doch dann stellt sich heraus, daß der Verbrecher tatsächlich nicht nur eine Personifikation des Bösen ist. »A Good Man Is Hard to Find« handelt nicht nur von der Schwierigkeit, einen guten Menschen zu finden, sondern auch von der Schwierigkeit, das hinter dem Bösen verborgene Gute im Menschen zu entdecken.

In diesem Zusammenhang ist es bemerkenswert, daß Flannery O'Connor sich dagegen gewehrt hat, den kaltblütigen Mörder als Teufel zu betrachten. In Übereinstimmung mit dieser abwehrenden Äußerung hat sie ihn nicht nur als Verbrecher, sondern auch als Opfer geschildert. In einer Atmosphäre der Gewalt aufgewachsen, wurde er lebendig in Gefängnissen begraben und mußte stets Strafen erdulden, die in einem Mißverhältnis zu seinen Taten standen. Darüber hinaus leidet er unter dem Vorbild, das Christus, den er wie Mrs. McIntyre in »The Displaced Person« (1954) beschuldigt, die Welt aus dem Gleichgewicht gebracht zu haben, den Menschen gesetzt hat. Ist es wahr, daß Christus die Toten zum Leben erweckt hat, dann kann der Mensch – der Möglichkeit zur Selbstverwirklichung beraubt – ihm nur blind folgen; hat Christus die Toten dagegen nicht zum Leben erweckt, dann ist das menschliche Dasein sinnlos, dann steht es unter dem Zeichen schrankenloser Freiheit und zügelloser Brutalität.

Mit diesem Dilemma konfrontiert und von Natur aus dazu veranlagt, den Dingen auf den Grund zu gehen, hat der Misfit, der sich als Opfer der Ungerechtigkeit mit Christus identifiziert, seine Wahl getroffen und den Entschluß gefaßt, die Welt auf seine Weise ebenfalls aus dem Gleichgewicht zu bringen.[101] Unter dem Eindruck des Verhaltens der Großmutter stellt der Psychopath, der sich als »startling figure« nach der Auffassung Flannery O'Connors besonders gut dazu eignet, das universelle Problem der gestörten Beziehung zwischen den Menschen und Gott auf drastische Weise zu veranschaulichen, diese Wahl jedoch in Frage; denn am Ende der Geschichte widerspricht er dem von einem Komplicen wiederholten Credo des Zynismus und der Gewalt.

Mit diesem Widerspruch wird die Möglichkeit angedeutet, daß der Verbrecher seine Rolle als Rebell gegen die göttliche Ordnung mit der eines Jüngers Christi vertauscht.[102] Von ähnlich zentraler Bedeutung für den religiösen Gehalt der Geschichte ist die Wandlung der Großmutter, die im ersten Teil nicht fähig war, das soziale Elend der Schwarzen wahrzunehmen, sich am Schluß aber zu ihrer Verantwortung für einen anderen Außenseiter bekennt, »(who) is at once the emblem of a society which has rejected Christ and the instrument by which that society is apprehended.«[103] Nach Flannery O'Connors eigener Aussage befindet sich die alte Frau im Angesicht des Todes »in the most significant position life offers the Christian«. Sie ist unvorbereitet in eine Extremsituation geraten, die ihr Klarheit über ihre Bestimmung verschafft und jenen Eigenschaften zum Durchbruch verhilft, die sie zur Teilnahme am ewigen Leben befähigen.[104] Zunächst dem Selbsterhaltungstrieb gehorchend und sich dem Mörder ihrer Angehörigen anbiedernd, wird sie unter dem Eindruck der Gewalt schließlich dazu gebracht, den Augenblick der

Gnade anzunehmen. Sie sieht in ihrem verzweifelten und desorientierten Gegenüber nicht mehr den Verbrecher, sondern erkennt in ihm den hilfsbedürftigen Menschen, dem sie ihre mütterliche Liebe zuwendet.

Ihren Ausdruck findet diese Hinwendung nicht nur in den Worten der alten Frau, sondern auch in der Geste der ausgestreckten Hand, welche die Schulter des Misfit berührt. Auch in dieser Hinsicht entspricht »A Good Man Is Hard to Find« den theoretischen Ausführungen Flannery O'Connors, in denen davon die Rede war, daß die Bedeutung einer Kurzgeschichte in einer unerwarteten Gebärde, die das Rätsel der Existenz enthüllt, ihre konkrete Gestalt annimmt. Verstärkt wird der zeichenhafte Charakter des Erzählschlusses durch die ebenfalls auf das Mysterium des Lebens verweisende Beschreibung der toten Großmutter, deren verschränkte Beine mit der Körperhaltung eines Kindes verglichen werden und deren lächelndes Gesicht dem wolkenlosen Himmel zugewandt ist. Betrachtet man diese Beschreibung und die Gebärde der ausgestreckten Hand im Zusammenhang, dann vermittelt der Erzählschluß nicht nur die individuelle Erkenntnis der alten Frau, daß sie und ihr Peiniger als Kinder Gottes miteinander verbunden sind, sondern dann suggeriert er dem Leser darüber hinaus, daß der Mensch trotz aller Verirrungen im Diesseits zum Leben im Jenseits berufen ist.

Verfolgt Flannery O'Connor mit ihren Kurzgeschichten primär den Zweck, ihren Personen und dem Leser einen Einblick in die »central Christian mysteries« zu vermitteln, so hat Joyce Carol Oates erklärt, daß es ihr ausschließlich darum geht, »the moral and social conditions of my generation« darzustellen.[105] Die Ziele beider Autorinnen sind also unterschiedlich, die Methoden, die sie zur Erreichung dieser Ziele verwenden, sind aber gleich; denn beiden erscheinen die Gewalt, das Grauen und das Groteske als die geeigneten Mittel zur Schilderung der zeitgenössischen Wirklichkeit. Wegen dieses Vorherrschens der »Gothic elements« ist es ratsam, die Kurzgeschichten von Joyce Carol Oates, die neben der Gewalt den Tod und die Furcht als Basis der Kunst bezeichnet hat,[106] im Anschluß an die Erzählungen der Südstaatenautoren zu behandeln, obwohl die in Lockport (New York) geborene Autorin, die in Detroit, Kanada und Princeton als Professorin für Anglistik gearbeitet hat, von ihrer Biographie her nicht zu dieser Gruppe von Schriftstellern gehört.

Ein großer Teil der »short stories« von Joyce Carol Oates, die seit 1963 – dem Erscheinungsjahr von *By the North Gate* – neben zahlreichen anderen Büchern mehr als zehn Kurzgeschichtensammlungen publiziert hat, spielt entweder in der Welt frustrierter, neurotischer und gescheiterter Akademiker oder in einem im Süden gelegenen Landstrich mit dem ironischen Namen Eden County, der sich von Faulkners Yoknapatawpha County darin unterscheidet, daß er nicht in der konkreten historischen Wirklichkeit verankert ist, sondern als märchenhafter Schauplatz und damit als Raum ohne spezifische Kennzeichen in Erscheinung tritt. Die Kurzgeschichten von Joyce Carol Oates handeln also nicht von einer bestimmten Region, sondern von der modernen amerikanischen Wirklichkeit, von der ein widerwärtiges und chaotisches Bild entworfen wird, das in »The Seduction« (1974) mit der von Werbeagenturen beschworenen heilen Welt kontrastiert.

Zwar hat Joyce Carol Oates auch experimentelle Kurzgeschichten wie »Plot« (1971) und »How I Contemplated the World from the Detroit House of Correction and Began My Life Over Again« (1969) geschrieben, in denen sie den Akt des Schreibens thematisierte und inkohärente Wirklichkeitsfragmente scheinbar willkürlich zusammenfügte, doch sind viele ihrer Erzählungen »situation - to - complications - to - climax stories«,[107] die häufig von Morden, Selbstmorden, Unfällen sowie Naturkatastrophen handeln und somit eine Welt porträtieren, in der das traditionelle Wertsystem außer Kraft gesetzt worden ist und in der das Leben wie der Tod ihren Sinn verloren haben. Die Menschen, die in dieser Welt agieren, sind vereinsamt, leiden unter Angstzuständen und Alpträumen, sind sich ihrer Identität nicht sicher, geraten an den Abgrund des Wahnsinns und lassen ihren Aggressionen freien Lauf. Häufig unternehmen sie den gewöhnlich vergeblichen Versuch, dem Gefühl der Bedrohung, dem Chaos in ihrer Psyche, der Sinnlosigkeit der Welt sowie ihrem Außenseitertum durch die strukturierende Kraft der Kunst zu begegnen.[108] Wo zwischenmenschliche Kontakte existieren, erweisen sie sich bei näherem Hinsehen meist als pervertiert und oberflächlich. Zwar sehnen sich die Personen in den Kurzgeschichten von Joyce Carol Oates nach der Liebe, doch fürchten sie sich zugleich auch davor. Ihre Ehen werden häufig gebrochen und geschieden, und ihre intimen Beziehungen sind oft dadurch gekennzeichnet, daß der Mann die Frau sexuell mißbraucht.

In ihren besten Kurzgeschichten hat Joyce Carol Oates sich nicht darauf beschränkt, die »Gothic elements« als Kennzeichen einer kranken und aus den Fugen geratenen Gesellschaft zu verwenden. Vielmehr hat sie in ihnen das schon im Theorieteil zitierte Diktum: »The short story is a dream verbalized ...« in die erzählerische Praxis umgesetzt und ihre soziologischen Analysen durch psychologische Studien ergänzt. Dies gilt auch für die Geschichte »An American Adventure« (1971), in der ein verheirateter Student nach einer lebensgefährlichen Operation in eine Identitätskrise geraten ist. Er beobachtet sich selbst, fühlt sich als Repräsentant einer dem moralischen Verfall zutreibenden Generation, bekennt sich zu seiner Existenzangst und weiß, daß er den Anforderungen seiner Umwelt nicht mehr gerecht zu werden vermag.[109] Während seiner Fieberträume im Krankenhaus war in seiner Phantasie das Bild einer geheimnisvollen Welt entstanden, die zwar auf der Alltagswirklichkeit basiert, im Unterschied zu dieser aber menschenleer und deshalb nicht dem Verfall ausgesetzt ist. Zum Symbol dieser Welt wurde ihm ein schäbiges Haus in seiner Nachbarschaft, welches das Ziel seiner geträumten Spaziergänge war und in das er auch nach der Entlassung aus dem Krankenhaus eindringt. Statt des erwarteten Geheimnisses findet er dort nur die häßlichen Spuren des Alltagslebens, und als er schließlich einem Mädchen begegnet, spürt er den Drang, es zu vergewaltigen. So entpuppt sich die imaginierte Welt als das exakte Abbild der unter dem Zeichen der Entfremdung und der Aggression stehenden Wirklichkeit,[110] in die der verwirrte und von der Persönlichkeitsspaltung bedrohte Protagonist am Ende der

163

Geschichte zwar mit einem Gefühl des Verlustes, aber doch auch erleichtert zu-rückkehrt.

Um die Beschreibung psychischer Phänomene, die in diesem Fall durch eine Naturkatastrophe ausgelöst werden und in Verhaltensweisen resultieren, welche nicht auf Extremsituationen beschränkt, sondern aus dem Blickwinkel von Joyce Carol Oates für die zeitgenössische soziale Wirklichkeit charakteristisch sind, geht es ebenfalls in der 1963 erstmals veröffentlichten Titelgeschichte der Sammlung *Upon the Sweeping Flood and Other Stories* (1966). Im Mittelpunkt dieser im Eden County lokalisierten und wie ein Märchen beginnenden Erzählung steht ein Mann namens Walter Stuart, der sich schon in seiner Kindheit vom Glauben seiner Väter abgewandt hat, sich aufgrund seiner Disziplin und seiner konservativen Lebensein-stellung einen gesicherten Platz in der erfolgsorientierten Welt verschaffen konnte, in der Handlungsgegenwart aber bereits durch erste Spuren des Verfalls gekenn-zeichnet ist. Auf der Heimfahrt vom Begräbnis seines Vaters gerät er in die Randzo-ne eines Hurrikans, läßt sich von der Polizei nicht an der Weiterfahrt hindern und stößt in seiner Absicht zu helfen auf einen Jungen und ein Mädchen, mit denen er die Naturkatastrophe auf deren Anwesen überlebt.

Während die dynamische Vergegenwärtigung der Naturgewalten ein anschauli-ches Beispiel für die ausgeprägte Fähigkeit der Autorin ist, ihren Kurzgeschichten eine dramatische Qualität zu verleihen, deutet der märchenhafte Auftakt bereits an, daß »Upon the Sweeping Flood« wie andere Erzählungen von Joyce Carol Oates im Zwischenreich von Realität und Irrealität angesiedelt ist. Bestätigt wird dieser Ein-druck im weiteren Verlauf durch die Beschreibung eines wildgewordenen Pferdes, die an Poes »Metzengerstein« erinnert,[111] durch den Wechsel von Nebel, Dunkel-heit und Licht, der die Konturen der Dinge bald unkenntlich macht und bald klar hervortreten läßt, sowie durch den psychischen Zustand Walter Stuarts, dem sein Geist in der Extremsituation als »a clear, sane circle of quiet carefully preserved inside the chaos of the storm« (217) erscheint, der aber nach überstandener Gefahr dem Wahnsinn verfällt und in diesem Zustand den Jungen ermordet und das Mäd-chen zu vergewaltigen beabsichtigt.

Obwohl Stuart sich in der Katastrophe bewährt und wie die Kinder seinen Beitrag zum Überleben der Gruppe leistet, ist sein Geist schon in der Extremsituation weit davon entfernt, »a clear, sane circle of quiet« zu sein. Vielmehr korrespondiert »the howling inside his mind« (213) mit dem Geheul des Windes, als er sich Selbstvor-würfe macht, sich an die Krankheit seines Vaters erinnert und von der Vorstellung heimgesucht wird, daß er sich vor dem Polizisten, von dem er sich nicht an der Weiterfahrt hindern ließ, um Vergebung bittend im Staub wälzt. An anderen Stellen überkommt ihn wie andere Personen von Joyce Carol Oates das alptraumhafte Gefühl, Krankheitserreger eingeatmet zu haben und durch das Unwetter vergiftet worden zu sein; ein Gefühl, das durch seine Gewalttätigkeiten am Schluß der Erzäh-lung bestätigt wird. Des weiteren gerät er unter dem Eindruck der Katastrophe in eine Identitätskrise, die der des Protagonisten in »An American Adventure« ver-gleichbar ist. Der Mann, der er vor Beginn der Ereignisse war, erscheint ihm plötzlich als Fremder, und dasselbe Gefühl der Fremdheit überfällt ihn bei seinen Gedanken an seine Familie. Sein früheres Leben, in dem er auf eine einzige Rolle fixiert war und in dem es die menschliche Wärme offensichtlich nicht gab, offenbart sich ihm plötzlich als unvollkommen, und schließlich weicht sein einstiger Atheismus der Erkenntnis, daß Gott ihn geschaffen hat.

Unvermittelt schlägt dieser Zuwachs an Erkenntnis jedoch in das Dunkel des Wahnsinns um, als Stuart den Jungen, den er eben noch wie ein moderner Christophorus durch das Wasser getragen hatte, während der Jagd auf die Schlangen des Eden County heimtückisch erschlägt. Der Text dieser Geschichte macht es nicht leicht, hierfür eine andere Erklärung als die zu finden, daß es sich bei dem Mord wie bei der beabsichtigten Vergewaltigung des Mädchens um die sinnlosen Taten eines geistig Umnachteten handelt. Einige Indizien für weitere Interpretationsmöglichkeiten sind jedoch vorhanden. Am einleuchtendsten ist vielleicht die Überlegung, daß Stuart die Kinder dafür verantwortlich macht, ihn in die Extremsituation verwickelt und damit in seine Persönlichkeitskrise gestürzt zu haben. In diesem Zusammenhang ist es bemerkenswert, daß der Protagonist mit Bestürzung registriert, wie sich seiner gesamten Umgebung die nur ihm selbst versperrte Möglichkeit der Rückkehr zu der gewohnten Form des Daseins eröffnet.

Auch die Tatsache, daß der Mord im Anti-Paradies während der Jagd auf die Schlangen geschieht, ist in diesem Kontext integrierbar. Zunächst stellen die Schlangen, deren Anwesenheit ihn mit Furcht erfüllt, für Stuart nur eine äußere Gefahr dar, die er zusammen mit dem Jungen beseitigen will. Doch dann wertet der Junge die Schlangen als Indiz für die Existenz Gottes und vermittelt seinem Begleiter damit eine Erkenntnis, die diesen in derselben Weise trifft »as the nest of snakes had struck him« (223). Für den Atheisten ist der nicht abwendbare Hinweis auf die Existenz Gottes das letzte und bedrohendste Glied in einer Kette von Einsichten, die ihm die Sinnlosigkeit seines Daseins offenbaren und gegen die er mit seinem Ausbruch von Gewalt rebelliert. Als der Junge, in dem Stuart eine Christusfigur zu sehen scheint, mit dem Ausruf: »I'll get you! I'll get you!« (223) einer Schlange nachstellt, wird dieser Ausruf von dem Protagonisten offenbar auf sich selbst bezogen und zum Anlaß für seinen wahnwitzigen Angriff auf Gott genommen. Nach seiner Abrechnung mit Gott läuft er der Rettungsmannschaft, die in seinen Augen vermutlich die ihm vertraute und bis vor kurzem unerschütterte Welt verkörpert, dann mit dem ironisch zu verstehenden Ausruf: »Save me! Save me!« entgegen. Er wird damit am Ende der Geschichte zum Sprecher des bei Joyce Carol Oates immer wieder begegnenden Menschentyps, für den eine Erlösung anders als für manche Gestalten Flannery O'Connors freilich nicht in Frage kommt.

Richard Wright und James Baldwin

Das Bild einer chaotischen und von der Gewalt beherrschten Welt, das durch die Kurzgeschichten von Joyce Carol Oates vermittelt wird, steht auch im Zentrum des

Erzählwerks von Richard Wright, der als einer der bedeutendsten schwarzen Autoren anzusehen ist. Wright stammte aus Natchez und war damit in jener Region beheimatet, die in den meisten Kurzgeschichten von Eudora Welty als Schauplatz fungiert. Mit den Erzählungen weiterer Autoren aus dem Süden ist sein Werk vor allem deshalb vergleichbar, weil Wright bei seiner Beschreibung der sozialen Wirklichkeit ständig auf »Gothic elements« zurückgreift. Am Ende des Vorworts zu seinem Roman *Native Son* (1940) nahm der Autor selbst auf dieses dominante Charakteristikum seiner Erzählungen Bezug, als er eine Verbindung zwischen der zeitgenössischen Realität und den »dark authors« des 19. Jahrhunderts herstellte und insbesondere hervorhob, daß der von Poe erdachte Horror in der Welt, mit der er sich selbst als schwarzer Schriftsteller auseinanderzusetzen hatte, Wirklichkeit geworden war.[112]

Mit dem Hinweis auf die »Gothic elements« ist das Erzählwerk Richard Wrights freilich unzureichend charakterisiert. Unter dem Einfluß der Lektüre von Henry Louis Menckens *A Book of Prefaces* (1917) zu dem Entschluß gekommen, Schriftsteller zu werden, hat der Autor vielfältige literarische Anregungen in seinem Werk verarbeitet. Sein Hang zu introspektivem Erzählen, die häufige Verwendung von Initiationserlebnissen und Epiphanien sowie stilistische Besonderheiten wie Alliterationen und parataktische Satzkonstruktionen verweisen auf Beziehungen zu Henry James, Nathaniel Hawthorne, James Joyce und Gertrude Stein, durch deren Erzählung »Melanctha« (1909) Wright die Faszination für die Schönheit der Sprache der Schwarzen vermittelt wurde.[113] Weitere wichtige Anregungen empfing der Autor unter anderem von Dreiser, Dostojewski und Gorki sowie von verschiedenen Vertretern des Existentialismus.

Sowohl in ideologischer als auch in literarischer Hinsicht ist das Erzählwerk von Richard Wright aufgrund der vielfältigen Einflüsse durch einen ausgesprochen proteischen Charakter gekennzeichnet, zumal von einer geradlinigen Entwicklung von einer Position oder Stilrichtung zur anderen bei diesem Autor nicht gesprochen werden kann. In den dreißiger Jahren Mitglied der Kommunistischen Partei, wandte sich Wright, der in den fünfziger Jahren die emanzipatorischen Bewegungen der dritten Welt unterstützte, ab 1940 in verstärktem Maße der existentialistischen Philosophie zu, die ihn schon früh angezogen hatte. Innerhalb der Kurzprosa wird diese Hinwendung vor allem in der Erzählung »The Man Who Lived Underground« (1942) sichtbar, die mit ihren surrealistischen Elementen auf die Prosa Ralph Ellisons vorausweist, wohingegen die stärker naturalistisch orientierten Kurzgeschichten des Autors das Erzählwerk James Baldwins beeinflußt haben. Neben den naturalistischen und surrealistischen Elementen spielt der in »A Blueprint for Negro Writing« (1937) propagierte Rückgriff auf spezifisch schwarze Kulturformen wie Blues und Spiritual in Wrights Kurzprosa eine entscheidende Rolle. Ihm liegt die Überzeugung zugrunde, daß die Tradition der »Black Church« und die Folklore sich in besonderer Weise dazu eignen, dem Schwarzen Identifikationsmodelle zu liefern und ihm die historische wie die ethnische Komponente seiner Existenz bewußt zu machen. In »Fire and Cloud« (1938) sowie in »Bright and Morning Star« (1938) –

zwei marxistischen, vom Autor als »novellas« bezeichneten Erzählungen aus der Sammlung *Uncle Tom's Children* (1938) – hat Wright die christlichen Symbole der Spirituals transformiert und in den Dienst der revolutionären Aussage gestellt.

Sowohl in den Romanen als auch in den Kurzgeschichten, die meist durch häufige Schauplatzwechsel, Handlungsreichtum und komplexe »plots« gekennzeichnet sind, äußert sich Wrights sozialkritische Haltung immer wieder darin, daß er sich mit aller Schärfe gegen die Brutalität der Weißen, die Ausbeutung der Schwarzen und die faschistische Mentalität in den Südstaaten wendet. Er vertritt damit eine radikalere Position als der zur älteren Generation schwarzer Autoren gehörende Langston Hughes, gibt sich aber weniger militant als Chester Himes, der die Gewalt als Mittel zur Durchsetzung von Gerechtigkeit und Gleichheit propagierte.[114] Zwar wird in Wrights zweiter Erzählsammlung, die 1961 unter dem Titel *Eight Men* erschien und Kurzgeschichten aus verschiedenen Schaffensperioden enthält, die Frage der Relativität aller ethischen Normen aufgeworfen, doch wird sie mit dem Hinweis auf die Notwendigkeit moralischer Postulate beantwortet.

Ein weiteres Kennzeichen der sozialkritischen Haltung Richard Wrights besteht darin, daß der Autor die Aufmerksamkeit des Lesers stets auch auf die psychischen Konsequenzen des Rassismus lenkt. Eine besondere Bedeutung kommt in diesem Zusammenhang der Identitätsfindung der Schwarzen zu, die sich in einer von Weißen beherrschten Gesellschaft als unmöglich erweist. Allerdings verdeutlicht der Blick auf die späteren, unter dem Einfluß des Existentialismus entstandenen Erzählungen, daß Wright sich keineswegs auf die Darstellung der Existenzproblematik der Schwarzen beschränkt hat. Zwar stehen auch in diesen Geschichten schwarze Protagonisten im Mittelpunkt des Geschehens, doch fungieren sie als Prototypen des modernen entfremdeten Menschen.[115] Ähnliches gilt schon für die in *Eight Men* aufgenommene frühe Initiationsgeschichte »The Man Who Was Almost a Man« (1940), in der die soziale Herkunft für die Realitätserfahrung des jugendlichen Protagonisten zwar nicht von nebensächlicher Bedeutung ist, in der aber nichtsdestoweniger eine Krisensituation exemplarischen Zuschnitts geschildert wird.

Held der Geschichte ist der siebzehnjährige Landarbeiter Dave Saunders, der innerhalb und außerhalb des Elternhauses noch als Kind behandelt wird, an seinem Arbeitsplatz aber seinen Mann steht und nicht zuletzt deshalb zu der Überzeugung gekommen ist, »almost a man« zu sein. In einer Gesellschaft aufgewachsen, in der das Tragen einer Waffe als Zeichen persönlicher Freiheit gilt, hat der Protagonist es sich in den Kopf gesetzt, seine Männlichkeit durch den Kauf eines Revolvers zu dokumentieren. Nachdem er die Zustimmung seiner Mutter ertrotzt und den Kauf getätigt hat, wird er von dem Gefühl ergriffen, Macht über Leben und Tod zu besitzen.[116] Schon anläßlich der ersten Mutprobe mündet dieses Gefühl jedoch in eine tragische Erfahrung; denn Dave Saunders feuert seinen Revolver so ungeschickt ab, daß er ein Maultier anschießt, dessen Leben er verzweifelt, aber mit untauglichen Mitteln zu retten versucht.

Wie in Hemingways Geschichte »The Killers« wird der Initiationsschock des Protagonisten durch das Verhalten der Gesellschaft verstärkt, die im vorliegenden

Fall mit höhnischem Gelächter auf das Mißgeschick des Jungen und auf den Tod des Maultieres reagiert. Außerdem sieht Dave Saunders sich mit Sanktionen konfrontiert, die ihm das Gefühl vermitteln, wie ein Maultier ausgenutzt und mißhandelt zu werden, die ihn aber nicht davon abbringen können, zumindest sich selbst durch den Umgang mit der Waffe zu beweisen, daß er die Schwelle ins Mannesalter überschritten hat. Dieser Beweis gelingt dem Protagonisten in einer zweiten Mutprobe, deren Auswirkung auf das Selbstwertgefühl des Jungen der Erzähler durch folgenden Satz verdeutlicht: »When he reached the top of a ridge he stood straight and proud in the moonlight, ...« (20). Herausfordernd blickt Dave auf das prächtige Haus seines weißen Arbeitgebers, den er am liebsten mit seiner Waffe einschüchtern würde, um auch ihm zu beweisen, daß er den Schritt ins Mannesalter getan hat.

Um den Wiedergutmachungsansprüchen des Plantagenbesitzers sowie der vom Vater angedrohten und als demütigend empfundenen Prügelstrafe zu entgehen, springt der Protagonist nach kurzem Zögern auf einen vorbeifahrenden Zug, der ihn in eine Gegend bringen soll, in der er als Mann akzeptiert wird. Wie in »The Killers« schließt das Initiationserlebnis also nicht mit der Integration in die Welt der Erwachsenen, sondern mit der Abkehr von der Gesellschaft ab. Zwar wird diese Gesellschaft vom Erzähler kritisiert, doch handelt es sich bei »The Man Who Was Almost a Man« nicht wie bei anderen Erzählungen von Wright um eine Geschichte über die Diskriminierung der Schwarzen. Die Menge, die Dave Saunders verhöhnt, setzt sich nämlich aus Weißen und aus Farbigen zusammen, und die Autorität, gegen die der Junge rebelliert, wird nicht nur durch seinen weißen Arbeitgeber, sondern auch durch seinen schwarzen Vater verkörpert.

Zwar kann man sagen, daß das Gefühl, nicht als vollwertiges Mitglied der Gesellschaft akzeptiert zu werden, bei dem Angehörigen einer benachteiligten Rasse besonders stark ausgeprägt ist, doch ist der dargestellte Konflikt mit der Welt der Erwachsenen auf andere soziale Kontexte übertragbar. So liegt denn der Akzent der Geschichte auch nicht auf der Analyse gesellschaftlicher Zustände, sondern auf der minuziösen Vergegenwärtigung der psychischen Verfassung des Jungen, der abwechselnd selbstbewußt und unterwürfig, zerknirscht und trotzig, furchtsam und mutig erscheint. Erzähltechnisch bewältigt Wright diese Schilderung des psychischen Zustandes des Protagonisten vor allem durch den Gebrauch der erlebten Rede, die neben der Umgangssprache der Schwarzen das auffälligste formale Merkmal der Geschichte ist und die häufig im Wechsel mit der Perspektive des allwissenden Erzählers verwendet wird.[117]

Trotz der kritischen Haltung, die er gegenüber dem Roman *Native Son* einnahm, gehört James Baldwin zu denjenigen schwarzen Autoren, deren Erzählungen durch unübersehbare Beziehungen zum Werk Richard Wrights gekennzeichnet sind. Im Falle Baldwins sind die naturalistische Detailtreue, die Horroreffekte, der Rückgriff auf spezifisch schwarze Kulturformen wie Spiritual und Blues, die Darstellung der psychischen Konsequenzen des Rassismus sowie die Verwendung des Typs der Initiationsgeschichte als die wichtigsten Verbindungslinien zu Wrights Erzählungen anzusehen. In ideologischer Hinsicht treten demgegenüber Unterschiede zwischen

Wright und Baldwin zutage, der als Befürworter der Rassenintegration begann, in der Liebe, der gemeinsamen Bewältigung der Vergangenheit sowie der damit verbundenen Suche nach einer nationalen Identität geeignete Mittel zur Überwindung der Rassenschranken sah und sich erst spät zu einer radikaleren Position bekannte, nachdem er in seinem vieldiskutierten Essay »The Fire Next Time« (1963) bereits Verständnis für die Aktivitäten der militanten Vertreter der schwarzen Bürgerrechtsbewegung gezeigt hatte.

Während für die Liebesethik des Autors, der dem Christentum eine Mitschuld an der Unterdrückung der Schwarzen zuweist, deren säkularisierte Form charakteristisch ist, liegt der Überzeugung von der Notwendigkeit der Vergangenheitsbewältigung die Vorstellung zugrunde, daß nicht nur die unterdrückten Schwarzen, sondern auch die weißen Unterdrücker durch den Rassismus an der Identitätsfindung gehindert wurden. Da die Weißen die Geschichte der Unterdrückung »aus Furcht vor der Wahrheit stets von neuem zu verdrängen suchen und notwendig in neue Gewalt umsetzen«, entpuppt sich das Rassenproblem primär sogar als ein Problem der Weißen.[118] Während ihnen die vordringliche Aufgabe gestellt ist, der Fiktion ihrer Unschuld abzuschwören, müssen die Schwarzen sich von den Klischees des Uncle Tom und des »rapist nigger« sowie von den anderen Rollenstereotypen befreien, welche die Weißen geprägt und die Schwarzen verinnerlicht haben.

Die Auseinandersetzung mit diesen Rollenstereotypen findet bereits in Baldwins erster Kurzgeschichte statt,[119] die 1948 unter dem Titel »Previous Condition« erschien und 1965 in die Sammlung *Going to Meet the Man* aufgenommen wurde. Mit Ausnahme von »Death of the Prophet« (1950) und fünf weiteren »short stories«, die zu Bestandteilen von Romanen geworden sind, enthält diese acht Werke umfassende Sammlung alle Kurzgeschichten, die Baldwin geschrieben hat. Der Titel der Sammlung bezieht sich auf die unter dem Zeichen von Gewalt, Angst und Haß stehende Begegnung zwischen den Rassen,[120] steht aber in der Titelgeschichte auch in Beziehung zu der auf assoziativem und analytischem Wege erfolgenden Enthüllung der Vergangenheit, durch die der weiße Protagonist bis zu den Wurzeln seiner Existenz vordringt. Das erzähltechnische Mittel zur Verdeutlichung dieses Zusammenhangs von Vergangenheit und Gegenwart sind die Rückblenden, die zwar häufig in Baldwins Kurzgeschichten vorkommen, Erzählform und Erzählaussage aber nirgendwo überzeugender zur Deckung bringen als in »Going to Meet the Man«.

In dieser 1965 erstmals veröffentlichten Geschichte wird der Konflikt zwischen den Schwarzen und den Weißen vor dem Hintergrund der Bürgerrechtsdemonstrationen, die 1963 in Alabama stattfanden, und am Beispiel des Verhältnisses zwischen dem brutalen Hilfssheriff Jesse und dem gedemütigten, in seinem Widerstandswillen aber ungebrochenen Anführer der Demonstranten geschildert. Die Geschichte ist als Rahmenerzählung konzipiert und in fünf Abschnitte unterteilbar, von denen der erste, der dritte und der fünfte in der Handlungsgegenwart angesiedelt sind, wohingegen im zweiten Teil die Ereignisse des vergangenen Tages vergegenwärtigt werden und im vierten Abschnitt das für die weitere Persönlichkeitsentwicklung des Protagonisten entscheidende Kindheitserlebnis zur Darstellung kommt. In weiteren Rückblenden wird in der Erinnerung des Hilfssheriffs jene Zeit lebendig, in der er als Geldeintreiber tätig war. Diese Zeit kontrastiert einerseits insofern mit der Gegenwart, als der Umgang mit der älteren Generation der Schwarzen damals aus Jesses Perspektive unproblematisch war,[121] sie ist aber andererseits durch die Gestalt des Anführers, mit dessen Widerstand der Protagonist sich seinerzeit erstmals konfrontiert sah, auch direkt mit der Gegenwart verbunden.

Zur weiteren Verknüpfung der einzelnen Erzählteile und der verschiedenen Zeitebenen dienen mehrere Leitmotive und ein für Baldwins Erzählwerk charakteristisches Thema, das auch in den Kurzgeschichten »This Morning, this Evening, So Soon« (1960) und »Come Out the Wilderness« (1958) im Mittelpunkt steht. Bei den Leitmotiven handelt es sich – abgesehen vom Licht, das in verschiedenen Formen begegnet und unter anderem auf die Verbindung zwischen den Rassen verweist – um den Gesang, der Ausdruck des kollektiven Leidens und Widerstandswillens der Schwarzen ist, sowie um die Autogeräusche und das Hundegebell, welche die Bedrohung der Schwarzen durch die Zivilisation und die Brutalität der Weißen versinnbildlichen.

In Verbindung mit der Sexualität fungiert die Gewalttätigkeit der Weißen auch in thematischer Hinsicht als einheitsstiftende Klammer. So wird z. B. darauf hingewiesen, daß Jesse, der nicht davor zurückschreckt, die Genitalien des Anführers zu verletzen, durch die Mißhandlung des Schwarzen und durch die Erinnerung an seine Grausamkeit in sexuelle Erregung versetzt wird. Zu Beginn der Geschichte ist der Protagonist, der durch den Widerstandsgeist der Schwarzen verunsichert wurde und seine sexuellen Beziehungen zu schwarzen Frauen aus Furcht um sein Leben eingestellt hat, freilich nicht in der Lage, seine Begierde durch den Geschlechtsverkehr mit seiner eigenen Frau zu befriedigen, zumal er sie in Übereinstimmung mit den Klischeevorstellungen der weißen Südstaatengesellschaft als Verkörperung der Tugend und der Reinheit sowie als Objekt religiöser Verehrung betrachtet.[122] Erst am Ende der Erzählung, nachdem er sich die Ermordung und die Kastration des Farbigen vergegenwärtigt hat, deren Zeuge er als Kind geworden war, und nachdem er sich außerdem an die sexuelle Erregung erinnert hat, in die sein Vater durch diese Begebenheit versetzt worden war, ist er zum Geschlechtsverkehr mit seiner Frau fähig, der freilich den Charakter einer Vergewaltigung hat und schon deshalb nicht im Sinne einer Selbstheilung gedeutet werden kann.[123] Gegen eine solche Interpretation spricht ferner die Tatsache, daß der enthemmte Protagonist sich mit einem Schwarzen identifiziert und seine Frau auffordert, ihn wie einen Farbigen zu lieben.

Als die gemeinsame Wurzel dieses Rollenspiels und der bis auf die Intimsphäre des schwarzen Anführers ausgedehnten Brutalität ist der rituelle Charakter der von dem jungen Jesse beobachteten Kastration anzusehen; denn nach der Interpretation Calvin C. Herntons handelt es sich bei der Kastration eines Farbigen zugleich um ein Zerstörungs- und um ein Identifikationsritual, wobei die rituelle Zerstörung u. a. den Sinn hat, den Schwarzen als Rivalen und als Objekt der sexuellen Faszination der weißen Frau zu beseitigen, wohingegen die Bedeutung der Identifikation in der Aneignung der angeblich außergewöhnlichen Potenz des Farbigen liegt.[124] Doch liefert die Kastrationsszene, die nicht mit der Beschreibung der Hinfahrt, sondern mit der Schilderung der Rückkehr beginnt und deren Struktur mithin mit der fortschreitenden Durchdringung der Bewußtseinsschichten des Protagonisten korrespondiert, nicht nur die Erklärung für dessen ambivalente Haltung gegenüber der schwarzen Rasse. Vielmehr dient sie außerdem dazu, die Einstellung des Hilfssheriffs gegenüber seinen eigenen Artgenossen einsichtig zu machen.

In diesem Zusammenhang ist es wichtig, daß Baldwin bei der Beschreibung des Kindheitserlebnisses die erwähnten Elemente des Kastrationsrituals mit Merkmalen aus dem Inventar der Initiationsgeschichte verbindet, an dem er sich auch bei der Niederschrift der Erzählungen »Sonny's Blues« (1957) und »The Outing« (1951) orientiert hat. In »Going to Meet the Man« äußert sich der Rückgriff auf den Merkmalskatalog der Initiationsgeschichte u. a. dort, wo der Aufbruch zur Stätte der Kastration und des Lynchmordes dem Jungen als Beginn einer »great and unexpected journey« (211) erscheint, und des weiteren an jener Stelle, an der Jesse das Gefühl hat, einem »mighty test« unterworfen gewesen zu sein, »(which) had revealed to him a great secret which would be the key to his life forever« (217). Außerdem stehen dem zunächst verängstigten Kind, das bis zu seiner Konfrontation mit der Gewalt, dem Tod und dem Rassenhaß eine ungetrübte Beziehung zu einem schwarzen Spielkameraden unterhielt, in der Gestalt der Erwachsenen, deren Reaktionen es beobachtet und deren Einstellung gegenüber den Schwarzen es sich zu eigen macht, Initiationshelfer zur Verfügung.

Noch in der Handlungsgegenwart betrachtet der Protagonist, der sich selbst als gottesfürchtigen und pflichtbewußten Menschen sieht und der die Unterdrückung der Farbigen in Übereinstimmung mit der Kirche als Ausdruck einer gottgewollten Ordnung versteht, die Freunde seines Vaters als Vorbilder. Doch erkennt er selbst, daß diese Männer ihm angesichts des Wandels, der in den Beziehungen zwischen den Rassen eingetreten ist, keinen Halt mehr zu bieten vermögen. War das Verhältnis zwischen den Weißen früher von gegenseitigem Vertrauen getragen, so ist es jetzt als Folge der Furcht vor dem Haß der Schwarzen durch ein allgemeines Mißtrauen vergiftet. Moralische Unsicherheit beherrscht das soziale Klima im Alabama des Jahres 1963 und liefert die Bestätigung für Baldwins These, daß die weißen Unterdrücker ebenso Opfer des Rassismus sind wie die unterdrückten Schwarzen.

Jerome David Salinger, Saul Bellow und Bernard Malamud

Wie durch die Erzählungen von Wright, Baldwin und anderen Vertretern der »black literature« so wird auch durch die Romane und Kurzgeschichten etlicher namhafter jüdischer Autoren verdeutlicht, in wie weitreichendem Maße das Bild der amerikanischen Erzählliteratur besonders seit Beginn der vierziger Jahre von den Angehörigen ethnischer Minderheiten geprägt worden ist. Zwar ist die soziale Position von

Teilen der jüdischen Minderheit in den Vereinigten Staaten wesentlich besser als die der meisten Schwarzen, doch ist die Literatur der Juden nichtsdestoweniger häufig durch die Beschäftigung mit denselben minderheitenspezifischen Problemen gekennzeichnet, die auch bei den Vertretern der »black literature« begegnen. So spielen z. B. das Thema der Isolation, die Identitätsproblematik sowie die Besinnung auf die kulturellen Traditionen der eigenen Rasse hier wie dort eine entscheidende Rolle. Außerdem nehmen die Erfahrungen des Leids und der Unterdrückung sowie der Ungerechtigkeit und der Verfolgung, die durch die Enthüllung der nationalsozialistischen Greueltaten eine neue Dimension erhielten, in der Erzählliteratur der Juden einen ebenso breiten Raum ein wie in der der Schwarzen.

Obwohl die genannten minderheitenspezifischen Charakteristika es gestatten, von einer »Jewish-American literature« zu sprechen, ist davon auszugehen, daß die »Jewishness« in den Erzählungen der jüdischen Autoren weniger stark ausgeprägt ist als die »blackness« in den Werken der schwarzen Schriftsteller und daß es sich bei den jüdisch-amerikanischen Erzählern um eine noch heterogenere Autorengruppe handelt als bei den schwarzen Schriftstellern und den weißen Autoren aus den Südstaaten. Während Erzähler wie Bernard Malamud, Saul Bellow und Philip Roth, dessen Kurzgeschichtensammlung *Goodbye, Columbus* 1959 erschien, den Akzent in ihren Werken auf die Beschreibung der Rolle des Juden in der amerikanischen Gesellschaft der Nachkriegszeit legen, sind die »short stories« des Jiddisch schreibenden Nobelpreisträgers Isaac Bashevis Singer, der zwischen 1957 – dem Erscheinungsjahr von *Gimpel the Fool and Other Stories* – und 1988 – dem Erscheinungsjahr von *The Death of Methuselah* – zehn Kurzgeschichtensammlungen veröffentlichte, vorwiegend in der polnischen Heimat des Autors und in der langen Geschichte des jüdischen Volkes verankert.[125] Am anderen Ende der Skala steht das Werk des Halbjuden Jerome David Salinger, in dem das jüdische Erbe keine nennenswerten Spuren hinterlassen hat.

Zu den Hauptanliegen dieses Autors, der seiner ersten, 1940 publizierten Kurzgeschichte den Titel »The Young Folks« gab, gehören die Darstellung der Welt der Kinder und die Schilderung der Erfahrungen heranwachsender Jugendlicher. Zwar sind Salingers »young folks« – wie das Beispiel Sybil Carpenters in »A Perfect Day for Bananafish« (1948) zeigt – nicht immer frei von menschlichen Schwächen, doch kontrastiert ihre Welt mit der der Erwachsenen, die unter dem Zeichen des Konsums, des Materialismus, des Konformismus sowie der Massenzivilisation steht und in der wiederholt Personen auftreten, die unter den Folgen des Krieges leiden. Bei ihrer Begegnung mit dieser Welt, in der die Kommunikation als Basis echter zwischenmenschlicher Beziehungen nicht mehr funktioniert und in der die künstlerisch interessierten und phantasiebegabten Menschen als Außenseiter betrachtet werden, können die »young folks« entweder Schaden nehmen wie die Kinder in »The Laughing Man« (1949), die von dem Erzähler der Binnengeschichte um ihren Glauben an die Gültigkeit fester Wertvorstellungen gebracht werden, oder sie können »kraft ihrer kindlichen Unschuld und Unverdorbenheit einen rettenden Einfluß auf die Erwachsenen« ausüben wie das dreizehnjährige Mädchen in »For Esmé

– with Love and Squalor« (1950), das einem Soldaten über dessen Existenzkrise hinweghilft.[126]

Sieht man von der kleinen Zahl von »short stories« ab, die Salinger nach der Veröffentlichung der *Nine Stories* (1953), seines bisher einzigen Kurzgeschichtenbandes, geschrieben hat, dann gewinnt man den Eindruck, daß die Kurzprosa des Autors in thematischer wie formaler Hinsicht durch vielfältige Parallelen mit dem »mainstream« der amerikanischen Erzählliteratur verbunden ist; denn der hohe Anteil des Dialogs an der Vermittlung des Erzählstoffes, der oft im Hintergrund bleibende Erzähler, die Verwendung der Umgangssprache, die Schilderung krisenhafter und in eine Offenbarung mündender Augenblicke sowie die Verklammerung mehrerer Erzählungen durch wiederkehrende Personen sind Merkmale, die in ähnlicher Form schon in den Kurzgeschichten von Sherwood Anderson oder Ernest Hemingway begegnen. Dasselbe gilt für die Kommunikationsproblematik, die Vorliebe für Kinder und Jugendliche, die Schilderung von kriegsgeschädigten Personen, den Hinweis auf die negativen Folgen der modernen Zivilisation und die Überzeugung von der sinngebenden Kraft der Liebe.

Mit den Geschichten »De Daumier-Smith's Blue Period« (1952) und »Teddy« (1953), die den Abschluß des Bandes *Nine Stories* bilden, beginnt dann allerdings eine neue Phase in Salingers Erzählwerk, die durch des Autors Hinwendung zum Mystizismus und Zen-Buddhismus sowie durch erzähltechnische Experimente gekennzeichnet ist. Während es sich bei den erzähltechnischen Neuerungen u. a. um den häufigen Einschub von Digressionen und um Erörterungen erzähltechnischer Probleme in Leseransprachen handelt, äußert sich der Einfluß des Zen-Buddhismus in der Überhöhung der zwischenmenschlichen Liebe zur »unterschiedslosen liebenden Hinnahme aller, auch der negativen Seiten der Wirklichkeit.«[127]

Läßt man den Wandel in Salingers Weltanschauung und die erzähltechnischen Neuerungen in den späteren Erzählungen einmal außer Betracht, dann kann »A Perfect Day for Bananafish«, die erste »short story« in dem Band *Nine Stories*, als eine der repräsentativsten Kurzgeschichten des Autors angesehen werden. Dies trifft nicht zuletzt deshalb zu, weil Seymour Glass, die Hauptfigur in Salingers Werk, in der vorliegenden Erzählung zum erstenmal begegnet und weil die später entstandenen Geschichten über die Glass-Familie u. a. offensichtlich die Funktion haben, die Motive für den in »A Perfect Day for Bananafish« geschilderten Selbstmord Seymours weiter aufzuhellen. Eine dieser Geschichten, die 1965 unter dem Titel »Hapworth 16, 1924« erschien, besteht im wesentlichen aus einem Brief des siebenjährigen Seymour, der von den Gedanken fernöstlicher Mystik durchdrungen ist und in dem der Protagonist seinen späteren Selbstmord bereits ankündigt.

Außerdem äußert sich der repräsentative Charakter von »A Perfect Day for Bananafish« in der vorwiegend dialogischen Darbietungsweise, dem Gegensatz zwischen der Welt der Kinder und der der Erwachsenen, der Darstellung der Kommunikationsproblematik, der Kritik an der oberflächlichen, konformistischen und materialistisch eingestellten Mittelklasse, dem Gebrauch von verweisenden Zeichen sowie dem Kontrast zwischen dem phantasiebegabten Außenseiter und dem modernen Massenmenschen. Der zuletzt genannte Typ wird von Seymours Frau Muriel verkörpert, die als »Miss Spiritual Tramp of 1948«[128] eine Repräsentantin der gedankenlosen Nachkriegsgeneration ist, sich die Zeit mit der Lektüre der reißerischen Magazingeschichte »Sex Is Fun – or Hell« vertreibt und ansonsten in dem Hotel, das von Reklamefachleuten bevölkert ist und als Symbol für die moderne Konsumgesellschaft fungiert, trivialen Tätigkeiten nachgeht, die in einem an Hemingway erinnernden schmucklosen, die Details aber präzise wiedergebenden Stil geschildert werden. Zur weiteren Charakterisierung Muriels dient ihr Telefonat mit ihrer Mutter, das am besten dort in Gang kommt, wo über Triviales gesprochen wird, und in dem beide Frauen dazu neigen, sich zu unterbrechen und aneinander vorbeizureden.[129]

Weitere Funktionen des Telefongesprächs bestehen darin, den Protagonisten auf indirektem Wege einzuführen und sein Verhältnis zu seiner Frau zu beleuchten. Dabei bestätigen die für die indirekte Charakterisierung des Protagonisten nützlichen Informationen den schon durch die Namensgebung vermittelten Eindruck, daß es sich bei Seymour (= »see more«) Glass zugleich um einen Seher und um ein verwundbares Individuum handelt; denn wir erfahren nicht nur etwas über seine künstlerischen Neigungen und über seine im Krieg erlittene seelische Verwundung, sondern wir werden auch über seine Gewohnheit aufgeklärt, sich vom Hotel an den Strand zurückzuziehen, wo er es vermeidet, seinen empfindlichen Körper der Sonne auszusetzen. Im Hinblick auf das Verhältnis zwischen ihm und seiner Frau verweisen alle Angaben auf die sowohl im räumlichen wie im übertragenen Sinne bestehende Distanz zwischen den Ehepartnern, die – abgesehen von der Schlußszene, in der Muriel den Selbstmord ihres Mannes buchstäblich verschläft – nie gemeinsam in der Geschichte auftreten.

Im zweiten Teil der Erzählung wird dann gezeigt, daß Seymours Abkapselung von der Realität mit dem Versuch gepaart ist, Zugang zur Welt der Kinder zu finden und auf diese Weise seine Unschuld zurückzugewinnen. Der Name der kleinen Sharon Lipschutz erfüllt ihn mit »memory and desire« (19), und im Gespräch mit Sybil Carpenter, deren gelben Badeanzug er nur deshalb als ein blaues Kleidungsstück bezeichnet, weil er selbst eine blaue Badehose trägt, behauptet er fälschlich, mit dem Inhalt des Kinderbuches *Little Black Sambo* vertraut zu sein. Doch wird bereits durch die Reaktionen des Mädchens verdeutlicht, daß die Rückkehr in die Welt der Kinder nicht möglich ist. Unterstrichen wird diese Tatsache durch die Symbolik, die bei der Beschreibung der Personen verwendet wird: Während der unter dem Sternzeichen des Steinbocks geborene Seymour trotz seines Außenseiterdaseins mit seinem Bocksfuß an die Realität gebunden bleibt,[130] wird Sybil Carpenter als ein vogelähnliches Wesen beschrieben, das auf einer Luftmatratze, die ihren Freund nicht zu tragen vermag, auf dem Wasser schwebt.

Auch durch die Parabel von den Bananenfischen wird hervorgehoben, daß die Welt der Kinder dem Protagonisten verschlossen bleibt. Entscheidend für das Verständnis dieses oft fehlgedeuteten Kernstücks der Geschichte[131] ist die Tatsache, daß Sybil Carpenters Bericht über den Bananenfisch, den sie angeblich gesehen hat, total von Seymours Version der Parabel abweicht. Während der Erwachsene davon spricht, daß die Bananenfische an ihrer Unmäßigkeit sterben, weil der enge Ausgang der Höhle, in der sie sich überfressen haben, ihnen den Rückweg versperrt, hat der imaginäre Fisch des Mädchens es vermocht, die Höhle mit sechs Bananen im Maul zu verlassen. Die unterschiedlichen Versionen der Parabel besagen Folgendes: Seymour, der wie die von ihm erdachten Bananenfische dem Gefängnis der modernen Konsumgesellschaft letztlich nicht entrinnen kann, ist als phantasiebegabter Außenseiter lediglich in der Lage, den Charakter der Wirklichkeit sowie seine eigene Situation zu erfassen und in einem Bild zum Ausdruck zu bringen. Das Mädchen, bei dem – anders als bei der noch jüngeren Sharon Lipschutz – zwar schon Formen rücksichtslosen Verhaltens zu erkennen sind, das den Gesetzen der Welt der Erwachsenen aber noch nicht unterworfen ist, besitzt dagegen die weiterreichende Fähigkeit, mit Hilfe seiner Imagination eine von der Wirklichkeit unabhängige Welt zu errichten. Oder anders ausgedrückt: Der Seher Seymour sieht zwar mehr als die anderen Erwachsenen, verfügt aber im Unterschied zu Sybil Carpenter nicht über die visionäre Kraft der mythischen Sibyllen.

Die Erkenntnis dieses Unterschieds, die darin zum Ausdruck kommt, daß der Protagonist den Fuß des Mädchens küßt, und die mit dieser Erkenntnis verbundene Einsicht, daß er die kindliche Unschuld nicht zurückgewinnen kann, stellen vermutlich den entscheidenden Antrieb für Seymours Selbstmord dar. Zwei weitere mögliche Gründe für den Suizid sind im dritten Teil der Geschichte enthalten, wo dem Protagonisten erneut klar wird, daß eine sinnvolle Beziehung zu seiner Frau nicht möglich ist, und wo ihm in der Fahrstuhlepisode noch einmal zum Bewußtsein kommt, daß seine Isolation innerhalb der Welt der Erwachsenen nicht überwunden werden kann.[132]

Bevor er seinem Leben ein Ende setzt, erscheint Seymour Glass wie eine Figur, die zwischen den Stühlen sitzt. An seine Umwelt, die ihn als Psychopathen einstuft und deshalb nicht akzeptiert, mag er sich nicht anpassen, und in die imaginative Welt der Kinder kann er nicht eingelassen werden, weil er sich dem prägenden Einfluß seiner Umgebung trotz seines Außenseitertums nicht zu entziehen vermochte. Er kehrt dem die Wirklichkeit symbolisierenden Hotel zwar den Rücken, dringt aber nur bis zum Strand vor und erweist sich als unfähig, tief in das mit dem Wasser assoziierte Reich der Imagination einzutauchen. Man könnte ihn daher mit dem Titel von Saul Bellows erstem Roman als einen »dangling man« bezeichnen, doch läßt sich seine Existenzproblematik nur bedingt mit der von Bellows Figuren vergleichen.

Eine Parallele zwischen dem gleichsam in einem Niemandsland lebenden Seymour Glass und den in einem Schwebezustand befindlichen Figuren Saul Bellows liegt insofern vor, als die Erfahrung hier wie dort von dem Gefühl der Entfremdung, von dem Mangel an sinnvoller Kommunikation und von der Weigerung bestimmt wird, sich mit der Umwelt zu identifizieren.[133] Doch zieht Bellow, der gegen »a literature of victimization, of old people sitting in ash cans waiting for the breath of life to depart« polemisierte und dem Künstler die Aufgabe zuwies, sich mit »the full development of humanity« zu befassen und Ordnung zu stiften,[134] aus dieser Analyse der Existenzproblematik keineswegs den Schluß, daß ein sinnvolles Leben nicht möglich ist. Er tritt im Gegenteil als Verfechter der Menschenwürde auf, läßt seine vereinsamten Charaktere verzweifelt nach der Wahrheit und dem Sinn der Existenz suchen und macht die Konfrontation mit dem Tod zum Ausgangspunkt eines neuen Lebens.[135] Im Zentrum dieser affirmativen Haltung steht die Behandlung der Identitätsproblematik. Dabei geht Bellow davon aus, daß die wahre Identität des Menschen verschüttet ist und der moderne Mann auf der Straße eine Maske trägt.[136] Um zu einer sinnvollen Form der Existenz zu gelangen, ist es jedoch nicht nur erforderlich, dieses »presentation self« zu vernichten, sondern es ist außerdem notwendig, in einem leidvollen weiteren Schritt das persönliche Selbst zu überwinden und sich zum Mysterium der überpersönlichen Menschlichkeit zu bekennen.[137] Diese Beschreibung der »condition humaine« hat Bellow, der nicht zu Unrecht gemeinhin als ein Moralist mit einem primären Interesse an der psychischen Befindlichkeit des Menschen bezeichnet wird, sowohl in seinen Romanen als auch in seinen Kurzgeschichten immer wieder mit einer scharfen Kritik an den zeitgenössischen sozialen Verhältnissen verbunden. Wie bei anderen jüdischen Schriftstellern treten dabei die Zustände in den amerikanischen Großstädten in den Vordergrund, was Bellow selbst damit erklärt, daß die überschaubaren »local societies« in einer Zeit, in der »dubious realities« den Platz der metaphysischen Gewißheit und der verbindlichen ethischen Normen eingenommen haben und der desorientierte Menschen sich unmittelbar mit dem Universum konfrontiert sehen, in den Augen des Erzählers nicht mehr als paradigmatische Erfahrungsräume fungieren können.[138]

Aus dem Gesagten folgt, daß es Bellow nicht nur um die Rolle des Juden in Amerika geht, sondern daß er sich zugleich mit der Existenzproblematik des modernen Menschen schlechthin beschäftigt. Dies ist auch in seinen Kurzgeschichten der Fall, die – mit Ausnahme der Geschichten, die in den Roman *The Adventures of Augie March* (1953) inkorporiert wurden, und abgesehen von den Erzählungen in *Him With His Foot in His Mouth and Other Stories* (1984) sowie in *Something to Remember Me By* (1991), die fast alle dem Typ der »novella« entsprechen – in dem Sammelband *Mosby's Memoirs and Other Stories* (1968) zusammengefaßt worden sind. So behandelt die Geschichte »The Old System« (1967) z. B. sowohl die Assimilation und den sozialen Aufstieg einer Familie, in deren Verlauf die jüdische Tradition und der amerikanische Materialismus aufeinandertreffen, als auch die universalen Fragen nach dem Sinn von Leben und Tod, die sich hinter dem partikularen Geschehen verbergen. So werden in der 1968 erstmals publizierten Titelgeschichte die der Selbstrechtfertigung dienenden tendenziösen Rückblicke des nichtjüdischen Protagonisten auf seine eigene Vergangenheit zum Anlaß, ein Bezugssystem zu entwickeln, in dem Judentum und Nichtjudentum, Europa und Amerika, Geschichte und Gegenwart, Marxismus und Kapitalismus, Pazifismus und Aggressivität sowie Rationalität und Irrationalität einander gegenüberstehen. Und so wird in »The Gonzaga Manuscripts« (1954) die Suche Clarence Feilers nach den verschollenen

Liebesgedichten des spanischen Poeten Manuel Gonzaga, der das Verhältnis zwischen dem Menschen und dem Universum ohne Rekurs auf eine Gottesfigur und ethische Normen beschrieb, mit der Frage nach einer neuen Moralität verquickt, die aus der Existenz der Atombombe resultiert.

Das Motiv der Suche, das die Struktur der zuletzt genannten Kurzgeschichte bestimmt, hat Bellow auch in »Looking for Mr. Green« (1951) verwendet, wo die universale Problematik des Verhältnisses von Realität und Schein mit der Kritik an den sozialen Zuständen im Chicago der Depressionszeit verknüpft ist. Bei der Titelgestalt handelt es sich um einen verkrüppelten Schwarzen, den George Grebe, der Protagonist der Geschichte, im Labyrinth der Chicagoer Slums aufzuspüren versucht, um ihm einen Wohlfahrtsscheck auszuhändigen. Neben den menschenunwürdigen Zuständen auf dem Wohnungssektor kritisiert Bellow in dieser Erzählung u. a. die halbherzige Anteilnahme der öffentlichen Institutionen an der Not der Schwarzen; denn Grebes Vorgesetzter hält die Ausgabe von Wohlfahrtsschecks für eine unwichtige Aufgabe. Außerdem richtet sich die sozialkritische Analyse des Autors gegen die Vetternwirtschaft, welcher der Vorgesetzte sein Amt ebenso verdankt wie Grebe selbst, dessen Stelle angesichts des Mißtrauens der Farbigen gegenüber weißen Amtspersonen eigentlich mit einem Schwarzen zu besetzen gewesen wäre. Des weiteren kritisiert Bellow mit Hilfe der Gestalt George Grebes, der als Akademiker bisher keine seinen Fähigkeiten entsprechende Tätigkeit finden konnte, das Vorhandensein eines akademischen Proletariats. Und schließlich dienen ein italienischer Kaufmann, der ein Anhänger der »law and order«-Ideologie ist und die Schwarzen der schlimmsten Verbrechen bezichtigt, sowie eine Frau namens Staika, welche die Farbigen als Parasiten beschimpft und ihre eigenen Ansprüche durch effektvoll-erpresserische Auftritte durchzusetzen weiß, dem Autor dazu, die Selbstsucht und den Rassenhaß anzuprangern.

Zwar wird in der vorliegenden Kurzgeschichte ein deprimierendes Bild der sozialen Wirklichkeit der dreißiger Jahre gezeichnet, doch erhebt sich als zentrales Problem die Frage, ob die Welt, mit der George Grebe sich konfrontiert sieht, tatsächlich mit der Realität identisch ist. Wie das Beispiel der Chicagoer Hochbahn zeigt, ist diese Frage zu verneinen. Zwar ist das monströse Bauwerk ein unübersehbarer Bestandteil der Alltagswelt, doch verdankt es seine Existenz der Übereinkunft zwischen seinem Erbauer und den späteren Benutzern, so daß es als »a scheme of a scheme, ... close to an appearance« bezeichnet werden kann. Da der Erbauer selbst sich des Scheincharakters seines Unternehmens bewußt war, stiftete er später ein Observatorium, um herausfinden zu lassen, »where in the universe being and seeming were identical.«[139]

Wenn George Grebe bei trübem Novemberwetter, das die Orientierung zusätzlich erschwert, wie ein moderner Odysseus durch ein ihm unbekanntes Viertel und durch eine Stadt wandert, die im Unterschied zu dem historisch gewachsenen Rom ihr Gesicht im Wechsel von Aufbau und Verfall ständig ändert, dann ist er also in der Welt der Erscheinungen gefangen. Die Dinge, die er sieht, können nicht den Anspruch auf eine eigenständige Existenz erheben, sondern sind nichts weiter als

Zeichen, die auf eine hinter der äußeren Fassade der Fakten liegende Realität verweisen. Dieselbe Schwierigkeit, zwischen Sein und Schein zu unterscheiden, ergibt sich auch bei der Beurteilung sozialer Phänomene. Verdeutlicht wird dies durch den Gegensatz zwischen Staika und Tulliver Green; denn während die Frau die Öffentlichkeit nötigt, sich mit ihr zu befassen und ihre Notlage als Realität zu akzeptieren, nimmt die Hilfsbedürftigkeit im Falle des verkrüppelten Schwarzen, der sich verkriecht und zu dessen Enttarnung die Bewohner der Gegend nichts beitragen, den Charakter einer Chimäre an, der Grebe schließlich wie besessen nachstellt.

Der Grund für die Unbeirrbarkeit des Protagonisten, der auf seiner Suche unterirdische Gänge sowie dunkle Korridore durchstreift und dem sich der Eindruck aufdrängt, bis zu den Anfängen der Menschheitsgeschichte vorgestoßen zu sein, liegt in der Überzeugung, daß es eine Realität geben muß, die nicht auf bloßer Übereinkunft beruht. Da er diese Realität in immer stärkerem Maße mit der Person Tulliver Greens verknüpft, ist die Erkundung der Wirklichkeit zugleich eine Suche nach der Identität des Menschen, die nicht nur dem verkrüppelten Farbigen gilt, sondern auch das Selbstverständnis des Protagonisten tangiert.[140] Über den Erfolg der Queste wird in der Geschichte nichts Definitives gesagt; denn Grebe macht lediglich ein Namensschild mit der Aufschrift »Green« ausfindig und händigt den Wohlfahrtsscheck einer nackten und betrunkenen Frau aus, die ihn darüber im unklaren läßt, ob es sich bei ihr tatsächlich um Mrs. Green handelt. Der Protagonist weiß zwar, daß er nicht zur Wirklichkeit selbst vorgedrungen ist, glaubt aber, sich der Realität so weit angenähert zu haben, daß ihm der Zugang zu ihr letztlich nicht verwehrt werden kann.[141]

Eine noch größere Rolle als bei Bellow spielt das archetypische Motiv der Suche in den Romanen und »short stories« von Bernard Malamud, aus dessen Feder die vier Kurzgeschichtensammlungen *The Magic Barrel* (1958), *Idiots First* (1963), *Pictures of Fidelman: An Exhibition* (1969) und *Rembrandt's Hat* (1973) sowie 16 »uncollected stories« stammen, die in Verbindung mit dem Romanfragment *The People* 1990 postum erschienen sind. In der erstmals 1954 veröffentlichten Titelgeschichte der ersten Sammlung handelt es sich bei der Suche zunächst nur um den auf materiellen Erwägungen beruhenden Versuch des angehenden Rabbiners Leo Finkle, eine Frau zu finden, doch zeigt sich schon bald, daß die Queste sich in eine Erkundung des eigenen Selbst verwandelt und daß das Ringen um die Sicherung der geistigen Existenz alle materiellen Erwägungen verdrängt. Im Verlaufe dieses Wandels ändert sich auch die Einstellung des Protagonisten zu dem Heiratsvermittler Pinye Salzman, mit dessen Hilfe Finkle seine Lebensgefährtin zu Beginn der Geschichte zu finden hofft.

Salzman ist eine zwiespältige Figur, in der sich – wie das oft bei Malamud der Fall ist – das Ernste und das Lächerliche mischen. Einerseits schreckt er als komisch wirkender »commercial cupid«[142] vor einer bedenkenlosen Vermarktung seiner Heiratskandidaten nicht zurück, andererseits aber erscheint er selbst als Opfer seiner materialistischen Gesinnung, weil seine Tochter Stella sich als Prostituierte verkaufte, um auf diese Weise das Los der Armut von sich abzuschütteln. Darüber hinaus dient die kurze Beschreibung von Salzmans Wohnung dazu, den Heiratsvermittler als Opfer der sozialen Verhältnisse erscheinen zu lassen; denn die mit wackligen Möbeln vollgestopfte Behausung ist »sunless and dingy« (211) und erinnert an die düsteren Räume in »The Bill« (1951), »The Prison« (1950) und den anderen naturalistisch anmutenden Kurzgeschichten des Autors, in denen die Menschen die Welt als Grab und Gefängnis erleben.[143] Hinzu kommt, daß Salzmans äußere Erscheinung mit dem Zustand seiner Wohnung korrespondiert und daß der wie andere Gestalten Malamuds an Hiob erinnernde Heiratsvermittler im Verlauf der Geschichte körperlich immer mehr verfällt.

Bei seinem ersten Auftreten fehlen dem »commercial cupid« zwar schon einige Zähne, doch weist der Erzähler hier noch auf Salzmans würdevolle Haltung und »amiable manner« (193) hin. Schon bei seinem nächsten Erscheinen erweckt der magere und graugesichtige Heiratsvermittler dann aber den Eindruck »as if he would expire on his feet« (199), und nachdem er bei seinem dritten Auftritt als »a skeleton with haggard eyes« (206) beschrieben worden ist, heißt es anläßlich der letzten Begegnung zwischen dem »commercial cupid« und dem angehenden Rabbi: »The marriage broker appeared haggard, and transparent to the point of vanishing« (213). Setzt man das Totengebet, das Salzman am Ende der Geschichte intoniert, zu diesen Personenbeschreibungen in Beziehung, dann kann es als des Heiratsvermittlers Abgesang auf sein eigenes Leben gedeutet werden.

Unter umgekehrtem Vorzeichen ist auch der Protagonist im Verlauf der Geschichte einer schrittweisen Entwicklung unterworfen. Als er zum letztenmal mit dem »marriage broker« zusammentrifft, hat er sich so sehr verändert, daß dieser ihn zuerst nicht erkennt. Zwar trat Finkle schon zu Anfang der Erzählung, als er sagte, daß er Rothschilds Tochter nicht allein wegen ihres Reichtums heiraten würde, als Kontrastperson zu Salzman in Erscheinung, doch ist er erst am Schluß von der lebensspendenden Kraft der Liebe durchdrungen. Zwischenzeitlich unterlag er der Gefahr, in der Begegnung mit der ihm von Salzman vermittelten Lily Hirschorn der materialistischen Gesinnung des »commercial cupid« zum Opfer zu fallen. Doch wurde diese Begegnung zu dem von Salzman unbewußt herbeigeführten Wendepunkt in seinem Leben, was sich in der Struktur der Geschichte darin äußert, daß Finkle nicht mehr von dem Heiratsvermittler heimgesucht wird, sondern sich seinerseits um Kontakt zu ihm bemüht.[144]

Ausgangspunkt für Finkles Wandlung, die mit dem häufig von Malamud symbolisch verwendeten Wechsel der Jahreszeiten korrespondiert, ist die Erkenntnis, daß er dem idealisierten Bild des »passionate prophet« (204), das der »marriage broker« Lily Hirschorn vorgegaukelt hat, nicht zu entsprechen vermag; denn als er mit der scheinbar unverfänglichen Frage: »When ... did you become enamored of God?« (203) konfrontiert wird, hat er plötzlich das Gefühl, daß Lily Hirschorn einen Fremden anspricht. Schlagartig werden ihm in diesem ersten Epiphanieerlebnis die Leere seines Lebens und der wahre Charakter seiner Beziehung zu Gott offenbart, die unter dem Zeichen der Lieblosigkeit steht, weil Finkle bisher nicht zur Liebe zu den Menschen fähig war. Als Folge dieser Erkenntnis stellen sich bei dem Protagonisten zunächst das Bewußtsein der Isolation und die Ratlosigkeit über die zukünftige Ausrichtung seines Lebens ein, doch dann wird die existentielle Krise von dem angehenden Rabbi dadurch überwunden, daß er seiner Queste ein neues Ziel setzt. Er begibt sich nun auf die Suche nach der wahren Liebe und forscht damit gleichzeitig nach dem Schlüssel zur Selbsterfüllung und zum richtigen Verständnis Gottes.

Da ihm die Frauen in Salzmans Kollektion ausnahmslos als lebendige Tote erscheinen, bleibt Finkles neue Suche zunächst erfolglos. Doch dann fällt ihm das Bild von Salzmans Tochter in die Hand, bei dessen Anblick er sein zweites Epiphanieerlebnis hat. Zwar ist er von Furcht erfüllt, weil er sich mit dem Bösen konfrontiert sieht, doch ist er zugleich davon überzeugt, sich bei seiner neuen Suche an Stella wie an einem Leitstern orientieren zu können, weil das Mädchen gelebt und gelitten hat. Dabei zählt er nicht nur auf die Hilfe von Salzmans Tochter, sondern er spürt auch die Verpflichtung, verändernd in das Leben der Prostituierten einzugreifen, zumal er davon ausgeht, daß die Bekehrung Stellas der Weg ist, auf dem er seine eigene Erlösung finden kann. So verwandelt sich Finkle, indem er sich Salzmans Tochter zuwendet, schließlich doch noch in die mythische Figur, die Lily Hirschorn in ihm zu sehen glaubte; denn so wie Salzman Hiob ähnelt, ist der Protagonist dem Propheten Hosea vergleichbar, dem Gott befahl, eine Dirne zu heiraten.[145]

Wenn sich am Schluß der Geschichte nicht eindeutig feststellen läßt, ob Finkles Suche nach der Liebe, dem eigenen Selbst und Gott erfolgreich war, dann liegt das daran, daß das von Salzman intonierte Totengebet sich nicht nur auf dessen eigenes Lebensende, sondern auch auf die Zukunft des ungleichen Liebespaares beziehen läßt. Indessen überwiegen die Indizien dafür, daß dem angehenden Rabbi, der die Kraft zur Selbsterkenntnis aufgebracht hat, sowie der Prostituierten, die ungeachtet ihres Lebenswandels durch eine »desperate innocence« (214) gekennzeichnet ist, die Möglichkeit der Wiedergeburt offensteht; denn die Begegnung zwischen den beiden findet an einem Frühlingsabend statt, in Finkles Blumengebinde befinden sich Rosen, die noch nicht erblüht sind, und in Stellas Kleidung überwiegt nicht das Rot als Farbe der Sünde, sondern das Weiß als Farbe der Unschuld. Außerdem wird durch den Satz: »Violins and lit candles revolved in the sky« (214), durch den das Schlußbild zu Chagalls surrealistischen Darstellungen von Liebespaaren in Beziehung gesetzt wird,[146] ein Zeichen der Hoffnung in die vorliegende Erzählung eingebracht.

Zusammen mit dem Titel, der auf die nur in Salzmans Phantasie existierende unerschöpfliche Kundenkartei verweist, und zusammen mit dem märchenartigen Auftakt der Geschichte, der an die Erzähleingänge bei Joyce Carol Oates sowie an die Verwendung märchenartiger Elemente in Salingers »The Laughing Man« und »A Perfect Day for Bananafish« erinnert, repräsentiert der Satz: »Violins and lit candles revolved in the sky« das Merkmal des Phantastischen, das für Malamuds Erzählwerk ebenso charakteristisch ist wie die naturalistisch anmutenden Milieuschilderungen der New Yorker Lower East Side. Obwohl der Autor diese beiden Merkmale in seiner Kurzprosa seltener miteinander vermischt hat als in seinen Romanen, stellt ihre gleichzeitige Verwendung in »The Magic Barrel« keineswegs einen Sonderfall dar; denn auch in Erzählungen wie »Angel Levine« (1955) und »Idiots First« (1963) ist das Element des Phantastischen mit Schilderungen der bedrückenden Alltagswirklichkeit verbunden.[147]

In »Idiots First« wird die Alltagswirklichkeit wie in vielen Kurzgeschichten Malamuds durch die winterlich-trostlose Großstadt repräsentiert, die ein sterbender Vater durchstreifen muß, um das Geld für die Reise seines schwachsinnigen Sohnes aufzutreiben, den er zu Verwandten in die Obhut geben will. Das phantastische Element findet seinen Niederschlag demgegenüber in der Auseinandersetzung zwischen dem alten Mann und dem Tod, der dem Sterbenden in der Gestalt eines Bahnsteigschaffners entgegentritt, sich aber schließlich gezwungen sieht, Vater und Sohn den Weg zum letzten Zug freizugeben. In »Angel Levine« wird das Element des Phantastischen dagegen durch einen Schwarzen aus Harlem verkörpert, der sich als Abgesandter Gottes ausgibt, während die Alltagswirklichkeit in dieser Geschichte durch die heruntergekommene Wohnung des verarmten Schneiders Manischewitz repräsentiert wird, die mit Pinye Salzmans Behausung vergleichbar ist. In dieser Wohnung trifft Manischewitz zum erstenmal mit Alexander Levine zusammen, an dessen göttlicher Herkunft er zunächst zweifelt, den er aber schließlich doch als jüdischen Engel akzeptiert. Hatte der Vater in »Idiots First« sich im Namen der Menschlichkeit gegen ein kosmisches Gesetz aufgelehnt, so verhilft der jüdische Schneider der biblischen Aussage über die Gleichheit aller Menschen vor Gott durch einen Akt der Selbstaufgabe zur Geltung; denn indem er den Schwarzen nicht länger demütigt, sondern sich in Demut zu ihm bekennt, überwindet er die religiösen und die ethnischen Schranken. Er setzt damit seinem eigenen Leid ein Ende, erlöst seine todkranke Frau, die auf wundersame Weise gesundet, und schafft auch die Voraussetzung für die Regeneration des Schwarzen, dem nun mächtige Flügel wachsen, auf denen er sich zum Himmel erhebt.

Wie der Vergleich mit den beiden erwähnten Erzählungen verdeutlicht, ist die Vermischung phantastischer und naturalistischer Elemente ebenso ein Indiz für den repräsentativen Charakter von »The Magic Barrel« wie die Verwendung des archetypischen Motivs der Suche. Dasselbe gilt für die thematischen Aspekte, die durch die Personen der Geschichte verkörpert werden. Während Salzmans Dasein wie das der Witwe in »Take Pity« (1958) verdeutlicht, daß das Leben identisch mit dem Leiden ist, wird durch Stella illustriert, daß der Mensch zwar in Sünde verstrickt ist, die Hoffnung auf Erlösung aber nicht aufzugeben braucht. Und wenn Finkle den Heiratsvermittler demütig darum bittet, ihn mit seiner Tochter in Verbindung zu bringen, weil er glaubt, ihr einen Dienst erweisen zu können, dann orientiert er sich an der in »Take Pity« und anderen Erzählungen enthaltenen Forderung, das Leid des Menschen durch das Mitleiden zu erleichtern. Außerdem kann Finkle deshalb als Verkörperung zentraler thematischer Aspekte in Malamuds Erzählwerk verstanden werden, weil er sich wie der Protagonist der Sammlung *Pictures of Fidelman: An Exhibition* auf die lebensspendende Kraft der Liebe besinnt und weil er wie der gescheiterte Maler zur Selbsterkenntnis gelangt, die bei beiden Gestalten in die Abkehr von ihrem früheren verfehlten Leben mündet.

John Updike, James Purdy und John Cheever

Malamuds Juden sind in der Tat »nicht die Vertreter einer bestimmten ethnischen oder religiösen Gruppe, sondern Repräsentanten aller Menschen, die leiden und sich um ein moralisches Verhalten bemühen.« In diesem Sinne ist jeder Mensch – wie der Autor selbst formulierte – ein Jude und jeder Jude – wie Philip Roth feststellte – »a metaphor to stand for certain human possibilities and certain human promises«.[148] Gleichzeitig ist jeder Jude – bedingt durch die Geschichte seines Volkes – aber auch eine Metapher für die Isolation und die Entfremdung, die im 20. Jahrhundert in das Zentrum aller menschlichen Erfahrung gerückt sind. So kann es nicht verwundern, daß es in der modernen amerikanischen Literatur enge Parallelen zwischen den Erzählungen jüdischer und nichtjüdischer Autoren gibt. Dies gilt auch für die Kurzgeschichten von John Updike, James Purdy und John Cheever, die durch die Kritik an der oberen Mittelschicht miteinander verbunden sind und in denen der Akzent nicht auf die »human promises«, sondern auf die gestörten zwischenmenschlichen Beziehungen gelegt wird.

Besonders im Falle von John Updike liegen die engen Beziehungen zur jüdischen Erzählliteratur auf der Hand. Der Autor hat selbst auf diese Tatsache hingewiesen, als er Henry Bech – »a comic masterpiece ... far beyond the level of caricature«[149] und Protagonist der Kurzgeschichtensammlung *Bech: A Book* (1970) – in einem Brief an seinen als »Dear John« apostrophierten Schöpfer Folgendes erklären ließ:

> At first blush ... I sound like some gentlemanly Norman Mailer; then that London glimpse of *silver* hair glints more of gallant, glamorous Bellow ... My childhood seems out of Alex Portnoy and my ancestral past out of I. B. Singer. I get a whiff of Malamud in your city breezes, and am I paranoid to feel my »block« an ignoble version of the more or less noble renunciations of H. Roth, D. Fuchs, and J. Salinger?[150]

Von den in diesem ironisch-selbstkritischen Zitat genannten Autoren ist es Jerome David Salinger, dem John Updike am nächsten steht. Sieht man einmal davon ab, daß Updike seine Geschichten wie Salinger wiederholt aus der Perspektive heranwachsender Jugendlicher erzählt, dann ist festzustellen, daß sich die Parallelen zwischen beiden Autoren weitgehend auf die Thematik beschränken; denn in stilistischer Hinsicht nimmt Updike mit seinen häufig kritisierten Manierismen unter den modernen Erzählern eine Sonderstellung ein, und in struktureller Hinsicht ist er der herausragende Vertreter der konventionellen »well-made story«, während in Salingers Geschichten strukturelle Mängel nicht selten sind.

Die wichtigsten thematischen Parallelen zwischen den »short stories« von Salinger und Updike, der neben dem bereits erwähnten Band bis 1987 noch sieben weitere Kurzgeschichtensammlungen veröffentlichte,[151] bestehen in der Erschließung der Welt von Kindern und Jugendlichen, in der Schilderung der Monotonie des Alltags und der Kritik an der modernen Massenzivilisation sowie in der Beschreibung der Beziehungen zwischen Ehepaaren, die gewöhnlich durch Frustration, Feindseligkeit und einen Mangel an Kommunikation gekennzeichnet sind. Während der zuletzt genannte Aspekt unter anderem in der Geschichte »Wife-Wooing« (1960) behandelt wird, in der ein Ehemann befriedigt registriert, wie häßlich und verbraucht seine Frau aussieht, nachdem er am Abend vorher vergeblich versucht hatte, die Zeit der Flitterwochen wieder lebendig werden zu lassen, sind die anderen Aspekte vielleicht am überzeugendsten in der Erzählung »A & P« (1961) dargestellt worden.

Schauplatz dieser Geschichte, die wie »Wife-Wooing« in die Sammlung *Pigeon Feathers* aufgenommen wurde, ist eine neuenglische Kleinstadt nördlich von Boston, die an das fiktive Städtchen Olinger erinnert, das Updike neben New York in seinen Erzählungen als Ort der Handlung bevorzugt. Als Vermittlungsinstanz fungiert in »A & P« das Bewußtsein des neunzehnjährigen Sammy, der in einem Supermarkt der »Great Atlantic and Pacific Tea Company« als Kassierer arbeitet. Eines Tages beobachtet der Protagonist drei nur mit Badeanzügen bekleidete Mädchen beim Einkauf und ist von deren ungewöhnlichem Auftreten fasziniert. In seinen Augen hebt sich das ungezwungene Verhalten der Mädchen vorteilhaft von dem Gebaren der anderen Kundinnen ab, welche die Waren wie Roboter aus den Regalen holen und von ihm mit Schafen und Schweinen verglichen werden. Auch der Supermarkt selbst wird zum Symbol für die Mechanisierung des modernen Lebens; denn er erscheint dem Jungen als eine »pinball machine«,[152] welche die Menschen wie Kugeln ausspeit und dann in die Gänge lenkt, die zu den Kassen führen.

Wie in anderen Geschichten von Updike so wird die alltägliche Situation also auch in »A & P« zum Ausgangspunkt für ein Epiphanieerlebnis. Dabei gewinnt der sensible Protagonist nicht nur Einblick in die Monotonie des modernen Lebens, sondern auch in die Engstirnigkeit puritanischer Moralvorstellungen. Als er Zeuge wird, wie der Manager des Supermarkts die Mädchen wegen ihres Aufzuges zur Rede stellt, beschließt er spontan, aus der Welt der Erwachsenen auszubrechen. Er kündigt seine Stellung, überläßt seinen Platz an der Kasse dem roboterähnlichen Manager und entscheidet sich trotz ungewisser Zukunftsaussichten für die persönliche Freiheit. Mit ihrem offenen Ende ähnelt die vorliegende Erzählung also Geschichten wie Hemingways »The Killers« oder Wrights »The Man Who Was Almost a Man«, in denen die Initiation des Protagonisten ebenfalls nicht zur Integration in die Gesellschaft führt.

In der Titelgeschichte der Sammlung *Pigeon Feathers* geht es ebenfalls um die Realitätserfahrung eines introspektiven und sensiblen Jugendlichen. Bemerkenswert ist diese Erzählung u. a. deshalb, weil sie zeigt, daß Updikes Hinweis auf seine Beziehung zu Malamud ebensowenig unbegründet ist wie die Anspielung auf die Parallelen zwischen seinen Kurzgeschichten und denen von Salinger. Updike hat nämlich nicht nur wie Malamud eine Erzählung mit dem Titel »Still Life« geschrieben und wie dieser mit der Verwendung des »international theme« an Henry James angeknüpft,[153] sondern er hat darüber hinaus wie der Verfasser von »The Magic Barrel« in seinen Kurzgeschichten wiederholt den Aspekt der religiösen Erfahrung behandelt.

In »Pigeon Feathers« geschieht dies am Beispiel des vierzehnjährigen David Kern, der sich schon nach dem Umzug von Olinger aufs Land entwurzelt fühlt und der dann durch die Lektüre eines ernüchternden Berichts über das Leben Christi in *The Outline of History* (1920) von Herbert George Wells in Glaubenszweifel gestürzt und von der Todesfurcht übermannt wird. Bei seinen Eltern stößt er mit seiner nun einsetzenden Suche nach Antworten auf zentrale metaphysische Fragen auf Unverständnis, und auch der Geistliche, an den er sich wendet, erweist sich als ein unzulänglicher Gesprächspartner. Erst am Ende der Geschichte, als er einige Tauben geschossen hat, diese begräbt und beim genauen Studium der Vogelfedern deren Schönheit und harmonische Struktur erkennt, mündet seine Krise in einen neuen Glauben an die göttliche Schöpfung und das ewige Leben.[154] »Pigeon Feathers« gehört somit zu jener Gruppe von Kurzgeschichten, in denen Updike die Vorstellung zum Ausdruck bringt, daß die Bedeutung des Lebens in den »little everyday wonders« verborgen liegt.[155] Von »A & P« unterscheidet sich die vorliegende Erzählung insofern, als das Initiationserlebnis des Kassierers Sammy dessen »birth into alienation« signalisiert, während das in rituelle Formen gekleidete Initiationserlebnis David Kerns mit der über die persönliche Erfahrung des Jugendlichen hinausreichenden Gewißheit endet, daß der moderne Mensch nicht entwurzelt, sondern trotz der Realität des Todes und der Unermeßlichkeit des Universums ein integraler Bestandteil eines gottgeschaffenen Ordnungsgefüges ist.[156] Freilich ist in diesem Zusammenhang zu bedenken, daß Updike sich nicht immer so optimistisch über das Verhältnis zwischen Mensch und Gott geäußert hat und daß David Kerns Gewißheit in der Geschichte »Packed Dirt, Churchgoing, a Dying Cat, a Traded Car« (1961) bereits wieder der Ansicht gewichen ist, daß die Indifferenz des Universums sowie die Existenz des Bösen und des Häßlichen Indizien für die Abwesenheit Gottes sind.[157]

Kurzgeschichten wie die beiden zuletzt erwähnten beweisen, daß Updike sich nicht darauf beschränkt hat, die Verhaltensweisen und die Daseinsformen der Angehörigen der oberen Mittelschicht detailgetreu zu beschreiben. Da die präzise Schilderung dieser nur scheinbar heilen Welt aber zu den dominanten Merkmalen von Updikes Erzählwerk gehört, ist es durchaus gerechtfertigt, den Autor – wie William Peden es getan hat – zusammen mit John Cheever, John O'Hara, Peter Taylor, Hortense Calisher und anderen zu den Vertretern der »short story of manners« zu zählen. James Purdy, der Verfasser der beiden Erzählsammlungen *Color of Darkness: Eleven Stories and a Novella* (1957) und *Children Is All* (1962), ist von Peden dagegen jener Gruppe von Autoren um Tennessee Williams, Jean Stafford, Flannery O'Connor und Joyce Carol Oates zugeordnet worden, deren Kurzprosa sich mit dem Schlagwort »new American Gothic« charakterisieren läßt. Wenn man bedenkt, in wie starkem Maße die oft alptraumhaften Kurzgeschichten von Purdy von der Brutalität der handelnden Personen gekennzeichnet sind, und wenn man außerdem berücksichtigt, daß der Autor wie Sherwood Anderson vornehmlich groteske Charaktere gestaltet hat, dann ist auch gegen diese Zuordnung prinzipiell nichts einzuwenden.

Andererseits ist aber nicht zu bestreiten, daß Purdys »short stories« ebenfalls zu den Erzählungen Updikes und zur Kurzprosa der im vorigen Abschnitt behandelten jüdischen Autoren in Beziehung gesetzt werden können. So erinnert die zentrale Rolle, welche die Identitätsproblematik in Purdys Kurzgeschichten spielt, zum Beispiel an die Erzählungen von Malamud und Bellow, und die Erfahrungen der Isolation und der Entfremdung, denen die Menschen in Purdys sinnentleerter Welt ständig ausgesetzt sind, werden ebenfalls von den beiden genannten jüdischen Erzählern vermittelt. Geschichten wie »Man and Wife« und »Don't Call Me By My Right Name«, die von den gestörten Beziehungen zwischen Ehepartnern handeln, oder Erzählungen wie »Why Can't They Tell You Why?« und »Color of Darkness«, in denen es um die Auseinandersetzungen zwischen Erwachsenen und Kindern geht, erinnern demgegenüber ebenso an Updike wie an Salinger, mit dem Purdy auch deshalb verglichen werden kann, weil beide Autoren in ihren Erzählungen die auf Hemingway zurückweisende dialogische Darbietungsform bevorzugen.

Vergleicht man die 1956 erstmals erschienene Kurzgeschichte »Don't Call Me By My Right Name« mit Salingers »A Perfect Day for Bananafish«, dann fällt auf, daß der hier wie dort dargestellte Zusammenbruch der Kommunikation zwischen Ehepartnern in beiden Erzählungen in eine Schilderung der zeitgenössischen Gesellschaft eingebettet ist. Dabei bedient sich Purdy der Beschreibung einer an Fitzgeralds Erzählwerk erinnernden »fake party«, um auf die Anonymität, den Hang zur Gewalttätigkeit und das Desinteresse am Schicksal der Mitmenschen als Kennzeichen der modernen Massengesellschaft zu verweisen.[158] Von diesen Aspekten kommt der zuletzt genannte nicht nur im Kommentar des Erzählers, sondern auch im Verhalten der Partygäste zum Ausdruck, welche die dramatische Auseinandersetzung zwischen Lois und Frank Klein belustigt und mit plumpen Anspielungen verfolgen. Selbst als der Ehekrieg immer bedrohlichere Formen annimmt, sind sie nicht zu echter Anteilnahme fähig.

Aus dem Gesagten folgt bereits, daß »Don't Call Me By My Right Name« zu jener großen Gruppe moderner Kurzgeschichten gehört, deren Struktur nicht auf der episodenhaften Aneinanderreihung von Ereignissen, sondern auf der Intensivierung der Ausgangssituation beruht. Schon aus den ersten Worten des Erzählers, die durch die erste Äußerung der Protagonistin bestätigt werden, geht hervor, daß Lois Klein von einer zwanghaften Abneigung gegen den Namen besessen ist, den sie durch ihre Heirat erworben hat. Im weiteren Verlauf der Geschichte sorgt Purdy dann durch die Strukturelemente der Wiederholung und der Variation dafür, daß diese Abneigung ins Groteske gesteigert wird. Hatte die Protagonistin ihren Mann zunächst eher beiläufig mit dem Ansinnen konfrontiert, seinen Namen zu ändern, so leugnet sie am Ende der Geschichte ausdrücklich, Mrs. Klein zu sein.

Durch dieselbe schrittweise Steigerung sind die Reaktionen Frank Kleins gekennzeichnet, der offensichtlich keinerlei Verständnis für die Obsession seiner Frau aufzubringen vermag. Zunächst führt er den merkwürdigen Wunsch von Lois auf deren Alkoholgenuß zurück, dann weist er das Ansinnen seiner Frau mit wachsender Bestimmtheit zurück und schließlich insistiert er – total verunsichert und dem

Wahnsinn nahe – immer wieder darauf, daß es sich bei seiner Begleiterin um Mrs. Klein handelt. Parallel zu diesen beiden aufsteigenden Linien wird auch die Störung der zwischenmenschlichen Beziehung fortlaufend intensiviert. Zu Anfang ist Frank noch zu einer verständnisvollen Geste gegenüber Lois fähig, dann reden beide mehrfach aneinander vorbei, und im weiteren Verlauf mündet das Wortgefecht in handgreifliche Auseinandersetzungen. Im Zuge dieser Entwicklung kommt es zu einem bemerkenswerten Rollentausch: Zunächst ist es die Frau, die das Verhältnis zu ihrem Mann als Folter empfindet und von diesem geschlagen wird, und am Ende der Geschichte greift Lois dann ihrerseits Frank tätlich an, nachdem dieser sich als Opfer ihrer Grausamkeit bezeichnet hat.[159]

Durch diesen Rollentausch wird verdeutlicht, daß es in der vorliegenden Erzählung nicht nur um die Abneigung eines Menschen gegen seinen Namen geht, die Ausdruck der Suche nach der eigenen Identität ist. In den Augen von Lois, die das Gefühl hat, daß ihr neuer Name nicht zu ihr paßt, symbolisiert der Namenswechsel zwar die Gefahr des Identitätsverlustes,[160] doch steht er auch für den von ihr befürchteten Verlust der Selbständigkeit in der Ehe. Ihr Versuch, sich von dem Namen zu befreien, ist also auch Ausdruck des Bemühens, sich aus der Unterordnung unter ihren Mann zu lösen.

Da dieses Bemühen aber die Forderung nach der Bereitschaft Franks impliziert, sich seinerseits zu unterwerfen, nimmt die Suche nach der Identität gleichzeitig die Züge einer »battle for positions« im Sinne Harold Pinters an. Bezeichnend für den Charakter von Purdys Kurzgeschichten ist dabei die Rigorosität, mit der Lois ihr Ziel verfolgt. Zu Beginn der Geschichte heißt es, daß sie alle Eigenschaften ihres Mannes liebte und nur seinen Namen als abstoßend empfand. Im weiteren Verlauf der Erzählung steigert sich ihre Abneigung gegen diesen einzigen Makel dann in so grotesker Weise, daß alle anderen Attribute Franks aus ihrem Blickfeld verschwinden.[161] Sie betreibt ihre Suche nach ihrer eigenen Identität auf Kosten der Identität ihres Mannes und nimmt die Entfremdung, die aus ihrem Streben nach Dominanz resultiert, offenbar bewußt in Kauf.

Purdys Kurzgeschichten sind von Peter Freese mit der treffenden Bemerkung charakterisiert worden, daß die Alltagswelt in ihnen infolge der ungewöhnlichen Anordnung realistischer Details seltsam verfremdet erscheint.[162] Ebenso seltsam verfremdet wirkt die Wirklichkeit in jenen Erzählungen John Cheevers, die im Vergleich mit den »short stories« der im nächsten Kapitel behandelten Autoren am interessantesten sind. Zwar gehört Cheever, dessen erster Kurzgeschichtenband bereits 1942 unter dem Titel *The Way Some People Live* erschien, zu den Schriftstellern, »who have for the most part concerned themselves with incidents in the lives of ordinary men and women in familiar or immediately recognizable situations«,[163] doch hat er die Welt des Alltags wiederholt dadurch verfremdet, daß er das Realistische mit dem Phantastischen vermischte oder mythisch-archetypische Paradigmen auf die »immediately recognizable situations« übertrug. In »Metamorphoses«, einer vierteiligen Erzählung aus dem Band *The Brigadier and the Golf Widow* (1964), hat Cheever die Mythen um Actaeon und Orpheus verarbeitet, in »Mene, Mene, Tekel,

Upharsin«, einer Geschichte aus der Sammlung *The World of Apples* (1973), hat er den alttestamentlichen Belsazar-Mythos in die moderne Alltagswelt transportiert, und der Titelgeschichte des Bandes *The Enormous Radio and Other Stories* (1953) hat er durch die Vermischung des Realistischen mit dem Phantastischen kafkaeske Züge verliehen.

In thematischer Hinsicht bestehen zwischen den auf das Alltägliche beschränkten und den das Alltägliche verfremdenden Erzählungen freilich keine grundlegenden Unterschiede. Immer wieder tritt Cheever, der 1979 mit dem Pulitzerpreis für den 1978 veröffentlichten Sammelband *The Stories of John Cheever* ausgezeichnet wurde, als kulturkritischer oder als sozialkritischer Autor in Erscheinung, der den Niedergang der westlichen Zivilisation anprangert oder ähnlich wie Updike die nur scheinbar geordneten zwischenmenschlichen und gesellschaftlichen Beziehungen als trügerische Fassade entlarvt. In »Mene, Mene, Tekel, Upharsin« entwirft er das Bild einer literaturfeindlichen und mithin geistig paralysierten Gesellschaft, und in einer Reihe anderer Kurzgeschichten dienen die gestörten Beziehungen zwischen Ehepartnern oder Liebespaaren ihm dazu, den Verfall der ethischen Werte zu illustrieren. Ehebrecher, Heuchler, frustrierte soziale Auf- und Absteiger, vereinsamte Zeitgenossen, denen die Leere ihres Daseins und die Verlogenheit ihrer Umwelt bewußt werden, sowie Menschen, die wie die Protagonistin der in *The World of Apples* enthaltenen Geschichte »Percy« ihre ehrgeizigen Ziele oder ihre Träume nicht mit der Wirklichkeit zur Deckung zu bringen vermögen, bilden die Gruppe von Charaktertypen, die Cheever am häufigsten porträtiert hat. Die Welt, in der diese Figuren sich verlieren, wird meist durch New York oder nahegelegene Städte wie Westchester repräsentiert, hinter deren glänzender Fassade sich das Böse verbirgt und die – ungeachtet des oft ironischen und manchmal sogar humorvollen Tons der Geschichten – dem Leser als »a metropolitan no man's land« erscheinen, »from which« most of the traditional guideposts have been removed.«[164]

In dieses Niemandsland führt Cheever seine Leser auch in der Titelgeschichte des Bandes *The Enormous Radio and Other Stories*, die in jeder Beziehung charakteristisch für das Erzählwerk des Autors ist; denn zum einen spielt das Element des Phantastischen in ihr eine zentrale Rolle, und zum anderen sind mit dem sozialen Milieu der oberen Mittelschicht, der Darstellung der gestörten zwischenmenschlichen und gesellschaftlichen Beziehungen, dem Gegensatz von Sein und Schein sowie der ironischen Haltung des Erzählers jene Aspekte in ihr zu einer Einheit zusammengefaßt worden, die auch dort zu den dominanten Merkmalen von Cheevers Erzählkunst gehören, wo der Autor sich auf die Wiedergabe des Alltäglichen beschränkt.

Zu Beginn wirkt denn auch »The Enormous Radio« selbst wie eine Erzählung über die alltägliche Welt gutsituierter Angehöriger der »upper middle class«, zumal der Erzähler bei der Vorstellung von Jim und Irene Westcott ausdrücklich auf die Typenhaftigkeit der Protagonisten hinweist. Das Einkommen und die Wohnverhältnisse des Ehepaares entsprechen den für die obere Mittelschicht ermittelten statistischen Richtwerten ebenso wie die Zahl der Kinder und die Zahl der jährlichen

Theaterbesuche. Außerdem können die Art der Kleidung und das soziale Rollen-verhalten als schichtenspezifisch bezeichnet werden.[165] Die für »The Enormous Radio« typische Ironie äußert sich unter anderem darin, daß das Ehepaar am Ende der Geschichte nicht weniger repräsentativ als zu Anfang erscheint. Und dies nicht obwohl, sondern weil die »nucleus family« am Schluß auseinanderbricht; denn auch in den anderen Familien, die das New Yorker Apartmenthaus zusammen mit den Westcotts bewohnen, herrschen chaotische Verhältnisse. Verstärkt wird die Ironie dadurch, daß von den beiden Eheleuten insbesondere Irene, die durch ihren Namen als friedliebend charakterisiert ist, in den Rang einer repräsentativen Figur erhoben wird. Erwies sich der Name schon zu Beginn, als der Akzent auf die Ereignislosig-keit und die Nichtigkeit von Irenes Dasein gelegt wurde, als ironisches Etikett, so gilt dies in verstärktem Maße am Schluß, wo Jim Westcott seiner Frau die Maske der Tugend und der Frömmigkeit vom Gesicht reißt und sie mit ihrem Sündenkonto konfrontiert, das den Verfehlungen der anderen Bewohner des Apartmenthauses entspricht. Doch tritt auch Jim Westcott selbst, der schon durch seinen Vornamen als Jedermann gekennzeichnet ist, am Ende der Geschichte ebenso wie am Beginn als repräsentative Figur in Erscheinung. Wurde er zu Anfang als potentieller sozia-ler Aufsteiger mit dem Wunsch nach einem Haus in Westchester porträtiert, so steht er am Schluß für die vielen desillusionierten Opfer einer Wirtschaftsflaute. Hinzu kommt, daß er seine Frau nicht anders behandelt als andere in der Geschich-te erwähnte Ehemänner, und außerdem setzt bei ihm, der sich zunächst noch jünger gefühlt hatte, als er war, nun wie bei etlichen anderen Protagonisten in Cheevers Kurzgeschichten die Furcht vor dem Alter ein.[166]

Die Typenhaftigkeit der Westcotts, die sich bei Irene ebenfalls darin äußert, daß sie als gefühlskalte und berechnende Frau mit anderen Figuren in Cheevers Erzäh-lungen verglichen werden kann,[167] kommt also nicht nur dort zum Ausdruck, wo der Erzähler sie als Repräsentanten einer trügerischen sozialen Idylle vorstellt, sondern sie wird auch in dem Moment bestätigt, in dem das wahre Wesen und die wahren Verhältnisse der Eheleute enthüllt werden. Man stößt erneut auf die in »The Enor-mous Radio« stark ausgeprägte Ironie, wenn man bedenkt, daß diese Enthüllung schon dort einsetzt, wo von dem Interesse an der Musik als dem einzigen Merkmal die Rede ist, durch das die Westcotts sich von den anderen Angehörigen ihrer Gesellschaftsschicht unterscheiden. Um dieses Interesse befriedigen zu können, er-setzen sie ihr defektes Radio durch einen neuen Apparat. Konnte das alte Gerät seine Funktion, die harmonische Begleitmusik zu dem nur scheinbar harmonischen Familienleben zu liefern, schon nicht mehr erfüllen, so macht das neue Radio von Anfang an die Brüchigkeit der trügerischen Idylle sichtbar. Mit seiner Häßlichkeit paßt es nicht zu den sorgfältig aufeinander abgestimmten Gegenständen und Far-ben der Wohnzimmereinrichtung, und mit seiner unerträglichen Lautstärke verur-sacht es die Zerstörung einer Porzellanfigur.

Zunächst verwandelt der durch »(a) mistaken sensitivity to discord« (34) gekenn-zeichnete phantastische Apparat lediglich die Harmonie eines Quintetts von Mozart in ein Chaos von Nebengeräuschen, doch dann wird die ihm eigene Monstrosität

zum Indikator für die Monstrosität der Bewohner des Apartmenthauses. Die Westcotts sehen sich nämlich plötzlich in die Lage versetzt, die Gespräche der Nachbarn
zu belauschen, aus denen sich ergibt, daß sich hinter der Fassade der zu Beginn der
Geschichte erwähnten statistischen Richtwerte das Bild einer Gesellschaft verbirgt,
die vom Bösen ebenso beherrscht wird wie vom Banalen. Der phantastische Apparat
durchbricht also nicht nur die Anonymität, sondern er lüftet auch den Schleier
des Scheins und macht »das Ungeheuerliche im Trivialen hörbar«.[168] Dabei liefert
das technische Monstrum keineswegs ein phantastisch-überzeichnetes, sondern ein
authentisches Bild der Wirklichkeit. Verdeutlicht wird dies am Ende der Geschichte,
wo durch das inzwischen reparierte Gerät Katastrophenmeldungen übermittelt werden, die mit den vorher wiedergegebenen Informationen über die Krankheiten der
Nachbarn und die chaotischen zwischenmenschlichen Beziehungen in dem Apartmenthaus korrespondieren.

Auf Irene Westcott übt die Versuchung, sich in die Intimsphäre ihrer Mitmenschen einzuschalten, eine immer stärkere Faszination aus. Immer häufiger nutzt sie
die Gelegenheit, hinter die Masken der Nachbarn zu schauen, und schließlich ver-
mutet sie wie der Protagonist in Hawthornes »Young Goodman Brown« hinter
jedem Gesicht das Böse.[169] Der unheilvolle Einfluß, den der phantastische Apparat
auf sie ausübt, äußert sich aber auch darin, daß sie an sich selbst und an dem
Verhältnis zu ihrem Mann zu zweifeln beginnt. Wie berechtigt diese Zweifel sind,
zeigt der Schluß der Geschichte, wo sie erleben muß, daß die von ihr belauschten
Streitgespräche über Geldangelegenheiten auch die Beziehung zwischen ihr und
ihrem Mann vergiften, und wo sie von Jim gezwungen wird, einen Blick in ihre
eigene Vergangenheit zu tun, der ebenso erschreckend für sie ist wie der Blick
hinter die Masken der Mitmenschen. Die ihr vom »enormous radio« vermittelte
Erkenntnis, daß das Leben »too terrible, too sordid and awful« (40) ist, entspricht
der Wirklichkeit und wird durch ihr eigenes Dasein bestätigt.

John Cheever gehört wie Updike und Purdy zu jenen modernen Erzählern, die
sich noch der konventionellen Form der Kurzgeschichte bedienen. Doch sind einige
seiner Erzählungen in zweifacher Hinsicht mit den »short fictions« der Vertreter der
experimentellen Prosa verbunden. Bei dem einen Bindeglied handelt es sich um das
Element des Phantastischen, bei dem anderen um die literarischen Anspielungen,
die sich in »The Enormous Radio«, wo das Kindermädchen der Familie Sweeney als
Märchenerzählerin zu hören ist, nicht nur auf Hawthorne und Kafka, sondern auch
auf T. S. Eliot beziehen.[170] Ein weiteres Beispiel für Cheevers Rückgriffe auf die
literarische Tradition stellt die Geschichte »The World of Apples« dar. Sie gehört zu
der großen Gruppe amerikanischer Künstlererzählungen, die in Italien lokalisiert
sind. Ihr Protagonist, der aus Vermont stammende Lyriker Asa Bascomb, dessen
Hauptwerk durch »the pungency, diversity, color, and nostalgia of the apples of
the northern New England« (613) charakterisiert ist, erinnert an Robert Frost. Er
glaubt wie Cocteau, daß Dichtung verborgene Erinnerungsschichten aufdeckt, sieht
die selbstzerstörerische Tendenz der Imagination in Marsyas, der Apollon zum musikalischen Wettstreit herausgefordert hatte, sowie in Orpheus verkörpert, und er

versucht, die Identitätskrise, in die er durch die Konfrontation mit dem Obszönen geraten ist, durch die Lektüre der erotischen Dichtungen von Petronius und Juvenal zu überwinden.

5 Formexperimente und Rückkehr zum Mythos

Einleitung. Konstitutive Merkmale der experimentellen »short fictions«

Überblickt man die Entwicklung der amerikanischen Kurzprosa in den sechziger und siebziger Jahren, dann kann man die wichtigsten Autoren vereinfachend in zwei Gruppen zusammenfassen, die sich trotz mancher Gemeinsamkeiten stark voneinander unterscheiden. Auf der einen Seite stehen Dichter wie Bernard Malamud, John Updike, James Purdy und John Cheever, deren Erzählungen von der noch keineswegs erschöpften Wandlungsfähigkeit der konventionellen Kurzgeschichte zeugen. Die andere Gruppe bilden Erzähler wie Donald Barthelme, Robert Coover, William Gass, John Hawkes, Ronald Sukenick und John Barth, der in seinem Essay »The Literature of Exhaustion« (1967) die Meinung vertrat, daß das Potential der konventionellen Erzählformen erschöpft ist.[1] Ausgehend von dieser Überzeugung haben die genannten Autoren den konventionellen Roman und die konventionelle Kurzgeschichte durch einen neuen Erzähltyp ersetzt, für den Raymond Federman den Begriff »surfiction« prägte, während andere Kritiker zur Charakterisierung dieses Erzähltyps den Begriff »metafiction« verwenden.

»Surfiction« im Sinne Federmans ist eine Erzählliteratur, die nicht im Dienste der Reproduktion von Wirklichkeit steht, sondern die – die Grenze zwischen Realität und Fiktion überwindend und ihre Fiktionalität nicht verhüllend – selbst als autonome Wirklichkeit in Erscheinung tritt.[2] In dieselbe Richtung weisen Bemerkungen von John Barth, Donald Barthelme und Ronald Sukenick. So hat Barth die Welt der Fakten in seiner Erzählung »Bellerophoniad« (1972) als Phantasieprodukt bezeichnet und außerdem hervorgehoben, daß eine erfundene Erzählung als Modell für die Wirklichkeit und nicht die Wirklichkeit als Modell für die Geschichte anzusehen ist.[3] Und Donald Barthelme hat, als er von Jerome Klinkowitz in einem Interview auf seine frühere Äußerung über die Collage als zentrales Prinzip aller Kunst im 20. Jahrhundert angesprochen wurde, erläuternd erklärt: »The point of collage is that unlike things are stuck together to make ... a new reality. This new reality ... (is) an *itself*, if it's successful ...«[4]

Ronald Sukenick ist in der Titelgeschichte seiner Erzählsammlung *The Death of the Novel and Other Stories* (1969) schließlich davon ausgegangen, daß die Realität nichts anderes als die subjektive Erfahrung eines jeden einzelnen ist und daß die Vorstellung von Objektivität in das Reich der Illusionen gehört. Folgte für Sukenick hieraus, daß die Chronologie der Zeit, die individuelle Persönlichkeit und die Welt der konkreten Dinge, deren Absolutheitscharakter die Basis der realistischen Erzählliteratur war, für den nachrealistischen Autor nicht existent sind,[5] so hob John

Hawkes in einem Interview hervor, daß es sich auch bei dem fest umrissenen Raum und bei der kausal verknüpften Handlung um unbrauchbar gewordene Erzählkategorien handelt und daß die Struktur seiner Erzählungen allein auf im voraus nicht planbaren Rekurrenzen und Korrespondenzen beruht.[6] Wenn die Rekurrenzen und Korrespondenzen auch nicht Bestandteile einer im vorhinein konzipierten, den Gesetzen der herkömmlichen Logik und Chronologie unterworfenen Struktur sind, sondern erst im Verlauf des Schreibens entdeckt werden, so sind die Werke von Hawkes und die unter dem Begriff »surfiction« subsumierbaren Erzählungen der anderen experimentierfreudigen Autoren doch keineswegs durch ein formales Chaos gekennzeichnet. Vielmehr sind sie »künstlerische Konstrukte mit vorwiegend ästhetischer Funktion«,[7] deren Künstlichkeit nicht verborgen wird. Aus diesem Grunde sollte auch der Hinweis Donald Barthelmes ernstgenommen werden, der in dem Interview mit Jerome Klinkowitz erklärt hat, daß es sich bei dem in seiner Geschichte »See the Moon« (1966) enthaltenen Satz: »Fragments are the only forms I trust« um den Ausspruch einer Erzählfigur handelt, der nicht als Ausdruck seines ästhetischen Programms mißverstanden werden darf.[8] Zwar sind die Erzählungen Barthelmes und die der anderen Vertreter der »new fiction« in Entsprechung zur Diskontinuität der Wirklichkeit tatsächlich durch häufig willkürlich anmutende Montagen von Fragmenten und Versatzstücken sowie durch die assoziative Aneinanderreihung von Eindrücken und Empfindungen gekennzeichnet, doch erweisen sie sich bei genauerem Hinsehen als lyrischen Gebilden ähnliche Artefakte, die mit den konstruktivistischen, ebenfalls in enger Beziehung zur Lyrik stehenden Kurzgeschichten eines Edgar Allan Poe verglichen werden könnten, wenn ihnen nicht die vom ersten Theoretiker der Gattung geforderte Folgerichtigkeit im Sinne mathematischer Operationen fehlte.

Den artifiziellen Charakter der »new fiction« hatte schon Scholes im Sinn, als er zur Kennzeichnung der nachrealistischen Erzählliteratur den Begriff »fabulation« verwendete. Während im Realismus die Wortkunst hinter der Beschäftigung mit den Dingen zurücktritt, liegt das Wesen des Fabulierens nach Scholes »in formal and verbal dexterity.« Die Werke der »fabulators« stellen mithin »(a) more artistic kind of narrative« dar: »more shapely, more evocative; more concerned with ideas and ideals, less concerned with things.«[9] Wie bei Federman so ist – allerdings in weniger prononcierter Form – also auch schon bei Scholes davon die Rede, daß die Reproduktion der Wirklichkeit nicht das Ziel der »new fiction« ist. Darüber hinaus setzen die beiden Autoren mit ihren Begriffen »surfiction« und »fabulation« aber auch unterschiedliche Akzente. Während Federman auf den anti-illusionistischen Charakter der ihre Fiktionalität nicht verhüllenden »new fiction« verweist, rückt Scholes das Element des Phantastisch-Märchenhaften in den Blickpunkt, das in der nachrealistischen Literatur eine bedeutende Rolle spielt.

John Barth, der seiner Erzählsammlung *Lost in the Funhouse: Fiction for print, tape, live voice* (1968) die »Frame-Tale«: »Once upon a time there was a story that began« voranstellte und der seine Experimente mit der Tonbandtechnik damit begründete, daß sie in gewisser Hinsicht eine Rückkehr zur mündlichen Erzähltradition als der Wurzel aller Literatur ermöglichen, hat dieses einem »more or less fantastical ... view of reality« entspringende Element des Phantastisch-Märchenhaften denn auch als das dominante Merkmal der »new fiction« bezeichnet.[10] Er hat sich in diesem Zusammenhang u. a. auf den argentinischen Dichter Jorge Luis Borges bezogen, der mit seinen Vorstellungen, daß die Grenzen zwischen Traum und Wirklichkeit fließend sind und daß der Mensch nur durch die Kraft der Phantasie zu seinem Ursprung vorzudringen vermag, einen nachhaltigen Einfluß auf die amerikanischen Vertreter der »new fiction« ausgeübt hat. In diesen Kontext gehören auch die Bemerkungen, die Robert Coover in einem Interview über die Funktion des Mythos gemacht hat. Demnach bietet der Mythos die einzige Möglichkeit, sich inmitten der Komplexität des Lebens zu orientieren, handelt es sich bei ihm um die einzig verfügbare Methode, um der labyrinthartig-chaotischen Welt zumindest den Anschein von Ordnung entgegenzusetzen.[11]

Der Einfluß, den Borges auf die amerikanischen Vertreter der »new fiction« ausgeübt hat, bezieht sich nicht nur auf die Wirklichkeitsauffassung, sondern auch auf die formale Struktur der experimentellen Kurzprosa. Borges selbst nennt seine Erzählungen, in denen die Gattungsgrenzen zwischen Essay, Lyrik und Epik aufgehoben sind, Fiktionen und macht des weiteren auf ihre Offenheit aufmerksam, wenn er sie nicht als die Produkte eines allmächtigen Autors versteht, sondern hervorhebt, daß sie ihre endgültige Gestalt erst immer im schöpferischen Nachvollzug des jeweiligen Lesers gewinnen.[12] Im Zusammenhang mit dem zuletzt genannten Punkt ist die Tatsache bedeutsam, daß die Erörterung erzähltechnischer Probleme, die häufig der Suche nach neuen Kommunikationsformen zwischen Autor und Leser dient, bei den Vertretern der »new fiction« wieder eine so zentrale Rolle spielt. Ebenso typisch ist für ihre Erzählungen die Überwindung der Gattungsgrenzen, die sich nicht nur in der Vermischung verschiedener epischer Formen sowie in der Annäherung von Epik und Lyrik äußert, sondern häufig auch in einer Einheit aus Wort- und Bildkunst resultiert. In der experimentellen Kurzprosa vollzieht sich also ein Prozeß, der als eine Umkehrung der Entwicklung bezeichnet werden kann, die wir am Beginn der Gattungsgeschichte beobachteten. Bildete die Kurzgeschichte damals, als es auch keine festen Grenzen zwischen den verschiedenen Formen kurzen Erzählens gab, ihre unverwechselbare Gestalt erst allmählich im Kontakt mit dem »essay«, der »sketch« und der »tale« aus, so hat sie sich in der nachrealistischen Epoche diesen benachbarten Formen wieder geöffnet.

Fassen wir kurz zusammen: Den experimentellen »short fictions« liegt die Auffassung zugrunde, daß die Realität keine objektive Größe, sondern eine Projektion subjektiver Erfahrung ist. Der fest umrissene Raum, die chronologisch geordnete Zeit, die von der Erfahrung des Autors unabhängige Figur und die kausal verknüpfte Handlung scheiden damit als Kategorien der Realitätserfassung aus. Experimentelle »short fictions« bilden die vorgegebene Wirklichkeit nicht einfach ab, sondern sie etablieren als Produkte der auktorialen Phantasie autonome Realitäten. Ebenso wie die Analyse konkreter gesellschaftlicher Gegebenheiten gehört die Schilderung individueller psychischer Zustände nicht zu ihren zentralen Anliegen. Sie rücken statt dessen archetypische menschliche Erfahrungen in den Mittelpunkt, die sie mit Hilfe von Mythen beschreiben. Dabei fungieren die Mythen, die häufig der Erzähltradition entlehnt, oft aber auch modern-populären Ursprungs sind oder vom Autor selbst geschaffen werden, als Kommunikationsbrücke und mithin als ordnungstiftende Faktoren in einer chaotischen Welt. In Entsprechung zu dieser chaotischen Welt sind die experimentellen »short fictions« zwar gewöhnlich durch die willkürlich anmutende Kombination inkohärenter Realitätsfragmente und durch die Ausfächerung ihrer formalen Geschlossenheit gekennzeichnet, doch handelt es sich bei ihnen nichtsdestoweniger um Gebilde mit stark ausgeprägtem artifiziellen Charakter. Sie bemühen sich nicht, diesen Charakter zu verhüllen, sondern treten als anti-illusionistische Erzählungen in Erscheinung, in denen der Vorgang des Erzählens zum zentralen Gegenstand des Erzählens gemacht und erzähltechnische Probleme erörtert werden.

Zwar handelt es sich bei der »new fiction« um einen Typ der Erzählliteratur, der in radikalem Gegensatz zum realistischen Erzählen steht, doch ist es umstritten, ob der innovative Charakter dieses Erzähltyps und die dahinterstehende gewandelte Wirklichkeitsauffassung der Autoren es rechtfertigen, vom Anbruch einer neuen literarischen Ära zu sprechen. Letztlich läuft die Streitfrage darauf hinaus, ob die literarischen Produkte der »innovators« als Dokumente des Postmodernismus im Sinne Ihab Hassans gewertet werden können oder ob es angemessener ist, in ihnen Zeugnisse eines Spätmodernismus zu sehen.[13] Für die letztgenannte Position spricht die Tatsache, daß Autoren wie Barth und Barthelme nicht nur Rabelais und Sterne, die manche der Formexperimente der »innovators« vorweggenommen haben, sondern auch Franz Kafka, Gertrude Stein und James Joyce zu ihren »favorite writers« zählen.

Neben den Verbindungen zur modernistischen Tradition, insbesondere zum Dadaismus und zum Surrealismus, fallen die Parallelen auf, die zwischen den experimentellen »short fictions« und den Kurzgeschichten früherer Epochen bestehen. Um Mißverständnissen vorzubeugen, ist freilich darauf hinzuweisen, daß die zu beobachtenden parallelen Erscheinungen unterschiedlichen historischen Voraussetzungen entspringen und häufig auch in anderen Funktionszusammenhängen auftreten. Bleibt man sich dieser Fakten bewußt, dann kann man nicht nur den konstruktivistischen Aspekt der experimentellen »short fictions« und die Vermischung mit benachbarten Gattungen, sondern auch das Element des Phantastisch-Märchenhaften und des Mythisch-Rätselhaften zu den Anfängen der Gattungsentwicklung in Beziehung setzen. Gerade das zuletzt genannte Element verdient besondere Aufmerksamkeit, weil es auch in der Folgezeit als eine der wichtigsten Wurzeln kurzen Erzählens in Amerika nie verkümmert ist.

Erinnert sei hier nur an die in der Poe-Tradition stehenden phantastischen Erzählungen von Henry James, Ambrose Bierce und Conrad Aiken, an den Rückgriff auf die »tall tale« bei Mark Twain und verschiedenen Vertretern der »Southern Renaissance«, an die Mythisierung der erzählten Welt bei William Faulkner und Eudora Welty, an die Verarbeitung märchenhafter Elemente bei Fitzgerald und Salinger, an die in der Hawthorne-Tradition stehende Verwendung christlicher Mythen bei Flannery O'Connor, an die phantastischen und mythischen Elemente in den Geschichten von John Cheever und an Bernard Malamuds moderne Märchen wie »The Jewbird« (1963), in dem ein von Antisemiten verfolgter Jude in der Gestalt eines Vogels bei der Familie eines Gefrierwarenhändlers Zuflucht sucht. Zwar kann man wie Barth die Ansicht vertreten, daß Autoren wie Malamud bei ihrer Verarbeitung mythisch-märchenhafter Elemente »the wrong end of the mythopoeic stick« in den Händen halten,[14] doch bleibt die Tatsache, daß diesen Elementen von den Vertretern der konventionellen Kurzgeschichte ein ähnlich hoher Stellenwert wie von den »fabulators« eingeräumt worden ist, dennoch bemerkenswert.

Thomas Pynchon

Auch in Thomas Pynchons Geschichte »Entropy«, die erstmals 1960 in der Zeitschrift *The Kenyon Review* erschien, spielt das mythische Element eine nicht unwesentliche Rolle. Aus diesem Grunde und vor allem wegen der Tatsache, daß Pynchon wie die Vertreter der »new fiction« die Existenz einer objektiven Realität leugnet,[15] kann »Entropy« im vorliegenden Kapitel erörtert werden, obwohl die Geschichte sich aufgrund ihres sozial- und zivilisationskritischen Inhalts ohne weiteres mit den »short stories« John Cheevers oder James Purdys vergleichen läßt und obwohl sie sich in mancher Hinsicht von den Erzählungen der Barth, Barthelme oder Coover unterscheidet. Anders als in den »fictions« der genannten Autoren wird der Erzählakt in »Entropy« nicht zum Gegenstand des Erzählens, und auch die scheinbar willkürliche Montage von Wirklichkeitsfragmenten gehört nicht zu den Merkmalen der vorliegenden Geschichte, deren Struktur lediglich durch die Technik des Schauplatzwechsels gekennzeichnet ist.

Insgesamt werden drei Schauplätze in das Blickfeld des Lesers gerückt, die nicht nur durch die Ortswechsel, sondern als die drei übereinanderliegenden Stockwerke eines Hauses auch durch die räumliche Anordnung miteinander verbunden sind. Das zweite Stockwerk des Hauses ist der Ort der Auseinandersetzung zwischen dem Informationstheoretiker Saul und seiner Frau Miriam, die von der Idee fasziniert ist, daß Computer wie Menschen handeln können. Ihr Mann weist demgegenüber auf die Gefahr des Verlustes der Kommunikationsfähigkeit hin, die nicht zuletzt darin besteht, daß Menschen sich wie Computer programmieren lassen. Seiner Meinung nach bricht der Informationskreislauf in dem Moment zusammen, in dem die Wörter ihren Zeichencharakter verlieren und zu bloßen Geräuschen degenerieren. Die Folge davon sind ein Zusammenleben, das sich wie die Ehe zwischen Saul und Miriam nur noch als »Togetherness«[16] gestalten läßt, oder die totale Anarchie, die an dem Verhältnis zwischen Afrikanern und Europäern illustriert wird: Da die Mitteilungen der Europäer bei den Empfängern total sinnentstellt ankommen, werden den Fremden von den Afrikanern die Zungen herausgerissen. Von solchen Ansichten wird Miriam in ihrem naiven Glauben an den wissenschaftlich-technisehen Fortschritt so sehr erschüttert, daß sie ihren Mann verläßt. Der Streit über die Kommunikationstheorie führt ironischerweise zum Zusammenbruch der Kommunikation.

Nach der Auseinandersetzung mit seiner Frau steigt Saul auf einer Feuerleiter in die dritte Etage des Hauses hinauf, wo eine Party stattfindet, deren Geräusche gelegentlich im vierten Stockwerk zu hören sind. Hier leben Callisto und Aubade in einer Welt der Phantasie, die in deutlichem Kontrast zur Welt im zweiten Stockwerk des Hauses zu stehen scheint. Brach die Beziehung zwischen Miriam und Saul im Streit auseinander, so wird die Wohnung von Callisto und Aubade, die in ein Treibhaus mit vollkommenem ökologischen Gleichgewicht verwandelt wurde, als Enklave der Ordnung inmitten des chaotischen Washington bezeichnet. Durch den wiederholten Gebrauch der Musikmetaphorik wird der Eindruck der Harmonie verstärkt, die jedoch nur durch die hermetische Abkapselung von der Außenwelt aufrechterhalten werden kann. Die Wohnung liegt hoch über der Straße, die Fenster werden nicht geöffnet, andere Menschen haben keinen Zutritt. Auch durch die Namen der Bewohner, die ihre Behausung niemals verlassen, wird auf die Realitätsferne der künstlichen Welt verwiesen. Aubade ist die Gattungsbezeichnung für das Tageslied des Minnesangs, und Callisto trägt den Namen einer Königstochter, die ihr Keuschheitsgelübde brach, ein Verhältnis mit Zeus einging und von diesem in ein Gestirn verwandelt wurde, damit sie vor Hera geschützt sei.

Obwohl Callisto und Aubade sich von der Realität abkapseln, wird die »architectonic purity« (27) ihrer Welt durch die Partygeräusche und andere anarchische Einflüsse von außen bedroht. Hierzu gehören auch die Überlegungen, die Josiah Willard Gibbs und Ludwig Boltzmann an den von Rudolf Clausius und William Thomson (Lord Kelvin of Largs) aufgestellten Entropiesatz angeknüpft haben. Die in diesem Satz formulierte physikalische Tatsache, daß endliche thermodynamische Systeme sich auf den Ausgleich der Temperaturunterschiede und damit auf einen Zustand zubewegen, in dem Wärmeenergie nicht mehr in andere Formen der Energie umgewandelt werden kann, war Callisto schon als Student bekannt. Erst durch die auf den Gesetzen der Statistik beruhende Erkenntnis Boltzmanns, daß die Bewegungsenergie ausschließlich von einem weniger wahrscheinlichen Verteilungszustand in einen wahrscheinlicheren übergeht, und durch die Vorstellungen von Gibbs, die ihm den unausweichlichen Wärmetod des Weltalls vor Augen führten, wurde Callisto der Gefahr ausgesetzt, »to drift into the graceful decadence of an enervated fatalism« (27).

Von Natur aus zwar ein Pessimist, aber wie Machiavelli davon überzeugt, daß die Gestaltung des Lebens zu gleichen Teilen von der »fortuna« und der »virtù« abhängig ist, sah Callisto sich plötzlich gleichsam aus dem Zustand philosophischer Unschuld herausgerissen. Er mußte erkennen, daß die im Entropiesatz enthaltene Vorstellung von der Desorganisation eines geschlossenen Systems auf die zeitgenössische Konsumgesellschaft mit ihrer Tendenz »from differentiation to sameness, from ordered individuality to a kind of chaos« (28) applizierbar ist. Während Saul den informationstheoretischen Aspekt des Entropiekonzepts formuliert, demzufolge die Effizienz eines Codesystems nur abnehmen, nicht aber zunehmen kann, überträgt Callisto, der seine Situation mit der des amerikanischen Historikers und Kulturpessimisten Henry Adams vergleicht, die kosmologischen Implikationen des Entropiekonzepts auf den zivilisatorisch-kulturellen Bereich. So wie Gibbs das Universum auf den Zustand eines tödlichen Gleichgewichts zutreiben sieht, ist Callisto von der Vorstellung besessen, daß die kulturelle Entwicklung im Wärmetod endet, der dann eintritt, wenn die Bewegung der Ideen zum Stillstand gekommen ist.

Zum Testfall für die Richtigkeit dieser Vorstellung wird der kranke Vogel, den Callisto mit seiner Körperwärme zu heilen versucht. Als der Vogel schließlich in seiner Hand stirbt, ist der entropische Stillstand nach Meinung des Protagonisten eingetreten, symbolisiert die Unterbrechung der Übertragung der Wärmemoleküle von seinem Körper auf den des Vogels in seinen Augen das Ende des kulturellen wie des kosmischen Entropieprozesses. Von Aubade wird dieses Ende mit einer symbolischen Geste besiegelt. Indem sie eine Fensterscheibe einschlägt, führt sie das Temperaturgleichgewicht zwischen Innen- und Außenwelt herbei. Nachdem draußen, wo seit drei Tagen keine Temperaturschwankungen mehr registriert werden konnten, bereits der entropische Endzustand eingetreten war, wird durch die symbolische Geste nun auch die Enklave von Callisto und Aubade in die »final absence of all motion« (35) einbezogen. Oder anders ausgedrückt: Der Gleichgewichtszustand, in dem das Leben unter künstlichen Bedingungen gedeihen konnte, wird durch einen Gleichgewichtszustand abgelöst, in dem die Lebensenergie verloschen ist.

Meatball Mulligans »lease-breaking party« (22), die im dritten Stock stattfindet, fungiert nicht nur in räumlicher Hinsicht als Schnittpunkt der verschiedenen Ebenen, auf denen Pynchon den naturwissenschaftlichen Entropiesatz literarisch adaptiert. Vielmehr tritt sie auch insofern als Kristallisationspunkt in Erscheinung, als durch sie offenbar sowohl die Richtigkeit des informationstheoretischen Aspekts des Entropiesatzes als auch die Schlüssigkeit der Übertragung des kosmologischen Aspekts dieses Konzepts auf den zivilisatorisch-kulturellen Bereich demonstriert werden. Denn zunächst hat es den Anschein, als würde die Desorganisation eines geschlossenen Systems durch die Party noch krasser verdeutlicht als durch die künstliche Welt Callistos und Aubades und den Zusammenbruch der Kommunikation zwischen Miriam und Saul. Ein erstes Indiz für die Desorganisation ist das ständige Kommen und Gehen von weitgehend anonym bleibenden Gästen, von denen eine Gruppe das Haus sogar mit einem Bordell verwechselt. Außerdem kann man feststellen, daß die Party, die schon vierzig Stunden andauert und deren Gäste sich durch die Einnahme von Alkohol und Rauschgift mehr oder weniger paralysiert haben, gleichsam im Begriff ist, sich totzulaufen.

Callistos Eindruck, daß die moderne Konsumgesellschaft sich auf dem Weg »from differentiation to sameness, from ordered individuality to a kind of chaos« befindet, wird sowohl durch den Abfallberg aus leeren Champagnerflaschen als auch durch eine grundlose Schlägerei und die sinnlosen Handlungen von Saul bestätigt, der Papiertüten mit Wasser füllt und diese dann auf die Straße wirft. In dieselbe Richtung deuten die stereotypen Verhaltensweisen der Partygäste, die dieselben Kneipen und Delikateßgeschäfte aufsuchen und sich auch bei der Befriedigung ihrer sexuellen Bedürfnisse an festen Normen orientieren. Sauls Ansichten über den Zusammenbruch des Informationskreislaufs werden demgegenüber durch die Anonymität und durch das Sprachengewirr auf den Partys der »expatriates« bekräftigt. Außerdem sind in diesem Zusammenhang die »aimless loves« und die »unpredicted commitments« (23) der Partygäste sowie die Musik des Duke di Angelis-Quartetts zu erwähnen. Im Unterschied zu der von Aubade und Callisto kultivierten Harmonie ist die »Musik« dieses Quartetts bis zur Tonlosigkeit und zur grotesken Pantomime degeneriert, der zudem noch ein chaotisches Element innewohnt, wenn einer der Musiker in einer anderen Tonart als die anderen »spielt«. Dennoch ist es gerade diese Ebene der Geschichte, auf der dem Weg in den entropischen Endzustand entgegengewirkt wird; denn während Aubade die Enklave im vierten Stock der Desorganisation preisgibt, versucht Meatball Mulligan schließlich, »to ... keep his lease-breaking« party from deteriorating into total chaos« (34).[17]

Obwohl Pynchons Erzählung in mancher Hinsicht eine Sonderstellung innerhalb der modernen amerikanischen Erzählliteratur einnimmt, ist sie doch auch auf verschiedene Weise mit den Werken der »innovators« verbunden. Verdeutlicht wird dies nicht nur durch den Rückgriff auf die griechische Mythologie, sondern auch durch die Adaptation des Entropiesatzes, auf dem Pynchons Roman *The Crying of Lot 49* (1966) ebenfalls basiert und mit dem sich eine ganze Reihe moderner amerikanischer Erzähler auseinandergesetzt hat.[18] Während Autoren wie John Barth, Donald Barthelme und William Burroughs in dem Entropiesatz jedoch lediglich eine Metapher für die Desorganisation der modernen zivilisierten Welt sehen, ist es Pynchon gelungen, die verschiedenen Schichten des Entropiekonzepts literarisch so umzusetzen, daß Literatur und Naturwissenschaft in seiner Geschichte zu einer Einheit verschmelzen.[19]

John Barth, Donald Barthelme und Robert Coover

Die Erzählungen Thomas Pynchons, der sich als Student dem Studium der Physik und der Mathematik widmete, sind eindrucksvolle Beispiele für den esoterischen Charakter der modernen amerikanischen Prosa. Dasselbe gilt für die Erzählungen von John Barth, der 1953 Professor für Anglistik wurde und dessen Romane und »short fictions« durch ein außergewöhnliches Maß an Gelehrsamkeit gekennzeichnet sind. Wie Pynchon hat Barth der längeren Erzählform den Vorzug gegeben. Sieht man einmal von den zwischen Kurz- und Langform angesiedelten, 1972 erstmals veröffentlichten Geschichten »Dunyazadiad« und »Perseid« ab, die im selben Jahr zusammen mit der fast romanhafte Ausmaße erreichenden Erzählung »Bellerophoniad« in dem Band *Chimera* zusammengefaßt wurden, ist Barths Beitrag zur modernen amerikanischen Kurzprosa auf die Sammlung *Lost in the Funhouse* beschränkt, deren 14 Geschichten zwischen 1963 und 1968 entstanden. Wie die anderen Erzählungen von Barth sind diese Geschichten vor allem Auseinandersetzungen mit der Identitätsproblematik. Dabei ergeben sich aus Barths Prämisse, daß eine objektive Realität nicht existiert, zwei Konsequenzen. Zum einen kann jede Identität nicht mehr sein als eine Fiktion, und zum anderen sehen sich die Barthschen Helden bei ihrer Suche nach der Identität in eine absurde Welt verstrickt. Bei der Beschreibung dieser Welt und bei der Darstellung der Suche nach der Identität knüpft der Autor an den Existentialismus an, dessen Weltsicht er allerdings dadurch variiert, daß er seine Erzählungen wie Thomas Pynchon, John Hawkes, Kurt Vonnegut und andere moderne amerikanische Autoren mit den Elementen des schwarzen Humors durchsetzt.[20]

Wie Barth selbst ausgeführt hat, handelt es sich bei den 14, in Inhalt und Form zum Teil sehr unterschiedlichen Geschichten in *Lost in the Funhouse* um Erzählungen, die als Teile einer größeren Einheit eng aufeinander bezogen sind. Von diesem Hinweis und von der Tatsache ausgehend, daß die Geschichten »Ambrose His Mark« (1963), »Water-Message« (1963) und »Lost in the Funhouse« (1967) autobiographisch gefärbt sind, ist Barths Erzählband von den Kritikern immer wieder als das Selbstporträt eines Künstlers bezeichnet worden. Es erstreckt sich von der komisch-heroischen Beschreibung der Reise des Samens zum Ei in »Night-Sea Journey« (1966) bis zur Darstellung des alten, auf eine Insel verbannten Dichters in »Anonymiad« (1968), der den Übergang vom mündlich tradierten zum schriftlich fixierten Dichten verkörpert und an seinem Lebensende den erfolglosen Versuch macht, alle Formen des Erzählens in einem Werk zusammenzufassen. Innerhalb dieses Rahmens stehen den autobiographisch gefärbten Geschichten mit »Anonymiad«, »Echo« (1968) und »Menelaiad« (1968) drei Erzählungen gegenüber, die in der griechischen Mythologie verankert sind und denen u. a. die Funktion zukommt, den fiktiven Aspekt des Selbstporträts sichtbar zu machen.[21]

Geht man von der Verknüpfung zwischen Identitäts- und Künstlerproblematik aus, dann handelt *Lost in the Funhouse* auch von der Suche nach den Möglichkeiten des Erzählens in sinnentleerter Zeit. Es wurde schon darauf hingewiesen, daß Barth die tradierten Erzählformen für erschöpft hält und das Potential erzähltechnischer Mittel durch virtuose Experimente ergänzt hat. Doch ist in diesem Zusammenhang zu bedenken, daß der Autor die rigorose Abkehr von der Erzählkonvention nie zu seinem ästhetischen Programm erhoben hat. So hat er in »Lost in the Funhouse« zwar betont, daß kein Grund dafür besteht, das an Gustav Freytags *Technik des Dramas* (1863) angelehnte Strukturschema einer »conventional dramatic narrative« als eine absolute Notwendigkeit zu betrachten, doch hat er gleichzeitig hervorgehoben, daß man dieses Strukturschema nur dann verwerfen sollte, wenn man davon überzeugt ist, den dramatischen Effekt einer Erzählung auf andere Weise besser sicherstellen zu können. Hinzu kommt, daß Barth vom modernen Erzähler erwartet, daß er sich den traditionsbedingten literarischen Gegebenheiten nicht entzieht, sondern sie seiner eigenen Arbeit nutzbar macht. Der Weg, auf dem dies geschehen kann, ist der der Parodie. Auf diese Weise schafft der moderne Erzähler, der sich auf frühere Werke bezieht, in denen die Wirklichkeit nachgeahmt wurde, Imitationen von Imitationen.[22]

Während Barth mit *The Sot Weed Factor* (1960) einen Roman geschrieben hat, der die Form des Romans imitiert und sich insbesondere als Parodie des pikaresken Romans erweist, hat er in »Ambrose His Mark«, »Water-Message« und »Lost in the Funhouse« den Typ der Initiationsgeschichte imitiert. Dabei geht es in allen drei Fällen um Initiationsrituale, die nicht vollzogen werden. In »Ambrose His Mark« wird es versäumt, den Helden zu taufen, und als dieses Ritual später nachgeholt wird, ist der Junge nicht in der Lage, sich mit dem emotionalen Gehalt des Zeremoniells zu identifizieren. Ebenso unabgeschlossen bleiben die in »Water-Message« thematisierte Initiation in den Bereich sexueller Erfahrung und die in »Lost in the Funhouse« rückblickend erwähnte Initiation in den Kreis der Pfadfinder. Dem Ambrose M-, der vorgab oder sich einredete, »deeply moved«[23] zu sein, stand bei dieser Gelegenheit nämlich wie bei der nachgeholten Taufe und wie bei einem sexuellen Erlebnis mit einem Mädchen aus der Nachbarschaft eine andere Person gegenüber, die von dem Initiationserlebnis unbeeindruckt war und ihr Ergriffenheit heuchelndes und folglich maskiertes *alter ego* aus kritischer Distanz beobachtete.

Bei dem unabgeschlossenen Initiationserlebnis, das in »Lost in the Funhouse« selbst zur Darstellung gelangt, spielen die Ichspaltung und die sexuelle Erfahrung ebenfalls die zentrale Rolle. Als Schauplatz des Initiationsgeschehens fungiert diesmal das »funhouse« des Vergnügungszentrums Ocean City, das Ambrose zusammen mit seiner Familie und dem Mädchen aus der Nachbarschaft aufsucht. Als Labyrinth ist der Ort der Handlung nicht nur eine Attraktion des Vergnügungsparks, sondern auch ein Schauplatz von mythischen Dimensionen. Sein eigentlicher Sinn besteht darin, als Stätte für die heimlichen Begegnungen von Liebespaaren zu fungieren, doch wird er für den Protagonisten, dessen erotische Phantasien sich nicht verwirklichen lassen, zu einem »place of fear and confusion« (72). Als solcher ist er ein mythisches Symbol für die Absurdität der modernen Welt, in deren Irrgängen anders als im Labyrinth des Minos kein Faden ausgelegt ist, der Ambrose M- wie Theseus den Weg zum Ausgang weisen könnte.

Hinzu kommt, daß der Protagonist sich nicht nur in einer Pubertäts-, sondern auch in einer Identitätskrise befindet. Verdeutlicht wird dies u. a. dadurch, daß er in der rollenden Tonne des »funhouse« sein Namensschild verliert und daß es sich bei der Plakette mit seinem Namenszug, die er später im Spiegelsaal findet, nicht um seine, sondern um die Identitätsmarke eines anderen Ambrose handelt. Außerdem sieht sich der Protagonist im Spiegelsaal mit der »endless replication of his image in the mirrors« (94) konfrontiert, erkennt er, daß sein Ich in verschiedene Teile auseinanderfällt. Sich selbst beobachtend, verliert er sich an den Gedanken, daß die Notwendigkeit des Beobachtens die exakte Beobachtung unmöglich macht, woraus folgt, daß die Suche nach der Identität erfolglos bleiben muß. Als Gefangener seiner Wahrnehmungen nimmt der kurzsichtige Ambrose M- immer nur das verzerrte Abbild seiner selbst wahr, bleibt er auf das eigene gespaltene Ich verwiesen, anstatt die Überwindung der Vereinzelung durch die Liebe zu erfahren. Der geschlossene

Raum des »funhouse« ist mithin nicht nur ein Symbol für die Absurdität der modernen Welt, sondern auch ein Sinnbild für den Solipsismus des modernen Menschen.[24]

Zunächst erzeugen seine Erfahrungen in dem Protagonisten Selbstmordgedanken, doch dann faßt er wie Stephen Dedalus in James Joyces Roman *A Portrait of the Artist as a Young Man* (1916) den Entschluß, ein Künstler zu werden.[25] Kraft seiner Imagination will er ein »truly astonishing funhouse« (97) – eine fiktive Welt also – entwerfen, die zugleich komplex und geordnet ist und somit einen Gegenpol zu der chaotischen Wirklichkeit darstellt, der er als Heranwachsender nicht entrinnen kann. Schon aus dem elliptischen Satz: »if anyone seemed lost or frightened, all the Operator had to do was« (97) geht freilich hervor, daß es sich bei seinem Plan um eine Chimäre handelt; denn Ambrose weiß eben nicht, was er als Maschinist zu tun hätte, wenn sich jemand in dem von ihm entworfenen Labyrinth verirren würde. Das aber heißt, daß die imaginierte Wirklichkeit des Künstlers ebensowenig den Anspruch, eine objektive Realität zu sein, erheben kann wie die chaotische Welt der Erscheinungen.

Unterstrichen wird diese Aussage dadurch, daß Barth die Situation des Erzählers in »Lost in the Funhouse« ständig zu der des Helden in Beziehung setzt. So wie Ambrose über sich selbst reflektiert, reflektiert der Erzähler über den Erzählakt, und so wie Ambrose sich im »funhouse« verirrt, verliert der Erzähler die Kontrolle über den Vorgang des Erzählens, verirrt sich in den Möglichkeiten, die ihm die Erzählkonvention bereitstellt. Mehr noch: So wie die Erzählkonvention für den Erzähler zum Irrgarten wird, wird die Erzählung »Lost in the Funhouse« zum Irrgarten für den Leser. Das »funhouse« ist also nicht nur ein Symbol für die Absurdität der modernen Welt und für den Solipsismus des modernen Menschen, sondern es ist auch ein Sinnbild für die verwirrenden Möglichkeiten des Erzählens und für das von Barth Erzählte.[26]

Aus dem Gesagten folgt, daß Form und Gehalt in der vorliegenden Geschichte untrennbar miteinander verbunden sind. Betrachtet man zunächst die Makrostruktur der Erzählung, dann stellt man fest, daß »Lost in the Funhouse« mit der Beschreibung des Ausflugs nach Ocean City am Anfang und mit der Erwähnung der Heimfahrt gegen Ende zwar über einen Rahmen verfügt, daß dieser aber nicht mit einer chronologischen Erzählung ausgefüllt worden ist. Den artifiziellen Charakter seiner Erzählung immer wieder betonend, macht der Erzähler selbst den Leser wiederholt auf dieses Faktum aufmerksam. U. a. geschieht dies dort, wo er sich über die Funktionen der Exposition, des Mittelteils und des Endes einer Geschichte äußert und wo er darstellt, wie eine Erzählung mit dem Titel »Lost in the Funhouse« eigentlich strukturiert sein müßte.

Aus diesen Bemerkungen geht nämlich hervor, daß die vorliegende Geschichte sowohl eines konventionellen Anfangs als auch eines konventionellen Endes ermangelt, daß der Erzähler hier also wie in der »Anonymiad« in der Mitte beginnt und dort auch endet. Der herkömmliche Anfang fehlt, weil die Ausflügler Ocean City noch nicht erreicht haben, nachdem bereits ein Viertel der Erzählzeit verstrichen ist, und weil das bis dahin Erzählte angeblich für das Thema der Geschichte irrelevant ist, und von einem herkömmlichen Ende kann keine Rede sein, weil trotz der Erwähnung der Heimfahrt unklar bleibt, ob Ambrose je aus dem Irrgarten herausgefunden hat.[27] Hinzu kommt, daß auch der Mittelteil nichts mit der konventionellen Erzählstruktur gemein hat: »the plot doesn't rise by meaningful steps but winds upon itself, digresses, retreats, hesitates, sighs, collapses, expires« (96). Der Erzähler hat also – die Struktur der Geschichte mit der Anlage des mythisch-symbolischen Schauplatzes in Übereinstimmung bringend – die Diskontinuität zum Erzählprinzip erhoben und damit der Erzählung über die ziellose Suche und die Desintegration seines Helden die adäquate Form gegeben.

Was für die Makrostruktur gilt, trifft auch auf die Mikrostruktur zu. Auf dieser Ebene operiert der Erzähler ebenso mit unvollständigen Sätzen und mit Redundanzen wie mit der Montage disparaten Erzählmaterials und der Verknüpfung von Versatzstücken, die aus ihren ursprünglichen Kontexten herausgelöst worden sind. So verschachtelt er seine Bemerkungen über das Geschehen in Ocean City z. B. übergangslos mit seinen Reflexionen über druck- und erzähltechnische Fragen, und so verbindet er an einer anderen Stelle Wirklichkeitspartikel aus unterschiedlichen Zusammenhängen mit vorher noch nicht erwähnten Details zu einem neuen, beliebig ergänzbaren und chaotisch anmutenden Gebilde, das sich als Imitation der bei Sterne und Rabelais zu findenden Kataloge und Wortkaskaden zu erkennen gibt und das als stilistisches Äquivalent zu der von Ambrose M- wahrgenommenen »endless replication of his image in the mirrors« betrachtet werden kann.[28]

Außerdem operiert der Erzähler mit abrupten Szenen- und Tempuswechseln sowie mit nahtlosen Übergängen von einer Erzählperspektive in eine andere.[29] Die Erzählgegenwart – die Reflexionen des Erzählers während des Schreibens – und die Handlungsgegenwart – die Reaktionen, Reflexionen und Verhaltensweisen der Personen während des Ausflugs nach Ocean City – überlagern einander, und außerdem wird von der Gegenwart – sowohl der des Erzählers als auch der des Helden – ständig in die Vergangenheit und in die Zukunft geblendet. Bei der Erzählperspektive gehen die auktoriale Erzählsituation, die etwa vorliegt, wenn der Erzähler berichtet, wie man früher nach Ocean City fuhr, und die personale Erzählsituation, die gegeben ist, wenn das Bewußtsein des Helden als Vermittlungsinstanz fungiert, oft so nahtlos ineinander über, daß der Leser nicht mehr entscheiden kann, ob er gerade Zeuge der Reflexionen des Erzählers oder des Protagonisten ist. Er wird durch die genannten erzähltechnischen Verfahren in das Labyrinth einer Geschichte verstrickt, die sowohl im Hinblick auf die Thematik als auch in bezug auf die untrennbar damit verbundene Form als repräsentatives Beispiel der »new fiction« bezeichnet werden kann und die überdies zu den eindrucksvollsten Zeugnissen der modernen amerikanischen Kurzprosa gehört.

Was über »Lost in the Funhouse« gesagt wurde, gilt auch für die Geschichte »The Indian Uprising« (1965) von Donald Barthelme, der im Unterschied zu Barth und Pynchon die Kurzform bevorzugt und weit über hundert »short fictions« geschrieben hat. Wie in »Lost in the Funhouse« wird in der vorliegenden, 1968 in die Sammlung *Unspeakable Practices, Unnatural Acts* aufgenommenen Erzählung das Bild einer absurden Welt gezeichnet, wobei Barthelme sich zur Vermittlung seines Welt-bildes ähnlicher formaler Mittel wie Barth bedient. Obwohl die Indianer in ihrem Kampf mit den Weißen, dessen Schilderung die Geschichte wie ein roter Faden durchzieht, allmählich die Oberhand gewinnen, wird das Strukturschema der »con-ventional dramatic narrative« auch in »The Indian Uprising« durch die willkürliche Montage von Textsegmenten ersetzt, wobei dieses Kompositionsverfahren wie in »Lost in the Funhouse« sowohl die Makro- als auch die Mikrostruktur bestimmt.

Man kann sogar feststellen, daß die Auflösung des Gesamtzusammenhangs in »The Indian Uprising« noch weiter fortgeschritten ist als in der Erzählung von Barth. An einer beliebig herausgegriffenen Textpartie, die keineswegs chaotischer als andere Abschnitte anmutet, sei dies verdeutlicht. Die Stelle beginnt mit dem Rückblick auf die Folterung eines Comanchen, enthält des weiteren Erinnerungen an eine Reise durch Schweden und endet mit der Erwähnung des Funkspruchs eines Offiziers, dem es nicht gelungen war, einen Abfallberg gegen die Indianer zu vertei-digen. Außerdem schiebt der Erzähler in den Rückblick auf die Folterung des Comanchen einen Hinweis auf seine Trunkenheit und Verliebtheit ein, und nach-dem er von den schlesischen Vorfahren des Indianers gesprochen hat, kleidet er folgende Reflexion in einen Satz, in dem die logische Struktur zusammenbricht und die Wörter sich wie in einem modernen Gedicht als weitgehend autonome Klang-körper umeinander gruppieren: »And you can never touch a girl in the same way more than once, twice, or another number of times however much you may wish to hold, wrap or otherwise fix her hand, or look, or some other quality, or incident, known to you previously.«[30]

Das einem solchen Satz zugrundeliegende Kompositionsprinzip hat der Erzähler selbst treffend mit der Bemerkung: »Strings of language extend in every direction to bind the world into a rushing, ribald whole« (10) beschrieben. Betrachtet man die größeren Struktureinheiten der Geschichte, dann stellt man fest, daß ihre Anord-nung demselben Kompositionsprinzip unterliegt; denn auf dieser Ebene werden der Indianeraufstand, die Folterung des Comanchen, die Gespräche des Erzählers mit seiner Geliebten und einer Lehrerin, die offenbar als Psychoanalytikerin fungiert, und die inneren Monologe des Erzählers, in deren Mittelpunkt das Mißgeschick einer weiteren weiblichen Person steht, die in einer Bar in Teneriffa von einem Zwerg geschlagen und ins Bein gebissen wurde, ebenfalls zu einem Konstrukt ohne offensichtlichen Sinnzusammenhang verbunden, das mit der Sinnentleertheit und Unbegreiflichkeit der modernen Welt korrespondiert.

Der zuletzt genannte Aspekt findet seinen Niederschlag auch in dem stark ausge-prägten phantastischen Charakter der Geschichte. Neben dem Geschehen in der Bar in Teneriffa und dem Comanchen mit den schlesischen Vorfahren ist in diesem Zusammenhang u. a. zu erwähnen, daß bei der Schilderung des Indianeraufstands, die als Parodie auf die Wildwestfilme verstanden werden kann, verschiedene Zeit-ebenen miteinander vermischt werden,[31] daß auf der Seite der Weißen eine Abtei-lung der Irisch-Republikanischen Armee sowie eine Kampfgruppe aus französischen Soldaten und Taxifahrern an den Kämpfen teilnehmen und daß die Weißen sich des

Ansturms der Indianer mit einer Barrikade erwehren, die u. a. aus Schaufensterpuppen, Kopfkissen, Aschenbechern, einer Bratpfanne, Schnapsflaschen, Korkenziehern sowie einer geschnitzten jugoslawischen Flöte besteht und deren Komposition an die Struktur eines Happenings erinnert.

Ein anderes wesentliches Charakteristikum von »The Indian Uprising«, das die Geschichte wiederum mit »Lost in the Funhouse« verbindet, sind die literarischen Anspielungen. So erklärt der gefolterte Comanche, dessen Genitalien an der oben erwähnten, von schwarzem Humor geprägten Stelle unter Strom gesetzt werden, er sei Gustave Aschenbach. In dieselbe Richtung wie diese Anspielung auf Thomas Manns Novelle *Der Tod in Venedig* (1913) weisen die Entlehnung aus Hamlets Sterberede und die Anspielung auf T. S. Eliots Dichtung *The Waste Land* (1922).[32] Zusammen mit der verneinten Frage: »Do you think this is a good life?« (3), dem Ausspruch: »I decided I knew nothing« (5), der Barrikade aus Wohlstandsmüll, der Thematik von Krieg, Gewalt und Rassenhaß sowie der chaotischen Struktur der Geschichte dienen die von Tod, Dekadenz und Endzeitstimmung kündenden literarischen Anspielungen dazu, das Bild einer Welt zu erstellen, die nicht nur sinnentleert und unbegreiflich ist, sondern sich überdies wie die von Pynchon beschriebene Realität auf den entropischen Endzustand zubewegt.

Durch andere Geschichten von Barthelme wird dieses Weltbild bestätigt. In der in *Guilty Pleasures* (1974) enthaltenen Geschichte »Down the Line with the Annual« (1964), in der die Sprache des *Consumer Bulletin Annual* benutzt wird, um die Erfahrung der Existenzangst zu vermitteln,[33] steht der Satz: »We are adrift in a tense« and joyless world that is falling apart at an accelerated rate«,[34] in der Erzählung »The Rise of Capitalism« (1970), die in die Sammlung *Sadness* (1972) aufgenommen wurde, spricht Barthelme von »the imminent heat-death of the universe«,[35] und in »The Police Band« (1964) – wie »The Indian Uprising« Teil des Bandes *Unspeakable Practices, Unnatural Acts* – soll die Kapelle ein Lied mit dem Titel »Entropy« intonieren.[36]

Als weiteres Beispiel kann die Geschichte mit dem apokalyptischen Titel »At the End of the Mechanical Age« (1972) angeführt werden, die Eingang in die Sammlung *Amateurs* (1976) gefunden hat. In dieser Erzählung figuriert Gott als Stromableser, die göttliche Gnade ist der Stromvorrat, der unaufhaltsam aufgebraucht wird, und der Stromausfall wird als ein Zeichen »of Divine indifference to executive-development programms at middle-management levels«[37] gewertet. Die neue, auf das »mechanical age« folgende Zeit wird durch den Perfektionismus zweier »Erlösergestalten« verkörpert, deren Ankunft die beiden Protagonisten einander gegenseitig verheißen. Während die eine dieser Gestalten kraft ihrer *»inhuman sagacity«* in der Lage war, die Handwerkszeuge zu benennen und dabei – *»peering into each saw and intuiting at once its specialness«* – zwischen *»handsaw«, »hacksaw«, »buck-saw«* und *»fretsaw«* (179) zu unterscheiden, wird von der anderen Gestalt erwartet, daß sie selbst den Dreck dieser Welt *»at high prices for specialized industrial uses«* (177) vermarkten wird.

Die Welt erstickt im Wohlstandsmüll, der Mensch büßt seine Identität ein und verliert seine imaginativen Kräfte an das Spezialistentum, die zwischenmenschlichen Beziehungen unterliegen den Gesetzen der Mechanik und führen den vereinsamten Massenmenschen nicht aus seiner Isolation heraus. Abgerundet wird dieses apokalyptische Bild durch den Zustand der menschlichen Sprache, deren Substanzverlust durch die klischeehafte Diktion der Massenmedien, durch die seelenlose Terminologie der Fachjargons und durch die Bedeutungslosigkeit der Umgangssprache demonstriert wird und die sich nach Barthelmes Meinung ebenfalls auf dem Abfallberg des »mechanical age« befindet. Während er die Lehrerin in »The Indian Uprising«, die auf das »hard, brown, nutlike word« (9) vertraut, noch den sprachästhetisch-reduktionistischen Standpunkt vertreten läßt, daß man sich beim Sprechen auf das beschränken soll, was man mit Sicherheit benennen kann, legt er dem Erzähler dieser Geschichte bereits die pessimistischere Meinung in den Mund, »(that) you can never return to felicities in the same way« (10). Nimmt Barth die erschöpften Erzählkonventionen in seine Geschichte auf, um sie auf dem Wege der Imitation und der Parodie neu zu beleben, so macht Barthelme zusätzlich und in derselben Absicht von den erschöpften Sprachformen Gebrauch. Er begnügt sich nicht damit, die programmierte Sprache in seinen Erzählungen abzubilden und auf diese Weise ein Bild von der programmierten Welt zu vermitteln, sondern er unterlegt ihr einen neuen Sinn, indem er die abgegriffenen Phrasen in ungewöhnliche Kontexte integriert.

Barthelme, der das Kunstwerk in seinen Äußerungen über die Collage als eigenständige Realität bezeichnete und auf seinen Objektcharakter hinwies, hantiert also keineswegs nur mit Fragmenten, sondern tritt vielmehr als »an assembler and constructor of objects« in Erscheinung.[38] Dabei knüpft er unverkennbar an das Stilideal Gertrude Steins an, wenn er einzelnen Wörtern durch die bloße Wiederholung neue Bedeutungsnuancen abzugewinnen sucht, sie zu bedeutungsverwandten Wörtern in Beziehung setzt, Neologismen aus ihnen ableitet oder sie wortspielerisch umwandelt.[39] Eingebettet sind alle diese Strategien in jene Form des Diskurses, welche die Lehrerin in »The Indian Uprising« als Litanei bezeichnet. Gemeint sind damit die auf Sterne und Rabelais zurückweisenden Wortlisten und Kataloge, die bei Barthelme noch imposantere Ausmaße annehmen als bei Barth und die den Geschichten des Autors häufig einen enzyklopädischen Charakter verleihen.

Die Erscheinungsformen der fragmentarisierten Wirklichkeit sind die Objekte, von denen das Kunstwerk seinen Ausgang nimmt. Durch Montage, Assoziation und verfremdende Techniken zu Collagen und Katalogen zusammengefügt, verlieren die Fragmente ihre Eigenständigkeit und gehen in einem neuen Objekt, dem Kunstwerk, auf. Diese ästhetische Grundposition Barthelmes kommt auch in der poetologischen Geschichte »The Glass Mountain« zum Ausdruck, die zuerst 1970 in dem Sammelband *City Life* veröffentlicht wurde. Wie bei Barths »Anonymiad« handelt es sich bei dieser Erzählung um eine Parabel über das Verhältnis zwischen dem Künstler und der Welt sowie über seine Beziehung zur literarischen Tradition.

Mit dem großstädtischen »waste land«, den im Hundemist erstickenden und mit Autos sowie zerhackten Bäumen vollgestopften Straßen New Yorks konfrontiert, begibt der Ich-Erzähler in »The Glass Mountain« sich wie ein mittelalterlicher Ritter auf die vergebliche Suche nach einem künstlerischen Ideal, das mit seiner Harmonie und Schönheit einen Gegenpol zur häßlichen Wirklichkeit darstellen soll. Davon überzeugt, daß die zeitgenössische Dichtung ohne Symbole nicht auszukommen vermag, und »(by) conventional means«[40] auf die Spitze des Glasberges gelangt, der bezeichnenderweise mit einem Bürohochhaus verglichen wird, muß er erkennen, daß die traditionellen Symbole erschöpft und für die dichterische Aussage unbrauchbar geworden sind. Barthelme selbst geht denn auch bei der Komposition von »The Glass Mountain« einen anderen Weg als der Ich-Erzähler, der sich selbst genötigt sieht, die traditionellen Symbole auf den Müll des großstädtischen »waste land« zu werfen. Er bezieht die Abfallprodukte der zeitgenössischen Wirklichkeit in seine Geschichte ein, integriert sie aber in einen neuen Kontext, indem er die konventionelle Erzählform des Märchens nachahmt und parodiert und indem er das Reale wie in »The Indian Uprising« mit dem Phantastischen vermischt. Er gleicht also jenen »nightingales with traffic lights tied to their legs« (63), die den Ich-Erzähler während seines sinnlosen Aufstiegs zum Gipfel des Glasbergs umkreisen.

Mit dem Verhältnis zwischen dem modernen Dichter und der literarischen Tradition hat Barthelme sich auch in der Geschichte »At the Tolstoj Museum« (1969) auseinandergesetzt, die wie zahlreiche andere moderne amerikanische Kurzgeschichten zuerst im *New Yorker* erschien und im folgenden Jahr ebenfalls in den Band *City Life* aufgenommen wurde. Wie »Brain Damage« (1970) und »The Flight of Pigeons from the Palace« (1970) illustriert diese Geschichte den multimedialen Aspekt der Kunst Barthelmes; denn in ihr fügt sich eine Sequenz von Graphiken und Fotomontagen mit dem Erzähltext zu einer Aussage über die Bedeutung der prominenten historischen Persönlichkeit für die Gegenwart und über das Verhältnis zwischen dem realistischen und dem nachrealistischen Dichter zusammen.

Dabei wird sowohl durch die Bildsequenz als auch durch den Erzähltext zum Ausdruck gebracht, daß das historische Vorbild, auch wenn es schon zu Lebzeiten in den Rang einer Autorität erhoben wurde, dem modernen Menschen wenig zu sagen hat. Zum einen liegt dies am modernen Menschen selbst, der sich den Zugang zum historischen Vorbild versperrt, wenn er sich nicht den literarischen Zeugnissen Tolstojs, sondern dessen Porträts zuwendet, die zudem willkürlich zusammengetragen, in dem Museum unsystematisch ausgestellt und obendrein zu hoch aufgehängt werden. Zum anderen liegt dies aber auch an der gewandelten Zeit, in der es keinen Platz mehr für das Monumentale gibt. Zur Verdeutlichung dieses Umstandes dient die Architektur des Museumsbaus, der aus Steinen besteht, die nicht auf klar überschaubare Art ineinandergefügt sind. Auch die Anordnung der Stockwerke, die überdies mit einem Schuhkarton, einer Whisky- und einer Kleiderkiste verglichen werden, ist außergewöhnlich, da das Stockwerk mit dem größten Grundriß die oberste Etage des Museums bildet, so daß der Bau den Eindruck erweckt, als wolle er auf den Betrachter stürzen. Nach den Vorstellungen der Architekten soll dadurch die erdrückende moralische Autorität Tolstojs zum Ausdruck gebracht werden, doch verweist die surrealistische Architektur zugleich darauf, daß es keine echte Beziehung zwischen der Gegenwart und dem großen Realisten gibt.

In Übereinstimmung mit diesem Befund wird das historische Vorbild in der Bildsequenz wie im Erzähltext Schritt für Schritt demontiert. Die Bildsequenz beginnt mit einem monumentalen Porträt des alten Tolstoj, das bei seinem erneuten Abdruck auf der nächsten Seite bereits dadurch relativiert wird, daß ihm die winzige Figur Napoleons gegenübersteht. Weitere Stationen der Demontage der übergroßen Autorität im Rahmen der Bildsequenz werden durch einen riesigen, aber leeren Mantel, das Porträt eines disproportionierten Jünglings und eine Menschengruppe vor einer Ruine markiert, aus welcher der nicht mehr identifizierbare Tolstoj durch einen Pfeil herausgehoben werden muß. Den Abschluß der Bildsequenz bildet dann wiederum das Altersporträt, das aber diesmal als Negativ erscheint und in den perspektivischen Linien einer Architekturzeichnung »wie in einem Spinnennetz gefangen ist«.[41] Im Erzähltext findet die der Bildsequenz entsprechende Strategie der Demontage ihren Ausdruck darin, daß auf die Bedeutung des Namens Tolstoj[42] hingewiesen und die Eitelkeiten des Dichters sowie seine Geschlechtskrankheit erwähnt werden.

Dennoch ist die Einstellung des Erzählers, der sich Tolstoj im Unterschied zu den anderen Museumsbesuchern durch das Studium der Schriften zu nähern versucht, nicht eindeutig negativ. Bezeichnend ist in diesem Zusammenhang aber, daß der Erzähler sich nicht mit den monumentalen Romanen beschäftigt, sondern mit einer schlichten Erzählung über drei Eremiten, die von einem Bischof zunächst mit der richtigen Form des Vaterunsers vertraut gemacht werden, dessen Schiff dann – wie von Flügeln getragen – folgen, als sie den Text des Gebets wieder vergessen haben, und den Oberhirten mit ihrer Bitte nach erneuter Unterweisung schließlich dazu veranlassen, seine Selbstgerechtigkeit aufzugeben. Da diese vom Erzähler nacherzählte und von Barthelme als »story within the story« in seine Geschichte inkorporierte Parabel von einer Autorität handelt, die ihren Anspruch aufgibt, dient auch sie der Funktion, die monumentale Größe ihres Verfassers zu relativieren.

Gleichzeitig aber kann die schlichte Parabel, obwohl sie den Erzähler wegen ihrer fremdartig gewordenen Schönheit bedrückt, zur Inspirationsquelle für einen modernen Dichter wie Barthelme werden, weil sie im Mythos verankert und durch das Element des Phantastischen gekennzeichnet ist. So werden diese beiden Charakteristika der Parabel von Barthelme denn auch auf seine eigene Geschichte übertragen. Im Hinblick auf den Mythos hat die Imitation die Form einer Nacherzählung, die den einfachen Stil der Tolstojschen Legende kopiert; in bezug auf das Element des Phantastischen findet sie ihren Ausdruck in der Manipulation des Bildmaterials,[43] in den Bergen von Taschentüchern, welche die Museumswärter für die ständig weinenden Besucher bereithalten, und in der surrealistischen Architektur des Museums, der die sonderbare Auswahl und Anordnung der Fakten aus dem Leben Tolstojs und die willkürliche Aneinanderreihung von Textsegmenten entsprechen.

Die Fragmentarisierung der Textstruktur und die damit verbundene Absage an das auf Aristoteles zurückgehende Strukturschema der chronologischen Abfolge von Anfang, Mitte und Ende, der verwirrende Wechsel der Erzählperspektive, die Annäherung an die Kompositionsprinzipien der modernen Lyrik, die Verarbeitung antiker Mythen und die Imitation von Märchen, der Rückgriff auf das Phantastische, mit dessen Hilfe die Welt der Erscheinungen durchdrungen werden soll, die Technik der literarischen Anspielung, die Thematisierung des Erzählakts, die Behandlung der Identitätsproblematik, die Beschreibung einer total mechanisierten Welt und der Ängste ihrer Bewohner – all dies sind Aspekte der experimentellen Kurzprosa von Robert Coover, die auch bei der Erörterung der »short fictions« von Barth und Barthelme eine Rolle spielten. Coover hat bisher nur zwei Erzählsammlungen herausgebracht. Die zweite, die wie das Spätwerk Barthelmes eine verringerte Distanz zur Erzählkonvention verrät, erschien 1987 unter dem Titel *A Night at the Movies;* die erste, in der der Autor Cervantes – neben Rabelais und Sterne eines der wichtigsten Vorbilder der »fabulators« – in einem Prolog seine Reverenz erweist, wurde bereits 1969 veröffentlicht. Coover gab dieser Sammlung den Titel *Pricksongs & Descants,* der mit seiner wortspielerischen Verknüpfung von musikalischer Form und Obszönität bereits auf die Suggestivität und Komplexität der folgenden Geschichten hinweist.[44]

In dem Cervantes gewidmeten Prolog, der entgegen dem allgemeinen Brauch nicht am Anfang von *Pricksongs & Descants* steht, hat Coover, der im weiteren Verlauf dieses poetologischen Dokuments die Barthsche Formel von der »literature of exhaustion« aufgreift, die Vorbildlichkeit der Erzählungen Cervantes' u. a. damit begründet, daß es in ihnen zu einer Synthese des Nichtsynthetisierbaren komme, daß Realität und Illusion sich in ihnen zu einer Einheit verbänden und daß sie als eine Abrechnung mit den erschöpften Formen der Kunst zu verstehen seien.[45] Außerdem hat er davon gesprochen, daß in der Gegenwart wie zur Zeit des Cervantes nicht nur ein Bedarf an neuen fiktionalen Formen, sondern auch an »new modes of perception« bestehe und daß die Rückgriffe auf das Phantastische als Ausdruck einer solchen neuen Sichtweise »challenges to the assumptions of a dying age, exemplary adventures of the Poetic Imagination« seien. Mit dieser Wendung hat Coover, der wie Barthelme die Meinung vertritt, »(that) we need all the imagination we have«, seine experimentellen »short fictions« programmatisch zu den *Novelas ejemplares* (1613) des Miguel de Cervantes Saavedra in Beziehung gesetzt und gleichzeitig den Anspruch erhoben, die für die Moderne vorbildliche Form des Erzählens gefunden zu haben.

Zu den überzeugendsten »exemplary adventures of the Poetic Imagination« gehört die zweite Erzählung in *Pricksongs & Descants,* die den Titel »The Magic Poker« hat. Wie »Lost in the Funhouse« und »The Indian Uprising« verfügt diese Geschichte, in der zwei Schwestern eine verlassene, mit Zivilisationsschutt bedeckte Insel besuchen, über einen Erzählrahmen und ein Handlungsgerüst, doch werden diese Relikte der »conventional dramatic narrative« in ihr wie bei Barth und Barthelme vom Kompositionsprinzip der Montage überlagert. Neben der Aufsplitterung des Gesamttextes in eine Vielzahl kurzer Textpartien, die sich auch in »The Elevator«, »The Babysitter« und einigen weiteren Erzählungen findet, gehört die Verwendung von Versatzstücken, durch die der Erzählfaden wieder aufgenommen, variiert und weitergesponnen wird, zu den auffälligen Erscheinungsformen dieses Kompositionsprinzips.

Zwar kann man feststellen, daß die Versatzstücke anders als etwa in »The Indian Uprising« dazu dienen, dem Leser die Orientierung zu erleichtern, doch herrscht nichtsdestoweniger auch in »The Magic Poker« der Eindruck der Diskontinuität vor. Neben den zahlreichen Zeitsprüngen ist hierfür in erster Linie wie in »The Babysitter« der ständige Wechsel der Perspektive verantwortlich, der mit zunehmender Dauer immer komplexere Formen annimmt. Diese Komplexität ist nicht nur darauf zurückzuführen, daß Coover, der sich bei der Komposition von »The Magic Poker« wie im Fall von »The Sentient Lense« und wie in *A Night at the Movies* filmischer Techniken bedient, darauf verzichtet hat, seine Momentaufnahmen und Einzeleinstellungen zu einer logisch geordneten Szenenfolge zusammenzufügen, sondern sie ist auch dadurch bedingt, daß die Zahl der Personen im Verlauf der Erzählung zunimmt. Zunächst wird die Aufmerksamkeit des Lesers nur auf die beiden Frauen und auf die beiden Männer gelenkt, die die Ausflüglerinnen auf der Insel getroffen haben, doch dann wird das Personal um eine Großmutter und ihre beiden Enkel vergrößert.

Eine zusätzliche Komplikation erfährt diese Vergrößerung der Zahl der Charaktere dadurch, daß sie mit der Problematik von Fiktion und Realität verknüpft ist. Ursprünglich existieren die Großmutter und die Enkelkinder nur in der Phantasie einer der beiden Schwestern, doch später gewinnen sie Eigenleben; denn nun übernimmt die Großmutter die Rolle der Erzählerin, die die wesentlichen Inhalte des vom Erzähler bereits Berichteten rekapituliert, erweitert und ihren Enkeln in der Form eines Märchens mit dem Titel »The Magic Poker« vorträgt.[46] So wird das, was bisher mit dem Anspruch auftrat, eine Fiktion des Erzählers zu sein, mit dem Mantel einer neuen Fiktion umhüllt. Existierte die Großmutter zunächst nur in der Phantasie einer der beiden vom Erzähler erfundenen Schwestern, so verwandeln sich nun diese Frau und die anderen Personen, die auf der Insel zusammengetroffen sind, in die Gestalten des von der großmütterlichen Phantasie erdachten Märchens. In parodistischer Absicht wird der Fiktion des Erzählers die Fiktion der Märchenerzählerin übergestülpt, so daß man sagen kann, daß »The Magic Poker« der von William Gass – Autor der Sammlung *In the Heart of the Heart of the Country and Other Stories* (1968) – formulierten Zielsetzung der »metafiction« entspricht.[47]

Darüber hinaus kann »The Magic Poker« insofern als typisches Beispiel einer »meta-story« gewertet werden, als die Reflexionen des Erzählers über den Vorgang des Erzählens als weitere Perspektive in die Geschichte eingebracht werden. Im Falle von Coovers Erzählung dienen diese Reflexionen nicht nur dazu, den fiktiven Charakter der Fiktion zu offenbaren, sondern sie stehen auch – wie der Kunstgriff, mit der Großmutter eine zweite Erzählerpersönlichkeit einzuführen – in Beziehung zu dem thematischen Aspekt des Verhältnisses zwischen Realität und Fiktion. Zu

Beginn der Geschichte betont der Erzähler, daß die Personen und die Insel von ihm erfunden worden seien, doch dann wird er sich der Tatsache bewußt, daß die Grenzen zwischen Realität und Fiktion fließend sind: »At times, I forget that this arrangement is my own invention. I begin to think of the island as somehow real, its objects solid and intractable, its condition of ruin not so much an aesthetic design as an historical denouement« (25).[48] Nimmt der Realitätscharakter der Fiktion also zu, so wird umgekehrt die Gewißheit des Erzählers, selbst eine reale Person zu sein, in Frage gestellt. Hatte der Erzähler in »Lost in the Funhouse« sich gefragt, ob der Protagonist eine reale Person oder lediglich ein Produkt der Imagination sei, so stellt der Erzähler in »The Magic Poker« sich die Frage, ob eine der Personen, die er erfunden zu haben glaubt, nicht vielmehr ihn erfunden habe.[49]

Neben der Frage nach dem Verhältnis zwischen Realität und Fiktion steht der ruinöse Zustand der zeitgenössischen Wirklichkeit im thematischen Zentrum von Coovers Geschichte. Der Autor liefert jedoch kein realistisches Abbild dieser Wirklichkeit, sondern er zeichnet ein imaginativ verfremdetes Bild der modernen Welt. Hatte Barthelme in »The Indian Uprising« eine phantastische Stadt zum Symbol für die zeitgenössische Realität gemacht, so wählt Coover mit der einst von Menschen kultivierten Insel einen Schauplatz aus, der in der Literatur häufig als mythisch-utopischer Raum fungiert. Da die Insel sich aber inzwischen in ein »waste land« verwandelt hat, vermischt sich ihr mythischer Charakter mit dem eines geographisch fixierbaren Ortes. »The Magic Poker« tritt damit wie »Morris in Chains« als Anti-Utopie in Erscheinung, zumal die Zerstörung des Kulturraumes eben nicht »a kind of instinctive response to the futile artifices of imposed order« entsprang, sondern auf das Konto der blinden Zerstörungswut der Menschen ging, die tatsächlich mit wilden und fehlgeleiteten Tieren vergleichbar sind.[50] Wie das Verhalten einer der beiden Schwestern zeigt, gebärdet sich der Mensch auch in der Handlungsgegenwart als destruktives Wesen. Zunächst war sie vor der Zerstörung eines Spinnennetzes, des Symbols für planvolles Gestalten, zurückgeschreckt, doch dann bedient sie sich des im Titel genannten magischen Feuerhakens, um eine Fensterscheibe zu zerschlagen, die ein Symbol für ihr eigenes Selbst ist.

Daß die Zustände auf der Insel mit der existentiellen Situation des modernen Menschen korrespondieren und »The Magic Poker« den Charakter einer Anti-Utopie verleihen, geht auch aus einem Gespräch zwischen der anderen Frau und einer namenlosen männlichen Person hervor. Nachdem diese Frau, die drei gescheiterte Ehen hinter sich hat, die Trostlosigkeit ihres Lebens zunächst in allgemeiner Form mit dem trostlosen Zustand der Insel verglichen hat, bejaht sie die Frage: »You mean, the losing struggle against inscrutable blind forces, young dreams brought to ruin?« (26), mit der der Mann ihre Situation genauer zu charakterisieren versucht. Geht man von dieser Frage aus und versteht man die Frau als exemplarische Figur, dann kann die Insel als Symbol für den zum Alptraum degenerierten »American Dream« aufgefaßt werden, während die Frau den desorientierten, in eine absurde Welt verstrickten Menschen repräsentiert. Sie ist damit dem Protagonisten in »The Elevator« vergleichbar, dessen programmiertes Alltagsleben in den gleichförmigen Bewegungsablauf des Universums eingebunden ist. Am Ende dieses Bewegungsablaufs stehen der unvermeidliche Absturz des Fahrstuhls, die Höllenfahrt und der Verfall einer Welt, die nicht mehr ist als eine bloße Addition von Atomen und über die – wie die widersprüchlichen Angaben über den Fahrstuhl und die Zahl der durch ihn verbundenen Stockwerke zeigen – nichts Definitives in Erfahrung zu bringen ist. So faßt der Protagonist seine Erfahrungen am Ende der Geschichte in dem Wort »inscrutable« zusammen, das auch in der oben zitierten Frage dazu dient, das Verhältnis zwischen Mensch und Universum zu beschreiben.

Vorher hatte der isolierte, in komischen Szenen von seinen Arbeitskollegen gehänselte Protagonist auf die Unbegreiflichkeit der Welt und auf die alltägliche Routine in seinem Dasein mit der Flucht in die Welt der Phantasie reagiert. Doch erscheinen selbst die Inhalte dieser Welt, die untrennbar mit der Alltagswirklichkeit vermischt ist, in einem ambivalenten Licht. So tritt die imaginierte sexuelle Vereinigung mit der Fahrstuhlführerin erst in dem Moment ein, als der Protagonist sich zusammen mit dem Mädchen in den Tod stürzen sieht. Und als er sich in die Rolle des göttlichen Schöpfers des Fahrstuhls hineinphantasiert hat, proklamiert er nicht nur die Unsterblichkeit des Samens, sondern ebenfalls den Untergang des gesamten Universums. Dieselbe Widersprüchlichkeit von Fruchtbarkeit und Tod liegt auch den Rückgriffen auf die antiken Mythen zugrunde; denn auf dieser Ebene der Geschichte stehen sich der Priapus- und der Charonmythos gegenüber.[51]

Auch in »The Magic Poker« hat Coover, der in seinen Erzählungen wiederholt an Freud angeknüpft hat, zum Ausdruck gebracht, daß der Destruktionstrieb nicht durch den Eros überwunden wird. Ihren Ausdruck findet diese Aussage in dem zugleich ernsten und komischen Märchen der Großmutter, in dem ein König seine Tochter, hinter der sich eine der beiden Schwestern verbirgt, demjenigen Ritter zur Frau geben will, dem es gelingt, das Mädchen von seinen enganliegenden Hosen zu befreien. Nachdem sich alle Ritter erfolglos um die Lösung der Aufgabe bemüht haben, wird diese schließlich von einem Gnom bewältigt, in dem der junge Mann wiederzuerkennen ist, der in der Fiktion des Erzählers als »the caretaker's son« figuriert. Er bedient sich dabei des magischen Feuerhakens, der in diesem Kontext nicht als Symbol der Selbstzerstörung, sondern als Phallussymbol fungiert.[52] Doch findet das Märchen kein glückliches Ende; denn der Gnom wird von einem Ritter erschlagen, der dem König gegenüber die Meinung vertritt, er habe seine Tochter durch die Ermordung des Monsters gerettet. Der König aber antwortet düster: »Not at all, ... You have made her a widow« (33).

6 Neorealismus und Phantastik

Einleitung. Entwicklungstendenzen in den achtziger Jahren

Ende der siebziger Jahre wurde gelegentlich die Meinung vertreten, dem Erzähltyp der »meta-story« gehöre die Zukunft, da die konventionelle amerikanische Kurzgeschichte tot sei. 1980, als die erste Auflage des vorliegenden Buches veröffentlicht wurde, erschien es bereits angebracht, Zweifel gegenüber dieser Bestandsaufnahme zu äußern. Einerseits konnte darauf hingewiesen werden, daß immer noch Kurzgeschichten geschrieben wurden, in denen kein radikaler Bruch mit der Erzähltradition erfolgte. Andererseits drängte sich die Frage auf, ob jene »short fictions«, in denen vom bevorstehenden Wärmetod des Weltalls die Rede ist, nicht selbst im Begriff waren, auf den entropischen Stillstand der Literatur zuzutreiben. Die Kurzgeschichten, die in der Folgezeit entstanden sind, bestätigen die Vermutung, daß die »meta-story« keineswegs als Endpunkt der Gattungsentwicklung anzusehen ist.[1] Sie beweisen vielmehr, daß die Renaissance realistischer Erzählkonventionen zu den herausragenden Merkmalen der amerikanischen Kurzgeschichte der achtziger Jahre gehört. Dabei ist freilich zu bedenken, daß die im folgenden vorgestellten Autoren und Werke unter Umständen weniger repräsentativ für ihre Epoche sind als die in den vorigen Kapiteln porträtierten Erzählungen und Erzähler. Die Herausbildung eines allgemein akzeptierten Kanons bedarf eines deutlichen Abstands von der Entstehungszeit der in Frage stehenden literarischen Produkte. Da von einer solchen Distanz im vorliegenden Fall keine Rede sein kann, ist es unvermeidlich, daß die im folgenden vorgestellte Auswahl aus einem außerordentlich umfangreichen Textkorpus sehr stark von subjektiven Präferenzen geprägt ist.

Schon ein flüchtiger Überblick über den hier zu behandelnden Zeitraum offenbart, daß die Formel »Continuity and Change«, von William Peden als Untertitel seines Buches über die Entwicklung der amerikanischen Kurzgeschichte von 1940 bis 1975 gewählt, auch im Hinblick auf die achtziger Jahre zutreffend ist. Die Kontinuität äußert sich zum Beispiel darin, daß sowohl Vertreter der experimentellen »short fictions« wie Barthelme und Coover als auch Repräsentanten der konventionellen Kurzgeschichte wie Updike und Bellow bis in die neunziger Jahre hinein mit neuen Erzählungen hervorgetreten sind. Die beiden Lager, die das Erscheinungsbild der amerikanischen Kurzgeschichte in den sechziger und siebziger Jahren bestimmten, sind also noch vorhanden, obwohl einige der damals führenden Autoren wie Cheever, Malamud und jüngst auch Barthelme inzwischen gestorben sind. Auch das Erzählwerk von Joyce Carol Oates, die immer noch zu den produktivsten Vertretern der amerikanischen Kurzgeschichte gehört, ist ein Beleg dafür, daß wesentliche Tendenzen der sechziger und siebziger Jahre in der Folgezeit fortgesetzt worden sind. Dies gilt um so mehr, als in den achtziger Jahren Geschichten wie »Car-Crash While Hitchhiking« (1989) von Denis Johnson und »The Little Winter« (1989) von Joy Williams entstanden sind, die an den Erzählmodus von Joyce Carol Oates erinnern. Während Oates selbst in den achtziger Jahren dazu übergegangen ist, sich verstärkt mit frauenspezifischen Themen auseinanderzusetzen,[2] entsteht in den beiden Erzählungen von Johnson und Williams wie in den früheren »short stories« von Oates ein bedrückendes und chaotisches Bild der amerikanischen Wirklichkeit. Zu den Mosaiksteinen dieses Bildes gehören der Tod und das Grauen sowie das Groteske und das Alptraumhafte ebenso wie vereinsamte Menschen, die an den Abgrund des Wahnsinns geraten, und zwischenmenschliche Beziehungen, die sich als äußerst brüchig erwiesen haben.

Johnsons Geschichte handelt von einem Anhalter, der noch unter den Nachwirkungen seines Drogenkonsums steht, als er zu einer Familie aus Marshalltown ins Auto steigt, obwohl er im voraus weiß, daß es in einem Unwetter verunglücken wird. Nach dem Unfall steht er unter einem Schock, so daß er keine Hilfsmaßnahmen ergreifen kann, obwohl er die Folgen der Kollision präzise zu beobachten vermag. Noch Jahre nach dem Geschehen wird er von Wahnvorstellungen verfolgt.

Joy Williams, der Verfasser der Sammlungen *Taking Care* (1982) und *Escapes* (1990), porträtiert in »The Little Winter« eine junge Frau, die an einem unheilbaren Gehirntumor leidet, jede Bindung an das Leben verloren hat und ohne festes Ziel durch die Gegend fahren will, bis der Tod sie ereilt. Sie durchquert eine morbide Landschaft und macht einen Kurzbesuch bei einer oberflächlichen Freundin, die mehrere gescheiterte Ehen hinter sich hat und ein Haus bewohnt, das sich in einem chaotischen Zustand befindet. In einem Alptraum nimmt die Protagonistin an einer Beerdigung teil; später weist sie alle Fragen der altklugen Tochter ihrer Freundin, die ihre Biographie schreiben will, beharrlich und aggressiv ab. Ein auffälliges Merkmal dieser Geschichte besteht darin, daß realistische Details überzeichnet werden, so daß die Alltagswelt groteske Züge annimmt und verfremdet erscheint.

Wie die Kurzgeschichten von Joyce Carol Oates so haben auch die »short fictions« der »innovators« bei einigen Autoren, die in den achtziger Jahren in den Vordergrund getreten sind, stilbildend gewirkt. Dies zeigen zum Beispiel die Geschichten »How to Talk to a Hunter« (1989) von Pam Houston, »River of Toys« (1989) von Edward Allen und »The Snowbird« (1982) von William Wiser. Wisers Erzählung, die der Sammlung *Ballads, Blues & Swan Songs* (1982) angehört und in Florida lokalisiert ist, handelt von einem großspurigen Arbeitsvermittler, der Wanderarbeitern aus dem Norden nichts anderes als minderwertige Stellen zu bieten hat. Obwohl die persönlichen Wünsche seiner Klienten ihn eigentlich nicht interessieren, führt er Gespräche mit ihnen, in denen ein chaotisches Bild von ihrer Vergangenheit entsteht. Wie in der experimentellen Kurzprosa der »innovators« geht die Dekonstruktion herkömmlichen Erzählens an diesen Stellen so weit, daß die Sprache ihrer syntaktischen Kohärenz beraubt wird und die Lebensberichte als assoziative und repetitive Aneinanderreihungen bruchstückhafter Informationen erscheinen.

Assoziative Verknüpfungen von Erinnerungen und Gedanken sowie Wiederholungen von Versatzstücken in katalogartigen Sätzen sind auch für Edward Allens »River of Toys« konstitutiv.[3] Sie dienen in dieser Geschichte zur Vergegenwärtigung des fragmentarischen Bewußtseins eines Erzählers, der es liebt, mit geschlossenen

Augen spazierenzugehen und sich dabei in jene Gegend oberhalb des Hackensack River zurückzuversetzen, in der er einmal beheimatet war. Diese Gegend avanciert zum eigentlichen Protagonisten der Geschichte, da sie nicht nur für das fragmentarische Bewußtsein des Erzählers, sondern auch für die ins Spiel gebrachten banalen Dinge der Alltagswelt als ständig präsenter Bezugspunkt fungiert. Allen selbst hat darauf aufmerksam gemacht, daß dieses Merkmal seiner »short story« sich auf die von William Gass verfaßte Erzählung »In the Heart of the Heart of the Country« bezieht.[4]

Sowohl »River of Toys« als auch die Geschichte von Wiser ähneln den »short fictions« der »innovators« nicht zuletzt darin, daß ihre Struktur mehr oder weniger stark von den Kompositionsprinzipien der Lyrik geprägt ist. In ganz besonderem Maße trifft dies auf die Erzählung »How to Talk to a Hunter« von Pam Houston zu, deren erste Kurzgeschichtensammlung 1991 unter dem Titel *Cowboys Are My Weakness* erschien. »How to Talk to a Hunter« handelt von einer unglücklichen Liebeserfahrung der Autorin, die zum Zweck der Distanzierung in der zweiten Person erzählt wird. Dabei ergibt sich kein zusammenhängendes Bild vom Verlauf der Liebesgeschichte. Vielmehr werden Fragen und Kommentare von Freunden, jeweils eingeleitet mit der stereotypen Formel »Your best ... friend will say«, und Ratschläge, die die Erzählerfigur der anonym bleibenden Protagonistin für den Umgang mit den Freunden und dem treulosen Liebhaber erteilt, so miteinander kombiniert, daß ein stark rhythmisiertes Textgebilde ohne linearen Aufbau entsteht.

Kurzgeschichten wie die drei eben skizzierten stellen in den achtziger Jahren eine Minderheit dar. Die Mehrzahl der Autoren dieses Jahrzehnts verfolgt im Gegensatz zu den Vertretern der »new fiction« wieder das Anliegen, eine zusammenhängende Geschichte mit Anfang, Mitte und Ende zu erzählen. Im Zuge dieser Rekonventionalisierung sind solche Erzählkategorien wie die chronologische Zeit, der festumrissene Raum, die kausal verknüpfte Handlung, der psychologisch glaubhaft gezeichnete Charakter und der Erzähler als zentrale Vermittlungsinstanz wieder verstärkt zur Geltung gebracht worden. Außerdem ist zu beobachten, daß alltagssprachlich gefärbten Dialogen in den Kurzgeschichten der achtziger Jahre, in denen es meist um Sinn- oder Lebenskrisen geht, wieder eine wichtige Rolle beigemessen wird. Bemerkenswert ist ferner, daß der neorealistische Erzählmodus nicht nur in der Kurzprosa der Weißen dominiert, sondern auch in den Erzählungen schwarzer Autoren, in denen der Akzent vom Protest auf die differenzierte Analyse einer vielschichtigen Lebenswelt verlegt worden ist, im Vordergrund steht.

Die Renaissance der realistischen Erzählkonventionen schließt keineswegs aus, daß Elementen wie dem Rätselhaften, dem Exzentrischen, dem Grotesken und dem Alptraumhaften eine bedeutende Rolle eingeräumt wird. Man kann sogar sagen, daß das Phantastische, das schon in der Frühphase der Gattungsentwicklung von zentraler Bedeutung war und das in den hier zu erörternden Texten häufig in Koexistenz mit dem Realistischen begegnet, das zweite herausragende Charakteristikum der amerikanischen Kurzgeschichte der achtziger Jahre ist. Es findet sich nicht nur in den eingangs erwähnten Geschichten, die an die Erzählweise von Joyce

Carol Oates erinnern, sondern ist naturgemäß auch in »science fiction stories« anzutreffen. Außerdem kommt es in Texten vor, die an die Tradition der jüdisch-amerikanischen Kurzprosa anknüpfen.

Madison Smartt Bell, Siri Hustvedt und Richard Bausch

In mehreren Kurzgeschichten, die als Beispiele für die Renaissance der realistischen Erzählkonventionen gelten können, gehört das Motiv der Suche zu denjenigen Konstituenten, die auf die Rekonventionalisierung der Gattung verweisen. Madison Smartt Bell, der Verfasser der beiden Kurzgeschichtensammlungen *Zero DB* (1987) und *Barking Man and Other Stories* (1990), verwendet dieses Motiv in »Finding Natasha« (1989) auf ähnliche Weise wie Saul Bellow in »Looking for Mr. Green«. In der Geschichte von Bell, die der Autor in die Sammlung *Barking Man* aufgenommen hat, ist es der ehemalige Drogenabhängige Stuart, dem die Rolle des Suchers zugeordnet ist. Nach einer zweijährigen Entziehungskur, der er sich in einem Sanatorium in Millbrook unterzogen hat, ist er nach New York zurückgekehrt. Wie Charlie Wales in Fitzgeralds »Babylon Revisited« sucht er seine alte Stammkneipe auf, doch wird er dort nicht von seiner Vergangenheit eingeholt. Er macht vielmehr die Erfahrung, daß die Bar sich wie die Stadt, in der sie sich befindet, grundlegend gewandelt hat.

Diesem Wandel fühlt der Protagonist sich nicht gewachsen. Die ihm fremd gewordene Welt, in der Krankheit und Tod allgegenwärtig sind, erscheint ihm bedrohlich und gibt ihm Rätsel auf. Sein Wahrnehmungsvermögen ist so gestört, daß er mit einem Falken verglichen wird, dem man eine Kapuze über die Augen gezogen hat. Seine Unsicherheit und seine Angst lassen Stuart deutlich spüren, daß seine Rückkehr nach New York eigentlich keinen Sinn macht – es sei denn, es gäbe dort etwas, das sich zurückgewinnen ließe. So ist die Queste, auf die der desorientierte Protagonist sich begibt, eine Suche nach der verlorenen Zeit. Anders als Charlie Wales sucht er nach alten Wurzeln, aus denen neues Leben hervorgehen kann. Doch bleiben ihm die konkreten Voraussetzungen für einen Neuanfang zunächst noch unklar, so daß er sich selbst mit einem Perlentaucher vergleicht, der nicht weiß, nach welcher Perle er tauchen soll. Erst gegen Ende der Erzählung stellt er beim Anblick der ins Sonnenlicht getauchten Wolkenkratzer fest: »this is what you have to be here for.«[5]

Bellows »Looking for Mr. Green« ähnelt die vorliegende Kurzgeschichte insofern, als die Queste hier wie dort als Odyssee gestaltet worden ist. Der wesentlichste Unterschied zwischen beiden Erzählungen besteht darin, daß Stuart sich anders als Bellows George Grebe am Ende seiner Odyssee sicher sein kann, das gefunden zu haben, wonach er gesucht hat. Wie schon der Titel der Geschichte von Bell verrät, verfolgt deren Protagonist die Absicht, den Kontakt zu der drogensüchtigen Natasha zu erneuern, zu der er vor seinem Weggang aus New York keinesweges eine besonders enge Beziehung unterhalten hat. Von einer zielstrebigen Suche nach der vom Tod gezeichneten Prostituierten kann zunächst keine Rede sein. Vielmehr ist Stuart am Anfang der Geschichte wie die weibliche Hauptperson in der oben erwähnten Erzählung von Joy Williams nichts anderes als ein »drifter«. Immer auf der Hut vor einem »bigger, meaner fish« (55) eignet er sich die Überlebensstrategie kleiner Fische an, die sich einer drohenden Gefahr mit wendigen Bewegungen entziehen. Im übrigen läßt er sich in seinem Bestreben, etwas über Natasha zu erfahren, vom Lebensfluß der Stadt überall dorthin treiben, wo er früher verkehrt hat. Später nimmt seine Queste die Form einer Obsession an, so daß er in jeder Prostituierten die gesuchte Natasha zu erkennen glaubt. Danach gibt er seine erfolglos gebliebene Suche auf: Aus dem Wanderer wird ein Wartender; orientierte Stuart sein Verhalten bisher an der Maxime des »looking for Natasha« (55), so steht es nun unter dem Vorzeichen des »just waiting to find her« (64).

Die Frage, warum ausgerechnet Natasha zum Ziel seiner Suche avanciert ist, gehört zu den Dingen, die dem modernen Odysseus zunächst unklar sind. Im Verlauf der Geschichte schält sich dann aber heraus, daß Stuart, der sich auf seinen Streifzügen durch Manhattan im Kreis bewegt, in Natasha nicht nur eine Konstante im Wandel, sondern auch einen Fixpunkt sieht, auf den er sein Leben ausrichten kann. Außerdem wird dem angetrunkenen und deprimierten Protagonisten während eines Gesprächs mit einer Prostituierten bewußt, daß er sich für Natasha verantwortlich fühlt und es als seine Aufgabe betrachtet, sie – und durch sie auch andere – aus dem Sumpf der Großstadt zu befreien. Am Ende der Geschichte, nachdem die Gesuchte dem wartenden Protagonisten tatsächlich erschienen ist, wird Natasha, obwohl sie im Bannkreis des Todes steht, dann zur Verkörperung des neuen Lebensgefühls, das Stuart sich am Ende seiner Odyssee aneignen kann.

Wurde Stuart im Verlauf seiner Odyssee durch die Filme in den New Yorker Kinos suggeriert, daß jede Rückkehr in den Tod mündet, so ist er sich am Ende der Geschichte sicher, daß seine Rückkehr gleichbedeutend mit einer Regeneration unter dem Zeichen der Liebe ist. Andere Stationen seiner Odyssee haben ihm diese Gewißheit vermittelt. So hat er zweimal dem »bigger, meaner fish« die Stirn geboten, als er der Versuchung widerstand, erneut zu Drogen zu greifen. Außerdem ist er durch die Begegnung mit einem Drogenabhängigen, der mit dem Gedanken an eine Entziehungskur spielt, in dem Glauben bestärkt worden, mit seiner Abkehr von den Drogen eine richtige Entscheidung getroffen zu haben. Von Bedeutung waren für ihn ferner die flüchtigen Begegnungen mit Henry, dem ehemaligen Besitzer seiner Stammkneipe, der seine Bar zwar veräußert, den endgültigen Bruch mit der Vergangenheit aber vermieden hat. Auch Stuart ist bestrebt, den Kontakt mit der Vergangenheit nicht abreißen zu lassen. Nachdem der Winter dem Frühling gewichen ist, wird sie für ihn sogar zum Ausgangspunkt für einen Neubeginn. Wie früher geht er über die Brooklyn Bridge, um nach Manhattan zu gelangen. Dabei bleibt ihm nicht verborgen, daß der Verfall der Brücke weiter vorangeschritten ist. Seine eigene Befindlichkeit hat sich dagegen zum Besseren gewendet; denn ihn treibt nicht mehr die Aussicht auf den Erwerb von Drogen voran, sondern die schiere Lebensenergie.

Um die Suche nach einer weiblichen Person geht es auch in Siri Hustvedts Kurzgeschichte »Mr. Morning« (1989), die von der Autorin als erste Episode in ihren vierteiligen Roman *The Blindfold* (1992) inkorporiert worden ist. Doch hat die Suche in der Erzählung von Siri Hustvedt eine ganz andere Qualität. Schon die impliziten Fragen, die die Suche in den Erzählungen von Hustvedt und Bell auslösen, unterscheiden sich grundlegend voneinander. In der vorliegenden Geschichte, in der beide Personen der Handlung in die Suche involviert sind, ist es nicht die Frage: Wo ist sie?, die als Motor des Geschehens fungiert. Vielmehr geht es in Siri Hustvedts Erzählung, in der die Suche anders als in »Finding Natasha« nicht an ihr Ziel gelangt, um die Frage: Wer war sie? Während der Suche in der Geschichte von Bell eine moralische Qualität zu eigen ist, hat sie in der vorliegenden Erzählung eine kognitive Dimension. Gesucht wird in »Mr. Morning« letztlich nach der Wahrheit, deren Entschlüsselung gleichbedeutend wäre mit der Enthüllung der Identität einer mysteriösen Person. Es ist naheliegend, daß auch das Selbst der beiden Personen der Handlung von dem Streben nach Erkenntnis betroffen ist. Im Zusammenhang mit diesem Streben werden weitreichende epistemologische Fragen angeschnitten, die man wie folgt formulieren kann: Läßt sich die rätselhafte Wirklichkeit entschlüsseln? Ist die Sprache ein Mittel, mit dem das Wesen der Realität erfaßt werden kann? Wie funktioniert die menschliche Wahrnehmung? Welchen Status haben die unbeseelten, alltäglichen Dinge? Diese Dinge sind es, die als Bausteine der Wirklichkeit in Erscheinung treten, doch werden die realistischen Details so miteinander verknüpft, daß die Alltagswelt in »Mr. Morning« wie in den Kurzgeschichten von James Purdy seltsam verfremdet erscheint.

Bei der Titelfigur der vorliegenden Geschichte handelt es sich um einen exzentrischen Schriftsteller, der in einer weitgehend von der Wirklichkeit abgeschotteten Wohnung an der New Yorker Amsterdam Avenue lebt und ein bizarres literarisches Projekt verfolgt. Mit Hilfe von banalen Dingen aus dem Besitz einer ehemaligen Nachbarin, die vor drei Jahren in dem Wohnhaus an der Amsterdam Avenue ermordet wurde, will er eine Biographie verfassen, durch die die getötete Krankenschwester der Anonymität entrissen und gleichsam zu neuem Leben erweckt werden soll. Dabei geht der Protagonist von der Überzeugung aus, daß die unbeseelten Objekte keineswegs tot sind; obwohl sie stumm bleiben, halten sie für den unbefangenen und empfindsamen Betrachter eine Botschaft bereit. Mr. Morning kann diese Botschaft selbst nicht empfangen, da er die Ermordete flüchtig gekannt hat und den Dingen, die ihr gehört haben, zwangsläufig mit einer konditionierten Wahrnehmung begegnet. Er versichert sich daher der Hilfe der Erzählerin, einer Studentin mit einer Vorliebe für die realistische Literatur des 19. Jahrhunderts, der er zunächst alle Informationen über die Ermordete vorenthält. Nur unter dieser Bedingung erscheint es ihm möglich, daß die Dinge aus dem Besitz der Toten objektiv und präzise beschrieben und im Anschluß daran mit einer Stimme, die aller charakteristischen Merkmale entkleidet ist, auf Tonband festgehalten werden. Außerdem will Mr. Morning durch die Verweigerung von Informationen erreichen, daß die Erzählerin sich der Eigenart der Objekte öffnet und ihm als Medium das übermittelt, was sie zu erzählen haben. Nur wenn das erkennende Subjekt die Realität zu sich sprechen läßt, bevor es über sie redet, kann das Wesen der Dinge entschlüsselt werden; nur wenn die Subjektivität des erkennenden Subjekts in den Hintergrund gedrängt wird, kann es der Sprache gelingen, »the object ... in its nakedness«[6] zu repräsentieren.

Zu den Angaben, die Mr. Morning der Erzählerin auch dann noch vorenthält, als er ihrem Informationsbedürfnis teilweise nachgibt, gehört der Name der Toten. Er schweigt sich darüber aus, weil der Name der Ermordeten sofort ein bestimmtes Bild im Bewußtsein der Erzählerin heraufbeschwören würde, das einer unvoreingenommenen Wahrnehmung der Gegenstände der Toten zwangsläufig im Wege stünde. Wie in James Purdys Geschichte »Don't Call Me By My Right Name« so wird auch in der vorliegenden Erzählung hervorgehoben, daß der Name eines Menschen keinen Aufschluß über dessen Wesen gibt. Der Name erscheint sogar als ein sprachliches Zeichen, das den Zugang zur Wirklichkeit verstellt.[7]

Namen können aber auch Masken sein, die die Imagination eines Künstlers beflügeln. Dies gilt für Pseudonyme, die Rollen konstituieren und es dem Künstler ermöglichen, die Begrenzungen seines Selbst zu sprengen. Der exzentrische Mr. Morning hat deshalb die Angewohnheit, jedes seiner literarischen Projekte unter einem eigens dafür ausgesuchten »pen-name« zu verfassen. Aus der Tatsache, daß er sich bei seinem gegenwärtigen Projekt ausnahmsweise keines Pseudonyms bedient, kann man schließen, daß die möglichst objektive Rekonstruktion der Biographie der ermordeten Krankenschwester nicht sein einziges Anliegen ist. Offensichtlich verfolgt er ein Projekt, das auch ihn selbst betrifft. Wichtig ist in diesem Zusammenhang, daß er der Erzählerin unter anderem erklärt, es ginge ihm darum, die Sünden der Welt zu sühnen. Offenbar will er damit sagen, daß er sich die Aufgabe gestellt hat, sich und die Menschheit von einer Weltbetrachtung zu erlösen, die durch subjektive Bewußtseinsgebilde beeinträchtigt ist und das wahre Sein der Dinge deshalb nicht zu entschlüsseln vermag.[8]

Das Projekt des exzentrischen Schriftstellers muß unter anderem deshalb scheitern, weil die Erzählerin die ihr zugedachte Funktion nicht erfüllen kann. Obwohl sie anzunehmen beschließt, »that the thing really can be captured by the word« (111), entziehen sich die Gegenstände der Toten ihrer Beschreibung. Auch in diesem Zusammenhang ist die Namensproblematik von Bedeutung. Pseudonyme – so führt Mr. Morning aus – können nicht nur Selbstentgrenzungen bewirken, sondern wegen der Verleugnung der wahren Identität auch dazu führen, daß die Persönlichkeit destabilisiert wird. Diese Gefahr bewahrheitet sich an der Erzählerin, die bei ihrer ersten Begegnung mit ihrem Auftraggeber ein Pseudonym angenommen hat, um sich gegen eine undefinierbare Gefahr zu wappnen. Schon bald entwickelt diese Schutzmaske ein Eigenleben; das Pseudonym wird zu einem Gespenst, das die Erzählerin jagt und ihre Einstellung zur Welt verändert. Es bewirkt eine Persönlichkeitsspaltung, die die Erzählerin als Mitarbeiterin an einem Projekt disqualifiziert, das auf die Zusammenfassung von Fragmenten ausgerichtet ist.

So wird bei der Beschreibung eines Handschuhs der Toten, bei der die um Exaktheit bemühte Erzählerin sich auf Fachtermini stützt, sofort deutlich, daß sie nicht in der Lage ist, die beobachteten Details in einem Akt des Synthetisierens zu einem Gesamtbild zu fügen. Bei der Beschreibung eines »cotton ball« mit Schminkresten ergibt sich dann ein anderes Problem. Statt des Fachvokabulars werden nun Metaphern verwendet, die dem Objekt aber keine klaren Konturen verleihen können, weil die Grenzen zwischen Vergleichsobjekt und Vergleichssubjekt verschwimmen. Die Erzählerin überträgt falsche Bezeichnungen auf das zu beschreibende Objekt und unterminiert dessen Identität dadurch auf dieselbe Weise, wie sie ihre eigene Persönlichkeit durch die Annahme des Pseudonyms destabilisiert hat. Als sie sich schließlich mit dem Spiegel der Toten auseinanderzusetzen hat, macht sie eine Erfahrung, die mit derjenigen kontrastiert, die sich bei der Beschreibung des Handschuhs einstellte; denn jetzt kann sie keine Details mehr erkennen, sondern nur noch ein unstrukturiertes Ganzes. Außerdem wird sie mit ihrer eigenen, dissoziierten Persönlichkeit konfrontiert, deren Anblick sie mit Ekel erfüllt und in einen Zustand der Schwäche versetzt.

Doch scheitert das Projekt nicht nur an dem gestörten Wahrnehmungsvermögen der verwirrten Erzählerin. Vielmehr trägt Mr. Morning durch die von ihm gesetzten Rahmenbedingungen selbst in entscheidendem Maße zum Mißerfolg des Unternehmens bei. Durch sein Bestreben, eine unvoreingenommene Wahrnehmung zu ermöglichen, schafft er ein Klima, das Unsicherheit, Verwirrung und sogar ein Gefühl der Bedrohung erzeugt. Obwohl die Erzählerin von ihrem Auftraggeber und seinem Projekt durchaus fasziniert ist und dem von Mr. Morning entwickelten Plan »a weird kind of logic« (109) zugesteht, fühlt sie sich letztlich benutzt, erniedrigt und mißbraucht. Gerade dadurch, daß der exzentrische Schriftsteller die Erzählerin immer wieder auf die Objekte der Toten verweist und deren Person im dunkeln läßt, weckt er das Bedürfnis der Studentin, das Geheimnis um die Ermordete zu lüften.

Da die Erzählerin mit ihren Nachforschungen beginnt, nachdem der Spiegel sie mit ihrem dissoziierten Selbst konfrontiert hat, ist anzunehmen, daß ihre Wahrheitssuche auch der Stabilisierung ihrer zerrütteten Persönlichkeit dienen soll. Die Methode, die sie bei ihren Nachforschungen anwendet, weist ebenfalls darauf hin, daß sie sich um Stabilität bemüht. Hatte die Strategie von Mr. Morning darin bestanden, die Fakten aus dem Spiel zu lassen, so rückt die Erzählerin sie bei ihrer Wahrheitssuche in den Mittelpunkt. Indem sie einen Zeitzeugen befragt und Berichte über den Mord recherchiert, versucht sie, Licht in das vergangene Geschehen zu bringen. Insbesondere geht es ihr darum, durch Beantwortung der Frage, ob der Schriftsteller der Mörder war, die rätselhafte Gestalt ihres Auftraggebers zu ergründen. Doch ist auch diese Variante der Wahrheitssuche, deren Ziel dem des Projekts von Mr. Morning entspricht, zum Scheitern verurteilt. Die von der Studentin recherchierten Details verwandeln sich nämlich in Bestandteile einer erfundenen Geschichte, so daß die Wirklichkeit unter der Fiktion verborgen bleibt. In ihrem Drang nach Wahrheit hat die Erzählerin außerdem übersehen, daß manche Dinge unaussprechlich sind. Mr. Morning weist sie darauf hin, daß diese Dinge zwar mit Wörtern belegt, nicht aber durch Wörter gebannt werden können.

Die vorliegende Geschichte handelt nicht nur von der vergeblichen Suche nach Wahrheit, sondern ist auch eine Studie über gegenseitige Abhängigkeit. Obwohl die Erzählerin sich am Ende der Geschichte von dem Schriftsteller trennt und von der Störung ihres Wahrnehmungsvermögens befreit zu sein scheint,[9] bleibt unverkennbar, daß sie sich dem Einfluß des Exzentrikers letztlich nicht entziehen kann.[10] Dessen Abhängigkeit von der Erzählerin kommt darin zum Ausdruck, daß er die Zusammenarbeit mit ihr fortsetzen möchte, obwohl sich gezeigt hat, daß sie die ihr zugedachte Funktion nicht erfüllen kann. Auch die Buchstaben, die der Schriftsteller während eines Gesprächs mit der Erzählerin auf ein Stück Papier kritzelt, signalisieren Abhängigkeit. Für die Erzählerin sind die ungeordneten Buchstaben, von denen vier sich zu dem Wort »body« zusammenfügen lassen und die beiden anderen auf den Namen des Schriftstellers und das Pseudonym seiner Mitarbeiterin verweisen, Symbole für die rätselhafte Welt, in die sie hineingezogen worden ist. Dem Leser bedeuten sie dagegen, daß Mr. Mornings Suche nach der Wahrheit überlagert wird von seiner Sehnsucht nach einem zwischenmenschlichen Kontakt.[11] Man kann sogar sagen, daß der Exzentriker in den Bannkreis morbider Phantasien geraten ist, die er auf die Erzählerin projiziert.

In Richard Bauschs Geschichte »A Kind of Simple, Happy Grace« (1989) ist es ebenfalls so, daß eine der Personen der Handlung ihre existentiellen Probleme auf ein Gegenüber projiziert. Doch unterscheidet sich die Erzählung von Bausch, dem Verfasser der Sammlungen *Spirits and Other Stories* (1987), *The Fireman's Wife and Other Stories* (1989) und *Aren't You Happy For Me and Other Stories* (1995), insofern von »Mr. Morning«, als die Suche in ihr wie in »Finding Natasha« erfolgreich ist. Die Rolle des Suchenden ist in der vorliegenden Geschichte dem katholischen Geistlichen Father Russell zugeordnet, der zusammen mit seiner Bezugsperson, dem der Baptistenkirche angehörenden Reverend Tarmigian, ein Kontrastpaar bildet. Während Tarmigian am Ende seines Lebens steht und vom Tod gezeichnet ist, seine körperlichen Gebrechen aber beharrlich ignoriert, handelt es sich bei Russell um einen Mann mittleren Alters, der sich nicht nur über die gesundheitlichen Probleme seines Amtsbruders, sondern auch über seinen eigenen Zustand ernsthafte Sorgen macht. Ein weiterer Unterschied, der die Kommunikation zwischen den beiden Geistlichen zunächst erheblich beeinträchtigt, besteht darin, daß der zur Selbstironie fähige Tarmigian stets eine »amused cheerfulness«[12] zur Schau trägt, während es Russell ebenso an der Fähigkeit, die richtigen Worte zu finden, wie an der Sensibilität fehlt, »matters of casual discourse« (41) richtig einordnen zu können.

Tarmigian, der seine Gemeinde schon sehr lange betreut, bezeichnet sich selbst scherzhaft als »Reverend Fixture« (36); Russell, der erst vor einem Jahr in die Kleinstadt in Virginia versetzt wurde und dies als eine Art Degradierung empfand, ist dagegen das Schlüsselwort »demotion« (38) zugeordnet. Beide Begriffe verweisen nicht zuletzt darauf, daß die Lebenseinstellungen der beiden Geistlichen ebenso gegensätzlich sind wie ihre Einstellungen gegenüber ihrem Beruf. Wie der gedeckte Küchentisch und die auf einer Sessellehne liegende geöffnete Bibel verdeutlichen, ist die Welt, in der Tarmigian sich eingerichtet hat, geordnet. Im Harken des Herbstlaubs, einer scheinbar sinnlosen Tätigkeit ohne absehbares Ende, kommt seine Überzeugung zum Ausdruck, daß das Chaos nur bekämpft werden kann, wenn ihm immer wieder der Wille zur Ordnung entgegengesetzt wird. Aufgrund dieser Beharrlichkeit erscheint Tarmigian als eine Gestalt, die mit Sisyphos verglichen werden kann. Auch wenn er einen mit Streu gefüllten Sack zu dem Friedhof hinaufschleppt, auf dem sich das Grab seiner Frau befindet, erinnert er an die Figur aus der griechischen Mythologie. Alle Herausforderungen des Lebens nimmt er mit ausdauernder Hingabe und stoischer Gelassenheit an. Seine Einstellung gegenüber dem Leben ist eindeutig; die unerschütterliche Bereitschaft zum Erdulden aller Schwierigkeiten bildet ihr Zentrum.

Russell ist dagegen ein Mensch, der bisher keinen Halt gefunden hat. Das vom Wind durcheinandergewirbelte Herbstlaub und die Schatten auf der Straße, die ständig in Bewegung sind, vermitteln ihm den Eindruck, in einer chaotischen Welt zu leben. Seine Lebenskrise, die zuallererst eine Glaubenskrise ist, begann schon mit seiner Berufswahl. Seine Entscheidung für das Priesteramt entsprang keiner echten Berufung, sondern war eher eine Flucht vor der Situation, in die er durch den Tod seiner Eltern geraten war. Nachdem er zum Priester geweiht worden war, konzentrierte er sich dann auf die alltäglichen Aufgaben seines Amtes, um sich nicht mit existentiellen Problemen wie Krankheit und Tod sowie den damit zusammenhängenden Fragen nach Erlösung und ewigem Leben auseinandersetzen zu müssen. Inzwischen hat er einen Punkt erreicht, an dem dieser Verdrängungsmechanismus nicht mehr funktioniert: Russell muß zugeben, daß er sich seiner Gemeinde entfremdet hat; den Ritus der Letzten Ölung vollzieht er offensichtlich ohne innere Beteiligung; im Gespräch mit seinem Amtsbruder räumt er ein, daß er für den Beruf des Geistlichen ungeeignet ist. Schließlich muß er sogar feststellen, daß er nicht einmal mehr zu beten vermag. So gibt es nichts, das er seiner morbiden Lebensangst entgegensetzen könnte.

Als einziger Halt bietet sich Russell sein Amtsbruder an, auf den er seine Lebensangst zunächst aber projiziert. Zu Beginn der Geschichte erscheint Tarmigian ihm als eine geheimnisvolle Gestalt, die von einer rätselhaften Macht angetrieben wird. Obwohl der Reverend ihn tief verstört, sucht er ihn immer wieder auf, weil er spürt, daß die Auseinandersetzung mit ihm unvermeidlich ist. Scheinbar ist es die Sorge um dessen Gesundheit, die ihn immer wieder die Nähe seines Amtsbruders suchen läßt, doch weiß Russell im Grunde wie sein Gegenüber, daß er in Wirklichkeit von der Angst über seinen eigenen Zustand zu seinen Besuchen genötigt wird. Um zu Tarmigian zu gelangen, muß der katholische Geistliche jedesmal eine Brücke überqueren und einen Anstieg bewältigen. Bausch greift bei der Beschreibung des Weges also auf das Inventar der Initiationsgeschichte zurück und unterstreicht dadurch, daß Russell, will er seine Lebenskrise überwinden, von einem Bewußtseinszustand in einen anderen hinüberwechseln muß. Um die Angst vor dem Schrecklichen, das er zunächst auf Tarmigian, dann aber auch auf sich selbst zukommen sieht, besiegen zu können, muß er eine neue Lebenseinstellung entwickeln. Was er bei seinem Amtsbruder sucht, ist die stoische Gelassenheit, die er in allen Lebenslagen bewahrt.

Tarmigian wird von Russell gleichsam in die Rolle eines Initiationshelfers gedrängt und nimmt die Aufgabe, den katholischen Geistlichen in seine Lebenseinstellung einzuweihen, bereitwillig an. Dabei bedient er sich unter anderem der Geschichte über ein Ehepaar aus seiner Gemeinde, das mehr als fünfzig Jahre zusammengelebt hat und sich nun scheiden lassen will. Zum einen benutzt er diese Geschichte, um Russell klarzumachen, daß er dem Leben hilflos gegenübersteht, indem er ihm das Eingeständnis abringt, daß er nicht in der Lage wäre, dem Ehepaar irgendwelche Ratschläge zu geben. Gleichzeitig benutzt Tarmigian die Geschichte aber auch, um Russell darauf hinzuweisen, daß die Liebe »the very breath of living« (40) ist und den Widrigkeiten des Lebens mit Unnachgiebigkeit begegnet werden muß. Später, nachdem Russell die Befürchtung geäußert hat, für das geistliche Amt ungeeignet zu sein, macht Tarmigian seinem Amtsbruder dann unmißverständlich klar, daß seine morbide Lebensangst ein Zeichen von charakterlicher Schwäche ist. Zunächst fallen diese Belehrungen noch nicht auf einen fruchtbaren Boden, weil Russell zwar von seinen Problemen spricht, gleichzeitig aber noch immer darum bemüht ist, von ihnen abzulenken. So gerät der katholische Geistliche immer tiefer in seine Krise hinein. Gleichzeitig wird Tarmigian, bei dem er einerseits Beistand sucht, in dem er andererseits aber auch seine Lebensangst personifiziert sieht, in seinen Augen zu einer immer bedrohlicheren Figur: Brachte der Reverend ihn bislang nur aus der Fassung, so erblickt Russell in ihm nun ein Phantom, das ihn mit Schrecken erfüllt.

Die endgültige Wende des Geschehens wird erst am Ende der Geschichte durch einen eher unbewußten Schritt von Russell herbeigeführt, der sich wie ein Gläubiger, der Beistand sucht, in Tarmigians Kirche setzt. Auch der Reverend trägt dazu bei, daß die letzte Begegnung zwischen den beiden Amtsbrüdern unter einem besonderen Vorzeichen steht, indem er Russells Besorgnis um seine Gesundheit nicht mehr als unbegründet zurückweist, sondern lächelnd zu erkennen gibt, daß er sich über seinen Zustand keine Illusionen macht. So sieht Russell in seinem Gegenüber schließlich einen Mann, für den der Tod anders als für ihn keine Quelle der Angst ist. Und so wird die Umarmung, zu der Tarmigian seinen labilen Amtsbruder auffordert, für diesen zu einer lebenspendenden Geste, die das Ende seiner Suche markiert und seine seelische Krankheit heilt.

Bausch beschließt seine Erzählung also mit einer »meaningful gesture« und entspricht damit einer Forderung, die Flannery O'Connor an die Kurzgeschichte gestellt hat. Dem katholischen Geistlichen verhilft diese Geste zu einem Epiphanieerlebnis; denn er sieht in ihr all das aufscheinen, was Tarmigian ihm, ohne daß er es bemerkt hätte, in allen ihren Begegnungen hat vermitteln wollen. Russell kann sich dieser Geste öffnen, weil Tarmigian sie als ein humorvolles Zeichen angelegt und damit jede Peinlichkeit und jedes falsche Pathos vermieden hat. So erscheint die

»amused cheerfulness« seines Amtsbruders dem katholischen Geistlichen am Ende der Geschichte in einem neuen Licht: Er sieht darin keinen Mangel an Ernsthaftigkeit mehr, sondern ein Zeichen von Tapferkeit. Außerdem werden durch die humor- und zugleich bedeutungsvolle Geste die Erwartungen korrigiert, die Russell mit seiner Beziehung zu Tarmigian verbunden hatte; denn statt der erwarteten Katastrophe hat sich etwas völlig Unspektakuläres ereignet: Zwei Brüder, die einander bedürfen, haben sich umarmt. Schließlich liefert die Geste auch die Erklärung dafür, warum Tarmigian seinen katholischen Amtsbruder stets als Reverend apostrophiert und ihn mit dieser spöttischen Anrede gleichsam seiner eigenen Kongregation einverleibt hat: Er wußte schon immer, daß das Trennende zwischen den Religionen belanglos ist. Obwohl der Text hierzu keine expliziten Angaben enthält, kann angenommen werden, daß auch Russell am Ende der Geschichte zu dieser Einsicht gelangt.

Die Kurzgeschichten, in denen das Motiv der Suche eine zentrale Rolle spielt, sind nicht die einzigen, die auf die Rekonventionalisierung der Gattung verweisen. Dasselbe gilt für diejenigen Erzählungen, in denen die Existenzproblematik des modernen Menschen an den gestörten Beziehungen zwischen Ehepartnern oder dem Zustand von zerrütteten Familien exemplifiziert wird. Richard Bausch hat sich dieses Erzähltyps, der an eine von Anderson und Hemingway bis zu Cheever, Purdy und Updike reichende Traditionslinie anknüpft, in der Titelgeschichte seiner zweiten Sammlung bedient, der »A Kind of Simple, Happy Grace« ebenfalls angehört.

Im Grunde sind es alltägliche Probleme, welche die erst seit kurzem verheiratete Jane in »The Fireman's Wife« in eine unabwendbare Beziehungskrise treiben. Die ermüdende Doppelbelastung in Haushalt und Beruf, der gleichförmige Tagesablauf, die Freunde ihres Mannes Martin, die ihr auf die Nerven gehen, und der Mangel an Aufmerksamkeit und Rücksichtnahme, den sie ihrem Mann zum Vorwurf macht, werden sogar von Jane zunächst jenen Eheproblemen zugerechnet, die sich mit der Zeit von selbst erledigen. Doch dann werden ihre Frustrationen zu einer unerträglichen Last, so daß sie sich zur Trennung von Martin entschließt. Da er ihr völlig fremd geworden ist, glaubt sie nicht mehr daran, das kleinbürgerliche Glück, von dem sie träumt, in der Ehe mit ihm verwirklichen zu können. Der Unfall, den er bei einem Brandeinsatz erleidet, läßt sie zwar bei ihm verweilen, stellt aber nur ein retardierendes Moment dar. Sie leistet ihrem Mann die erforderliche Hilfe, weicht der von ihm gewünschten Aussprache aber aus. Sie versucht, die ihr lästige Begeisterung ihres Mannes für sein Hobby nachzuvollziehen, und weist sich selbst sogar einen Teil der Schuld am Scheitern der Ehe zu, doch sieht sie nach wie vor in der Trennung den einzigen Ausweg aus ihrer tristen Lebenssituation. Diesen unspektakulären Verlauf einer Beziehungskrise unterstreicht Bausch dadurch, daß er ihn mit einem unerhörten Geschehen kontrastiert. Die Ehe zwischen Milly und Wally Harmon verlief zunächst in ähnlichen Bahnen wie die ihrer Freunde Martin und Jane. Doch dann stellte sich die Liebe wieder ein, auf die die schwangere Milly beharrlich gewartet hatte. Ein dauerhaftes Glück ist aber auch ihr nicht vergönnt, da ihr Mann ihr von einem unerbittlichen Schicksal entrissen wird.

Joan Wickersham, Bobbie Ann Mason und Patricia Henley

Ungefähr in der Mitte von »The Fireman's Wife« heißt es: »Jane is sitting in a bath of cold inner light, trying to think of her husband as someone she recognizes«.[13] Durch diesen Erzählerkommentar wird ein Bewußtseinszustand beschrieben, der dem ähnelt, in dem sich die Protagonistin in Joan Wickershams Erstlingswerk »Commuter Marriage« (1989) befindet. Als die ebenfalls noch nicht lange verheiratete Maisie an der Penn Station auf ihren Mann wartet und die Gesichter anderer männlicher Passagiere an sich vorbeiziehen sieht, dringen folgende Gedanken in ihr Bewußtsein ein: »How would I feel if he were my husband? Or he? And then she saw Jack, and tried to think for one objective moment: and what about this one?«[14] Zwar werden diese Gedanken vertrieben, als Maisie von Jack in die Arme genommen wird, doch bleibt der Eindruck einer tiefen Entfremdung bestehen: Da Jacks Koffer, der auch im weiteren Verlauf der Geschichte als Symbol der Trennung fungiert, einen schmerzhaften Druck auf ihren Körper ausübt, wird die Umarmung von Maisie schnell wieder aufgelöst.

In der vorliegenden Geschichte ergibt sich die Entfremdung zwischen den Eheleuten nahezu zwangsläufig daraus, daß beide nicht wissen, was sie mit sich und dem Leben anfangen sollen. Über Jack heißt es in einem Rückblick, daß ihm, bevor er Maisie traf, ein sicheres, aber eintöniges Leben vorgezeichnet war. Seine spätere Frau trat wie eine fremde Katze in sein Leben, brachte ihn vom vorgezeichneten Kurs ab und richtete sein Leben auf »a much more thrilling destination« (312) aus. Doch hatte Jack dabei das Gefühl, im falschen Bus zu sitzen; ihm war nicht die Fähigkeit zugewachsen, das Leben zu bestimmen, sondern er wurde vom Leben bewegt. So erwies sich die Erwartung, sich zusammen mit Maisie auf der Reise zu einem aufregenden Ziel zu befinden, letztlich als eine Illusion. In der Handlungsgegenwart führt Jack tatsächlich das öde Leben, das ihm vorherbestimmt war. Als Erbe der in Maine gelegenen väterlichen Kartoffelfabrik vegetiert er in einer Zivilisationswüste dahin. Die Arbeitsabläufe in der Fabrik folgen dem Muster, das schon von seinem Vater festgelegt worden ist, so daß es für ihn so gut wie nichts zu erledigen gibt. Die kleine Plastikmatte in seinem Büro, auf der sein Drehstuhl steht, bildet den winzigen Raum, in dessen Grenzen er sich bewegen kann. Sein Büro ist wie eine Insel, auf der er gefangen ist. Bewegung kommt nur dann in sein Leben, wenn er aufbricht, um seiner in New York lebenden Frau einen Besuch abzustatten.

Bei Maisie liegen die Dinge ähnlich. Während der Monate, die sie mit Jack in Maine verbrachte, wirkte sie wie ein Opfer der Paralyse. Die Winterbilder, die Joan Wickersham ähnlich wie Salinger in »Uncle Wiggily in Connecticut« verwendet, um einen Eindruck von Gefühlskälte zu vermitteln, beziehen sich noch stärker auf sie als auf ihren Mann. Allerdings kann man ihre totale Inaktivität und ihre beharrliche Weigerung, ihr Haus wohnlicher zu gestalten, auch mit der Absicht erklären, sich die Option auf eine andere Zukunft zu erhalten. Ihre Entscheidung, sich eine Tätigkeit im New Yorker Verlagswesen zu suchen, beweist dann, daß es ihr an der Kraft, ihrem Leben eine Wende zu geben, prinzipiell nicht fehlt. Freilich bleibt ihr

Versuch, sich zu emanzipieren, weit hinter den Erwartungen zurück, die sie mit ihrem Umzug nach New York verband. Sie hat es bisher nicht zu einem eigenen Apartment gebracht, sondern muß noch immer das Gastrecht in Anspruch nehmen, das die Familie ihrer Freundin Caterina ihr gewährt hat. In ihrer Firma hat man sie nicht mit wichtigen Aufgaben, sondern mit untergeordneten Tätigkeiten betraut. Als sie ihren Mann durch ihr Büro führt, registriert Jack nur dessen Enge und die unzumutbaren Arbeitsbedingungen, obwohl Maisie sich alle Mühe gegeben hat, ihrem Arbeitsplatz einen Anstrich von Geschäftigkeit und Bedeutsamkeit zu verleihen. Schließlich entsteht sogar der Eindruck, daß ihr Leben durch ein ähnliches Maß an Monotonie und Stillstand gekennzeichnet ist wie das ihres Mannes; denn die bewegungslos verharrenden Zierfische ihres Chefs, deren Fütterung Maisie obliegt, fungieren offensichtlich als Symbole für ihre Existenzsituation.

Schon am Anfang der Geschichte demonstriert Maisie ihre Neigung, der Wirklichkeit Phantasiebilder entgegenzusetzen; denn während sie ihren Mann auf dem Bahnhof erwartet, vergleicht sie sich mit einem Filmstar der vierziger Jahre. Trotz dieses Vergleichs erscheint Maisie, deren Äußeres eher an ein Schulmädchen als an eine erwachsene Frau denken läßt, als eine Person, die ihrer selbst keineswegs sicher ist: An ihrem Handgelenk baumelt »an enormous man's watch« (310); ihr Verhalten strahlt wenig Autorität aus; ihrer Rolle als Patentante des Kindes ihrer Freundin fühlt sie sich nicht gewachsen; als sie beobachtet, wie liebevoll Caterina mit ihrem Kind spielt, hat sie das Gefühl, einem Feuer zu nahe gekommen zu sein. Wie unsicher Maisie sich selbst und dem Leben gegenübersteht, wird insbesondere an ihrem Verhältnis zu ihrer Freundin deutlich, die schon immer ihre Mentorin war und der sie wider Willen auch heute noch alle ihre Probleme offenbart. Dabei kommt es ihr vor, als würde sie einem Arzt alle Symptome einer Krankheit schildern. Zu diesem beklemmenden Gefühl gesellt sich die Irritation, die Caterinas »simplified idea of morality« (320) in ihr auslöst. Immer wissend, was richtig und was falsch ist, richtet die Freundin ihr gesamtes Verhalten strikt an diesen Kategorien aus. Maisie geht dagegen von einer nicht immer zu kontrollierenden Eigendynamik des Lebens aus und hält das Eingeständnis der Ratlosigkeit für die einzige ehrliche Antwort auf die Probleme, mit denen der Mensch konfrontiert ist.

Es liegt auf der Hand, daß das gemeinsame Wochenende zweier Menschen, die dem Leben desorientiert gegenüberstehen und einander längst fremd geworden sind, in ein Fiasko münden muß. Bei ihren Vorbereitungen für die eng befristete Zweisamkeit ist Maisie von der Fiktion ausgegangen, daß sie und Jack ein normales Ehepaar sind. Während sie sich selbst für einen Tag die Rolle einer perfekten Hausfrau zugeteilt hat, erwartet sie von ihrem Mann, daß er sich in der Wohnung ihrer Freundin nicht als Gast, sondern als Besitzer fühlt. Obwohl sie in ihren Gedanken Klage darüber führt, daß ihre Ehe einem inhaltsleeren Ritual gleicht, hat sie dem Treffen mit Jack die Form eines Rituals gegeben. Und als das Verhalten ihres Mannes ihrem »stately plan« (316) nicht entspricht, ist sie verstört, obwohl sie Bewunderung für einen Arbeitskollegen hegt, der eine von allen Zwängen freie Lebensgemeinschaft unterhält. Auch der Bereich der intimen Beziehungen ist von Irritationen überschattet. In Erwartung des Geschlechtsverkehrs ist Maisie von Schrecken erfüllt, beschleicht sie das Gefühl, »(that) something irreversible had been set in motion« (316); danach ist sie froh, einer lästigen Verantwortung ledig zu sein. Dennoch macht sie die sexuellen Handlungen ihres Mannes, die ihr nicht als Ausdruck eines tiefen Verlangens erscheinen, zum Gegenstand einer Aussprache. Zur Überwindung der Ehekrise ist dieses Gespräch freilich ungeeignet, weil Maisie nur bestrebt ist, »(an) immense silence« (321) auszufüllen, und ihren Vorhaltungen eine dezidiert theatralische Note verleiht. Die Folge davon ist, daß ihr Mann die Vorwürfe nicht richtig einzuschätzen weiß.

Wie der Schluß der Geschichte zeigt, ist auch Jack nicht dazu in der Lage, einen Beitrag zur Überwindung der Ehekrise zu leisten. Auf dem Bahnsteig sitzend, spielt er mit dem Gedanken, nicht nach Maine zurückzukehren. Er malt sich aus, mit einem Taxi nach Brooklyn zu fahren und seiner Frau zu sagen, daß er bei ihr bleibt. Dann heißt es: »...; and there he was, standing in the doorway, gazing in on the startled faces of his wife and the people she lived with« (324). Die syntaktische Konstruktion läßt zwar die Deutung zu, daß Jack seinen Plan in die Tat umgesetzt hat, doch spricht die Interpunktion dafür, daß der Rahmen des bloßen Gedankenspiels durch den zitierten Teil des letzten Satzes nicht überschritten wird.

Während sich in »Commuter Marriage« an der Beziehungskrise schon deshalb nichts ändern kann, weil die Partner nicht in der Lage sind, über ihre Probleme zu sprechen,[15] wird am Ende der Kurzgeschichte »Residents and Transients« (1982) von Bobbie Ann Mason die Möglichkeit einer Wiederannäherung nicht ausgeschlossen. Mason, die Verfasserin der beiden Erzählsammlungen *Shilo and Other Stories* (1982) und *Love Life* (1989), hat den vorliegenden Text, der wie die Mehrzahl ihrer Erzählungen in Kentucky lokalisiert ist, als eine konventionelle Dreiecksgeschichte konzipiert. Die Erzählerin steht vor der Frage, ob sie ihrem Mann Stephen, den es aus beruflichen Gründen nach Louisville verschlagen hat, folgen oder das Verhältnis mit ihrem Liebhaber Larry, der in ihrer Heimatstadt als Zahnarzt tätig ist, aufrechterhalten soll. Im Verlauf der Geschichte neigt sie bald der einen, bald der anderen Möglichkeit zu. Am Ende, nachdem die Augen einer ihrer Katzen sie an die Lichter einer Verkehrsampel erinnert haben, heißt es dann: »In a moment I realize that I am waiting for the light to change.«[16] Die Erzählerin ist also im Begriff, den Schwebezustand, in dem sie sich befindet, durch eine eindeutige Entscheidung über ihr zukünftiges Leben zu beenden. Zwar wird nicht gesagt, ob sie auf das rote oder auf das grüne Signal wartet, doch suggeriert der Schlußsatz eher, daß sie in Erwartung des Zeichens für freie Fahrt vor der imaginären Ampel verharrt. Dies legt die Vermutung nahe, daß sie sich dazu entschlossen hat, den von ihrem Mann geforderten Mut zur Mobilität aufzubringen, und im Begriff ist, ihrem Liebhaber und ihrer heimatlichen Region den Rücken zuzuwenden.

Von »Commuter Marriage« unterscheidet sich die vorliegende Geschichte auch insofern, als die Ehe der Erzählerin unversehens in eine Krise geraten ist.[18] Außerdem fällt auf, daß die Beschreibung der brüchigen Partnerschaft in »Residents and Transients« anders als in der Geschichte von Joan Wickersham und in Bauschs

Erzählung »The Fireman's Wife« in die Darstellung einer dem Wandel unterworfenen Gesellschaft eingebettet ist. Die Erzählerin steht nämlich nicht nur zwischen zwei Männern, sondern auch zwischen zwei Welten mit unterschiedlichen Lebenseinstellungen. Die eine Welt wird durch die moderne Informationsgesellschaft repräsentiert, die durch einen rasanten Wandel gekennzeichnet ist und vom Individuum ein hohes Maß an Anpassungsbereitschaft verlangt. Die andere Welt ist der Tradition verpflichtet; es ist die ländliche Welt Kentuckys, die noch Raum bietet für ein harmonisches Verhältnis zwischen Mensch und Natur. Allerdings ist das Ende des Konflikts zwischen diesen beiden Welten längst vorprogrammiert: Die ländliche Region ist bereits im Begriff, ihre kulturelle Identität unter dem Ansturm der aus dem Norden vordringenden neuen Zeit zu verlieren. Mit der Aufarbeitung dieser Entwicklung erinnert die vorliegende Geschichte an das Erzählwerk von William Faulkner.

Bobbie Ann Mason verdeutlicht die Bedrohung der kulturellen Identität Kentuckys auf vielfältige Weise. Zum einen wird darauf hingewiesen, daß die »native residents« sich schon im Kindesalter infolge des Zuzugs der Yankees dem Einfluß neuer Sprechweisen und Denkformen ausgesetzt sehen. Zum anderen zeigt das Beispiel der Eltern der Erzählerin, die ihr Anwesen veräußern wollen und sich nach Florida abgesetzt haben, daß der Charakter der Region durch die Landflucht der alten Generation in Mitleidenschaft gezogen wird. Wie weit der kulturelle Verfall bereits fortgeschritten ist, wird durch die Beschreibung eines Restaurants verdeutlicht, an dessen Wänden Abbildungen von landwirtschaftlichen Geräten neben Abbildungen von »fast food«-Gerichten hängen und in dessen Räumen Sensen und andere Utensilien wie Exponate in einem Museum ausgestellt sind. Der Anblick dieser Ausstellungsstücke irritiert die Erzählerin so sehr, daß sie Mühe hat, ihre Mahlzeit einzunehmen.

Zwei Symbole, die auf den Verfall Kentuckys verweisen, verdeutlichen ebenfalls, wie stark das Bewußtsein der Erzählerin von den Zeichen des Wandels betroffen ist. Auf den Anblick eines Kaninchens, das durch seine zerschmetterten Hinterläufe daran gehindert wird, sich in Sicherheit zu bringen, reagiert sie mit einem Anfall von Hysterie, weil auch sie im Land ihrer Herkunft keine Geborgenheit mehr finden kann: Das Haus ihrer Eltern, in dem sie noch wohnt, steht zum Verkauf, und das »modern brick home« (430) ihres Liebhabers kommt ihren Bedürfnissen nicht entgegen, weil es nicht in die natürliche Umgebung eingebettet ist. Die Erzählerin hängt zwar an ihrer Heimat, kann sich der Einsicht aber nicht erwehren, daß Kentucky ihrem Leben keine Perspektive mehr zu bieten vermag. Unterstrichen wird dieser Sachverhalt durch eine ihrer Katzen, die nach einer Behandlung mit Röntgenstrahlen unfruchtbar geworden ist. Es ist unverkennbar, daß die noch kinderlose Erzählerin befürchtet, dasselbe Schicksal zu erleiden; denn sie sperrt sich dagegen, eine Röntgenaufnahme von ihren Zähnen machen zu lassen. Die Einsichten und Befürchtungen, mit denen die Erzählerin durch das hilflose Kaninchen und das unfruchtbare Haustier konfrontiert wird, werden durch das Verhalten der anderen in ihrem Haus lebenden Katzen nur scheinbar relativiert. Zwar verteidigen diese

Tiere ihren Lebensraum im Gegensatz zu den »native residents« Kentuckys konsequent gegen alle Eindringlinge, doch erweist sich dieses Bild eines intakten sozialen Verbandes als trügerisch, wenn vom Gejaule einer heimatlosen Katze die Rede ist und von Larry festgestellt wird, daß es allen Hauskatzen im Gegensatz zu den Wildkatzen verwehrt ist, ihr Leben frei zu gestalten.

Den Wildkatzen verdankt die Geschichte ihren Titel.[19] Die »residents« unter ihnen sind eine Spezies, die es geschafft hat, ein Territorium zu erobern. Mit ihrem Hang zur Bodenständigkeit stehen sie für die an der Tradition festhaltenden Bewohner Kentuckys. Die »transients« unter den Wildkatzen gelten dagegen als »bums« und »losers« (431); sie haben nirgendwo Fuß gefaßt und symbolisieren die mobilen Yankees als Repräsentanten der neuen Zeit. Auch aus dieser Zuordnung kann nicht geschlossen werden, daß der Verfall Kentuckys und die Bedrohung seiner kulturellen Identität noch aufgehalten werden können. Die Erzählerin weist nämlich selbst darauf hin, daß der von ihr ins Gespräch gebrachte Gegensatz durchaus fragwürdig ist. Einerseits wird es von ihr für möglich erachtet, daß die »transients« sich aufgrund ihrer Intelligenz und Neugier letzten Endes gar nicht als Verlierer, sondern als die überlegene Spezies erweisen; andererseits werden die »residents«, indem sie von ihr mit Kapitalisten verglichen werden, als eine Untergattung charakterisiert, die bereits der Degeneration anheimgefallen ist.

Eine glatte Übertragung der Merkmale der Wildkatzen auf die Personen der Handlung ist nur im Falle von Stephen möglich. Wie eine streunende Katze ist er ständig »on the move« (431); die Bindung an eine bestimmte Region erscheint ihm als Ausdruck des Provinzialismus und als Nährboden für nationalistisches und faschistisches Gedankengut. Althergebrachte Verhaltensweisen lehnt er ab; die Grundlagen seiner Lebenseinstellung sind Flexibilität und Offenheit gegenüber der Wirklichkeit. Sein Konkurrent um die Gunst seiner Frau ist zwar nach einer unsteten Jugend in seiner Heimatstadt seßhaft geworden und möchte dort für immer mit seiner Geliebten leben, doch entspricht er der Spezies der »residents« nicht in jeder Hinsicht. Seine Scheidung, sein »modern brick home« und sein Spezialistentum verdeutlichen, daß er den gesellschaftlichen Konventionen nicht mehr unverrückbar verhaftet, sondern bereits in den Einflußbereich der neuen Zeit geraten ist. Für die Erzählerin gilt in noch stärkerem Maße, daß sie die Merkmale beider Wildkatzenarten auf sich vereinigt. Einerseits wird ihre Gedankenwelt noch immer von ihren Vorfahren und deren Verhaltensnormen geprägt, was unter anderem aus der Absicht hervorgeht, beim Verkauf des Elternhauses möglichst viel von dem zu retten, was ihrer Mutter gehört hat. Andererseits haben die acht Jahre, die sie außerhalb von Kentucky verbracht hat, sie zur Außenseiterin gemacht, so daß sie in einem Yankee wie Stephen keinen Eindringling sieht. Hinzu kommt noch, daß sie sich die ökonomischen Gesetze der neuen Zeit, gegen die sie im Gespräch mit ihrem Mann Einwände erhebt, beim Monopoly-Spiel mit Larry schon anzueignen beginnt.

Das Bild einer Frau, die zwischen zwei Stühlen sitzt, vermittelt die Erzählerin nicht nur im Hinblick auf die beiden Welten, die in der Geschichte aufeinanderprallen. Auch ihre Einstellungen gegenüber ihrem Mann und gegenüber ihrem Liebhaber nehmen sich widersprüchlich aus. Zu Larry, dessen rücksichtsvolle Art sie schätzt, unterhält sie zwar eine unverkrampfte Beziehung, doch scheint sie seiner schon wieder überdrüssig zu sein. Seinem Wunsch, bei ihm in Kentucky zu bleiben, weicht sie jedenfalls aus. Diese Reaktion wirkt verwunderlich, wenn man bedenkt, daß sie ihren Mann mit »liquidity« und »investment postures« (433) sowie mit jenen seelenlosen Computern identifiziert, die er verkauft. Dem steht allerdings das Eingeständnis entgegen, daß sie Stephen vermißt. So erscheint die Erzählerin als eine Frau, in deren Bewußtsein es gärt. Zur Darstellung dieses Gärungsprozesses, dessen Ende sich erst im letzten Satz der Geschichte abzeichnet, hat Bobbie Ann Mason ein Erzählverfahren gewählt, das Gegenwärtiges und Reminiszenzen ineinanderfließen läßt, dem Leser Einblick in assoziative Abfolgen von Gedankengängen verschafft und das Geschehen ausschließlich durch die Perspektive der Ich-Erzählerin vermittelt.

Bobbie Ann Mason gehört wie Richard Bausch zu den größten literarischen Begabungen, die die amerikanische Kurzgeschichte der achtziger Jahre hervorgebracht hat. Sie verfügt über eine scharfe Beobachtungsgabe und gebietet über einen treffsicheren, zugleich aber unaufdringlichen Erzählstil, der bisweilen an Hemingway erinnert. Mit Hilfe dieses Instrumentariums gelingt es ihr, die Bewußtseinszustände ihrer Charaktere und die Alltagswirklichkeit, von der sie umgeben sind, detailliert und präzise zu schildern. In »Graveyard Day« (1982), einer weiteren Geschichte aus der Sammlung *Shilo and Other Stories,* porträtiert sie die geschiedene Waldeen Murdock, die sich wie die Erzählerin in »Residents and Transients« in einem Schwebezustand befindet. Sie kann dem Heiratsbegehren ihres neuen Partners nicht nachgeben, weil sie noch immer unter dem Einfluß ihres geschiedenen Mannes steht und beide Männer, die denselben Vornamen tragen, miteinander identifiziert. Erst am Schluß der Geschichte beginnt sie die Fähigkeit zu entwickeln, ihren neuen Partner von ihrem verflossenen Ehemann zu unterscheiden.

Wie tief die Verunsicherung der Protagonistin reicht, zeigt sich daran, daß ihr der Sinn der Ehe unklar ist und sie den prospektiven Stiefvater ihrer Tochter mit »a substitute host on a talk show«[20] vergleicht. Während des Picknicks auf einem Friedhof, das im Zentrum der handlungsarmen Erzählung steht, schiebt sich dann bei dem Gedanken an eine dauerhafte Ehe mit ihrem neuen Partner die Vorstellung von einem Doppelgrab in ihr Bewußtsein hinein. Kurz darauf stürzt sie sich in einen Haufen aus abgestorbenen Blättern. Zwar ist dieser »Flug« als ein Akt der Befreiung angelegt, doch liefert Waldeen sich mit ihrem übermütigen Sprung in das tote Laub symbolisch der Unfruchtbarkeit aus. Damit stellt sie sich unbewußt auf eine Stufe mit ihrer Freundin Betty, die befürchtet, ihre Figur werde durch Schwangerschaften ruiniert, und die sich deshalb der Ehe verweigert. Daß Waldeen kein Aufbruch zu neuen Ufern gelingt, wird auch durch den »stern circle« (74) signalisiert, der von ihren Freunden und ihrer Tochter gebildet wird, nachdem sie in dem Laubhaufen gelandet ist.

Während Julie Schumacher mit »Reunion« (1982) eine »family story« über selbstbewußte Frauen vorgelegt hat, die das Heft fest in der Hand halten, hat Bobbie Ann Mason eine »Familiengeschichte« über Frauen geschrieben, deren Verhältnis zur Familie gestört ist.[21] »Graveyard Day« rückt damit in die Nähe jener Erzählungen über »broken families«, wie sie von James Purdy verfaßt worden sind. In noch größerer Nähe zu Purdys Erzählungen steht Patricia Henleys Geschichte »The Secret of Cartwheels« (1989).[22] Die Autorin, die 1986 mit der Sammlung *Friday Night at Silver Star* bekannt geworden ist, schildert in dieser autobiographisch gefärbten Erzählung, die zur Titelgeschichte ihres zweiten Sammelbandes avanciert ist,[23] die traumatischen Erfahrungen der dreizehnjährigen Roxanne, die sich im Verlauf des Geschehens immer weiter von ihrer Mutter entfernt und sich schließlich von ihr verstoßen fühlt. Dabei wird das Verhältnis zwischen Mutter und Tochter von Patricia Henley, für die die Niederschrift der Geschichte nach eigenem Bekunden ein selbsttherapeutischer Akt war,[24] ausschließlich aus der Perspektive des Mädchens dargestellt, bei dem die Konfrontation mit der Entfremdung gekoppelt ist mit ersten schmerzlichen Erfahrungen des Hineinwachsens in die Weiblichkeit.

Die Protagonistin wächst in einer Familie auf, in der beide Elternteile aus ihrer Sicht nicht in der Lage sind, den ihnen obliegenden Rollen gerecht zu werden. Der Vater, der in einem anderen Bundesstaat arbeitet, geht ganz in seiner beruflichen Rolle auf. Als Ansprechpartner steht er weder seiner Frau noch seinen Kindern zur Verfügung; denn er ist nur in den verächtlichen Kommentaren der Mutter präsent, durch die Roxanne sich aus ihrer Kindheit herausgerissen fühlt. Ebensowenig wie mit ihrem Vater kann die verwirrte und vereinsamte Protagonistin sich mit ihrer Mutter identifizieren. Am Beginn der Geschichte bekundet sie zwar noch, den Konfirmationsnamen der Mutter annehmen zu wollen, doch schon bald wird klar, daß sie die Mutter als abschreckende Verkörperung eines Lebens betrachtet, das sie nicht teilen möchte. Nur einmal läßt sie sie in einem positiven Licht erscheinen, wenn sie erwähnt, daß die Mutter während der Nacht aufgestanden ist, um zu verhindern, daß das Feuer im Ofen erlischt. Zwar wird die Mutter von Roxanne an dieser Stelle in die Nähe zu Juno, der römischen Göttin des Herdes, gerückt, doch zeichnet die Tochter ansonsten nur das Bild einer Versagerin, die die emotionalen Bedürfnisse ihrer Kinder nicht zu befriedigen vermag. Vor allem hat sie es versäumt, Roxanne und ihre jüngeren Geschwister ausreichend auf die Trennung vorzubereiten, die durch ihren Krankenhausaufenthalt bedingt ist. Am Valentinstag schickt sie ihren Kindern als Zeichen ihrer Zuneigung harte »candy hearts«[25] in einem zerknitterten Päckchen, das von einem Zwirnsfaden zusammengehalten wird, wie Metzger ihn benutzen. Beim Wiedersehen mit ihrer Mutter muß Roxanne dann feststellen, daß der Platz, den sie einzunehmen hoffte, schon mit ihrer früheren Freundin Darla besetzt worden ist. Damit ist das Band zwischen Mutter und Tochter endgültig zerschnitten; Roxanne ist nur deshalb bereit, ihrer Mutter zu vergeben, weil man sie gelehrt hat, daß es ihre Pflicht ist.

Vervollständigt wird das Bild der zerrütteten Familie durch die Beschreibung des Hauses, in dem die Mutter mit ihren Kindern lebt. Es ist isoliert, windschief und zeigt unübersehbare Spuren des Verfalls. Im Inneren des Hauses sind alle Einrichtungsgegenstände von der grauen Asche des Holzfeuers bedeckt. Außerdem wird vermerkt, daß die Einrichtungsgegenstände nicht zueinander passen, was unterstreicht, daß die Rollenverteilung unter den Familienmitgliedern nicht stimmt. Darüber hinaus erscheint das Haus als Bestandteil einer Welt, die beherrscht ist von skelettartigen Bäumen, Eis und Schnee. Im Winter friert die einzige Wasserstelle zu; selbst im Frühjahr, als Roxanne zu ihrer Mutter zurückkehrt, ist es noch so kalt, daß die Narzissen ihre Blüten noch nicht entfaltet haben. Als zeichenhafter Hinweis auf die Situation der Protagonistin fungieren nicht diese Symbole der Hoffnung und des Neubeginns, sondern der vom Blitz getroffene Baum vor dem Kinderheim, in dem Roxanne während des Krankenhausaufenthalts ihrer Mutter untergebracht ist.

Während der Zeit, die Roxanne in dem Kinderheim verbringt, werden der verwundeten Seele des Kindes weitere Verwundungen hinzugefügt. Das Mädchen, dem sich die Vorstellung, »(that) our family ties were frayed« (92), schon fest eingeprägt hat, gerät der Reihe nach in die Hände verschiedener Ersatzeltern, die ihren Rollen ebensowenig gerecht zu werden vermögen wie der leibliche Vater und die leibliche Mutter. Nirgendwo findet Roxanne Geborgenheit; statt dessen sieht sie sich ständig mit gefühlskalten und autoritären Personen konfrontiert, die die demütigenden Machtmechanismen der Gesellschaft verkörpern. Besonders erniedrigend sind die Erfahrungen, die sie in der Schule macht, wo sie in einem überfüllten Umkleideraum erleben muß, daß keine Rücksicht auf ihr Schamgefühl und ihre Intimsphäre genommen wird. Hier macht sie außerdem Bekanntschaft mit dem Lebensprinzip des »catch yourself before you kill yourself« (93), das sie sich aber schon deshalb nicht aneignen kann, weil die Kunst des Radschlagens für sie ein Geheimnis bleibt.

Die Folgen, die sich aus den demütigenden Erfahrungen für Roxanne ergeben, werden durch wiederholte Hinweise auf ihr körperliches Unwohlsein verdeutlicht. Diese Zeichen von Unpäßlichkeit implizieren, daß das Mädchen aus dem psychischen Gleichgewicht geraten ist. Sein Verhalten verrät nahezu alle Symptome, die von Sozialpsychologen bei Kindern aus »broken families« diagnostiziert worden sind. Einerseits fühlt die extrem verunsicherte Roxanne sich klein und machtlos, was sich unter anderem darin äußert, daß sie den Eindruck hat, ohne Rettungsweste durch den Ozean des Lebens zu schwimmen. Andererseits steigen »spite and anger« (90) in ihr auf, doch hält sie diese Gefühle in Schach, weil sie davor zurückschreckt, eine Sünde zu begehen, die gebeichtet werden müßte. Außerdem wird wiederholt hervorgehoben, daß Roxanne das Gefühl hat, zurückgewiesen worden zu sein: So glaubt sie zum Beispiel, sie und ihre Schwestern seien wie Katzen ausgesetzt worden, und während ihres Aufenthalts im Kinderheim leidet sie darunter, daß man sie trotz ihres Alters in das »Little Girls' House« eingewiesen hat. Schließlich sind bei ihr auch Anflüge von Selbsthaß zu beobachten: Sie weiß zum Beispiel, daß sie mit ihrem Wunsch, die Mutter möge aus dem Leben ihrer Kinder verschwinden, eine schwere Sünde auf sich geladen hat, und als sie in ihr Bett genäßt hat, redet sie im Gespräch mit der Heimleiterin so, als spräche sie von einer anderen Person.

Im Kinderheim träumt Roxanne davon, ihre persönliche Krise dadurch zu überwinden, daß sie ihrem Ersatzheim und ihrer zerrütteten Familie den Rücken kehrt. Doch läßt sich dieser Akt der Befreiung nicht durchführen, weil sie durch die gesellschaftlich sanktionierten Rollenzuweisungen schon so weit konditioniert ist, daß sie die Kraft zur Selbstbestimmung nicht aufzubringen vermag. Folgende Überlegungen stellen für sie eine unüberwindbare Barriere dar: »Boys could somehow run away and make it, survive. But everyone knew that a girl's life was over if she ran away from home – or whatever had become home, whatever sheltered her from ruin« (95). So versteift sie sich auf das Konzept der »domestic order« (90), um die chaotischen Lebensumstände in den Griff zu bekommen. Schon am Anfang der Geschichte glaubt sie, das familiäre Leben auch in Abwesenheit der Mutter durch geregelte Hausarbeit und einen geordneten Tagesablauf aufrechterhalten zu können. Im Kinderheim ist sie dann davon beeindruckt, daß selbst die Kleinsten mit Effizienz und Gleichmut einen Beitrag zur häuslichen Ordnung leisten. Aus dieser Erfahrung leitet sie Pläne für die Neuordnung des Lebens in ihrer Familie ab. Die häusliche Ordnung erscheint ihr wie ein wärmendes Feuer; sie avanciert in ihren Vorstellungen sogar zu einem ethischen bzw. religiösen Wert. Doch wird Roxanne am Ende der Geschichte von der Erkenntnis übermannt, daß das Leben sich nicht auf die Weise gestalten lassen wird, die sie sich vorgestellt hat.

Die oben behauptete Verwandtschaft zwischen der vorliegenden Geschichte und Purdys Erzählungen über »broken families« äußert sich nicht zuletzt darin, daß die zerrüttete Familie hier wie dort als Bild für die amerikanische Gesellschaft fungiert. Aus dem sozialen Umfeld können keine stabilisierenden Wirkungen auf Roxanne und ihre Familie hervorgehen, weil die Vereinigten Staaten selbst eine »broken family« sind. Im Kinderheim waltet zwar das Prinzip der »domestic order«, doch ist dieser geordnete Mikrokosmos eine kalte Welt. Er ist mit weißen Einrichtungsgegenständen möbliert und von einem fluoreszierenden Licht erfüllt, so daß er wie ein Krankenhaus wirkt. Wichtig ist auch, daß dort keine Waisen, sondern Kinder von Eltern verwahrt werden, die für ihre Nachkommen nicht sorgen können. Außerdem ist bemerkenswert, daß diese soziale Institution genauso isoliert ist wie das Haus, in dem Roxanne und ihre Angehörigen leben. Vor dem Hintergrund der drohendschwarzen Bergkette der Kaskaden wirkt sie wie der letzte Außenposten einer vom Verfall gezeichneten Gesellschaft.

Wanda Coleman, Ann Allen Shockley, Don Belton und Alice Walker

Der realistische Erzählmodus, der in den achtziger Jahren für weite Teile der Kurzgeschichtenproduktion des »mainstream« prägend gewesen ist, herrscht in demselben Zeitraum auch in der schwarzamerikanischen Kurzgeschichte vor. Doch ist es nicht ratsam, mit Blick auf die »black American short story« von einer Rekonventionalisierung der Gattung zu sprechen. Das realistische Erzählen stellt im Bereich der afroamerikanischen Kurzprosa nämlich ein nahezu ungebrochenes Kontinuum dar;

die »innovators« haben unter den schwarzen Autoren nur wenige Nachahmer gefunden. Dennoch ist es auch in der schwarzamerikanischen Kurzgeschichte zu Akzentverschiebungen gekommen.[26] Zwar wurden in den achtziger Jahren durchaus noch »short stories« geschrieben, in denen die Rassendiskriminierung wie bei Richard Wright und James Baldwin die Grundlage für den sozialen Protest der Autoren bildet, doch hat sich seit den sechziger Jahren eine Variante der schwarzamerikanischen Kurzprosa entwickelt, in der die Darstellung der zwischenmenschlichen Beziehungen unter den Schwarzen im Vordergrund steht. In einer ganzen Reihe von Kurzgeschichten, die dieser Variante zuzurechnen sind, ist die soziale Rolle der Frau das vorherrschende Thema.

Zu jenen »short stories«, in denen die Rassendiskriminierung noch angeprangert wird, gehört die Erzählung »Moving Target« (1989) von Wanda Coleman. In dieser Geschichte porträtiert die Autorin, aus deren Feder der Sammelband *A War of Eyes and Other Stories* (1988) sowie die Kurzgeschichten- und Gedichtsammlungen *Heavy Daughter Blues* (1991) und *African Sleeping Sickness* (1993) stammen, einen Schwarzen, der seine soziale Stellung selbst mit der Wendung »white collar poor«[27] umschreibt. Obwohl er als Buchhalter in geordneten, wenn auch bescheidenen Verhältnissen lebt, sieht er sich ständig mit dem Vorurteil konfrontiert, Schwarze seien von Natur aus Diebe. Als er ein Fernsehgerät bar bezahlen will, werden seine Geldscheine mit äußerstem Mißtrauen auf ihre Echtheit hin überprüft, und als er grundlos von einer Polizeistreife kontrolliert wird, gehört die Frage, ob er ein Einbrecher sei, zu jenem Verhaltensrepertoire, dessen die rassistischen Beamten sich bedienen, um ihn zu erniedrigen und einzuschüchtern. Ein weiteres Vorurteil, mit dem seine weiße Umgebung ihm begegnet, ist die aus seiner Statur und seiner Hautfarbe abgeleitete Vorstellung, er neige zur Gewalttätigkeit. Als er in seiner Firma einen Aufzug benutzen will, werden seine weißen Arbeitskollegen, die ihn nicht sogleich erkennen, spontan in Panik versetzt. Während die Weißen von Furcht und Feindschaft ergriffen werden, ist der Protagonist durch deren Reaktion so paralysiert, daß es ihm nicht gelingt, die Kabine des Fahrstuhls zu betreten.

Da er sich ständig der Arroganz und der Feindseligkeit der Weißen ausgesetzt sieht, betrachtet der Protagonist das Leben als ein Drama, in dem er die Rolle des Opfers zu spielen hat. Darüber hinaus ist er aber auch die Zielscheibe von Aggressionen, die von Farbigen ausgehen. Unter anderem stellt sich ihm eine schwarze Angestellte in den Weg, die wissen will, ob er das gerade erworbene Fernsehgerät auch wirklich bezahlt hat; nachdem er ein Restaurant verlassen hat, dringt ein arbeitsloser schwarzer Jugendlicher auf ihn ein, der Geld von ihm verlangt; und als er sich zu seinem Auto begibt, gerät er in einen Kugelhagel, dessen Urheber »a bunch of nigese low-riders« (237) ist. Wie der Rassenhaß der Weißen so bewirken auch diese Erfahrungen, daß der Protagonist sich überall von einer »existential danger« (231) umgeben und zu Gegenreaktionen getrieben sieht, die seiner Natur eigentlich nicht entsprechen.

Die Analyse des Bewußtseinszustands des Protagonisten, die von diesem selbst vorgenommen wird, bildet den Anfang und das Ende der vorliegenden Geschichte;

sie rahmt die Beispiele, die seine Angst und sein Bedürfnis nach Schutz verständlich machen sollen, also ein. Aus der Selbstanalyse ergibt sich, daß der Erzähler, indem er die »socio-economic-historical ramifications« (237) in Rechnung stellt, rational mit den alltäglichen Erscheinungsformen der Gewalt umzugehen versucht. Doch ist sein Bemühen, sich selbst zur Geduld zu erziehen, vergeblich, weil er immer wieder auf die Einsicht zurückgeworfen wird, »Dutch chocolate in a cherry-vanilla world« (237) zu sein. So sieht er sich seiner Lebensfreude und seiner Lebensenergie beraubt, hat er das Gefühl, von einem monströsen Blutegel befallen zu sein, der seine gesamte Lebenskraft aus ihm heraussaugt. Diese Ohnmacht glaubt er nur durch ein Gefühl der Macht kompensieren zu können. Er will sich daher eine Schußwaffe kaufen, die er als »a cool second skin, black and intimidating« (231) bezeichnet.

Am Ende der Geschichte wertet der Erzähler diesen Entschluß als eine gute Entscheidung, da sie ihm das Bewußtsein verleiht, »the human being« zu sein, »this world keeps saying I'm not« (237). Sowohl am Schluß als auch am Anfang der Erzählung ist sein Bewußtsein von Gewaltphantasien erfüllt, die auf den Gebrauch der Schußwaffe hingeordnet sind. Schon durch die Kreisstruktur der Geschichte wird wie in Patricia Henleys »The Secret of Cartwheels« und in Bobbie Ann Masons »Graveyard Day« freilich suggeriert, daß es für den Protagonisten keinen Ausweg aus seiner deprimierenden Lebenssituation gibt. Denselben Eindruck vermittelt jene Stelle, wo beschrieben wird, wie der Erzähler das Geschäft verläßt, in dem er seinen Fernseher gekauft hat. »I noticed this particular store had no easy way out ...« (233), heißt es zunächst. Dann stößt der Protagonist auf einen geschlossenen Kassenschalter. Zwar ignoriert er die dort angebrachte Absperrung, doch bewirkt er damit nur, daß er von dem Vorurteil, alle Schwarzen seien Diebe, eingeholt wird.

Während der Ich-Erzähler in Colemans »short story« bisher nicht in der Lage gewesen ist, seiner schwarzen Identität und seinem Bedürfnis nach Sicherheit Geltung zu verschaffen, erscheint Joe Louis Jackson in Ann Allen Shockleys Kurzgeschichte »The World of Rosie Polk« (1987) als ein selbstbewußter Schwarzer, dem es schon vor geraumer Zeit gelungen ist, sich Respekt zu verschaffen. Als er in der Armee diente, lehnte der hünenhafte Mann sich gegen einen schwarzen Korporal auf, der ihn und seinesgleichen wie den letzten Dreck behandelte. Es kam zu einem Zweikampf, den Jackson nur mit seinen Fäusten bestritt und den er siegreich bestand, obwohl der Unteroffizier ihm das Gesicht mit einem Messer zerschnitt. Auch in der Handlungsgegenwart kommt es zu einer Konfrontation zwischen den beiden Männern. Der Korporal, der seiner vierschrötigen Figur und seinem herrischen Auftreten den Namen Big Ernest verdankt, ist inzwischen als Vermittler schwarzer Wanderarbeiter tätig. In seiner Gewalt befindet sich auch die Titelfigur der vorliegenden Geschichte, die das Gefühl hat, wie ein Stück Vieh von einem Ernteeinsatz zum nächsten transportiert zu werden, und dennoch keine Möglichkeit sieht, sich aus der Abhängigkeit von dem »crew boss« zu befreien.[28] Erst als Jackson sich ihrem Peiniger in den Weg stellt, öffnet sich ihr das Tor zu einem neuen Leben. Da ihr Helfer sie zur Frau begehrt,[29] wird Big Ernest von ihm dazu gezwungen, sie aus ihrem Kontrakt zu entlassen.

Jackson hat das Leben eines Wanderarbeiters, das er nach der Entlassung aus der Armee führte, inzwischen mit der Position eines »special nigger« (123) vertauscht; ihm ist also eine Stellung angeboten worden, die auf den Farmen der Weißen zum festen Personalbestand gehört. Der Hüne ist seßhaft geworden und betätigt sich als Mädchen für alles. Das schäbige Haus, das er bewohnt, ist im Vergleich zu den erbärmlichen Hütten der Wanderarbeiter »bright and cheerful« (127); es ist also geeignet, Rosie Polks Traum von einem Heim zu erfüllen. Durch die Beziehung zu Jackson geht für die von schwerer Arbeit gebeugte Protagonistin, die erst 34 Jahre alt ist, mit ihren grauen Haaren und ihrem lückenhaften Gebiß aber wie eine alte Frau aussieht, ein langer Leidensweg zu Ende. Die Ausbeutung durch die weißen Farmer und das unerbittliche Regiment des schwarzen »crew boss«, der die Wanderarbeiter wie Sklaven behandelt und sie um ihren Lohn betrügt, sind nicht die einzigen Ursachen ihres Leidens. Ihr erstes Kind verlor sie schon kurz nach der Geburt, weil der um Hilfe gebetene weiße Arzt sich weigerte, schwarze Patienten zu behandeln, und als ihr älterer Sohn von einem anderen Schwarzen in einem Streit getötet wurde, hielt die weiße Justiz es nicht für nötig, den Mörder zu ermitteln.

Doch blickt Rosie Polk nicht nur auf ein Leben zurück, das durch den Herrschaftsanspruch der Weißen entwürdigt worden ist. Auch durch die zahlreichen schwarzen Männer, die sie immer nur als Sexualobjekt benutzt haben, ist ihre Menschenwürde permanent verletzt worden. Sie ließ sich nur mit ihnen ein, weil sie darin die einzige Möglichkeit sah, ihrem trostlosen Dasein irgendeinen Inhalt zu geben. Aber erst Jackson vermittelt ihr das Gefühl, gebraucht und begehrt zu werden. Er ruft »(a) hot flow of warmth« (129) in ihr hervor und läßt sie spüren, was es bedeutet, »to really have a man« (129). Ihr Sohn und sie werden von ihm umsorgt, so daß sie durch ihn nicht nur die lange vermißte sexuelle Erfüllung findet, sondern auch erfährt, was es heißt, geborgen zu sein. Er beschützt sie nicht nur vor dem rabiaten »crew boss«, sondern lehrt sie auch, die Arroganz zu ignorieren, mit der die schwarzen Bewohner einer ländlichen Kleinstadt den Wanderarbeitern begegnen.

»The World of Rosie Polk« entspricht den neueren Trends in der afroamerikanischen Kurzgeschichte insofern, als Ann Allen Shockley die Lebenserfahrungen einer schwarzen Frau in den Vordergrund gerückt hat. Gleichzeitig hat die Autorin, die 1980 die Erzählsammlung *The Black and White of It* veröffentlichte, wie Wanda Coleman aber die Tradition der »protest story« fortgeschrieben. Zwar spielt ihre von Rückblenden und inneren Monologen durchsetzte Geschichte »almost entirely inside this enclosed world of black people«,[30] doch hat Shockley dem Thema der Diskriminierung der Schwarzen durch die Weißen nichtsdestoweniger einen hohen Stellenwert eingeräumt. Dieses Thema spielt in Don Beltons Geschichte »Her Mother's Prayers on Fire« (1989) keine Rolle mehr. Die Lebenswelt der Schwarzen erscheint in dieser Erzählung als ein autonomer Sektor der amerikanischen Gesellschaft. Indem der Autor das Streben eines Mädchens nach Unabhängigkeit in den Mittelpunkt der erzählten Handlung stellt, hebt er hervor, daß die Entfremdung zum zentralen Kennzeichen der Lebenswelt der Schwarzen geworden ist.

Beltons »short story« handelt von den Jewelettes, einer Gruppe von vier jungen Sängerinnen und Tänzerinnen aus Newark, die im Begriff ist, sich im Showgeschäft einen Namen zu machen. Als die Mädchen damit begannen, ihre Zukunft zu planen, waren sie von dem Bewußtsein durchdrungen, ihre Ziele nur gemeinsam verwirklichen zu können. Sie begriffen sich als Mitglieder einer Familie; die Formel »I want us ...«[31] war für sie der verbindliche Maßstab ihres Handelns. Da es ihnen gelang, ihre individuellen Temperamente und Begabungen aufeinander abzustimmen, entwickelten sie ihre »own special harmony« (20), fanden sie eine neue musikalische Sprache als adäquaten Ausdruck ihrer Lebenserfahrungen. In der Handlungsgegenwart geht die Einheit der Gruppe durch Eifersüchteleien, Neid und Verrat verloren. Ausgelöst wird diese Entwicklung durch Frances Deal, »(who) had the natural lead sound« (220). Obwohl sie von der Sprecherin der Gruppe darauf hingewiesen wird, daß ihr Leben mit dem ihrer Freundinnen verknüpft ist, beharrt sie auf dem Entschluß, ihre eigenen Wege zu gehen. Unter anderem hält sie es für nötig, sich dem Einfluß ihrer bigotten Mutter zu entziehen. Sie wirft sich deshalb dem zwielichtigen »Manager« der Gruppe an den Hals und setzt sich am Ende der Geschichte zusammen mit ihm aus Newark ab, obwohl sie weiß, daß er ihren Freundinnen die Gage vorenthält.

Belton hat seiner Geschichte den Songtext »she's not a bad girl because / she wants to be free« als Motto vorangestellt. Ordnet man dieses Motto in den Gesamtkontext der Geschichte ein, erlangt es die Qualität eines ironischen Signals. Offensichtlich ist es dem Erzähler nicht darum zu tun, Verständnis für Frances Deals Streben nach Unabhängigkeit zu wecken. Etliche Details weisen im Gegenteil darauf hin, daß der Freiheitsdrang der energiegeladenen Sängerin und Tänzerin der Kritik ausgesetzt werden soll. Frances Deal weiß sehr wohl, daß der Gewinn der persönlichen Freiheit, den sie am Ende der Geschichte genießt, mit dem Verrat an ihren Freundinnen erkauft worden ist. Um ihrer Mutter zu entkommen, hat sie sich in die Arme eines offenbar gewalttätigen Mannes geworfen, dem der ironische Name Doll Jefferson beigelegt worden ist. Ein weiterer ironischer Akzent wird vom Erzähler mit dem Hinweis auf einen Song von Ray Charles gesetzt, den Frances hört, nachdem sie zu ihrem »Manager« ins Auto gestiegen ist: Obwohl sie die Wörter »tell your mama« vernimmt, erscheint ihr die Musik als Ausdruck der Freiheit. Zwei weitere Details runden das bisher Gesagte ab: Schon am Anfang der Erzählung wird der Mund von Frances Deal mit »an electric pink wound« (214) verglichen, und am Schluß der Geschichte findet die Einschätzung der Freundinnen Beryl und Lucinda, Frances begebe sich auf einen verhängnisvollen Weg, durch des Erzählers Hinweis auf die eisglatten Straßen ihre Bestätigung.[32]

Um die Emanzipation einer schwarzen Frau und die damit verbundene Erfahrung der Entfremdung geht es auch in der Kurzgeschichte »The Abortion« (1980) von Alice Walker, der Verfasserin der Sammlungen *In Love and Trouble: Stories of Black Women* (1984) und *You Can't Keep a Good Woman Down* (1982). Wie Beltons Erzählung so kann auch die Geschichte von Walker nicht als »protest story« eingestuft werden, obwohl das Bewußtsein der Lehrerin Imani noch stark von ihren

Erfahrungen mit dem Rassismus der Weißen geprägt ist, obwohl die Protagonistin die Erinnerung an die Unterdrückung der Schwarzen an ihre kleine Tochter weiterzugeben versucht, und obwohl Alice Walker klarmacht, daß die Diskriminierung noch immer zum Alltag der Schwarzen gehört: Die rassistischen Polizisten und Richter sind noch nicht ausgestorben; die Schwierigkeiten in den integrierten Schulen sind noch nicht überwunden. Andererseits haben sich die Verhältnisse so weit verbessert, daß der Kleinstadt im Süden, in der die Protagonistin mit ihrer Familie lebt, ein schwarzer Bürgermeister vorsteht, der nach anfänglicher Ablehnung durch die Weißen inzwischen von den Angehörigen beider Rassen unterstützt wird. Auch das komfortable Haus, das Imani mit ihrem Mann Clarence, dem Rechtsberater des Bürgermeisters, und ihrer Tochter Clarice bewohnt, verweist auf die Verbesserung der Lebensbedingungen der Schwarzen. So ist die Entfremdung zwischen Imani und ihrem Mann nicht primär das Resultat der spezifischen Lebenssituation der Schwarzen, obwohl die Einstellung gegenüber dem Verbrechen an einem schwarzen Mädchen dabei eine wichtige Rolle spielt. In erster Linie liegen der Ehekrise Frustrationen zugrunde, die in jeder Beziehung vorkommen können, so daß Alice Walkers Geschichte sich nicht grundsätzlich von entsprechenden Erzählungen unterscheidet, die von Repräsentanten des »mainstream« verfaßt worden sind. In diesem Zusammenhang ist es bemerkenswert, daß die Autorin anders als Wanda Coleman, Ann Allen Shockley und Don Belton keinerlei Gebrauch vom »black American English« macht, sondern sich durchgängig der Standardsprache bedient.

»They had discussed it, but not deeply, whether they wanted the baby she was now carrying«.[33] So lautet der erste Satz von »The Abortion«, der deutlich macht, daß die bevorstehende Abtreibung für die Entfremdung zwischen den Ehepartnern von zentraler Bedeutung ist. Welche Rolle dieses Ereignis im Leben von Imani spielt, kann man unter anderem erkennen, wenn man die Empfindungen zum Vergleich heranzieht, die mit ihrer ersten Abtreibung verbunden waren. Damals, als sie noch nicht verheiratet war, hatte sie das Gefühl, einen entscheidenden Schritt in die Selbständigkeit getan, einen Einblick in das Wesen des Daseins gewonnen und ihrem Leben mit einer von jeder Fremdbestimmung freien Entscheidung die Richtung gewiesen zu haben. Jetzt, sieben Jahre später, befindet sie sich in einem Dilemma. Einerseits wünscht sie sich, daß ihr Mann versuchen würde, das Leben des ungeborenen Kindes zu retten, andererseits weiß sie, daß sie eine solche Einmischung in ihr Leben als Anmaßung zurückweisen würde. Auch ihre Haltung gegenüber dem ungeborenen Kind ist ambivalent. Zum einen fühlt sie sich schuldig, weil sie ihm die Gelegenheit nimmt, »to see the sunlight, savor a fig« (212); zum anderen betrachtet sie die Abtreibung als notwendige Maßnahme zum Schutz ihres eigenen Lebens, weil sie nicht die Kraft hätte, für ein zweites Kind zu sorgen.[34] Trotz ihres Strebens nach Selbständigkeit ist sie eine Frau, die der Zuwendung bedarf. So sieht sie zwar ein, daß seine politischen Verpflichtungen es ihrem Mann verbieten, sie nach New York, wo die Abtreibung vorgenommen wird, zu begleiten, doch tadelt sie ihn dafür, daß er ihr seine Unterstützung versagt.

Die Abtreibung ist für die Entfremdung zwischen den Ehepartnern zweifellos von großer Bedeutung, sie stellt aber nicht die eigentliche Ursache für die Ehekrise dar. Vielmehr war die Partnerschaft von Anfang an zum Scheitern verurteilt, da Imanis Einwilligung in die Heirat ihrem Entschluß widersprach, ihre Selbständigkeit nicht durch eine dauerhafte Beziehung aufs Spiel zu setzen. So kann es nicht verwundern, daß das Eheleben ihr schon nach einem Jahr lästig geworden ist. Dies um so mehr, als Clarence ihren Erwartungen offensichtlich nicht zu entsprechen vermag. Sie hält ihn für das beste menschliche Wesen, das ihr je begegnet ist, kann ihm aber nur bescheinigen, daß er »reasonable, mature, responsible« (208) ist. Was ihm fehlt, ist ein ausreichendes Maß an Empfindsamkeit. Zwar macht Imani es dem Bürgermeister zum Vorwurf, daß er sie nur als Frau, nicht aber als politisch denkenden Menschen zur Kenntnis nimmt, doch ist dies ein Vorwurf, der offensichtlich auch Clarence trifft. Durch die Erfahrungen, die die Protagonistin im Zusammenhang mit der Abtreibung machen mußte, ist ihre Frustration dann nur noch verstärkt worden. Als ihr Mann und ihre Tochter Zärtlichkeit bei ihr suchen, fühlt sie sich bedrängt und mißbraucht. Schon hier erkennt sie, daß sie ihre Unabhängigkeit nur zurückgewinnen kann »by doing something painful, self-defining but self-destructive« (213).

Obwohl Clarence die Samenstrangexstirpation, die Imani von ihm verlangt, vornehmen läßt, ist die Ehe nicht mehr zu retten. Unüberbrückbar wird die Kluft zwischen den Ehepartnern nach der Gedenkfeier für das erschossene schwarze Mädchen Holly Monroe. Während Imani trotz der Nachwirkungen der Abtreibung an der Gedenkfeier teilnimmt, weil sie es für wichtig hält, »that those people who fell in struggle or innocence were not forgotten« (213), lassen ihr Mann und der Bürgermeister sich durch politische Alltagsgeschäfte davon abhalten, dem Opfer des Rassenkonflikts die Ehre zu erweisen. Für Imani ist dies nicht zuletzt deshalb unverzeihlich, weil sie sich mit dem erschossenen Mädchen identifiziert. So entfernt sie sich immer weiter von ihrem Mann, ohne daß dieser es merkt. Nach zwei weiteren Jahren des Zusammenlebens, in denen es nur wenige Momente der Erfüllung gab, ist die Trennung für sie unvermeidlich geworden, weil ein weiteres Festhalten an der Ehe bedeuten würde, daß ihr Leben vom Betrug überschattet wäre.[35]

Ursula K. Le Guin, Charles Barnitz und Lore Segal

Die bisher behandelten Kurzgeschichten, in denen der realistische Erzählmodus dominiert, sind repräsentative Beispiele dafür, daß die amerikanische »short story« der achtziger Jahre im Gegensatz zu jener Erzählkonzeption steht, die von den »innovators« propagiert worden ist. Die phantastischen Erzählungen, die im folgenden vorgestellt werden, machen dagegen deutlich, daß es auch Gemeinsamkeiten zwischen der Kurzprosa der achtziger Jahre und den Kurzgeschichten der vorangegangenen Epoche gibt. Zwar sind die Formexperimente der »innovators« von den Autoren, um die es auf den nächsten Seiten geht, nicht fortgeführt worden, doch stellen die Entwürfe imaginärer Welten und die narrative Überblendung von Realität und Fiktion Klammern dar, die den jetzt zu erörternden Strang der amerikanischen Kurzgeschichte der achtziger Jahre mit der sogenannten »new fiction« verbinden.

Die Schilderung phantastischer Welten ist vor allem die Domäne der »science fiction story«, was nicht heißen soll, daß Erzählungen dieses Typs nichts über die Welt zu offenbaren hätten, in der wir leben. Mit Geschichten wie »Sky Lift« (1953) von Robert Anson Heinlein und »Star Light« (1962) von Isaac Asimov ist die »science fiction story« zu literarischem Ansehen gelangt. Auch das Erzählwerk von Ursula K. Le Guin, die seit den siebziger Jahren zu den führenden Vertretern der »science fiction story« gehört, hat dazu beigetragen, diese ursprünglich in »pulp magazines« verbreitete populäre Gattung vom Stigma der bloßen Unterhaltungsliteratur zu befreien.

In den achtziger Jahren hat Ursula K. Le Guin, die 1992 den Band *The Ones Who Walk Away From Omelas* publizierte, unter anderem die Erzählung »The Professor's Houses« (1982) veröffentlicht, deren Protagonist zugleich in der Realität und in einer von ihm geschaffenen Miniaturwelt lebt. Während der Professor sein äußeres, der Realität zugehöriges Haus mit seiner Familie teilt, wird das Miniaturhaus, das im Inneren des anderen Gebäudes lokalisiert ist, nur von ihm selbst »bewohnt«. Zwar befindet dieses Konstrukt – ein Modell im Sinne von Claude Lévi-Strauss, das die Erkenntnis des Ganzen vor der Erkenntnis der Teile ermöglicht – sich in einem besseren Zustand als das äußere Haus, doch stellt es keine vollkommene Gegenwelt dar. Lebewesen erscheinen in der Miniaturwelt als Fremdkörper; mit seiner viktorianischen Ausstattung ist das innere Haus von der Gegenwart abgekapselt; für Veränderungen läßt das fertige Konstrukt keinen Raum. Der Plan, das innere Haus in den Garten des äußeren Hauses zu verpflanzen und dadurch die imaginäre Welt mit der Realität auszusöhnen, erweist sich als ein undurchführbares Projekt. So wird das Miniaturhaus schließlich auf den Dachboden des äußeren Hauses verbannt, wo es allmählich im Staub versinkt.

Um einen Protagonisten, der zugleich im Bannkreis der Realität und einer imaginären Welt steht, geht es auch in der Geschichte »Kemp's Homecoming« (1984) von Charles Barnitz. Bei der männlichen Hauptperson dieser »short story« handelt es sich um einen Vietnam-Veteranen, der gerade aus einer psychiatrischen Anstalt entlassen worden ist. Er fühlt sich von Marsmenschen verfolgt und hat deshalb den Plan entwickelt, eine neue Identität anzunehmen und als Arbeiter auf einer Bohrinsel vor der Küste von Texas ein neues Leben zu beginnen. Seine Familie verfolgt dagegen das Ziel, den Sohn, den sie auf dem Flughafen seiner Heimatstadt wie einen Kriegshelden empfängt, in sein altes soziales Umfeld zu reintegrieren. Eine wichtige Rolle fällt dabei einer jungen Frau zu, die dem Protagonisten den Weg in ein »normales« Leben ebnen soll.

Kemp, der sich für den Tod von Kameraden verantwortlich fühlt und von den Gesichtern der gefallenen Soldaten heimgesucht wird, zeigt zwar keinerlei Interesse an Louise Capulet, steigt aber in ihren Sportwagen, um die Flucht vor seiner Familie zu ergreifen. Während der Fahrt sieht sich der Protagonist, der das Auto mit einem Raumschiff verwechselt und sich selbst mit einem Maschinenmenschen identifiziert, den Zudringlichkeiten der ihm zugedachten Partnerin ausgesetzt. Bei dem Versuch, die »escape velocity«[36] zu erreichen, wird er von Louise, die sich an seiner »reactor chamber« (468) und an seinem »main control rod« (469) zu schaffen macht, so sehr abgelenkt, daß der Sportwagen ein Brückengeländer durchbricht und mit einem Verband aus Schubkähnen kollidiert. Danach scheint die Reintegration des Außenseiters in die Alltagsrealität ihren Lauf zu nehmen. Zwar hat Kemp die Willkommensparty, die seine Eltern angesetzt haben, platzen lassen, doch greift sein Vater – ein gefühlloser Repräsentant des kapitalistischen Gesellschaftssystems, der für Bürgerrechtler wie Jane Fonda nichts als Verachtung übrig hat – nach dem Unfall regelnd in sein Leben ein. Den Schaden, der von seinem Sohn angerichtet worden ist, wird er auf eine Weise regulieren, wie sie in der von ihm verkörperten Welt üblich ist. Außerdem bekundet Louise, die Kemp nach dem Unfall aus dem Wasser gefischt hat, ihre Entschlossenheit, den von ihr begehrten und zugleich mit mütterlicher Fürsorge bedachten Heimkehrer vor den Traualtar zu führen.

Zwar ist »Kemp's Homecoming« eine Geschichte, in der dem Humor ein beträchtlicher Raum zugestanden wird, doch dient das vertraute Inventar der »science fiction«-Literatur (»aliens«, Raumfahrt, Maschinenmensch) in erster Linie dazu, die durch traumatische Kriegserfahrungen aus dem Gleichgewicht gebrachte Psyche des Protagonisten zu beleuchten. In Lore Segals Erzählung »The Reverse Bug« (1989) geht es ebenfalls um traumatische Auswirkungen der Vergangenheit, die durch einen Rückgriff auf die »science fiction«-Literatur zur Darstellung gelangen. Geschildert wird in dem Text von Segal aber kein persönliches, sondern ein kollektives Trauma, das durch die Völkermorde des 20. Jahrhunderts ausgelöst worden ist. Um die Auseinandersetzung mit diesem Trauma problematisieren zu können, hat die Autorin eine phantastische technische Apparatur erfunden, die aus dem gegenwärtigen Entwicklungsstand der Technik extrapoliert worden ist.

Bei dem »reverse bug«, der an den phantastischen Apparat in Cheevers Kurzgeschichte »The Enormous Radio« erinnert, handelt es sich um eine Wanze, deren Zweck ins Gegenteil verkehrt worden ist. Sie wird nicht dazu verwendet, Gespräche, die vertraulich bleiben sollen, abzuhören, sondern dient dazu, Geräusche, die man nicht wahrnehmen will, von außen nach innen zu übermitteln. Durch diese Geräusche wird ein Symposion an einer Universität in Connecticut gestört, das der akademischen Erörterung der Frage dienen soll, wie Genoziden mit den Mitteln des Rechts beizukommen ist. Eine solche, von der Realität abgehobene Auseinandersetzung mit dem Grauen kommt für die Autorin, die ihre Kindheit im Wien der Nazi-Zeit verbringen mußte, nicht in Betracht. Sie fügt dem Personal ihrer Geschichte einen japanischen Ingenieur hinzu, der die Verbrechen von Dachau und Hiroshima miterlebt hat, und läßt diesen Zeitzeugen den »reverse bug« installieren, durch den die Teilnehmer an der akademischen Veranstaltung akustisch mit den Leiden der Gewaltopfer konfrontiert werden. Doch werden die akustischen Einblendungen nicht zum Anlaß genommen, das wissenschaftliche Projekt zu überdenken, sondern lediglich als eine Störung empfunden, die es zu beseitigen gilt. Da die Quelle der störenden Geräusche nicht ausgemacht werden kann, läßt man Teile der Einrichtung des Konferenzraums demontieren und in einer Wüste vergraben.

Steven Millhauser und Marc Helprin

Am Schluß des vorliegenden Überblicks über die amerikanische Kurzgeschichte der achtziger Jahre sollen zwei Erzählungen vorgestellt werden, die unterstreichen, daß das Element des Phantastischen, das schon für das Erzählwerk von Bernard Malamud konstitutiv war, noch immer ein wichtiges Kennzeichen der jüdisch-amerikanischen Kurzgeschichte ist. Allerdings ist dieses Element – anders als bei Malamud – weder in Steven Millhausers »Eisenheim the Illusionist« (1989) noch in Marc Helprins »The Schreuderspitze« (1981) mit der Beschreibung des Juden in der modernen amerikanischen Gesellschaft verbunden.[37]

Millhausers Erzählung schildert die Karriere eines legendären jüdischen Magiers aus Bratislava, der im Wien der Jahrhundertwende mit nie zuvor gesehenen Attraktionen wahre Triumphe feiert. Seine Darbietungen rufen beim Publikum bisweilen Anfälle von Massenhysterie hervor und werden schon bald als Bedrohung der staatlichen Ordnung empfunden. Obwohl Millhauser hervorgehoben hat, daß er die ursprünglich beabsichtigte Lokalisierung des Geschehens in der neuen Welt bald als »boring« empfunden habe und die Verlagerung der Ereignisse in den sozialen Kontext der auseinanderbrechenden Donaumonarchie für die Genese der Erzählung von zentraler Bedeutung gewesen sei,[38] kann die vorliegende Geschichte ihre amerikanische Herkunft nicht verleugnen. Ihr Protagonist ist ein Individuum, das sich über alle menschlichen Begrenzungen hinwegsetzt und insofern an Aylmer in Hawthornes Kurzgeschichte »The Birthmark« erinnert. Gleichzeitig weist die Figur des Magiers, der sich im Verlauf der Geschichte in einen Luftmenschen verwandelt, aber auch auf das Erzählwerk von Bernard Malamud zurück. Durch die Gestalt des Erzählers rückt die »short story« von Millhauser dagegen in die Nähe der Kurzprosa von Washington Irving; denn der Erzähler trägt nicht nur zur Mystifizierung des Geschehens bei, indem er sich auf widersprüchliche Gerüchte über Eisenheim bezieht, sondern er legt sich auch die Rolle des nüchternen Chronisten der phantastischen Ereignisse zu, indem er auf Zeitungsberichte und Polizeiakten rekurriert und dem Unglaublichen auf diese Weise den Anschein von Authentizität verleiht. Aufgrund dieser Erzählstrategien präsentiert sich Millhausers »short story« wie Stephen Vincent Benéts »The Devil and Daniel Webster« als ein Text, der als eine moderne Variante der literarisierten »tall tale« angesehen werden kann.

In ihrem Aufbau orientiert die vorliegende Geschichte sich am Prinzip der Steigerung. Die Klimax äußert sich zuerst darin, daß Eisenheims Kunststücke immer origineller, gewagter und unerklärlicher werden, bis sie schließlich die Beschränkungen der »world of ingenuity and artifice«[39] überwinden und damit das ultimative Ziel einer jeden Zauberkunst erreichen. Danach scheinen alle Hervorbringungen des Magiers – phantomartige Gebilde, die immer phantastischer werden – den einzigen Grund ihrer Existenz in den Geistesanstrengungen des Protagonisten zu haben. Je lebensechter die Manifestationen der magischen Phantasie sind, desto hinfälliger erscheint der Körper des Zauberers. Am Ende der Geschichte entpuppt die körperliche Präsenz Eisenheims sich dann als perfekte Illusion; denn als die Vertreter der Staatsmacht den notorisch gewordenen Magier verhaften wollen, greifen sie buchstäblich ins Leere. Als sich schließlich auch das Gaukelbild seines Körpers in Luft aufgelöst hat, glauben manche Augenzeugen, Eisenheim habe sich aus der zerbrechenden Weltordnung verabschiedet, um Zuflucht zu suchen im unzerstörbaren Reich der Träume; andere halten es dagegen für möglich, daß der Teufel sich seiner bemächtigt hat.

Gekoppelt ist das Strukturprinzip der Steigerung mit einer Unterteilung des Textes in zwei Blöcke, wobei das Jahr 1900 als zeitlicher Einschnitt fungiert. Durch dieses Kompositionsverfahren werden Eisenheims Darbietungen zu Beispielen für die unterschiedlichen Charaktere zweier Epochen. Das 19. Jahrhundert wird als Zeitalter der Mechanik deklariert; denn die Zauberkunststücke, die Eisenheim vor der Jahrhundertwende zeigt, lassen sich trotz ihrer zunehmenden Rätselhaftigkeit zumindest hypothetisch noch immer mit Hilfe physikalischer Gesetze und mechanischer Funktionen erklären. Solche Erklärungsmodelle versagen gegenüber den gespenstischen Kreationen, die nach der Jahrhundertwende zu bestaunen sind, so daß das 20. Jahrhundert als ein Zeitalter erscheint, in dem Geist und Materie radikal voneinander getrennt sind und in dem das Ordnungsgefüge der Natur ersetzt worden ist durch die Herrschaft eines Geistes, der sich seine eigenen Gesetze schafft. Dieser Systemwechsel geht einher mit einem ästhetischen Wandel, der unter dem Vorzeichen einer »radical simplification« (160) steht. Diesem Prinzip entspricht nicht nur der neue gläserne Zaubertisch des Magiers, sondern auch dessen äußere Erscheinung; denn während Eisenheim im alten Jahrhundert im konventionellen Gewand eines Zauberers und mit Bart auftrat, trägt er im neuen Jahrhundert bei seinen Auftritten einen einfachen schwarzen Anzug. Außerdem hat er seinen Bart abrasiert.

Das Kompositionsverfahren der Blockbildung bewirkt also auch, daß zwei Lebensabschnitte des Protagonisten einander gegenübergestellt werden. Eisenheim befindet sich im Jahre 1900 in der Lebensmitte, »when a man takes a hard look at his life« (158). Begnügte er sich bisher damit, andere Magier an Originalität zu übertreffen, so hat er sich für das neue Jahrhundert das Ziel gesetzt, in völlig neue Dimensionen vorzustoßen. Dies bedeutet, daß durch die beiden Teile der vorliegenden Erzählung letztlich auch zwei völlig verschiedene »realms of illusion« miteinander kontrastiert werden. Das alte Reich der Illusion basierte auf der Täuschung der Sinne und der Vorspiegelung von Wirklichkeit durch »ingenuity and artifice«. Es ist an dem selbstzerstörerischen Drang, der ihm innewohnte, gescheitert und zusammen mit dem Zeitalter der Mechanik untergegangen. Das neue Reich der Illusion wird vom Erzähler gekennzeichnet durch die Begriffe »sinister beauty« (156) und »transgression« (161). Es ist also ein Reich des Bösen. In ihm geben lebende

Tote als monströse Ausgeburten des menschlichen Geistes sich ein Stelldichein. Einerseits repräsentiert das neue Reich der Illusion den Triumph eines Geistes, der sich eine Welt nach seinen eigenen Vorstellungen zu schaffen vermag. Andererseits ist dieses Reich aber eine Manifestation des Scheiterns; denn der selbstherrliche Mensch kann die neue Welt erst errichten, nachdem er die alte Ordnung zerstört hat, ohne die er nicht existieren kann. In diesem Sinne ist Eisenheims letzte Vorstellung, in der das neue Reich der Illusion mit der Selbstauflösung des Magiers den höchsten Grad der Vollkommenheit erreicht, »a fateful sign« (149).

Es ist hier nicht möglich, die Episodenfolge in den beiden Teilen von »Eisenheim the Illusionist« im einzelnen nachzuzeichnen. Ein kurzer Vergleich zwischen dem Ende des ersten und dem Schluß des zweiten Teils soll aber gezogen werden. Am Ende des ersten Teils betreibt Eisenheim die Zerstörung der herkömmlichen Magie. In einem ersten Schritt, in der Auseinandersetzung mit seinem berühmten Rivalen Benedetti, decouvriert er die Prinzipien der Illusionskunst und setzt sie damit außer Kraft. Im Anschluß daran kreiert er in Gestalt des geheimnisvollen Magiers Passauer sein eigenes Double, das besser ist als er. In der Maske des Doubles führt er zunächst die Dekomposition seines Körpers vor; dann läßt er sich vom freischwebenden Kopf Passauers verspotten; und schließlich zaubert er in Gestalt seines *alter ego* alle magischen Requisiten hinweg, bevor er sich unter dämonischem Gelächter als Eisenheim zu erkennen gibt. Mit anderen Worten: Am Ende des ersten Teils wird der Illusionskünstler Eisenheim von diesem selbst in einem symbolischen Akt liquidiert. Am Schluß des zweiten Teils wird dagegen das Ende des Rebellen gegen die kosmische Ordnung inszeniert. Eisenheim, der sich unter Aufbietung unglaublicher Kräfte dazu anschickt, die »threads of his being« (168) aufzulösen, vollbringt hier den Akt des »willing himself out of existence«, der Walter B. Jehovah in Fredric Browns Geschichte »The Solipsist« (1954) nicht gelingt.[40] Mit anderen Worten: Der Geist, der die Welt verneinte, verneint nun sich selbst.

Aus dem bisher Gesagten hat sich bereits ergeben, daß der Protagonist von Millhausers Erzählung eine facettenreiche Figur ist. Er entspricht der Gestalt des ewigen Juden, vereinigt in sich aber auch Wesensmerkmale, die auf Faust und den Teufel verweisen. Mit Satan verbinden ihn unter anderem sein dämonisches Lachen und die hervortretende Ader über seiner rechten Augenbraue, durch deren Gestalt das Kreuzessymbol pervertiert wird. Die Ader erinnert nämlich nicht nur – wie der Erzähler meint – an ein auf dem Kopf stehendes Ypsilon, sondern sie gemahnt auch an ein Gabelkreuz, das von oben nach unten gekehrt worden ist.[41] Als Antichrist wird Eisenheim auch dann charakterisiert, wenn es heißt, er habe mit den Mitteln der Magie Bilder der Hölle auf die Bühne projiziert, wenn gemunkelt wird, er habe seinen Rivalen Benedetti in die Hölle versetzt, und wenn der Schuppen, in dem er seine Requisiten aufbewahrt, als Teufelsfabrik apostrophiert wird. Stellt man das satanische Wesen Eisenheims in den Vordergrund, dann besagt die vorliegende Geschichte, daß das Böse die Fundamente des Universums zwar erschüttern kann, sich in letzter Konsequenz aber selbst zerstört.

Ebenso deutlich wie die Hinweise auf das satanische Wesen Eisenheims sind die Indizien, die auf eine Verwandtschaft zwischen dem Magier und Faust schließen lassen. Schon am Anfang der Geschichte wird erwähnt, daß der Protagonist erst durch einen »traveling magician ... in black« (150) mit der Leidenschaft für die Zauberei infiziert worden ist. Die Umstände der Begegnung zwischen dem jungen Eisenheim und seinem Verführer lassen keinen Zweifel daran, daß es Mephisto war, der das Leben des jüdischen Kunstschreiners »in one irrevocable swerve« (151) von seiner vorgezeichneten Bahn abgelenkt hat. Auch am Ende der Geschichte ist die Anspielung auf die Faust-Legende unübersehbar. Nun gilt es, die Verpflichtungen aus dem Pakt mit dem Teufel zu erfüllen, auf den Eisenheims unglaubliches Können von Teilen seines Publikums zurückgeführt wird. In der Antwort auf die Frage, ob die Seele des Magiers schließlich eine Beute des Teufels wird, sind diese Zuschauer sich keineswegs einig. Manche glauben, »a look of fearful exaltation« (168) auf Eisenheims Gesicht wahrgenommen zu haben; andere wollen dagegen gehört haben, daß der Zauberer mit »a cry of icy desolation« (168) aus dem Leben geschieden ist. Träfe die erste Beobachtung zu, würde dies bedeuten, daß der Protagonist dem Teufel – verkörpert durch Herrn Uhl, den Polizeipräsidenten von Wien[42] – entkommen ist und seine Erlösung erwartet. Hätte der andere Teil des Publikums Recht, wäre davon auszugehen, daß der Rebell gegen die göttliche Ordnung den Weg in die ewige Verdammnis vor sich sieht.

Eine weitere Facette der Persönlichkeit des Protagonisten ergibt sich aus dem tieferen Grund, der Uhl zu dem Versuch veranlaßt, seiner habhaft zu werden. Der Polizeipräsident wirft dem Magier vor allem vor, sich verschiedener Grenzüberschreitungen schuldig gemacht zu haben. Zu den Grenzen, über die Eisenheim sich hinweggesetzt hat, gehören die zwischen Kunst und Leben sowie die zwischen Realität und Fiktion. Millhauser hat dem Protagonisten seiner Geschichte also auch die Züge eines Künstlers verliehen, dessen Programm der Grenzüberschreitung der Konzeption der experimentellen amerikanischen Kunst der sechziger und siebziger Jahre entspricht. Bei der Antwort auf die Frage, welches Urteil in der vorliegenden Geschichte über diese Kunstauffassung gefällt wird, sollte man sich daran halten, daß der Erzähler alle Fiktionen Eisenheims unter der Wendung »the dark realm of transgression« (161) subsumiert. Uhls Absage an das Konzept der Grenzüberschreitung besagt dagegen nicht viel; denn es könnte sein, daß der Polizeichef seine Existenz jener Form der Kunst verdankt, über die er sich empört. In Wien macht jedenfalls die Spekulation die Runde, daß Uhl gar keine reale, sondern eine fiktive Person gewesen ist – von Eisenheim geschaffen, um seinem Abgang von der Bühne die Form einer effektvollen Inszenierung zu verleihen. Der Erzähler erscheint demgegenüber als eine verläßlichere Figur; denn die Frage, ob auch er nicht nur eine Fiktion ist, wird in »Eisenheim the Illusionist« anders als in Coovers »The Magic Poker« nirgendwo gestellt.

Um das Realitätsproblem und das Phänomen der Grenzüberschreitung geht es auch in Marc Helprins Geschichte »The Schreuderspitze«, die zu der Sammlung *Ellis Island and Other Stories* (1981) gehört. Doch setzt der Autor, der schon 1975 mit dem Band *A Dove of the East and Other Stories* hervorgetreten ist, im Rahmen dieser Thematik ganz andere Akzente, als Millhauser es in »Eisenheim the Illusionist« getan hat. Während Millhausers Geschichte von Interferenzen zwischen Realität und Fiktion handelt, wird in Helprins Erzählung gezeigt, daß die Welt diesseitiger Erfahrungen und eine höhere, dahinterliegende Wirklichkeit eine Einheit bilden. Außerdem wird durch die vorliegende Geschichte verdeutlicht, daß die alltägliche Wirklichkeit in die Welt der Träume hineinwirken und die Welt der Träume umgekehrt die Realität verändern kann. Diese Einsichten werden von dem Protagonisten, dem Münchener Photographen Wallich, im Rahmen einer schweren Prüfung gesammelt, auf die er sich zielstrebig vorbereitet. Sie sind also das Ergebnis einer Suche. Damit entspricht Helprins »short story«, die mit ihrem zum Manierismus neigenden Erzählstil bisweilen an Updike erinnert, in einem wesentlichen Punkt den im zweiten Teil dieses Kapitels behandelten Kurzgeschichten von Richard Bausch, Siri Hustvedt und Madison Smartt Bell.

Die Handlung der vorliegenden Geschichte ist nicht nur in München, sondern auch in Garmisch-Partenkirchen und in der unmittelbaren Umgebung des Berges lokalisiert, dem die Erzählung ihren Titel verdankt. Ihren Ausgangspunkt bildet der Unfalltod der Frau und des Sohnes des Protagonisten, der Wallich unvorbereitet getroffen und aus dem Gleichgewicht geworfen hat. Die destabilisierende Wirkung dieser Erfahrung versucht der Photograph durch die bewußt herbeigeführte Erfahrung eines anderen Leids zu neutralisieren. Die selbstverordnete Prüfung, die das Gegengewicht zum Schmerz über den Verlust seiner Angehörigen bilden soll, ist die Besteigung der Schreuderspitze. Nur durch die Bewältigung dieser Herausforderung kann Wallich nach seiner eigenen Meinung die Selbstsicherheit zurückgewinnen, die nötig ist, um ohne die Gefahr eines Absturzes durch das Leben gehen zu können.

Von Beginn an läßt der Erzähler keinen Zweifel daran, daß der Protagonist von Natur aus über Anlagen verfügt, die ihn dazu befähigen werden, den selbsttherapeutischen Test erfolgreich zu bestehen. In einem Ferienlager begriff er als erster Junge, daß es leichter ist, zwei Wassereimer einen Berg hinaufzuschleppen als einen. Seinen guten Ruf als Photograph verdankt er Bildern, die auf der Überzeugung beruhen, daß die Formen technischer Produkte mit natürlichen Formen korrespondieren, und die somit auf Wallichs Fähigkeit verweisen, gegensätzliche Welten zum Ausgleich zu bringen. Auch die Versuchsanordnung, die der Protagonist für seinen Test gewählt hat, ist dazu angetan, den Erfolg des Unternehmens zu gewährleisten. Als Wallich den Entschluß zu seiner Expedition faßt, heißt es in der Geschichte: »Though he dared not cross the border, he thought perhaps to venture near its edge, to see what he would see«.[43] Der bodenständige Photograph entfernt sich also nicht sehr weit von München; er begibt sich in einen Grenzbereich, von dem aus er sich eine neue Dimension der Erfahrung erschließen kann, ohne die vertraute Welt aus dem Blick zu verlieren. Auch nach der Wahl des Ortes für sein »ordeal« (369) geht Wallich mit Umsicht vor. Zwar bewirken seine Vorbereitungen auf die Bergbesteigung, die seinen Körper und seinen Geist stählen und sein Wahrnehmungsvermögen erweitern sollen, daß er in den Augen seiner Mitmenschen immer mehr zu einem mysteriösen Sonderling wird, doch zeichnen sie sich durch Akribie und methodische Folgerichtigkeit aus.

Der phantastische Charakter der Geschichte besteht darin, daß der penibel geplante Angriff auf den Berg nirgendwo den Status eines realen Geschehens erlangt, sondern sich ausschließlich im Rahmen einer Traumsequenz vollzieht. Am Schnittpunkt zwischen dem realistischen und dem phantastischen Teil der Geschichte steht die Begegnung mit einer Familie, die Wallich auf einem Bahnsteig trifft. Sie besteht aus einer Mutter, die in ihrer Beziehung zu ihren Kindern die Mitte zwischen »detachment« und »preoccupation« hält,[44] einem Vater, der »confident and steadfast« (380) ist, und zwei Töchtern, deren unterschiedliche Temperamente sich ausgleichen. Für Wallich, dessen Expedition unter den Zeichen von »balance« und »symmetry« (369) steht, stellt diese Familie ein Vorbild dar. Die Begegnung mit ihr findet ihren Nachhall zunächst in angenehmen Träumen, schlägt sich dann aber in einem Alptraum nieder, in dem sich der Verlust der Angehörigen für den Protagonisten wiederholt. Dabei ist bemerkenswert, daß die geträumte Erfahrung des Verlusts realer als die tatsächliche Erfahrung ist; denn erst im Verlauf seines Alptraums wird Wallich vollends klar, daß seine Frau und sein Sohn aus seinem Leben geschieden sind. Der Photograph steht am Beginn seiner Träume also an demselben Punkt wie in der Wirklichkeit: Er ist ein Gratwanderer, der nach einem sicheren Weg durch das Leben suchen muß; er muß einen Ausweg aus einer Lebenssituation finden, die ihm das Gefühl vermittelt, wie ein Tier in einer Höhle gefangen zu sein.

Die Suche nach diesem Weg ist mit Rückschlägen verbunden. Zunächst gelingt es Wallich, sich mit zunehmender Sicherheit in der Wand der Schreuderspitze zu bewegen. Er ist sogar in der Lage, die diesseitige Welt von dort als eine aus Gegensätzen bestehende Einheit zu betrachten. Dieser Akt des Synthetisierens gelingt ihm dann aber nicht mehr, als er den Gipfel der Schreuderspitze nach Anbruch der Dunkelheit erreicht hat. Er ist praktisch in einer höheren Wirklichkeit angekommen, hat den Kontakt zur diesseitigen Welt aber verloren, was dazu führt, daß er das Hier und Jetzt aufgrund seiner neuen Erfahrungen nach dem Erwachen aus seinem Traum verachtet. Einen Rückschlag erlebt der Protagonist auch zu Beginn seines letzten Traums, in dem ihm die Bergwelt zunächst als ein Inferno erscheint. Doch erweist sich dieser Rückschlag als eine notwendige Etappe auf dem Weg zu einer höheren Bewußtseinsstufe; denn der Durchgang durch das Inferno ist die Voraussetzung dafür, daß sich Wallich im weiteren Verlauf desselben Traums nicht nur »the light of things« (391), sondern auch die historische Dimension allen Seins erschließt. Vorbereitet wird diese Erweiterung der Wahrnehmung durch die Begegnung mit einem Kind, in dem der Protagonist seinen Sohn zu erkennen glaubt. Das Kind wirkt auf ihn wie ein Bote aus dem Jenseits, der ihm die Existenz einer geheimnisvollen Welt offenbart, die jenseits der Grenzen des Hier und Jetzt liegt. Wallich wird in diesem Traum erstmals bewußt, daß es ein Leben nach dem Tode gibt. Er erkennt, daß der Verlust seiner Angehörigen, der ihn um sein seelisches Gleichgewicht gebracht hatte, als ein Ereignis einzustufen ist, das nur die Welt diesseitiger Erfahrungen berührt. Jenseits der Grenzen dieser Welt ist es umkehrbar und deshalb ohne Bedeutung.

Am Ende der Geschichte löst Wallich einen Fahrschein für seine Rückreise nach München. Er kehrt als neuer Mensch in die vertraute Umgebung zurück, die ihm durch den Tod seiner Angehörigen fremd geworden war und die er unter mysteriösen Umständen verlassen hatte. Während sich der Protagonistin der oben besprochenen Geschichte von Patricia Henley bei ihrer Rückkehr in ihr Elternhaus keine neue Lebensperspektive eröffnet, erscheint Wallich als ein Mensch, der gestärkt aus seiner Lebenskrise hervorgegangen ist und seine vertraute Umgebung mit neuen Augen zu betrachten vermag. Auf der letzten Etappe seiner Traumreise hat er einen neuen Kontinent entdeckt, der nicht den Gesetzen der Zeit unterliegt. Er hat von einer höheren Warte, die ihm das Wesen der Dinge erschloß, auf die diesseitige Welt herabgeblickt und dabei erkannt, daß diese Welt in eine höhere Wirklichkeit eingebunden ist. Helprin porträtiert also einen Menschen, der eine religiöse Erfahrung macht und dem es gelingt, aus seinem Leiden, das ihn bis an den Rand des Wahnsinns getrieben hat, eine neue Glaubensgewißheit zu schöpfen.

Helprins Erzählung ist wie die anderen in diesem Kapitel vorgestellten Kurzgeschichten ein Beispiel dafür, daß die in den siebziger Jahren schon totgesagte amerikanische »short story« nichts von ihrer Vitalität eingebüßt hat. Allein der *New Yorker* veröffentlicht in jedem Jahr mehr als fünfzig Kurzgeschichten, und in der Anthologie *The Best American Short Stories* werden Jahr für Jahr neben den zwanzig publizierten Erzählungen weitere einhundert »distinguished stories« genannt. Brander Matthews' Hinweis auf die »limitless possibilities« der Gattung hat weiterhin seine Gültigkeit.

Appendix

Defective Perceptiveness, Amnesia and Malcommunication in Purdy's »Color of Darkness«

(Zuerst erschienen in: *Literatur in Wissenschaft und Unterricht* 12 (1989), S. 30-40)

James Purdy's uniqueness as a writer is not only reflected in the mannerisms of his style. Moreover, he shows himself capable of revealing the inner life of his characters in an unobtrusive manner, and he also has the ability to explore extreme emotions in tightly structured narrative forms. In fact, his is a narrative art which is characterized not only by unexpected and strange arrangements of realistic details, but also by the suggestiveness of small gestures, familiar things and ordinary expressions. In spite of their unique character Purdy's stories can, however, be related to various trends in the development of the modern American short story. As a creator of grotesque characters Purdy calls to mind Sherwood Anderson, while the precision of his style, the frequent use of dialogue, and the narrator's seemingly detached attitude towards what he relates are reminiscent of Hemingway's mode of writing. Like Salinger, Updike and Cheever, the author of »Color of Darkness« employs the short story as a vehicle for social criticism whose main target is the American middle class, and like Bellow, Malamud and other Jewish writers he has chosen alienation and identity as two of his main themes. Because of the nightmarish quality of his stories and his depiction of violence verging on the absurd, Purdy has been numbered among the representatives of what is called the new American Gothic. On account of his predilection for the fantastic and for black humour he has also been associated with innovative writers such as Hawkes, Barthelme and Barth.

Since most of these aspects appear in the title story of Purdy's first collection[1], »Color of Darkness« can be regarded as representative of the author's short fiction. This is all the more true as the story portrays a broken family which consists of the father, his son Baxter and the housekeeper Mrs. Zilke who functions as a mother-surrogate. The incompleteness of the family's structure is aggravated by the fact that the son is an only child for whom the mother's absence seems to have less fateful consequences than the father's inability to fill his parental role. Most of the time the father, who remains nameless and can thus be taken as a representative figure, is absent from home. Working in Washington, where he holds a fairly high position, he is totally involved in his career, and when he comes home, he acts like a stranger hiding behind a screen of tobacco smoke. This symbol is, of course, indicative of the breakdown of communication which Purdy – like so many modern authors – dwells upon in his work.

In »Color of Darkness« the relationship between all of the characters is reduced to a state of malcommunication or even non-communication. In the case of the father and the housekeeper this becomes evident when the latter unwillingly accepts her employer's invitation to »a pony of brandy« (20). Although the father shows himself capable of talking about his sense of alienation for the first time, and although the narrator remarks that »A cord of tension ... that had existed between them earlier« (21) snaps in this ritual-like episode, the ceremony of drinking does not lead to a closer contact between the two ›communicants‹. This becomes clear when the father proposes a toast which consists of the »usual words« (21). Finally, the housekeeper resumes her everyday activities and the conversation peters out.

Though the wall between him and Mrs. Zilke has not been broken down, the father is firmly convinced of the beneficial influence of the housekeeper's kindness on himself and on his son, and consequently he regards it as the force which holds the family together. This judgement is, of course, not totally false, but a close analysis of the relationship between Baxter and his nurse confirms that it is at the same time based on wishful thinking. On the one hand, the housekeeper cares for her foster child to such an extent that she is worried by his loneliness and urges the father to buy him a dog; on the other hand, she treats Baxter in a rather mechanical way (28) and thus proves herself unwilling or even unable to completely fulfil her role as a mother-substitute. In the last part of the story the narrator in fact mentions the nurse's »new understanding of the boy« (29), but soon afterwards this evaluation is modified by Mrs. Zilke's own words (31). There is no indication in the text that the relationship between Baxter and his nurse approaches the state of intimacy. The boy looks upon the housekeeper first with indifference, then with hate (29), and when he is crouched on the floor he has the impression that Mrs. Zilke, who is standing before him, is »so far away« (30).

The estrangement between Baxter und his father becomes quite clear when one compares the last part of the story with the opening. In the concluding episode the son refuses to surrender the father's wedding ring and thus forces his parent to squat beside him. Although this gesture gives him the impression that his father is making the first attempt to play with him, the boy fiercely rejects this approach and symbolically frees himself from his subordinate position. After having disowned his father by kicking him vigorously in the groin[2], he escapes to the upper staircase from where he goes on humiliating his prostrate father by pronouncing »the obscene word« (31). In contrast to this image of total separation, the first episode is still indicative of Baxter's groping attempts to come into closer contact with his father. These attempts are expressed by the son's wish to stay with his parent and by his kissing him after he has been taken on his lap. But even this opening part of the story already contains some signs of estrangement between parent and child. First of all the narrator remarks »(that the boy) never seemed able to get close enough to his father« (17) and at the end of the first episode he intimates that the father will not succeed in meeting the expectations of his son.

248

In the further course of the story this estrangement is gradually intensified. When Baxter kisses his father for the second time, he meets with a reaction which embarrasses him profoundly. A little later the reader learns that the father mistakes his son for a younger brother whom he hardly knows. Though Baxter is identified with a gift which evokes the associations of »value and liability« (23), he also appears to his father »more and more ambiguous and obscure« (23). On the other hand, on cannot fail to notice that Baxter is gradually withdrawing from his father. When they meet for the third time he refuses to kiss him, and soon afterwards he retires to a corner where he starts playing and talking to himself. When the father finally approaches his son and tries to persuade him to hand over the wedding ring, the boy, who is disgusted with the sound of the word 'son', reacts absent-mindedly and thus imitates his father's usual response. After his attitude of mere indifference has given way to hate, he provokes his opponent to resort to force, which he answers with his own act of unbridled violence.

The structural principle of gradually intensifying an initial situation has often been employed by modern American short story writers. Purdy has used it in all of his short narratives. In »Color of Darkness« the use of this principle, which points back to Melville and Crane, above all throws into relief the boy's isolation and the father's lack of interpersonal relations. Purdy also uses it to vary the main themes, motifs and symbols, which form a body of set pieces and are constantly repeated, modified and combined with each other.

The most important of these set pieces is the leitmotif of the colour of other people's eyes which the father cannot call to mind. Only with Mrs. Zilke's assistance and only on one occasion is he able to identify the colour of his son's eyes. Since Baxter answers this sign of attention with a spontaneous kiss, it is obvious that the motif of the forgotten colour of other people's eyes serves to illustrate the father's alienation. On closer examination it becomes evident that Purdy intensifies this motif in a twofold manner. First of all, the spatial distance between the father and those people whose images have grown pale decreases step by step. When the story opens, the father, who cannot tell why and when Baxter's mother deserted him, shows himself incapable of recalling the colour of his wife's eyes. Then, at the end of the first episode, he fails to remember the eyes of his son, although Baxter has just left his lap, and a little later he cannot even visualize the eyes of his housekeeper who is still sitting opposite him. Secondly, this motif is enhanced in so far as the father's amnesia includes the inability to recall any of the distinctive characteristics of other people. Even at the beginning of the story the narrator mentions that the father has not only forgotten the colour of his wife's eyes but also »the general structure of her face« (17). Although initially he still manages to recall her »warm hearty comforting voice« (17), the reader is later informed »(that the father) could not remember« her now at all« (24). There is no longer any difference between his wife and all the other girls with whom he entertained only superficial relationships. Viewed under this aspect the colour of darkness, which quite frequently occurs in

Purdy's stories and novels, is a symbol for the emptiness within the father, whose amnesia associates him with Purdy's other narcissistic parents[3], because it is rooted in his unconcern for other people.

Apart from delineating the hollowness of the father's inner self and the alienation of a man who hardly knows himself[4], the motif of the forgotten colour of other people's eyes yields an additional meaning when the father finds the strength to confess and to engage Mrs. Zilke in a conversation about his grotesque problem of an impaired memory. On this occasion he establishes a connection between his in-sufficient memory and his defective perceptiveness (21).[5] Like the motif of the eyes which cannot be remembered, the theme of disorientation is introduced right at the beginning when the father asks himself what his son knows and what he does not know. As one of the set pieces this theme is also repeated in a modified form in the further course of the story. There is again no satisfactory answer to the question: »What does he know?« (19) at the beginning of the second part, and in the third episode the embarrassed Baxter – commenting on the parent's reaction to his kiss – comes to the conclusion that his father is incapable of understanding anything. In the last scene where Mrs. Zilke, who changes her glasses, and the father are forced into closely watching the child because of his provocative behaviour, the reader first gets the impression that the parent and the nurse have been cured of their blindness (29); soon afterwards, however, it becomes clear that this impression is false, for at the end of the story the father does not know where his son picked up the obscene word, and Mrs. Zilke admits: »I don't know what's happening to people« (31).

Like the motif of the forgotten colour the theme of the father's defective percep-tiveness is also expanded by transferring it to other frames of reference. First of all, the father confesses that all children are a mystery to him and that this is the reason for his inability to communicate with the younger generation. Soon afterwards he even advances the opinion that all human beings, with the single exception of Mrs. Zilke, are enigmas, and a climax is reached when he reflects on the importance of his profession. There is no doubt for him that his work, which is responsible for his alienation (20), is the most significant aspect of his life, though he is in no position to define its meaning within the greater context of reality (24). He thus appears as a man for whom not only his inner self, his son and all fellow beings, but the world itself are inextricable mysteries. Seen from this point of view, the title »Color of Darkness« suggests not only the inner emptiness of the father but also an essentially obscure reality which the father faces with utter helplessness.

The father's blindness also finds expression in his erroneous conception of Mrs. Zilke, with whom he compares himself. Looking upon her as a contrasting figure, he believes that she is able »(to) identify all the things which came into her view« (24). Although she can only give insignificant answers to his questions about his son, he nevertheless takes her for the living proof of the fact that there are still people whose contact with reality is undisturbed. He envies »Mrs. Zilke's command over every-thing« (24), but it still seems important for him that his picture of his son's nurse corresponds with reality because he is aware of his own alienation and defective perceptiveness. There is further evidence of his hope that the housekeeper will be able to compensate for his own insufficiency when he contradicts her remark: »Well, I don't know anything« (20) and when he tries to talk her into believing that she can recall the colour of the eyes of all the members of her family. Since Mrs. Zilke notices Baxter's loneliness and is also capable of identifying the colour of his eyes, it is obvious that her perceptiveness is less defective than the father's, but this does not mean that her vision is totally clear. Apart from two of the nurse's own remarks, which have already been quoted, and apart from the housekeeper's behaviour at the end of the story, which will be discussed later, the opposite can be concluded from the fact that Mrs. Zilke was never in a position to understand her own children (19). Consequently, she also appears as a human being for whom reality remains a mystery after all.

The father's illusory hope that Mrs. Zilke will make up for his own inadequacy is all the more understandable as his sense of alienation and his helplessness in the face of a puzzling reality are coupled with a strong feeling of exhaustion. Even at the beginning of the story the narrator mentions that the father is not worried by his inability to visualize the eyes of his wife, although he knows that he should be alarmed. Moreover, the father's exhaustion is indicated by the theme of premature aging, which again is intensified by means of repetition and variation. Like the husband in »Man and Wife« and in contrast to the mother in »Why Can't They Tell You Why?«, Baxter's father feels much older than he actually is.[6] What is more, he expresses the absurd idea that all people, even children, are forty years old. The theme of premature aging, is, however, not only indicative of the father's resignation, but also serves to highlight the relationship between the exhausted parent and his son. In the first episode, where he still hopes to come into closer contact with his father, Baxter insists on his parent's youthfulness. This view, however, is abandoned in the third scene where the boy realizes that his father cannot meet his expectations. At the beginning of this part the son associates the theme of aging with the idea of death and implicitly poses the question whether death is a phenomenon he and his father should examine carefully. Having in vain awaited a satisfactory answer, Baxter asks the astonishing question: »Why aren't we all dead then?« (23), which not only shows that the boy ranks among Purdy's precocious children, but at the same time reveals that the father's weariness of life has begun to infect his son, who later explicitly adopts an indifferent attitude towards what happens to him in life (30).

In spite of his indifferent attitude, Baxter responds aggressively to the experience of frustration. In this context the remarks about his playthings, which confirm the structural principle underlying the composition of »Color of Darkness«, are a case in point. Like most of the other set pieces the toy-motif is introduced right at the beginning when the narrator reports that Baxter has just stumbled over one of his engines. Whereas this incident seems to have been caused by the cheerful mood into which the boy has been put by his father's assurance that he can stay with him forever, a totally different atmosphere is created when the son's toys are mentioned for the second time. Asking the question: »Why aren't we all dead then?« Baxter sails a paper aeroplane through the air, and immediately afterwards he does the same with a paper bird, which gets caught in a philodendron plant, »as though it were a conscious addition« (23). At the beginning of »Why Can't They Tell You Why?« the bird and the aeroplane are employed as symbols for the child's desire to cast off the ties of isolation (66), whereas towards the end of that story the bird is connected with the atmosphere of menace the boy is exposed to (71).[7] In »Color of Darkness« Baxter's playthings bear the same connotations. While the toy crocodile with which the son spends the following night can be interpreted as a symbol for the atmosphere of menace, the bird and the aeroplane serve to illustrate the boy's entrapment[8], which is later indicated by the metaphor of the net (28). Apart from these connotations Baxter's playthings carry a further meaning which is suggested in a twofold manner: The child uses the bird as a kind of weapon when he consciously forces it upon the plant, and he thoroughly shocks his father by sleeping with the enormous crocodile. What is merely hinted at here becomes fully evident when the boy finally throws his Tinker Toy at his nurse: the toy-motif has developed into a full-fledged symbol for Baxter's aggressiveness.

In the last episode, where the boy's aggressiveness manifests itself fully, the father's wedding ring, which has to be numbered among the story's key-symbols, is included in this context. Although the time he spent with his wife has lost all relevance for him, the father still wears the meaningless symbol and thus sticks to the social convention which expects from a man of his age that he be married (25). When at the end he carelessly leaves the ring on the table, the reader may get the impression that the social convention begins to lose its hold upon the father, but it is in fact left to Baxter to reveal the falsehood symbolized by the ring. He takes it into his mouth, pretends to be chewing gum, and finally calls the traditional symbol of harmony – which he has been longing for in vain – »A golden toy« (30). What is more, by refusing to hand it over he turns the ring into a symbol for his rebellion, which reaches its climax when the boy, who is ironically »Close enough to his father« (17) at the moment of utmost estrangement, kicks his parent in the groin. The conclusion of the story conveys the impression that the father is no more able to comprehend the meaning of his son's rebellion than the puzzled Mrs. Zilke, for he abandons himself to his »exquisite« (32) bodily pain, whereas the housekeeper continues to look upon the ring as a valuable object[9], although it is in fact as flimsy as the »rings of smoke« (28) coming from the father's pipe.

There is a similar disparity between Baxter's view and that held by the adults about the dog. Whereas Mrs. Zilke and the father are convinced that the animal will help the son get over his loneliness, the boy treats his pup like a worthless toy. As a mongrel »with a pitifully long tail« (26) the dog, which is not willing to play its role as Baxter's »new little friend« (26), and which is finally locked up in the basement, is from the very beginning unable to compensate for the lack of human affection. In the same degree as the dog resists the relationship with the boy, the child is overcome by a feeling of repulsion for the animal. Only after having been urged by his father and his nurse does he approach the pup, whose urine at first evokes in him the same feeling of nausea as the sound of the word 'son'. Since Mrs. Zilke and his father do not help, Baxter is incapable of naming the dog, and the proposal that he share his bed with his new 'playmate' instead of with his stuffed toy animals is bluntly rejected. Obviously the pup is only relevant for the boy in so far as it is also a creature which opposes superficial relationships.[10] Thus, imitating the dog's behaviour, Baxter retires to the same corner in which the animal had awaited and thwarted his own half-hearted approach. Moreover, it should be noticed that the dog's water, which had, significantly, soiled the floor near the father's desk, no longer evokes Baxter's disgust because he now interprets the animal's misbehaviour as an act of malice with which he can identify[11]. Considered in this light, Baxter's attitude towards the dog appears to be associated with the toy-motif in so far as it also serves to illustrate the boy's increasing hostility towards an environment which has disappointed his need for human warmth and security.

The descriptions of the characters' behaviour and the family's condition in »Color of Darkness« reflect current research by sociologists and social psychologists on the nuclear family in America and on the plight of children in broken homes. The father is a representative character in so far as he is incapable of coordinating his occupational role with his roles as husband and parent. According to sociological and socio-psychological research the reason for this frequent role-conflict lies in the fact that from early childhood on, the American male is conditioned to filling the so-called instrumental role, which means that he has to support the family and to concentrate on his vocational career.[12] In »Color of Darkness« the father's childhood and adolescence remain in the dark, but his fixation on the occupational role is expressly confirmed by Mrs. Zilke. In the case of Baxter's mother this fixation may have been the reason for deserting her family, and for the father himself, who is significantly not even given a name, it results in the loss of his sense of identity.[13] Furthermore, the inability to combine the occupational with the parental role is responsible for the father's unwillingness to engage in intimate contact with his child. This lack of fatherly attention is illustrated by the barriers against intrusion he erects around him.[14] Both the cloud of tobacco smoke and the newspaper behind which the father habitually hides, can be interpreted as walls preventing intimate relations.

The erection of barriers against intrusion and the avoidance of intimacy are identical with the rejection of the so-called expressive role, which complements the instrumental role and is equally important for the existence of the nuclear family. In »Color of Darkness« some of the aspects of the expressive role, which is normally filled by the mother but can also be occupied by the father, are taken over by Mrs. Zilke. Her efforts to fill the expressive role become evident when she comforts

Baxter after he has stumbled over one of his engines, and when she talks to him sitting by his bed. Moreover, she establishes a connection between the child and the parent by urging the father to take his son to a pet shop and she tries to avert the violent quarrel over the wedding ring by soothing Baxter[15]. But in spite of these efforts, Mrs. Zilke ultimately fails in her function as a mother-substitute because she can only partially meet the demands of the expressive role.

It follows both from the nurse's inability to fully embody the expressive role and from the father's unreserved commitment to his occupational role that the structure of the family described by Purdy is seriously disrupted. This disruption makes it impossible for Baxter to identify positively with one of the parents.[16] He thus suffers a nearly total loss of emotional gratification. According to socio-psychological research this inevitably leads to insecurity, a feeling of rejection, self-hate, hostility, and a strong dislike for the institution of marriage.[17] Whereas the first two symptoms of the boy's mental wound find expression in the third part of the story where the narrator points out that after the father's reaction to his kiss »the son moved awkwardly, grinding his tiny shoes in the carpet« (23), the other signs can be found in the last episode where Baxter treats the wedding ring like a piece of chewing gum, disowns his father by an act of violence, and is overcome by disgust on hearing the sound of the word 'son'.

Although »Color of Darkness« is the only story in which the relationship between father and son forms the centre of the narrative, it resembles many of Purdy's novels and tales in so far as it is also concerned with a boy's search for a father.[18] This recurrent theme is, of course, only part of the larger topic of disrupted interpersonal relationships. In illustrating the various aspects of this topic Purdy makes use of two closely related story-types which constitute the main body of his short fiction. The first of these groups, containing stories such as »Don't Call Me By My Right Name« and »Man and Wife«, deals with the disrupted relations between childless couples and concentrates on the figure of the domineering wife, whereas the second group, focussing on the figure of the selfish and tyrannical American mother, is concerned with the relationship between children and their parents. »Why Can't They Tell You Why?«, one of the stories of the latter group, complements »Color of Darkness« in as much as it shows a mother ruthlessly destroying the vulnerable psyche of her »little man« (68), whereas »Eventide« and »Cutting Edge« can be regarded as companion pieces of both »Color of Darkness« and »Why Can't They Tell You Why?« because they partly serve to illustrate a later phase in the development of maltreated sons. By concentrating on the topic of interpersonal relationships, Purdy not only confines himself to analyzing the bleak lives of orphaned or half-orphaned children, barren couples and alienated individuals, but at the same time renders a drab picture of contemporary American society, which he believes to be characterized by selfishness, indifference, violence, and the absence, perversion or futility of love. Pointing out the universal aspect of his stories Purdy once said:

All of my work is a criticism of the United States, implicit not explicit. This is a culture based on money and competition, is inhuman, terrified of love ... Our entire moral life is pestiferous and we live in a completely immoral atmosphere ... I believe the human being under capitalism is a stilted, depressed, sick creature, ..., and that our national life is a nightmare of noise, ugliness, filth and confusion ...[19]

Select Bibliography

Adams, Stephen D., *James Purdy* (London, 1976).
Baldanza, Frank, »James Purdy's Half-Orphans«, *The Centennial Review,* 18 (1974), 255-272.
Chupack, Henry, *James Purdy* (Boston, 1975).
Freese, Peter, *Die amerikanische Kurzgeschichte nach 1945* (Frankfurt/M., 1974).
French, Warren, »The Quaking World of James Purdy«, *Essays in Modern American Literature,* ed. Richard E. Langford (DeLand, 1963), pp. 112-122.
Malin, Irving, *New American Gothic* (Carbondale, 1962).
Maloff, Saul, »James Purdy's Fictions: The Quality of Despair«, *Critique: Studies in Modern Fiction,* 6 (1963), 106-112.
Peden, William, *The American Short Story: Continuity and Change 1940-1975* (Boston, 1975).
Schwarzschild, Bettina, *The Not-Right House: Essays on James Purdy* (Columbia, 1968).

»Color of Darkness« has been included in the following anthology: Willoughby Johnson and William C. Hamlin (eds.), *The Short Story* (New York, 1966).

Appendix

John Cheever: »The World of Apples«

(Zuerst erschienen in: Michael Hanke (Hg.), *Amerikanische Short Stories des 20. Jahrhunderts*, Stuttgart 1998, S. 96-103)

John Cheever (1912-82) war das, was man in den Vereinigten Staaten einen WASP nennt: ein weißer amerikanischer Schriftsteller angelsächsischer Herkunft und protestantischen Glaubens. Er wurde in Quincy im Bundesstaat Massachusetts geboren, erhielt seine Ausbildung an der Thayer Academy, diente in der Armee, arbeitete beim Fernsehen und als Lehrer und siedelte sich schließlich als freier Schriftsteller in Ossining im Bundesstaat New York an (Donaldson). Cheever war ein sozial- und kulturkritischer Autor, der sich – hierin Salinger, Purdy und Updike vergleichbar – immer wieder mit dem Wertsystem der gehobenen amerikanischen Mittelklasse auseinandersetzte und viele seiner Kurzgeschichten im sozialen Sektor der amerikanischen Vorstädte lokalisierte.

Schon 1940 nahm Cheever seine intensive Kooperation mit dem *New Yorker* auf. Dieses Magazin fördert vor allem Autoren, die sich in ironischem Ton, auf hohem stilistischen Niveau sowie unter Verwendung mythischer Stoffe und literarischer Anspielungen mit Persönlichkeitskrisen und den Problemen des städtischen Alltags beschäftigen. Cheever veröffentlichte zahlreiche seiner Kurzgeschichten in diesem Magazin, bevor er sie in einen seiner sechs Sammelbände integrierte. Als vom *New Yorker* geprägter Schriftsteller war er ein Repräsentant der *well-made story,* der die konventionelle Erzählweise bevorzugte, doch teilte er mit den experimentellen amerikanischen Erzählern der sechziger und siebziger Jahre deren Interesse am Phantastischen und an der Mythologie (Ahrends).

Neben den Kurzgeschichten, die im sozialen Sektor der *suburbia* angesiedelt sind, hat Cheever eine Reihe von Erzählungen verfaßt, in denen Italien als Schauplatz fungiert. In diesen Erzählungen, zu denen die hier zu erörternde Titelgeschichte der 1973 erschienenen Sammlung *The World of Apples* gehört, hat Cheever das sogenannte *international theme* aufgegriffen, das bei Henry James, Edith Wharton und Bernard Malamud eine große Rolle spielt. In »The World of Apples« porträtiert er den aus Vermont stammenden greisen amerikanischen Dichter Asa Bascomb, der sich schon vor Jahrzehnten in einer kleinen italienischen Stadt südlich von Rom niedergelassen hat. Als der an Robert Frost erinnernde Naturpoet eines Tages in einem Wald einem kopulierenden Liebespaar begegnet, gerät er in eine Identitätskrise. War er früher in der Lage, die Vielfalt und Farbigkeit der Landschaft Neuenglands ebenso in seiner Lyrik zu vergegenwärtigen wie deren Bitternis und Schwermut, so erlebt er nun, daß sein von obszönen Gedanken beherrschtes Bewußtsein nur noch pornographische Literatur hervorzubringen vermag. Im weiteren Verlauf schildert die vorliegende Geschichte dann die Versuche Asa Bascombs, diese Krise zu überwinden. Am Schluß der Erzählung nimmt er ein Bad in einem Wasserfall und erlebt seine Wiedergeburt. Ob diese Feststellung des Erzählers für bare Münze genommen werden kann, ist später zu erörtern.

Zweifel an den abschließenden Bemerkungen über Bascomb sind deshalb möglich, weil Cheever seinen Erzähler mit unterschiedlichen Perspektiven operieren läßt. Bei der Beschreibung der Identitätskrise werden dem Leser Einblicke in das Bewußtsein des Dichters eröffnet, indem der Erzähler den Rezipienten unmittelbar mit den Fragen konfrontiert, die der verunsicherte alte Mann sich stellt. An anderen Stellen nimmt der Erzähler dagegen mit ironischen Bemerkungen über den Protagonisten die Position eines distanzierten Beobachters ein.

Diese Erzählperspektive wird schon zu Beginn der Geschichte etabliert. Der Erzähler bemerkt dort zum Beispiel, daß sich Bascomb die Frage, warum der Nobelpreis ihm nie zuerkannt worden ist, ausgerechnet in dem Moment aufdrängt, in dem er einen lästigen Hornissenschwarm mit Hilfe eines Exemplars der Zeitung *La Stampa* zu vertreiben versucht. Außerdem erwähnt er, daß zu den zahlreichen Ehrungen, die dem Poeten zuteil wurden, ein Ofen in dessen Atelier gehört, den der Osloer P.E.N.-Club gestiftet hat. Ferner redet er in einem Atemzug von der linearen Genauigkeit Bascombs und von den widerspenstigen Haarlocken, die das unverwechselbare Kennzeichen des alten Mannes sind. Wichtig ist in diesem Zusammenhang auch der Hinweis, daß Bascomb ein verkannter Künstler ist – verkannt nicht etwa, weil der besondere Wert seiner Lyrik unentdeckt geblieben wäre, sondern weil seiner Dichtung Vorzüge unterstellt worden sind, über die sie gar nicht verfügt. So ist der oft gezogene Vergleich zwischen den Gedichten des Amerikaners und der Malerei Cézannes unangemessen, weil er sich bestenfalls auf die handwerklichen Fähigkeiten beider Künstler, nicht aber auf deren visionäre Kraft beziehen läßt.

Bei Licht besehen trägt auch das *international theme* zur Ironisierung des vermeintlichen Dichterfürsten bei. Im Gegensatz zu den anderen amerikanischen Erzählungen, die um dieses Thema kreisen, kommt es in »The World of Apples« nicht zu einer Konfrontation zwischen den Kulturen der neuen und der alten Welt. Der Erzähler hebt nachdrücklich hervor, daß es naiv gewesen wäre, wenn Bascomb angenommen hätte, seiner Kunst durch die Übersiedlung nach Europa eine neue Inspirationsquelle erschließen zu können. Welchen Grund der Dichter tatsächlich hatte, den Vereinigten Staaten den Rücken zu kehren, vermag der Erzähler nicht zu sagen, doch scheint er zu glauben, daß Bascomb sich der lästigen Aufmerksamkeit entziehen wollte, die ihm in seiner Heimat entgegengebracht wurde. Von einem Interesse des Amerikaners an der europäischen Kultur ist nur am Rande die Rede: Zwei reich geschmückte mittelalterliche Kirchen in einem verlassenen Ort erscheinen dem alten Dichter als Verkörperungen der grenzenlosen Macht der menschlichen Imagination. Doch steht diesem Hinweis die Bemerkung des Erzählers gegenüber, Bascomb vergewissere sich des Alters der Kirche in seinem Wohnort so, als müßte er das Bauwerk einem anderen erklären.

Von der herben Schönheit der italienischen Landschaft bleibt das Bewußtsein des amerikanischen Dichters letztlich ebenso unberührt wie von Zeugnissen der europäischen Kultur. Zwischen den wild aufragenden Gipfeln der Abruzzen und dem Ordnungsgefüge Bascombscher Verse besteht ein markanter Gegensatz; das Wasser der Bergquellen, das sich mit unmusikalischem Geräusch in die Brunnen in Bascombs Garten ergießt, wirkt nicht beflügelnd auf die Imagination des Poeten, sondern dient lediglich zur Kühlung seines Alkohols.

Streng genommen erscheint Bascomb als ein Dichter, der die Wurzeln seiner Kreativität gekappt hat und nicht in der Lage gewesen ist, seiner Kunst eine neue Kraftquelle zu erschließen. Weil er in Europa eigentlich nichts gesucht hat, hat er dort auch nichts Wesentliches gefunden. Obwohl er von seinen italienischen Mitbürgern geachtet und verehrt wird, lebt er unter ihnen das Leben eines Fremden. Die Werke, die er in seinem selbstgewählten Exil verfaßt hat, haben keine nennenswerte Wirkung erzielt. Die Bewunderung, die er bei seinen europäischen Lesern noch immer genießt, beruht fast ausschließlich auf der Gedichtsammlung *The World of Apples,* die in Vermont entstanden ist. Die originelle Weise, auf die Cheever das *international theme* adaptiert, und die ironische Wendung, die er diesem Thema gibt, äußern sich darin, daß die Begegnung eines provinziellen amerikanischen Dichters mit einem der Zentren der abendländischen Kultur so gut wie folgenlos geblieben ist.

Wenn Bascomb auf fremden Treppen und an fremden Mauern entlang den beschwerlichen Weg von seiner Villa zur Stadt erklimmt, empfindet er seinen Aufstieg wie einen Gang durch die verschiedenen Schichten der ihm fremd erscheinenden Zeit. Mit dieser Bemerkung leitet der Erzähler über zur Erläuterung der Einstellung, die Bascomb zu seiner Kunst hat. Da er von dem Glauben an die Erhabenheit der Kunst durchdrungen ist, beugt er der Gefahr vor, daß die vermeintliche Einzigartigkeit seiner Dichtung durch ein unrühmliches Lebensende beeinträchtigt wird. Das Schicksal einiger ihm nahestehender Kollegen, deren außergewöhnliche Kreativität in Akte der Selbstzerstörung umgeschlagen ist, dient ihm als abschreckendes Beispiel. Von den mythischen Dichtern Marsyas und Orpheus, an denen sich die selbstzerstörerische Tendenz der Imagination wie an seinen Kollegen bewahrheitet hat, distanziert er sich ebenfalls. Wie fragwürdig diese Versuche der Distanzierung sind, zeigt die Tatsache, daß Bascomb sich Dichter wie Hart Crane, Dylan Thomas und Ernest Hemingway zu seinen Vorbildern erkoren hat; denn deren Leben und Werk beweisen, daß die Verbindung zwischen außergewöhnlicher Kunst und tragischen Lebenserfahrungen unauflöslich ist (O'Hara, S. 75).

Auch für Bascombs Kunst gibt es keinen Freiraum, in dem sie unangefochten überdauern kann. Zwar hat der amerikanische Poet sich gegen mögliche Akte der Selbstzerstörung gewappnet, doch muß er erleben, wie die Quelle seiner Kunst aufgrund seines Alterns zu versiegen beginnt. Wie Cocteau ist Bascomb der Meinung, daß die Kunst durch die verborgenen Schichten der Erinnerung gespeist wird, doch ist er trotz der mehr oder weniger sinnlosen Gedächtnisübungen, die er sich auferlegt, nicht mehr in der Lage, aus diesen Schichten zu schöpfen (Stratmann, S. 48-50).

Er befindet sich also bereits in einem prekären Zustand, als er dem kopulierenden Liebespaar begegnet. In diesem Moment nimmt er einen Aspekt des Lebens wahr, der ihm bedeutungsvoller erscheint als die Suche nach der moralischen Schönheit und der Wahrheit, der seine Dichtung bisher gewidmet war. Doch ist er nicht dazu fähig, die neue Erfahrung in seiner Kunst zu verarbeiten. Durch die obszönen Gedanken, von denen sein Bewußtsein überschwemmt wird, kommt es zu einer nachhaltigen Trübung seines Wahrnehmungsvermögens, die wiederum dafür verantwortlich ist, daß die Imagination des Naturpoeten nur noch monströse pornographische Texte produziert. Damit hat sich an Bascomb eine Wandlung vollzogen, die dem Wandel entspricht, den der Erzähler von Cheevers Kurzgeschichte »Mene, Mene, Tekel, Upharsin« als Phänomen der amerikanischen Gegenwartskultur ausgemacht hat: Während die Literatur nur noch eine Randexistenz im Untergrund führt, ist der Platz, den sie früher innehatte, von der Pornographie eingenommen worden.

Die Degeneration von Bascombs Künstlertum geht mit einer moralischen Krise einher. Der von Scham erfüllte Dichter fragt sich, ob die Welt haltlos geworden ist und die sittlichen Gesetze ihre Gültigkeit eingebüßt haben. Außerdem sinnt er darüber nach, ob sein Stolz, sein Mut und sein Verlangen nach Liebe durch fadenscheinige und konservative gesellschaftliche Normen verdrängt worden sind. Ferner beschäftigt ihn die Frage, ob es zulässig ist, die allgegenwärtigen Zeichen der Unzucht als Antwort auf die ständig anwachsende Lebensangst zu deuten. In einem drogenabhängigen Homosexuellen, der ein idiotisches und häßliches Gesicht hat, sieht er für einen Augenblick eine engelgleiche Gestalt, die mit erhobenem Schwert gegen die Banalität des ›normalen‹ Lebens und gegen die moralischen Konventionen zu Felde zieht.

Alle Versuche Bascombs, seine künstlerische und moralische Krise zu bewältigen, erweisen sich zunächst als vergeblich. Bei einem Konzertbesuch in Rom wird er nicht von seinen unreinen Gedanken befreit, sondern zu hemmungslosen sexuellen Phantasien animiert; die Lektüre der erotischen Dichtungen von Petronius und Juvenal hat ebenfalls keinen therapeutischen Effekt, weil er sich den unverkrampften Umgang der römischen Dichter mit der Sexualität nicht zu eigen machen kann. Auch Bascombs Pilgerfahrt zu dem heiligen Engel von Monte Giordano scheint ein untaugliches Mittel der Krisenbewältigung zu sein. Zwar benutzt der Protagonist für seine Reise eine ansteigende Straße, was in Erzählungen, die eine Queste beinhalten, gang und gäbe ist, doch setzt er seine Pilgerfahrt nach einiger Zeit als Anhalter fort. Dies ist nicht die einzige Kuriosität. Merkwürdig ist auch, daß Bascomb neben einer Herzmuschel – dem üblichen Attribut von Pilgern, deren Ziel der Schrein des Heiligen Jakob in Santiago de Compostela ist – eine Opfergabe mitgenommen hat, die unpassender nicht sein könnte. Und nachdem er die wertlose Medaille, die ihm vom kommunistischen Regime der Sowjetunion verliehen wurde, in den eisernen Käfig gelegt hat, der dem heiligen Engel als Domizil dient, betet er nicht etwa für seine eigene Erlösung, sondern für das Seelenheil jener von ihm bewunderten Dichter, deren Werk oder Leben durch tragische Erfahrungen geprägt worden ist.

Trotzdem erscheint die Pilgerfahrt als integraler Bestandteil von Bascombs Regeneration. Ein Traum während einer Rast, in dem ein Tag aus seiner Kindheit lebendig wird, verdeutlicht dies ebenso wie die intensive Wahrnehmung eines heraufziehenden Gewitters, die ihn mit Freude erfüllt, und die Begegnung mit einem alten Italiener, der bereits im Besitz jenes Seelenfriedens ist, nach dem der amerikanische Dichter noch sucht. Ein erster Hinweis auf den Erfolg seiner Suche ist die Nacht, die Bascomb nach seinem Besuch beim heiligen Engel von Monte Giordano verbringt: Zunächst träumt er vom Frieden; danach registriert er euphorisch die Rückkehr seiner Lebensenergie. Seine eigentliche Wiedergeburt vollzieht sich aber erst während seiner Heimreise: Beim Anblick eines Wasserfalls wird er erneut in die Tage seiner Kindheit versetzt; vor seinem geistigen Auge taucht das Bild seines Vaters auf, der sich mit der Hast eines Liebhabers entkleidet, sich in einem Wasserfall erfrischt und danach von unbändiger Lebensfreude erfüllt ist. Bascomb tut es seinem Vater gleich und scheint nach der Rückkehr seines Erinnerungsvermögens und nach dem intensiven Kontakt mit der Natur wieder er selbst zu sein. Der Hinweis des Erzählers auf das letzte Gedicht des Protagonisten, in dem wie in *The World of Apples* die Würde der Natur besungen wird, weist in dieselbe Richtung.

Wenn sich dennoch die Frage stellt, ob die abschließende Beurteilung des Protagonisten durch den Erzähler für bare Münze genommen werden kann, so liegt das an dem ironischen Grundton der Geschichte, der nicht nur den Beginn des Textes prägt. Auch bei der Beschreibung der Pilgerfahrt ist er noch deutlich zu spüren, und selbst am Ende wird er nicht gänzlich unterdrückt. Dem ironischen Ton stehen aber einige Anzeichen gegenüber, die dafür sprechen, die Schlußbemerkungen des Erzählers wörtlich zu nehmen. Zu diesen Indizien gehören das Motiv des Wassers, dessen heilende Wirkung Cheever in mehreren seiner Kurzgeschichten betont hat (Kuhli-Kortmann, S. 118-120), sowie die enge Verbindung mit der Natur und die intakte Beziehung zur Vergangenheit, die von Cheever wiederholt als Stützpfeiler einer stabilen Persönlichkeit herausgestellt worden sind. Neben diesen Aspekten ist es das Motiv der Lebensangst, das »The World of Apples« mit anderen Kurzgeschichten Cheevers verbindet. Etliche der von Cheever porträtierten Bewohner der amerikanischen Vorstädte ähneln Asa Bascomb darin, daß sie unter dem Eindruck des Alterns oder des Verfalls der bürgerlichen Werte von einer tiefen Unsicherheit ergriffen worden sind.

Literaturhinweise

Ahrends, Günter, »Adonis in Amerika. Zur Funktion transformierter Mythen in den Kurzgeschichten von John Cheever«. In: *Anglia* 103 (1985) S. 336-364.

Donaldson, Scott, *John Cheever*. New York 1988.

Kuhli-Kortmann, Helga, *Kulturkritik in der Kurzprosa John Cheevers*. Frankfurt a. M. 1994.

O'Hara, James, *John Cheever. A Study of the Short Fiction*. Boston 1989.

Stratmann, Gerd, »Memories Imperfectly Understood. Das Mimetische und das Phantastische in den späten Short Stories John Cheevers«. In: *anglistik & englischunterricht* 44 (1991) S. 45-65.

Text: Cheever, John, *The Stories*. New York: Alfred A. Knopf, 1978. S. 613-623.

Anmerkungen

Kapitel I

1 Die Begriffe »Kurzgeschichte« und »short story« werden im vorliegenden Buch als Synonyme gebraucht. Wenn außerdem an Stellen, die nicht von der Abgrenzung verwandter Kurzformen der Prosa handeln, Termini wie »Erzählung« oder »Geschichte« Verwendung finden, dann geschieht dies nur aus stilistischen Gründen. Im fünften Kapitel wird – in Übereinstimmung mit dem Sprachgebrauch der behandelten Autoren – der Begriff »short fiction« dem Terminus »Kurzgeschichte« vorgezogen.

2 Walton A. Litz (ed.), *Major American Short Stories* (New York, 1975; 3. Aufl. 1993).

3 Hans Bungert (ed.), *Die amerikanische Short Story* (Darmstadt, 1972). – Alfred Weber und Walter F. Greiner (edd.), *Short-Story-Theorien (1573-1973). Eine Sammlung und Bibliographie englischer und amerikanischer Quellen* (Kronberg, 1977). – Eugene Current-García and Walton R. Patrick (edd.), *What is the Short Story?* (rev. ed. Glenview/Ill. 1974). – Paul Goetsch (ed.), *Studien und Materialien zur Short Story* (Frankfurt/M., 1971). Das von Goetsch edierte Buch enthält neben einem Aufsatz und drei Quellensammlungen zur Gattungspoetik Analysen einzelner Geschichten sowie Artikel zu strukturellen Problemen und zur Methodik der Kurzgeschichteninterpretation; das von Current-García und Patrick herausgegebene Werk umfaßt neben Texten zur Theoriediskussion eine Sammlung von Kurzgeschichten aus verschiedenen Ländern.

4 Peter Freese (ed.), *Die amerikanische Short Story der Gegenwart* (Berlin, 1976). – Karl Heinz Göller und Gerhard Hoffmann (edd.), *Die amerikanische Kurzgeschichte* (Düsseldorf, 1972).

5 Norman Friedman, »What Makes a Short Story Short?«, *Modern Fiction Studies* 4 (1958), S. 103-117; nachgedruckt in B, S. 280-297. – Austin McGiffert Wright, *The American Short Story in the Twenties* (Chicago, 1961). – Paul Goetsch, »Die Begrenzung der Short Story«, in B, S. 368-387. Ders., *Literarische und soziale Bedingungen erzählerischer Kurzformen: Die Short Story* (Tübingen, 1978). Theodor Wolpers, »Kürze im Erzählen«, *Anglia* 89 (1971), S. 48-86; nachgedruckt in B, S. 388-426. – Klaus Lubbers, *Typologie der Short Story* (Darmstadt, 1977).

6 Ray B. West, *The Short Story in America, 1900-1950* (Chicago, 1952). – William Peden, *The American Short Story: Continuity and Change, 1940-1975* (Boston, 1975). – Peter Freese, *Die amerikanische Kurzgeschichte nach 1945* (Frankfurt/M., 1974). – Arthur Voss, *The American Short Story* (repr. Norman/Okla., 1975).

7 Zwei Bücher behandeln neben der amerikanischen auch die englische und die irische Kurzgeschichte. Es handelt sich dabei um den von Klaus Lubbers edierten Interpretationsband *Die englische und amerikanische Kurzgeschichte* (Darmstadt, 1990) und die von Walter Allen verfaßte Monographie *The Short Story in English* (Oxford, 1981).

Kapitel II 1

1   Cf. B, S. 14.
2   Cf. WG, S. 42.
3   Link, Franz H., »›Tale‹, ›Sketch‹, ›Essay‹ und ›Short Story‹«, *Die Neueren Sprachen* N.F. 6 (1957), S. 345-352. – Schon vier Jahre vor Link hatte Klaus Doderer die Kurzgeschichte in sehr knapper Form und mit Bezug auf die deutschen Verhältnisse von der Novelle, der Skizze, der Erzählung und der Anekdote abgegrenzt. Nach Doderers später nicht aufrechterhaltener Meinung ist die Kurzgeschichte im Idealfall durch einen Schicksalsbruch gekennzeichnet. Dies gilt auch für die Novelle, die im Unterschied zur Kurzgeschichte aber über eine geschlossene Form verfügt. Die Skizze unterscheidet sich von der Kurzgeschichte demgegenüber darin, daß die Stimmungshaftigkeit ihr alleiniges Ziel ist; die Erzählung weicht insofern von der Kurzgeschichte ab, als ihr Aufbau weniger straff ist; und die Anekdote ist mit der Kurzgeschichte nicht vergleichbar, weil der geschichtliche Hintergrund und die zentrale Pointe in ihr keine Rolle spielen (»Die angelsächsische *short story* und die deutsche Kurzgeschichte«, *Die Neueren Sprachen* N.F.2 (1953), S. 417-418).
4   Op. cit., S. 10.
5   Op. cit., S. 11-12. – Eine von Links und Lubbers' Kontrastierungen abweichende Unterscheidung zwischen »short story« und »tale« ist in Robert F. Marlers Artikel »From Tale to Short Story: The Emergence of a New Genre in the 1850's«, *American Literature* 46 (1974), S. 153-169 enthalten. Zu Marlers Unterscheidung, die auf Northrop Fryes Gattungstheorie basiert, cf. S. 87-88 dieser Arbeit.
6   Cf. op. cit., S. 13-15.
7   Cf. Ian Reid, *The Short Story* (London, 1977), S. 36-38.
8   Einen Schritt weiter als Link, Lubbers und Reid ist Paul Goetsch in seinem Buch *Literarische und soziale Bedingungen erzählerischer Kurzformen: Die Short Story* gegangen, in dem er anhand von Beispielen demonstriert, wie die Tradition mündlichen Erzählens, die sogenannten einfachen Formen (Rätsel, Legende etc.), der Essay, die Skizze und die »feature story« der Tageszeitungen durch Verwandlung und Bearbeitung in die »short story« integriert werden können (cf. S. 99-116).
9   Zum vorigen cf. Ruth J. Kilchenmann, *Die Kurzgeschichte. Formen und Entwicklung* (Stuttgart, [4]1975), S. 190-192, Lubbers, op. cit., S. 143-162 und Reid, op. cit., S. 46-53. Kilchenmann hat neben Beispielen für die Integration von Kurzgeschichten in Romane und für die Herauslösung von Kurzgeschichten aus Romanen folgende Affinitäten zwischen Kurzgeschichten und Romanen skizziert: Kurzgeschichten können Romane ebenso weiterführen wie Romane Kurzgeschichten; mehrere unabhängig voneinander erschienene Kurzgeschichten können als Bauelemente zu einem Roman zusammengefaßt werden. Lubbers hat den Kurzgeschichtenroman genauer beschrieben und ihn von der Kurzgeschichtensequenz sowie vom Kurzgeschichtenzyklus abgegrenzt, und Reid hat eine Unterscheidung zwischen Kurzgeschichtenzyklen und Rahmenerzählungen vorgenommen.
10 In ähnlicher Form hat Goetsch sich in seinem oben erwähnten Buch zu den relativen Differenzqualitäten zwischen Kurzgeschichte und Roman geäußert (cf. S. 20-26 und S. 32-33). Zusammenfassend stellt er hier fest: »Im Vergleich zum Roman tendiert die künstlerische Short Story zu einer größeren Funktionalisierung aller Teile, zu einer stärkeren Konzentration des Stoffs, einem suggestiven und sich mehr auf Andeutungen verlassenden

Erzählen; denn sie muß dem Umfang größere Konzessionen machen als der Roman und seine Extensität durch Intensität ausgleichen« (S. 33).

Kapitel II 2

1   Cf. hierzu auch Alfred Weber, »Amerikanische Theorien der Kurzgeschichte. Vorbemer-kungen zu einer historischen Poetik der Short Story«, *Studien und Materialien zur Short Story*, S. 14; Lubbers, op. cit., S. 1 sowie Goetsch, *Literarische und soziale Bedingungen erzählerischer Kurzformen*, S. 10.

2   Nach der Veröffentlichung von Hawthornes Erzählsammlung *Mosses from an Old Manse* (1846) erschien diese Rezension in revidierter Form 1847 unter dem Titel »Tale-Writing« in *Godey's Lady's Book*. Die im folgenden gegebenen Quellenverweise beziehen sich sowohl auf den bei Bungert abgedruckten ursprünglichen Text als auch auf die in *Selected Writings of Edgar Allan Poe*, ed. Edward H. Davidson (Boston, 1956) enthaltene revidierte Version.

3   Zu den Parallelen und Unterschieden, die in diesem Punkt zwischen den Konzepten von Poe und Schlegel bestehen, cf. Franz H. Link, *Edgar Allan Poe. Ein Dichter zwischen Romantik und Moderne* (Frankfurt/M., 1968), S. 49-50.

4   Cf. B, S. 3 und S. 2 sowie *Selected Writings*, S. 448.

5   *Selected Writings*, S. 455.

6   Obwohl der wirkungsästhetische und der formalästhetische Aspekt der Einheit auf das engste miteinander verknüpft sind, hat die wirkungsästhetische Komponente für Poe vorrangige Bedeutung. Cf. hierzu Ulrich Horstmann, *Ansätze zu einer technomorphen Theorie der Dichtung bei Edgar Allan Poe* (Frankfurt/M., 1975), S. 148.

7   Cf. hierzu *Selected Writings*, S. 454.

8   Cf. *Selected Writings*, S. 459.

9   B, S. 4. Cf. außerdem *Selected Writings*, S. 448, wo neben den »incidents« und »events« der »tone« als weiterer Bestandteil einer Kurzgeschichte erwähnt wird, der dazu beiträgt, den »preconceived effect« zur Geltung zu bringen. Cf. ferner S. 453.

10   Cf. *Selected Writings*, S. 453.

11   Cf. hierzu Richard Kostelanetz, »Notes on the American Short Story Today« (B, S. 360), der die »nonlinear spatial forms« als gemeinsames Charakteristikum der modernen Kurz-geschichte und der modernen Lyrik bezeichnet; Theodor Wolpers, a.a.O., S. 63 und S. 66, der den Akzent auf die sprachliche Suggestivität und die Tendenz zur Entstofflichung legt, und Ludwig Rohner, *Theorie der Kurzgeschichte* (Wiesbaden, [2]1976), S. 164, nach dessen Meinung sich die Affinität zwischen der modernen Kurzgeschichte und der Lyrik in asso-ziativen Gedankenfolgen und formelhaften Wiederholungen äußert. – Zu den zahlreichen Kurzgeschichtenautoren, die Reflexionen über die Verwandtschaft von Lyrik und »short story« angestellt haben, gehört William Faulkner. Er wies darauf hin, daß Lyrik und Kurzgeschichte im Unterschied zum Roman nicht an die Zeitumstände gebunden sind (cf. WG, S. 174).

12   Cf. Selected Writings, S. 463 und B, S. 2. – Horstmann, op. cit., S. 155, hat darauf hingewiesen, daß Poe neben dem Begriff Suggestivität häufig Termini wie »strangeness« und »indefiniteness« verwendet, die ihm zur Umschreibung der Forderungen nach künst-licher Obskurität dienen.

13 In »The Philosophy of Composition« bemerkt Poe, daß »some amount of complexity, or more properly, adaptation« (463) neben der Suggestivität erforderlich sei, um die »hardness or nakedness« eines literarischen Textes zu beseitigen; und in der Rezension der *Twice-Told Tales* (B, S. 1) spricht er davon, daß ein Teil von Hawthornes Erzählungen durch »polish and adaptation« gekennzeichnet sei.

14 Cf. *Selected Writings*, S. 459-460. – Zur Funktion der Imagination bei Poe cf. Link, op. cit., S. 64-69.

15 Cf. B, S. 1. In der revidierten Fassung von 1847 äußert sich Poe sehr viel zurückhaltender über Hawthornes Originalität. Er unterscheidet hier zwischen »originality« und »peculiarity« und kommt – freilich nicht ohne Einschränkung – zu dem Schluß: »He is peculiar and not original – ...« (449). – Zu Poes Verständnis von Originalität cf. auch Horstmann, op. cit., S. 119 und S. 187 sowie Link, op. cit., S. 66-70.

16 Cf. *Selected Writings*, S. 456 und B, S. 4-5. – Wie Horstmann, op. cit., S.81 gezeigt hat, bezeichnet der Begriff »Wahrheit« bei Poe vornehmlich »die Paralogik der fiktionalen Aufklärung eines Verbrechens«.

17 Zur Verschmelzung von »tale of ratiocination« und »tale of terror« cf. Armin Staats, *Edgar Allan Poes symbolistische Erzählkunst* (Heidelberg, 1967), S. 37.

18 Cf. B, S. 30.

19 Zur Unhaltbarkeit des zuletzt genannten Standpunktes cf. S. 248 der vorliegenden Arbeit. Cf. in diesem Zusammenhang ferner die Selbstaussage von Henry James, derzufolge dessen Kurzgeschichten »The Abasement of the Northmores« (1900) und »The Tree of Knowledge« (1900) komprimierte Romane sind *(The Novels and Tales of Henry James* (New York, 1909), Vol. XVI, S. VII), sowie die auf S. 15 dieses Buches rekapitulierten Ausführungen von Edith Wharton zum Verhältnis von Kurzgeschichte und Roman.

20 Matthews knüpft hier an den Gegensatz zwischen Sketch und Kurzgeschichte an, den Frederick B. Perkins 1877 formulierte (cf. WG, S. 43-44). Im Unterschied zu Matthews hatte Perkins seine Unterscheidung freilich noch im Sinne eines absoluten Differenzkriteriums verstanden.

21 Zwar ging Poe davon aus, daß die Wirkung einer »tale proper« durch die konsistente Struktur des »plot« gefördert wird, doch bemerkte er gleichzeitig, daß eine gute Kurzerzählung des »plot« nicht unbedingt bedarf. Cf. hierzu Horstmann, op. cit., S. 150-152. Cf. außerdem die ausführlichen Bemerkungen zur Handlung bei Link, op. cit., S. 51-57. Link hebt zwar ebenfalls hervor, daß die Handlung für Poe »keine unabdingbare Forderung bei jedem Kunstwerk« ist, zählt die Kurzerzählung aber abweichend zu den Prosagattungen, in denen die Handlung »zum wichtigsten, wenn nicht alleinigen Träger der Wirkung« wird.

22 Zur Forderung nach »originality«, »ingenuity« und »compression« cf. B, S. 13, S. 26 und S. 29; zum Postulat der formalen Geschlossenheit und logischen Konstruktion cf. vor allem S. 15f.

23 Cf. hierzu vor allem B, S. 18.

24 Cf. zum Beispiel die vehemente Attacke eines unbekannten amerikanischen Kritikers aus dem Jahre 1901, in der gegen das »ancient game to fit facts into a theory« polemisiert und der Essay von Matthews als »careless and absurd compilation« abqualifiziert wird (WG, S. 68).

25 Cf. WG, S. 43.

26   *Writing the Short Story: A Practical Handbook on the Rise, Structure, Writing, and Sale of the Modern Short Story* (Springfield/Mass., 1908). Die Bemerkungen über Esenwein beziehen sich auf die von Bungert, »Einleitung«, S. VII-VIII gegebenen Informationen.

27   Cf. »The International Symposium on the Short Story, Part III«, *The Kenyon Review* 31 (1969), S. 503 und B, »Einleitung«, S. VIII-IX.

28   Cf. Litz, op. cit., S. 4.

29   Cf. Kuno Schuhmann, *Die erzählende Prosa Edgar Allan Poes* (Heidelberg, 1958), S. 156.

30   Cf. B, S. 10-11 und S. 23. – Besonders nachdrücklich sind die Entsprechungen zwischen dem Drama und der Kurzgeschichte, die ebenso zum festen Bestandteil der Theoriediskussion gehören wie die Affinitäten zwischen der »short story« und dem Gedicht, von dem amerikanischen Kritiker und Erzähler Melville D. Post 1915 hervorgehoben worden (cf. WG, S. 92-94). Posts Ausführungen gipfeln in der an Poe anknüpfenden Forderung, daß die Konstruktion des »plot« einer »short story« sich an den Kompositionsregeln des griechischen Dramas orientieren müsse. – Zum Verhältnis von Kurzgeschichte und Drama cf. auch die Bemerkungen über die theoretischen Reflexionen von William Dean Howells, Henry James, Edith Wharton und Flannery O'Connor im weiteren Verlauf der vorliegenden Arbeit.

31   Zu weiteren Beispielen cf. James T. Farrell, »Nonsense and the Short Story«, *The League of Frightened Philistines* (New York, 1945), S. 72-75 und S. 79-80.

32   Cf. hierzu und zum folgenden *The Collected Works of Ambrose Bierce* (repr. New York, 1966), Vol. X, S. 235-237 und S. 247-248. – Zur Unterscheidung von »novel« und »romance« cf. auch den Artikel »The Novel« (*Collected Works,* Vol. X, S. 17-24).

33   Die folgenden Ausführungen beziehen sich auf die 1896 und 1897 entstandenen Essays »The Modern Short Story« und »Fiction is Selection« (WG, S. 54-57).

34   Cf. *The Writing of Fiction* (New York, 1925), S. 46. Zum folgenden cf. S. 37-38, S. 41-43, S. 47-48, S. 51 und S. 54.

35   WG, S. 65. Das Zitat stammt aus dem 1898 entstandenen Essay »The Story-Teller at Large: Mr. Henry Harland«. – Cf. hierzu auch bereits folgende, von Weber (op. cit., S. 13) zitierte Äußerung von Poe: »In the tale proper – where there is no space for development of character or for great profusion and variety of incident – *mere construction* is, of course, far more imperatively demanded than in the novel.«

36   Cf. in diesem Zusammenhang auch die Erläuterungen zu den theoretischen Reflexionen von Henry James auf S. 252 dieser Arbeit. Eine weitere Parallele zwischen Edith Wharton und ihrem Lehrmeister besteht in dem Hinweis auf die dramatische Qualität der Kurzgeschichte; denn James hat in seinen Vorworten zu »The Author of Beltraffio« und »Daisy Miller« wiederholt hervorgehoben, daß er sich bei der Komposition seiner Kurzerzählungen um die Dramatisierung des Stoffes bemüht hat (cf. *The Novels and Tales of Henry James,* Vol. XVI, S. IX-XII sowie Vol. XVIII, S. V, S. IX und S. XX-XXI).

Kapitel II 3

1   Cf. z. B. den 1927 geschriebenen Artikel »The Short Story« von Ruth Suckow (WG, S. 115). Derselbe »Vorwurf« ist – übrigens ebenfalls nicht zu Unrecht – von Brander Matthews gegen die deskriptive Theorie von Bret Harte erhoben worden (B, S. 30).

2   Cf. hierzu auch Weber, op. cit., S. 8.

3 Cf. hierzu und zum folgenden *The Centenary Edition of the Works of Nathaniel Hawthorne*, ed. William Charvat et al., Vol. IX (Columbus/Ohio, 1974), S. 5-6.

4 *Selected Writings*, S. 446.

5 Cf. *Tales of a Traveller*, »To the Reader«, *Washington Irving. Selected Prose*, ed. Stanley T. Williams (New York, 1950), S. 220. – Zum moralisch-didaktischen Anliegen Hawthornes cf. u. a. auch »Passages from a Relinquished Work« (1834; *Centenary Edition*, Vol. X, S. 409): »But I write the book for the sake of its moral, which many a dreaming youth may profit by, ...«

6 Cf. B, S. 1.

7 Zu Poe cf. *Selected Writings*, S. 444; zu Hawthorne cf. dessen Einleitung zu der Erzählung »Rappaccini's Daughter« (*Centenary Edition*, Vol. X, S. 91-92).

8 Hawthorne spricht in der Einleitung zu »Rappaccini's Daughter« nicht nur von seiner »inveterate love of allegory«, sondern auch davon, daß er sich in seinen Erzählungen mit »the faintest possible counterfeit of real life« begnügt habe. In Übereinstimmung mit dieser Äußerung sagt er über die *Twice-Told Tales:* »... and, even in what purport to be pictures of actual life, we have allegory, ...« Hierin unterscheidet sich Hawthorne übrigens von Irving, der in seinem bekannten Brief an Henry Brevoort (WG, S. 24; CP, S. 5) bemerkt, daß es ihm um »the familiar and faithful exhibition of scenes in common life« gegangen sei.

9 Hierzu und zum folgenden cf. *Selected Writings*, S. 445.

10 Poe läßt die Allegorie als behutsam verwendetes Hilfsmittel dann gelten, wenn der angedeutete Sinn so tief unter der Oberflächenbedeutung verborgen ist, daß zwischen beiden Ebenen keine direkte Verbindung besteht.

11 Hierzu und zum folgenden cf. »Passages from a Relinquished Work«, S. 416-417.

12 Cf. hierzu Edgar Mertner, »Zur Theorie der Short Story in England und Amerika«, *Anglia* 65 (1941), S. 189, der Poes Formel »mit ihrer Betonung des fast anekdotischen Effektes« ebenfalls von Hawthornes Formel unterscheidet, die »das Hauptgewicht auf die Auswertung einer gegebenen Situation legt«.

13 Cf. das Vorwort zu »The Lesson of the Master«, *The Novels and Tales*, Vol. XV, S. VII.

14 *The Novels and Tales*, Vol. XVIII, S. XV. – Paul Goetsch, »Arten der Situationsverknüpfung: Eine Studie zum *explosive principle* in der modernen Short Story«, *Studien und Materialien zur Short Story*, S. 40-43, hat darauf aufmerksam gemacht, daß Henry James mit diesem Konflikt ein Problem behandelte, das sich schon Poe gestellt hatte und das bis hin zur Moderne aktuell geblieben ist. Außerdem hat Goetsch (ebd., S. 62) folgende Gründe dafür genannt, daß dieses Problem die Erzähler gerade seit der Romantik beschäftigt hat: Zweifel an der Existenz gattungsspezifischer Stoffe, Verlust allgemein anerkannter Auswahlkriterien, Subjektivierung der Erzählwelt, Wissen um die komplexer gewordene Gestalt der Realität.

15 In seinen 1891 gemachten Bemerkungen über die Entstehung der Kurzgeschichte »The Real Thing« (CP, S. 27) spricht James in diesem Zusammenhang von der Notwendigkeit zur Beschränkung auf die wesentlichen Bestandteile des Stoffes, die auf sorgfältigste Weise ausgewählt und zu einer komprimierten Form zusammengefügt werden müssen.

16 Cf. das Vorwort zu »The Author of Beltraffio«, *The Novels and Tales*, Vol. XVI, S. XII und S. VIII.

17 Cf. das Vorwort zu »The Lesson of the Master«, S. XVII-XVIII. Die »cauldron«-Metapher ist von James außerdem im Vorwort zu »The Author of Beltraffio« (V) benutzt worden, wo er den Prozeß der Formgebung bei der Niederschrift von »The Middle Years«

(1893) beschreibt. – Cf. zu der oben erwähnten Problematik auch die ausführliche Darstellung bei Herwig Friedl, *Die Funktion der Bildlichkeit in den kritischen und theoretischen Schriften von Henry James: Ein Entwurf seiner Literaturtheorie* (Heidelberg, 1972), S. 115-116.

18 Cf. *The Novels and Tales,* Vol. XV, S. VIII.

19 Cf. CP, S. 25: »One must put a little action – not a stupid, mechanical, arbitrary action, but something that is of the real essence of the subject.«

20 Cf. *The Novels and Tales,* Vol. XVI, S. IX und WG, S. 64.

21 Cf. hierzu auch Hildegard Domaniecki, *Zum Problem literarischer Ökonomie. Henry James' Erzählungen zwischen Markt und Kunst* (Stuttgart, 1974), S. 112-115.

22 Zur szenischen Darbietungsform der »slice of life story« cf. Lubbers, op. cit., S. 97.

23 Zur mündlichen Erzähltradition cf. auch den bereits 1885 erschienenen Essay »How to Tell a Story« von Mark Twain, in dem die mündlich vorgetragene »humorous story« als typisch amerikanische Erzählform bezeichnet wird.

24 B, S. 33.

25 Ebd., S. 19.

26 Cf. hierzu B, S. 43.

27 Zum Unterschied zwischen Novelle und Anekdote cf. auch das Vorwort zu »The Author of Beltraffio« (*The Novels and Tales,* Vol. XVI, S. V). Nach der Meinung von James verlangt der Stoff der Anekdote nach Entwicklungen, doch hebt James hervor, daß es absolute Differenzkriterien nicht gibt.

28 B, S. 47. Cf. in diesem Zusammenhang ebenfalls die schon 1887 unter dem Titel »Editor's Study« in *Harper's Monthly Magazine* erschienenen Ausführungen (WG, S. 49).

29 Zum vorigen cf. B, S. 48-50.

30 Cf. in diesem Zusammenhang auch Ring Lardners Parodie der Rezepte der Schreibschulen im Vorwort zu *How to Write Short Stories* (New York, 1924). Das Vorwort ist fast vollständig bei CP (S. 75-77) abgedruckt worden. – Wie Robert F. Marler, op. cit., S. 161-162 gezeigt hat, ist in den amerikanischen literarischen Zeitschriften bereits in den fünfziger Jahren des 19. Jahrhunderts eine Diskussion geführt worden, die u. a. gegen den hohen Stellenwert des »plot« in den damaligen Magazingeschichten gerichtet war. Nichtsdestoweniger blieb die »plot story« bis zu Beginn des 20. Jahrhunderts der vorherrschende Erzähltyp.

31 Cf. *A Story Teller's Story* (New York, 1924), S. 362. Cf. ebenfalls *The Modern Writer* (San Francisco, 1925), S. 22-23, wo es heißt: »Life ... is a complex delicate thing ... People hardly ever do as we think they should. There are no plot stories in life.«

32 Cf. *A Story Teller's Story,* S. 352.

33 Zum vorigen cf. *The Modern Writer,* S. 24 und S. 39. – Zu Andersons Vorstellungen über die Moral des Künstlers, die sich nicht nur im Respekt gegenüber den Charakteren, sondern auch in der handwerklichen Redlichkeit äußert, cf. Alfred Weber, »Sherwood Andersons Reflexionen über die Dichtung«, *Amerikanische Literatur im 20. Jahrhundert,* edd. Alfred Weber und Dietmar Haack (Göttingen, 1971), S. 44.

34 Cf. S. 351-352: »I was walking in the street or sitting in a train and overheard a remark dropped from the lips of some man or woman ... A few such sentences in the midst of a conversation overheard or dropped into a tale someone told. These were the seeds of stories.«

35 Ebd., S. 360: »It (i. e. form) grew out of the materials of the tale and the teller's reaction to them. It was the tale trying to take form that kicked about inside the tale-teller at night when he wanted to sleep.«

36 Ebd., S. 355: »In certain moods one became impregnated with the seeds of a hundred new tales in one day. The telling of the tales, to get them into form, to clothe them, find just the words and the arrangement of words that would clothe them – that was a quite different matter ...«

37 Cf. *A Story Teller's Story*, S. 360-362. – Einen ähnlichen Standpunkt wie Anderson vertrat schon William Dean Howells, der einerseits bemerkte: »One need not invite slang into the company of its betters«, den amerikanischen Erzählern andererseits aber die Verwendung von Amerikanismen empfahl (cf. *Criticism and Fiction and Other Essays*, edd. Clara M. Kirk and Rudolf Kirk (New York, 1959), S. 64-66).

38 CP, S. 97.

39 Ebd., S. 97. Über den »plot« heißt es dort: »... you don't really need a plot. If you have one, all well and good, if you know what it means and what to do with it.« – Der unverwechselbare Stil, in dem ein Autor schreiben sollte, wird in dem Interview von 1963 (WG, S. 185) mit Bezug auf die eigenen Kurzgeschichten von Katherine Anne Porter durch die Epitheta »clear«, »pure« und »simple« charakterisiert.

40 WG, S. 184. – Zur strukturierenden Funktion der Imagination bei Anderson cf. folgende von Weber, op. cit., S. 40 zitierte Stelle aus dem Essay »Man and His Imagination«: »The life of reality is confused, disorderly, almost always without apparent purpose, whereas in the artist's imaginative life there is purpose. There is determination to give the tale, the song, the painting, form to make it true and real to the theme, not to life.« Der Schluß des Zitats könnte den Eindruck erwecken, daß Anderson die Welt der Imagination als einen Bereich fern von der Erfahrungswirklichkeit betrachtet. Weber, der im Hinblick auf Andersons literarische Theorie und Praxis u. a. vom Spiel der Imagination mit den Fragmenten der Wirklichkeit spricht, hat überzeugend nachgewiesen, daß dies nicht der Fall ist.

41 Cf. WG, S. 184-185.

42 Zum vorigen cf. *The League of Frightened Philistines*, S. 72-73.

43 Cf. in diesem Zusammenhang, daß Farrell selbst Anderson als den Autor bezeichnete, der ihn am stärksten beeinflußte (James T. Farrell, *Reflections at Fifty* (New York, 1954), S. 164).

44 Zum vorigen cf. *The League of Frightened Philistines*, S. 75-76 und S. 139.

45 Cf. hierzu außer dem Artikel »Nonsense and the Short Story« (S. 81) Farrells Beitrag zum »International Symposium on the Short Story, Part IV« (*The Kenyon Review*, 32 (1970), S. 86). Der zuletzt genannte Beitrag ist auch deshalb erwähnenswert, weil Farrell darin dem Beispiel vieler anderer Theoretiker gefolgt ist und die Kurzgeschichte mit dem Roman verglichen hat. Von der Intention her können sich beide Gattungen nach dem oben Gesagten nicht voneinander unterscheiden, doch spricht Farrell, der wie Howells zwischen Kurzgeschichte und Roman die »novelette« als mittellange Gattung ansiedelt, von »some difference in length and in conception« (89).

46 Zum vorigen cf. *The League of Frightened Philistines*, S. 139-140 sowie WG, S. 129.

47 Cf. B, S. 165.

48 Als wichtigstes Kennzeichen der Individualität einer Kurzgeschichte nennt Eudora Welty deren Atmosphäre. In einem Interview, das sie im Jahre 1972 gab, spricht sie von der »mood« einer »short story«, der alle anderen Elemente wie die Charaktere, der Raum, die Zeit und die Ereignisse untergeordnet seien (WG, S. 212).

49 Zu den Bemerkungen über die Imagination und die Analyse cf. B, S. 147. Zur Vorstellung vom organischen Wachstum der Form cf. solche Wendungen wie: »A story ... *becomes.*« (B, S. 148) und: »My guess is that form is evolved.« (B, S. 158). Als den Keim, aus dem sich die Kurzgeschichte entwickelt, hat Eudora Welty »some preconceived idea we have of beauty« (146) bezeichnet. Die Wendung »some preconceived idea« erinnert an Poe, der die Schönheit jedoch nicht als angemessenen Gegenstand der Kurzgeschichte, sondern des lyrischen Gedichts betrachtet.

50 Da die theoretischen Reflexionen der »innovators« meist Bestandteile von deren Geschichten sind, werden sie erst im gattungshistorischen Teil dieses Buches behandelt.

51 »Writing Short Stories«, *Mystery and Manners,* edd. Sally and Robert Fitzgerald (New York, ⁵1975), S. 90.

52 Zum vorigen und zum folgenden cf. *Mystery and Manners,* S. 93-94, S. 96, S. 98 und S. 101-102.

53 Ebd., S. 111.

54 Zum vorigen cf. *Mystery and Manners,* S. 31 und S. 33.

55 Cf. hierzu und zum folgenden S. 33-34 und S. 112-113.

56 Zum folgenden cf. CP, S. 138-139.

57 Als Kritiker die Kurzgeschichten von Joyce Carol Oates wegen der darin enthaltenen Darstellungen von Gewalt und Grauen mit dem Etikett »Gothic« versahen, bemerkte die Autorin: »Gothicism, whatever it is, is not a literary tradition so much as a fairly realistic assessment of modern life.« (cf. Litz, op. cit., S. 816).

58 Cf. in diesem Zusammenhang ebenfalls die Bemerkungen von Herbert Gold (»The International Symposium on the Short Story, Part I«, *The Kenyon Review* 30 (1968), S. 451 und S. 453). Gold bezeichnet den Kurzgeschichtenautor als einen Metaphysiker, dessen Aufgabe nicht in erster Linie darin besteht, die chaotische Welt zu ordnen und der empirisch wahrnehmbaren Realität durch seine Phantasie einen Sinn zu verleihen. Als eigentlichen Gegenstand der künstlerischen Bemühungen nennt Gold vielmehr die Rätsel der Lebenswirklichkeit. Aufgabe des Dichters sei es, mittels seiner Phantasie dem Bekannten wie dem Unbekannten Ausdruck zu verleihen.

59 Von Henry Seidel Canby liegen der Aufsatz »On the Short Story«, *Dial 31* (1901), S. 271-273 (abgedruckt bei B, S. 52-57) und das Buch *A Study of the Short Story* (New York, 1913) vor; N. Bryllion Fagin ist der Verfasser des Buches *Short Story Writing: An Art or a Trade?* (New York, 1923).

60 Hierzu und zum folgenden cf. *Modern Fiction Studies* 4 (1958-1959), S. 104-105.

61 Zum vorigen cf. *Modern Fiction Studies* 4, S. 109 und S. 114-117.

62 Zum vorigen Cf. *Anglia* 89, S. 54, S. 66-67 und S. 86.

63 Zum vorigen cf. S. 54-57.

64 Ebd., S. 58-59. Cf. ebenfalls Kostelanetz (B, S. 355), der davon ausgeht, daß die Kurzgeschichte im Unterschied zum Roman nur einen kleinen Bereich der menschlichen Erfahrung behandelt, und der dann fortfährt: »If, however, this microcosm is sufficiently resonant, the short story will become a complex symbol for larger worlds. On its surface it may portray a single situation, but in its depths it can comment upon universal issues.«

65 Zum vorigen cf. S. 61-63 und S. 65-66.

66 Hierzu und zum folgenden cf. S. 67-68 und S. 75-78.

67 Zum folgenden cf. *Typologie der Short Story,* S. 62-77. – Cf. auch S. 21-33, wo Lubbers frühere Typologisierungsversuche referiert. Der anspruchsvollste dieser Versuche stammt von Ludwig Rohner, der sich in seinem bereits erwähnten Buch nicht damit begnügt,

gattungsspezifische Varianten der Reduktion, der Erzähleingänge und der Erzählab-schlüsse, der Titelgebung, der Figurenkonstellation, der Schauplatzwahl und der Zeitdar-stellung herauszuarbeiten, sondern der darüber hinaus den Anspruch erhebt, auf deskrip-tivem Wege und auf der Basis von 150 Texten moderner deutscher Kurzgeschichtenauto-ren eine allgemeinverbindliche Theorie der Gattung zu erstellen (S. 7). Diesem Anspruch kann das Buch schon deshalb nicht gerecht werden, weil Rohner die historische Perspektive weitgehend vernachlässigt und der Kurzgeschichtenliteratur außerhalb Deutschlands kaum Beachtung schenkt.

68   Cf. in diesem Zusammenhang die von Mordecai Marcus stammende erste Beschreibung des Genres der Initiationsgeschichte. Marcus (»What Is an Initiation Story?«, *Critical Approaches to Fiction*, edd. Shio K. Kumar and Keith McKean (New York, 1968), S. 201-213) hat sich dabei an der Frage nach dem Einfluß des Initiationserlebnisses auf den Reifeprozeß orientiert und zwischen »tentative, uncompleted, and decisive initiations« unterschieden. Lubbers (S. 73) hat mit Recht darauf aufmerksam gemacht, daß man diese Unterteilung ergänzen kann, wenn man nicht nur nach dem Grad, sondern auch nach der Art der gemachten Erfahrung (Erkenntnis, Bewährung) fragt.

69   Cf. S. 78-92, wo Lubbers vom Ich als Protagonisten, vom Ich als Augenzeugen, vom kommunalen Ich, von der Fiktion eines Gegenübers, von der Rahmenerzählung und der Herausgeberfiktion sowie vom auktorial-figuralen Erzählen handelt. – Zum folgenden cf. S. 92-103.

70   Der Begriff »Überblendungsgeschichte« ist von Walter Höllerer populär gemacht worden. Höllerer verwendete ihn zur Bezeichnung eines Erzähltyps, in dem das an verschiedenen Orten spielende Geschehen ineinandergeblendet wird. Als weitere Typen nannte Höllerer die Augenblicksgeschichte, die zum Anfang und Ende hin unabgeschlossen ist, und die Arabeskenkurzgeschichte, die als Bauform in seiner Darstellung keine klaren Konturen gewinnt (cf. »Die kurze Form der Prosa«, *Akzente* 9 (1962), S. 226-245).

71   Cf. S. 120-137. Außerdem beschäftigt sich Lubbers in diesem Kapitel mit Titeln, Mottos, Namen und Motiven.

72   Zum folgenden cf. *Literarische und soziale Bedingungen erzählerischer Kurzformen*, S. 51-57 und S. 78-96.

Kapitel III 1

1   A.a.O., S. 76.
2   Cf. WG, S. 100.
3   Ebd., S. 116.
4   Ebd., S. 31.
5   In beiläufiger Form hat bereits Poe in der revidierten Fassung seiner Rezension der *Twice-Told Tales (Selected Writings*, S. 442-443) auf die Parallelen zwischen Tieck und Hawthorne aufmerksam gemacht. Cf. auch die diesbezüglichen Äußerungen von Brander Matthews (B, S. 19), der das Verhältnis zwischen Tieck und Hawthorne wie das zwischen Poe und Hoffmann mit der Bemerkung charakterisierte: »the pupil surpassed the master.« – Fred Lewis Pattee, *The Development of the American Short Story* (New York, 1923), S. 105-106, der Hawthornes Abhängigkeit von Tieck ebenfalls zurückhaltend beurteilt, hat u. a. auf folgende Übereinstimmungen hingewiesen: beide Autoren benutzten gelegentlich

verwandte Stoffe, beide neigten zum Gebrauch der Symbolik und der Allegorie und beide verwendeten das Märchen »in the poetic manner«.

6   Cf. hierzu folgende Stelle aus dem bekannten Brief an Henry Brevoort: »For my part I consider a story merely as a frame on which to stretch my materials. It is the play of thought, and sentiment and language; the weaving in of characters, lightly yet expressively delineated; the familiar and faithful exhibition of scenes in common life; ...« (WG, S. 24; CP, S. 5).

7   Cf. Litz, op. cit., S. 5.

8   Cf. Walter A. Reichart, *Washington Irving and Germany* (repr. Westport/Conn., 1972), S. 35.

9   Zur Vermischung europäischer und amerikanischer Elemente bei Irving cf. auch Wolfgang Lang, *Themen und Motive und ihre formale Durchführung in der literarischen Kurzprosa früher amerikanischer Zeitschriften* (Diss. Tübingen, 1969), S. 6-7.

10   *Poe's Poems and Essays,* ed. Andrew Lang (repr. London, 1972), S. 315 u. 339. – Cf. in diesem Zusammenhang auch die Bemerkungen über Frank Norris auf S. 14 dieser Arbeit.

11   Cf. B, S. 40-42.

12   Ebd., S. 24.

13   Noch 1969 sah sich der Autor George Garrett veranlaßt, gegen den korrumpierenden Einfluß der »commercial magazines« auf die Kurzgeschichtenproduktion zu polemisieren. Cf. hierzu »The International Symposium on the Short Story, Part III«, *The Kenyon Review* 31 (1969), S. 466.

Kapitel III 2

1   Zur »Darstellung der entfesselten Psyche als zerstörerische Macht« in »The Adventure of the German Student« cf. Helmbrecht Breinig, *Irvings Kurzprosa: Kunst und Kunstproblematik im erzählerischen und essayistischen Werk* (Bern, 1972), S. 205-206.

2   Cf. *Literary History of the United States,* edd. Robert E. Spiller, Willard Thorp et al., (3rd rev. ed. New York, 1963), S. 243.

3   Hierzu und zum vorigen cf. Reichart, op. cit., S. 30-31.

4   Cf. *Selected Prose,* S. 170, S. 173 und S. 175. – Mit Don Quijote wird Ichabod Crane zwar nicht ausdrücklich verglichen, doch sind so viele Anklänge an Cervantes' Roman vorhanden, daß man den Pädagogen ohne weiteres als Yankee von der traurigen Gestalt bezeichnen kann. Hierzu gehören das hagere Äußere, die Charakterisierung Cranes als »knighterrant in quest of adventures« (177), die Vergleichbarkeit von Don Quijotes Rosinante und Cranes Gunpowder (178) sowie die Tatsache, daß die Phantasie beider Personen durch deren jeweilige Lektüre krankhaft sensibilisiert worden ist. Demgegenüber besteht der wesentlichste Unterschied zwischen den beiden Figuren darin, daß Don Quijote sich an anachronistischen Idealen orientiert, Crane aber über einen ausgeprägten Sinn für das Materielle verfügt.

5   Cf. Dorothea Forstner (OSB), *Die Welt der Symbole* (Innsbruck, ²1967), S. 248. – Bei dem Vornamen Ichabod handelt es sich ebenfalls um einen »telling name«. Das hebräische Wort wird im amerikanischen Englisch meist als Ausruf verwendet, um »regret for departed glory« auszudrücken. In diesem Sinn umschreibt der Vorname Cranes enttäuschte Erwartungen auf die Reichtümer der Van Tassels. Auch in der wörtlichen Bedeutung

(inglorious) charakterisiert der Name seinen Träger (cf. *Webster's Third New International Dictionary* s. v. »ichabod«).

6   Cf. Breinig, op. cit., S. 164-165.

7   Beide Aspekte der Schilderungen können durch die Beschreibung der Farm Baltus Van Tassels verdeutlicht werden. Die unmittelbare Umgebung der Farm hat den Charakter eines *locus amoenus* (170-171), während die detailliert-wirklichkeitsgetreue Beschreibung des Inneren der Farm (172-173), die mit Ichabod Cranes Eintritt in das Haus beginnt und mit dem Blick in eine offenstehende Schublade endet, ein Beispiel für die oft gepriesene »pictorial quality« der Kurzgeschichten Washington Irvings ist.

8   Cf. innerhalb des *Sketch-Book* außer der Kurzgeschichte »Rip Van Winkle« die zur Gruppe der Skizzen und Essays gehörenden Werke »The Mutability of Literature« und »Westminster Abbey«.

9   Cf. *Selected Prose*, S. 171-173, wo Cranes Phantasie durch die Reichtümer der Van Tassels und durch die Gedanken an kulinarische Genüsse entfesselt wird.

10   Ebd., S. 185.

11   Das Ehepaar repräsentiert Charaktertypen, die mehrfach in Irvings Prosa vorkommen. Zum Typ der Xanthippe cf. »The Legend of the Moor's Legacy« aus *The Alhambra* und »The Legend of Sleepy Hollow«, zum Typ des indolent-liebenswürdigen Mannes cf. »Dolph Heyliger«. Lubbers (op. cit., S. 107) hat darauf hingewiesen, daß die Indolenz im Falle Rip Van Winkles schon durch den Namen des Protagonisten signalisiert wird; denn durch seinen Nachnamen wird Rip mit einer Uferschnecke verglichen. Wie im Falle von Ichabod Crane ist auch der Vorname des Protagonisten ein »telling name«; denn das Wort »rip« bezeichnet nicht nur einen Lump, sondern steht nach Auskunft von Lubbers auch akronymisch für »requiescat in pace« und verweist damit auf den zwanzig Jahre währenden Schlaf des Protagonisten in den Catskill Mountains.

12   Ebd., S. 103. Mit anderer Akzentsetzung hat Irving das Thema der Identität auch in »Dolph Heyliger« behandelt.

13   Zur Verengung des Blickwinkels cf. auch Klaus Lubbers, »Irving. Rip Van Winkle«, *Die amerikanische Kurzgeschichte*, S. 29.

14   Cf. hierzu *Selected Prose*, S. 106.

15   Zur Verarbeitung deutscher Quellen, zu denen auch J. K. Riesbecks Reiseberichte gehören, cf. Reichart, op. cit., S. 22-23 und S. 25-29.

16   Ebd., S. 30.

17   Zwar ist das Postskriptum kein Bestandteil der ursprünglichen Geschichte, doch knüpft es mit dem Gegensatz von Fruchtbarkeit und Tod an den Mittelteil von »Rip Van Winkle« an, wo neben dem wachstumsbringenden Regen die häufig als Totenvögel aufgefaßten Krähen erwähnt werden. Außerdem wird vom Schauplatz des Geschehens gesagt, daß dort kaum ein Sonnenstrahl hingelangt und daß der Boden mit Felsbrocken übersät ist. Die in der Sekundärliteratur wiederholt geäußerte Ansicht, Hendrick Hudson sei die »Verkörperung eines Fruchtbarkeitsmythos in Anlehnung an die Gewittergottheiten vieler Völker« (Breinig, op. cit., S. 143) bedarf also der Modifikation.

18   Cf. das Vorwort zu »Rip Van Winkle« (*Selected Prose,* S. 90).

19   Op. cit., S. 97 und S. 100.

20   Cf. hierzu folgende Bemerkung aus dem Vorwort zur dritten Ausgabe der *Twice-Told Tales* (*Centenary Edition,* Vol IX, S. 6): »They (i. e. the sketches) have none of the abstruseness of idea, ...«

21 Zur Allgemeingültigkeit von Hawthornes »short stories« cf. auch Mary Rohrberger, *Hawthorne and the Modern Short Story* (Den Haag, 1966), S. 19-24.

22 Cf. hierzu Franz H. Link, *Die Erzählkunst Nathaniel Hawthornes* (Heidelberg, 1962), S. 188.

23 Cf. hierzu folgende, von Voss, op. cit., S. 29 zitierte Notizbucheintragung Hawthornes, auf der »Ethan Brand« (1851) basiert: »The search of an investigator for the Unpardonable Sin; ... The Unpardonable Sin might consist in a want of love and reverence for the Human Soul; in consequence of which, the investigator pried into its dark depths, not with a hope or purpose of making it better, but from a cold philosophical curiosity, ... Would not this ... be the separation of the intellect from the heart?«

24 Zur Katalogisierung der narrativen Kurzformen bei Hawthorne cf. Pattee, op. cit., S. 99-101.

25 Cf. Werner Arens, »Hawthorne. Young Goodman Brown«, *Die amerikanische Kurzgeschichte*, S. 38.

26 Richard H. Fogle, *Hawthorne's Fiction: The Light and the Dark* (rev. ed. Norman, 1964) spricht in dem skizzierten Zusammenhang von Ambiguitäten und beschreibt deren Funktion wie folgt: »... it (i. e. ambiguity) offers opportunity for ... richness of suggestion. By it Hawthorne is able to suggest something of the density and incalculability of life, the difficulties which clog the interpretation of even the simplest incidents, ...« (S. 20).

27 Zum Einfluß der allegorischen Erzählungen Bunyans cf. insbesondere Hawthornes Kurzgeschichte »The Celestial Railroad« (1843).

28 Das Thema von Sein und Schein, das im Zusammenhang mit der oben erwähnten »indefiniteness« steht, ist schon von Irving in »The Devil and Tom Walker« behandelt worden, wo es wie in »Young Goodman Brown« dazu dient, Kritik am Puritanismus zu üben. Cf. hierzu William L. Hedges, *Washington Irving: An American Study, 1802-1832* (Baltimore, 1965), S. 232.

29 Cf. in diesem Zusammenhang Link, op. cit., S. 57, der bemerkt, daß sich der Intellekt über die Stimme des Gewissens hinwegsetzt.

30 *Centenary Edition,* Vol X, S. 83.

31 Cf. hierzu auch Arens, a.a.O., S. 42.

32 Cf. hierzu die auf S. 40 der vorliegenden Arbeit referierten Beobachtungen von Paul Goetsch.

33 Zum Gegensatz zwischen »Young Goodman Brown« und »My Kinsman, Major Molineux« sowie zur unten erwähnten Parallele zwischen der vorliegenden Kurzgeschichte und »Rappaccini's Daughter« cf. Hyatt H. Waggoner, *Hawthorne. A Critical Study* (rev. ed. Cambridge/Mass., 1963), S. 210.

34 Zur »confraternity of Sin«, aus der sich Brown ausschließt, und zu seiner Weigerung, sich vorbehaltlos zum Bösen zu bekennen, cf. auch Fogle, op. cit., S. 21-22.

35 *Centenary Edition,* Vol. IX, S. 52.

36 Ebd., S. 46.

37 Ebd., S. 40: »Each member of the congregation ... felt as if the preacher had ... discovered their hoarded iniquity of deed or thought.«

38 Zum übersteigerten Sündenbewußtsein und zur eingeschränkten Erkenntnisfähigkeit cf. auch Fogle, op. cit., S. 34 und S. 40. Es ist allerdings zu beachten, daß Hoopers »preoccupation with sin« seinen Blick für das Jenseits nicht trübt. Er betont wiederholt, daß es sich bei seinem Schleier nur um »a mortal veil« (47) handelt, und seine Gebete sind »imbued with celestial hopes« (42).

39   Cf. Fogle, op. cit., S. 34.
40   Cf. hierzu Jack Tharpe, *Nathaniel Hawthorne. Identity and Knowledge* (Carbondale, 1967), S. 78.
41   Cf. in diesem Zusammenhang, daß Hooper zahlreiche Sünder, »(who) had been with him behind the black veil« (49), zum himmlischen Licht führt. Cf. auch Tharpe, op. cit., S. 78.
42   Hierzu und zum vorigen cf. Link, op. cit., S. 60-61.
43   Cf. folgenden Ausruf: »»... what will be my triumph, when I shall have corrected what Nature left imperfect, in her fairest work!«« (*Centenary Edition,* Vol. X, S. 41).
44   Ebd., S. 49. – Zu Aminadabs Einstellung cf. S. 43.
45   Ebd., S. 41: »»You have achieved great wonders! Cannot you remove this little, little mark, which I cover with the tips of two small fingers? Is this beyond your power, for the sake of your own peace, and to save your poor wife from madness?«« – Diese Stelle ist von Harry Levin, *The Power of Blackness. Hawthorne, Poe, Melville* (New York, 1958), S. 60 offenbar übersehen worden; denn Levin, der davon spricht, daß Hawthornes Eva die Rolle des biblischen Adam übernommen hat, charakterisiert Georgiana vereinfachend als »consenting victim« –.
46   Cf. hierzu Helmut Bonheim, »Hawthorne. The Birthmark«, *Die amerikanische Kurzgeschichte*, S. 51.
47   *Centenary Edition,* Vol. X, S. 53.
48   Cf. zum vorigen neben dem Schlußkommentar folgende Deutung des Symbols durch den Erzähler: »The fatal Hand had grappled with the mystery of life, and was the bond by which an angelic spirit kept itself in union with a mortal frame« (55).
49   Unterstützt wird diese Deutung durch folgende Bemerkung des Erzählers: »He (i.e. Aylmer) ... felt that he could draw a magic circle round her, within which no evil might intrude« (44).
50   Cf. in diesem Zusammenhang, daß das von Aylmer in eine künstliche Welt verwandelte Laboratorium, in dem die göttlichen Gesetze ebensowenig gelten wie die Grundsätze menschlicher Moral, Georgiana wie »a pavilion among the clouds« (44) erscheint.
51   Op. cit., S. 120.
52   Cf. hierzu Litz, op. cit., S. 9-10.
53   In »Metzengerstein« ist das Thema der Seelenwanderung mit dem Rachemotiv verknüpft. Opfer der Rache ist der Baron Metzengerstein; als Rächer fungiert ein Pferd, das die Seele des offensichtlich von Metzengerstein ums Leben gebrachten Grafen Berlifitzing beherbergt. Als lebendiges Reittier von ungewöhnlichen Ausmaßen und dämonischem Charakter und als Reinkarnation des Grafen versinnbildlicht das Pferd die auch von Irving und Hawthorne zum Ausdruck gebrachte Auffassung, daß die Grenzen zwischen Realität und Irrealität fließend sind. Unterstrichen wird diese symbolische Bedeutung durch die von Poe hervorgehobenen Verwandlungen des Pferdes, das zunächst in bildlicher Gestalt auf einem Gobelin erscheint und am Schluß der Geschichte, nachdem die Rache vollzogen ist, als Wolke über dem brennenden Schloß Metzengerstein schwebt. Als weiteres Thema ist der Gegensatz von Sterblichkeit und Unsterblichkeit mit dem Symbol des Pferdes verknüpft. Zunächst scheint die durch Metzengerstein verkörperte Sterblichkeit über die durch das Pferd symbolisierte Unsterblichkeit zu triumphieren, doch endet die Geschichte wie »The Fall of the House of Usher« mit dem Untergang des psychisch zerrütteten Titelhelden.
54   Cf. hierzu Staats, op. cit., S. 59, der hervorhebt, daß der Einheit des Effekts das Symbol als konkretes Phänomen der Darstellung entspricht. Die Allegorie könne die Einheit des

Effekts demgegenüber nicht garantieren, »weil sie in erster Linie an den Intellekt appelliert, der die Konkretion als Fiktion durchschaut und somit verhindert, daß sich ein leidenschaftliches Interesse entzündet.«

55 Zur satirischen Absicht von Poe, die sich gegen die zahlreichen überspannten, an deutsche Vorbilder angelehnten Magazingeschichten richtete, cf. die von Pattee op. cit., S. 121 zitierte Selbstaussage, die sich auf eine Gruppe von Erzählungen bezieht, zu der u. a. »Loss of Breath« (1832), »Morella«, »Berenice« (1835) und »Metzengerstein« gehören: »Most of them were intended for half banter, half satire – although I might not have fully acknowledged this to be their aim even to myself«. Während es eindeutig ist, daß es sich bei »Loss of Breath« um eine Satire oder um eine Parodie handelt, kann man bei den drei anderen Erzählungen an der satirischen Absicht zweifeln. Dies gilt selbst für »Metzengerstein«, obwohl Poe – dem Usus der Magazingeschichten folgend – den Titel dieser Erzählung 1836 um den Zusatz »A Tale in Imitation of the German« ergänzte.

56 Cf. hierzu folgende, bei Pattee, op. cit., S. 127 zitierte Bemerkung aus dem Vorwort zu den *Tales of the Grotesque and Arabesque* (1839): »If in many of my productions terror has been the thesis, I maintain that terror is not of Germany, but of the soul – that I have deduced this terror only from its legitimate sources, and urged it only to its legitimate results.«

57 Schuhmann, op. cit., S. 146.

58 Ebd., S. 152.

59 B, S. 4.

60 Die bekanntesten Erzählungen dieser Gruppe sind »The Murders in the Rue Morgue«, »The Mystery of Marie Rogêt«, »The Gold Bug« und »The Purloined Letter«.

61 *Selected Writings,* S. 142. Cf. in diesem Zusammenhang, daß schon Matthews (B, S. 21) von Poes »imaginative ratiocination« sprach. Cf. auch Staats, op. cit., S. 98, der das analytisch-krititische Vermögen als unabdingbare Voraussetzung einer erfolgreichen imaginativen Gestaltung bezeichnet.

62 Cf. in diesem Zusammenhang auch die Beschreibung der Zimmerflucht: »There was a sharp turn at every twenty or thirty yards, and at each turn a novel effect« (175).

63 In derselben Bedeutung und unterschiedslos wie Poe hatte Scott die beiden Begriffe in seinem Essay »On the Supernatural in Fictitious Composition« (1827) verwendet. Cf. hierzu Bernd Günter, *Das Groteske und seine Gestaltung in den Erzählungen Edgar Allan Poes* (Freiburg, 1974), S. 106-108. Günter gehört zu den wenigen Kritikern, die erkannt haben, daß die Begriffe »grotesk« und »arabesk« bei Poe »nicht zwei getrennte Dinge« bezeichnen, »sondern allenfalls zwei verschiedene Aspekte ein und derselben Sache« (S. 126). Auf der Basis von umfangreichen Textvergleichen kommt er wie wir zu dem Ergebnis, daß das Groteske »das Produkt einer ... willkürlich verzerrenden Einbildungskraft« ist (S. 123) und daß der Terminus »arabesk« Poe meist zur Benennung einer Form ornamental-dekorativer Darstellung dient, die durch phantastische Elemente geprägt ist (S. 115).

64 Zur Verknüpfung der beiden Sinnschichten cf. auch Link, *Edgar Allan Poe,* S. 251.

65 Ebd., S. 251. – Horst Breuer, »Wahnsinn im Werk Edgar Allan Poes. Literaturkritisch-psychoanalytischer Versuch«, *Deutsche Vierteljahrsschrift* 50 (1976), S. 24-26 deutet die sieben Räume demgegenüber als die verschiedenen Seelenprovinzen, die vom Bereich der Ratio bis zum Grenzbereich zwischen Bewußtem und Unbewußtem reichen. In einer solchen Interpretation wird Prospero zum Mittelpunkt des Seelenapparats, während die

Teilnehmer des Maskenfestes als Personifikationen halluzinatorischer Vorstellungen und der rote Tod als Verkörperung des Wahnsinns erscheinen.

66 Cf. Schuhmann, op. cit., S. 106.

67 Cf. hierzu *Selected Writings*, S. 178.

68 Günter, op. cit., S. 158.

69 Cf. hierzu auch Hans Galinsky, »Beharrende Strukturzüge im Wandel eines Jahrhunderts amerikanischer Kurzgeschichte« (nachgedruckt bei B, S. 222-279). Galinsky weist auf die vagen Angaben über den Ort und die Zeit der Handlung hin (248) und spricht – eine Reihe von Ambiguitäten aufzählend – von der Begegnung des maskierten Prospero mit der vermeintlichen Maske des roten Todes, wobei sich der scheinbare Verfolger als der Verfolgte, der scheinbar Handelnde als der Erleidende und der zum Tod Verurteilende als der zum Tod Verurteilte erweist (247).

70 Madeline befand sich bei ihrer Bestattung lediglich im Zustand der kataleptischen Trance. Das Motiv der Beisetzung von Scheintoten hat Poe auch in »Berenice« und in »The Premature Burial« (1844) verarbeitet.

71 Cf. *Selected Writings*, S. 100 und 104-105, wo Roderick seine Krankheit als »constitutional and a family evil« bezeichnet und seinen eigenen Zustand wie das Schicksal der Familie auf die dem Haus von Usher eigene Atmosphäre zurückführt. – Cf. in diesem Zusammenhang auch Staats, op. cit., S. 124-125, der von der Versklavung des Protagonisten durch das Haus spricht und bemerkt, Usher sei sich der drohenden endgültigen »Absorption seiner selbst als eigenständigem Wesen durch das Haus« bewußt.

72 Dieser Unterschied entfällt, wenn man »The Masque of the Red Death« wie Breuer psychoanalytisch interpretiert. Prospero und sein Gefolge bilden dann zusammen einen psychischen Organismus, der wie Roderick Usher dem Wahnsinn verfällt.

73 Cf. hierzu Schuhmann, op. cit., S. 46. Schuhmann interpretiert den Tod Ushers als Untergang der »verabsolutierten imaginativen Realität«. Im Überleben des Erzählers setze sich demgegenüber der Anspruch der empirischen Realität durch.

74 Cf. hierzu *Selected Writings*, S. 95.

75 Folgende Äußerung zeigt freilich, daß diesem Bemühen schon zu Beginn enge Grenzen gesetzt sind: »... nor could I grapple with the shadowy fancies that crowded upon me as I pondered« (95).

76 Cf. hierzu auch Gerhard Hoffmann, »Poe. The Fall of the House of Usher«, *Die amerikanische Kurzgeschichte*, S. 85.

77 Eines dieser Bilder, das an die Gewölbe erinnert, in denen Madeline beigesetzt wird, veranlaßt den Erzähler zu der Bemerkung: »if ever mortal painted an idea, that mortal was Roderick Usher« (102). Link, op. cit., S. 196 vertritt die zutreffende Ansicht, daß sich in dieser Reduktion auf die Idee und in der damit verbundenen totalen Ablösung von der Wirklichkeit die Krankhaftigkeit der Imagination des Protagonisten äußert.

78 Die angebliche Romanze, die den Charakter einer Schauergeschichte hat, ist das einzige unter den in »The Fall of the House of Usher« erwähnten Büchern, das nicht existiert. Cf. hierzu Burton R. Pollin, *Discoveries in Poe* (Notre Dame, 1970), S. 206ff.

79 Cf. Edward H. Davidson, *Poe. A Critical Study* (Cambridge/Mass., [3]1966), S. 196. Davidson macht darauf aufmerksam, daß diese Vorstellungen in den Büchern von Swedenborg, Campanella, Robert Fludd und anderen enthalten sind, die zur Bibliothek Roderick Ushers gehören.

80 Das Haar mit seiner »Arabesque expression« (99) erscheint dem Erzähler als Indiz dafür, daß Roderick Usher dem normalen Menschsein entrückt ist. Ebenso steht das Haus von

Usher, das der Erzähler von »a pestilent and mystic vapour« (97) umgeben glaubt, außerhalb der vertrauten Wirklichkeit.

81   Zum vorigen cf. Breuer, op. cit., S. 19-22. Cf. ebenfalls S. 23, wo Breuer auf weitere Geschichten verweist, in denen Poe zur Darstellung von Seelenbezirken auf die Beschreibung von Gebäuden zurückgreift.

82   Cf. folgenden Kommentar des Erzählers: »I was, perhaps, the more forcibly impressed with it (i. e. one of these rhapsodies), ..., because, in the under or mystic current of its meaning, I fancied that I perceived, ..., a full consciousness on the part of Usher, of the tottering of his lofty reason upon her throne« (103).

83   In einem häufig zitierten Brief an Rufus Griswold formulierte Poe: »... by the Haunted Palace I mean to imply a mind haunted by phantoms – a disordered brain –...« *The Letters of Edgar Allan Poe,* ed. John W. Ostrom (Cambridge/ Mass., 1948), Vol. I, S. 161.

84   Cf. in diesem Zusammenhang Levin, op. cit., S. 161, der Roderick Usher als »the hypersensitive end-product of civilization itself« bezeichnet, »driven underground by the pressure of fear.«

85   Cf. hierzu Hoffmann, a.a.O., S. 92. Zur kosmologischen Interpretation, die zuerst von Maurice Beebe vorgeschlagen wurde, cf. auch David Halliburton, *Edgar Allan Poe. A Phenomenological View* (Princeton, 1973), S. 288-289.

86   Cf. Link, op. cit., S. 307.

87   Cf. die Charakterisierung Dupins in »The Murders in the Rue Morgue«, wo von der »vivid freshness of his imagination« und von der »peculiar analytic ability« (143) des Amateurdetektivs die Rede ist.

88   Cf. hierzu Halliburton, op. cit., S. 239.

89   Cf. hierzu Marianne Kesting, »Auguste Dupin, der Wahrheitsfinder, und sein Leser«, *Poetica* 10 (1978), S. 57-58. Als »under-current ... of meaning« bezeichnet Kesting den »Dichter, die Dichtung und ihre neue Art von Wirklichkeitsrecherche und Ästhetik«.

90   Cf. Paul Gerhard Buchloh, »Poe. The Murders in the Rue Morgue«, *Die amerikanische Kurzgeschichte,* S. 95.

91   Cf. Voss, op. cit., S.63-65 und Buchloh, a.a.O., S. 97-101.

92   Dieser Aspekt der Melvilleschen Kurzprosa hat seinen Ausdruck u. a. in zwei einprägsamen Symbolen gefunden. In »The Encantadas« sieht der Rock Rodondo aus der Ferne wie ein weißes Segel aus, wohingegen er sich als Teil des wüsten Landes entpuppt, wenn man ihn aus der Nähe betrachtet, und in der Kurzgeschichte »I and My Chimney« (1856) ist der Kamin nie als Ganzes wahrnehmbar.

93   Im besonderen gilt dies für »The Encantadas«, aber auch in »Bartleby the Scrivener« sind zahlreiche deskriptive und reflektive Passagen enthalten. Das deskriptive Element ist besonders stark in der relativ breit angelegten Exposition ausgeprägt, wo der Erzähler sich selbst, seine Mitarbeiter und sein an Erzählungen von Gogol und Dostojewski erinnerndes Büro porträtiert.

94   Unter den christlichen Themen nimmt die Nächstenliebe in Melvilles Kurzprosa eine Sonderstellung ein. Besonders eindringlich wurde dieses Thema in »Poor Man's Pudding and Rich Man's Crumbs« (1854) gestaltet. Demgegenüber handelt die Geschichte »The Bell-Tower« (1855), die an Hawthornes »The Birthmark« erinnert, von der Sünde des Stolzes. Zu Melvilles moralisch-didaktischen Geschichten gehört auch die späte Erzählung *Billy Budd,* in der es um den moralischen Konflikt zwischen Pflichtbewußtsein und Mitgefühl geht.

95   Cf. *The Complete Stories of Herman Melville,* ed. Jay Leyda (New York, 1949), S. 3.

96 Leitmotivischer Ausdruck des unverrückbaren Standpunkts von Bartleby ist die stereo-
    type Wendung »I would prefer not to«, die Klaus Ensslen, *Melvilles Erzählungen* (Hei-
    delberg, 1966), S. 26 als »idiomatische(s) Kürzel einer nach außen hin mild erscheinen-
    den, aber innerlich unerschütterlichen Haltung« charakterisiert hat.

97 Ein an »Bartleby the Scrivener« erinnerndes Verhältnis zwischen den Protagonisten liegt
    in *Benito Cereno* vor, wo der amerikanische Kapitän Amasa Delano die merkwürdigen
    Vorgänge auf der *San Dominick* und das rätselhafte Verhalten seines spanischen Kolle-
    gen ebenfalls nicht zu durchschauen vermag.

98 Auf eine weitere Funktion dieser Nebenpersonen hat Klaus Peter Hansen, *Vermittlungs-
    fiktion und Vermittlungsvorgang in den drei großen Erzählungen Herman Melvilles* (Frank-
    furt/M., 1973), S. 32 hingewiesen. Da Turkey und Nippers von dem Notar dazu aufgefordert
    werden, sich mit Bartlebys Verhalten auseinanderzusetzen, wird die Skala der Reaktions-
    möglichkeiten auf das Ungewöhnliche vergrößert.

99 Cf. hierzu Ensslen, op. cit., S. 28 und S. 30. Ensslen bezeichnet den Willen zum Tod als
    Hauptthema der Geschichte und setzt dieses Thema u. a. in Beziehung zu den Bildern
    der Bewegungslosigkeit und der Stummheit.

100 Cf. hierzu Ensslen, op. cit., S. 32, der von dem Paradoxon spricht, daß hinter der
    Selbstbehauptung des Schreibers »eigentlich nur der Entschluß zur Abweisung des Le-
    bens ... steckt.«

101 Cf. *Complete Stories,* S. 23.

102 Ebd., S. 24.

103 Zu den Parallelen zwischen Irving und Melvilles Kurzprosa cf. die Seiten 26-32 sowie
    S. 34 in Bickleys Buch *The Method of Melville's Short Fiction* (Durham/N.C., 1975).
    Neben den oben erwähnten Entsprechungen hat Bickley die Selbstcharakterisierung des
    Notars, die der eigentlichen Geschichte angehängte Notiz über Bartlebys angebliche
    Tätigkeit in einem »Dead Letter Office« und die Konzeption des Erzählers als »bache-
    lor-observer« mit Irvings Erzähltechnik verglichen. Im Hinblick auf den zuletzt genann-
    ten Punkt hat er ausgeführt, daß der Erzähler in Melvilles Kurzprosa anders als bei
    Irving aus der bloßen Beobachterrolle heraustritt und als »authentic protagonist« in die
    Handlung integriert wird.

104 Ebd., S. 32-33.

105 Cf. hierzu Ray B. Browne, *Melville's Drive to Humanism* (Lafayette, 1971), S. 156, der
    Turkey und Nippers mit Gawain und Lancelot, den Helden aus der mittelalterlichen
    Mythologie, vergleicht. Der zwölfjährige Laufjunge Ginger Nut ist von Browne als Ver-
    körperung des jugendlichen, erfolgsorientierten Amerika interpretiert worden.

106 Das Verb »to grub« legt es nahe, in Cutlets einen Totengräber zu sehen; die Slangbedeu-
    tung des Substantivs »grub« verweist dagegen auf seine Funktion, das Essen auszuteilen.

107 Cf. *Complete Stories,* S. 17 und S. 34-36. Zum repräsentativen Charakter des Notars cf.
    ebenfalls Kingsley Widmer, *The Ways of Nihilism* (Los Angeles, 1970), S. 105. Widmer
    vergleicht den Erzähler mit Amaso Delano und erkennt in beiden Personen den Typ des
    »practical optimist as representative liberal American«, der als »a decent, well-meaning,
    rationalizing enforcer of established values« charakterisiert wird.

108 Cf. hierzu Franz H. Link, »Melville. Bartleby, the Scrivener«, *Die amerikanische Kurzge-
    schichte,* S. 125.

109 Cf. Otto Reinert, »Bartleby the Inscrutable: Notes on a Melville Motif«, *Herman Melville,*
    edd. Paul Gerhard Buchloh und Hartmut Krüger (Darmstadt, 1974), S. 390-391.

110 Cf. hierzu u. a. Bickley, op. cit., S. 41.

111 Eine der Mauern ist »black by age and everlasting shade« (5), eine andere – weiße – Mauer ist »deficient in what landscape painters call ›life‹« (5), und die Wand, auf die Bartleby starrt, wird als »dead brick wall« (24) beschrieben.

112 Cf. folgende Bemerkung des Erzählers: »... I procured a high green folding screen, which might entirely isolate Bartleby from my sight, though not remove him from my voice. And thus, in a manner, privacy and society were conjoined« (12).

113 Cf. hierzu *Complete Stories*, S. 47.

114 Cf. hierzu Richard H. Fogle, *Melville's Shorter Tales* (repr. Norman, 1966), S. 24, der die Frage stellt, ob man Bartlebys »semiblindness« mit der einseitigen Weltsicht des Reverend Hooper in Hawthornes »The Minister's Black Veil« vergleichen kann.

115 Cf. *Complete Stories*, S. 26 und S. 40-41.

116 Fogle, op. cit., S. 19.

117 Cf. hierzu die Bemerkungen über den Typ des »bachelor-narrator« bei Fogle, op. cit., S. 14: »A »bachelor« in Melville's fiction is a man who has not wedded reality, a man who sees half of life but not the whole. Everyone who achieves success is a bachelor, since he can only do so by closing his eyes to the realities which make success impossible.«

118 Cf. hierzu *Complete Stories*, S. 25.

119 Zum vorigen cf. Leo Marx, »Melville's Parable of the Walls«, *Herman Melville*, S. 373-377; Fogle, op. cit., S. 15; F. O. Matthiessen, *American Renaissance* (repr. London, 1972), S. 493 und Browne, op. cit., S. 154, S. 165 und S. 167.

120 Zu Melvilles Kritik am »oberflächliche(n) und materialistische(n) Erfolgsdenken seiner Mitmenschen« cf. Paul G. Buchloh et al., *Amerikanische Erzählungen von Hawthorne bis Salinger* (Neumünster, 1968), S. 24.

121 Cf. hierzu Richard Kostelanetz, B, S. 358-361. Mit Bezug auf die Kurzgeschichte der zwanziger Jahre spricht Kostelanetz von »rhetorical strategies of parallelism and repetition«, und unter Hinweis auf Donald Barthelmes Erzählung »To London and Rome« (1963) ist die Rede von »repetition and cumulative impact.« Außerdem schreibt Kostelanetz: »... the (modern) story becomes an elaboration of the opening elements: it is intensified rather than developed.« Alle diese Bemerkungen können als Charakterisierungen von »Bartleby the Scrivener« gelesen werden, wenn auch zu beachten ist, daß die chronologische Erzählweise bei Melville anders als in vielen modernen Kurzgeschichten noch gewahrt ist.

Kapitel III 3

1 Zum folgenden cf. »From Tale to Short Story«, a.a.O., S. 153-169.

2 Cf. hierzu Karl-Heinz Schönfelder, *Mark Twain* (Halle/Saale, 1961), S. 96, der das »local-color movement« als »Bindeglied zwischen der Romantik und dem bürgerlichen Realismus« bezeichnet.

3 Dem Vorbild der »tall tale« entsprechen beide Geschichten auch insofern, als das haarsträubende Geschehen als »a perfectly true fact« ausgegeben wird. Cf. *The Complete Short Stories of Mark Twain*, ed. Charles Neider (New York, 1957), S. 160. Cf. ebenfalls S. 2: »Lots of the boys here has seen that Smiley, and can tell you about him.«

4 Cf. hierzu auch Hans Bungert, »Mark Twain. The Notorious Jumping Frog of Calaveras County«, *Die amerikanische Kurzgeschichte*, S. 135.

5   Cf. hierzu Buchloh, *Amerikanische Erzählungen von Hawthorne bis Salinger*, S. 27, wo darauf hingewiesen wird, daß die Kritik an der Sprache Neuenglands für Mark Twain zugleich »Kritik an den in dieser Sprache vermittelten Werten« bedeutete.

6   Cf. Bungert, a.a.O., S. 129.

7   Cf. hierzu James M. Cox, *Mark Twain: The Fate of Humor* (Princeton, 1966), S. 26-27, der Wheelers Erzählung als »the oral story inside a literary frame« bezeichnet.

8   Zum folgenden cf. WG, S. 51-54.

9   Zum Zusammenhang von Theorie und Praxis cf. auch Bungert, a.a.O., S. 132, dessen Ausführungen sich vorwiegend auf »the slurring of the point« beziehen.

10   Cf. hierzu und zum folgenden *Complete Short Stories*, S. 1.

11   Cf. das Ende der Erzählung, wo Simon Wheeler mit der inzwischen vertrauten Formel »›Well, thish-yer Smiley had a ...‹« (6) dazu ansetzt, seinen Erzählfaden wiederaufzunehmen, beim Rahmenerzähler aber kein Gehör mehr für seine neue Geschichte über die einäugige Kuh mit dem bananenförmigen Schwanz findet.

12   Der Begriff der Maske ist in der Sekundärliteratur bereits wiederholt verwendet worden, um die Funktion Simon Wheelers zu verdeutlichen. Cf. etwa Kenneth S. Lynn, *Mark Twain and Southwestern Humor* (repr. Westport/Conn., 1975), S. 146: »The innocence of Simon Wheeler's expression is in fact a mask, cunningly assumed to deceive the outsider by seeming to fulfill all his pre-conceived notions of Western simple-mindedness.« In einer solchen Interpretation wird die eigentliche Funktion der Maske verkannt; denn es geht bei Simon Wheelers Vortragsweise nicht um ein durch persönliche Rivalität motiviertes Täuschungsmanöver, sondern um die optimale Form humoristischen Erzählens.

13   Pattee, op. cit., S. 225.

14   B, S. 37.

15   Cf. Pattee, op. cit., S. 229. Hartes Skepsis gegenüber dem »local coloring« kommt sogar noch in einer von Pattee zitierten Selbstaussage aus dem Jahre 1867 zum Ausdruck, die sich auf die Sammlung *Condensed Novels and Other Papers* bezieht: »Though based upon local scenery and local subjects, no one is better aware than their author of their deficiency in local coloring, a deficiency which he nevertheless believes is made up by such general interest and abstract fidelity as make them applicable to any locality«.

16   Cf. hierzu Pattee, op. cit., S. 234-235.

17   Einer der Aspekte von Bret Hartes Humor steht im Einklang mit Mark Twains Feststellung, die Verbindung von »incongruities and absurdities« gehöre zu den Wesensmerkmalen einer »humorous story«. Cf. hierzu z. B. folgende Stelle aus »The Luck of Roaring Camp«: »The greatest scamp had a Raphael face, ... Oakhurst, a gambler, had the melancholy air and intellectual abstraction of a Hamlet; the coolest and most courageous man was scarcely over five feet in height, ... The strongest man had but three fingers on his right hand; the best shot had but one eye.« (*The Writings of Bret Harte* (Boston, 1906), Vol. I, S. 2-3).

18   B, S. 37.

19   Cf. hierzu Margaret Duckett, *Mark Twain and Bret Harte* (Norman, 1964), S. 50.

20   Die Stelle wird von Voss, op. cit., S. 74 zitiert: »To be a man's ›partner‹ signified something more than a common pecuniary or business interest; it was to be his friend through good or ill report, in adversity or fortune, to cleave to him and none other.«

21   B, S. 37.

22   Cf. hierzu Pattee, op. cit., S. 238.

23   B, S. 37.

24 Cf. hierzu Voss, op. cit., S. 13, der eine Reihe von Erzählern aufzählt, die sich schon in den dreißiger Jahren der Beschreibung bestimmter Regionen widmeten. Einer von ihnen war James Hall, der im Vorwort seiner *Legends of the West* (1832) schrieb:»The sole intention of the tales comprised in the following pages is to convey accurate descriptions of the scenery and population of the country in which the author resides.«

25 Die besten Kurzgeschichten von Cable sind in der Sammlung *Old Creole Days* (1879) enthalten; der beste Kurzgeschichtenband von Page hat den Titel *In Ole Virginia* (1887).

26 Harris ist auch durch Kurzgeschichten über gesellschaftlich benachteiligte Weiße in Georgia bekanntgeworden. Cf. hierzu die Sammlungen *Mingo and Other Sketches in Black and White* (1884) und *Free Joe and Other Georgian Sketches* (1887).

27 Cf. folgende bei Pattee, op. cit., S. 262 zitierte Äußerung der Autorin:»Mr. Howells thinks that the age frowns upon the romantic, that it's no use to write romance any more; but, dear me, how much there is left in everyday life, after all.«

28 Zitiert nach Voss, op. cit., S. 92.

29 Zum Vergleich zwischen Mary Wilkins Freeman und Hawthorne cf. Pattee, op. cit., S. 322.

30 Cf. *Strictly Business. More Stories of the Four Million* (repr. New York, 1919), S. 149.

31 Das Diktum lautet:»Fancy a novel about Chicago or Buffalo, let us say, or Nashville, Tennessee! There are just three big cities in the United States that are »story cities« – New York, of course, New Orleans, and, best of the lot, San Francisco.« – Die ironische Absicht, in der O. Henry dieses Diktum zitiert, ist offensichtlich; denn Norris, der die sozialen und ökonomischen Unzulänglichkeiten des kapitalistischen Systems am Beispiel des Weizenhandels verdeutlichte, hatte inzwischen selbst dazu beigetragen, daß Chicago längst in die Gruppe der »story cities« aufgerückt war.

32 Cf. hierzu folgende Charakterisierung der Geschichte durch O. Henry in einem Brief an William Griffeth:»The whole scheme is to show that an absolutely prosaic and conventional town (such as Nashville) can equal San Francisco, Bagdad, or Paris when it comes to a human story.« (Zitiert nach Richard O'Connor, *O. Henry* (New York, 1970), S. 191). Das Zitat besagt, daß es O. Henry in der vorliegenden Geschichte weniger um das Partikulare als vielmehr um das Universelle ging. Cf. hierzu auch Eugene Current-García, *O. Henry* (New York, 1965), S. 58.

33 Cf. *Friendship Village. Love Stories* (repr. New York, 1912), S. 6.

34 *Crumbling Idols,* ed. Jane Johnson (Cambridge/Mass., 1960), S. 7.

35 Ebd., S. 97-98. Da Garland in diesem Kontext im Hinblick auf das impressionistische Kunstwerk außerdem von »a single idea impossible of subdivision without loss« spricht, kann man folgender Bemerkung von Litz (op. cit., S. 390) zustimmen: »This is the aesthetic of Poe's tale ... recast in more modern terms ...« Neben der Parallele zu Poe wird gleichzeitig ein Gegensatz zu Frank Norris sichtbar, der dem Dichter die Funktion zuweist, vorgegebene Realitätsfragmente wie der Schöpfer eines Mosaiks zusammenzusetzen (WG, S. 56). Schon angesichts dieses Gegensatzes ist es fragwürdig, Garland und Norris – wie dies häufig geschieht – unterschiedslos als Naturalisten zu bezeichnen.

36 Zum vorigen cf. *Crumbling Idols,* S. 49, S. 52, S. 53 und S. 104.

37 In der Betonung der Subjektivität des Künstlers unterscheidet Garland sich von Howells, der von der Literatur eine der Wissenschaft analoge Objektivität gefordert hatte. (Cf. hierzu Donald Pizer, *Hamlin Garland's Early Work and Career* (New York, 1969), S. 129).

38 Die beiden obigen Äußerungen Garlands sind nach Pattee, op. cit., S. 314-315 zitiert.

39 Cf. *Main-Travelled Roads* (New York, 1922), S. 115 und S. 118.

40 Ebd., S. 129.

41 Zum Nebeneinander von Pessimismus und Optimismus am Ende der Geschichte cf. auch Josef B. McCullough, *Hamlin Garland* (Boston, 1978), S. 42.

42 Cf. *Literary History of the United States,* S. 1215.

43 Willa Cather ist vor allem als Autorin von Romanen hervorgetreten. Ihr erstes Buch, *The Troll Garden* (1905), war jedoch eine Sammlung von Kurzgeschichten. Einige der in dieser Sammlung enthaltenen Erzählungen wurden später in den Kurzgeschichtenband *Youth and the Bright Medusa* (1920) aufgenommen. Neben Immigranten porträtierte die Autorin vornehmlich Künstler, die sich mit der Engstirnigkeit ihrer Mitbürger konfrontiert sehen. In verschiedenen dieser Künstlererzählungen ist der Einfluß von Henry James spürbar.

44 Der Begriff »local color« wurde zwar auch von Henry James im positiven Sinne gebraucht, doch verstand er darunter die wissenschaftlich-exakte Wiedergabe der Fakten. Bei einem solchen Begriffsverständnis wird Balzac zum »local color«-Autor *par excellence.* (Cf. Pattee, op. cit. S. 197-198).

45 *Between the Dark and the Daylight* (New York, 1907), S. 126.

46 Cf. hierzu Edward Wagenknecht, *William Dean Howells* (New York, 1969), S. 162-163.

47 Zum vorigen cf. *Collected Works,* Vol. X, S. 239-40, S. 242, S. 245 und S. 248.

48 Cf. hierzu auch Stuart C. Woodruff, *The Short Stories of Ambrose Bierce* (Pittsburgh, 1964), S. 161-162.

49 Natürlich dient der Einschub auch dazu, die Spannung des Lesers zu erhöhen.

50 Zur Heldenrolle Farquhars cf. folgende Stelle: »... a sharp pain in his wrist apprised him that he was trying to free his hands ... What splendid effort! – what magnificent, what superhuman strength! Ah, that was a fine endeavor! Bravo! The cord fell away; ...« (*Collected Works,* Vol. II, S. 36). Die Stelle exemplifiziert die häufig bei Bierce anzutreffende bittere Ironie.

51 Cf. hierzu Rainer Schöwerling, »Bierce. An Occurrence at Owl Creek Bridge«, *Die amerikanische Kurzgeschichte,* S. 154 und S. 156.

52 Cf. z. B. folgenden Satz, der sowohl in der Welt der Phantasie (Farquhar durchquert den Wald) als auch in der Realität (dem Todeskandidaten wird der Boden unter den Füßen weggezogen) verankert ist: »How softly the turf had carpeted the untraveled avenue – he could no longer feel the roadway beneath his feet!« (44).

53 Cf. Schöwerling, a.a.O., S. 156. Cf. ebenfalls Woodruff, op. cit., S. 153, der den Gegensatz zwischen dem »dream of happiness and fulfilled desire« und der »shattering realization that the only possible human condition is one of defeat and death« zu den konstitutiven Merkmalen von Bierces Kriegsgeschichten zählt.

54 Cf. etwa die Geschichte »The Famous Gilson Bequest« (1878), von der Pattee, op. cit., S. 306 sagte, sie weise zugleich auf Harte zurück und auf O. Henry voraus, und die sich auch mit Mark Twains »The Man That Corrupted Hadleyburg« (1900) vergleichen läßt.

55 Cf. hierzu Litz, op. cit., S. 20.

56 In diesem Zusammenhang ist es bemerkenswert, daß James die Untersuchungen der Society for Psychical Research über Geistererscheinungen, Telepathie und ähnliche Phänomene mit Interesse verfolgte. (Cf. Voss, op. cit., S. 145).

57 Zu den unterschiedlichen Interpretationen der Geschichte cf. Voss, op. cit., S. 147-148.

58 Cf. hierzu Reinhardt Küsgen, »James. The Beast in the Jungle«, *Die amerikanische Kurzgeschichte,* S. 176.

59 Cf. hierzu Richard A. Hocks, *Henry James and Pragmatistic Thought* (Chapel Hill, 1974), S. 203. Zum Vergleich zwischen »The Beast in the Jungle« und »The Jolly Corner« cf. ebenfalls William A. Freedman, »Universality in ›The Jolly Corner‹«, *Twentieth Century*

Interpretations of The Turn of the Screw and Other Tales, ed. Jane P. Tompkins (Englewood Cliffs, 1970), S. 107-108.

60 Cf. folgenden inneren Monolog: »... his wrath, his menaced interest, now balances with his dread. I've hunted him till he has ›turned‹ ... he's the fanged or the antlered animal brought at last to bay ... He has been dodging, retreating, hiding, but now, worked up to anger, he'll fight!« (461).

61 Cf. hierzu Freedman, a.a.O., S. 109.

62 Cf. *The Novels and Tales*, Vol. XVIII, S. 323.

63 Ebd., S. 322. – Cf. in diesem Zusammenhang auch folgende Bemerkung aus dem Essay »The Art of Fiction« (1884): »... the analogy between the art of the painter and the art of the novelist is, so far as I am able to see, complete.« (*The House of Fiction. Essays on the Novel by Henry James*, ed. Leon Edel (London, 1962), S. 25). Wie viele Aspekte des Werkes von Henry James so ist auch der Hinweis auf die Analogie von Dichtung und Malerei autobiographisch gefärbt. Bevor er seine literarische Karriere begann, widmete James sich nämlich für kurze Zeit dem Studium der Malerei.

64 Cf. hierzu auch Uwe Böker, »James. The Real Thing«, *Die amerikanische Kurzgeschichte*, S. 160.

65 Cf. hierzu Earle Labor, »James's ›The Real Thing‹: Three Levels of Meaning«, *Twentieth Century Interpretations of The Turn of the Screw*, S. 30: »On a second and higher level of meaning, then, the real thing – esthetically – is the creative imagination of the artist himself.« Cf. auch Viola H. Winner, *Henry James and the Visual Arts* (Charlottesville, 1970), S. 110.

66 Cf. folgenden Auszug aus der Notizbucheintragung zu »The Real Thing« (CP, S. 25): »... it can't be a ›story‹ in the vulgar sense of the word. It must be a picture; it must illustrate something.« Cf. ebenfalls »The Art of Fiction« (a.a.O., S. 34), wo James alle Strukturelemente einer Erzählung auf »the general and only source of the success of a work of art – that of being illustrative« zurückführt. In »The Real Thing« selbst bemerkt der Erzähler: »I adored variety and range, I cherished human accidents, the illustrative note; I wanted to characterise closely, and the thing in the world I most hated was the danger of being ridden by a type« (327).

67 In seiner Notizbucheintragung zu »The Real Thing« (CP, S. 26) hat James bemerkt, daß der Gegensatz zwischen den Monarchs und den beiden anderen Modellen mit der Idee der Geschichte identisch ist. Er soll illustrieren, wie »superficial, untrained, unprofessional effort goes to the wall when confronted with trained, competitive, qualified art.«

68 Cf. hierzu »The Art of Fiction« (a.a.O., S. 32-33), wo James von der Fähigkeit des Künstlers spricht, »to guess the unseen from the seen, to trace the implication of things, to judge the whole piece by the pattern«, und wo er vom Romancier wie vom Maler verlangt, »to render the look of things, the look that conveys their meaning.«

69 Cf. hierzu *The Novels and Tales*, Vol. XVIII, S. 326 und S. 328.

70 Cf. das Ende der Geschichte, wo der Erzähler der Meinung seines Freundes Hawley, die Zusammenarbeit mit den Monarchs habe seinem Talent ein für allemal geschadet, das Bekenntnis entgegensetzt: »If it be true I'm content to have paid the price – for the memory.«

71 Cf. Vol. XVII, S. XXVII.

72 Cf. Pattee, op. cit., S. 201.

73 Cf. hierzu Küsgen, a.a.O., S. 171, der auf das Paradoxon hinweist, daß »es eigentlich die längere »nouvelle« ist, die dem modernen Gattungsbegriff der Kurzgeschichte am näch-

sten kommt und zu deren Gestaltung ... James einen wesentlichen Beitrag geleistet hat.« Der Hinweis ist berechtigt, wenn man die Impulse, die die moderne »short story« in struktureller Hinsicht von James empfing, in den Vordergrund stellt; denn die Strukturbewegung vieler moderner Kurzgeschichten verläuft wie die der Jamesschen »nouvelle« »from its centre outward.« Demgegenüber charakterisierte James das Aufbauprinzip der anekdotenhaften Kurzgeschichte durch die Wendung »from its outer edge in.«

74   Cf. *Roman Fever and Other Stories* (New York, 1964), S. 9.
75   Ebd., S. 18.
76   Cf. hierzu auch Uwe Böker, »Wharton. Roman Fever«, *Die amerikanische Kurzgeschichte,* S. 185, der Mrs. Ansley und Mrs. Slade als »flat characters« bezeichnet, die sich kaum wandeln.
77   Cf. *Roman Fever and Other Stories,* S. 14: »So these two ladies visualized each other, each through the wrong end of her little telescope.«
78   Ebd., S. 12: »Those were the days when respectability was at a discount, ...«
79   Cf. hierzu Margaret B. McDowell, *Edith Wharton* (Boston, 1976), S. 86.
80   Cf. hierzu, daß die Töchter ihre Mütter als »the young things« (9) bezeichnen und daß Mrs. Slade, die sich danach sehnt, ihre Tochter vor einer Mesalliance zu bewahren, von Jenny bemuttert wird.

Kapitel III 4

1   Zitiert nach Buchloh, *Amerikanische Erzählungen von Hawthorne bis Salinger,* S. 48.
2   Cf. hierzu Joseph Conrads Bemerkung über »The Open Boat«: »... (it) seems somehow to illustrate the essentials of life itself, like a symbolic tale.« (Zitiert nach Litz; op.cit, S. 445). – Zum innovativen Charakter des Craneschen Erzählwerks und zu den Parallelen zwischen Crane und Hemingway cf. Dietmar Haack, »›The Real Thing‹: Hinweise zu einem Darstellungsprinzip bei Stephen Crane und Hemingway«, *Studien und Materialien zur Short Story,* S. 64-75.
3   Zu diesem Ritual cf. Marston LaFrance, *A Reading of Stephen Crane* (Oxford, 1971), S. 210-212.
4   Zur Indifferenz der Natur gegenüber dem Leiden des Menschen cf. auch Cranes Kurzgeschichte »Death and the Child« (1898).
5   Cf. LaFrance, op. cit., S. 224.
6   *The University of Virginia Edition of the Works of Stephen Crane,* Vol. V, *Tales of Adventure,* ed. Fredson Bowers (Charlottesville, 1970), S. 143.
7   Die einzige Ausnahme bildet der Maschinist, dem am Ende der Geschichte aus unerfindlichen Gründen von dem unberechenbaren Schicksal ein anderes Los als seinen Kameraden zudiktiert wird.
8   Eric Solomon, *Stephen Crane. From Parody to Realism* (Cambridge/Mass., 1966), S. 161.
9   Cf. hierzu Horst Oppel, »Crane. The Open Boat«, *Die amerikanische Kurzgeschichte,* S. 203: »... immer gilt die Überzeugung des Menschen, ein zuverlässiger Interpret des Lebens zu sein, für Crane als eine Selbsttäuschung.«
10   Cf. Buchloh, *Amerikanische Erzählungen von Hawthorne bis Salinger,* S. 48.
11   Zitiert nach William L. Phillips, »How Sherwood Anderson Wrote *Winesburg, Ohio*«, *The Achievement of Sherwood Anderson,* ed. Ray L. White (Chapel Hill, 1966), S. 83.

12 Zu den folgenden Zitaten cf. David D. Anderson, *Sherwood Anderson. An Introduction and Interpretation* (New York, 1967), S. 39.

13 *Winesburg, Ohio,* ed. John H. Ferres (repr. New York, 1973), S. 180.

14 Eine Ausnahme bildet die Geschichte »Queer« (1916). Hier wird George Willard für den Protagonisten schließlich zum Repräsentanten der Stadt, gegen die er aufbegehrt.

15 Zum Verhältnis zwischen George Willard und seinen Mitbürgern cf. auch Edwin Fussell, »*Winesburg, Ohio:* Art and Isolation«, *The Achievement of Sherwood Anderson,* S. 108. Fussell macht darauf aufmerksam, daß es den Winesburgern nicht nur darum geht, die Entwicklung des angehenden Künstlers zu beeinflussen, sondern daß sie auch eine »Belohnung« erwarten: »... the ›release‹ into expressiveness which each needs but which only the artist may in real life encompass.«

16 Forrest L. Ingram, *Representative Short Story Cycles of the Twentieth Century* (Den Haag, 1971), S. 193 hat – den alten Schriftsteller mit dem Autor Anderson vergleichend – auf eine weitere wichtige Funktion des Prologs hingewiesen: »›The Book of the Grotesque‹ introduces the notion of creating, from the fragments of people one has known, figures of one's own fancy – a motif ... which serves as a fictional construct for the entire volume.« – Zu einem Fehlurteil gelangt dagegen Irving Howe, *Sherwood Anderson* (repr. Stanford, 1966), S. 107, wenn er »The Book of the Grotesque« als »(the) one conspicuous disharmony in the book« bezeichnet.

17 Cf. hierzu West, op. cit., S. 44: »Anderson saw the growing industrialization of America moving hand in hand with a developing artificiality of social customs and manners. His characters are tortured by social restrictions from which they can be freed only by a return to nature, ...«

18 In dieser Hinsicht unterscheidet sich *Winesburg, Ohio* auch von der oben erwähnten Gedichtsammlung von Masters, dem Anderson eine haßerfüllte Einstellung gegenüber seinen Personen vorwarf. Cf. hierzu Rex Burbank, *Sherwood Anderson* (New York, 1964), S. 61 und S. 77.

19 *The Sherwood Anderson Reader,* ed. Paul Rosenfeld (Boston, 1947), S. 41.

20 Cf. z. B. Marys Erinnerung an folgende Episode: »On that evening long ago and as she rode home beside her father he had made another unsuccessful effort to break through the wall that separated them. The heavy rains had swollen the streams they had to cross and when they had almost reached town he had stopped the horse on a wooden bridge ... At that moment the moon had come out from behind clouds and the ... lake of flood water was covered with dancing lights. ›I'm going to tell you about your mother and myself,‹ her father said huskily, but at that moment the timbers of the bridge began to crack dangerously and the horse plunged forward« (50-51).

21 Zitiert nach Robert Sklar, *F. Scott Fitzgerald. The Last Laocoön* (New York, 1967), S. 209.

22 Cf. hierzu Horst Kruse, »F. Scott Fitzgerald: *The Pat Hobby Stories*«, *Amerikanische Erzählungen von Hawthorne bis Salinger,* S. 162-164. – Außerdem wurde Fitzgerald – wie Sklar, op. cit., S. 74-76 gezeigt hat – von Frank Norris beeinflußt.

23 Cf. *The Bodley Head Scott Fitzgerald,* Vol. VI, ed. Malcolm Cowley (London, 1963), S. 181.

24 Dieser Punkt ist in der Sekundärliteratur umstritten. Zu der hier vorgeschlagenen Lesart cf. auch Horst Kruse, »Fitzgerald. Babylon Revisited«, *Die amerikanische Kurzgeschichte,* S. 231. Die gegenteilige Meinung wird etwa von West, op. cit., S. 68 vertreten.

25 Cf. *The Bodley Head Scott Fitzgerald,* Vol. V, ed. Malcolm Cowley (London, 1963), S. 141 und S. 152 sowie S. 149 und S. 177.

26 Von Sklar, op. cit., S. 73 und James E. Miller, *F. Scott Fitzgerald. His Art and His Technique* (New York, 1964), S. 56 ist die Ansicht vertreten worden, der märchenartige Vorspann diene dazu, das Thema von »May Day« zu universalisieren. Nach unserer Meinung hat er die Funktion, den trügerischen Charakter des Lebens im New York der Nachkriegszeit hervorzuheben, dem im Verlauf der Erzählung dann Einblicke in eine unromantische Wirklichkeit entgegengesetzt werden. Diese Wirklichkeit ist auch durch die Verwendung des umgangssprachlichen Idioms von der Welt des schönen Scheins abgesetzt worden.

27 Cf. in diesem Zusammenhang folgende Bemerkung von Henry Dan Piper, *F. Scott Fitzgerald. A Critical Portrait* (London, 1966), S. 70: »Ever afterwards he (i.e. Fitzgerald) would think of that particular May Day as having marked the end of American innocence and the beginning of a new epoch – the Jazz Age – ...«

28 Kilchenmann, op. cit., S. 149 stellt demgegenüber die Behauptung auf, Hemingways Protagonisten stünden Problemen gegenüber, »die nicht ... allgemein menschlich sind.« Kilchenmanns Bemerkungen zu den anderen von ihr behandelten amerikanischen Autoren sind oft ebenso irreführend und inkompetent.

29 Cf. hierzu Carlos Baker, *Hemingway. The Writer as Artist* (Princeton, 1972), S. 183. Zu den Ähnlichkeiten in der Dialogtechnik und zu den stilistischen Parallelen zwischen Hemingway und Mark Twain cf. Baker, S. 183-184 und S. 180-181.

30 Zu Hemingways Hang zum suggestiven Erzählen cf. den berühmten Eisberg-Vergleich, der in *Death in the Afternoon* (1934) enthalten ist. Demnach kann ein Erzähler, der eine intime Kenntnis von seinem Gegenstand hat und diesen genau zu beschreiben weiß, sich auf das Wesentliche beschränken und es dem Leser überlassen, das nicht Gesagte zu interpolieren.

31 Cf. Burbank, op. cit., S. 64.

32 Schon 1923 hatte Hemingway das Buch *Three Stories and Ten Poems* publiziert, das neben »My Old Man« die Geschichten »Up in Michigan« und »Out of Season« enthält, und 1938 erschien dann der Band *The Fifth Column and the First Forty-Nine Stories,* in den außer den bereits erwähnten Geschichten und Sammlungen u. a. die beiden bekannten Erzählungen »The Short Happy Life of Francis Macomber« und »The Snows of Kilimanjaro« aufgenommen wurden, die zuerst 1936 veröffentlicht worden waren.

33 In der Geschichte »In Another Country« wird Nick zwar nicht namentlich erwähnt, doch scheint der namenlose Erzähler mit ihm identisch zu sein.

34 Cf. hierzu Baker, op. cit., S. 126 und Philip Young, *Ernest Hemingway. A Reconsideration* (repr. University Park, 1968), S. 46-47, die wie die meisten neueren Kritiker Malcolm Cowley folgen und die rituellen Handlungen als Abwehrmechanismen oder als selbstauferlegte Therapie gegen die Phantasmagorien deuten, unter denen Nick noch leidet.

35 Zitiert nach *The First Forty-Nine Stories* (repr. London, 1968), S. 170. – Zur Korrespondenz zwischen dem Stil und dem seelischen Zustand des Protagonisten cf. auch Young, op. cit., S. 46 und Earl Rovit, *Ernest Hemingway* (New York, 1963), S. 80.

36 Andresons Ausweglosigkeit wird auch räumlich vergegenwärtigt. Sein Zimmer liegt im oberen Teil des Hauses am Ende eines Korridors; sein Gesicht hat er einer Wand zugewendet.

37 Zur Funktion der Uhr und zur Unbestimmbarkeit der Zeit cf. Kuno Schuhmann, »Hemingway. The Killers«, *Die amerikanische Kurzgeschichte*, S. 273-274. – Zu einer Reihe weiterer Details, die das Bild einer verwirrenden Welt vermitteln, gehören die Zweideutigkeit der Sprache sowie die Diskrepanz zwischen dem vermeintlichen und tatsächlichen Wesen oder Status der Personen. Cf. hierzu Galinsky, a.a.O., S. 255-256.

38 Cf. hierzu auch Klaus Lubbers, »Hemingway. A Clean Well-Lighted Place«, *Die amerikanische Kurzgeschichte,* S. 282.
39 Cf. Litz, op. cit., S. 454.
40 Cf. hierzu Jackson J. Benson, *Hemingway. The Writer's Art of Self-Defence* (Minneapolis, 1969), S. 117.
41 Cf. op. cit., S. 35-37.
42 In ähnlichem Sinne äußert sich Schuhmann, a.a.O., S. 277.
43 Zur Selbstaussage von Williams cf. Lubbers, *Typologie der Short Story,* S. 150.
44 Cf. *Reflections at Fifty and Other Essays,* S. 152.
45 Zu den in Farrells Werk spürbaren Einflüssen cf. Edgar M. Branch, *James T. Farrell* (New York, 1971), S. 160-165.
46 Cf. *Reflections at Fifty and Other Essays,* S. 132 und S. 150.
47 Zitiert nach Voss, op. cit., S. 267.
48 Cf. *An Omnibus of Short Stories* (New York, o. J.), S. 136: »He shifted his gait into a hopping two-step. Self-conscious, he checked himself. People might laugh at him in the street, just as ... some ... in the office laughed at him ... He began walking in a kind of waltzing dance step, his body quivering as he moved.«
49 An Bierces »An Occurrence at Owl Creek Bridge« erinnert die Geschichte »Mr. Arcularis« (1932). Cf. hierzu Voss, op. cit., S. 214-215.
50 Cf. *The Collected Short Stories of Conrad Aiken* (London, 1966), S. 221: »It was as if he were trying to lead a double life. On the one hand, he had to be Paul Hasleman, and keep up the appearance of being that person – ...; on the other, he had to explore this new world which had been opened to him ... But how then, between the two worlds, of which he was thus constantly aware, was he to keep a balance?«
51 Zum vorigen cf. Buchloh, *Amerikanische Erzählungen von Hawthorne bis Salinger,* S. 56.
52 Warren French, *John Steinbeck* (New York, 1961), S. 93.
53 *The Long Valley* (London, 1975), S. 52.
54 Unterstrichen wird die Identifikation durch mehrere Parallelen in den Beschreibungen der Schlange und der Frau. Cf. hierzu Herbert Rauter, *Bild und Symbol im Werke John Steinbecks* (Diss. Köln, 1960), S. 33-34.
55 Cf. Rauter, op. cit., S. 38: »Der Schlange das Gift zu nehmen, käme einer Entmannung gleich.«
56 Cf. hierzu French, op. cit., S. 81-82, der berichtet, die vorliegende Geschichte beruhe auf einem Vorfall, von dem Steinbeck sagte, er könne ihn sich selbst nicht erklären. French zieht daraus den Schluß, das Verhalten der Frau sei durch »irrational impulses« gekennzeichnet, »that make people eternal enigmas«.
57 Als Paradies wird das Labor auch von Joseph Fontenrose, *John Steinbeck. An Introduction and Interpretation* (New York, 1963), S. 63 gedeutet. Die Rolle der Frau sieht er allerdings anders: »... but here the woman is the intruder, a neurotic female devil.«
58 Cf. »The Fiction Writer and His Country« und »The Regional Writer«, *Mystery and Manners,* S. 27 und S. 58.
59 Cf. folgende Bemerkung eines Indianers aus der Geschichte »Red Leaves« (1930): »This world is going to the dogs, ... It is being ruined by white men. We got along fine for years and years, before the white men foisted their Negroes upon us.« *These Thirteen* (London, 1958), S. 87.

60 Hierzu und zum vorigen cf. George M. O'Donnell, »Faulkner's Mythology«, *William Faulkner. Four Decades of Criticism,* ed. Linda Welshimer Wagner (East Lansing, 1973), S. 83-84.

61 Cf. hierzu Lewis Leary, *William Faulkner of Yoknapatawpha County* (New York, 1973), S. 143.

62 Cf. hierzu Michael Millgate, *William Faulkner* (repr. Edinburgh, 1970), S. 75-83.

63 Zur mythischen Dimension der Natur cf. Martin Christadler, *Natur und Geschichte im Werk von William Faulkner* (Heidelberg, 1962), S. 34-35.

64 Die Verarbeitung von Legenden und die Anknüpfung an die Tradition der »tall tale« tragen auch in einem Teil der Kurzgeschichten von Eudora Welty zur Erzeugung der mythischen Qualität bei. Der fortdauernde Einfluß der »tall tale«, die ja bei der Entstehung der Gattung als eine der wesentlichen Quellen fungierte, auf die amerikanische Kurzgeschichte des 20. Jahrhunderts wird außerdem durch die »short stories« von Erskine Caldwell verdeutlicht (cf. hierzu Voss, op. cit., S. 266). Ein nicht zum Kreis der Südstaatenliteratur gehörendes Beispiel für den fortdauernden Einfluß der »tall tale« ist Stephen Vincent Benéts Geschichte »The Devil and Daniel Webster« (1937), in welcher der Titelheld den Teufel ein für allemal aus New Hampshire vertreibt.

65 Zum mythischen Charakter der Wildnis und des Bären cf. Richard P. Adams, *Faulkner: Myth and Motion* (Princeton, 1968), S. 146, der die Wildnis als »an Eden older than that of Adam« bezeichnet und den Bären als Symbol des »universal principle of life« versteht.

66 Zum vorigen cf. Litz, op. cit., S. 455 und Leary, op. cit., S. 135. Ausführlicher und auch auf die Beziehungen zwischen den einzelnen Kurzgeschichten in den verschiedenen Sektionen eingehend, hat Heinrich Straumann, *William Faulkner* (Frankfurt/M., 1968), S. 169-185 die Struktur der *Collected Stories* beschrieben.

67 Zu den Parallelen zwischen der vorliegenden Geschichte und dem Roman *Great Expectations* (1860-1861) von Charles Dickens cf. Voss, op. cit., S. 249.

68 Cf. Millgate, op. cit., S. 64-65.

69 Cf. *These Thirteen,* S. 11: »She looked bloated, like a body long submerged in motionless water, and of that pallid hue.«

70 Ebd, S. 19. – Zum Symbolwert des Hauses cf. auch West, op. cit., S. 93.

71 Lubbers, *Typologie der Short Story,* S. 108.

72 Cf. hierzu Hans Bungert, *William Faulkner und die humoristische Tradition des amerikanischen Südens* (Heidelberg, 1971), S. 202.

73 Cf. folgende Stelle, die auch den dominierenden Einfluß des Vaters auf die Tochter verdeutlicht: »We had long thought of them as a tableau, Miss Emily a slender figure in white in the background, her father a spraddled silhouette in the foreground, his back to her and clutching a horsewhip, the two of them framed by the back-flung front door« (13).

74 Cleanth Brooks, *William Faulkner. Toward Yoknapatawpha and Beyond* (New Haven, 1978), S. 164. – Zum universalen Charakter von Emily Griersons Tragödie cf. außerdem West, op. cit., S. 94.

75 *Dr. Martino and Other Stories* (London, 1958), S. 133. – Rohrberger, op. cit., S. 84 hat zwar mit Recht darauf hingewiesen, daß Sutpens Bemerkung »ironic and true« ist, weil die Stallungen sich in einem besseren Zustand als alle anderen Gebäude befinden, doch bleibt sie nichtsdestoweniger ein Ausdruck seiner moralischen Degeneration, da Sutpen keinen Zweifel daran läßt, daß seine Stute und das neugeborene Fohlen ihm wichtiger als Milly und ihre Tochter sind.

76 Cf. hierzu Rohrberger, op. cit., S. 86: »Having disposed of Sutpen as a God, Wash assumes the role, and the role that he takes is that of the Old Testament God of violence and wrath.«

77 *Dr. Martino and Other Stories,* S. 134: »... Colonel Sutpen had allowed him to squat in a crazy shack ..., which Sutpen had built for a fishing lodge ... and which had ... fallen in dilapidation from disuse, so that now it looked like an aged or sick wild beast crawled terrifically there to drink in the act of dying.«

78 Cf. *American Literary Essays,* ed. Lewis Leary (New York, 1960), S. 313.

79 Den Begriff »novelette«, der von den Kritikern gewöhnlich zur Charakterisierung der Erzählungen in der Sammlung *Pale Horse, Pale Rider* verwendet wird, lehnte Katherine Anne Porter, die zwischen »short stories«, »long stories«, »short novels« und »novels« unterschied, kategorisch ab. Cf. hierzu das den *Collected Stories* (London, 1967) vorange-stellte Vorwort (S. 6).

80 Am Ende der dreiteiligen Erzählung zieht Miranda, die als Wahrheitssucherin konzipiert ist, die Konsequenz aus ihrer Erfahrung und streift ihre Bindungen an die alte Ordnung ab. Cf. hierzu die auf alle Miranda-Geschichten bezogene Charakterisierung der Protago-nistin durch William L. Nance, *Katherine Anne Porter and the Art of Rejection* (Chapel Hill, 1964), S. 8: »By progressive rejections of the unions into which life unavoidably brings her she advances along her »downward path to wisdom«. The wisdom toward which such a path leads is a complete rejection of life. Miranda never realizes fully the ultimate mean-ing of this negativistic tendency in herself, and there is an opposing life-urge in her which prevents her from pursuing the downward path to its logical conclusion; ...«

81 Cf. Voss, op. cit., S. 290-291.

82 Zitiert nach Nance, op. cit., S. 246.

83 Ebd., S. 22.

84 Cf. etwa folgenden Dialogausschnitt, der sich auf die Einlieferung des Kindes in das County Home bezieht: »›Soon's He's better we'll bring Him right back home.‹ ›The doctor has told you, ..., He can't ever get better, and you might as well stop talking,‹ ...« (66).

85 Daß Mrs. Whipple ihre Ansicht, ihr Sohn sei zu normalen menschlichen Empfindungen nicht fähig, im Verlauf der Geschichte wider besseres Wissen aufrechterhält, wird z. B. durch jene Szene verdeutlicht, in der sie seine Mutter beim Schlachten eines Ferkels beobachtet und beim Anblick des Blutes erschreckt davonrennt.

86 Zur ironischen Erzählweise cf. z. B. folgende Bemerkung über Mrs. Whipples Ergebenheit in das Schicksal: »... Mrs. Whipple was all for taking what was sent and calling it good, anyhow when the neighbours were in earshot« (57).

87 Voss, op. cit., S. 308.

88 Cf. Ruth M. Vande Kieft, *Eudora Welty* (New York, 1962), S. 172-173. Die folgenden Ausführungen basieren zum Teil auf den Seiten 167-190 dieses Buches.

89 Cf. *Selected Stories of Eudora Welty* (New York, 1966), S. 240.

90 Cf. hierzu auch Vande Kieft, op. cit., S. 53-54.

91 Cf. *Selected Stories,* S. 251: »But the memory of the woman's waiting silently by the cold hearth, of the man's stubborn journey a mile away to get fire, ... , was suddenly too dear and enormous within him for response ...«

92 Diese Auflassung vertritt Vande Kieft, op. cit., S. 39.

93 Cf. *Selected Stories,* S. 250.

94 Cf. hierzu folgende Passage aus dem Essay »Place in Fiction«, die von Vande Kieft, op. cit., S. 39 zitiert wird: »Being on the move is no substitute for feeling. Nothing is. And no love or insight can be at work in a shifting and never-defined position, where eye, mind, and heart have never willingly focused on a steadying point.«

95 Cf. Dorothy Walters, *Flannery O'Connor* (New York, 1973), S. 150-151.

96 Cf. André Bleikasten, »Flannery O'Connor«, *Amerikanische Literatur der Gegenwart,* ed. Martin Christadler (Stuttgart, 1973), S. 356, S. 357-358, S. 353 und S. 367-368.

97 Voss, op. cit., S. 338.

98 *A Good Man Is Hard to Find and Other Stories* (London, 1968), S. 14.

99 Cf. *Mystery and Manners,* S. 108.

100 Ebd., S. 111.

101 In dieser Wahl schlägt sich für Martha Stephens, *The Question of Flannery O'Connor* (Baton Rouge, 1973), S. 33 die »essential moral superiority« des Verbrechers gegenüber seinen Opfern nieder, »who have lived without choice or commitment of any kind, who have in effect not »lived« at all.«

102 Cf. hierzu *Mystery and Manners,* S. 112-113.

103 Walters, op. cit., S. 72.

104 Cf. hierzu *Mystery and Manners,* S. 110 und S. 114.

105 Zitiert nach Peden, op. cit., S. 88.

106 Ebd., S. 96.

107 Ebd., S. 93.

108 Cf. hierzu Carolyn Walker, »Fear, Love, and Art in Oates' ›Plot‹«, *Critique* 15 (1973/74), S. 59-69.

109 Cf. *The Seduction and Other Stories* (Los Angeles, 1975), S. 15 und S. 13.

110 Ebd., S. 24: »In that other world there are strangers just as there are in this world. I almost touched her, but I drew back. An embrace was required, not an assault; ...«

111 Cf. *Upon the Sweeping Flood and Other Stories* (London, 1976), S. 210-211.

112 Cf. *Native Son* (New York, 1966), »Introduction«, S. XXXIV.

113 Cf. hierzu Michel Fabre, *The Unfinished Quest of Richard Wright* (New York, 1973), S. 286.

114 Cf. hierzu Peden, op. cit., S. 138.

115 Cf. hierzu Fabre, op. cit., S. 529.

116 Cf. hierzu *Eight Men* (New York, 1969), S. 14.

117 Cf. hierzu z. B. folgende Stelle: »Something hot seemed to turn over inside him each time he remembered how they had laughed. He tossed on his bed, feeling his hard pillow. N Pa says he's gonna beat me ... He remembered other beatings, and his back quivered. Naw, naw, Ah sho don wan im t beat me tha way no mo. Dam em all ! Nobody ever gave him anything. All he did was work. They treat me like a mule, n then they beat me« (20).

118 Cf. Günter H. Lenz, »James Baldwin«, *Amerikanische Literatur der Gegenwart,* S. 168.

119 Cf. hierzu Peter Freese, *Die amerikanische Kurzgeschichte nach 1945* (Frankfurt/M., 1974), S. 267-274.

120 Ebd., S. 264. – In einer der acht »short stories«, der wegen ihrer allegorischen Erzählweise an Hawthorne erinnernden Geschichte »The Man Child« (1965), ist zwar nicht explizit vom Rassenkonflikt die Rede, doch ist der hier verarbeitete Topos von den ungleichen und feindlichen Brüdern auf das Verhältnis zwischen Weißen und Schwarzen übertragbar.

121 Cf. *Going to Meet the Man* (New York, 1966), S. 200: »They were too dumb to know that they were being cheated blind, ...«

122 Cf. hierzu Freese, op. cit., S. 314.

123 Cf. demgegenüber Freese, op. cit., S. 315. In »James Baldwin. *Going to Meet the Man«, The Black American Short Story in the 20th Century,* ed. Peter Bruck (Amsterdam, 1977), S. 176, notierte Freese dagegen: »The obvious temptation, however, to understand Jesse's finally regained potency as the result of a successful act of autotherapy should not be accepted too quickly.«

124 Cf. hierzu das Hernton-Zitat bei Freese, *Die amerikanische Kurzgeschichte nach 1945,* S. 317.

125 Cf. hierzu folgende, von Peden, op. cit., S. 129 zitierte Äußerung Singers: »... my American stories deal only with Yiddish-speaking immigrants from Poland so as to ensure that I know well not only their present way or life but *their* roots – their culture, history, ways of thinking and expressing themselves.«

126 Cf. hierzu Peter Freese, »Jerome David Salinger«, *Amerikanische Literatur der Gegenwart,* S. 46-47.

127 Zum Einfluß des Zen-Buddhismus und zu den erzähltechnischen Neuerungen cf. Freese, »Jerome David Salinger«, a.a.O., S. 55-56 oder *Die amerikanische Kurzgeschichte nach 1945,* S. 164-165.

128 *Nine Stories* (repr. Boston, o. J.), S. 7.

129 Die durch das Telefonat verdeutlichte Wesensverwandtschaft zwischen Mutter und Tochter schließt die von Warren French, *J. D. Salinger* (New York, 1963), S. 80-81 vorgenommene Charakterisierung Muriels ebenso aus wie deren oben erwähnte Tätigkeiten. Während French die Mutter in Übereinstimmung mit Ihab Hassan als »one of the most vicious busybodies in literature« bezeichnet, erscheint ihm die Tochter als »a tower of cooly self-controlled strength.«

130 Cf. hierzu Freese, *Die amerikanische Kurzgeschichte nach 1945,* S. 160.

131 Eine Zusammenstellung verschiedener Interpretationen findet sich bei Freese, op. cit., S. 155-156. Freese selbst deutet die Parabel korrekt als Ausdruck der Unmöglichkeit, sich der Realität zu entziehen und in die Welt der Kindheit zurückzukehren (cf. S. 157-158).

132 Während er im Fahrstuhl einer Frau begegnet, von der er glaubt, daß sie seine Füße als Zeichen seiner Abnormität wertet, wird Seymour beim Betreten des Hotelzimmers durch den Geruch der Gepäckstücke und des Nagellackentferners an die Konsumgesellschaft erinnert, an die Muriel sich angepaßt hat und vor der er sich ekelt.

133 Zur Charakterisierung von Bellows »dangling men« cf. Wolfgang P. Rothermel, »Saul Bellow«, *Amerikanische Literatur der Gegenwart,* S. 70.

134 Cf. »Where Do We Go from Here: The Future of Fiction«, *Saul Bellow and the Critics,* ed. Irving Malin (repr. New York, 1969), S. 219, S. 215 und S. 216.

135 Cf. John Jacob Clayton, *Saul Bellow, In Defence of Man* (Bloomington, 1968), S. 134.

136 Cf. »Where Do We Go from Here«, a.a.O., S. 212.

137 Cf. Clayton, op. cit., S. 134-135.

138 Cf. »Where Do We Go from Here«, a.a.O., S. 214.

139 *Mosby's Memoirs and Other Stories* (London, 1969), S. 105.

140 Cf. hierzu Clayton, op. cit, S. 21.

141 Trotz dieses Glaubens ist das Ende der Geschichte offen, so daß folgende Feststellung von Clayton, op. cit., S. 22 zu weit geht: »Green, and therefore Grebe (...), exists as a

separate self. The individual's life means something.« Einen konträren, das offene Ende der Erzählung ebenfalls ignorierenden Standpunkt vertritt Brigitte Scheer-Schäzler, *Saul Bellow* (New York, 1972), S. 72: »... he (i. e. Grebe) only succeeds in deceiving himself into believing that Mr. Green can be found.«

142 *The Magic Barrel* (repr. New York, 1966), S. 199.

143 Cf. hierzu Peter Freese, »Bernard Malamud«, *Amerikanische Literatur der Gegenwart*, S. 118-119.

144 Cf. hierzu Sidney Richman, »The Stories«, *Bernard Malamud and the Critics*, edd. Leslie A. Field and Joyce W. Field (repr. New York, 1971), S. 327 und S. 329. Richman, der Salzman wegen seiner indirekten Beteiligung an Finkles Wandlung als »Half criminal, half messenger of God« bezeichnet, vergleicht das Strukturschema der vorliegenden Erzählung mit dem von »The Last Mohican« (1958), wo die Wandlung des ehemaligen Malers und jetzigen Kritikers Arthur Fidelman mit der Suche nach dem Schnorrer Shimon Susskind verknüpft ist, für den der Protagonist zunächst ebensoviel Abneigung empfindet wie Finkle für Salzman.

145 Cf. hierzu Freese, *Die amerikanische Kurzgeschichte nach 1945*, S. 219.

146 Cf. hierzu Freese, op. cit., S. 222.

147 Freeses Vorschlag, Malamuds Kurzgeschichten in naturalistische Milieuschilderungen und phantastische Fabeln zu unterteilen, ist also problematisch. Dasselbe gilt für die Unterscheidung zwischen den Geschichten, die durch Italien als gemeinsamem Schauplatz miteinander verbunden sind, und den an Henry James erinnernden Künstlererzählungen um Arthur Fidelman; denn der Maler, dessen Selbstverständnis sich durch die Begegnung mit der jüdisch-europäischen Tradition ändert, macht seine Erfahrungen ebenfalls in Italien. – Zur Beschreibung der vier von Freese angenommenen Gruppen cf. »Bernard Malamud«, a.a.O., S. 118-122.

148 Cf. hierzu Freese, »Bernard Malamud«, a.a.O., S. 120.

149 Peden, op. cit., S. 52.

150 Cf. *Bech: A Book* (New York, 1970), S. V.

151 Es handelt sich um *The Same Door* (1959), *Pigeon Feathers and Other Stories* (1962), *The Music School* (1966), *Museums and Women and Other Stories* (1972), *Problems and Other Stories* (1979), *Bech Is Back* (1982) und *Trust Me* (1987). Ein weiterer Band, in dem Geschichten aus *The Same Door* und *Pigeon Feathers* zusammengefaßt sind, erschien 1964 unter dem Titel *Olinger Stories: A Selection*.

152 *Pigeon Feathers and Other Stories* (Harmondsworth, 1965), S. 133.

153 Cf. hierzu Buchloh, *Amerikanische Erzählungen von Hawthorne bis Salinger*, S. 85.

154 Als der Protagonist die beiden letzten Tauben in das Erdloch gelegt hat, heißt es am Ende der Geschichte in der für Updike typischen Diktion: »... crusty coverings were lifted from him, and with a feminine, slipping sensation along his nerves that seemed to give the air hands, he was robed in this certainty: that the God who had lavished such craft upon these worthless birds would not destroy His whole Creation by refusing to let David live forever.«

155 Cf. hierzu Rachael C. Burchard, *John Updike. Yea Sayings* (Carbondale, 1971), S. 150.

156 Cf. hierzu Robert Detweiler, *John Updike* (New York, 1972), S. 68 und S. 65.

157 Cf. hierzu auch David Galloway, *The Absurd Hero in American Fiction* (Austin, 1971), S. 38.

158 Cf. *Colour of Darkness: Eleven Stories and a Novella* (London, 1961), S. 48.

159 Franks Frage: »»Why is it you can't control your power to torture?«« (51) ist ein Echo auf Lois' Feststellung: »»You know I can't stand to be tortured!«« (47).

160 Cf. S. 49: »»There were hundreds of Kleins in the telephone directory, ...‹«

161 Mit ihrer obsessiven Abneigung gegen den einzigen Makel ihres Ehepartners erinnert Mrs. Klein an Aylmer in Hawthornes »The Birthmark«. Cf. hierzu Dieter Meindl, »James Purdy, ›Don't Call Me By My Right Name‹«, *Die amerikanische Short Story der Gegenwart*, ed. Peter Freese (Berlin, 1976), S. 179.

162 Cf. hierzu *Die amerikanische Kurzgeschichte nach 1945*, S. 351.

163 Peden, op. cit., S. 30.

164 Ebd., S. 33.

165 Irene trägt bei kaltem Wetter einen Iltismantel, der so gefärbt ist, daß er wie ein Nerzmantel aussieht. Derselbe Geruch des Unechten haftet dem Auftreten ihres Mannes an, der sich jünger gibt, als er ist, und dessen Verhalten im übrigen als »earnest, vehement, and intentionally naive« charakterisiert wird (cf. *The Stories of John Cheever* (New York, 1978), S. 33).

166 Cf. hierzu die auf die Protagonisten der Sammlung *The Housebreaker of Shady Hill and Other Stories* (1958) bezogenen Bemerkungen von Peden, op. cit., S. 35-36.

167 Cf. zum Vergleich z. B. die in der Sammlung *The World of Apples* enthaltene Geschichte »The Geometry of Love«.

168 Rudolf Haas, »John Cheever, ›The Enormous Radio‹«, *Die amerikanische Short Story der Gegenwart*, S. 148.

169 Zum Vergleich zwischen den Geschichten von Hawthorne und Cheever cf. Haas, a.a.O., S. 144-146.

170 Zu den Parallelen zu Eliot und Kafka cf. Haas, a.a.O., S. 144 und S. 148.

Kapitel III 5

1 Cf. »The Literature of Exhaustion«, *The American Novel Since World War II,* ed. Marcus Klein (New York, 1969), S. 267.

2 Cf. hierzu vor allem S. 8 von Federmans Einleitung zu dem von ihm edierten Band *Surfiction* (Chicago, 1975).

3 Cf. *Chimera* (New York, 1972), S. 246: »... *Art is as natural an artifice as Nature; the truth of fiction is that Fact is fantasy; the made up story is a model of the world.*«

4 Cf. Joe David Bellamy (ed.), *The New Fiction. Interviews With Innovative American Writers* (Urbana, 1974), S. 51-52.

5 Cf. hierzu *The Death of the Novel and Other Stories* (New York, 1969), S. 41.

6 Cf. hierzu die bei Robert Scholes, *The Fabulators* (New York, 1967), S. 68-69 abgedruckte Passage aus dem Interview mit Hawkes.

7 Peter Freese, »Die Story ist tot, es lebe die Story: Von der Short Story über die Anti-Story zur Meta-Story der Gegenwart«, *Die amerikanische Literatur der Gegenwart*, ed. Hans Bungert (Stuttgart, 1977), S. 247. Dieser Artikel, dem das vorliegende Buch manche Anregung verdankt, ist als eine der besten Charakterisierungen der experimentellen »short fictions« anzusehen.

8 Cf. Bellamy, op. cit., S. 53.

9 Cf. *The Fabulators*, S. 11, S. 67 und S. 12.

10 Cf. hierzu Bellamy, op. cit., S. 8 und S. 4.

11 Das Interview ist enthalten in Frank Gado, *First Person* (Schenectady/N. Y, 1973).

12 Cf. hierzu auch Federman, op. cit., S. 13-14.

13 Zur Diskussion über den Begriff des Postmodernismus, auf die hier nicht näher eingegangen werden kann, cf. folgende Aufsätze: Michael Köhler, »Postmodernismus: Ein begriffsgeschichtlicher Überblick«, *Amerikastudien* 22 (1977), S. 8-18 und Gerhard Hoffmann/Alfred Hornung/Rüdiger Kunow, »»Modern‹, ›Postmodern‹ and ›Contemporary‹ as Criteria for the Analysis of 20th Century Literature«, ebd., S. 19-46.

14 Cf. hierzu Bellamy, op. cit., S. 8-9, wo Barth mit Bezug auf die Romane *The Centaur* (1963), *Ulysses* (1922) und *The Natural* (1952) von John Updike, James Joyce und Bernard Malamud ausführt: »The myths themselves are produced by the collective narrative imagination (or whatever), partly to point down at our daily reality; and so to write about our daily experiences in order to point up to the myths seems to me mythopoetically retrograde. I think it's a more interesting thing to do, if you find yourself preoccupied with mythic archetypes or what have you, to address them directly.«

15 In Pynchons Roman *V.* (1963) heißt es: »... no Situation had any objective reality: it only existed in the minds of those who happened to be in on it at any specific moment.« Die Stelle wird von Peter Bischoff, »Thomas Pynchon, ›Entropy‹«, *Die amerikanische Short Story der Gegenwart*, S. 235 zitiert.

16 »Entropy«, *12 from the Sixties*, ed. Richard Kostelanetz (New York, 1967), S. 30.

17 Zum doppelten Ende von »Entropy« cf. auch Tony Tanner, *City of Words. American Fiction 1950-1970* (London, 1971), S. 155: »In that composite image of the pragmatic man actively doing what he can with the specific scene, and the theorizing man passively attempting to formulate the cosmic process, Pynchon offers us a shorthand picture of the human alternatives of working inside the noisy chaos to mitigate it or standing outside, constructing patterns to account for it.«

18 Cf. hierzu Tanner, op. cit., S. 141-152.

19 Cf. hierzu Bischoff, a.a.O., S. 226-227.

20 Zur Identitätsproblematik, zur Anknüpfung an den Existentialismus und zur Funktion des schwarzen Humors in Barths Erzählwerk cf. Peter Freese, *Die amerikanische Kurzgeschichte nach 1945*, S. 354-355 und Dieter Schulz, »John Barth«, *Amerikanische Literatur der Gegenwart*, S. 373-374.

21 Cf. hierzu Schulz, a.a.O., S. 373.

22 Cf. hierzu Freese, op. cit., S. 358.

23 *Lost in the Funhouse. Fiction for print, tape, live voice* (London, 1969), S. 97.

24 Cf. hierzu und zur Bedeutung des Motivs des Sehens Dieter Schulz, »John Barth, ›Lost in the Funhouse‹«, *Die amerikanische Short Story der Gegenwart*, S. 293-294.

25 Außer mit Stephen Dedalus läßt Ambrose sich auch mit anderen Vorbildern aus der literarisch-kulturellen Tradition vergleichen. Cf. hierzu Renate Giudice, »John Barth. Lost in the Funhouse«, *Amerikanische Erzählliteratur 1950-1970*, edd. Frieder Busch und Renate Schmidt-v. Bardeleben (München, 1975), S. 221-222.

26 Cf. hierzu Freese, op. cit., S. 375.

27 Cf. hierzu u. a. S. 96: »The climax of the story must be its protagonist's discovery of a way to get through the funhouse. But he has found none, may have ceased to search.«

28 Der Erzähler geht hier von den ersten Siedlern in Maryland aus, bezeichnet den Autor, sich selbst und die vorliegende Geschichte als letzte Glieder in der Kette der Nachkommenschaft und schließt den Exkurs mit folgendem Katalog von Plätzen ab, an denen die Nachkommen gezeugt wurden: »In alleyways, ditches, canopy-beds, pinewoods, bridal suites, ship's cabins, coach-and-fours, coaches-and-four, sultry toolsheds; on the cold sand under boardwalks, littered with *El Producto* cigar butts, treasured with Lucky Strike

cigarette stubs, Coca-Cola caps, gritty turds, cardboard lollipop sticks, matchbook covers warning that A Slip of the Lip Can Sink a Ship« (80).

29 Zur Handhabung von Tempus und Erzählperspektive cf. auch die ausführliche Darstellung bei Freese, op. cit., S. 369-372.

30 *Unspeakable Practices, Unnatural Acts* (New York, 1969), S. 9-10.

31 Cf. hierzu die von Litz, op. cit., S. 756 und S. 759 in den Fußnoten gegebenen Informationen. Einerseits wird der Indianeraufstand in die 40er Jahre verlegt, da die Plätze und Straßen in der von den Weißen verteidigten Stadt nach dem Admiral Nimitz und nach Generälen benannt sind, die im Zweiten Weltkrieg bekannt geworden sind. Andererseits aber wird bei der Erwähnung einer Militärkapelle auf das Titellied des Wildwestfilms *She Wore a Yellow Ribbon* angespielt, in dem Ereignisse des Jahres 1876 geschildert werden. – Eine weitere Parodie des Wildwestfilms ist in der Geschichte »Daumier« (1972) enthalten, die in die Sammlung *Sadness* aufgenommen wurde.

32 Zu der Anspielung auf *The Waste Land* cf. Litz, op. cit., S. 758, Fn. 7.

33 Cf. hierzu Jerome Klinkowitz, *Literary Disruptions. The Making of a Post-Contemporary American Fiction* (Urbana, 1975), S. 65.

34 *Guilty Pleasures* (New York, 1974), S. 4.

35 *Sadness* (New York, 1974) S. 148.

36 Zum Vergleich zwischen Pynchon und Barthelme cf. Peter Freese, »Donald Barthelmes *fictions:* Fragmente aus Wörtern und Würmern«, *Amerikastudien* 19 (1974), S. 133.

37 *Amateurs* (New York, 1976), S. 184.

38 Klinkowitz, op. cit., S. 76.

39 Zu Barthelmes Urteil über die zeitgenössische Sprache und zu seiner eigenen Handhabung der Sprache cf. die mit zahlreichen Beispielen versehenen Ausführungen in Freeses Aufsatz »Donald Barthelmes *fictions*« (a.a.O., S. 132-137).

40 *City Life* (London, 1971), S. 63.

41 Paul Goetsch, »Donald Barthelme, ›At the Tolstoj Museum‹«, *Die amerikanische Short Story der Gegenwart,* S. 327-328. Cf. ebenfalls S. 324-326, wo Goetsch die Komposition von Barthelmes Geschichte mit den Techniken der Pop Art vergleicht.

42 Cf. S. 43: »Tolstoj means »fat« in Russian.«

43 Cf. S. 46, wo Barthelme den Kopf Tolstojs in ein Bild hineingeklebt hat, das eine Gruppe von Soldaten mit einem erlegten Tiger zeigt, und wo er das Bild eines Mannes mit einem Hochrad mit dem Text: »At Starogladkovskaya, about 1852« versehen hat. Goetsch, a.a.O., S. 325 hat darauf aufmerksam gemacht, daß der dargestellte Typ des Hochrads 1852 noch nicht erfunden worden war.

44 Cf. hierzu auch die den Band einleitende Geschichte »The Door: A Prologue of Sorts«, in der in Anlehnung an den Titel von »old death-cunt-and-prick songs« die Rede ist. (*Pricksongs & Descants* (London, 1973), S. 11).

45 Cf. hierzu und zum folgenden S. 61-62.

46 Zur Verwendung von Märchenmotiven bei Coover cf. u. a. auch die Geschichte »The Gingerbread House«, die auf dem Märchen »Hänsel und Gretel« basiert.

47 Gass brachte die Zielsetzung der »metafiction« auf die Formel: »to make the forms of fiction serve as the material upon which further forms can be imposed.« Zitiert nach Manfred Pütz, »Robert Coover, ›The Elevator‹«, *Die amerikanische Short Story der Gegenwart,* S. 280.

48 Cf. auch S. 30, wo es heißt: »... it's just as I feared, my invented island is really taking its place in world geography.«

49   S. 19. Cf. in diesem Zusammenhang auch den Satz: »It is one thing to discover the shag of
     hair between my buttocks, quite another to find myself tugging the tight gold pants off
     Karen's sister« (25), mit dem der Erzähler sich mit den beiden fiktiven männlichen Perso-
     nen auf der Insel identifiziert.
50   Cf. S. 20-21.
51   Cf. hierzu Pütz, a.a.O., S. 283-284.
52   Zur Bedeutung des magischen Feuerhakens, der in der Geschichte nicht nur als Instru-
     ment der Zerstörung und als Phallussymbol, sondern auch als imaginäre Pfeife und Krük-
     ke sowie als Gewehr und Klavierbein in Erscheinung tritt, cf. auch S. 22, wo es in
     Anspielung auf den zweideutigen Titel der Sammlung heißt: «... I was doing much better
     with the poker, I had something going there, archetypical and even maybe beautiful, a
     blend of eros and wisdom, sex and sensibility, music and myth.«

Kapitel III 6

1   Cf. hierzu auch Wolfgang Galenski, *Continuity and Change. Die amerikanische short story
     in den 80er Jahren* (Trier, 1995), S. 26: »Es zeigt sich also, daß die Gattungshistoriker mit
     ihren vorausweisenden Feststellungen zu einer sich noch verstärkenden und langlebigen
     Dominanz der metafictional writers in keiner Weise recht behalten haben.«
2   Ebd., S. 52-53.
3   Ein weiteres Beispiel, das in diesem Zusammenhang genannt werden kann, ist Padgett
     Powells Kurzgeschichte »Typical« (1989). In ihrem Zentrum steht ein Erzähler, der sich
     für eine repräsentative Figur hält und dem die Welt rätselhaft erscheint. In assoziativer
     Manier redet er über persönliche und soziale Probleme. Außerdem ist für Powells Erzäh-
     lung charakteristisch, daß der Akt des Erzählens in ihr wie in den Geschichten der
     »innovators« wiederholt thematisiert wird.
4   Cf. *The Best American Short Stories 1990*, edd. Richard Ford and Shannon Ravenel
     (Boston, 1990), S. 345.
5   Ebd., S. 65.
6   Ebd., S. 109.
7   Ebd., S. 119: »A name can evoke everything and nothing«.
8   Cf. hierzu folgende Bemerkung von Mr. Morning: »You see, I'm in the process of prying
     open the very essence of the inanimate world. You might say that it's an anthropology of
     the present« (108).
9   Während mit der Verwirrtheit der Erzählerin eine drückende Schwüle einherging, ist das
     Wetter jetzt sonnig und klar, so daß jedes Detail der Stadtlandschaft konturenscharf vor
     ihren Augen steht.
10   Cf. hierzu den Anfang der Geschichte: »Sometimes even now I think I see him in the
     street or standing in a window or bent over a book in a coffee shop. And in that instant,
     before I understand that it's someone else, my lungs tighten and I lose my breath« (105).
11   Cf. in diesem Zusammenhang, daß der Schriftsteller der Erzählerin im Verlauf des Ge-
     schehens immer unverhohlener seine Zuneigung zeigt und daß deren abwehrende Hal-
     tung allmählich schwächer wird.
12   Cf. *The Best American Short Stories 1990*, a.a.O., S. 37.
13   Ebd., S. 22.
14   Ebd., S. 310.

15   Cf. S. 317, wo beide bei der Betrachtung von Maisies Patenkind offensichtlich bemerken, woran es ihrer Ehe fehlt, ihre Empfindungen aber nicht in Worte zu fassen vermögen. Cf. außerdem folgende Bewußtseinsäußerung von Maisie: »But Jack – in these discussions with him she always knew what he should say, but he never said it; and so, although she knew better, she was forced to proceed on what was explicit between them, ...« (318).

16   Cf. *The Signet Classic Book of Contemporary American Short Stories,* ed. Burton Raffel (New York, 1986), S. 434.

17   Dies würde bedeuten, daß sie sich anders entscheidet als Norma Jean in »Shilo« (1982), die sich von ihrem Mann trennt.

18   Cf. hierzu den Erzählauftakt: »Since my husband went away to work in Louisville, I have, to my surprise, taken a lover« (424).

19   Eine ebenso große Rolle wie in der vorliegenden Geschichte spielen Katzen in der Erzählung »The Priest Next Door« (1980) von Susan Fromberg Schaeffer. Diese »short story« über die Entfremdung zwischen einem Ehepaar und über eine Gesellschaft, in der Nächstenliebe und Hilfsbereitschaft nicht mehr anzutreffen sind, ist Bestandteil der Sammlung *The Queen of Egypt* (1980).

20   Cf. *American Short Stories of Today,* ed. Esmor Jones (Harmondsworth, 1988), S. 70.

21   Im Falle von Waldeen wird dies nicht zuletzt bei ihrem Abendessen mit ihrem neuen Partner und ihrer Tochter deutlich. Sie ist irritiert darüber, daß die gemeinsame Mahlzeit wie ein Versuch wirkt, das Bild einer Familie vorzutäuschen.

22   Christopher Tilghmans »In a Father's Place« (1989), die Titelgeschichte der ersten, 1990 erschienenen Sammlung des Autors, gehört dagegen nicht zu diesem Erzähltyp, obwohl das gestörte Verhältnis zwischen einem verwitweten Rechtsanwalt und seinem Sohn, der seine Familie in einem Roman dekonstruieren will, in ihr eine Rolle spielt; denn der Schwerpunkt dieser Geschichte liegt auf der Schilderung des Bewußtseins des von der amerikanischen Vergangenheit geprägten Vaters, der sich mit den Verhaltensweisen und Auffassungen der jungen Generation konfrontiert sieht. Seine hartnäckigste Gegenspielerin ist die Freundin seines Sohnes, von der er glaubt, sie wolle Besitz von dessen Seele ergreifen, und die er schließlich aus seinem aus der Kolonialzeit stammenden Haus hinauskomplementiert. Danach hat er ein gesteigertes Bewußtsein von den Fehlern und Triumphen, die sein Leben ausmachen.

23   Dieser Sammelband erschien 1992 unter dem Titel *The Secret of Cartwheels. Short Stories.*

24   Cf. *The Best American Short Stories 1990,* a.a.O., S. 349.

25   Ebd., S. 95.

26   Cf. hierzu die Einleitungen von Wolfgang Karrer und Barbara Puschmann-Nalenz in: *The African American Short Story 1970 to 1990. A Collection of Critical Essays,* edd. Wolfgang Karrer and Barbara Puschmann-Nalenz (Trier, 1993), S. 1-24.

27   Cf. *Black American Literature Forum* 23 (1989), S. 237.

28   Cf. *Black American Literature Forum* 21 (1987), S. 115: »But they needed Big Ernest ... to carry them where the work was, and to take care of them like children. They couldn't do it alone«.

29   Die Darstellung einer heterosexuellen Beziehung ist untypisch für das Erzählwerk von Ann Allen Shockley, da die Autorin gewöhnlich lesbische Liebesbeziehungen beschreibt. Cf. Barbara Puschmann-Nalenz, op.cit., S. 181.

30   Ebd., S. 189.

31   Cf. *Black American Literature Forum* 23 (1989), S. 220.

32 Wohin der verhängnisvolle Weg, den Frances Deal eingeschlagen hat, letztlich führt, ist von Belton in der Geschichte »My Soul Is a Witness« beschrieben worden. Die Sängerin ist auf dem Höhepunkt ihres Erfolges angelangt, hat dafür aber einen hohen Preis bezahlt; denn sie hat den Kontakt zu den Wurzeln der schwarzen Kunst und zum schwarzen Publikum ebenso verloren wie ihre Identität. Da ihre Musik ihr Inneres nicht mehr auszudrücken vermag, ist ihre technisch perfekte Kunst nichts anderes als eine seelenlose Nachahmung.

33 Cf. *We Are the Stories We Tell. The Best Short Stories by North American Women Since 1945*, ed. Wendy Martin (New York, 1990), S. 207.

34 Trotzdem stellt Imani fest, daß sie sich nicht zur Abtreibung entschlossen hätte, wenn ihr Wunsch nach einem zweiten Kind stärker gewesen wäre. Allerdings ist diese Feststellung rein hypothetischer Natur. Die Protagonistin vertritt nämlich die Auffassung, daß es genügt, die Erfahrungen, die mit einer Geburt verbunden sind, einmal gemacht zu haben.

35 Mit ihrem Entschluß zur Trennung nimmt Imani eine konsequentere Haltung ein als einige Frauen in früheren Erzählungen von Alice Walker. Vgl. hierzu Donna H. Winchell, *Alice Walker* (New York, 1992), S. 74.

36 Cf. *The Signet Classic Book of Contemporary American Short Stories*, a. a. O., S. 464 und S. 470.

37 Cf. hierzu Galenski, op.cit., S. 28 und S. 30-31. Galenski hebt hervor, daß minderheitenspezifische Probleme in der amerikanisch-jüdischen Kurzgeschichte der achtziger Jahre von gesamtgesellschaftlichen Aspekten verdrängt worden sind.

38 Cf. *The Best American Short Stories 1990*, a. a. O., S. 351.

39 Ebd., S. 161.

40 Cf. *American Short Stories of Today*, a. a. O., S. 18.

41 Cf. hierzu Dorothea Forstner OSB, *Die Welt der Symbole* , a. a. O., S. 19: »Das Gabelkreuz dürfte wohl die ursprüngliche Form der Anhauchung des Taufwassers gewesen sein, ... Der wahre Sinn dieses Anhauchungszeichens ist eine Andeutung des Lebensbaumes«.

42 In diesem Zusammenhang ist es bemerkenswert, daß Uhl als Amateurmagier bezeichnet wird. Hinter seiner Gestalt könnte sich also der geheimnisvolle Verführer verbergen, der den Protagonisten mit der Leidenschaft für die Magie infiziert hat.

43 Cf. *The Signet Classic Book of Contemporary American Short Stories*, a. a. O., S. 368.

44 Ebd., S. 379.

Appendix

1   All quotations and references have been taken from the following edition: James Purdy, *Colour of Darkness. Eleven Stories and a Novella* (London, 1961).

2   Cf. Peter Freese, *Die amerikanische Kurzgeschichte nach 1945* (Frankfurt/M., 1974), p. 338 and Henry Chupack, *James Purdy* (Boston, 1975), p. 29.

3   Cf. Chupack, *op. cit.,* p. 28 and Irving Malin, *New American Gothic* (Carbondale, 1962), p. 45. – The theme of narcissism, which is one of Purdy's stock themes, has also been treated in the story »You May Safely Gaze«, where the body-builder Milo and his Austrian friend personify »the new America« (38).

4   The lack of self-knowledge, which is also characteristic of the husband in »Man and Wife«, can be derived from the fact that the father cannot remember Baxter's eyes, although his son is his exact counterpart. Cf. Malin, *op. cit.,* p. 45.

5   The connection between the father's amnesia and his defective perceptiveness has also been underlined by Stephen D. Adams, *James Purdy* (London, 1976), p. 12: »This temporal amnesia is like the terminal stage in some deeper loss of being, an inner darkness has begun to invade the very mechanism of sight«. – As a story about the recurrent themes of insufficient memory and defective perceptiveness »Color of Darkness« can be compared with »Sound of Talking« and »You Reach for Your Hat«. In the latter story, in which a widow is unable to »find an explanation ... for the why of anything« (88), the narrator points out that »People don't remember anymore« (87).

6   In »Plan Now to Attend«, where the middle-aged charlatan preacher of the »new Religion« looks like a boy of sixteen (115) and is finally even compared with a small child (116), it is the function of the discrepancy between real age and outward appearance to signify the dummy-like missionary's spiritual death.

7   In the story »Home by Dark«, which has been included in the collection *Children Is All,* the birds are described as creatures endowed with an undisturbed sense of belonging.

8   Cf. Malin, *op. cit.,* p. 103.

9   Cf. p. 32: »I've put your ring up here for safekeeping, ...«

10 A similar view has been advanced by Frank Baldanza, »James Purdy's Half-Orphans«, *The Centennial Review,* 18 (1974), 258-259: »In fact, the mongrel dog ... is the focus of orphan associations not unlike Baxter's: ... his repulsing Baxter's first show of affection ... presages Baxter's more spirited revolt against perfunctory concern for him«.

11 Cf. p. 29: »›That dog is bad, isn't he,‹ Baxter giggled, and then he suddenly laughed when he thought what the dog had done«.

12 Cf. Robert F. Winch, *The Modern Family,* rev. ed. (New York, 1964), pp. 421-422 and Robert C. Williamson, *Marriage and Family Relations* (New York, 1966), pp. 471-472.

13 Cf. Winch, *op. cit.,* p. 425.

14 These and other defence mechanisms have been described by Winch (p. 422), who goes on from Goode's findings.

15 The person filling the expressive role has been characterized as »mediator«, »conciliator ... (who) soothes over disputes«, »comforter« and »consoler« by Morris Zelditch. The quotations have been taken from Winch, *op. cit.,* p. 411.

16 Cf. Winch, *op. cit.,* p. 738 and p. 481, where the author remarks: »The identifications the child makes within the family depend upon the structure of the family, i.e., upon what positions and roles are filled and thus provide the child with models with whom to identify«.

17 Cf. John Sirjamaki, *The American Family in the Twentieth Century,* repr. (Cambridge/Mass., 1959), pp. 119-120.
18 Cf. Freese, *op. cit.*, pp. 331-332.
19 The quotation has been taken from Freese, *op. cit.*, pp. 325-326.

Literatur

I Gattungstheorie

In einigen der hier aufgeführten Untersuchungen sind auch gattungshistorische Darstellungen enthalten.

1 Anderson, Sherwood, *A Story Teller's Story* (New York, 1924).
2 Ders., *The Modern Writer* (San Francisco, 1925).
3 Barth, John, »The Literature of Exhaustion«, *The American Novel Since World War II*, ed. Marcus Klein (New York, 1969), S. 267-279.
4 Bellamy, Joe D. (ed.), *The New Fiction. Interviews With Innovative American Writers* (Urbana, 1974).
5 Bellow, Saul, »Where Do We Go From Here: The Future of Fiction«, *Saul Bellow and the Critics*, ed. Irving Malin (repr. New York, 1969).
6 Bierce, Ambrose, *The Collected Works of Ambrose Bierce*, Vol. X (repr. New York, 1966). Darin enthalten: »The Short Story« und »The Novel«.
7 Bungert, Hans (ed.), *Die amerikanische Short Story* (Darmstadt, 1972).
8 Current-García, Eugene and Walton R. Patrick (edd.), *What is the Short Story?* (rev. ed. Glenview/Ill., 1974).
9 Doderer, Klaus, »Die angelsächsische *short story* und die deutsche Kurzgeschichte«, *Die Neueren Sprachen* NF 2 (1953), S. 417-424.
10 Esenwein, Joseph B., *Writing the Short-Story. A Practical Handbook on the Rise, Structure, Writing, and Sale of the Modern Short Story* (Springfield/Mass., 1908).
11 Farrell, James T., *The League of Frightened Philistines* (New York, 1945). Darin enthalten: »Nonsense and the Short Story« und »The Short Story«.
12 Ders., *Reflections at Fifty and Other Essays* (New York, 1954).
13 Federman, Raymond (ed.), *Surfiction* (Chicago, 1975).
14 Friedl, Herwig, *Die Funktion der Bildlichkeit in den kritischen und theoretischen Schriften von Henry James: Ein Entwurf seiner Literaturtheorie* (Heidelberg, 1972).
15 Friedman, Norman, »What Makes a Short Story Short?«, *Modern Fiction Studies* 4 (1958), S. 103-117.
16 Gado, Frank, *First Person* (Schenectady/N.Y, 1973).
17 Garland, Hamlin, *Crumbling Idols,* ed. Jane Johnson (Cambridge/Mass., 1960).
18 Goetsch, Paul (ed.), *Studien und Materialien zur Short Story* (Frankfurt/M., 1971).
19 Ders., *Literarische und soziale Bedingungen erzählerischer Kurzformen: Die Short Story* (Tübingen, 1978).
20 Ders., »Arten der Situationsverknüpfung: Eine Studie zum *explosive principle* in der modernen Short Story«, in 18, S. 40-63.
21 Ders., »Die Begrenzung der Short Story«, in 7, S. 368-387.
22 Gerould, Katherine F., »The American Short Story«, in 62, S. 99-103.
23 Harte, Bret, »The Rise of the ›Short Story‹«, in 7, S. 32-39.

24 Hawthorne, Nathaniel, *The Centenary Edition of the Works of Nathaniel Hawthorne,* edd. William Charvat et al., Vols. IX and X (Columbus/Ohio, 1974). Darin enthalten: »Preface« zu den *Twice-Told Tales,* Einleitung zu »Rappaccini's Daughter« und »Passages from a Relinquished Work«.

25 Hoffmann, Gerhard, Alfred Hornung und Rüdiger Kunow, »›Modern‹, ›Postmodern‹ and ›Contemporary‹ as Criteria for the Analysis of 20th Century Literature«, *Amerikastudien* 22 (1977), S. 19-46.

26 Höllerer, Walter, »Die kurze Form der Prosa«, *Akzente* 9 (1962), S. 226-245.

27 Horstmann, Ulrich, *Ansätze zu einer technomorphen Theorie der Dichtung bei Edgar Allan Poe* (Frankfurt/M., 1975).

28 Howells, William D., *Criticism and Fiction and Other Essays,* edd. Clara M. Kirk and Rudolf Kirk (New York, 1959).

29 Ders., »Some Anomalies of the Short Story«, in 7, S. 40-51.

30 »The International Symposium on the Short Story, Part I«, *The Kenyon Review* (1968), S. 434-490.

31 »The International Symposium on the Short Story, Part III«, *The Kenyon Review* (1969), S. 449-503.

32 »The International Symposium on the Short Story, Part IV«, *The Kenyon Review* (1970), S. 78-108.

33 Irving, Washington, *Washington Irving. Selected Prose,* ed. Stanley T. Williams (New York, 1950). Darin enthalten: Die den *Tales of a Traveller* vorangestellte Epistel »To the Reader«.

34 Ders., »Letter to Henry Brevoort«, in 62, S. 24-25.

35 James, Henry, *The Novels and Tales of Henry James,* »Prefaces« to Vols. XV, XVI and XVIII (New York, 1909).

36 Ders., *The House of Fiction. Essays on the Novel by Henry James,* ed. Leon Edel (London, 1962).

37 Ders., »The Story-Teller at Large: Mr. Henry Harland«, in 62, S. 64-65.

38 Ders., »On the Genesis of ›The Real Thing‹«, in 8, S. 25-27.

39 Kostelanetz, Richard, »Notes on the American Short Story Today«, in 7, S. 355-367.

40 Köhler, Michael, »Postmodernismus: Ein Begriffsgeschichtlicher Überblick«, *Amerikastudien* 22 (1977), S. 8-18.

41 Leitch, Thomas M., *What Stories Are* (University Park, 1986).

42 Link, Franz H., »›Tale‹, ›Sketch‹, ›Essay‹, und ›Short Story‹«, *Die Neueren Sprachen* NF 6 (1957), S. 345-352.

43 Lubbers, Klaus, *Typologie der Short Story* (Darmstadt, 1977).

44 Marcus, Mordecai, »What Is an Initiation Story?«, *Critical Approaches to Fiction,* edd. Shio K. Kumar and Keith McKean (New York, 1968), S. 201-213.

45 Marler, Robert F., »From Tale to Short Story: The Emergence of a New Genre in the 1850's«, *American Literature* 46 (1974/75), S. 153-169.

46 Matthews, Brander, »The Philosophy of the Short-story«, in 7, S. 9-31.

47 May, C. E. (ed.), *Short Story Theories* (Athens/Oh., 1976).

48 Mertner, Edgar, »Zur Theorie der Short Story in England und Amerika«, *Anglia* 65 (1941), S. 188-205.

49 Norris, Frank, »The Modern Short Story«, in 62, S. 54-56.

50 Ders., »Fiction is Selection«, in 62, S. 56-57.

51 Oates, Joyce C., »The Short Story«, in 8, S. 138-139.

52 O'Connor, Flannery, *Mystery and Manners,* edd. Sally and Robert Fitzgerald (New York, [5]1975). Darin enthalten: »The Fiction Writer and His Country«, »The Regional Writer«, » A Reasonable Use of the Unreasonable« und »Writing Short Stories«.

53 Poe, Edgar Allan, *Selected Writings of Edgar Allan Poe,* ed. Edward H. Davidson (Boston, 1956). Darin enthalten: »Twice-Told Tales«, »The Poetic Principle« und »The Philosophy of Composition«.

54 Ders., *Poe's Poems and Essays,* ed. Andrew Lang (repr. London, 1972). Darin enthalten: »Marginalia«.

55 Porter, Katherine A., »No Plot, My Dear, No Story«, in 8, S. 96-98.

56 Reid, Ian, *The Short Story* (London, 1977).

57 Rohner, Ludwig, *Theorie der Kurzgeschichte* (Wiesbaden, [2]1976).

58 Suckow, Ruth, »The Short Story«, in 62, S. 115-116.

59 Twain, Mark, »How to Tell a Story«, in 62, S. 51-54.

60 Weber, Alfred, »Amerikanische Theorien der Kurzgeschichte: Vorbemerkungen zu einer historischen Poetik der Short Story«, in 18, S. 5-26.

61 Ders., »Sherwood Andersons Reflexionen über die Dichtung«, *Amerikanische Literatur im 20. Jahrhundert,* edd. Alfred Weber und Dietmar Haack (Göttingen, 1971), S. 29-55.

62 Ders. und Walter F. Greiner (edd.), *Short-Story-Theorien (1573-1973). Eine Sammlung und Bibliographie englischer und amerikanischer Quellen* (Kronberg, 1977).

63 Welty, Eudora, »The Reading and Writing of Short Stories«, in 7, S. 145-166.

64 Wharton, Edith, *The Writing of Fiction* (New York, 1925).

65 Wolpers, Theodor, »Kürze im Erzählen«, Anglia 89 (1971). S. 48-86.

2 Gattungsgeschichte

a) Primärliteratur

1 Aiken, Conrad, *The Collected Short Stories of Conrad Aiken* (London, 1966).

2 Anderson, Sherwood, *Winesburg, Ohio,* ed. John H. Ferres (repr. New York, 1973).

3 Ders., *The Sherwood Anderson Reader,* ed. Paul Rosenfeld (Boston, 1947).

4 Baldwin, James, *Going to Meet the Man* (New York, 1966).

5 Barth, John, *Lost in the Funhouse. Fiction for print, tape, life voice* (London, 1969).

6   Ders., *Chimera* (New York, 1972).
7   Barthelme, Donald, *Unspeakable Practices, Unnatural Acts* (New York, 1969).
8   Ders., *City Life* (London, 1971).
9   Ders., *Sadness* (New York, 1972).
10 Ders., *Guilty Pleasures* (New York, 1974).
11 Ders., *Amateurs* (New York, 1976).
12 Bausch, Richard, *The Fireman's Wife and Other Stories* (New York, 1991).
13 Bell, Madison S., *Barking Man & Other Stories* (New York, 1991).
14 Bellow, Saul, *Mosby's Memoirs and Other Stories* (London, 1969).
15 Bierce, Ambrose, *The Collected Works of Ambrose Bierce,* Vol. II (repr. New York, 1966).
16 Cheever, John, *The Stories of John Cheever* (New York, 1978).
17 Coover, Robert, *Pricksongs & Descants* (London, 1973).
18 Crane, Stephen, *The University of Virginia Edition of the Works of Stephen Crane,* Vol. V, *Tales of Adventure,* ed. Fredson Bowers (Charlottesville, 1970).
19 Farrell, James T., *An Omnibus of Short Stories* (New York, o.J.).
20 Faulkner, William, *Dr. Martino and Other Stories* (London, 1958).
21 Ders., *These Thirteen* (London, 1958).
22 Fitzgerald, F. Scott, *The Bodley Head Scott Fitzgerald,* Vols. V and VI, ed. Malcolm Cowley (London, 1963).
23 Gale, Zona, *Friendship Village. Love Stories* (repr. New York, 1912).
24 Garland, Hamlin, *Main-Travelled Roads* (New York, 1922).
25 Harte, Bret, *The Writings of Bret Harte,* Vol. I (Boston, 1906).
26 Hawthorne, Nathaniel, *The Centenary Edition of the Works of Nathaniel Hawthorne,* edd. William Charvat et al., Vols. IX and X (Columbus/Ohio, 1974).
27 Helprin, Mark, *A Dove of the East & Other Stories* (San Diego, 1990).
28 Hemingway, Ernest, *The First Forty-Nine Stories* (repr. London, 1968).
29 Henley, Patricia, *The Secret of Cartwheels. Short Stories* (Saint Paul, 1992).
30 Howells, William D., *Between the Dark and the Daylight* (New York, 1907).
31 Irving, Washington, *Washington Irving. Selected Prose,* ed. Stanley T. Williams (New York, 1950).
32 James, Henry, *The Novels and Tales of Henry James,* Vols. XVII and XVIII (New York, 1909).
33 Malamud, Bernard, *The Magic Barrel* (repr. New York, 1966).
34 Mason, Bobbie A., *Shiloh and Other Stories* (New York, 1990).
35 Melville, Herman, *The Complete Stories of Herman Melville,* ed. Jay Leyda (New York, 1949).
36 Oates, Joyce C., *The Seduction and Other Stories* (Los Angeles, 1975).
37 Dies., *Upon the Sweeping Flood and Other Stories* (London, 1976).
38 O'Connor, Flannery, *A Good Man is Hard to Find and Other Stories* (London, 1968).
39 O. Henry, siehe Porter, William S.

40 Poe, Edgar Allan, *Selected Writings of Edgar Allan Poe*, ed. Edward H. Davidson (Boston, 1956).
41 Porter, Katherine A., *Collected Stories* (London, 1967).
42 Porter, William S., *Strictly Business. More Stories of the Four Million* (repr. New York, 1919).
43 Purdy, James, *Colour of Darkness: Eleven Stories and a Novella* (London, 1961).
44 Pynchon, Thomas, »Entropy«, *12 from the Sixties*, ed. Richard Kostelanetz (New York, 1967).
45 Salinger, Jerome D., *Nine Stories* (repr. Boston, o.J.).
46 Steinbeck, John, *The Long Valley* (London, 1975).
47 Sukenick, Ronald, *The Death of the Novel and Other Stories* (New York, 1969).
48 Twain, Mark, *The Complete Short Stories of Mark Twain*, ed. Charles Neider (New York, 1957).
49 Updike, John, *Pigeon Feathers and Other Stories* (Harmondsworth, 1965).
50 Ders., *Bech: A Book* (New York, 1970).
51 Welty, Eudora, *Selected Stories of Eudora Welty* (New York, 1966).
52 Wharton, Edith, *Roman Fever and Other Stories* (New York, 1964).
53 Williams, Joy, *Escapes* (New York, 1991).
54 Wiser, William, *Ballads, Blues & Swan Songs* (New York, 1982).
55 Wright, Richard, *Eight Men* (New York, 1969).

b) Sekundärliteratur

1   Adams, Richard P., *Faulkner: Myth and Motion* (Princeton, 1968).
2   Ahrends, Günter, »Adonis in Amerika. Zur Funktion transformierter Mythen in den Kurzgeschichten von John Cheever«, *Anglia* 103 (1985), S. 336-364.
3   Ders., »Defective Perceptiveness, Amnesia and Malcommunication in Purdy's ›Color of Darkness‹«, *Literatur in Wissenschaft und Unterricht* 22 (1989), S. 30-40.
4   Allen, Walter, *The Short Story in English* (Oxford, 1981).
5   Anderson David D., *Sherwood Anderson. An Introduction and Interpretation* (New York, 1967).
6   Arens, Werner, »Hawthorne. Young Goodman Brown«, in 73, S. 36-48.
7   Arlart, Ursula, ›Exhaustion‹ und ›Replenishment‹. *Die Fiktion in der Fiktion bei John Barth* (Heidelberg, 1984).
8   Bach, Gerhard (ed.), *Saul Bellow at Seventy-Five. A Collection of Critical Essays* (Tübingen, 1991).
9   Baker, Carlos, *Hemingway. The Writer as Artist* (Princeton, 1972).
10 Benson, J. J., *Hemingway. The Writer's Art of Self-Defence* (Minneapolis, 1969).
11 Bickley, R. Bruce, *The Method of Melville 's Short Fiction* (Durham/N.C, 1975).
12 Bischoff, Peter, »Thomas Pynchon, ›Entropy‹«, in 58, S. 226-236.
13 Bleikasten, André, »Flannery O'Connor«, in 36, S. 352-368.
14 Bloom, Harold (ed.), *Katherine Anne Porter* (New York, 1986).

15 Böker, Uwe, »James. The Real Thing«, in 73, S. 159-168.
16 Ders., »Wharton. Roman Fever«, in 73, S. 181-190.
17 Bone, Robert, *Down Home. Origins of the Afro-American Short Story* (New York, ²1988).
18 Bonheim, Helmut, »Hawthorne. The Birthmark«, in 73, S. 49-58.
19 Ders., *The Narrative Modes. Techniques of the Short Story* (Cambridge, 1982).
20 Branch, Edgar M., *James T. Farrell* (New York, 1971).
21 Breinig, Helmbrecht, *Irvings Kurzprosa: Kunst und Kunstproblematik im erzählerischen und essayistischen Werk* (Bern, 1972).
22 Breuer, Horst, »Wahnsinn im Werk Edgar Allan Poes. Literaturkritisch-psychoanalytischer Versuch«, *Deutsche Vierteljahrsschrift* 50 (1976), S. 14-43.
23 Brooks, Cleanth, *William Faulkner. Toward Yoknapatawpha and Beyond* (New Haven, 1978).
24 Browne, Ray B., *Melville's Drive to Humanism* (Lafayette, 1971).
25 Bruck, Peter (ed.), *The Black American Short Story in the 20th Century* (Amsterdam, 1977).
26 Buchloh, Paul G., »Poe. The Murders in the Rue Morgue«, in 73, S. 94-102.
27 Ders. et al., *Amerikanische Erzählungen von Hawthorne bis Salinger* (Neumünster, 1968).
28 Ders. und Hartmut Krüger (edd.), *Herman Melville* (Darmstadt, 1974).
29 Bungert, Hans, *William Faulkner und die humoristische Tradition des amerikanischen Südens* (Heidelberg, 1971).
30 Ders., »Mark Twain. The Notorious Jumping Frog of Calaveras County«, in 73, S. 129-137.
31 Burbank, Rex, *Sherwood Anderson* (New York, 1964).
32 Burchard, Rachael C., *John Updike. Yea Sayings* (Carbondale, 1971).
33 Cahill, Susan (ed.), *New Women, New Fiction* (New York, 1986).
34 Carothers, James B., *William Faulkner's Short Stories* (Ann Arbor, 1985).
35 Christadler, Martin, *Natur und Geschichte im Werk von William Faulkner* (Heidelberg, 1962).
36 Ders. (ed.), *Amerikanische Literatur der Gegenwart* (Stuttgart, 1973).
37 Clayton, John J., *Saul Bellow. In Defence of Man* (Bloomington, 1968).
38 Cope, Jackson, *Robert Coover's Fictions* (Baltimore, 1986).
39 Couturier, M. and R. Durand, *Donald Barthelme* (London, 1982).
40 Cox, James M., *Mark Twain: The Fate of Humor* (Princeton, 1966).
41 Cronin, G. L. and L. H. Goldman (edd.), *Saul Bellow in the 1980s. A Collection of Critical Essays* (East Lansing, 1989).
42 Current-García, Eugene, *O. Henry* (New York, 1965).
43 Davidson, Edward H., *Poe. A Critical Study* (Cambridge/Mass., ³1966).
44 Dayan, Joan, *Fables of Mind. An Inquiry Into Poe's Fiction* (New York, 1987).
45 Detweiler, Robert, *John Updike* (New York, 1972).
46 Domaniecki, Hildegard, *Zum Problem literarischer Ökonomie. Henry James' Erzählungen zwischen Markt und Kunst* (Stuttgart, 1974).

47 Donaldson, Scott, *John Cheever* (New York, 1988).
48 Duckett, Margaret, *Mark Twain and Bret Harte* (Norman, 1964).
49 Ensslen, Klaus, *Melvilles Erzählungen* (Heidelberg, 1966).
50 Fabre, Michel, *The Unfinished Quest of Richard Wright* (New York, 1973).
51 Field, Leslie, »Mark Helprin and Postmodern Jewish-American Fiction of Fantasy«, *Yiddish* 7/1 (1987), S. 57-65.
52 Flora, Joseph M., *Ernest Hemingway. A Study of the Short Fiction* (Boston, 1989).
53 Fogle, Richard H., *Hawthorne's Fiction. The Light and the Dark* (rev. ed. Norman, 1964).
54 Ders., *Melville's Shorter Tales* (repr. Norman, 1966).
55 Fontenrose, Joseph, *John Steinbeck. An Introduction and Interpretation* (New York, 1963).
56 Freedman, William A., »Universality in ›The Jolly Corner‹«, in 175, S. 106-109.
57 Freese, Peter, *Die amerikanische Kurzgeschichte nach 1945* (Frankfurt/M., 1974).
58 Ders. (ed.), *Die amerikanische Short Story der Gegenwart* (Berlin, 1976).
59 Ders., »Jerome David Salinger«, in 36, S. 43-68.
60 Ders., »Bernard Malamud«, in 36, S. 105-128.
61 Ders., »Donald Barthelmes *fictions:* Fragmente aus Wörtern und Würmern«, *Amerikastudien* 19 (1974), S. 126-141.
62 Ders., »James Baldwin. Going to Meet the Man«, *The Black American Short Story in the 20th Century,* ed. Peter Bruck (Amsterdam, 1977), S. 171-185.
63 Ders., »Die Story ist tot, es lebe die Story: Von der Short Story über die Anti-Story zur Meta-Story der Gegenwart«, *Die amerikanische Literatur der Gegenwart,* ed. Hans Bungert (Stuttgart, 1977), S. 228-251.
64 French, Warren, *John Steinbeck* (New York, 1961).
65 Ders., *J.D. Salinger* (New York, 1963).
66 Fussell, Edwin, »Winesburg, Ohio: Art and Isolation«, in 185, S. 104-113.
67 Galenski, Wolfgang, *Continuity and Change: Die amerikanische short story in den 80er Jahren* (Trier, 1995).
68 Galinsky, Hans, »Beharrende Strukturzüge im Wandel eines Jahrhunderts amerikanischer Kurzgeschichte«, in I/7, S. 222-279.
69 Galloway, David, *The Absurd Hero in American Fiction* (Austin, 1971).
70 Gerlach, John C., *Toward the End. Closure and Structure in the American Short Story* (University Park, 1985).
71 Giannone, Richard, »Bobbie Ann Mason and the Recovery of Mystery«, *Studies in Short Fiction* 27/4 (1990), S. 553-566.
72 Giudice, Renate, »John Barth. Lost in the Funhouse«, *Amerikanische Erzählliteratur 1950-1970,* edd. Frieder Busch und Renate Schmidt-von Bardeleben (München, 1975), S. 218-226.
73 Göller, Karl H. und Gerhard Hoffmann (edd.), *Die amerikanische Kurzgeschichte* (Düsseldorf, 1972).
74 Goetsch, Paul, »Donald Barthelme, ›At the Tolstoy Museum‹«, in 58, S. 323-332.
75 Gordon, Lois, *Donald Barthelme* (Boston, 1981).

76 Grant, Mary Kathryn, *The Tragic Vision of Joyce Carol Oates* (Durham/N.C, 1978).

77 Günter, Bernd, *Das Groteske und seine Gestaltung in den Erzählungen Edgar Allan Poes* (Freiburg, 1974).

78 Haack, Dietmar, »›The Real Thing‹: Hinweise zu einem Darstellungsprinzip bei Stephen Crane und Hemingway«, in I/18, S. 64-75.

79 Haas, Rudolf, »John Cheever, ›The Enormous Radio‹«, in 57, S. 140-150.

80 Halliburton, David, *Edgar Allan Poe. A Phenomenological View* (Princeton, 1973).

81 Hansen, Klaus P., *Vermittlungsfiktion und Vermittlungsvorgang in den drei großen Erzählungen Herman Melvilles* (Frankfurt/M., 1973).

82 Harris, Charles B., *Passionate Virtuosity: The Fiction of John Barth* (Urbana, 1983).

83 Hedges, William L., *Washington Irving: An American Study, 1802-1832* (Baltimore, 1965).

84 Hocks, Richard A., *Henry James and Pragmatistic Thought* (Chapel Hill, 1974).

85 Hoffmann, Gerhard, »Poe. The Fall of the House of Usher«, in 73, S. 82-93.

86 Howe, Irving, *Sherwood Anderson* (repr. Stanford, 1966).

87 Hughes, R. S., *John Steinbeck. A Study of the Short Fiction* (Boston, 1989).

88 Ingram, Forrest L., *Representative Short Story Cycles of the Twentieth Century* (Den Haag, 1971).

89 Karrer, Wolfgang und Barbara Puschmann-Nalenz (edd.), *The African American Short Story 1970 to 1990* (Trier, 1993).

90 Kesting, Marianne, »Auguste Dupin, der Wahrheitsfinder, und sein Leser«, *Poetica* 10 (1978), S. 53-65.

91 Kilchenmann, Ruth J., *Die Kurzgeschichte. Formen und Entwicklung* (Stuttgart, [4]1975).

92 Klinkowitz, Jerome, *Literary Disruptions. The Making of a Post-Contemporary American Fiction* (Urbana, 1975).

93 Kruse, Horst, »F. Scott Fitzgerald: The Pat Hobby Stories«, in 27, S. 155-186.

94 Ders., »Fitzgerald. Babylon Revisited«, in 73, S. 225-234.

95 Küsgen, Reinhardt, »James. The Beast in the Jungle«, in 73, S. 169-180.

96 Kuhli-Kortmann, Helga, *Kulturkritik in der Kurzprosa John Cheevers* (Frankfurt/M., 1994).

97 Labor, Earle, »James's ›The Real Thing‹: Three Levels of Meaning«, in 175, S. 29-32.

98 LaFrance, Marston, *A Reading of Stephen Crane* (Oxford, 1971).

99 Lang, Wolfgang, *Themen und Motive und ihre formale Durchführung in der literarischen Kurzprosa früher amerikanischer Zeitschriften* (Tübingen, 1969).

100 Leary, Lewis, *William Faulkner of Yoknapatawpha County* (New York, 1973).

101 Lee, A. Robert (ed.), *Edgar Allan Poe: The Design of Order* (London, 1987).

102 Lenz, Günter H., »James Baldwin«, in 36, S. 155-189.

103 Levin, Harry, *The Power of Blackness. Hawthorne, Poe, Melville* (New York, 1958).

104 Levy, Andrew, *The Culture and Commerce of the Short Story* (Cambridge, 1993).

105 Link, Franz H., *Die Erzählkunst Nathaniel Hawthornes* (Heidelberg, 1962).

106 Ders., *Edgar Allan Poe. Ein Dichter zwischen Romantik und Moderne* (Frankfurt/M., 1968).

107 Ders., »Melville. Bartley, the Scrivener«, in 73, S. 118-128.

108 Ders., *Geschichte der amerikanischen Erzählkunst im 19. Jahrhundert* (Stuttgart, 1980).

109 Ders., *Geschichte der amerikanischen Erzählkunst von 1900-1950* (Stuttgart, 1983).

110 Litz, Walton A. (ed.), *Major American Short Stories* (New York, ³1993). – Enthält Einführungen zu verschiedenen Perioden der amerikanischen Kurzgeschichte.

111 Logsdon, Loren and Charles W. Mayer (edd.), *Since Flannery O'Connor: Essays on the Contemporary American Short Story* (Macomb/Ill., 1987).

112 Lubbers, Klaus, »Irving. Rip Van Winkle«, in 73, S. 25-35.

113 Ders., »Hemingway. A Clean, Well-Lighted Place«, in 73, S. 278-287.

114 Ders. (ed.), *Die englische und amerikanische Kurzgeschichte* (Darmstadt, 1990).

115 Lynn, Kenneth S., *Mark Twain and Southwestern Humor* (repr. Westport/Conn., 1975).

116 Madden, David and Virgil Scott (edd.), *Studies in the Short Story,* 5th Edition, ed. David Madden (New York, 1980).

117 Magill, Frank N. (ed.), *Critical Survey of Short Fiction,* 7 vols. (Englewood Cliffs, 1981).

118 Mahn, Irving (ed.), *Saul Bellow and the Critics* (repr. New York, 1969).

119 Marx, Leo, »Melville's Parable of the Walls«, in 28, S. 355-377.

120 Matthiessen, F. O., *American Renaissance* (repr. London, 1972).

121 McCaffery, Larry, *The Metafictional Muse: The Works of Robert Coover, Donald Barthelme, and William H. Gass* (Pittsburgh, 1982).

122 McCullough, Joseph B., *Hamlin Garland* (Boston, 1978).

123 McDowell, Margaret B., *Edith Wharton* (Boston, 1976).

124 Meindl, Dieter, »James Purdy, ›Don't Call Me By My Right Name‹«, in 58, S. 175-183.

125 Miller, James E., *F. Scott Fitzgerald. His Art and His Technique* (New York, 1964).

126 Millgate, Michael, *William Faulkner* (repr. Edinburgh, 1970).

127 Molesworth, Charles, *Donald Barthelme's Fiction: The Ironist Saved from Drowning* (Columbia, 1982).

128 Nance, William L., *Katherine Anne Porter and the Art of Rejection* (Chapel Hill, 1964).

129 O'Brien, Sharon, *Willa Cather. The Emerging Voice* (Oxford, 1987).

130 O'Connor, Richard, *O. Henry* (New York, 1970).

131 O'Donnel, George M., »Faulkner's Mythology«, *William Faulkner. Four Decades of Criticism,* ed. Linda W. Wagner (East Lansing, 1973), S. 83-93.

132 O'Hara, James, *John Cheever. A Study of the Short Fiction* (Boston, 1989).

133 Oppel, Horst, »Crane. The Open Boat«, in 73, S. 191-204.

134 Pattee, Fred L., *The Development of the American Short Story* (New York, 1923).

135 Paulson, Suzanne Morrow, *Flannery O'Connor. A Study of the Short Fiction* (Boston, 1988).

136 Peden, William, *The American Short Story: Continuity and Change 1940-1975* (Boston, 1975).

137 Phillips, William L., »How Sherwood Anderson Wrote *Winesburg, Ohio*«, in 187, S. 62-84.

138 Piper, Henry D., *F. Scott Fitzgerald. A Critical Portrait* (London, 1966).

139 Pizer, Donald, *Hamlin Garland's Early Work and Career* (New York, 1969).

140 Pollin, Burton R., *Discoveries in Poe* (Notre Dame, 1970).

141 Pütz, Manfred, »Robert Coover, ›The Elevator‹«, in 58, S. 280-288.

142 Rauter, Herbert, *Bild und Symbol im Werke John Steinbecks* (Köln, 1960).

143 Reichart, Walter A., *Washington Irving and Germany* (repr. Westport/Conn., 1972).

144 Reinert, Otto, »Bartleby the Inscrutable: Notes on a Melville Motif«, in 28, S. 378-407.

145 Richmann, Sidney, »The Stories«, *Bernard Malamud and the Critics,* edd. Leslie A. Field and Joyce W. Field (repr. New York, 1971), S. 305-331.

146 Robison, James C, »1969-1980: Experiment and Tradition«, *The American Short Story 1945-1980: A Critical History*, ed. Gordon Weaver (Boston, 1983), S. 77-109.

147 Rohrberger, Mary, *Hawthorne and the Modern Short Story* (Den Haag, 1966).

148 Rothermel, Wolfgang P., »Saul Bellow«, in 36, S. 69-104.

149 Rovit, Earl, *Ernest Hemingway* (New York, 1963).

150 Scafella, Frank (ed.), *Hemingway: Essays of Reassessment* (Oxford, 1991).

151 Scheer-Schäzler, Brigitte, *Saul Bellow* (New York, 1972).

152 Schönfelder, Karl-Heinz, *Mark Twain* (Halle/Saale, 1961).

153 Schöwerling, Rainer, »Bierce. An Occurrence at Owl Creek Bridge«, in 73, S. 149-158.

154 Scholes, Robert, *The Fabulators* (New York, 1967).

155 Schuhmann, Kuno, *Die erzählende Prosa Edgar Allan Poes* (Heidelberg, 1958).

156 Ders., »Hemingway. The Killers«, in 73, S. 268-277.

157 Schulz, Dieter, »John Barth«, in 36, S. 371-390.

158 Ders., »John Barth, ›Lost in the Funhouse‹«, in 58, S. 289-300.

159 Schulz, Max F., *The Muses of John Barth* (Baltimore, 1990).

160 Shaw, Valerie, *The Short Story: A Critical Introduction* (New York, 1983).

161 Skei, Hans H., *William Faulkner: The Novelist as Short Story Writer* (Oslo, 1985).

162 Sklar, Robert, *F. Scott Fitzgerald. The Last Laocoön* (New York, 1967).

163 Solomon, Eric, *Stephen Crane. From Parody to Realism* (Cambridge/Mass., 1966).

164 Spiller, Robert E., Willard Thorp et al., *Literary History of the United States* (3rd rev. ed. New York, 1963).

165 Staats, Armin, *Edgar Allan Poes symbolistische Erzählkunst* (Heidelberg, 1967).

166 Stengel, Wayne B., *The Shape of Art in the Short Stories of Donald Barthelme* (Baton Rouge, 1985).

167 Stephens, Martha, *The Question of Flannery O'Connor* (Baton Rouge, 1973).

168 Stevick, Philip, *The American Short Story: 1900-1945; A Critical History* (Boston, 1984).

169 Stratmann, Gerd, »Memories Imperfectly Understood‹ – Das Mimetische und das Phantastische in den späten Short Stories John Cheevers«, *anglistik & englischunterricht* 44 (1991), S. 45-65.

170 Straumann, Heinrich, *William Faulkner* (Frankfurt/M., 1968).

171 Tallack, Douglas, *The Nineteenth-Century American Short Story* (London, 1993).

172 Tanner, Tony, *City of Words. American Fiction 1950-1970* (London, 1971).

173 Tharpe, Jack, *Nathaniel Hawthorne. Identity and Knowledge* (Carbondale, 1967).

174 Thomas, Michael, *Studien zur Short Story als fiktional-narrative Textform und die Möglichkeiten einer Typenbildung* (Frankfurt/M., 1982).

175 Tompkins, Jane P. (ed.), *Twentieth Century Interpretations of the Turn of the Screw and Other Tales* (Englewood Cliffs/N.Y., 1970).

176 Trachtenberg, Stanley, *Understanding Donald Barthelme* (Columbia, 1990).

177 Vande Kieft, Ruth M., *Eudora Welty* (New York, 1962).

178 Voss, Arthur, *The American Short Story* (repr. Norman, 1975).

179 Wagenknecht, Edward, *William Dean Howells* (New York, 1969).

180 Waggoner, Hyatt H., *Hawthorne. A Critical Study* (rev. ed. Cambridge/Mass., 1963).

181 Walker, Carolyn, »Fear, Love, and Art in Oates' ›Plot‹«, *Critique* 15 (1973/74), S. 59-69.

182 Walters, Dorothy, *Flannery O'Connor* (New York, 1973).

183 Waugh, Patricia, *Feminine Fictions* (London, 1989).

184 Weaver, Gordon (ed.), *The American Short Story: 1945-1980* (Boston, 1983).

185 Weixlmann, Joseph, *American Short-Fiction. Criticism and Scholarship: 1945-1977; A Checklist* (Athens/Ohio, 1982).

186 West, Ray B., *The Short Story in America 1900-1950* (Chicago, 1952).

187 White, Ray L. (ed.), *The Achievement of Sherwood Anderson* (Chapel Hill, 1966).

188 Widmer, Kingsley, *The Ways of Nihilism* (Los Angeles, 1970).

189 Winchell, Donna Haisty, *Alice Walker* (New York, 1992).

190 Winkemann, Michael, *Wirklichkeitsbezug und metaliterarische Reflexion in der Kurzprosa Donald Barthelmes* (Frankfurt/M., 1986).

191 Winner, Viola H., *Henry James and the Visual Arts* (Charlottesville, 1970).

192 Wonham, Henry B., *Mark Twain and the Art of the Tall Tale* (Oxford, 1993).

193 Woodruff, Stuart C., *The Short Stories of Ambrose Bierce* (Pittsburgh, 1964).

194 Wright, Austin McGiffert, *The American Short Story in the Twenties* (Chicago, 1961).

195 Yancy, Preston M., *The Afro-American Short Story. A Comprehensive, Annotated Index with Selected Commentaries* (Westport/Conn., 1986).
196 Young, Philip, *Ernest Hemingway. A Reconsideration* (repr. University Park, 1968).
197 Zacharasiewicz, Waldemar, *Die Erzählkunst des amerikanischen Südens* (Darmstadt, 1990).
198 Ziegler, Heide, *John Barth* (London, 1987).

3 Ausgewählte Anthologien

1 *American Short Stories: 1820 to the Present*, edd. Eugene Current-García and Walton R. Patrick (Chicago, 1964).
2 *American Short Stories of Today*, ed. Esmor Jones (Harmondsworth, 1988).
3 *Best Stories from New Writers*, ed. Linda S. Sanders (Cincinnati, 1989).
4 *Black Short Story Anthology*, ed. Woodie King (New York, 1972).
5 *Breaking Ice. An Anthology of Contemporary African-American Fiction,* ed. Terry McMillan (New York, 1990).
6 *Fifty Years of the American Short Story*, ed. W. Abrahams (New York, 1970).
7 *Great American Short Stories*, edd. Wallace and Mary Stegner (New York, [3]1985).
8 *Major American Short Stories*, ed. Walton A. Litz (New York, [3]1993).
9 *New American Short Stories 1*, ed. Gloria Norris (New York, 1986).
10 *New American Short Stories 2*, ed. Gloria Norris (Ontario, 1989).
11 *Science Fiction: The Science Fiction Research Association Anthology*, edd. Patricia S. Warrick et al. (New York, 1988).
12 *Stories of Modern America*, edd. Herbert Gold and David L. Stevenson (New York, 1961).
13 *The Best American Short Stories.* Diese Anthologie erscheint jährlich seit 1915; ihr erster Herausgeber war Edward J. O'Brien. Von 1942 an wurde sie von Martha Foley und von 1978 an von Shannon Ravenel herausgegeben. 1991 übernahm Katrina Kenison die Herausgeberschaft. Die Anthologie erscheint in Boston.
14 *The Best American Short Stories of the Eighties*, ed. Shannon Ravenel (Boston, 1990).
15 *The Norton Book of Science Fiction. North American Sience Fiction, 1960-1990*, edd. Ursula K. Le Guin and Brian Attebery (New York, 1993).
16 *The Oxford Book of American Short Stories*, ed. Joyce Carol Oates (Oxford, 1993).
17 *The Signet Classic Book of Contemporary American Short Stories*, ed. Burton Raffel (New York, 1986).
18 *Treasury of American Jewish Stories*, ed. Harold U. Ribalow (New York, 1958).
19 *We Are the Stories We Tell. The Best Short Stories by North American Women Since 1945*, ed. Wendy Martin (New York, 1990).

Index